COLLECTION

DE

DOCUMENTS INÉDITS

SUR L'HISTOIRE DE FRANCE

PUBLIÉS PAR LES SOINS

DU MINISTRE DE L'INSTRUCTION PUBLIQUE.

LE COMITÉ

DES

TRAVAUX HISTORIQUES ET SCIENTIFIQUES

(HISTOIRE ET DOCUMENTS)

PAR

XAVIER CHARMES.

TOME TROISIÈME.

PARIS.

IMPRIMERIE NATIONALE.

M DCCC LXXXVI.

SECONDE PÉRIODE.

INSTRUCTIONS DU COMITÉ DES TRAVAUX HISTORIQUES ET SCIENTIFIQUES.

ARCHITECTURE GALLO-ROMAINE [1].

1839.

MONUMENTS FIXES.

PREMIÈRE ÉPOQUE. — INDÉPENDANCE GAULOISE.

PREMIÈRE PARTIE. — MONUMENTS RELIGIEUX.

§ 1. — RELIGION DES GAULOIS.

A très peu d'exceptions près, les monuments gaulois portent tous le caractère religieux. Nous aurons à peine quelques mots à dire sur les vestiges de constructions militaires et d'habitations civiles que certaines provinces peuvent posséder encore, tandis que les monuments consacrés, soit à la Divinité, soit à la mémoire des morts, sont tellement nombreux qu'ils méritent une étude sérieuse et toute particulière. Malheureusement, pour obtenir des notions exactes sur ces monuments, il nous manque une donnée première. Nous ignorons presque entièrement quelles étaient les croyances religieuses des premiers Gaulois : les monuments écrits ne nous l'apprennent pas, et les monuments figurés ne nous fournissent aucun renseignement, ne nous conduisent à aucune induction qui résolve le problème. Les pierres dites *druidiques* ne révèlent point un culte qu'on

---

[1] Ces instructions, rédigées par MM. Mérimée, Albert Lenoir et Lenormant, membres du Comité, étaient jointes à une circulaire de 1839, insérée dans le tome II, page 94.

puisse définir : elles n'indiquent aucun attribut spécial de la Divinité. Il est presque impossible de ne pas leur reconnaître un caractère religieux, mais ce ne sont que de grossiers symboles de l'idée qui s'empare de tous les peuples à leur naissance, l'idée de la puissance créatrice de ce monde. Avant de comprendre Dieu, l'humanité l'adore : pour l'adorer, il lui faut une image, et cette image est nécessairement aussi informe que l'idée qu'elle représente est obscure. Il est donc probable que, lors même que nous pourrions ressusciter les cérémonies dont ces pierres druidiques furent sans doute témoins, nous ne leur trouverions aucun sens précis, aucune signification déterminée : en un mot, nous n'avons rien de net, rien de clair à apprendre sur la religion des Gaulois, tant qu'ils demeurent indépendants, et que du fond de leurs forêts ils échappent à toute influence étrangère.

Mais un jour moins douteux nous éclaire dès que la civilisation grecque et romaine commence à prendre racine sur leur sol : alors l'image de la Divinité n'est plus quelque chose d'inerte, d'enveloppé, d'inintelligible : elle se personnifie et revêt une foule de figures à la fois variées et caractéristiques. Dans cette multiplicité de dieux qui apparaissent tout à coup, et qui disputent aux blocs druidiques leurs adorateurs, tout n'appartient pas cependant à l'imitation et aux influences extérieures ; une forte empreinte nationale et indigène s'y fait toujours sentir. A l'exception de ce que nous appellerons la religion politique, religion imposée à la Gaule par ses vainqueurs, la nouvelle manière d'adorer la Divinité, quoique d'origine étrangère, n'en est pas moins toute gauloise. Partout, il est vrai, vous retrouvez le culte d'Auguste et de la Victoire. C'est là le mot d'ordre du conquérant, c'est une consigne officielle et partout semblable. Mais, quant aux formes et aux dénominations purement religieuses appartenant au culte romain, vous ne les voyez se répandre qu'en subissant une foule de mutilations et de travestissements. Les cultes de Minerve, de Cérès, de Neptune, sont très rares : il n'y a guère que cinq divinités qu'on rencontre assez généralement honorées dans toutes les parties de la Gaule : Hercule et Mercure, chacun avec des attributs particuliers et complètement gaulois ; Jupiter, tantôt purement celte, quand il porte le sagum et le vase à boire de nos ancêtres, tantôt participant du Sérapis égyptien, alors que le modius est placé sur sa tête ; Bacchus, qui paraît avoir été importé principalement par les Grecs, à en juger par les noms de Dionysius, Eleutherius, qui lui sont presque toujours donnés; et enfin la Déesse Mère, introduite par les Phocéens, comme Diane éphésienne, renouvelée sous la forme phrygienne après l'établissement des Galates en Asie et par suite des rapports que ces peuplades émigrées conservèrent avec la mère patrie. Cette Déesse Mère est tantôt l'Isis égyptienne, tantôt la Vénus grecque: elle semble composée des lambeaux de toutes sortes de croyances que les Gaulois, dans leurs courses aventureuses, avaient empruntées à des civilisations plus avancées que la leur.

Mais ces cultes d'emprunt, ces bigarrures exotiques ne pénétrèrent jamais bien avant dans les mœurs. Les vieilles superstitions domestiques avaient des racines plus profondes, et devaient être bien autrement vivaces. Pendant que de fragiles idoles se succédaient au gré de l'imagination capricieuse d'un peuple avide de nouveautés, on voyait se perpétuer ces adorations vagues, mystérieuses, indéterminées; ces pratiques de théurgie naturelle; premiers instincts d'une société demi-sauvage, et qui, pendant si longtemps, avaient été son unique religion. Aussi, lorsque le christianisme s'en vint planter la croix sur le sol des Gaules, il eut bon marché de tous ces autels élevés par ordre des empereurs: il mit bientôt en poussière toutes ces images importées de l'Asie ou de Rome; mais il lui fallut transiger avec les croyances indigènes. Ces puissances invisibles, ces femmes mystérieuses qui, sous le nom de fées, exerçaient un si merveilleux empire, continuèrent d'habiter leurs grottes et leurs forêts; la vénération attachée aux montagnes, aux sources, aux rochers, se perpétua de siècle en siècle, et de nos jours on peut encore en retrouver des traces dont l'étude est pleine d'attraits, et qu'il importera de constater [1].

Ainsi trois époques bien distinctes dans la religion des Gaulois: d'abord une adoration des puissances mystérieuses de la nature, adoration qui s'adresse à des symboles dont il nous reste encore des vestiges, mais dont la véritable signification nous échappe; ensuite, sous la domination étrangère, invasion du polythéisme grec et romain; mais, pour se faire accepter, il faut que ce polythéisme se déguise, et qu'il laisse subsister à ses côtés les

---

[1] « On examinera les traditions qui prêtent des vertus miraculeuses aux sources et fontaines; on indiquera aussi les clairières et carrefours des forêts habités par les *dames* ou fées, les excavations, les grottes, les pointes de rochers, les falaises, etc., que la superstition révère, et qui sont en général désignés par les noms de *châteaux du Diable, maisons de Gargantua, roches aux Fées, baumes des Dames*, etc. »

vieilles croyances nationales; enfin, lorsque le christianisme a terrassé le polythéisme grec et romain, un reste de vie anime si fortement encore les superstitions primitives, que de nos jours, après tant de siècles, nous en apercevons les dernières lueurs.

Nous n'insisterons pas plus longtemps sur ces observations préliminaires, et nous passerons immédiatement à l'étude des monuments.

§ 2. — PIERRES DITES *DRUIDIQUES*.

On trouve en France, comme dans tout le nord de l'Europe, un vaste système de monuments qui, sans offrir aucune des conditions de l'art, présentent cependant entre eux assez de similitude pour faire reconnaître qu'une même pensée présidait à leur exécution.

Ces monuments se composent, en général, de fragments de rochers, de pierres dont la forme est plus ou moins irrégulière, dont les dimensions sont plus ou moins grandes, tantôt isolées, tantôt disposées en groupes d'après des lois qui paraissent constantes.

Dans les contrées qui offrent des restes de ces monuments, les premières études doivent faire distinguer les masses élevées à main d'homme de celles que la nature s'est plu à isoler.

Lorsqu'on aura constaté par l'aspect du terrain que le transport et la pose de ces pierres ne peuvent être que le résultat des efforts de l'homme, la qualité de la roche, la distance du gisement qui en fournit la matière, la direction qui put être suivie après l'exploitation jusqu'au lieu où le monument fut consacré, présenteront des observations importantes à consigner.

On notera les dimensions des monolithes, en hauteur, largeur, épaisseur; leurs distances respectives, s'ils forment un groupe. Dans ce travail géométrique on devra employer le mètre comme unité de mesure.

On désigne par le nom de *men-hir* ou *peulvan* les longues pierres debout et isolées qui se présentent fréquemment dans l'ouest de la France. Les traces de rainures ou d'inscriptions, les intentions de sculpture et d'ornements qui pourraient s'y rencontrer doivent être levées avec soin.

Les pierres druidiques sont rarement seules dans une même contrée; les rapports qui existent entre ces pierres seront le sujet d'un plan mesuré si elles sont voisines, d'une triangulation si les distances qui les séparent ne permettent pas de juger d'abord de leurs positions relatives. Des men-hirs,

MEN-HIRS.

Men-hir en Bretagne.

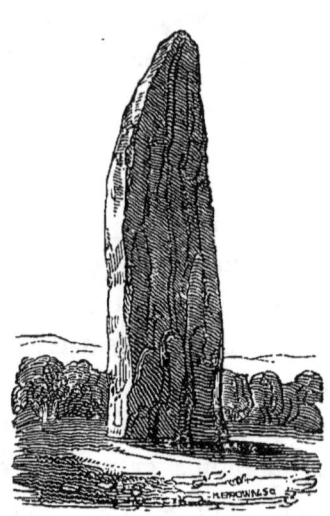
Men-hir de Kerveatou (Finistère).

désignés sous le nom de *hautes bornes*, paraissent situés sur les frontières des nombreuses provinces qui formaient la Gaule: ces monuments peuvent guider dans l'étude des divisions positives de la topographie antérieure à la conquête romaine.

Des pierres debout, alignées comme des arbres, occupent une superficie considérable; tel est l'aspect que présente le monument de Carnac: cette disposition est désignée par les noms d'*alignement*, d'*allées non couvertes*. Des groupes de pierres alignées ou en cercles présentent à leur sommet des mortaises qui furent destinées à recevoir des architraves; les portes rustiques qui résultent de cette disposition se nomment *lichavens*; l'étendue

ALIGNEMENT ET LICHAVENS.

Stone-Heuge (Angleterre).

des mortaises, leur disposition, la distance qui les sépare deux à deux seront des sujets d'études mesurées et dessinées.

Les cercles de pierres, les combinaisons elliptiques ou en spirale formées par des roches peu élevées semblent tenir à des idées astronomiques; ces courbes, de quelque nature qu'elles soient, doivent être levées géométri-

CROMLECH.

quement; il importe de reconnaître le nombre des roches qui les composent. Leur ensemble est désigné par le nom de *cromlech*.

PIERRE TOURNANTE.

Pierre branlante dans les environs de Luxembourg.

Des masses placées en équilibre sur des bases solides peuvent recevoir un mouvement d'oscillation plus ou moins développé, d'autres roches tournent sur un pivot; nommées *pierres branlantes, pierres croulantes et tournantes*, elles seront examinées et reproduites, les unes de manière à faire connaître le degré d'inclinaison qu'elles peuvent prendre relativement à l'horizon, les autres dans leur mouvement de rotation comparé à celui de la boussole. On cherchera leur centre de gravité et les moyens qui purent être employés dans la pose.

DOLMENS.

Dolmen de Loc-Mariaker.

Dolmen simple.

On nomme *dolmen* une table de pierre formée d'une masse plate portée horizontalement par plusieurs roches verticales. On considère ces monuments comme des autels gaulois.

Le *demi-dolmen* est une pierre inclinée qui est soutenue par une de ses extrémités seulement, l'autre posant sur le sol. On examinera si le demi-dolmen ne serait pas le résultat d'accidents arrivés à un dolmen complet.

La table des dolmens est quelquefois percée d'un ou de plusieurs trous; il est important d'étudier si toute la superficie de la pierre offre une pente ou des rainures dirigées vers les points perforés ou vers les extrémités. L'orientation du monument peut servir à fixer son origine et ne doit pas être négligée.

Le nom d'*allées couvertes* est donné à de longues suites parallèles de pierres dressées et portant des masses placées horizontalement pour former un toit. On examinera avec soin ceux de ces monuments qui, par leur symétrie, par l'étude apportée dans la pose et l'ajustage des pierres, pourraient indiquer un progrès dans l'exécution, et faire entrevoir l'usage d'instruments tranchants.

Allée couverte d'Essé (Ille-et-Vilaine).

Des pierres enchaînées deux à deux, des roches de formes singulières ou présentant un passage au milieu de leur masse, des blocs de matières précieuses [1] et de produits naturels fort rares dans une contrée, sont devenus

Allée couverte de Tanzé (Ille-et-Vilaine).

des sujets de pèlerinages, en raison des vertus que leur attribue la superstition. Abandonnées à elles-mêmes, loin des routes et de toute habitation, d'autres pierres conservent des traces d'usages inconnus; elles seront toutes dessinées et accompagnées des traditions, alors que la moindre indication démontrera qu'elles ont été travaillées ou seulement transportées par les hommes.

On décrira scrupuleusement les terrains voisins des monuments druidiques, et, dans le cas où des fouilles y auraient été pratiquées, un procès-verbal évitera pour l'avenir de nouvelles et infructueuses recherches.

Les pierres consacrées par la tradition gauloise sont de nature à être exploitées de nos jours par l'industrie; on s'efforcera de sauver de la destruction ces monuments historiques.

§ 3. — BARROWS ET TOMBELLES.

L'usage de décorer et de protéger les sépultures par des monticules ou tombeaux en terre fut presque universel dans l'antiquité. On trouve en France de nombreux exemples de ces tombeaux, qui paraissent avoir été élevés, soit par les Celtes, les Kimris et les Gaulois, soit après eux par les Romains, et enfin par les peuples du Nord.

Les dimensions de ces collines factices varient en raison du nombre d'individus qui y furent inhumés : leur forme est allongée à la base lorsqu'on a voulu en faire des sépultures communes, nommées depuis ossuaires; elle est arrondie quand l'inhumation est simple. Le squelette est placé sur le sol;

---

[1] « Aérolithes et masses de métaux natifs. »

sous la tête se trouve assez généralement une arme; une grosse pierre couvre la partie supérieure du corps; des ossements d'animaux l'entourent quelque-

TOMBELLES.

fois. Ces sépultures doivent être fouillées en les coupant en croix par le milieu.

Une coupe indiquant le gisement des corps et leur position orientée, des mesures de diamètre et de hauteur, un plan de ces fouilles et un procès-verbal, tels sont les travaux qu'exige chacun de ces barrows.

Lorsque la tombelle, par sa grande étendue, peut être considérée comme un ossuaire, elle présente des dispositions intérieures de plusieurs natures : des chambres sépulcrales formées de pierres brutes, réunies comme des dolmens, renferment un ou plusieurs individus couchés ou assis; des couloirs conduisent à ces cryptes, et souvent une galerie commune est destinée au service de tous les caveaux.

Dans d'autres exemples, une chambre allongée, formée comme les galeries couvertes, réunit les corps qui reçurent une sépulture commune; enfin, dans ces ossuaires, les constructions sont quelquefois en pierres cimentées: c'est alors qu'en étudiant les divers ustensiles trouvés dans la sépulture on peut décider si elle est gauloise ou romaine. Les fouilles de ces ossuaires demandent plus de soin que celles des tombeaux simples, afin de ne pas les détruire en les ouvrant. Si la colline factice est allongée, elle peut être entamée par une des extrémités, ordinairement soumises à l'orientation.

Dans les plans et coupes, tracés avec beaucoup de soin, le nombre et la forme des pierres brutes qui composent les cryptes sont des détails importants à indiquer.

Une couche d'argile était ordinairement placée dans les parties basses pour les préserver de l'humidité: les procès-verbaux doivent faire mention de cette circonstance.

Les tombelles sont quelquefois réunies en grand nombre ; elles forment alors des cimetières près des *oppida*, dans leur enceinte, ou sur un champ de bataille. Placées sur une même ligne, il est nécessaire d'en indiquer la direction orientée, ainsi que les hauteurs respectives.

Les tombelles funèbres arrêtées à leur base par un cercle en pierres brutes ou appareillées peuvent offrir d'utiles observations relatives à la construction. Les *galgals* sont formés de pierres amoncelées.

DEUXIÈME PARTIE. — MONUMENTS MILITAIRES.

Les collines factices ne furent pas toutes destinées aux sépultures : on en voit qui sont tronquées par le haut, entourées d'un fossé, et qui peuvent être considérées comme des forts destinés à défendre un point important ; le nom de *mottes* leur est assez généralement donné. Une coupe de terrain doit indiquer si des tranchées voisines ou des ravins naturels ne lient point ces forts à un système de défense plus étendu.

Dans les plaines sujettes à inondation il peut arriver que des cônes en terre aient été élevés comme lieux de refuge.

Ces mottes sont à peu près les seuls vestiges de monuments à proprement parler militaires qu'on puisse faire remonter à l'époque de l'indépendance gauloise. Toutefois on trouve aussi dans quelques provinces de vastes enceintes, construites évidemment de main d'homme, et qui, trop irrégulières pour être des camps romains, sont, d'après toutes les probabilités, l'enveloppe extérieure de ces *oppida* dans lesquels se réfugiaient les populations gauloises, à l'approche de l'ennemi. Les archéologues ne s'accordent pas sur la question de savoir si, indépendamment de ces lieux de refuge, les Gaulois avaient des villes permanentes fortifiées, dans l'acception que nous donnons à ce mot. Quoi qu'il en soit, on recherchera, dans les masses mêmes des talus qui forment la clôture des *oppida*, si quelques traces de constructions militaires ne s'y seraient point conservées ; on y pourra trouver des renseignements utiles pour résoudre la question relative au mode d'appareil adopté par les Gaulois.

TROISIÈME PARTIE. — MONUMENTS CIVILS.

Les *oppida* ou enceintes fortifiées des Gaulois ne présentèrent probablement point à l'intérieur les dispositions d'alignements et de rues comme nos villes ; on n'y trouvait que les conditions d'un lieu de refuge ou *castrum*. Les habitations qu'elles renfermaient ne furent donc que des demeures incommodes dont on peut trouver le souvenir en examinant le sol de ces enceintes, en y faisant des fouilles dirigées avec soin. M. Féret a reconnu, dans la cité de Limes, auprès de Dieppe, des habitations composées de fosses circulaires qui probablement étaient recouvertes de branches d'arbres.

On trouve dans plusieurs parties du Berry, mais principalement dans l'arrondissement d'Issoudun, de vastes excavations en forme de cônes tronqués renversés, dont la courbe est trop régulière pour ne pas avoir été faite à main d'homme. On les appelle dans le pays *mardelles*, *margelles* ou simplement *marges*, et la tradition leur assigne une haute antiquité. Elles sont placées d'une manière irrégulière dans les champs, quelquefois réunies en grand nombre dans un petit espace; mais toutes, sans exception, offrent ce caractère particulier de ne laisser apercevoir dans les environs aucune trace du déblai auquel leur construction a dû donner lieu; et cependant le volume de ce déblai se monte, pour quelques-unes d'elles, à 11,000 mètres cubes. Leurs dimensions sont très variables; il y en a de 150 mètres de large et de 6 à 8 mètres de profondeur; généralement elles sont moins grandes.

Jusqu'à présent on ignore l'usage auquel les mardelles ont pu servir. On les rencontre dans toute sorte de terrains, de façon qu'on ne peut les considérer comme produites par l'extraction de matériaux employés dans les constructions. Les paysans prétendent qu'elles servaient à mettre des troupes en embuscade; cette opinion n'est pas plus vraisemblable que celle qui tendrait à voir dans les mardelles de vastes silos. Il est, du reste, à remarquer que plusieurs d'entre elles sont l'objet de croyances superstitieuses.

Les mardelles ne sont pas seulement particulières au Berry; elles paraissent exister aussi en Écosse, et on les rencontre en assez grand nombre dans plusieurs cantons de la Normandie.

DEUXIÈME ÉPOQUE. — COLONISATION GRECQUE.

PREMIÈRE PARTIE. — MONUMENTS RELIGIEUX.

La colonisation grecque, répandue sur tout le littoral de la Méditerranée, occupa les côtes méridionales de la France: peut-être même doit-on reconnaître la présence antérieure des Phéniciens ou des Ligures dans quelques constructions et excavations situées vers les bouches du Rhône, et analogues à celles qu'on désigne abusivement sous le nom de *constructions cyclopéennes*.

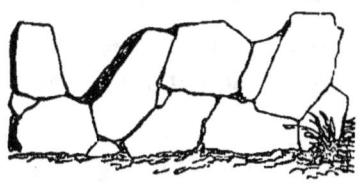
CONSTRUCTION CYCLOPÉENNE.

Dans les recherches relatives à ces faits importants, on considérera comme de nature à éclaircir la question toutes constructions qui portent le caractère de l'antiquité, quels que soient d'ailleurs les formes et l'appareil des pierres qui les composent. Des dessins exactement mesurés et donnant les contours des pierres sont indispensables à cette étude.

Marseille, Antibes, Agde et les autres colonies helléniques dont la désignation manque au texte de Scylax doivent présenter encore des souvenirs de leur origine.

Marseille, centre de la colonisation, a été trop négligée jusqu'à ce jour sous le point de vue de ses relations avec le monde connu des anciens, et sous celui de son étendue, de ses monuments religieux et civils. Son acropole décrite par Strabon et César, l'enceinte de la ville, les envahissements de la mer, l'emplacement et l'étendue de l'ancien port, sont des sources d'investigation dont on comprendra toute l'importance.

Dans la première période de la puissance hellénique, les temples, composés d'une étroite *cella* entourée de colonnes, présentent toujours les formes simples et sévères de l'ordre dorique; les triglyphes et le chapiteau en forme de coupe surmontée d'un épais tailloir sont des caractères trop connus pour qu'il soit nécessaire de les développer ici.

L'église cathédrale de Marseille, située dans l'ancienne ville, peut fournir, ainsi que Saint-Sauveur et d'autres édifices religieux, quelques notions relatives aux temples célèbres de l'acropolis et de la ville antique. C'est parmi les matériaux qui servirent à la construction de ces églises qu'on peut rencontrer quelques fragments grecs; les fouilles exécutées dans les environs pour les particuliers seront suivies avec soin. Les anciens édifices extérieurs des autres villes de la côte déjà mentionnées plus haut, et qui purent appartenir à la colonisation grecque, seront de même l'objet d'investigations minutieuses de la part de MM. les correspondants.

Pendant la seconde période de l'art grec les ordres ionique et corinthien se développèrent, et les temples prirent un autre aspect : les chapiteaux se décorèrent de palmettes et de feuilles d'olivier ou d'acanthe finement découpées, creusées en biseaux et à vives arêtes. La légèreté du dessin, la représentation fidèle et délicate des productions de la nature, tels sont les caractères distinctifs de l'ornementation grecque de cette seconde époque. Dans les détails d'architecture, les profils des corniches et des architraves, des bases et de leurs supports, sont profondément refouillés et dessinés avec énergie.

Au bas de Vernègues, près de Pont-Royal, sur la route d'Orgon à Lambesc, se voient les restes d'un temple qui, par ses proportions et ses détails, par le style de ses ornements, peut être considéré comme appartenant à l'art hellénique.

FEUILLE GRECQUE.

Fragment d'un des chapiteaux du temple de Vernègues.

Les autels des Grecs présentent les formes les plus variées; des ornements d'architecture en décorent la base et le sommet. La sculpture y reproduit souvent les attributs des sacrifices ou des divinités auxquelles ils furent consacrés, quelquefois la représentation de ces divinités elles-mêmes. Élevés dans les temples ou isolément dans les campagnes, ils offrent un égal intérêt. MM. les correspondants signaleront toute découverte de cette nature; des dessins seront joints aux descriptions, et feront connaître, s'il y a lieu, les constructions accessoires, telles que fondations et massifs de pierre qui auraient servi à consolider l'établissement de ces autels.

Les tombeaux peuvent être classés au nombre des monuments religieux.

STÈLES.

Dans tous les lieux où les Grecs ont établi des colonies, ils ont laissé des témoins de leur respect pour les morts. Des stèles en marbre ou en pierre, des colonnes plus ou moins élevées sont les monuments funèbres les plus communs en Grèce et sur le littoral de la Méditerranée.

Un ouvrage publié à Marseille en 1773 a fait connaître un grand nombre d'inscriptions grecques gravées sur des tombeaux. Elles n'ont pu disparaître entièrement du territoire marseillais; si de nouvelles recherches mettent sur les traces de ces stèles ou des monuments de même nature qui pourront sortir des fouilles postérieures, il est nécessaire de les faire réunir dans un musée: ces dispositions s'appliquent à toutes les villes de la colonisation grecque.

Il est à souhaiter que ces richesses ne passent point à l'étranger, ce qui est arrivé pour une statue de style grec ancien, peut-être celle de la Diane éphésienne, adorée à Marseille, et que possède aujourd'hui la galerie Albani, à Rome.

A défaut d'inscriptions grecques sur les stèles ou marbres d'une autre forme, on en reconnaîtra l'origine par la finesse des ornements, par des palmettes légères ou des rosaces gravées au sommet.

PALMETTES GRECQUES.

Le territoire marseillais conservait encore dans le siècle dernier quelques monuments funèbres qu'on attribuait aux Grecs; au hameau de la Pène était une pyramide dont on pourra retrouver quelques traces.

Enfin sur le sol de la Provence l'influence de l'art hellénique s'exerça sur les monuments funèbres de l'époque romaine. Le grand tombeau de Saint-Remy en serait une preuve suffisante. MM. les correspondants peuvent trouver dans cette transition une suite d'observations curieuses à consigner.

DEUXIÈME PARTIE. — MONUMENTS MILITAIRES.

Les Grecs ont connu l'art de protéger par de fortes murailles leurs villes et les citadelles qui les dominaient. Durant la première période hellénique les constructions militaires furent composées de pierres irrégulières, et communément désignées sous le nom de *murs cyclopéens;* alors quelques tours pesantes s'élevèrent en saillie sur les courtines : l'irrégularité de l'ouvrage indique clairement l'état encore primitif de la civilisation. Nous avons déjà signalé plus haut ce mode de bâtir et la nécessité d'en dessiner avec soin une à une toutes les pierres, afin de déterminer d'une manière précise le caractère de la construction.

La Grèce, en se plaçant dans une voie de progrès, améliora son système de défense: les pierres furent taillées à l'équerre et prirent des formes régulières; mais par une combinaison sagement entendue on évita de réduire leurs dimensions en abattant les angles qu'elles présentaient en sortant de la carrière; il n'est donc pas rare de rencontrer des assises équarries sur leurs lits, mais dont les extrémités se joignent par des lignes inclinées, courbes ou anguleuses, comme on le pratique de nos jours dans les gros libages de fondation. Enfin un troisième système de construction militaire se présente chez les Grecs : les pierres y sont parfaitement régulières et bien dressées sur toutes les faces. C'est ainsi que furent construites les longues murailles d'Athènes et l'enceinte de Messène. Des tours rondes ou carrées s'élèvent à des distances calculées sur la portée du trait.

Quant à la forme des clôtures de villes, elle fut subordonnée à la nature du sol. On suivit le contour des collines, on s'éleva jusqu'à leur crête, s'appuyant sur des roches escarpées, ou se protégeant par un *agger* et des fossés profonds.

L'Étrurie, dont les relations avec la Grèce furent pour ainsi dire continues, put avoir, en raison du voisinage, quelque influence sur les colonies méridionales des Gaules. Les villes de cette partie de l'Italie présentent un fait curieux, relatif à la poliorcétique antérieure à celle des Romains. On y reconnaît que les Étrusques n'ignoraient pas l'art de prendre des angles pour défendre un point important de l'enceinte d'une ville. Tous ces faits sont signalés à MM. les correspondants, pour attirer leur attention sur les murs militaires qui pourraient être attribués à la colonisation grecque dans les contrées méridionales de la France.

TROISIÈME PARTIE. — MONUMENTS CIVILS.

Les constructions civiles des Grecs présentent une grande variété de formes, dont les éléments simples se trouvent dans leurs temples.

L'*agora* ou place publique, le *stoa* ou portique, la basilique, les propylées, étaient des édifices composés de galeries à colonnes dont l'espacement était subordonné à l'emploi du bois ou de la pierre, à l'étendue des architraves qui reliaient ces colonnes entre elles. Sans doute la France ne possède aucun de ces monuments grecs au-dessus du sol; mais les fouilles peuvent mettre au jour quelques soubassements d'édifices composés de pierres rapportées, ou, selon l'usage des Hellènes, taillées dans la roche vive. Il est donc nécessaire d'en signaler les dispositions principales. Établies ordinairement avec de larges pierres, ces substructions portaient l'aire du monument, et de nombreuses marches profilées à l'entour donnaient de toute part un accès facile. Les détails d'architecture ainsi que ceux des temples pourront présenter le style dorique décoré de triglyphes; des traces de coloration y seront minutieusement recherchées, non seulement sur les parties planes, mais encore sur les moulures courbes et dans les refouillements; des terres cuites peintes y étaient souvent appliquées.

TERRES CUITES COLORIÉES.

Pour ce qui concerne la sculpture d'ornement dont furent décorées les faces intérieures ou extérieures des édifices grecs, nous avons donné à l'article qui concerne l'architecture sacrée les renseignements dont MM. les correspondants pourront faire usage.

Les côtes méridionales de la France, par la nature des rochers qui les composent, offrirent aux Grecs les moyens de creuser facilement des ports, d'établir des môles selon l'usage consacré dans leur patrie; ces colons actifs et intelligents aidèrent par l'industrie aux dispositions que fournissaient les localités. On examinera sur les côtes tout ce qui pourrait indiquer leur présence.

Les maisons grecques servirent de modèles à celles des Romains; nous traiterons avec détails, dans un article intitulé *Constructions particulières*, cette partie importante de l'art antique en France.

TROISIÈME ÉPOQUE. — CONQUÊTE ROMAINE.

PREMIÈRE PARTIE. — MONUMENTS RELIGIEUX.

L'histoire de l'art présente une troisième et brillante période, déterminée par l'arrivée de César sur le sol des Gaules. Les Romains y apportèrent une civilisation qui changea la face de toutes les productions antérieures.

De toutes parts des camps s'établirent pour étendre et conserver la conquête; des silos, des magasins militaires furent placés sous leur protection, et les premiers autels des divinités romaines s'élevèrent devant les tentes consulaires. Les alliances avec plus d'une république gauloise commencèrent les mélanges de religion et de mœurs signalés au début de ces instructions, et l'art italique, prêtant son secours aux druides, interpréta leurs idées religieuses et les traduisit sur des monuments durables. Les soldats romains, exercés dans l'art de bâtir et dirigés par d'habiles artistes, en imposant aux Gaulois la théogonie, les lois, les usages de l'Italie, les dotèrent de nombreux édifices analogues à ceux de la métropole, et toutes les constructions de la Gaule furent soumises au niveau d'une même équerre, à la liaison d'un même ciment.

C'est particulièrement au début de ces importations étrangères que l'art peut être qualifié de gallo-romain, par la liaison intime qui s'établit alors dans les productions des deux peuples; c'est donc à cette époque que MM. les correspondants pourront attribuer en général les monuments de sculpture offrant des divinités étrangères à Rome, des costumes, des usages du peuple soumis. On y pourra rencontrer des représentations de druides, des noms gaulois écrits en caractères romains, mais faciles à reconnaître aux racines et aux terminaisons barbares; des emblèmes, des nombres mystérieux, des branches de gui ou de chêne, des instruments sacrés ou d'un usage inconnu. On aura soin de recueillir tous ces renseignements précieux, ainsi que tout ce qui pourrait mettre sur les traces de la religion des druides, des divinités locales, enfin de tout ce que le ciseau italique a pu conserver de souvenirs gaulois.

Une importation qui doit dater de cette première époque de la domination romaine, et dans laquelle on trouvera de nombreux éléments d'étude, c'est la fabrication des terres cuites. On examinera les puits d'exploitation, les fours à cuire, les dimensions et les formes données aux briques et aux tuiles, qui, selon Vitruve, furent établies sur des mesures gauloises.

TUILES ROMAINES.

Des marques de fabriques ou de localités pourront s'y rencontrer. On fera les mêmes applications aux poteries et aux vases de toute nature, ainsi qu'aux antéfixes placées devant les toits.

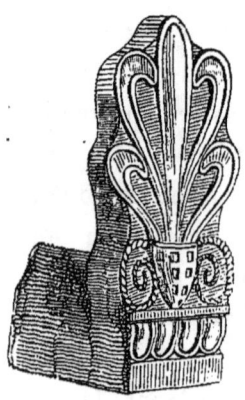

ANTÉFIXES.

Il sera utile de suivre l'exploitation des pierres, des marbres, des granits, tant pour les édifices à construire sur le sol, que pour l'exportation en Italie. Les Gaulois furent employés à ces travaux, et les carrières pourraient fournir des notions relatives aux moyens mis en œuvre pour détacher les masses, ainsi qu'aux instruments en usage dans ce genre d'exploitation.

Quant à l'architecture de cette époque de transition, elle doit être complètement dans le style romain, puisque tout porte à croire que les Gaulois n'avaient point d'art établi sur des règles; quelques usages indigènes conservés dans les édifices élevés par les nouveaux constructeurs pourraient donc seuls faire reconnaître les monuments contemporains de la conquête. On peut attribuer à l'époque de la première occupation militaire des Gaules les magasins souterrains et les silos dans lesquels les Romains renfermèrent des provisions de guerre. On doit indiquer les coupes de ces silos, les moyens d'y puiser, de les clore, et même de les défendre des surprises de l'ennemi. Maîtres enfin de nos riches provinces, les vainqueurs pensèrent à s'y établir d'une manière durable.

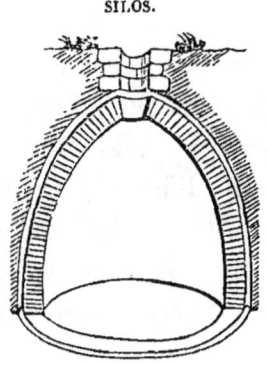

SILOS.

Coupe d'un silo auprès d'Amboise.

Les villes qu'ils fondèrent dans les Gaules se distinguent des établissements antérieurs à la conquête par l'heureux choix des localités, et par la réunion de tout ce qui pouvait contribuer à la prospérité d'une colonie.

Un lieu élevé, dominant toute la surface que devait occuper la ville, était consacré à la citadelle et renfermait les temples des grandes divinités. Cette première disposition reconnue, on examinera si les citadelles ou acropoles romaines ont conservé des restes de murailles militaires et de contreforts destinés à soutenir les terrains et les rochers; on étudiera les chemins ou escaliers favorables à l'arrivée des troupes, au transport des machines de guerre, enfin aux pompes religieuses que les solennités conduisaient aux temples. On cherchera sur ces points culminants les traces qui pourraient indiquer la forme et l'étendue des remparts, ainsi que les dimensions des temples des divinités protectrices de la cité. Lorsque les citadelles furent établies postérieurement, elles étaient situées en dehors de l'enceinte. Un plan topographique des localités, dessiné sur une grande échelle, doit servir de base aux opérations qu'on se propose de faire sur une ville antique. Les découvertes successives, tracées exactement aux lieux où elles seront faites, établiront de la clarté dans le travail.

L'intérieur d'une ville romaine, divisée en quartiers ou régions, contenait un *forum* ou place publique, un marché, des carrefours : c'est sur ces points importants qu'étaient placés les temples des divinités, souvent remplacés par des églises. On cherchera les souvenirs de ces édifices dans les légendes sacrées et dans les traditions. Près des marchés étaient les autels de Mercure, d'Isis, de Sérapis; ceux d'Apollon et de Bacchus avoisinaient le théâtre; Hercule avait ses temples auprès de l'amphithéâtre et du cirque.

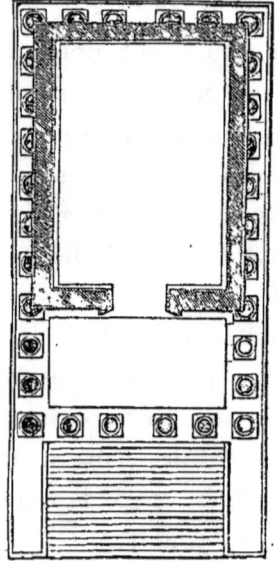

Plan du temple dit *Maison carrée*, à Nîmes.

La position d'un temple une fois reconnue par les traditions ou les monuments littéraires, on devra en chercher les traces positives dans les substructions de l'église ou des édifices d'une autre espèce élevés au même lieu. Toutes les attaches ou ruines qui dans les environs pourraient se lier au monument principal, ou à l'enceinte sacrée qui l'entourait, seront relevées avec soin dans leurs directions relatives, et placées sur un plan mesuré et orienté. Ce qui regarde les temples s'applique de même à tout autre édifice antique, de quelque nature qu'il soit.

Lorsque les restes du temple paraîtront au-dessus du sol, un dessin géométral donnera l'état présent des ruines en les dégageant des constructions modernes qui pourraient y être enclavées. Les moulures ou membres d'architecture seront levés avec précision et dans le galbe exact de l'original, la partie la plus intacte étant choisie pour cette opération; une lame de plomb appliquée sur la pierre peut en donner les courbes exactes, pour les reporter sur le papier. On obtient le même résultat et directement en traçant le profil sur un papier passé dans le joint de deux pierres, si les moulures y sont bien conservées.

Les membres d'architecture trop grands pour subir cette opération seront cotés avec soin et relevés à l'équerre et au fil à plomb.

Les détails ornés, tels que chapiteaux, frises, décorations de toute espèce, seront dessinés de manière à reproduire exactement le caractère de la sculpture. C'est de la sévérité de ces dessins et de l'exactitude à rendre les formes que dépend l'assignation de l'âge du monument dont on donnera la réduction.

L'architecture gallo-romaine offrira, dans les ornements et dans les profils de moulures, une richesse d'invention, une variété de formes, qui pourra faire distinguer les compositions dans lesquelles se manifestait le génie inventif des Gaulois. L'exécution de ces détails d'architecture est assez grossière dans les régions septentrionales : on y reconnaît l'usage du trépan pour obtenir les effets d'ombre et de lumière.

| FEUILLE D'OLIVIER. | FEUILLE D'ACANTHE. | FEUILLE FRISÉE. |

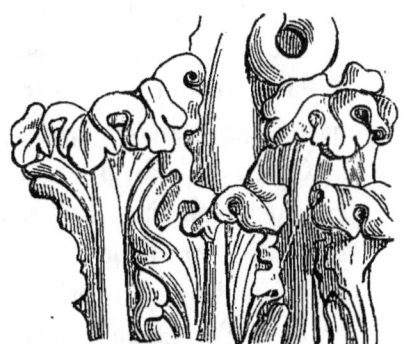

| Panthéon, à Rome. | Bains, à Nîmes. | Tombeau, à Saint-Remy. |

Ces fragments précieux ne peuvent être étudiés avec fruit s'ils ne sont mesurés avec tous leurs détails, dessinés géométralement et dans leur état brut. Les profils et un plan indiquant la décoration des plafonds, des sculptures placées sous les modillons et larmiers, sont encore des travaux indispensables pour expliquer complètement l'ensemble de ces monuments. On peut recommander l'emploi de la *chambre claire* pour en dessiner les ornements avec vérité, et, s'ils sont peu saillants, un estampage en papier offre une reproduction encore plus fidèle.

Cette opération consiste à appliquer sur la sculpture de peu de relief un papier sans colle et légèrement mouillé, comme on l'emploie dans l'imprimerie, et à y faire paraître les formes les plus délicates et même le grain de la pierre, en appuyant d'abord avec un linge puis avec une brosse.

Les procès-verbaux de recherches mentionneront les divers marbres, schistes et autres matériaux employés dans les édifices ; leurs qualités, le pays où ils furent exploités ; s'ils sont exotiques ou produits par le sol.

Le plan général de la ville antique recevra l'indication des fouilles successives dont on a conservé le souvenir ; les fragments placés dans les musées ou dans quelque autre dépôt municipal seront, autant que possible, rattachés à la fouille dont chacun d'eux est sorti. Une classification par numéros peut suffire à cette opération.

Indépendamment du plan des édifices dont les murs sont encore debout, on dessinera géométralement les mosaïques et pavés indiquant l'étendue des monuments qui ne s'élèvent plus au-dessus du sol.

Dans les fouilles de ces édifices, le plus petit fragment d'architecture, une feuille de chapiteau, une moulure ornée, un détail, quelque peu important qu'il paraisse, doit devenir une source d'observations utiles; on ne peut oublier qu'en sauvant ces fragments on contribue à former une suite de faits, qui tôt ou tard trouvent leur place dans la vaste collection des connaissances archéologiques.

Ce qu'on a dit précédemment des autels des Grecs peut s'appliquer à ceux des Romains: diversité dans les formes, décoration d'architecture et de sculpture, emblèmes de sacrifices et de victimes, jusque-là complète analogie; mais une exécution peu soignée, des profils de moulures plus composés et d'un galbe moins pur, la sculpture d'un dessin moins noble caractérisent les autels élevés sous la domination romaine et les font différer de ceux des Grecs. Les inscriptions suffiront pour faire distinguer les autels votifs, lorsqu'ils seront privés d'ornementation et qu'ils n'offriront rien de plus que des cubes de pierre ou de marbre, comme on en voit souvent de consacrés aux nymphes ou à quelques divinités locales du second ordre.

Certaines cérémonies romaines ont donné naissance à des monuments sacrés inconnus aux Grecs; dans les tauroboles on éleva des autels d'une forme particulière: une table percée d'un grand nombre d'ouvertures recevait la victime; sous cet autel s'administrait le baptême de sang. La France possède un de ces monuments de superstition. Les nouvelles découvertes dans ce genre seront étudiées et dessinées par MM. les correspondants.

Enfin nous signalerons une dernière classe de monuments religieux, les bornes Termes ou Hermès, qui servaient de limites entre les provinces ou les propriétés particulières, et qui, répandues dans les campagnes, recevaient à certaines époques de l'année les vœux des cultivateurs.

DEUXIÈME PARTIE. — MONUMENTS MILITAIRES.

§ 1. — ENCÉINTES.

L'enceinte primitive de Rome avait enveloppé le Palatin dans une forme carrée: un grand nombre de cités romaines présentent cette disposition, particulièrement sur les pays de plaines. Les murailles, protégées à leur base par un fossé et un *agger*, étaient construites de plusieurs manières. On désignera la façon de ces murailles; des dessins géométraux indiqueront si elles sont fabriquées en grandes assises réglées, en moellons smillés, ou par encaissement.

Les grandes assises peuvent être établies en liaison comme on pose les briques, c'est l'*insertum* des Romains. L'*opus incertum* est formé de pierres irrégulières.

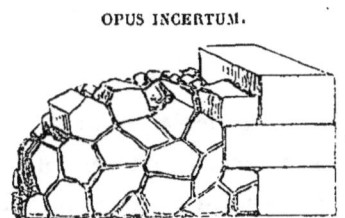

OPUS INCERTUM.

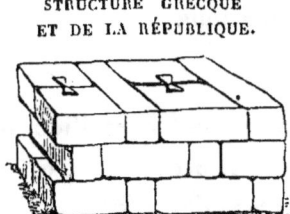

STRUCTURE GRECQUE
ET DE LA RÉPUBLIQUE.

Dans la structure des Grecs et les constructions de la république romaine, une pierre en boutisse, dont l'extrémité seule était apparente, se plaçait entre deux pierres offrant toute leur longueur.

On nomme *revinctum* ou construction cramponnée celle dont les pierres formant les deux parois du mur sont liées avec des crampons. Le nom de *maceria* se donne à la construction composée de blocs de pierre placés à sec sans liaison de mortier. La base des murailles est souvent établie de la sorte.

Les moellons smillés (*similes*) peuvent être taillés en losanges et figurer une maille ou réseau : cette structure est appelée *opus reticulatum*.

Le nom d'*isodomum* était donné aux constructions de moellons placés à

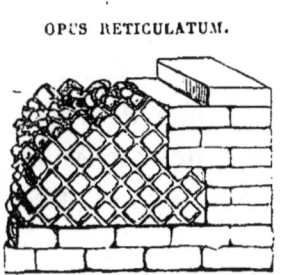

OPUS RETICULATUM.

EMPLECTON ET MACERIA.

plat, mais égaux en hauteur; le *pseudisodomum* était composé d'assises de moellons inégaux.

L'*emplecton* forme un encaissement de moellons reliés par des assises de briques. En France la décoration de terres cuites mêlées aux constructions est très variée. Des losanges et autres figures géométriques se reproduisent à plusieurs hauteurs dans les murailles : c'est vers le Bas-Empire qu'elles se multiplient et prennent toutes les formes.

Dans les contrées maritimes et auprès des fleuves qui roulent des galets, les Romains ont fait usage de ces cailloux, et, les inclinant les uns sur les autres en forme d'épi ou d'arête de poisson, en ont formé un ouvrage qu'on nomme *opus spicatum*.

§ 2. — PORTES.

Les portes situées au milieu des grandes faces des murailles de ville étaient en général protégées par des tours crénelées; le chemin de ronde arrivait aux portes de la ville dans une petite enceinte formant double défense sur ce point. La porte de ville offrait ordinairement deux voies, consacrées, l'une à l'entrée, l'autre à la sortie des chars : les murs de Nîmes et d'Autun ont en outre des ouvertures pour les piétons. Ces dispositions cu-

Porte de la ville d'Autun.

rieuses, ainsi que les moyens de clôture, le mouvement des herses, le biais des murs pour le jet du trait, seront indiqués aux plans, coupes et façades des portes. Tous les vestiges de scellement de ferrure, de trous voisins des entrées, qui pourraient expliquer l'arrangement des barricades, ou palissades établies en cas de siège, seront mesurés avec soin et placés dans les dessins géométraux.

Le chemin de garde passant sur la muraille était orné au-dessus des portes par des arcades à jour ou toute autre décoration. On examinera dans ces arcades si des appuis permettaient de combattre comme dans les parties de la muraille où étaient établis des créneaux.

§ 3. — VOIES ANTIQUES.

Les caractères principaux des voies romaines connues en France sont:
Leur peu de largeur: elles dépassent rarement six ou sept mètres;
Leur forme bombée;
Leur direction presque toujours en ligne droite;
Leur situation sur les plateaux ou à mi-côte des hauteurs;
La profondeur de l'empierrement, divisé en plusieurs couches distinctes de matériaux: on en compte quelquefois jusqu'à quatre, chacune de plusieurs pieds d'épaisseur.

On peut ajouter, mais seulement comme un indice accessoire, auquel il ne faut pas attacher trop d'importance, l'emploi de terre glaise, ou de masses de terre cuite, ou enfin de briques ou de tuiles dans les couches inférieures.

La couche supérieure, *summa crusta*, se compose de cailloux ou de pierres de toutes dimensions, quelquefois taillés et présentant alors l'apparence du petit appareil des constructions romaines. Quelques voies antiques, surtout dans le Midi, sont au contraire pavées de pierres énormes taillées irrégulièrement, mais assemblées avec beaucoup de précision.

VOIES ROMAINES.

Ailleurs, lorsque les localités l'exigeaient, on a taillé les rochers au pic, de manière à former souvent des excavations très considérables.

Dans les pays plats beaucoup de voies antiques se distinguent par leur exhaussement au-dessus des plaines environnantes. Plusieurs offrent l'aspect d'une muraille épaisse élevée de plusieurs pieds au-dessus du sol.

Les caractères que nous venons d'énumérer ne sont point tellement constants et absolus, que, lorsqu'ils se présentent, on en doive toujours conclure l'existence d'une voie antique; et, par contre, les exceptions ou des caractères très différents ne prouvent point toujours une origine moderne. Dans tous les cas on devra tenir compte des circonstances locales, qui peuvent avoir beaucoup d'importance pour décider la question : par exemple, le voisinage d'une voie antique bien constatée, celui d'un camp ou d'un grand établissement romain. On pourra s'aider encore, mais *avec réserve*, des témoignages historiques que nous ont conservés les géographes anciens.

En examinant une voie antique, on devra noter :

Sa direction ;

Son étendue, ses lacunes, ses embranchements ;

La nature des matériaux et leur épaisseur.

On fera connaître si elle est encore en usage ou si elle l'a été anciennement, enfin si l'on y a fait des réparations plus ou moins modernes.

On recherchera si des bornes ont existé ou existent encore le long de ces chemins ou aux environs ; si l'on en a déplacé quelques-unes.

Il est important de copier les inscriptions de ces bornes, ou mieux de les estamper.

On examinera si les distances indiquées par ces inscriptions sont exprimées en milles romains ou en lieues gauloises (les premiers de 1,000 pas ou $\frac{1}{3}$ de lieue, les secondes de 1,500 pas ou $\frac{1}{2}$ lieue).

Quelquefois on trouve sur le bord des voies romaines des pyramides ou des tours pleines (sans escaliers ni chambre intérieure), dont la destination est fort problématique. On décrira minutieusement ces constructions, et s'il est possible on en donnera des plans et des dessins. On recherchera également si, dans le voisinage de ces routes, il n'existe pas des tombeaux, des substructions de maisons, soit en groupes, soit isolées.

Autant que possible on devra tenir note des noms modernes des hameaux, et même des fermes que traverse une voie antique : ces noms pourront quelquefois mettre sur la trace de nouvelles découvertes.

Les voies traversent les torrents et les fleuves sur des ponts antiques, qu'on étudiera dans tous leurs détails de construction et d'architecture.

§ 4. — CAMPS ET ENCEINTES ANTIQUES.

Il existe en France un grand nombre d'enceintes formées par un fossé et un amas de terre, ou bien par une muraille de pierres sèches. Leur origine, leur date, souvent même leur destination, sont très difficiles à déterminer. Non seulement les camps des peuplades barbares, gauloises ou étrangères, qui ont fait la guerre sur notre territoire depuis une époque fort antérieure à la conquête de César, jusqu'au viii° ou ix° siècle, peuvent se confondre avec des camps romains, mais encore des enceintes ayant une destination religieuse ou civile peuvent quelquefois être prises pour des ouvrages militaires. C'est ainsi que plusieurs monuments celtiques sont environnés d'un large fossé et d'un parapet en terre. D'autres fois des enceintes semblables entourent des *tumulus*. Dans une foule de cas ce n'est que par l'observation de bien des circonstances accessoires que l'on arrive à connaître l'origine de ces monuments. On ne peut donc trop recommander de décrire minutieusement tous les objets antiques trouvés sur les lieux : médailles, armes, poteries, meules à grain, ustensiles de tout genre, même les ossements d'animaux, si l'on en découvrait en grand nombre. Leur espèce et leur gisement pourraient fournir des renseignements utiles.

Les enceintes dont la destination militaire paraît le mieux constatée, et dont on peut rapporter l'érection à une époque antérieure à la conquête, se trouvent, en général, sur des plateaux élevés ou escarpés, dont elles suivent les contours les plus irréguliers. D'ordinaire elles se composent d'un mur en pierres sèches, qui sert en quelque sorte de parement à un *agger* de terre plus ou moins épais. Les pierres sont brutes le plus souvent, quelquefois grossièrement équarries, plus rarement elles sont liées les unes aux autres par des tenons de bois à queue d'aronde.

MUR D'ENCEINTE.

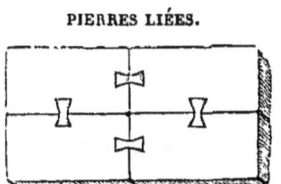

PIERRES LIÉES.

Les formes des enceintes en terre que l'on peut regarder comme des camps sont trop nombreuses et trop variables pour qu'on essaie de les décrire ici. Un grand nombre présentent ce rapport, qu'elles ont une petite enceinte intérieure presque toujours contiguë à l'enceinte principale (voir ci-contre, page 29).

Quant à leur origine, il est difficile de la constater autrement que par la découverte des objets antiques qu'elles peuvent renfermer. On conçoit en effet qu'avant l'invention des armes à feu tous les retranchements temporaires ont eu entre eux la plus grande ressemblance, quel que fût le peuple qui les eût construits.

Cependant, lorsque quelques-uns de ces camps offrent un tracé conforme aux règles de la castramétation chez les Romains, on peut présumer qu'ils ont été élevés par ce peuple, et à une époque où ses légions avaient encore conservé leur antique discipline.

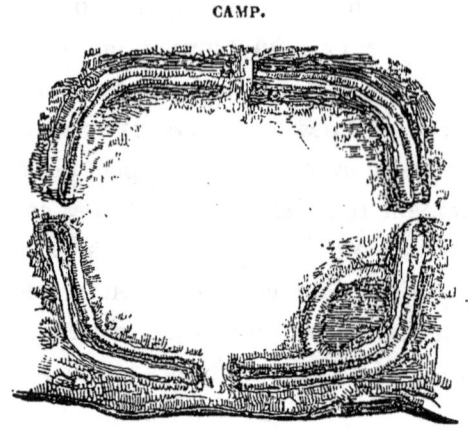

CAMP.

Nous rappellerons donc sommairement l'ordonnance des camps romains, telle que nous l'ont transmise les auteurs militaires.

Anciennement, c'est-à-dire sous la république et dans les premières années de l'empire, les camps étaient carrés, entourés d'un rempart en terre avec un fossé en avant, d'une largeur et d'une profondeur correspondant à l'épaisseur et à la hauteur du rempart, ce dernier n'étant composé que des terres retirées du fossé. Dans la suite on leur donna la forme d'un parallélogramme rectangle, quelquefois avec des angles arrondis, les grands côtés étant aux petits dans le rapport de trois à un.

D'ordinaire les camps avaient quatre portes, une sur chaque face; quelquefois un ouvrage avancé, un rempart avec un fossé s'élevaient en avant des portes. Le rempart du côté opposé à l'ennemi avait souvent une hauteur sensiblement plus considérable que celle des autres faces du camp.

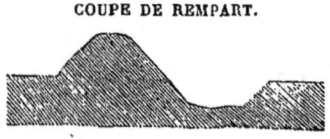

COUPE DE REMPART.

Les lieux que les généraux romains préféraient pour établir leurs camps étaient principalement les larges plateaux à proximité des cours d'eau, ou bien les plaines. Pour eux une hauteur escarpée était une mauvaise position, et leur pratique constante était de faire niveler le terrain occupé par leurs troupes.

On ne peut qu'inviter les correspondants à joindre à leurs mémoires sur les camps antiques un plan détaillé non seulement des retranchements, mais de leurs environs, avec des coupes du fossé, du rempart, et, s'il se peut, de tout le terrain qu'embrasse l'enceinte fortifiée. Il est essentiel de marquer à quelle distance du camp se trouve un ruisseau ou un étang. Enfin l'on recherchera si dans le voisinage il existe d'autres retranchements, et si des découvertes d'objets antiques ont été faites aux environs.

§ 5. — FORTIFICATIONS PERMANENTES.

Nous avons donné, page 12, quelques renseignements sur les fortifications permanentes des Gaulois.

Il y a lieu de croire qu'après la conquête les Romains, voyant leur domination affermie, ne fortifièrent point les villes qu'ils bâtirent ou qu'ils occupèrent. Campées sur les frontières orientales, leurs légions arrêtaient les incursions des barbares, et un très petit nombre de troupes suffisait à maintenir l'ordre dans les provinces ajoutées à l'empire. Les troupes étaient ou réparties dans des stations militaires, *stativa castra*, ou bien elles occupaient certaines forteresses ou citadelles à proximité des grandes villes.

Dans la décadence de l'empire, les invasions des barbares firent sentir le besoin de fortifier les villes, pour les mettre à l'abri du pillage. Les travaux entrepris à cette époque portent l'indice d'une grande précipitation, et d'ordinaire on remarque que les murailles sont bâties avec les débris de grands édifices, comme si on les avait sacrifiés pour en tirer des matériaux à l'approche du danger. Les progrès de la religion chrétienne expliquent encore comment un grand nombre de temples furent démolis alors, et leurs matériaux employés à ces fortifications.

Presque toutes les murailles construites à cette époque se font reconnaître facilement par les blocs énormes qui en forment les assises inférieures, et dont un grand nombre présentent des moulures, des bas-reliefs ou des inscriptions. En général, le haut des murs est à petit appareil interrompu par des lits de briques ou de tuiles. Quelquefois certaines parties du parement extérieur présentent une espèce de mosaïque grossière, par la combinaison de pierres noires et blanches et de briques rouges. Il faut noter l'épaisseur du ciment qui sépare les pierres, en général beaucoup plus considérable que dans les premiers siècles de l'architecture romaine.

Les tours sont rondes plus souvent que carrées, ayant le même diamètre à leur base qu'à leur sommet, et fort rapprochées les unes des autres. En œuvre, leur diamètre est rarement de plus de quinze à dix-huit pieds.

Les observations qu'on devra faire sur ces fortifications sont les mêmes que celles qui s'appliquent à tous les édifices du même temps.

On trouve quelquefois, sur des bas-reliefs ou des mosaïques, des renseignements curieux sur l'art de la guerre chez les anciens, des représentations de machines de guerre, de tours, de remparts, de tentes, etc. En décrivant ces monuments, on doit toujours y joindre des dessins ou des calques, s'il y a lieu.

TROISIÈME PARTIE. — MONUMENTS CIVILS.

Les édifices publics des Romains prirent un grand développement sur le sol des Gaules. Ces constructions sont aussi importantes que toutes celles qui jusqu'ici ont été signalées à MM. les correspondants; leur étude peut offrir un grand nombre de faits nouveaux.

§ 1. — PORTS.

Si la ville romaine qu'on étudiera est maritime, on tracera sur le plan général l'étendue et l'emplacement des ports marchand et militaire, l'arsenal, les magasins, le phare, les jetées, et tous les détails de marine que pourraient produire les fouilles, si le port est à sec.

Au profil des quais on joindra un détail de la construction destinée au soutènement des terres, des notes sur les mortiers hydrauliques, l'exploitation de la chaux, etc.

§ 2. — AQUEDUCS.

On suivra le cours des aqueducs non seulement dans les vallées et dans les plaines qu'ils traversent sur des constructions apparentes, mais encore dans les montagnes percées, sous le pavé des villes, et partout où passèrent les canaux. Dans l'étude générale de ces aqueducs, depuis la source jusqu'aux citernes ou réservoirs qui reçurent les eaux, on fera un travail de nivellement pour connaître les siphons et autres moyens en usage chez les Romains; on pourra compléter ainsi nos connaissances sur la science hydraulique des anciens.

Le cours des tuyaux de plomb ou de terre cuite distribuant les eaux dans la ville sera relevé lorsque des fouilles les mettront à découvert. Les lieux où purent être situés les châteaux d'eau, fontaines ou lavoirs, seront donnés par le nivellement des terrains et le cours de ces tuyaux.

TUYAUX EN TERRE.  TUYAU EN PLOMB.

 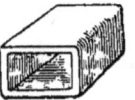 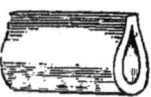

Les mastics et revêtements intérieurs des conduits et des piscines seront l'objet d'une étude spéciale, ainsi que les dépôts tartreux des eaux, et tout ce qui peut indiquer la durée de leur passage ou de leur séjour.

Les Orientaux ont conservé l'usage de retenir dans les vallées les eaux pluviales ou celles qui coulent lentement des montagnes, par des digues solides, derrière lesquelles ils établissent des fontaines commodes et des lavoirs publics. Ces constructions étaient connues des anciens; la France en possède des traces auprès d'Aix; il est important de les signaler et de les étudier, non seulement comme des monuments de la domination romaine, mais encore dans le but d'en faire connaître l'usage, et de le renouveler dans des contrées dépourvues d'eau courante.

§ 3. — THERMES.

L'examen des aqueducs se lie à celui des bains publics et particuliers, désignés chez les Romains par les noms de *thermæ* et *balnea*. Les thermes, si multipliés dans l'antiquité, et dont les Gaules ont conservé de nombreuses ruines, s'élevèrent auprès des sources thermales, dans l'enceinte des grandes villes et quelquefois *extra muros*. Lorsque la ligne des canaux d'aqueduc aura dirigé les études vers les ruines que la tradition ou les dispositions elles-mêmes pourront faire considérer comme appartenant à un édifice consacré aux bains, un plan général sera levé; on y indiquera les arrivées des eaux avant leur emploi, et les aqueducs de dégagement lorsque, par l'usage des bains, elles étaient mises hors de service.

Un réservoir étant nécessaire pour réunir ces eaux avant leur arrivée aux piscines ou grands bassins, de même qu'aux bains particuliers, on en cherchera les traces en amont du cours d'eau. Toutes les directions que devaient suivre les tuyaux de distribution, soit vers l'hypocauste ou fourneau destiné à chauffer les bains, soit aux baignoires avant et après l'usage, seront étudiées de manière à bien expliquer les fonctions de chaque conduit.

Si des souterrains destinés à servir de magasins aux combustibles, de salles de service, d'hypocauste pour chauffer les bains, etc., se rencontrent dans les ruines de l'édifice, ils seront l'objet de plans particuliers; les divers niveaux des salles, leurs usages respectifs, tels que bains froids, bains tièdes, étuves, etc., seront expliqués au plan; leur forme et la place qu'elles occupent dans l'établissement guideront pour ces désignations.

Si quelques traces de mosaïques ou de décorations intérieures, telles que peintures, stucs, marbres incrustés, se rencontrent dans les ruines, elles seront recueillies et dessinées avec précision, en couleurs et dans le caractère de l'antiquité.

L'orientation du plan est nécessaire comme vérification de plusieurs préceptes de Vitruve relatifs aux bains. Des coupes sur chaque salle indiqueront sa forme et sa construction.

§ 4. — PRÉTOIRES.

Les capitales de province doivent seules renfermer les restes de palais impériaux ou de prétoires; ces grands édifices, qui ne reçurent les souverains que pendant leurs voyages dans les Gaules, furent plus spécialement réservés aux chefs qui commandaient l'occupation.

Cette considération doit les faire envisager sous le point de vue militaire autant que sous l'aspect civil : l'emplacement qu'ils occupèrent fut donc ordinairement choisi de manière à dominer le pays, à tenir les routes stratégiques sous la dépendance du préfet, à relier avec les camps d'occupation toute la ligne militaire.

Lorsque ces conditions de localités seront reconnues dans les ruines d'un grand édifice que les traditions pourront indiquer comme un prétoire, le relevé du plan y fera distinguer les grandes salles d'audience, un tribunal et de vastes habitations. Près de cet édifice les nivellements de terrain pourront indiquer la surface d'une place publique ou *forum*, convenable à la réunion d'une partie de l'armée et de la population. On devra, par un examen scrupuleux de l'enceinte, s'assurer des relations qui pouvaient être établies entre le palais prétorien et les murailles de la ville; la même étude s'appliquera aux portes placées sur la voie militaire.

Les plans, coupes et façades indiqueront exactement l'état actuel de l'édifice; les détails de construction qui pourraient offrir de l'intérêt seront signalés aux dessins et dans les descriptions.

§ 5. — ARCS DE TRIOMPHE.

Les trophées militaires, arcs de triomphe, colonnes historiques, multipliés en France par l'art italique, sont des monuments isolés dans lesquels la richesse de l'architecture fut plus ou moins prodiguée, selon l'importance des faits mémorables dont ils conservèrent le souvenir.

Les arcs de triomphe placés, selon l'effet qu'ils devaient produire, avant l'entrée des villes, à l'alignement des remparts, dans l'intérieur de l'enceinte ou à la tête des ponts, présentent des aspects variés.

Les plus simples, ouverts d'une seule arcade, offrent une masse décorée de colonnes saillantes, au milieu desquelles la sculpture monumentale a figuré les statues des peuples vaincus. Les ornements de l'archivolte, des arcs doubleaux et de la voûte sont imités des productions du sol, heureuse idée, que l'art du moyen âge devait développer plus tard.

Arc de Titus, à Rome.

D'autres arcs sans colonnes engagées sont décorés de pilastres, de bas-reliefs figurant les faits remarquables de la guerre. Les plus riches monuments de ce genre sont percés de trois grandes arcades, égales en hauteur, comme on en voit un exemple à Reims, ou d'arcs de dimensions différentes, tel est celui d'Orange.

Arc de triomphe, à Reims.

Arc de triomphe, à Orange.

Les dessins géométraux de ces édifices, tous construits en pierres de grandes dimensions, feront connaître la disposition de l'appareil, les moyens de construction employés pour obtenir des voûtes durables bien que refouillées de caissons sculptés. On aura soin d'exprimer toutes les assises de pierres par leurs joints horizontaux et verticaux; on ne négligera point les trous régulièrement placés qui pourraient indiquer des inscriptions ou des ornements en métal.

Tous les attributs sculptés seront dessinés dans leur caractère : ils sont de nature à expliquer des usages inconnus; on y voit des enseignes militaires, des vêtements curieux, des armes, des machines, etc., etc. Les têtes d'esclaves ou de vaincus placées dans les impostes et les frises seront aussi l'objet d'une étude spéciale; leurs caractères anthropologiques peuvent donner les moyens d'assigner l'âge du monument.

Les fruits, les feuillages et les fleurs employés dans l'ornementation seront dessinés avec assez d'exactitude pour qu'on puisse y trouver des notions positives sur les productions anciennes du pays.

§ 6. — COLONNES HISTORIQUES.

Les colonnes historiques, indépendantes des fêtes triomphales et ayant pour but de perpétuer le souvenir d'un fait isolé, se trouvent dans les campagnes aussi souvent que dans les villes; elles s'élèvent au lieu même où s'était livrée une bataille, où avait eu lieu un événement digne de mémoire.

Colonne de Cussy.

Monument à Toulon (Charente-Inférieure).

Les bas-reliefs placés sur les piédestaux, les ornements d'architecture qui couronnent les embasements, ou qui décorent la colonne elle-même, pouvant être en rapport avec le motif qui fit consacrer le monument, seront dessinés avec assez d'exactitude pour qu'aucun détail n'échappe à l'investigation.

Si la colonne est tronquée dans sa hauteur, ce qui n'arrive que trop souvent à ces constructions offrant peu de résistance, on cherchera dans tous les environs les fragments qui pourraient s'y rattacher et la compléter. Le style de la sculpture est le meilleur moyen de rapprochement dont on puisse faire usage en pareil cas. Les mesures peuvent aider encore à relier à la masse principale les détails dispersés.

Les piles isolées et élevées sur une base étroite, les tours massives et dans lesquelles on ne peut reconnaître un but d'utilité pourront être classées dans ce genre de monuments.

§ 7. — JEUX PUBLICS.

Les jeux publics établis dans les villes romaines nécessitèrent la construction d'édifices capables de réunir la foule des spectateurs; à l'emploi du bois on substitua bientôt celui des matières plus durables, et, dans les colonies fondées par les empereurs avec tout le luxe des grandes cités, on éleva des monuments spéciaux aux jeux scéniques, aux combats d'animaux, aux courses de tout genre; les grandes villes de la Gaule offriront donc collectivement aux études de MM. les correspondants le théâtre, l'amphithéâtre et le cirque. Lorsqu'une ville sera considérée comme une colonie du second ordre, elle pourra se voir privée d'un de ces immenses édifices; le cirque, fort rare dans les Gaules, fut supprimé le plus souvent, et les courses s'établirent sans frais dans la plaine.

L'amphithéâtre, qui offrait dans son enceinte plus d'un genre de combats, manque rarement aux colonies de quelque importance, et ses jeux, conservés jusqu'aux premiers siècles de la monarchie, nécessitèrent alors quelques constructions dont on retrouve les traces. Le théâtre enfin réunit tous les divertissements donnés aux populations lorsqu'il fut le seul édifice consacré aux fêtes. MM. les correspondants rechercheront les souvenirs historiques de ces jeux publics et devront, selon l'étendue des villes, rendre compte de leur importance; les camps ou grandes stations militaires pourront aussi conserver les traces de théâtres.

Chacun de ces monuments présente des formes distinctes, des dispositions spéciales, qui doivent être étudiées dans tous leurs détails.

§ 8. — THÉÂTRE.

Le théâtre des Romains était le plus répandu dans les Gaules; il différait de celui des Grecs par la scène, beaucoup plus étroite, et par l'absence du thymélé ou orchestre avancé destiné aux récitatifs et aux chœurs. Il se composait de deux parties bien distinctes. La première, tracée sur un plan demi-circulaire, contenait les bancs des spectateurs. L'économie, la facilité d'exécution avaient fait établir dès l'origine cette portion de cercle dans le flanc d'une colline, dont la pente favorisait la pose des gradins.

Une galerie à colonnes régnait au sommet, et formait la tribune des femmes, et plus souvent celle des esclaves; cette galerie était quelquefois en bois. Dans cette division importante du théâtre, on étudiera les dégagements favorables à l'arrivée et à la sortie de la foule, les vomitoires ou débouchés pratiqués dans les corridors pour faciliter le classement des spectateurs sur les bancs et dans les précinctions, grandes divisions des places par castes et professions; enfin, sous les gradins, on suivra les traces des voûtes ou cases qui recevaient des vases en bronze destinés à porter la voix des acteurs jusqu'aux places les plus éloignées.

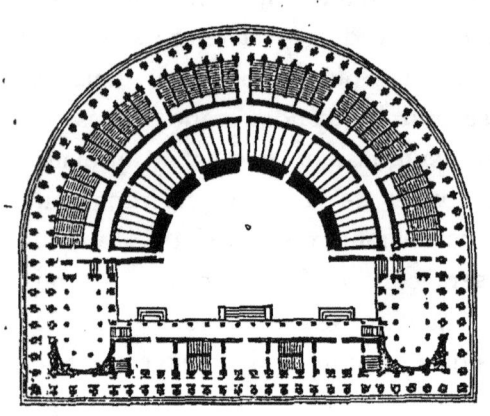

Plan du théâtre de Marcellus, à Rome.

Lorsque des fouilles s'opéreront sur le sol inférieur de cette portion demi-circulaire des théâtres, MM. les correspondants y chercheront les traces de pavés, mosaïques, indication de l'importance que prenait cette place, réservée aux premiers magistrats. Des autels et même de petits édicules consacrés aux dieux qui présidaient à la scène pourront s'y rencontrer, aussi bien que dans quelque autre lieu de la salle. Sur le sol inférieur, appelé de nos jours le parterre, s'amoncelèrent les débris de sculpture et de décoration, qui, tombant de toutes parts, s'y réunirent par la nature même et la forme de l'édifice. C'est là que les fouilles mettront au jour les fragments les plus précieux.

La seconde partie du théâtre contenait la façade, le *proscenium* ou avant-scène, les salles des mimes et toutes les dépendances nécessaires aux spectacles; elle était sur un plan rectangulaire et formait le diamètre ou la corde de l'arc destiné à la foule.

Le *proscenium*, décoré de marbres, de bas-reliefs, de colonnes, ornait le fond de la scène réservée aux représentations; l'*hyposcenium*, mur peu élevé, qui du sol inférieur gagnait le niveau de la scène, était aussi enrichi de sculpture. Des portes situées au fond sur le *proscenium* et dans les faces latérales communiquaient aux salles des acteurs, et donnaient entrée aux chœurs, aux processions et à toute la pompe des spectacles. Ces détails de décoration et d'usages seront consignés dans des coupes levées géométralement sur toutes les parties importantes; elles compléteront les dessins généraux de l'édifice.

On recueillera tous les détails de scellements qui pourraient indiquer les attaches de bas-reliefs et de marbres incrustés; les trous placés de manière à expliquer les moyens de couverture en charpente sur l'avant-scène seront mesurés et placés scrupuleusement sur les dessins.

Les escaliers situés près des façades seront figurés aux plans, avec le nombre et la disposition des marches nécessaires pour arriver au sol des divers planchers. Sur les élévations on détaillera les moulures de décoration, les appareils des cintres, les proportions des étages et de leurs ouvertures. Au sommet des édifices on recueillera tout ce qui pourrait expliquer les moyens employés pour tendre le *velarium* sur la totalité du monument : des consoles saillantes en marbre ou en pierre recevaient un système de charpente à cet effet. On cherchera près des théâtres les traces des portiques couverts, destinés à recevoir la foule, dans le cas où la pluie survenait au milieu des jeux. Ces portiques, composés de plusieurs rangées de colonnes, offrirent des dispositions carrées, ou de formes irrégulières, selon que les localités permirent de les étendre. Des temples furent quelquefois élevés dans leur enceinte; des plantations en faisaient une promenade publique semblable à nos esplanades.

§ 9. — AMPHITHÉÂTRE.

Double théâtre par sa forme et sa superficie, l'amphithéâtre, commun en France, présentait une construction immense sur un plan elliptique.

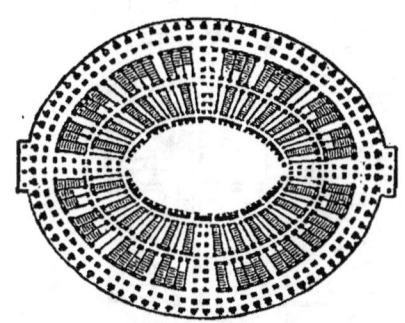

Plan de l'amphithéâtre Flavius, à Rome.

Placés près de l'enceinte des villes, pour faciliter l'introduction des animaux qui devaient combattre, ainsi que pour le transport des victimes au delà des murailles, ces monuments offraient à l'extérieur plusieurs étages d'arcades continues, sur une longue courbe décorée de piliers ou de colonnes.

L'architecture des amphithéâtres, exécutée dans des caractères pesants, vigoureux et convenables au sujet, doit être étudiée spécialement par MM. les correspondants et mesurée avec assez de soin pour conserver à tous les détails leur physionomie particulière.

Dans l'attique, au sommet de la façade, une suite non interrompue de consoles en pierres percées verticalement d'un large trou recevaient, comme autour des théâtres, des pièces de bois dressées, et de l'extrémité desquelles partait un système de câbles tendus vers le centre de l'édifice, pour supporter un *velarium* destiné à mettre la foule des spectateurs à l'abri.

CONSOLES.

Les moyens employés pour placer les poutres du *velarium*, pour soutenir le tirage des toiles par la combinaison des bois; le numérotage des consoles pour l'ordre établi dans le service; les scellements de fer qui, sur les bancs ou dans quelque autre point de l'édifice, indiqueraient des auxiliaires au système des câbles, compléteront les études relatives à cet abri léger. Les écoulements des eaux pluviales, les détails de construction, les attributs sculptés, les décorations plaquées, etc., etc., sont des sujets d'observation qui doivent être recueillis, décrits et dessinés.

Immédiatement derrière la façade se trouvait à chaque étage une grande galerie de circulation qui faisait le tour de l'édifice. Destinée à recevoir la foule non seulement à l'époque des jeux, mais à tout moment de la jour-

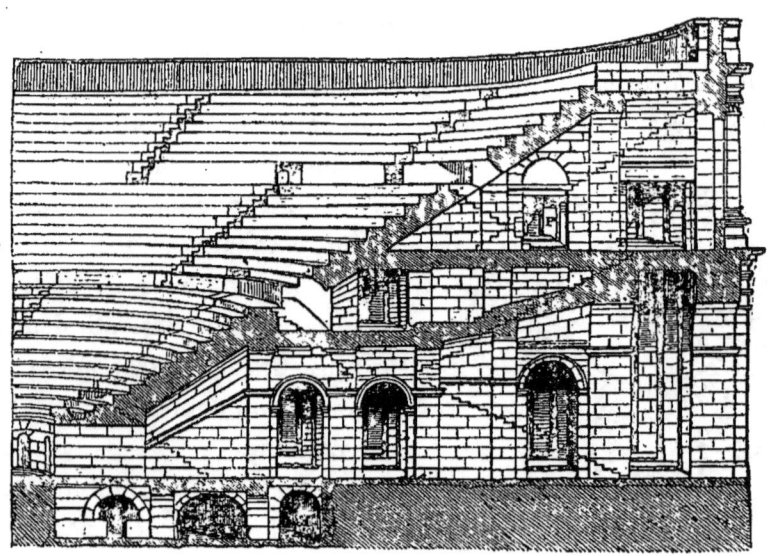

Coupe de l'amphithéâtre d'Arles.

née, cette galerie contenait des boutiques, et faisait de l'édifice un bazar, qui réunissait les habitants et les étrangers. De plein pied avec ces galeries ou par des escaliers multipliés, on se rendait aux loges des spectateurs, par les vomitoires disposés pour donner entrée aux diverses précinctions de gradins. La foule réunie dans ces édifices immenses trouvait place sans désordre par la belle disposition des issues; toutes les combinaisons de dégagements fournies par le plan, la facilité de classement dans les précinctions, la division des loges, les inscriptions de corporations gravées sur les bancs, la place assignée à chacun, depuis la tribune de l'empereur et des premiers magistrats de la colonie jusqu'à la place étroite du dernier des spectateurs, présenteront des détails curieux à examiner.

Les inscriptions indiquant les restaurations faites dans l'édifice, et, à défaut d'inscription, les différences notables que présenteront les matériaux dans leur nature même, ou dans la manière dont ils furent employés, serviront de guide pour étudier les révolutions qui s'opérèrent à diverses époques; on y reconnaîtra la continuation des usages qui maintinrent les jeux de l'amphithéâtre jusqu'aux premiers temps de la monarchie.

Arrivé enfin au sol de l'arène, on étudiera sa forme par un relevé des courbes; dans le *podium* ou clôture formée de pierres dressées, qui séparait les spectateurs du péril des jeux, on trouvera les quatre portes donnant entrée aux animaux et aux combattants. On examinera scrupuleusement les moyens employés pour clore ces portes, ainsi que toute autre partie de l'édifice; les scellements fixés au *podium* et indiquant des barrières de métal, qui protégeaient plus complètement les spectateurs contre les dangers de l'arène; enfin on pourra trouver les traces d'un euripe ou canal placé dans quelques amphithéâtres à la base du *podium*, pour éloigner encore les animaux.

Si des fouilles pratiquées dans l'étendue de l'arène mettent au jour des substructions étroites, on y reconnaîtra des canaux convenables à l'écoulement des eaux; plus étendus, ces conduits pourraient former un système d'aqueducs liés aux citernes et châteaux d'eau de la ville : on y verrait alors un moyen d'amener l'eau dans l'arène pour des jeux nautiques. Un troisième motif enfin peut être attribué aux constructions trouvées sous le sol central de l'amphithéâtre, c'est à savoir une suite de corridors destinés aux machinistes qui faisaient paraître des décorations.

En France, des amphithéâtres creusés dans le roc sont tracés sur des plans en polygones plus ou moins réguliers.

§ 10. — CIRQUE.

Beaucoup plus allongé que l'amphithéâtre, le cirque fut destiné aux courses de toute espèce et particulièrement à celles des chars : deux lignes parallèles de gradins ou de talus en terre, peu élevés, se développaient sur une grande étendue; reliés d'un côté par une portion de cercle, les bancs y prenaient la forme d'un théâtre; au fond était une tribune, plus souvent une entrée dans la carrière. A l'extrémité opposée, les lignes parallèles étaient réunies par une construction oblique, dans laquelle des remises de chars ou *carceres* fermées de grilles servaient de point de départ aux courses.

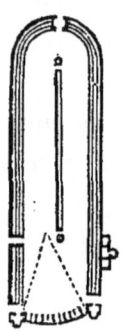

Plan du cirque de Romulus, à Rome.

Au centre de la carrière et dans le sens de sa longueur, un mur peu élevé, formant l'arête ou épine de l'édifice, était construit, non parallèlement aux bancs des spectateurs, mais dans une inclinaison telle qu'au moment du départ tous les chars avaient le même avantage de distance.

A chaque extrémité de l'épine, trois bornes en marbre, isolées entre elles et enrichies de sculptures, guidaient les courses et devaient être doublées un certain nombre de fois; des obélisques, des statues, des machines ingénieuses pour donner le signal du départ, et jusqu'à des bassins où l'on abreuvait les chevaux, où l'on puisait pour rafraîchir les roues des coureurs, étaient rangés sur cette épine.

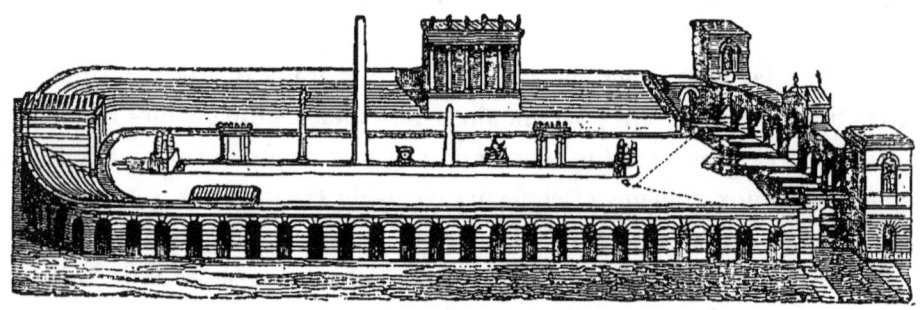

Vue perspective d'un cirque.

La France a conservé des ruines de ces édifices de luxe et de plaisir, et plus d'un hippodrome dont les constructions auraient disparu pourra se reconnaître aux formes des terrains, aux pentes alignées des collines voisines des villes, à des terrasses couronnant des arènes naturelles. C'est alors qu'on cherchera les rapports que présentera la longueur avec le stade ou les mesures romaines, qu'on déterminera sur les plans l'inclinaison des *carceres* et de l'épine, qu'on calculera le nombre de spectateurs que contenaient les gradins. Dans les villes, ces études, plus difficiles en raison des percements de rues et des maisons placées sur le sol des cirques, nécessiteront dans les caves et les substructions des édifices particuliers des recherches minutieuses de tout ce qui peut en faire partie. La grande étendue de ces monuments ne permit souvent d'établir que des bancs en bois : dans ce cas, on retrouvera l'enceinte générale, qui fut aussi solidement construite que si elle avait été destinée à supporter des gradins en pierre.

§ 11. — BASILIQUES.

La présence d'une basilique était une condition indispensable aux villes qui devaient être élevées au rang de municipe; cet édifice, placé sur le forum et consacré aux transactions de négoce ainsi qu'au tribunal, était la bourse de nos villes modernes.

La distribution intérieure, uniquement formée par des colonnes isolées, l'absence des voûtes en pierre remplacées par des plafonds en bois, le peu d'épaisseur qu'une construction aussi légère avait fait donner ordinairement aux murs extérieurs, telles furent les causes de la destruction presque générale de ces monuments.

Un autre motif de destruction non moins puissant fut l'emploi que les premiers chrétiens firent des riches colonnes de ces basiliques d'usage civil, pour en décorer leurs basiliques religieuses établies sur des dispositions analogues. La grande similitude qui régna entre ces deux genres d'édifices doit faire éviter à MM. les correspondants de confondre les ruines d'une basilique romaine avec celles d'une église primitive; l'étude des détails de construction, des ciments, des fragments d'architecture, pourra déterminer l'usage primitif du monument. L'orientation du plan peut encore servir de guide dans les recherches.

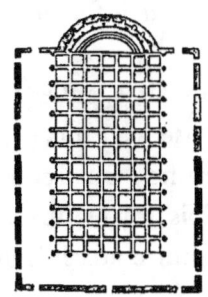

Plan d'une basilique (Palladio).

Le plan allongé des basiliques offrira une vaste circulation, séparée de la nef centrale par deux ou quatre rangs de colonnes.

Au fond, une disposition demi-circulaire indiquera le lieu qu'occupait le tribunal; les angles du plan pourront donner les indications d'escaliers desservant l'étage supérieur, composé d'une galerie ouverte sur la nef. Lorsqu'une fouille sera suffisamment étendue pour permettre d'attribuer à un édifice de ce genre les constructions mises au jour, après le relevé du plan et les autres travaux déjà indiqués, on cherchera dans les fragments des détails suffisants pour compléter les deux ordres d'architecture intérieure.

Les gradins du tribunal, l'exhaussement de son sol au-dessus de celui du monument, les traces de clôture et d'appui qui pourraient indiquer une distribution d'ordre et de police intérieure, offriront des observations neuves; l'orientation du plan et la facilité de ses abords vers la place publique et les rues adjacentes compléteront les dessins géométraux.

§ 12. — CONSTRUCTIONS PARTICULIÈRES.

La distribution intérieure des villes antiques à l'égard des rues, des carrefours, des places publiques, était établie sur un plan régulier lorsque le terrain le permettait. Généralement les percées principales n'ont point changé dans les cités modernes, malgré les accumulations de murailles de tous les âges et les pavements successifs. On doit donc s'attendre à rencontrer, dans les fouilles qui couperont les rues principales, des traces de voies romaines plus ou moins rapprochées du sol actuel; on étudiera la fabrication de ces voies et leur pavement. Les substructions des maisons récemment établies sur les rues antiques sont souvent maçonnées avec des pierres enlevées à ces chaussées, qui, pavées en roche dure, en lave ou en granit, offraient un *opus incertum* formé de masses épaisses et faciles à reconnaître.

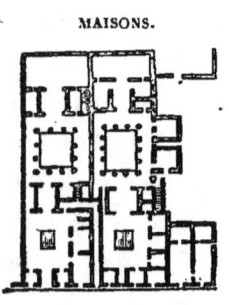

Plans de maisons, à Pompéi.

Les *insulæ* ou îles de maisons, comprises entre les rues, étaient, comme de nos jours, divisées en lots plus profonds que larges. L'habitation romaine, plus commode à tous égards que celle des Gaulois, s'y établissait avec ses distributions intérieures, et soumise aux lois de mitoyenneté.

La façade, ouverte d'une ou plusieurs boutiques, avait de plus un passage conduisant à un espace plus large nommé *atrium*, et dont le centre était occupé par un bassin destiné à recevoir les eaux pluviales; les pièces disposées autour de l'*atrium* étaient celles qu'habitaient le maître et sa famille.

Si le propriétaire était un riche citoyen, une seconde cour ou péristyle entouré de chambres plus vastes, d'un *triclinium* ou salle à manger, de pièces de luxe, etc., formait son habitation réservée. Les villes antiques ont trop souffert en France pour qu'on puisse trouver des habitations entières, mais plus d'une mosaïque de *triclinium*, plus d'un pavement de boutique ou de quelque pièce de luxe ont arrêté la pioche des terrassiers. Dans le cas où MM. les correspondants auraient connaissance d'une découverte de ce genre, non seulement ils dessineront la mosaïque, et s'opposeront à ce que, sous prétexte de spéculation, elle soit détruite, mais encore ils devront la faire couvrir de manière à la préserver de la ruine.

Établies dans un climat tout autre que celui de l'Italie, les maisons de la Gaule offriront une circonstance que MM. les correspondants ne doivent point négliger. Des hypocaustes ou calorifères souterrains répandaient la chaleur par des tuyaux de terre cuite placés sur les parois des appartements; ils offriront une étude curieuse, non seulement sous le point de vue archéologique, mais encore sous celui des améliorations à faire à nos maisons modernes [1]. On y pourra faire des observations intéressantes sur la nature des combustibles.

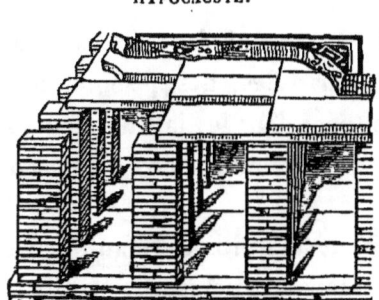

HYPOCAUSTE.

Dans le lieu le plus retiré de l'habitation, les divinités laraires étaient déposées dans une petite chapelle plus ou moins décorée : c'est à ces monuments qu'on pourra trouver des peintures curieuses; elles seront copiées avec les couleurs antiques, ainsi que toutes celles qui auraient fait partie du décor intérieur de la maison. Les enduits qui portent des peintures doivent être étudiés dans leur composition.

Le *balneum* ou bain privé se présente rarement dans les maisons romaines; la Gaule en a donné quelques exemples : il serait important de recueillir ceux qui se présenteront à l'avenir.

Des caves ou celliers se rencontrent dans les fouilles qui s'opèrent sur

---

[1] « Ces calorifères sont de petites dimensions; on ne doit pas les confondre avec ceux des bains. »

les villes antiques pour établir des constructions modernes, et quelquefois dans des lieux isolés. Les amphores destinées à contenir les liquides étaient plantées dans le sol de ces caves, et rangées sur une ou plusieurs lignes.

Les fours à cuire le pain, les fourneaux à cuisine, les meules à bras, les

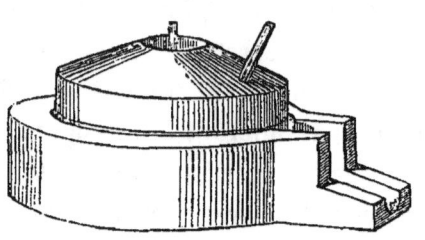

MEULE À BRAS.

MOULIN.

moulins, seront recueillis comme des détails de nature à faire connaître une partie de l'industrie gallo-romaine.

Des puits, des bassins à laver ou destinés à recevoir les eaux pluviales

PUITS.

dans l'*atrium* et dans les péristyles, des piscines d'une plus grande étendue et situées dans les jardins, tels sont les détails qui pourront se présenter dans les maisons particulières des villes.

On pourra reconnaître au sol qui couvre aujourd'hui les constructions, si elles étaient entièrement établies en pierre; les maisons de bois étaient communes dans le Nord. La campagne peut offrir aussi des notions sur les habitations de riches citoyens qui, pendant l'été, s'éloignaient des affaires. Le Laurentin ou *villa* de Pline, les nombreuses maisons de Cicéron, sont assez connus par les descriptions, pour qu'on y retrouve tout le luxe des habitations de la ville. Les moyens d'étude indiqués précédemment sont donc applicables aux constructions particulières qui se trouveront *extra muros*.

Les travaux agricoles groupèrent des fermes ou habitations rurales pour l'exploitation des terres; la distribution de ces bâtiments, les destinations diverses des corps de logis, tels que granges, étables, etc., devront être indiquées par les plans; et de la nature de ces corps de fermes pourront quelquefois se tirer des inductions sur le genre de culture autrefois en usage dans telle ou telle province.

M. Féret a fait dans la Normandie des observations de ce genre qui ont produit d'heureux résultats.

Aux instructions qui précèdent, et qui s'appliquent aux monuments au-dessous du sol comme à ceux que des fouilles anciennes ou récentes mirent au jour, on doit joindre quelques observations relatives aux découvertes à faire, et à la direction à donner aux travaux de terrasse.

L'inspection souvent répétée d'un terrain qui présentera des chances de succès aux explorations y fera reconnaître certaines ondulations prolongées, d'une couleur différente de celle de l'*humus* des environs, et empruntée des ciments, des débris de terre cuite et de pierre calcaire.

Si le sol est livré à la culture, la germination plus lente sur les murs cachés près de sa surface fera voir à l'observateur des nuances différentes dans la verdure; par le plus ou moins de force dans la végétation, on pourra suivre les constructions antiques dont souvent le plan entier est dessiné par des lignes de plantes étiolées.

Après les pluies abondantes, non seulement le sol emprunte ses nuances des débris qu'il renferme, mais encore des éboulements s'opèrent, et peuvent mettre au jour des constructions, des poteries, des pierres gravées et des médailles.

Dans les contrées maritimes ou sur les bords des fleuves, les orages entraînent des portions de terrain considérables; les observations de MM. les correspondants doivent se diriger vers les rives ainsi entamées.

Il n'est pas moins ordinaire dans les montagnes de voir les torrents causés par les fontes de neiges déchausser les constructions antiques, entraîner dans les ravins des fragments précieux, des médailles et autres objets.

Jamais, en aucune circonstance, un terrain ne doit être rétabli à l'état qui précédait l'exploration, sans que des dessins et des procès-verbaux ne constatent les découvertes, et ne les fassent connaître dans tous leurs détails de nivellement, de dispositions générales et particulières, et dans tout ce qui est relatif à la construction et à l'emploi des matériaux.

On doit veiller à ce que les ouvriers entament la terre avec prudence, et ordinairement à la bêche, ne brisent point les mosaïques ou les sculptures, ne détruisent pas les lignes de distribution qui, dans les maisons, présentent souvent l'épaisseur d'une seule brique.

MONUMENTS MEUBLES.

PREMIÈRE ÉPOQUE. — INDÉPENDANCE GAULOISE.

Les monuments meubles de cette époque qu'on découvre habituellement sur le sol de la France sont :

1° Des armes;

2° Des ustensiles d'un usage civil ou religieux;

3° Des poteries;

4° Des monnaies.

Les armes gauloises, de fer ou de bronze, antérieures à l'influence grecque ou à la conquête romaine sont ou inconnues ou très difficiles à distinguer. Les haches en silex, d'un emploi beaucoup plus religieux que guerrier, paraissent appartenir à la civilisation aborigène; mais on ne peut douter que la population gauloise n'ait continué à faire, dans les temps romains, un usage commémoratif de ces objets.

On a constaté, en fait d'armes et d'ustensiles purement gaulois, l'emploi du silex, de la pierre ollaire et de l'os. Certains bijoux d'or, par le caractère du travail, peuvent être attribués à l'époque primitive; quelques anneaux, bracelets et colliers de bronze offrent, sous le rapport de l'attribution, le même degré de probabilité. Les poteries gauloises ne se distinguent des gallo-romaines que par l'imperfection du procédé céramique; on n'y rencontre en général ni symboles, ni représentations; leur étude intéresse spécialement l'histoire des arts industriels.

Les monnaies purement gauloises sont, en revanche, très nombreuses : on en connaît en or, en électrum, en argent, en bronze et en potain. Nous en parlerons bientôt dans un chapitre consacré spécialement à la numismatique.

En général, on doit recommander une surveillance exacte, un soin persévérant et minutieux dans tout ce qui concerne les investigations gauloises. On a vu tout ce que l'étude des tombelles, des ossuaires, des *oppida*, des temples et enceintes druidiques, pouvait produire de précieux résultats. Le terrain compris dans ces enceintes et celui du voisinage ne sauraient être négligés. Les moindres vestiges du séjour de l'homme ou des animaux domestiques dans ces localités peuvent conduire à des inductions curieuses[1].

DEUXIÈME ÉPOQUE. — COLONISATION GRECQUE.

On trouve dans le midi de la France un grand nombre de monnaies grecques, quelques rares inscriptions, des marbres plus rares encore, des figurines et des ustensiles de bronze, des débris seulement de vases et de bijoux.

Une mine, jusqu'à présent beaucoup plus riche que celle des marbres ou inscriptions appartenant aux villes grecques de la Gaule, est celle des figurines de bronze, de travail indubitablement grec, que le goût des riches amateurs a dû, dès les temps antiques, faire affluer sur notre sol. Il est, du reste, à peu près inutile de donner aucune instruction précise à ce sujet, les monuments de cette espèce se recommandant d'eux-mêmes par le mérite de l'art, et la matière dont ils sont formés ne présentant aucun appât à la cupidité.

On doit recommander aux correspondants de recueillir avec le plus grand soin, sur le sol des villes grecques, les moindres fragments qui pourraient nous faire reconnaître avec certitude de quel genre de poterie les Grecs de la Gaule faisaient usage.

TROISIÈME ÉPOQUE. — CONQUÊTE ROMAINE.

Le plus grand nombre des monuments antiques qu'on découvre sur le sol de la Gaule appartiennent à l'époque de la domination romaine. On peut diviser les monuments en cinq classes principales :

1° Les inscriptions et marbres;
2° Les vases et bijoux en or et en argent;
3° Les bronzes;
4° La poterie et les verres;
5° Les monnaies et médaillons.

§ 1. — INSCRIPTIONS ET MARBRES.

Les inscriptions n'offrant aucune valeur commerciale sont par cela même

---

[1] « Nous recommandons, comme un modèle dans ce genre de recherches, le travail que M. Féret, de Dieppe, a publié sur la cité de Limes. — *Mémoires de la Société des antiquaires de Normandie*, t. III. »

les plus faciles à conserver de tous les monuments. Un travail utile à entreprendre dans tous les lieux qui fourmillent d'inscriptions romaines, c'est de former un recueil exact de toutes celles qui se trouvent dispersées dans les maisons et incrustées dans les murs, en indiquant la position et la proportion de chacune d'elles. Les correspondants feront bien de ne pas réserver pour leur propre usage de semblables recueils, s'ils en possèdent d'anciens, ou s'ils en forment eux-mêmes de nouveaux. On doit les engager à déposer au moins une copie de ces recueils dans la bibliothèque publique la plus voisine de leurs résidences. Beaucoup de personnes croient faciliter la lecture des inscriptions en remplissant d'une teinte rouge le creux des lettres; on doit s'abstenir de cette opération, pour peu que les linéaments tracés sur la pierre ou le marbre présentent la moindre incertitude.

Les correspondants doivent suivre avec soin les démolitions d'anciens édifices et les constructions nouvelles. Il leur sera toujours facile d'obtenir les pierres ornées d'inscriptions, au moins pour l'échange de pierres nues de mêmes dimension et qualité. S'ils rencontrent à cet égard de la résistance chez les constructeurs et démolisseurs, ils chercheront à obtenir au moins que les inscriptions ne soient pas retournées ou couvertes de ciment ou d'enduit dans la construction, et qu'on les place à portée de l'œil des passants. On recommande aux correspondants qui se seraient procuré, par ces soins assidus, des inscriptions antiques, de n'en décorer leurs habitations qu'au cas où eux-mêmes occuperaient le sol d'une ville antique, et où leur résidence serait trop éloignée d'un musée de ville ou de département. Le mieux toujours est de faire transporter les inscriptions au musée, à la bibliothèque, s'il n'y a pas de musée; à la mairie, s'il n'y a pas de bibliothèque.

On doit veiller, avec la même attention, à ce que des bas-reliefs ou des figures de ronde bosse ne soient pas employés comme matériaux ordinaires dans les constructions nouvelles. A moins d'un mérite d'art tout à fait extraordinaire, il ne faut pas exposer les marbres aux risques des transports. Les correspondants avertiront, autant que possible, de leur erreur les propriétaires de marbre qui se soumettraient à des dépenses considérables d'emballage et d'expédition, dans l'espérance, presque toujours trompée, de tirer commercialement parti de la vente des marbres antiques. Les marbres, comme les inscriptions, doivent autant que possible rester dans la localité qui les a fournis. Les marbres intéressants par l'art ou le sujet sont rares ; comme renseignement local, il n'en est aucun qui ne soit digne d'attention.

§ 2. — VASES ET BIJOUX EN OR ET EN ARGENT.

Toutes les fois qu'un correspondant aura connaissance de la découverte de vases ou de figures d'argent, de bijoux d'or, et autres objets en matière précieuse, et menacés d'être anéantis par le creuset, il devra autant que possible se transporter de sa personne sur le lieu de la découverte, donner avis au propriétaire de la valeur d'affection qui s'attache aux objets antiques de cette nature, empêcher, par toutes les voies de persuasion, que les objets ne soient transportés chez les orfèvres, les suivre chez ces derniers, s'il y a lieu, et réveiller chez eux le sentiment intéressé qui peut assurer la conservation des monuments.

Quand ce premier danger est passé, les objets en matière précieuse s'écoulent naturellement par les voies du commerce des antiquités. Pour peu que la masse de chaque découverte soit considérable, il est bien difficile que les propriétaires trouvent dans les ressources locales un moyen d'assurer la possession de tels monuments au pays qui les a produits. Les correspondants doivent au moins s'employer pour qu'il reste dans le plus prochain musée au moins un échantillon des monuments découverts, ou suppléer à leur absence par des empreintes et des dessins.

§ 3. — BRONZES.

On comprend sous ce titre : 1° les fragments de statues colossales ou de grandeur naturelle, les figures, et généralement toutes les représentations en grand et en petit d'hommes et d'animaux; 2° les armes, vases, instruments et ustensiles d'un usage militaire, religieux et civil; 3° les décrets et actes civils sur tables et lames de bronze.

La plupart des bronzes, comme les marbres, n'intéressent que les localités dans lesquelles on les trouve. Pour peu qu'on habite le sol d'une ville antique, il est aisé de former à peu de frais des collections dans lesquelles figurent :

Des représentations plus ou moins grossières de divinités romaines ou gallo-romaines;

Des fers de lance, des haches et des épées en bronze, des débris de casque et de cuirasse;

Des débris de vases religieux, domestiques ou funéraires;

Des clefs, des fragments de revêtement, des clous, des fibules, des boutons, des cuillers, et autres objets qui se rapportent aux habitations, aux vêtements et à la nourriture des Romains.

On joint aisément à de telles collections des épingles en os, des ustensiles en plomb, etc. Les instruments de fer se trouvent en général trop oxydés, pour que la forme n'en soit pas complètement altérée; toutefois on peut tirer de ces instruments de bonnes indications. Les cachets de médecins oculistes, les tessères des gladiateurs sont au nombre des objets les plus précieux pour l'étude des mœurs antiques; les fibules et autres objets en bronze, qui présentent des vestiges d'émail, doivent être recueillis avec grand soin, comme propres à éclaircir une partie peu connue de l'industrie des anciens.

En général, dans la formation de semblables collections, composées d'objets dont la valeur commerciale est limitée, les correspondants ne devront s'attacher qu'aux monuments qu'ils auront vus, pour ainsi dire, sortir de terre sous leurs yeux. Dans la plupart des départements, les objets de comparaison sont trop peu nombreux pour que chacun puisse espérer d'habituer ses yeux à distinguer avec certitude les monuments réellement antiques des monuments falsifiés dont le commerce abonde : mieux vaut un choix très borné, mais sûr, qu'un ramas d'objets sans authenticité, au milieu desquels se perdent ceux qui méritent une véritable confiance.

Les objets réellement précieux en bronze ne courent pas le risque d'être anéantis. Il n'y a pas d'année qui n'amène à la surface du sol de la France un certain nombre de figurines de bronze tout à fait dignes d'admiration. Le devoir des correspondants devra se borner, en ce qui concerne les bronzes, à stimuler l'amour-propre encore plus que l'intérêt des possesseurs, à les engager à déposer dans les collections locales les figurines, armes, vases et ustensiles qui leur appartiennent, plutôt qu'à les faire passer dans le commerce; à s'efforcer enfin de leur faire comprendre, qu'à l'égard des prix d'affection, les bénéfices sont presque toujours nuls pour les premiers détenteurs.

§ 4. — TERRES CUITES, POTERIE ET VERRERIE.

Le territoire de la Gaule fournit abondamment des vases de terre rouge avec des ornements ou des figures en relief. Ceux de ces vases qu'on trouve entiers et intacts sont, comparativement, rares et assez précieux. La plupart portent au-dessous du culot une inscription latine qui est le nom ou la marque du fabricant.

On découvre moins fréquemment d'autres vases, d'un usage évidemment funéraire, dont la couverte, d'un noir ardoisé, et l'extrême légèreté rappellent la fabrique de la Campanie. Ces vases offrent pour ornements de simples rosaces, et presque toujours l'inscription : AVE, en peinture blanche superposée et incorporée par la cuisson à la couverte noire. La cassure de ces vases montre une pâte d'un rouge assez vif.

Les amphores de simple terre cuite, et les autres débris appartenant à la poterie domestique offrent un beaucoup moindre intérêt.

On ne remarque pas une très grande variété de sujets parmi les figurines de terre cuite qu'on découvre ordinairement sur le sol de la France. Nous devons principalement signaler des figures de *Venus Genitrix*, des animaux de différentes espèces, et surtout les bustes embrassés d'Isis et de Sérapis, et autres vestiges de l'infiltration des religions égyptiennes en Gaule : le travail de ces figures est rarement fini et délicat.

La verrerie antique consiste surtout, dans notre pays, en urnes de verre destinées à renfermer des cendres. On en découvre un grand nombre, et souvent de remarquables pour la forme et la dimension. A côté de ces urnes se rencontrent presque toujours de petits *lecythus*, ou vases à parfums, improprement nommés lacrymatoires.

Il n'est aucune partie de la France qui ne puisse fournir des monuments analogues à ceux que nous venons de décrire en assez grande abondance pour que les musées, et, à défaut des musées, les bibliothèques des villes n'en soient pas pourvues.

§ 5. — NUMISMATIQUE.

Les monuments numismatiques qu'on découvre sur le sol de la Gaule appartiennent à diverses origines, et peuvent être distingués en plusieurs classes. On y trouve des médailles grecques, des médailles gauloises et des médailles romaines.

Marseille doit être considéré comme la source et le point de départ de l'émission des monnaies grecques dans la Gaule. Les autres villes grecques de la côte ou de l'intérieur, telles qu'Antibes (Antipolis), Agde (Agatha), Rhodanusia, Béziers (Beterra), Avignon (Avenio), n'étaient que des colonies ou des dépendances de la métropole phocéenne. Les monnaies à légende grecque de ces villes reproduisent en général les types et la coupe des médailles marseillaises. Les villes de la côte indiquent le développement de la prospérité commerciale de Marseille ; celles de l'intérieur, l'accroissement du territoire que Marseille dut à la faveur des généraux romains, Marius et Pompée, et dont la plus grande extension précéda d'un petit nombre d'années la ruine politique de Marseille. C'est là une opinion que M. le marquis de La Goy a développée avec beaucoup de talent et de vraisemblance dans une récente publication [1], et qui nous paraît devoir être consacrée par la science.

Autrefois on ne connaissait de Marseille que des médailles assez uniformes de types, et dont presque aucune n'excitait l'intérêt par la singularité des représentations et la rareté des exemplaires. Nous devons depuis peu d'années à M. le marquis de La Goy [2] la connaissance des plus anciennes monnaies de Marseille, dont les types et la fabrication rappellent l'origine asiatique des Marseillais. Le même savant a publié les médailles grecques de Glanum, aujourd'hui Saint-Remy ; de Cænicense, peuple dont le territoire est inconnu ; de Nîmes, de Sénas, et même des Tricorii, peuple du Dauphiné. La fabrication de ces dernières pièces est postérieure au don que César fit aux Marseillais d'une partie considérable du territoire de la Gaule, et antérieure à la prise de Marseille par le même général.

Toutes ces monnaies, ainsi que celles de Marseille, sont d'argent ou de bronze. On n'en a pas découvert en or jusqu'à ce jour.

Il est difficile de saisir la liaison qui a pu exister entre la numismatique grecque de Marseille et celle des Gaulois proprement dits : et même il est permis de douter que l'exemple des Marseillais ait été fructueux en dehors de l'influence directe de Marseille et des villes qui lui étaient soumises [3]. Plusieurs siècles après l'établissement des Phocéens sur nos côtes, la conquête de la Macédoine par les Gaulois paraît avoir propagé l'usage de la monnaie dans l'intérieur de la Gaule. Les conquérants ayant rapporté dans

[1] *Notice sur l'attribution de quelques médailles des Gaules.* Aix, 1837, in-4°; p. 3 et suivantes.
[2] *Description de quelques médailles inédites.* Aix, 1834 ; in-4°.
[3] « Les monnaies d'argent qu'on découvre principalement à Vieille-Toulouse, et au revers desquelles on remarque *une espèce de croix* avec divers attributs, paraissent plutôt appartenir à la civilisation ibérique qu'à la civilisation gauloise. Feu Tochon regardait ces pièces comme imitées des monnaies d'argent de Rhoda de la Tarragonaise. M. Chaudruc de Crazanne prépare un travail important sur cette question. »

la mère patrie un nombre prodigieux de doubles statères en or de Philippe, fils d'Amyntas, le cours de cette monnaie s'établit dans la contrée et donna lieu à l'établissement d'ateliers monétaires, dans lesquels on imita d'abord grossièrement le type macédonien *du bige au revers du buste d'Apollon*, mais où le caprice des artistes gaulois introduisit bientôt une foule de variantes plus ou moins bizarres, et quelquefois tellement accumulées qu'on a peine à reconnaître la trace du modèle. Grâce à ces altérations, la diversité des types s'établit enfin dans la Gaule; la monnaie d'argent, imitée des deniers consulaires romains, et celle de bronze furent frappées avec infiniment plus de liberté dans le choix des types que la monnaie d'or : les animaux sacrés de la Gaule, les emblèmes caractéristiques des divers peuples y trouvèrent leur place. Au moyen d'un alphabet en usage chez les Gaulois, et où l'on remarque le mélange des lettres grecques et des lettres latines, le nom, tantôt des chefs, tantôt des peuples, souvent de tous les deux ensemble, fut reproduit sur les médailles. On déterminerait difficilement l'époque à laquelle cet usage s'établit chez les Gaulois; mais c'est peu se hasarder que d'en placer l'introduction après la réduction de la Gaule Narbonnaise en province romaine, l'an 121 avant Jésus-Christ. La plupart même de ces pièces paraissent avoir été frappées au milieu des circonstances critiques qu'amena l'entreprise de Jules César, et pour subvenir aux besoins de la guerre. On a lu avec certitude sur les médailles les noms d'un assez grand nombre de chefs dont César fait mention dans ses Commentaires, ceux d'*Ambiorix, Litavicus, Adcantuanus, Duratius, Tasgetus*. On s'est même flatté récemment, mais avec moins de probabilité, d'avoir retrouvé sur une médaille d'or le nom de *Vercingetorix*. Ces recherches, poursuivies autrefois avec plus de zèle que de lumières, prises récemment d'après des principes plus fixes [1], ont encore besoin de se régulariser pour produire tous leurs fruits. La fixation définitive de l'alphabet gaulois, les limites de l'emploi exclusif des caractères grecs, les règles qui ont dû présider aux désinences de mots, et qui doivent conduire à distinguer positivement les noms des peuples de ceux des chefs, quand les légendes ne sont pas mutilées, toutes ces questions réclament l'application d'esprits patients, méthodiques, et plus curieux d'accroître le domaine de la certitude que celui des aperçus sans consistance.

---

[1] « La *Revue de la Numismatique française*, qui a commencé de paraître à Blois en 1836 sous la direction de MM. Cartier et de la Saussaye, a notablement contribué aux progrès de cette étude. »

Cette étude philologique devra précéder et amener le classement régulier des types, et l'appréciation des médailles sans légende, qui constituent la grande majorité des monuments numismatiques de la Gaule. On fera d'abord une large part à ce que les antiquaires ont appelé *plagia barbarorum*, c'est-à-dire à ces pièces qui ne sont qu'une contrefaçon plus ou moins habile, plus ou moins grossière, des monnaies rapportées de la Grèce. Le gisement de ces contrefaçons est extrêmement étendu; il comprend non seulement le territoire de la Gaule, mais encore tout le pays qui s'étend depuis le Rhin jusqu'à la Macédoine, en traversant la Norique, la Pannonie, la Thrace occidentale et l'Illyrie. Les pièces d'or au type de Philippe sont plus communes en Gaule; les tétradrachmes d'argent, imités des pièces du même prince, extrêmement abondants dans la Hongrie et les contrées plus au sud encore, sont, ou très rares, ou extrêmement grossiers de fabrication sur notre sol. Sans attribuer à des populations d'origine gauloise toutes ces contrefaçons, on ne peut s'empêcher de constater l'analogie de caractère qu'elles présentent toutes entre elles, et de se rappeler en même temps le long séjour des tribus gauloises à l'ouest et au nord de la Macédoine, séjour qui remonte à plus d'un siècle avant la conquête de ce royaume sur Ptolémée Céraunus (l'an 278 avant J.-C.).

Outre ces pièces d'or et d'argent, les Gaulois employaient, pour les transactions les plus ordinaires, des signes monétaires d'une nature spéciale, et particulièrement des *rouelles* évidées de bronze ou de potain, dont on retrouve fréquemment la figure parmi les accessoires des *philippes d'or* contrefaits dans la Gaule, et même de quelques monnaies de Marseille. Ces rouelles paraissent avoir constitué une des monnaies courantes [1] les plus anciennement usitées dans la Gaule; les pièces de bronze ou de potain appartiennent sans doute à un âge plus voisin de la conquête romaine; les pièces de potain en particulier sont reproduites par le même procédé que les rouelles, c'est-à-dire coulées ou plutôt soufflées dans un moule. Les pièces de potain ne portent jamais de légende, mais des attributs limités à chacun des peuples qui en faisaient usage. Le classement des pièces de potain et de bronze sans légendes appartient aux antiquaires dispersés sur le sol de la France; eux seuls peuvent constater rigoureusement les limites dans lesquelles on trouve principalement et en grande abondance des types

---

[1] « M. F. de Saulcy a donné une excellente notice sur les *Rouelles monétaires des Gaulois*, dans la *Revue numismatique française*, t. I, p. 169-74. »

identiques, et en inférer l'attribution à tel ou tel peuple dont le territoire était contenu dans les mêmes limites. Le même genre de recherches, suivi avec persévérance et bonne foi, peut mettre sur la voie du classement des imitations des *philippes,* toutes les fois que ces imitations se distinguent par l'addition ou la substitution d'attributs bien déterminés. Les personnes éloignées du centre des études ont, quant au point que nous venons d'indiquer, un avantage signalé sur les antiquaires de la capitale. Les correspondants reconnaîtront à cet égard ce que leur position a de favorable, et ne négligeront pas d'en tirer parti.

MÉDAILLES ET MÉDAILLONS GRECS, GAULOIS ET ROMAINS.

Bien que la monnaie romaine en Gaule ait été soumise aux règlements généraux de l'empire, et que par conséquent il soit presque toujours impossible de distinguer les pièces frappées dans cette province de celles que les ateliers de l'Italie ont produites, il est certains types, tels que celui de l'autel de Lyon, sur les médailles d'Auguste et de Tibère, qui présentent un intérêt local. Outre cela, on connaît, de l'époque primitive, des monnaies coloniales de Cavaillon, Nîmes, Vienne, Lyon, et de la ville de Ruscino, qui a donné son nom à la province de Roussillon, et sur les débris de laquelle Perpignan s'est élevé.

Les monnaies de certains empereurs qui n'ont régné que sur la Gaule, tels qu'Albin, Tétricus, Victorin, Marius, Postume, etc., sont évidemment l'œuvre des artistes gaulois. On remarque avec surprise, à l'époque de Tétricus et de Postume, la grande supériorité des monnaies fabriquées en Gaule sur celles de Valérien, de Gallien et des autres princes qui possédaient alors l'Italie.

On distingue les pièces d'or en médaillons et médailles. Les médaillons sont des pièces excédant le module ordinaire, d'un poids supérieur à la monnaie courante, et qui, fabriquées en petit nombre, pour des occasions solennelles, n'ont probablement jamais été mises dans la circulation.

Les médailles d'or du module de l'*aureus*, et qui plus tard ont servi de modèle au *solidus* ou *sou d'or* des empereurs carlovingiens, ont été si multipliées dans notre pays, qu'au commencement de la troisième race elles figuraient encore au nombre des monnaies courantes. Les grands bronzes de fabrique romaine continuent, dans le midi de la France, d'être reçus pour la valeur d'un décime.

Le sol de la Gaule a fourni à diverses reprises des médaillons très remarquables. Ceux qu'on avait découverts à Cherbourg et à Boulogne-sur-Mer avaient surtout fixé l'attention. Il ne reste plus, de ces précieux monuments, qu'un des médaillons trouvés à Cherbourg.

La tête de Lælianus, l'un des trente tyrans dont la vie a été écrite par Trébellius Pollion, peut être considérée comme la plus rare de celles qui appartiennent en propre à la Gaule; on distingue ensuite, par ordre de rareté, celles de Marius, de Victorin, de Tétricus le fils, d'Albin, et les beaux revers de Postume représentant les travaux d'Hercule.

On ne doit nullement se régler, pour l'argent et le bronze, sur les raretés de l'or. Telle tête précieuse en or, par exemple celle de Tétricus le père, se rencontre par milliers en argent, ou plutôt en *bronze saucé*. En général, on ne doit s'attacher, tant dans l'argent que dans le bronze, qu'aux médailles d'une bonne conservation, à celles dont les légendes et les types sont lisibles : les autres n'offrent ni intérêt, ni valeur.

Pour l'acquisition et le classement des médailles, les collecteurs des départements se règlent avec raison sur le livre de M. Mionnet, intitulé : *Du prix et de la rareté des médailles romaines*. Mais beaucoup, faute d'avoir lu avec l'attention convenable les observations dont ce livre est précédé, ignorent comment on doit faire usage des descriptions et des évaluations de M. Mionnet. Il faut toujours se rappeler, en prenant ce livre :

1° Que tout revers non décrit par M. Mionnet est commun et, par conséquent, n'augmente pas la valeur attribuée à la tête;

2° Que pour toutes les pièces dont l'évaluation ne s'élève pas au-dessus du taux moyen, cette valeur même ne peut être attribuée qu'aux échantillons dont la conservation est parfaite.

La chance des fouilles peut, il est vrai, donner un revers ou une tête entièrement nouveaux. Mais d'abord ces occasions sont infiniment rares; puis, pour quiconque a quelque peu manié les médailles romaines, les types inconnus présentent quelque chose d'insolite qu'on ne saurait confondre avec les types vulgaires. En cas de doute, on fera bien de ne pas s'en tenir à l'ouvrage de M. Mionnet; et si l'on n'a pas à sa disposition la Doctrine d'Eckhel, on devra consulter les anciennes collections de Tristan, de Vaillant, de Morell, de Banduri, de Beauvais, etc., moins rares dans notre pays.

Il est utile de noter avec soin, dans toutes les découvertes de médailles, même les plus communes, jusqu'à quelle époque remontent les pièces les plus anciennes, et jusqu'où descendent les plus modernes. Dans toutes les fouilles de monuments antiques, les médailles sont l'indice le plus sûr des limites chronologiques dans lesquelles se sont prolongés l'usage et la fréquentation des édifices.

Les médailles, comme les autres monuments de métal, sont exposées non seulement à être détruites par la fonte, mais encore à être altérées par des nettoyages ou des restaurations malhabiles. On peut tracer à cet égard quelques règles dont l'application ne présente aucun inconvénient.

Les pièces d'or peuvent être soumises à l'action de l'eau-forte ; c'est un moyen sûr d'en enlever le tartre, et de leur rendre leur fraîcheur primitive, sans leur faire subir la moindre détérioration.

L'argent, très souvent altéré dans le sein de la terre par une oxydation profonde, ne supporte alors d'autre mordant que le jus de citron ou une dissolution très étendue d'ammoniaque. Ces substances opèrent lentement, mais à coup sûr.

Tous les acides ou alcalis, même les plus faibles, altèrent le bronze. Pour nettoyer les pièces de ce métal, on n'a d'autre ressource que les agents mécaniques. L'emploi de ces agents réclamant une habileté et une expérience particulières, *on recommande à ceux qui découvrent des monuments antiques de s'abstenir complètement de tout nettoyage des bronzes*.

Les *patines* ordinaires, et surtout les patines vertes, les plus communes dans notre pays, n'ont rien à craindre de l'emploi de l'huile. On peut faire usage de ce préservatif quand la surface du monument est ferme et d'un beau poli; on doit s'en abstenir complètement si la patine est friable, ou sujette à l'exfoliation, si un séjour dans un terrain volcanique lui a donné cet aspect bleuâtre et grenu qui est le propre des monuments découverts aux environs du Vésuve.

L'huile siccative, au contraire, doit être immédiatement appliquée aux plombs, qu'elle empêche de se réduire en poussière.

Les vases qui portent une couverte métallique se nettoient convenablement à l'eau-seconde.

La surface des terres cuites offrant souvent des traces d'enduit et de peinture doit être respectée avec le plus grand scrupule.

Nous ne pouvons terminer ce qui concerne les monuments romains sans appeler l'attention sur les découvertes propres à éclaircir l'histoire des procédés que les anciens ont appliqués aux ouvrages d'art. Caylus a décrit les vestiges d'une fonderie antique[1], trouvés en 1737 au revers de la colline de Montmartre; Grivaud de la Vincelle a fait connaître l'existence de fours à potier découverts dans les jardins du palais du Luxembourg, et consacrés à la fabrication de vases gallo-romains[2]. Les débris d'ateliers monétaires et les coins qu'on y rencontre parfois, les moules en terre cuite qui ont servi dans les camps à couler des deniers romains sous les règnes de Septime Sévère et de ses fils, ne doivent pas moins fixer l'attention; rien ne saurait être minutieux dans l'étude et la description des usines antiques.

[1] *Recueil d'antiquités*, t. II, p. 390, et t. III, p. 392-395.
[2] *Antiquités gauloises et romaines recueillies dans les jardins du palais du sénat.* Paris, 1807, in-4°, et atlas in-fol.

II
ARCHITECTURE DU MOYEN ÂGE [1].
1839-1843.

MONUMENTS FIXES.

PREMIÈRE PARTIE. — MONUMENTS RELIGIEUX.

STYLE LATIN.

PREMIÈRE PÉRIODE. — DEPUIS LES PREMIERS SIÈCLES DU CHRISTIANISME JUSQU'AU XIe SIÈCLE [2].

ÉPOQUE MÉROVINGIENNE.

Lorsque sur le sol des Gaules les Romains construisaient la plupart des monuments religieux, civils et militaires décrits dans les instructions précédentes, une religion nouvelle s'élevait à côté du paganisme, qu'elle devait renverser un jour. Poursuivis de toutes parts au nom des empereurs et de leurs préfets, les premiers apôtres chrétiens ne purent songer à construire. Aussi les persécutions qui ensevelirent les premières cérémonies religieuses dans les catacombes de Rome et de l'Italie en général produisirent-elles des effets analogues dans les Gaules; plus d'un évêque assembla les fidèles dans des réduits souterrains formés par la nature ou produits par une industrie antérieure. Ces lieux obscurs et isolés ne purent offrir aux pompes religieuses une étendue qui leur permît de se développer; à peine trouvait-on dans ces cryptes la place d'un autel et celle que devaient occuper quelques fidèles. Aucun style d'architecture ne décorait encore ces étroits

---

[1] Ces instructions ont été rédigées par MM. Auguste Leprévost, Albert Lenoir et Mérimée.
[2] « Voir le *Cours d'antiquités chrétiennes* de M. de Caumont. »

sanctuaires; de faibles essais de peinture y retraçaient d'une manière barbare le Christ et sa mère, les images des apôtres et des premiers martyrs.

Il est peu de villes anciennes qui n'aient gardé le souvenir des persécutions, et qui ne renferment quelque saint lieu consacré par le sang des chrétiens. Lorsque ces souterrains présenteront seulement des excavations pratiquées dans la roche et n'auront aucune trace de maçonnerie, MM. les correspondants en relèveront le plan avec soin à la boussole, en indiquant les divers niveaux du terrain, en examinant si dans les niches ou refouillements des parois, des bancs étendus ou des sièges isolés n'ont pas été pratiqués dans le massif. Si quelques traces de sculpture ou de peinture, d'inscription et d'ornement, sont conservées sur les parties travaillées de la montagne, on les étudiera avec soin; on recherchera les issues bouchées par des blocs de pierre, qui pourraient conduire à quelque catacombe, ossuaire ou charnier, pratiqué dans un caveau contigu. On devra chercher sur le sol l'emplacement que pouvait occuper l'autel, soit qu'il ait été conservé dans la roche, soit qu'on l'ait placé après le travail d'excavation.

Si la crypte se développe au point de former plusieurs nefs, on indiquera sur le plan la direction de ces nefs, leur orientation, les chapelles qui s'y rattachent, les moyens employés pour leur donner de la lumière. On pourra trouver des traces du bassin destiné au baptême par immersion, et les rigoles pour y conduire les eaux et les détourner après la cérémonie. Les traditions populaires attachées à ces premiers monuments du christianisme doivent accompagner les dessins et les notes explicatives de l'état des lieux. Si des travaux de maçonnerie se présentent dans ces voûtes souterraines, on y reconnaîtra la fabrication antique à la présence des briques alternées dans du moellon piqué avec soin et bien appareillé.

Lorsque la persécution présenta moins de rigueur, on osa construire quelques enceintes sacrées devant ces grottes converties en sanctuaires. Ces constructions, le plus souvent exécutées à la hâte, et sans les ressources de l'art de bâtir, présenteront plus d'une observation utile à consigner. On y pourra reconnaître plusieurs époques dans la maçonnerie, souvent refaite en partie, ou modifiée dans ses formes générales.

Les apôtres et les martyrs, soumis à la loi qui fit placer les cimetières hors des villes romaines, furent ensevelis d'abord loin de l'enceinte, dans le lieu des sépultures communes; un tombeau leur fut consacré; il devint un point de réunion pour les fidèles. Sur ces monuments ou *mémoires* s'élevaient des chapelles de peu d'étendue; la sépulture conservée sous l'autel y prit le nom de *martyrium* ou *confession*. C'est donc à quelque distance des anciennes enceintes de villes que MM. les correspondants doivent diriger leurs recherches pour trouver les fondations pieuses de l'église primitive. L'affluence du peuple fit bientôt augmenter la superficie des premiers édifices; auprès d'eux s'élevèrent des chapelles secondaires, qui formèrent un ensemble où l'on doit reconnaître l'origine des basiliques, des abbayes et de leurs dépendances.

Du jour où Constantin permit au christianisme de sortir des catacombes, les temples s'élevèrent sur toute l'étendue de l'empire, une ère nouvelle s'ouvrit pour les arts, et l'architecture religieuse prit naissance. Mais l'antiquité exerça d'abord une grande influence sur les travaux des premiers chrétiens.

Cet art se divisa bientôt en deux rameaux bien distincts : le premier, qu'on peut appeler style *latin*, fut adopté par l'Église latine, se développa grandement dans Rome, et se répandit dans le nord de l'Italie, dans les provinces illyriennes, l'Allemagne, les Gaules et l'Espagne, enfin dans tout l'empire d'Occident. Basé sur les principes sages de la construction antique, il fut adopté par les Goths, les Vandales, les Lombards, dans toutes les provinces soumises par ces peuples barbares. L'imitation presque servile des détails de l'architecture romaine caractérise cette première période. L'autre style primitif, formé de même d'éléments romains, et transplanté à Constantinople, y prit sous le ciel de l'Orient une physionomie particulière, qui lui valut le nom d'architecture byzantine; introduit en France par des relations fréquentes avec Byzance, ce style, riche en inventions nouvelles, ne fut chez nous qu'une importation.

Après les dévastations dont la France fut le théâtre pendant les VIIIe et IXe siècles, on dut songer à réparer les pertes causées par la guerre. Les basiliques latines étaient incendiées, mais on n'avait pas oublié leurs dispositions premières, consacrées par les usages et favorables aux cérémonies; on reproduisit donc le plan latin. Quant aux chapiteaux, aux entablements transmis par l'antiquité à l'architecture latine, ils avaient disparu pour la plupart; dans les provinces méridionales de nombreux monuments païens servirent encore de modèles, mais partout ailleurs il fallut créer ou s'inspirer de formes étrangères.

C'est alors que les chapiteaux cubiques créés en Orient, les moulures profondément dessinées à l'instar de celles des Grecs, les coupoles et les pendentifs inventés à Byzance vinrent se lier aux dispositions latines pour former un style mixte, nommé architecture romane.

Affranchis des règles de l'antiquité, les artistes chrétiens se livrèrent alors à toutes les combinaisons de l'art de bâtir; ils élevèrent les voûtes des temples à une hauteur prodigieuse, inventèrent des nervures pour les rendre durables, des contreforts et des arcs-boutants pour les soutenir, et lorsque l'ogive, plus élancée que le plein cintre, plus vigoureuse par la combinaison de ses claveaux, vint s'associer aux inventions antérieures, on vit naître un quatrième système, nommé style ogival ou gothique, développement de tout ce qui l'avait précédé, dernière période de l'art chrétien.

Ces différentes phases de l'architecture seront développées dans les instructions suivantes jusqu'à l'époque de la Renaissance, que caractérise le retour aux formes consacrées par l'antiquité.

PREMIER SYSTÈME. — BASILIQUES LATINES.

PLANS.

La forme des basiliques primitives fut longtemps variable, et ne devint fixe qu'après la stabilité de l'Église. L'isolement, les influences locales, l'absence d'unité contribuèrent plus d'une fois à faire adopter des dispositions incommodes, étroites et peu convenables au but qu'on se proposait. L'Église latine n'offrait point l'ensemble et la puissance qui la caractérisa plus tard, et les constructions religieuses étaient loin de présenter encore ces vastes conceptions auxquelles s'intéressait toute la chrétienté, et qu'élevaient des populations entières. Constantin lui-même avait donné l'exemple de cette irrégularité qui régna d'abord dans la disposition des églises; à Rome, à Constantinople, dans la Palestine, il avait consacré des temples dont le plan était indifféremment un cercle, un polygone ou un parallélogramme.

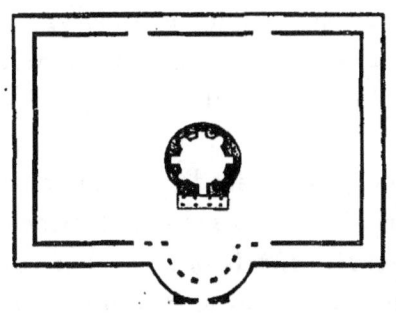

Plan de l'église Saint-Marcellin, à Rome.

Quelquefois même ces formes se combinèrent entre elles, et plus d'une basilique primitive présenta une nef carrée précédant un sanctuaire complètement circulaire. Le temple élevé par Perpétuus sur le tombeau de saint Martin, auprès de Tours, fut, sur le sol des Gaules, le plus bel exemple de cette disposition curieuse, inspirée peut-être par un souvenir du Saint-Sépulcre.

Enfin des absides demi-circulaires appuyées contre les murs des basiliques allongées, ou sur les pans coupés des temples en polygone, complétèrent les éléments des premiers plans chrétiens.

Mais lorsque les cérémonies furent établies sur des règles certaines, on sut bientôt reconnaître parmi ces formes variées celle qui convenait le mieux au nouveau culte, et, dans tout l'empire d'Occident, la plupart des églises s'élevèrent sur un parallélogramme.

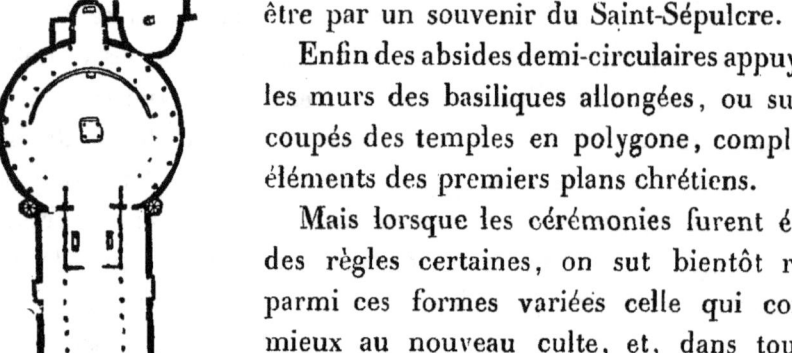

Essai de restitution du plan de Saint-Martin de Tours.

Plus d'un précédent avait démontré l'avantage de cette disposition pour réunir une grande affluence de peuple : la basilique construite par Salomon, auprès de son temple, pour y rendre la justice; les synagogues où se réunissaient les Juifs, et qui avaient été le théâtre des premières conversions opérées par les apôtres en Orient; les basiliques grecques et romaines, étaient des édifices disposés en parallélogramme et divisés en plusieurs nefs par de longues rangées de colonnes : ils offraient tout ce qui pouvait convenir au culte, et furent imités par les chrétiens.

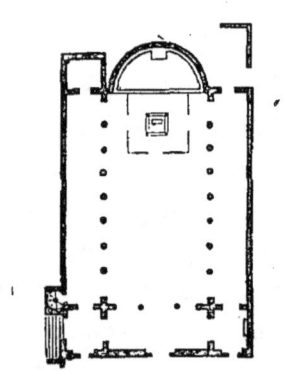

Plan de la basilique Sainte-Agnès, près Rome.

La circulation y était facile : au premier étage, des galeries ouvertes sur la nef principale étaient réservées aux femmes, selon l'usage oriental; une grande porte, nommée *basilica*, royale, et deux portes secondaires s'ouvraient sur la façade pour donner accès dans les nefs; à l'extrémité opposée, une abside demi-circulaire, imitée du tribunal des basiliques païennes, reçut le nom de tribune; les prêtres s'y plaçaient derrière l'autel, sur un banc en exèdre. A l'extrémité des nefs latérales, ou bas côtés du temple, deux absides secondaires, fermées par des voiles, contintrent les vases sacrés, les livres et les diplômes; ce fut l'origine des trésors et des bibliothèques.

Déjà les basiliques ainsi conçues présentaient toutes les conditions nécessaires aux cérémonies; elles s'élevèrent de toute part avec ces formes

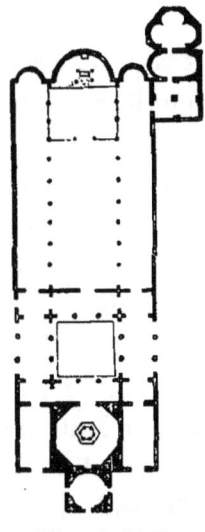

Plan de l'église de Parenzo (Istrie).

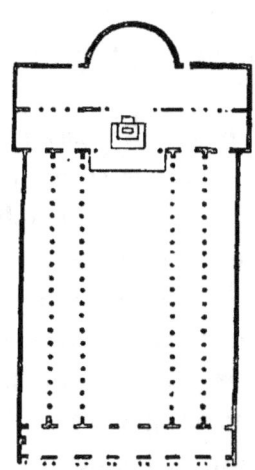

Basilique Saint-Paul-hors-les-Murs, à Rome.

simples; mais, dans plus d'une circonstance importante, on crut devoir y faire des modifications. Un mur construit devant le sanctuaire, et parallèlement au fond du temple, donna une nef transversale; ce fut l'origine des transepts et de la forme en croix consacrée aux églises.

De grands arcs s'ouvrirent dans ce mur pour établir les communications entre toutes les parties du temple. Devant la façade de la basilique de nombreuses colonnes supportèrent un toit pour former un porche destiné à recevoir la foule avant et après la cérémonie; les pénitents et les pécheurs y attendaient leur admission dans le temple.

Antérieurement au porche, une enceinte carrée, souvent entourée de portiques, formait un parvis qui devint le cimetière de la paroisse; des portes décorées de colonnes, et closes pendant le jour par des voiles, protégeaient ces lieux de recueillement contre les importunités de la rue.

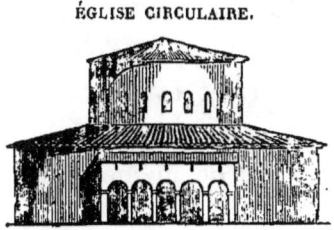

ÉGLISE CIRCULAIRE.

Église Saint-Étienne-le-Rond, à Rome.

Les églises circulaires étaient composées d'un mur épais, formant l'enceinte générale, et, à l'intérieur, d'un ou plusieurs rangs de colonnes, disposés en cercles concentriques; les architraves ou les cintres s'appuyaient sur ce mur; il résultait de cette forme une circulation facile autour du sanctuaire, qui, dans ce cas, environnait l'autel ou le tombeau du saint martyr, placé au centre de l'édifice.

A l'extérieur un portique rectangulaire précédait la porte pratiquée dans le mur d'enceinte; des chapelles s'appuyaient sur plusieurs points du périmètre.

Il est difficile que des basiliques primitives aient entièrement survécu aux nombreuses guerres et aux dévastations qui désolèrent la France dans les premiers siècles de la monarchie; cependant on peut espérer d'en rencontrer quelques fragments isolés, ou joints à des constructions moins anciennes; et plus d'une église reconstruite après le VIIIe ou le IXe siècle a pu conserver au moins la distribution générale du plan : l'Allemagne en possède des exemples. L'attention de MM. les correspondants doit donc se porter sur ces investigations curieuses pour l'histoire de l'art chrétien en France. Les églises d'une petite étendue, les chapelles isolées et composées d'une seule nef, présentèrent plus de chance de conservation que ces grands édifices dont la richesse causa souvent la ruine. Plusieurs petits temples chrétiens, que l'on peut attribuer aux premiers siècles, sont connus sur divers points de la France. MM. les correspondants pourront en faire connaître de nouveaux : la simplicité de leur plan, la nature de leur construction, qui sera indiquée plus loin, seront des moyens d'en assigner l'âge.

En prenant pour guides les légendes et les traditions populaires, MM. les correspondants doivent observer les lieux où sont érigées les chapelles et les églises. On fera connaître si elles occupent le sommet des montagnes, le voisinage des récifs ou des ports de sauvetage, le bord des routes, les plaines ou le fond des vallées; consacrées aux archanges, elles sont placées ordinairement sur des lieux élevés. Enfin, après avoir examiné la forme et l'emplacement des temples chrétiens, une dernière étude, et ce n'est pas la moins importante, doit déterminer l'orientation de l'édifice. On sait que toutes les églises du moyen âge, lorsque le local n'y apporta point d'obstacles, furent construites de telle sorte que l'abside était à l'orient, et les portes à l'occident.

Aux premiers siècles du christianisme il n'en était pas de même, soit que la règle ne fût pas établie, soit encore qu'on ait voulu conserver la tradition du tabernacle de Moïse et du temple de Salomon, qu'on ne doit pas perdre de vue lorsqu'on étudie les monuments du christianisme. A Rome, la plupart des basiliques construites par Constantin, et conservées en totalité ou en partie, ont leurs portes à l'est et l'abside au couchant. On peut trouver encore une raison de cet arrangement, contraire à celui du moyen âge, dans la manière dont les autels primitifs, dits *à la romaine*, étaient disposés : le prêtre, placé derrière pour officier, regardait en même temps et l'orient et le peuple.

FAÇADES LATINES.

Le système de construction usité dans les églises primitives des Gaules fut certainement, comme à Rome, une reproduction de celui des derniers siècles de l'empire. Des briques d'une forme et d'une fabrication semblables à celles des Romains, trouvées à plusieurs époques dans les constructions de l'église royale de Saint-Denys et de Sainte-Geneviève de Paris, fondées au ve siècle ; quelques édifices, tels que Saint-Jean de Poitiers, les Basses-OEuvres à Beauvais, etc., démontrent suffisamment que, dans la première période chrétienne, les traditions antiques servirent de guides aux constructeurs. MM. les correspondants étudieront dans tous leurs détails les fragments de construction religieuse qui pourraient présenter quelque analogie avec les appareils romains indiqués dans les instructions précédentes.

Avec ces éléments, les chrétiens élevèrent les façades de leurs premières basiliques, d'abord très simples, et qui devaient bientôt s'enrichir de mosaïques dorées, des marbres les plus précieux et de nombreuses sculptures. Comme il a été dit plus haut à l'égard des plans, nous ne pouvons espérer que des basiliques complètes existent encore en France, mais on en pourra trouver quelques parties sauvées du ravage des siècles ; pour les décrire nous prendrons pour guides celles que l'Italie a eu le bonheur de conserver jusqu'à nos jours. Un fronton peu incliné indiquant la forme du comble occupe le sommet des façades latines, au-dessous est une face lisse et carrée, percée de plusieurs fenêtres qui éclairent la nef.

Façade de la basilique Sainte-Agnès, près de Rome.

La partie inférieure de la façade, percée de trois portes, forme avec le haut un seul plan vertical, et souvent soutient un porche composé d'un grand toit saillant, que supportent des colonnes.

FRONTON.

Les pentes du fronton ou pignon supérieur sont encadrées par des moulures saillantes, peu compliquées, qui donnent à cette partie du temple l'aspect de ceux des Grecs et des Romains; ces moulures sont taillées sur l'arête de tablettes de marbre ou de pierre posées sur le sommet du mur antérieur de la façade, et suivant l'inclinaison du toit; une ligne de moulures horizontales forme un triangle avec ces deux pentes. Des modillons simples ou sculptés, et imités de l'antique, supportent la saillie de ces moulures, et donnent au couronnement l'aspect d'une corniche complète.

Au centre du triangle formé par le fronton, une ouverture circulaire, nommée *oculus* (œil), donne de l'air à la charpente du comble; cette ouverture, quelquefois close, est seulement figurée alors par un cercle renfoncé. C'est là que se firent les premiers essais de mosaïque extérieure; on y représenta le Christ en buste ou assis sur un trône; cette figure était une reproduction des *imagines clypeatæ*, que les Romains plaçaient dans le fronton de leurs temples.

Quelquefois le fronton manque aux façades latines; il est remplacé dans ce cas par une croupe en charpente, qui s'incline vers la nef, et fuit jusqu'au faîtage du comble dont elle est couverte.

FACE.

Au-dessous du fronton est une partie plane, ordinairement carrée, qui représente à l'extérieur le sommet de la grande nef : on la nomme face. Elle est décorée de trois fenêtres cintrées, et quelquefois de cinq. Rarement on voit paraître dans cette partie de la façade latine l'ouverture circulaire qui, dans les siècles postérieurs, n'abandonne plus cette place.

C'est autour de ces baies, quelle que soit leur forme, que se développe tout le luxe de la décoration en mosaïque.

Basilique Saint-Laurent-hors-les-Murs, à Rome.

Nous savons, par les auteurs chrétiens, que, dès les premiers siècles de l'Église, on représenta sur les façades des basiliques le Christ et sa mère, les douze apôtres, les évangélistes et leurs attributs, des sujets de l'histoire sainte, et souvent la représentation des miracles qui avaient donné lieu à la fondation des temples. Les *atria*, les chapelles isolées, les portes de monastères furent ainsi décorés de peintures en mosaïque. Rome et les grandes villes de l'Occident formaient ainsi de vastes musées, dans lesquels les fidèles avaient toujours sous les yeux les principes fondamentaux du culte; pensée grandement développée dans le moyen âge, lorsque la sculpture vint multiplier à l'infini les images sacrées.

Lorsque la basilique est dépourvue du porche, la façade s'étend à gauche et à droite par deux murs, dont le sommet suit une pente que détermine la couverture des nefs latérales. C'est dans ces deux parties secondaires que s'ouvrent la porte du nord et la porte du midi; au milieu est la porte royale qui donne entrée à la grande nef. Si l'édifice est très étendu, ces deux murs accessoires de la façade se développent suffisamment pour clore les doubles nefs latérales. C'est ainsi que sont disposées les anciennes églises de Saint-Paul-hors-les-Murs et de Saint-Pierre au Vatican, à Rome.

PORCHE ET ATRIUM.

Le porche des églises latines est un espace couvert par une charpente, le plus souvent apparente et appuyée sur la façade de l'édifice. Il se compose d'une rangée de colonnes, ordinairement en marbre, établies parallèlement au mur de face, à une distance plus ou moins grande, déterminée par l'étendue et le service du temple. Les bases de ces colonnes sont imitées de l'antique, les fûts sont unis, cannelés verticalement ou en spirales très serrées. Ces colonnes sont couronnées de chapiteaux ioniques ou corinthiens, quelquefois exécutés avec art par les chrétiens, et offrant plus souvent les premières modifications qu'ils apportèrent aux formes antiques, et qui devaient les mettre sur la voie de création qu'ils n'ont cessé de suivre jusqu'à la Renaissance.

ENTABLEMENT.

Les chapiteaux sont liés deux à deux par des architraves en pierre ou en marbre, sculptées ou ornées de moulures; elles entourent le portique sur les trois faces libres, et forment le premier membre d'un entablement composé de trois assises superposées : l'architrave, la frise et la corniche.

La frise, partie intermédiaire, est décorée de sculpture ou d'une mosaïque en marbre de couleurs, en porphyre rouge et vert, et autres matières précieuses, dont l'assemblage était nommé *opus Alexandrinum*.

La corniche, divisée par des moulures, larmiers et modillons, rappelle les riches compositions romaines; la seule différence qu'elle présente avec l'antiquité consiste dans les mauvaises proportions de ces moulures et dans l'exécution peu soignée de leurs détails. Les feuillages aigus et mal dessinés, l'abus du trépan pour produire des refouillements profonds et des effets d'ombre, le vague qui règne dans la sculpture des parties saillantes et peu modelées, tels sont les principaux caractères de ces premiers travaux des chrétiens.

Le porche est surmonté, à l'intérieur, d'une charpente composée d'un entrait, appuyé d'une part sur l'architrave qui lie les colonnes, et de l'autre dans le mur de face de la basilique. Des arbalétriers, des pannes et de nombreux chevrons portent une couverture en tuiles. Le fond du porche est décoré de peintures; au-dessus des portes se placèrent les premières mosaïques destinées à décorer les portiques; elles représentaient les apôtres auxquels étaient dédiés les édifices.

Les trois portes de la basilique s'ouvrent sous le porche; elles sont établies d'après le système d'architraves consacré par l'antiquité, et qui caractérise l'architecture des premiers chrétiens. Des chambranles les encadrent dans trois pièces de marbre d'une grande dimension; la moins longue forme un linteau supporté par les deux autres. Elles sont souvent décorées de sculpture d'ornement; l'*opus Alexandrinum* enrichit quelquefois ces chambranles.

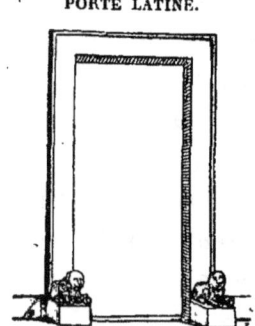

PORTE LATINE.

Porte de la basilique Saint-Laurent, à Rome.

En avant de la porte principale on voit fréquemment deux lions en marbre, entre lesquels on rendait la justice *inter leones*. Les premiers chrétiens, peu habiles dans la sculpture, ont souvent incrusté dans les murs de la façade, auprès des portes, des fragments de sarcophages romains; les têtes de lions qui s'y trouvent figurées tiennent lieu de celles qu'ils ne pouvaient exécuter eux-mêmes.

Sous le porche, auprès de la porte principale, étaient placées deux fontaines ou bassins destinés aux purifications; introduits plus tard dans le temple, ils reçurent l'eau bénite.

L'*atrium*, situé devant le porche, est, comme on l'a vu plus haut dans la description du plan des basiliques, un vaste emplacement carré, ceint par des murailles élevées ou par des portiques. La décoration de ces galeries couvertes qui font le tour de l'*atrium* ou parvis est la même que celle du porche avec lequel elles sont liées. Les entre-colonnements et le système d'architrave sont les mêmes, seulement on trouve moins de richesse dans les frises et dans les détails d'architecture.

PORCHE.

Porche de la basilique Saint-Clément, à Rome.

La porte de l'*atrium* est ouverte dans l'axe de la basilique ; elle est richement décorée par un chambranle en marbre couvert d'ornements. Deux colonnes supportent un toit ou une voûte devant cette porte et forment un porche auquel était suspendu un long voile pendant jusqu'à terre.

Dans les basiliques privées d'*atrium*, chaque entre-colonnement du grand porche était fermé de même par de longs voiles, qui protégeaient les pénitents contre les importunités de la rue.

FACE LATÉRALE.

Les faces latérales des basiliques latines ne présentent rien de bien remarquable, si ce n'est l'appareil de la construction, qui s'y développe sur une grande superficie. On y peut étudier aussi la disposition des toits des nefs latérales, et leur arrangement avec les transepts, si la basilique est disposée en croix.

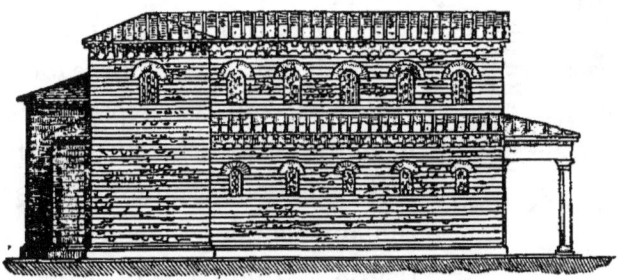

Élévation latérale d'une basilique latine.

Au-dessous de ces toits se développe une longue série de fenêtres qui éclairent la nef principale ; elles sont ordinairement cintrées. Là, plus que partout ailleurs, on peut étudier leur forme et leur construction. On y voit facilement si les cintres sont exécutés avec des claveaux en pierre de taille, avec des moellons et des briques alternées, enfin avec des briques seules, sans mélange de matériaux étrangers.

Dans les contrées méridionales, ces fenêtres étaient closes avec des tablettes de marbre, percées de trous circulaires ou en losanges, assez rapprochés pour former un treillis solide. Des morceaux de verre ou d'albâtre étaient fixés à ces ouvertures.

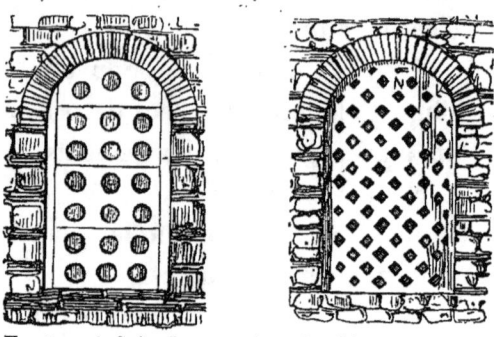

Fenêtres à Saint-Laurent-hors-les-Murs de Rome.

FAÇADE POSTÉRIEURE.

La façade postérieure des basiliques latines présente une ou plusieurs absides en tour ronde. Celle du milieu, la plus grande, est souvent couronnée d'une corniche en marbre, supportée par des modillons imités de l'antique. Il est rare de voir des fenêtres percées dans les absides des églises primitives. La construction y est apparente et la même que sur les faces latérales de l'édifice. Les absides sont appuyées contre le mur qui occupe le fond du temple. Si l'église est sans transept, le mur présente le même profil que celui qui forme la façade principale; dans le cas contraire, son sommet est horizontal dans toute l'étendue de la face postérieure, et n'offre aucune pente ou inclinaison.

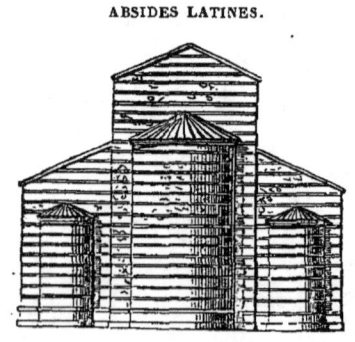

ABSIDES LATINES.

Élévation de l'abside de Saint-Saba, à Rome.

Les toits qui couvrent les absides sont en tuiles, et forment de demi-cônes, appuyés contre le mur oriental. Ces toits sont posés sur l'extrados des voûtes d'absides; on y trouve rarement du bois de charpente.

Les tuiles ont souvent conservé la forme romaine; elles peuvent être remplacées par des dalles en pierre ou de métal.

Les grands combles des basiliques latines sont toujours composés de

CHARPENTE.

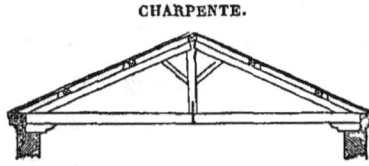

fermes en charpente ou assemblages triangulaires dont les éléments sont : un entrait ou pièce horizontale, deux arbalétriers donnant l'inclinaison au toit, une pièce verticale, nommée poinçon, divisant en deux parties égales le triangle ou ferme, et destinée à soutenir l'entrait par le milieu. Les fermes sont réunies entre elles par le faîtage et les pannes qui doivent supporter les chevrons.

INTÉRIEUR DES BASILIQUES.

Les basiliques primitives se divisent, à l'intérieur, en nefs d'inégale largeur, séparées par deux ou quatre rangées de colonnes, qui, du mur de face, s'étendent jusqu'au fond du monument. Le style d'architecture qui préside à la décoration intérieure est, comme on l'a vu pour les parties déjà décrites, une imitation de celui que les Romains avaient consacré depuis plusieurs siècles à leurs édifices, puisque les temples païens fournirent aux fidèles les riches colonnes, les sculptures variées, les chapiteaux de diverses formes qui décorèrent les premières églises. De nombreux pilastres et des compartiments de marbre et de porphyre enrichissent les parois intérieures de l'abside et des nefs latérales; des entablements en marbre relient entre eux les chapiteaux des colonnes; plus fréquemment les colonnes s'unissent par des arcs en plein cintre, ouverts dans les murs qui divisent les nefs.

Élévation de deux travées intérieures d'une basilique.

Quelques exemples très rares présentent une galerie ménagée au premier étage, au-dessus des bas côtés; elle s'ouvre, sur la grande nef, par un double rang de colonnes portant des arcs. Cet étage était destiné aux femmes, qui ne pouvaient y parvenir que par des portes extérieures. Au-dessus de ces arcs sont pratiquées des fenêtres cintrées, closes par des tables de marbre transparent, d'albâtre, ou simplement de pierres opaques, dans lesquelles de nombreuses ouvertures, rondes ou carrées, donnent accès à la lumière.

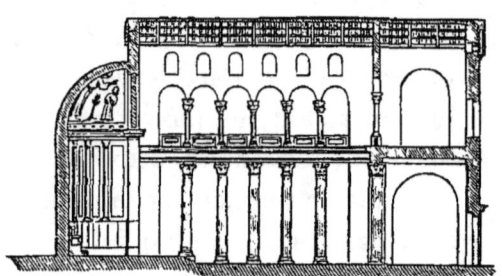

Coupe longitudinale de la basilique Saint-Laurent-hors-les-Murs de Rome.

Des mosaïques, exécutées sur fond d'or, à la manière orientale, décorent la voûte des absides; ces riches peintures s'étendent sur toutes les parois intérieures des basiliques, pour y représenter les principaux faits de l'histoire sacrée.

Des plafonds en bois, enrichis de peintures et de dorures, et, plus fréquemment encore, des charpentes apparentes et sculptées surmontent les nefs des basiliques.

Coupe transversale de la basilique Saint-Laurent.

Le pavé, formé d'abord de grands compartiments en marbre, fut remplacé par des mosaïques plus fines, composées de porphyre rouge et vert, de marbre blanc et d'émail. Ce travail, qui est l'*opus Alexandrinum*, a laissé des traces dans les provinces méridionales et dans l'est de la France. Les combinaisons de dessin, les ciments qui relient entre eux les compartiments de ces pavés, les bétons établis sur le sol pour préserver les édifices de l'humidité de la terre, peuvent offrir, par une étude spéciale, des résultats utiles dans l'application.

On aura soin de recueillir, auprès des anciens édifices chrétiens, les marbres qui auraient pu servir à la décoration intérieure, et plus encore ceux qui, percés de trous symétriquement placés, seraient des débris de clôtures de fenêtre, imitées des croisillons antiques.

BAPTISTÈRES.

Devant les basiliques primitives, extérieurement à l'*atrium*, et quelquefois aussi dans son enceinte, s'élevait un petit édifice indifféremment carré, circulaire, hexagone, octogone, ou en forme de croix grecque : il était destiné aux cérémonies du baptême.

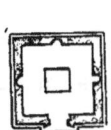  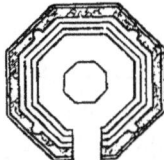 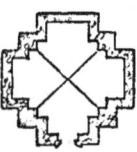

Au centre, un bassin profond prenait, le plus souvent, la forme de l'édifice. Sous l'invocation de saint Jean Baptiste, on y recevait, de la main de l'évêque, le baptême par immersion. Les catéchumènes étaient plongés dans la cuve, qui se remplissait par une rigole souterraine, et se vidait par le même moyen. Le bassin était souvent environné d'une galerie de colonnes destinées à porter le plafond; une ouverture éclairait l'édifice par le

Vue intérieure d'un baptistère près de Sainte-Agnès, à Rome.

haut; les bancs des catéchumènes se plaçaient autour à l'intérieur. Vis-à-vis la porte d'entrée, placée en regard de celle de la basilique, l'image de saint Jean présidait à la cérémonie. Les baptistères, peu commodes en raison de leur distance du temple et de la position qu'ils occupaient relativement à l'axe de l'*atrium*, furent quelquefois rattachés à l'ensemble de l'édifice par des portiques. On les établit encore sur la face latérale des basiliques, pour éviter les inconvénients qu'ils présentaient devant l'entrée principale.

Plus tard la fontaine du baptême fut introduite sous le porche, qui prit le nom de catéchumène ; puis dans l'enceinte même de la basilique, où elle occupa une chapelle particulière dans les nefs latérales. Ces diverses positions des fonts de baptême doivent être un sujet d'étude pour MM. les correspondants.

Les formes variées auxquelles fut soumis le bassin destiné à la cérémonie n'offriront pas moins d'intérêt que les diverses places qu'il occupa au dehors ou au dedans de l'enceinte des édifices sacrés. A l'origine du christianisme, on fit usage de cuves en granit ou en marbre, qui, dans l'antiquité, décorèrent les bains publics ; mais, loin des grandes villes, on dut y suppléer par une construction facile. Des tablettes de pierre, bien jointes, furent disposées en polygone ou en carré ; dressées autour d'une aire en béton qui devint le fond de la cuve, elles formèrent un bassin assez grand pour contenir plusieurs personnes à la fois. Des marches disposées autour permirent d'entrer plus facilement dans l'eau.

FONTS BAPTISMAUX.

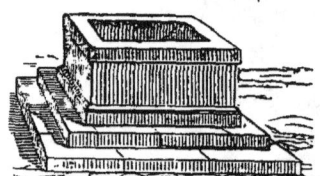  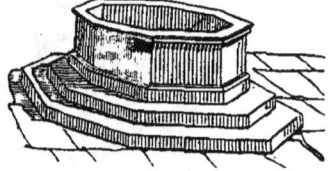

La sculpture d'ornement et les incrustements en marbre couvrirent les faces extérieures du bassin. Souvent sur ces pierres debout de petites colonnes furent placées aux angles, pour fixer une clôture.

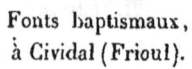

Lorsqu'on abandonna l'usage de plonger les catéchumènes dans le bassin, il se ferma par un couvercle mobile, qui permettait, au moyen d'une ouverture étroite, de puiser avec un vase l'eau du sacrement ; cette mutation dans le rit conduisit à resserrer la cuve, et à la réduire au point où nous la voyons de nos jours.

Fonts baptismaux, à Cividal (Frioul).

L'architecture des baptistères, en harmonie avec la décoration des basiliques, fut soumise aux mêmes conditions. Dans les grandes villes, où les édifices païens présentaient de riches matériaux, ces monuments furent décorés avec leurs dépouilles : les colonnes en marbre, les portes de bronze, les pavés en porphyre, s'allièrent aux mosaïques et à la peinture; dans les villes secondaires, les murailles nues furent élevées jusqu'à une hauteur suffisante, sans autre décoration que les fenêtres qui éclairaient l'édifice; une simple charpente couvrit ces baptistères isolés. Dans le moyen âge, on leur appliqua les perfectionnements apportés dans l'art; ils furent soumis à tous les styles d'architecture qui se succédèrent en Europe.

AUTELS ET CIBOIRES.

L'autel des basiliques latines est ordinairement un tombeau en marbre, en granit ou en porphyre; la forme est celle d'une cuve ou d'un sarcophage carré. Enlevés aux édifices païens, ces monuments, qui renferment les reliques des saints martyrs, sont souvent décorés de sculptures chrétiennes, exécutées dans le style antique, et ajoutées après coup. Sur la table sont gravés les attributs du christianisme : l'alpha et l'oméga, le labarum, la palme, etc.

Sarcophage servant d'autel dans l'église abbatiale de Saint-Denis.

Au-dessous de l'autel est pratiquée une petite case voûtée, ouverte dans le sens de la nef; c'est le *martyrium* ou confession, destiné à contenir les reliques des martyrs. Ce lieu est décoré avec beaucoup de luxe, et prend quelquefois un développement tel, qu'on y descend par un grand nombre de marches, disposées en avant ou sur les côtés de l'autel; il devient alors une crypte, destinée à rappeler les souterrains des catacombes. Le moyen âge donna au *martyrium* assez d'étendue pour en faire une église souterraine, presque aussi vaste que celle qui s'élevait au-dessus du sol.

Les cryptes primitives se présentent sous des dimensions restreintes. Elles peuvent être voûtées ou simplement formées de grandes tables de pierre ou de marbre, dressées et superposées de manière à rappeler les plafonds des carrières qui servirent de sépulture aux premiers martyrs.

CIBORIUM.

Aux quatre angles de l'autel principal, ou maître autel, s'élèvent des colonnes précieuses, surmontées de chapiteaux, et d'un entablement en marbre formant un dais au-dessus de la sainte table; cette décoration est le *ciborium*. On y prodigua, dans les premiers siècles du christianisme, tout le luxe des métaux et des pierreries; les plus anciens décrits par les auteurs

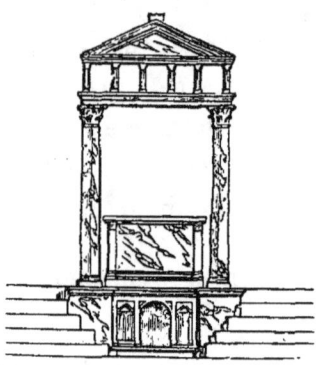

Ciborium de la basilique Saint-Clément, à Rome.

étaient surmontés d'un fronton; on sait qu'il en existait aussi de couronnés par quatre petits arcs, un sur chaque face de l'autel.

CLÔTURE.

Les basiliques latines présentent, en avant du sanctuaire, un espace

Clôture du chœur de la basilique Saint-Clément, à Rome.

carré, entouré d'une clôture en marbre, richement ornée de mosaïque et de sculpture; cette enceinte forme le chœur. Des bancs en marbre y sont consacrés aux clercs; un riche pavé décore le sol.

AMBONS.

Les ambons, destinés à la lecture de l'épître et de l'évangile, s'élèvent sur les faces latérales de la clôture. Construits en marbre ou en pierre, ces ambons présentent d'un côté un pupitre élevé, que supportent de petites colonnes, et auquel on arrive par plusieurs degrés; de l'autre côté, est une chaire à laquelle on monte par deux escaliers. Auprès de cette chaire, sur un des pilastres qui la décorent, s'élève une colonnette enrichie de mosaïques : elle est destinée à porter le cierge pascal.

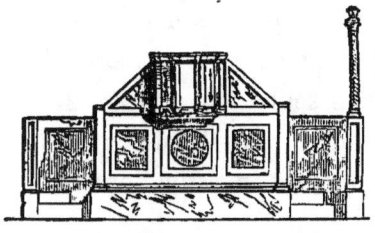
Ambon dans la basilique Saint-Clément, à Rome.

DEUXIÈME SYSTÈME D'ARCHITECTURE CHRÉTIENNE.

STYLE BYZANTIN.

Au commencement des instructions relatives à l'architecture chrétienne, il est dit que toutes les églises ne furent pas construites sur un plan allongé, divisé en galeries parallèles; en Orient, plus particulièrement, on adopta la forme carrée, circulaire ou en polygone; les nombreux exemples mentionnés par Eusèbe et d'autres auteurs, ses contemporains, nous démontrent qu'à Constantinople, à Antioche, à Jérusalem et dans d'autres contrées, ces dispositions furent presque les seules en usage : les temples étaient tous surmontés d'une voûte en coupole, ce qui les distinguait encore des édifices latins, généralement couverts en charpente, lors même que leur forme était circulaire.

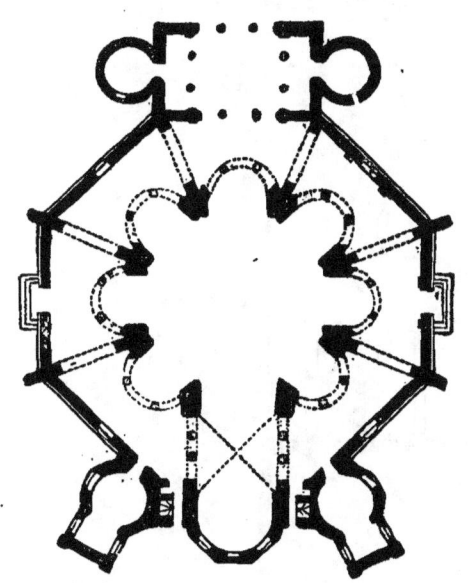
Plan de l'église Saint-Vital, à Ravenne.

C'est avec ces éléments orientaux qu'Isidore de Milet et Anthemius de Tralles, chargés par Justinien de construire l'église de Sainte-Sophie de

Constantinople, disposèrent ce temple, qu'on peut considérer comme la base d'un système d'architecture chrétienne nommée byzantine, qui se répandit dans toute l'étendue de l'empire oriental, pénétra en Italie, en Allemagne et en France. Quelques exemples de cette importation sont conservés sur notre sol; il est nécessaire de faire connaître ce système à MM. les correspondants, pour qu'ils puissent, non seulement étudier les monuments qui ont été déjà signalés, mais afin que, dans les lieux non explorés, ils reconnaissent ceux qui auraient échappé aux investigations.

PLAN BYZANTIN.

Le plan de Sainte-Sophie est carré. Deux porches étroits et très allongés

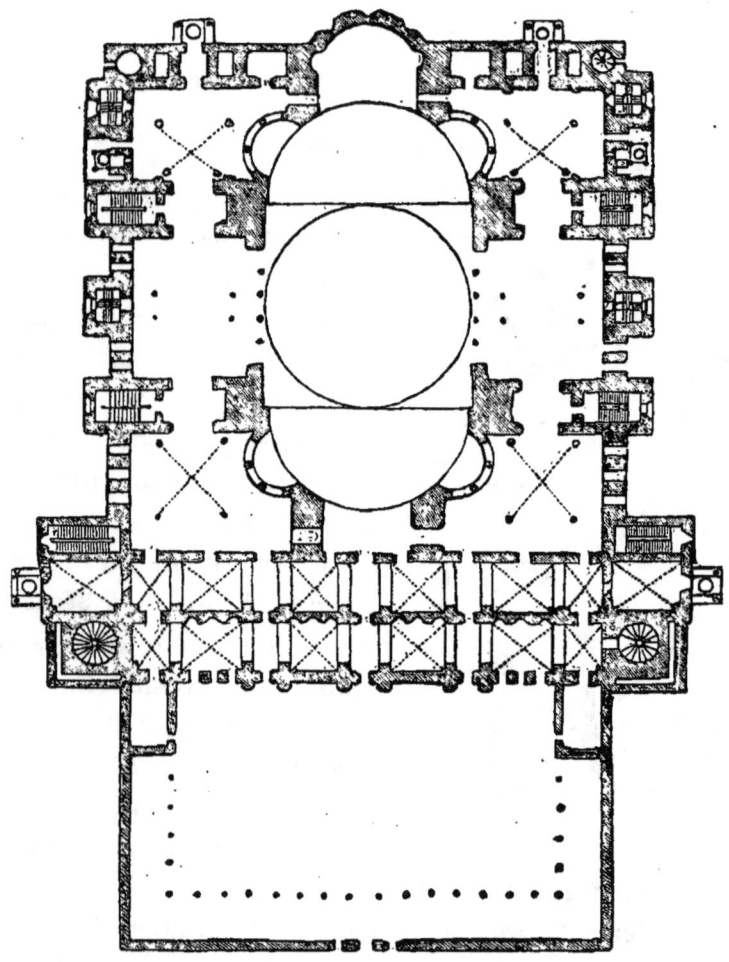

Plan de l'église dédiée à sainte Sophie, à Constantinople.

occupent, l'un devant l'autre, toute la face de l'édifice. La grande nef principale forme une croix grecque, en se liant à deux parties latérales, carrées elles-mêmes, et qui en sont séparées par des colonnes; quatre salles irrégulières occupent les angles du plan; d'énormes piliers, destinés à supporter les coupoles, forment les angles rentrants de la croix; de nombreux escaliers, voisins de ces piliers et dont l'accès est extérieur, permettent d'arriver à la galerie du premier étage, consacrée aux femmes. Une large abside occupe le fond de la nef principale, pour former le sanctuaire; des portiques et des cours sacrées entourent l'édifice.

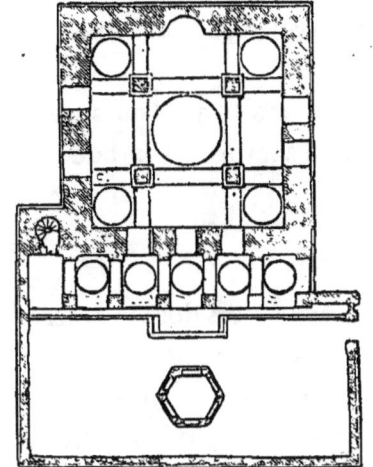

Plan de l'église de Navarin (Grèce).

Ce plan, qui servit de base au système byzantin, fut imité dans des proportions plus ou moins grandes, avec des modifications en rapport avec les ressources des villes qui élevaient des basiliques. C'est aussi sous cette forme qu'il fut reproduit en France.

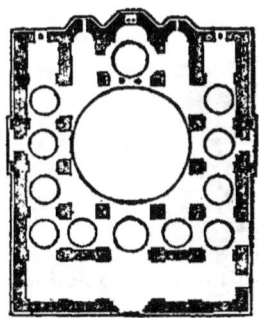

Plan de la *Panagia Nicodimo*, à Athènes.

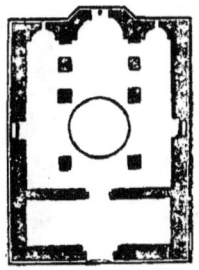

Plan du *Catholicon*, à Athènes.

MM. les correspondants devront examiner si l'édifice chrétien qu'ils étudieront présente quelques-uns de ces éléments byzantins :

1° Si le plan est une croix grecque, c'est-à-dire à quatre branches égales;

2° Si cette croix est comprise ou non dans un carré ;

3° Si de gros piliers, destinés à porter les coupoles, séparent les nefs de l'édifice, et dans le cas où le monument serait en ruine et n'aurait conservé pour ainsi dire que son plan, on examinera si des escaliers peuvent faire supposer un premier étage, ou des facilités pour arriver sur les voûtes ou terrasses supérieures.

Le porche qui précède le temple, les enceintes sacrées qui l'entourent, seront étudiés comme dans le style latin; le plan en sera levé à la boussole et dessiné avec soin.

FAÇADE.

La construction byzantine offre des caractères particuliers dont la description doit précéder celle des façades. Les briques placées en lignes horizontales, et déjà reconnues dans les murailles des premiers âges chrétiens, se reproduisent dans celles qui sont d'origine orientale, et de plus on y trouve l'emploi fréquent de lignes verticales en brique, de sorte que les pierres ou moellons bien appareillés sont encadrés pour la plupart dans de la terre cuite. La décoration se développe plus encore par les combinaisons que peuvent former des tuiles rondes ou légèrement courbées, des angles en forme de gamma, et d'autres figures de ce genre.

CONSTRUCTION BYZANTINE.

Détail de construction de la *Panagia Nicodimo*, à Athènes.

Après ce caractère non équivoque, les façades en offriront d'autres aussi importants à signaler à MM. les correspondants. Généralement aucune pente ne les surmonte de manière à indiquer l'inclinaison d'un toit : le sommet offre donc une ligne horizontale.

Une coupole centrale surmonte la façade; si le temple est vaste, des coupoles plus basses occupent tous les angles à la rencontre des galeries intérieures que forment le porche et les nefs latérales de l'édifice. Les grandes coupoles, portées par un tambour cylindrique ou placées simplement sur les terrasses qui surmontent l'édifice, sont percées de nombreuses ouvertures cintrées, ou petites fenêtres destinées à donner du jour à la voûte sphérique et à l'édifice.

Les tuiles sont plates comme celles des Romains, et liées par des imbrices; elles peuvent être creuses, comme celles qu'on fabrique aujourd'hui dans le midi de la France; plus souvent des lames de plomb couvrent les coupoles.

FAÇADE BYZANTINE.

Une suite de fenêtres ou de petites arcades indique à l'extérieur la galerie qui est ménagée au premier étage dans la plupart des temples byzantins. Cette disposition a été copiée dans l'architecture romane et dans le style ogival. Les arcs cintrés des fenêtres sont formés de briques seules ou alternées avec du moellon.

Les portes sont généralement encadrées par trois morceaux de marbre ou de pierre faisant un chambranle; un arc en plein cintre les surmonte pour former une décharge au-dessus du linteau.

Vue perspective de l'église de Samari (Grèce).

Les moulures qui accompagnent les portes byzantines ont une physionomie spéciale et différente de celles des Latins : saillantes et arrondies, elles sont séparées par des lignes profondément refouillées. Ces profils très accentués servirent de base au système d'encadrements épais et riches qui se multiplièrent dans l'architecture romane, et prirent un si beau caractère sous l'influence du système ogival, dit gothique.

MOULURES.

TRANSEPTS.

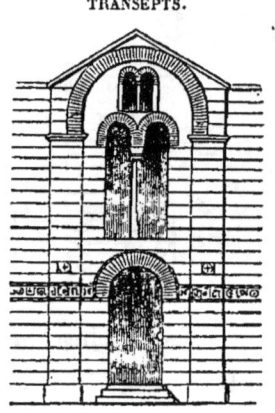

Moulure de porte (Μονὴ τῆς Κοράς), à Constantinople.

Transept de l'église de la *Panagia Nicodimo*, à Athènes.

Les façades latérales des églises byzantines offrent une grande analogie avec celles de l'Occident : on y reconnaît quelquefois un pignon indiquant les croisées ou transepts.

Une ouverture occupe le milieu de ce pignon; elle est simple et cintrée, quelquefois géminée, c'est-à-dire divisée au milieu par une colonnette ou un pilastre. Dans ce cas, il y a deux cintres au lieu d'un; la retombée commune est le chapiteau de la colonnette.

ABSIDE.

Abside de l'église de *Theotocos*, à Constantinople.

La façade postérieure, horizontale au sommet, est décorée d'une ou de trois absides, qui sont en tours rondes ou à pans coupés; un ou plusieurs étages de niches les décorent; elles occupent la place des fenêtres, qui dans le style roman s'ouvrirent autour du sanctuaire.

Ces niches, semi-circulaires et couronnées par une demi-coupole, sont ornées de compartiments en briques mêlées à la construction. Quelques absides byzantines sont percées de trois fenêtres simples ou géminées ; si leur plan est en polygone, les fenêtres peuvent être portées par de petites colonnes placées sur chacun des angles saillants. En général, les formes des édifices sont cubiques ; les coupoles et les absides rompent seules la simplicité des formes.

PORCHE OU NARTHEX.

Le porche des basiliques byzantines est toujours voûté à l'intérieur, et quelquefois surmonté de coupoles. Le bois ne paraît jamais dans cette architecture, différente en cela de celle qui a été décrite précédemment. Développé sur un plan étroit et très allongé, le porche, qui est décoré de peintures ou de mosaïques, occupe toute la largeur de l'édifice ; il donne accès au temple par une ou plusieurs portes semblables à celles qui ornent la façade extérieure. Les cintres, qui surmontent ces portes pour décharger le chambranle du poids de la construction placée au-dessus, sont quelquefois en fer à cheval, au lieu de présenter seulement un demi-cercle.

On a, dans certains cas, facilité la circulation de l'air entre le porche et les nefs par des fenêtres dont l'appui est une grande tablette de marbre décorée de sculpture.

FENÊTRE.

Fenêtre du *Theotocos*, à Constantinople.

NEF.

Une ou plusieurs coupoles surmontent les nefs et forment la couverture ; elles se distribuent ordinairement comme il suit :

COUPE.

Coupe longitudinale de la *Panagia Nicodimo*, à Athènes.

1° Coupole principale au centre de la croix ; elle est indispensable au style byzantin ;

2° Coupoles sur les deux transepts : elles sont ordinairement moins élevées que celle du milieu ;

3° Coupole sur la partie antérieure de la nef principale ;

4° Coupole sur le *sanctuaire*. L'édifice peut être dépourvu de quelques-unes de ces voûtes sphériques, qui sont remplacées alors par des voûtes d'arêtes.

Dans les bas côtés du temple, les quatre angles du plan sont les points où les voûtes sphériques sont le plus communément placées; enfin, comme dernier développement de ce caractère byzantin, on peut en rencontrer à toutes les travées.

Les coupoles sont décorées de peintures ou de mosaïques; elles s'éclairent par un grand nombre de petites fenêtres qui forment une galerie lumineuse à la base des voûtes.

Portée sur quatre piliers épais disposés en carré, toute calotte sphérique est soutenue en l'air par des constructions secondaires, formant un encorbellement dont la forme est variable et dont le but est de racheter les angles du plan carré de chaque travée, pour le relier à la base circulaire de la coupole. On a donné à cette disposition le nom de pendentif. Inconnu aux anciens, le pendentif, d'invention byzantine, peut être :

1° Uni : il forme alors un plan gauche à double courbure;

2° Creux comme le sommet d'une niche, avec cette différence que la courbe est une portion du cône;

PENDENTIFS.

 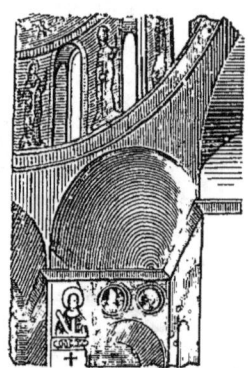

Pendentif d'une église en Morée.

Pendentif de la *Panagia Nicodimo*, à Athènes.

3° Multiple, c'est-à-dire formé par un grand nombre de petites voûtes en encorbellement les unes au-dessous des autres; c'est ainsi que les Arabes font leurs pendentifs : l'architecture romane en offre quelques imitations.

Au-dessous des coupoles, de grands arcs en plein cintre relient deux à deux les piliers qui séparent les travées ; c'est au sommet de ces arcs que sont tangents les grands cercles des voûtes en demi-sphère.

Les piliers et les pendentifs sont incrustés de mosaïques ou décorés de peintures, selon l'importance du monument ; des marbres, plaqués ou figurés au pinceau, occupent les parties basses des pieds-droits isolés, ainsi que des murs latéraux de l'édifice.

Dans les églises de petite dimension, les piliers qui soutiennent les coupoles sont remplacés par des colonnes en marbre, ce qui deviendrait impraticable lorsqu'il s'agit de supporter une voûte d'un grand diamètre.

AUTEL ET CIBOIRE.

L'autel des Grecs est un cube et quelquefois un cylindre en pierre ou en marbre ; il n'est point surmonté d'un gradin, comme l'autel des Latins ; les flambeaux se placent isolément aux quatre angles. Sur les faces verticales, décorées d'une riche étoffe drapée à larges plis, on figure, par des broderies d'or et d'argent, la croix grecque et les *gammadæ*, emblèmes de la Trinité.

Ciborium, d'après le monument grec de *Jacobus monachus*.

Le ciboire byzantin, porté par quatre colonnes qui s'élèvent aux angles de l'autel, a quelquefois la forme d'une coupole ; il est surmonté d'une portion de sphère, comme dans le dessin ci-joint, lorsque ses faces, disposées verticalement, sont percées de quatre petits arcs.

En avant de l'autel est une clôture sacrée dans laquelle s'ouvrent les portes saintes ; un rideau qui, dans le cours des cérémonies, se tire et se ferme à plusieurs reprises, pour masquer ou laisser voir le sanctuaire, surmonte les portes, et s'harmonise avec elles par la richesse des broderies et des peintures qui le décorent.

DÉTAILS D'ARCHITECTURE.

Les chrétiens d'Orient, suivant la même marche que leurs frères d'Occident, s'emparèrent d'abord de tous les fragments d'architecture antique que pouvaient leur offrir les édifices de la Grèce ou de l'Asie Mineure ; aussi trouve-t-on dans les basiliques byzantines de nombreuses colonnes de marbre, des chapiteaux grecs ou romains, des fragments d'architraves et de

CHAPITEAU ET BASE.

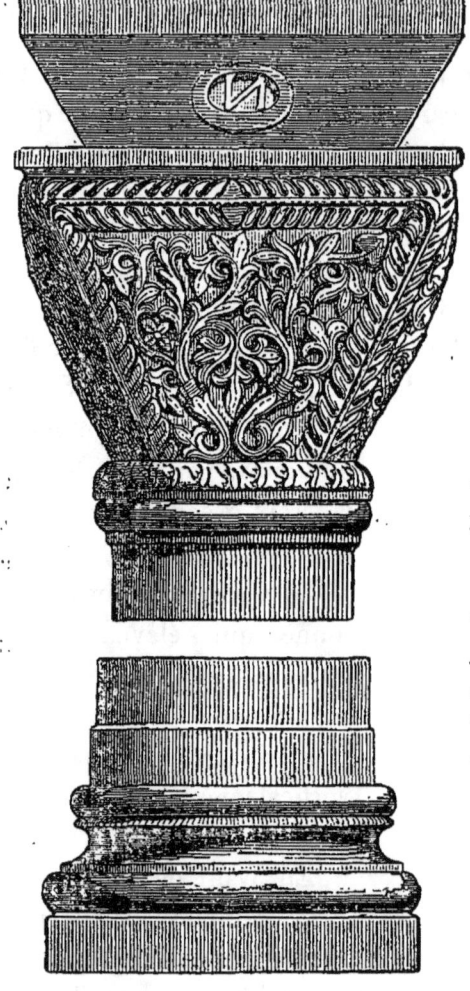

Chapiteau de l'église Saint-Vital, à Ravenne.

corniches, dans lesquels on reconnaît facilement le ciseau d'Éphèse ou d'Athènes. Mais, lorsque ces détails vinrent à manquer et qu'il fallut créer, les artistes de Byzance durent harmoniser les formes soumises à leur caprice avec les masses pesantes de leurs basiliques. On ébrancha le beau chapiteau de Corinthe; sa corbeille élégante devint une masse presque cubique, ornée seulement de feuillages aigus et peu saillants; la mosaïque et la peinture décorèrent aussi les faces planes de ces chapiteaux.

Chapiteau et base du *Theotocos*, à Constantinople.

Ces formes nouvelles eurent du succès en Occident, pénétrèrent par l'Illyrie, l'Italie, les bords du Rhin, et, par la Normandie, passèrent jusqu'en Angleterre. Telle paraît être l'origine des chapiteaux cubiques si communs au XIe siècle, et qui sont un des éléments byzantins introduits dans l'architecture romane.

Les moulures de couronnement eurent le même sort; elles furent simplifiées dans l'architecture byzantine, au point de n'offrir plus que des champs lisses plus ou moins inclinés en biseau; la sculpture, la peinture ou la mosaïque les enrichirent, en rappelant en quelque façon les ornements antiques.

MOULURES.

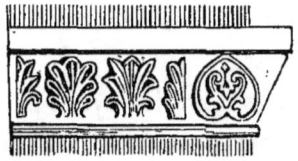

Moulures à la *Panagia Nicodimo*, à Athènes.

La sculpture d'ornement des Byzantins est large et pesante, riche en perles, en galons contournés et décorés de pierreries. Si le sculpteur a représenté des rinceaux ou des feuillages isolés, les extrémités sont aiguës, les arêtes vives, les feuilles profondément exprimées par des angles rentrants, les côtes et les branches découpées en chapelets de perles.

FEUILLAGES.

Les nombreux artistes grecs qui, dans le moyen âge, se répandirent dans l'empire occidental, transmirent au style roman les principes de cette ornementation, comme ils y avaient introduit plus d'une forme de leur architecture. Ces nuances sont délicates et assez difficiles à reconnaître; nous avons indiqué leur origine, les principes sur lesquels elles sont établies : la pratique seule peut apprendre à les distinguer.

On examinera dans les chapitres suivants l'architecture romane, qui offre une alliance des deux styles qui précèdent. Elle sera étudiée avec plus de détails, parce que les monuments élevés dans ce système sont très multipliés en France, et que ses formes variées, qui s'éloignent de plus en plus de l'antiquité, demandent une terminologie nouvelle.

STYLE ROMAN ET STYLE GOTHIQUE,
DU XI° AU XVI° SIÈCLE.

C'est à partir de la résurrection de l'art, dans les premières années du xi° siècle, qu'ont été construits presque tous les édifices religieux que les correspondants de la commission rencontreront dans leurs recherches. A partir de cette époque aussi les églises n'ont guère cessé d'offrir une distribution constante, ramenée d'une manière assez fidèle (sauf les proportions et quelques adjonctions indispensables) au type de la basilique romaine. Cette distribution n'a même reçu jusqu'à nos jours qu'une modification importante par le prolongement des collatéraux autour du chœur, qui date des premières années du xii° siècle.

Plus les églises construites sur un autre plan sont rares, plus elles devront être étudiées avec soin, chaque fois qu'on en rencontrera.

A partir de ces premières années du xi° siècle, nos temples ayant pris des proportions de plus en plus étendues, et en rapport avec les masses de population qui s'y pressaient aux fêtes solennelles, la réunion des travaux de plusieurs générations, le plus souvent même de plusieurs siècles, devint indispensable à leur achèvement ou à leur appropriation. Chacun de ces siècles, chacune de ces générations, dédaignant de s'astreindre, surtout dans les détails, à un plan primitif, qui, d'ailleurs, la plupart du temps, n'avait pas été rigoureusement arrêté, a imprimé un caractère particulier à son œuvre.

C'est donc en détail et, pour ainsi dire, pied à pied qu'il faut aller chercher, tant à l'extérieur qu'à l'intérieur, sur chacune des portions d'un ensemble si compliqué et presque toujours si hétérogène, la date particulière que les arts du moyen âge y ont inscrite. Pour ne pas s'égarer dans une pareille analyse, il est nécessaire de la conduire avec beaucoup d'ordre. Nous pensons qu'il pourra y être procédé d'après la marche tracée dans les divisions suivantes :

Chapitre i. Ensemble de l'église.

Chapitre ii. Examen détaillé de l'extérieur.

Chapitre iii. Examen détaillé de l'intérieur.

Chapitre iv. Dépendances, constructions accessoires ou analogues.

CHAPITRE PREMIER.

ENSEMBLE DE L'ÉGLISE.

Ce chapitre se composera de cinq paragraphes, savoir :

§ 1. Orientation de l'édifice.

§ 2. Plan par terre.

§ 3. Dimensions générales.

§ 4. Système général et matériaux de construction.

§ 5. Distribution générale.

§ 1. — ORIENTATION.

Tout le monde sait que, longtemps avant le xie siècle, les églises ont commencé à être dirigées, autant que possible, vers l'orient, soit pour que le soleil en éclairât l'intérieur de ses premiers rayons, soit afin que les fidèles qui viendraient y prier eussent la face tournée vers la contrée qui fut le berceau du christianisme. Lorsqu'une d'elles a été construite depuis cette époque dans une autre direction, ce qui est ordinairement dû à des circonstances particulières de localité, il est indispensable d'en faire l'observation. Nous pensons même que l'on doit tenir compte de l'inclinaison, souvent très marquée, que présente l'axe de la plupart des églises par rapport à l'orient vrai, inexactitude qui peut tenir, soit au peu de soin apporté par les constructeurs à établir une orientation exacte, soit, comme l'ont supposé quelques antiquaires, à ce qu'on se sera dirigé sur le point du ciel où se levait le soleil à l'époque de l'ouverture des travaux.

Si les églises étaient toujours, sauf ces légères inexactitudes, dirigées de l'occident vers l'orient, ainsi que cela arrive le plus ordinairement, il suffirait d'employer la mention des points cardinaux du ciel pour éviter toute confusion dans la désignation de l'emplacement respectif de leurs parties, et surtout de celles qui sont répétées des deux côtés de leur axe; mais, comme il n'en est pas toujours ainsi, on a eu recours à divers moyens d'éviter toute confusion. Ainsi l'on dit qu'un objet est à la droite de l'axe de l'église, ou du côté de l'épître, lorsqu'il se trouve à la droite d'un observateur qui aurait la face tournée vers le chevet et le dos vers le bas de l'édifice. Dans le cas contraire, on peut dire que cet objet est à gauche, ou du côté de l'évangile. Lorsque l'orientation est normale, on peut sans inconvénient se servir des expressions de méridional et de septentrional, qui ont alors l'avantage de donner à la fois l'orientation relative et l'orientation absolue des points dont il s'agit.

§ 2. — PLAN PAR TERRE OU ICHNOGRAPHIE.

Toutes les fois que l'on pourra fournir un plan des églises de quelque importance ou de quelque intérêt, ce document épargnera beaucoup de longueurs et d'obscurités. On devra donc le réclamer du zèle de MM. les architectes chargés de veiller à leur conservation, chez la plupart desquels il existe déjà. Il est à désirer qu'il soit levé à l'échelle de trois millimètres par mètre. Il sera fort utile de distinguer, par une teinte particulière de lavis, les portions de l'édifice appartenant à chaque époque et à chaque système de construction.

En procédant à ce travail, on devra aussi se rappeler sans cesse que les architectes du moyen âge apportaient beaucoup moins de régularité et de précision que les nôtres dans les espacements et les dimensions de chacune des portions de leurs édifices. Il sera donc indispensable de mesurer scrupuleusement chaque distance et chaque corps de construction. Nous recommanderons particulièrement de vérifier si les deux collatéraux sont d'une largeur égale, et si le chœur ne présente pas une déviation plus ou moins prononcée de l'axe principal de l'église.

§ 3. — DIMENSIONS GÉNÉRALES.

Lors même que les deux premières de ces dimensions auront été fournies au moyen du plan demandé dans le paragraphe précédent, il sera bon de les rappeler ici en chiffres pour mettre le lecteur à portée d'apprécier sur-le-champ leur rapport avec la troisième (la hauteur).

Nous pensons aussi qu'à la suite de ces trois dimensions générales il sera bon de grouper immédiatement celles des membres principaux de l'édifice.

§ 4. — SYSTÈME GÉNÉRAL ET MATÉRIAUX DE CONSTRUCTION.

Quelle que soit la diversité de style et de date de chacune des parties dont se compose une église, elle offre presque toujours une masse principale qui peut fournir l'occasion d'observations intéressantes sur

La nature géologique,
Le lieu d'extraction,
L'époque de l'emploi habituel, } des matériaux, et surtout des revêtements qui sont entrés dans sa construction ;
Les dimensions,
La forme,
La couleur,
La disposition,

L'épaisseur et le profil des joints ;
La composition et la solidité des mortiers et ciments ;
La régularité des lignes, des appareils et des raccordements ;
L'existence d'un embasement distinct, sa hauteur, sa saillie, et la moulure qui le termine ;
Les ressauts ou larmiers qui peuvent se présenter à diverses hauteurs du plein de la muraille.

Parmi les matériaux, nous citerons, au nombre des plus caractéristiques, le tuf, employé avec prédilection depuis les Romains jusqu'au xiiie siècle, surtout pour les revêtements extérieurs et les voûtes, et la terre cuite (brique ou tuile), dont il ne faut pas seulement constater la présence, mais encore la situation, la forme et la combinaison, toutes les fois qu'elle figure comme ornement, qu'elle s'éloigne des types actuels, ou qu'elle se rapproche de celui qui lui avait été imprimé par la céramique romaine. Les autres matériaux, revêtements ou incrustations, adoptés dans l'intention de produire un jeu, une opposition de couleurs, devront encore être soigneusement notés, ainsi que les marbres que l'on rencontre, au reste, trop rarement employés en grand dans nos églises de France.

Quant à la disposition, on devra la signaler toutes les fois qu'elle s'éloignera de l'usage habituel, et particulièrement quand elle présentera la construction en arête de hareng (*opus spicatum* des anciens), composé de matériaux alternativement inclinés en sens contraire, ou l'*opus reticulatum*, formé de pièces carrées posées sur l'un de leurs angles, ou enfin toute autre figure insolite. L'*opus reticulatum* ne se rencontre ordinairement au moyen âge que dans des frises, des arcades, des tympans de portes, et autres parties décorées de peu d'étendue. Quelquefois il n'est que figuré, au moyen de légers sillons tracés sur une pierre de plus grande dimension.

Chacune des portions extérieures et intérieures d'une église devra être examinée à part, sous les rapports qui viennent d'être indiqués, toutes les fois qu'elle présentera des caractères de ce genre qui différeront de ceux de la masse principale.

§ 5. — DISTRIBUTION GÉNÉRALE.

Les parties principales dont se compose une église complète sont les suivantes :

A. L'abside, chevet ou sanctuaire.

B. Le chœur.

C. La nef principale.

D. Les collatéraux, le pourtour du chœur et leurs chapelles.

E. Les transepts et leurs chapelles.

F. Les portails.

G. Le porche.

H. Les clochers.

I. La sacristie.

A. — L'ABSIDE, CHEVET OU SANCTUAIRE.

Dans les églises des XIe et XIIe siècles, comme dans la basilique romaine, le fond de l'édifice est occupé par une abside ou tribune [1] semi-circulaire, et se rattachant à la construction principale par une voûte en cul-de-four, surmontée d'un toit presque toujours plus bas que celui du chœur, tandis que son sol était, au contraire, plus élevé. Au centre, ou en avant de cette

---

[1] « Ce dernier mot, que nous avons appliqué, en France, à d'autres portions de la distribution intérieure de l'église, est l'expression propre que les Italiens ont conservée. L'abside de la basilique étant, en effet, l'emplacement où siégeait le tribunal, il est tout naturel qu'elle ait pris et conservé le nom de tribune. Le mot *abside*, ἀψίς, signifie en grec une voûte, et ne devrait, dans une terminologie rigoureuse, s'appliquer qu'à la portion voûtée de la construction que nous examinons. Cette portion de l'abside a été désignée, dans quelques écrits des XVIe et XVIIe siècles, sous le nom de *coiffe*. C'était la seule voûte qui existât dans la basilique primitive. »

abside, était ordinairement placé l'autel, et, tout au fond, le fauteuil de l'évêque, de l'abbé ou du curé, ayant les prêtres assis à sa droite et à sa gauche, sur un hémicycle attenant à la muraille, et les diacres debout aux deux côtés de l'autel, tous la face tournée vers le peuple.

Nous avons dit que le plan de l'abside était semi-circulaire; néanmoins on en connaît de fort anciennes dans lesquelles il est triangulaire, carré ou formé d'un plus grand nombre de pans, au moins à l'extérieur.

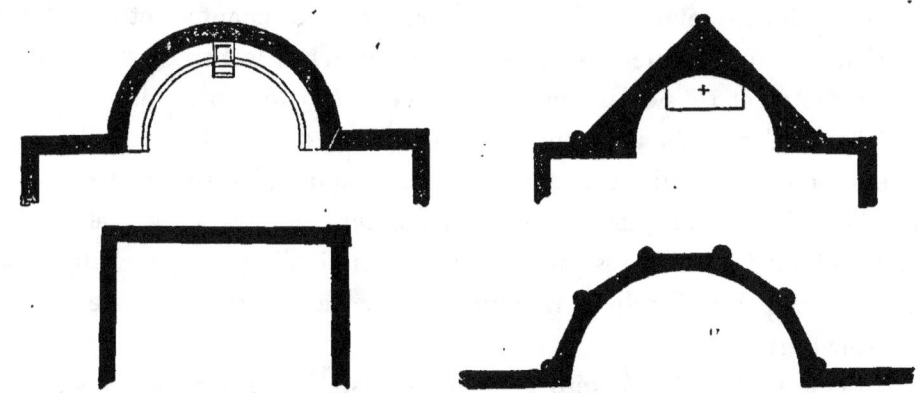

Originairement cette partie de l'édifice n'était percée d'aucune fenêtre; mais, depuis une époque fort reculée, l'usage s'était introduit d'y en pratiquer une ou plusieurs (ordinairement en nombre impair).

De très bonne heure aussi on construisit, surtout dans les campagnes, des églises sans abside et à chevet plat, où le clergé officiant a nécessairement toujours été placé la figure tournée vers l'orient.

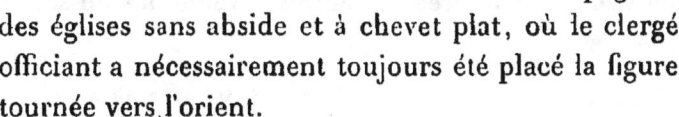

On connaît d'ailleurs des absides fort antiques dans lesquelles l'autel primitif doit également avoir toujours été adossé à la muraille. Néanmoins cette situation du clergé, qui paraît avoir été alors purement accidentelle, ne devint générale que lorsque le nouveau système de distribution que nous avons signalé ci-dessus, en ceignant le sanctuaire du prolongement des collatéraux et d'une série complète de chapelles, lui imprima la forme et l'emploi qu'il a conservés jusqu'à nos jours, et qui ne lui laissent plus d'autres caractères de son ancienne destination que la présence de l'autel et la célébration du service divin.

Dans les églises abbatiales, et surtout dans les monastères de femmes, le haut chœur est souvent placé derrière l'autel.

B. — LE CHŒUR.

Le chœur, originairement situé au haut de la nef, est, dans les églises romanes et gothiques, la portion de l'édifice intermédiaire entre l'abside ou le sanctuaire et l'intersection des transepts avec la nef principale. Sa destination primitive était uniquement de recevoir les chantres et ces officiers inférieurs du culte que nous appelons aujourd'hui le bas chœur. Dans les églises des XIe et XIIe siècles, on remarque que son toit, plus élevé que celui de l'abside, l'est ordinairement moins que celui de la nef principale. A l'intérieur, la clôture qui ferme son enceinte, et qui était d'abord formée d'imbrications à jour, en pierre, lui a fait donner, au moyen âge, le nom de *chancel*[1]. Sa forme et ses dimensions ont subi d'importants changements depuis que, par l'effet de la révolution signalée ci-dessus, il a été appelé à recevoir tout le clergé.

Du côté de la nef le chœur se termine, dans les cathédrales, les grandes abbayes, et même quelques églises paroissiales, par le jubé, tribune où l'évangile est lu aux fêtes solennelles, et qui remplace les ambons du rit primitif. La création de cette tribune, qui ne remonte pas à une haute antiquité, a eu pour but d'affranchir la lecture de l'évangile du mystère dont étaient entourées les autres cérémonies du service divin par la clôture du chœur.

C. — LA NEF PRINCIPALE.

Cette portion de l'édifice, dont le plan est, dans l'église latine, un parallélogramme plus ou moins allongé, en forme, pour ainsi dire, le noyau central, sur lequel viennent s'appuyer toutes les constructions accessoires. C'est aussi ordinairement la plus élevée, au moins dans la distribution romane (car il en a été souvent autrement depuis l'introduction de l'ogive), et celle qui, depuis un grand nombre de siècles, reçoit la masse des fidèles, auparavant placée à droite et à gauche dans les collatéraux, de manière à laisser la nef principale complètement libre.

---

[1] « Ce mot a souvent, mais abusivement, été employé pour désigner l'espace circonscrit par la clôture à laquelle doit rester exclusivement réservé le nom de chancel. »

D. — LES COLLATÉRAUX.

Les collatéraux, nefs secondaires ou bas côtés, sont deux portions de l'église parallèles à la nef principale, sur laquelle elles s'appuient, et dont elles ne sont séparées que par des piliers ou colonnes. Dans la basilique latine ils se terminaient brusquement, à leur point de jonction avec la nais-

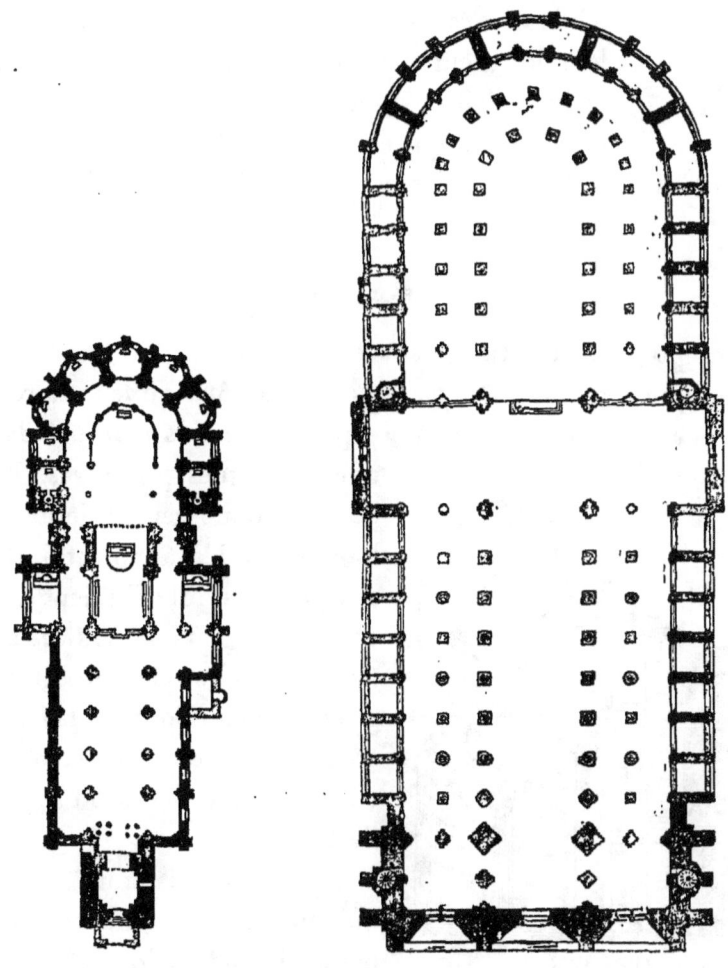

Saint-Germain-des-Prés.   Notre-Dame de Paris.

sance de l'abside, par un mur transversal. Dans les basiliques chrétiennes ces deux murs ont le plus souvent fait place à des absides secondaires, destinées primitivement à recevoir, l'une le trésor de l'église, et l'autre sa sacristie. Le XIIe siècle, en les prolongeant au delà du sanctuaire, où ils prennent le nom de pourtour du chœur, y a ajouté une série de chapelles correspondantes à chacune de ses travées.

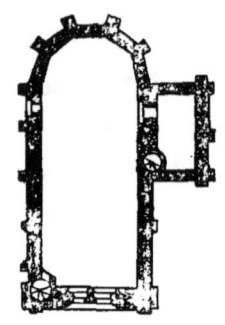
Saint-Jean de Beauvais.

Plus tard cette ceinture de chapelles se prolongea au delà des transepts, jusqu'à l'autre extrémité de la nef.

Les collatéraux, quelquefois doubles dans les grands édifices, c'est-à-dire partagés en deux, dans le sens de leur longueur, par un rang de piliers ou de colonnes intermédiaires, y sont souvent aussi pourvus de galeries supérieures, qui en doublent l'étendue.

Ils manquent dans les chapelles et dans la plupart des églises de petite dimension.

E. — LES TRANSEPTS.

Les transepts, construction transversale à la nef et aux collatéraux, comme l'indique son nom, et placée aux deux côtés de leur extrémité voisine du chœur, existent d'une manière plus ou moins marquée dans quelques basiliques primitives. Ils furent de très bonne heure adoptés et développés par les architectes chrétiens, auxquels ils fournissaient l'occasion d'imprimer à leurs édifices un caractère particulier de consécration religieuse, en leur donnant la forme d'une croix. C'est ce qui les a fait appeler en France *la croisée* ou *les croisillons* de l'église.

Église de Rosheim.

Après les collatéraux, ce sont eux qui ont reçu les premiers autels secondaires introduits dans nos temples, dont la disposition et le rit primitifs n'en comportaient qu'un. Souvent même leurs absides sont mieux caractérisées et de plus grande dimension que celles des collatéraux, destinées, dans l'origine, à un autre service, comme nous l'avons dit.

Les transepts manquent dans les chapelles et souvent dans les petites églises. Ils sont répétés deux fois dans quelques grands édifices, de manière à ce que le plan figure une sorte de croix de Lorraine ou archiépiscopale.

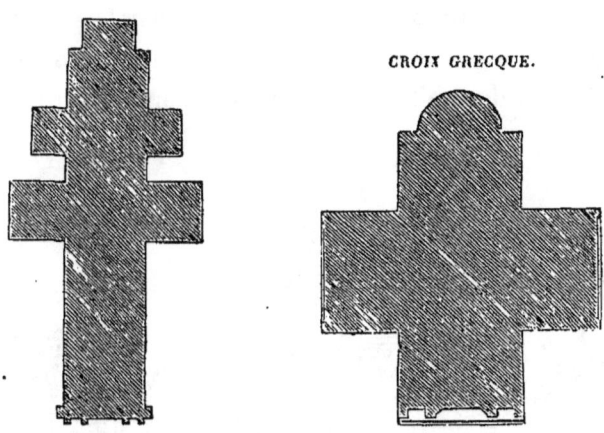

CROIX DE LORRAINE.

CROIX GRECQUE.

On dit qu'une église est en forme de croix grecque, lorsque la nef, les transepts et le chœur sont de même dimension; et qu'elle représente une croix latine, lorsque la nef est plus longue, conformément à l'usage le plus habituel.

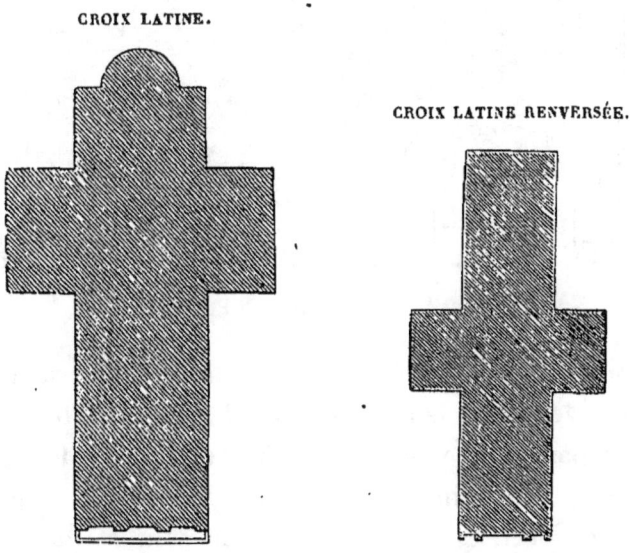

CROIX LATINE.

CROIX LATINE RENVERSÉE.

Quelquefois cette croix est renversée; le croisillon le plus long étant celui qui se trouve occupé par le chœur.

F. — LES PORTAILS.

Il n'y avait, dans les églises primitives, qu'une seule entrée, donnant sur l'*atrium*. Cette entrée est aujourd'hui représentée par le grand portail, ordinairement dirigé vers le couchant; mais quelquefois, ainsi que le porche, reporté au bas de l'un des collatéraux, surtout dans la plupart des églises à contre-absides, dont nous allons parler.

Portail de Notre-Dame, à Poitiers.

Outre ce portail principal, portion de l'édifice où les arts du moyen âge ont souvent déployé le plus de magnificence, il est rare qu'on n'en rencontre pas d'autres, et particulièrement sur la face extérieure des transepts. Ces entrées de l'église, étant d'une grande importance sous le rapport de l'ornementation, seront décrites avec beaucoup de soin et de détails, et l'on devra, entre autres circonstances, examiner si elles font partie du plan de la masse de l'église, ou si elles lui sont, soit postérieures, soit même antérieures, comme cela arrive quelquefois.

G. — LE PORCHE.

Le porche est cette portion de l'édifice, ordinairement extérieure, qui était destinée, suivant les rites de la primitive Église, à mettre à l'abri des injures de l'air, mais en dehors de l'assemblée des fidèles, les catéchumènes et les pénitents. Ces rites ayant été abandonnés depuis un grand nombre de siècles, leur suppression a entraîné, à une plus ou moins longue distance, suivant les localités, celle de la distribution qui y correspondait. La présence du porche est donc un signe notable d'ancienneté et de fidélité à la liturgie primitive, qui doit le faire signaler et décrire avec une attention particulière toutes les fois qu'il a été construit dans cette intention. Mais il faut soigneusement distinguer ce porche normal des diverses constructions, tant intérieures qu'extérieures, qui ont été confondues avec lui sous la même dénomination, savoir :

A l'intérieur :

Le porche en forme de coupole, imitation de l'église du Saint-Sépulcre, placé à l'entrée de quelques-unes de nos églises romanes ;

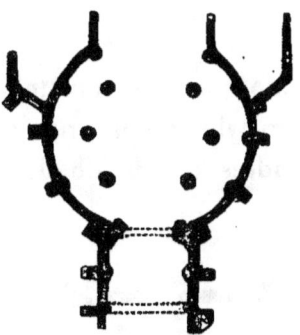

Le Temple, à Paris.

Le porche accidentel formé par la base d'un clocher placé sur le milieu du portail,

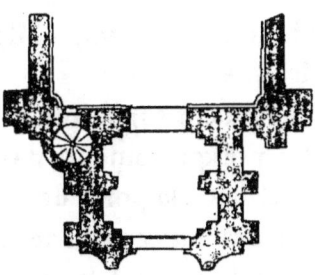

Sainte-Radegonde, à Poitiers.

ou résultant de l'étranglement que produisent, dans le plan de ce même portail, les bases de deux clochers latéraux,

Monréal (Sicile).

ou enfin produit par le retrait des portes en arrière de la masse du portail.

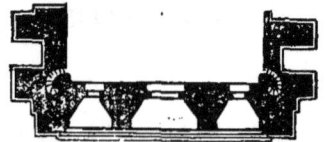

Cathédrale de Reims.

A l'extérieur :

Le porche-péristyle, imitation, aussi complète que l'a comporté la capacité des constructeurs, du péristyle antique, non seulement dans sa masse, mais encore dans ses moindres détails de disposition et d'ornementation.

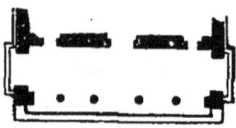

Saint-Vincent, à Rome.

On y trouve quelquefois les traces de l'emploi de rideaux, destinés à préserver les assistants du soleil et de la pluie.

Le porche-tribunal, ordinairement supporté sur deux colonnes, dans la décoration desquelles il entre presque toujours des figures de lions.

On sait qu'au moyen âge c'était à la porte de l'église que se rendait souvent la justice, et que s'accomplissaient certains actes authentiques, ainsi que le rappellent les formules *inter leones* et *à la porte du moutier*. Quelquefois ce porche-tribunal, au lieu d'être appuyé sur le portail, l'est sur le porche religieux, et constitue alors un véritable avant-porche ;

Saint-Zénon, à Vérone.

Le porche militaire, construit en avant du portail pour en défendre au besoin l'entrée, est ordinairement couronné de mâchicoulis ou de créneaux.

PORCHE MILITAIRE.

 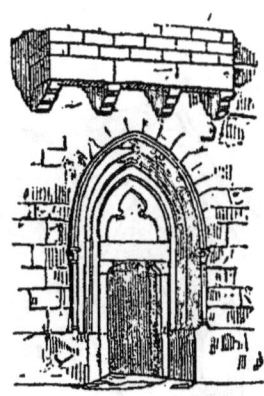

Il se réduit quelquefois, à l'exemple des *moucharabis* orientaux, à une simple saillie des étages supérieurs, supportée par des mâchicoulis.

Le porche de décoration, souvent fort orné et fort saillant, ajouté, en avant du portail principal, ou même de quelqu'une des portes latérales, dans un simple but d'ornementation, ordinairement après coup et à une époque peu ancienne, lorsque la tradition du porche primitif était depuis longtemps perdue.

PORCHE DE DÉCORATION.

Enfin le porche-auvent, construction légère placée en avant de l'une des entrées de l'église pour la défendre des injures de l'air.

PORCHE-AUVENT.

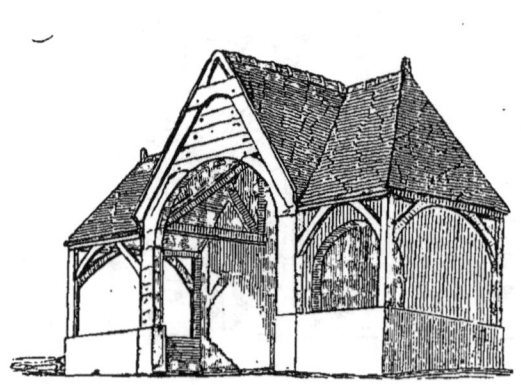

On trouve souvent, sur les bords du Rhin, et plus rarement en France, des églises dans lesquelles le porche est remplacé par une ou trois contre-absides. Dans ce dernier cas, les deux latérales servent ordinairement de passage. La principale est occupée, tantôt par un autel où l'on officie quelquefois, tantôt par un chœur de chantres, mais plus souvent par les fonts baptismaux.

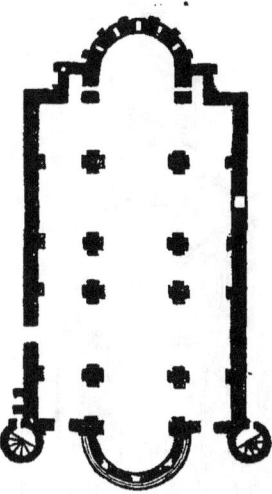

Cathédrale de Trèves.

On sait que le baptistère, primitivement placé au milieu de l'*atrium* ou parvis, a été reporté, à l'époque de la suppression de cet *atrium*, dans l'intérieur de l'église, où il a occupé divers emplacements (le plus souvent à gauche), et pris plusieurs formes, quelquefois même celle d'un petit édifice complet inséré dans le grand.

H. — LES CLOCHERS.

Les clochers, dont le nom indique suffisamment la destination, sont encore une adjonction faite par le christianisme au plan de la basilique romaine, pour y placer les instruments au moyen desquels s'introduisit, à une époque très reculée, l'usage d'appeler les fidèles à la prière. Les plus anciens que l'on connaisse sont des tours rondes, isolées de l'église, comme on a souvent continué de les placer en Italie, et beaucoup plus rarement en France. Par la suite les clochers remplirent en même temps une autre destination, celle d'annoncer, du plus loin possible, au voyageur, l'emplacement de l'église. C'est pour satisfaire plus complètement à ce dernier service, aussi bien que par des motifs de décoration et de magnificence, qu'ils ont été élevés quelquefois jusqu'à des hauteurs prodigieuses. En France, dans les plus anciennes églises, le clocher principal couronne ordinairement le centre de l'édifice, au point de jonction de la nef, des transepts et du chœur.

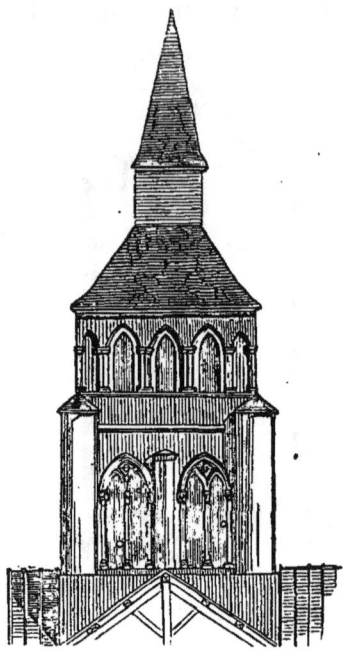

Clocher de Notre-Dame, à Dijon.

Dans les grandes églises épiscopales ou abbatiales, on en compte quelquefois jusqu'à sept ou huit, mais ordinairement trois, savoir : un principal, au centre de la croisée, et deux secondaires, aux côtés du grand portail, Ceux-ci rappellent, par leur position, et souvent par l'infériorité de leurs proportions, les clochetons dont était flanquée primitivement la façade extérieure de l'*atrium*.

I. — LA SACRISTIE.

La sacristie, dont tout le monde connaît la destination et l'emplacement habituel dans le voisinage du chœur, est moins une portion intégrante qu'une dépendance de l'édifice, presque toujours ajoutée après coup dans nos églises romanes et gothiques, et moins importante par sa décoration propre que par les objets précieux qu'on y dépose. Nous la mentionnons ici cependant, par la raison que c'est au moins un accessoire indispensable et que son existence date de la primitive Église, comme nous l'avons dit ci-dessus (§ D, p. 99).

CHAPITRE II.

EXAMEN DÉTAILLÉ DE L'EXTÉRIEUR.

Avant d'indiquer les formes et les caractères par lesquels peut se distinguer à l'extérieur chacun des membres de l'église que nous venons d'énumérer, il est indispensable de jeter un coup d'œil rapide sur les objets qui doivent figurer dans ces descriptions, soit qu'ils appartiennent exclusivement à l'extérieur, ou que nous puissions les rencontrer également en dedans de l'édifice.

A. Le premier examen portera sur le système et les matériaux de construction, qui devront être signalés toutes les fois qu'ils présenteront quelque caractère particulier, différent de celui de la masse. (Voyez ce que nous en avons dit, § 4 du chapitre précédent, p. 94.)

B. Les murailles peuvent être complètement lisses sur leur surface extérieure, ou décorées, soit de quelque ornement courant, tel que des stries verticales, horizontales ou obliques, des nattes[A], des compartiments[B], des imbrications[C], des bossages; soit de quelque renflement ou moulure horizontale, tel que cymaise, larmier ou imposte; le plus souvent elles sont pourvues, surtout en dehors, d'un soubassement très caractérisé.

A

B

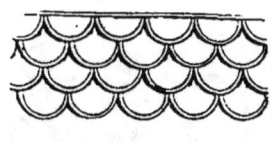
C

C. Elles peuvent être nues ou pourvues de colonnes, pieds-droits ou pilastres, libres ou engagés, et supportant, soit un amortissement, soit un couronnement, soit une architrave.

L'amortissement est la partie supérieure d'une baie, lorsqu'elle va en diminuant vers le sommet.

L'amortissement est ordinairement curviligne et prend alors le nom d'arcade.

L'arcade peut être à jour ou figurée, nue ou décorée d'une archivolte soutenue par deux des supports que nous venons de mentionner, ou par deux consoles.

Dans le cas où c'est une série d'arcades (arcature) qui repose ainsi sur de simples consoles, elle devient un couronnement. (Voyez ci-après D, p. 130.)

Ailleurs des arcades ainsi soutenues par de simples consoles alternent avec d'autres, qui reposent sur l'un des supports que nous venons de citer, ou sur un simple ressaut de la muraille.

On rencontre fréquemment aussi, mais plus à l'intérieur qu'à l'extérieur, si ce n'est pourtant dans les baies des clochers, deux arcades secondaires

ARCADES.

inscrites dans une arcade principale de courbe semblable ou différente, et soutenues par une colonne centrale; au-dessus de cette colonne se trouve ordinairement un œil-de-bœuf, destiné à alléger le plein de l'arcade, et le plus souvent de forme circulaire et rayonnante.

Le contour de cet œil-de-bœuf est tantôt uni, tantôt découpé en lobes, d'abord au nombre de trois ou quatre, puis se multipliant de plus en plus. C'est là l'origine de ces quatre-feuilles et de ces trèfles que nous verrons figurer si souvent en creux et comme taillés à l'emporte-pièce, au bord des parties pleines, dans les églises gothiques.

L'œil-de-bœuf et ses variétés se trouvent encore employés, soit des deux

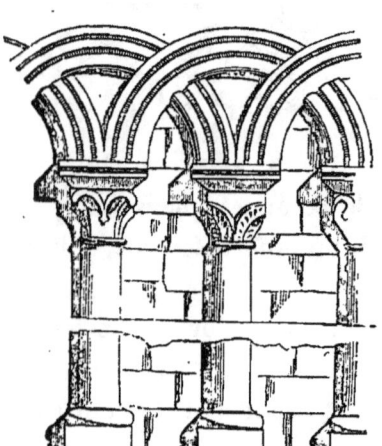

côtés d'une arcade ornée, soit isolés comme celui dont nous venons de parler, au-dessus de chaque colonne d'une arcature.

Outre les séries de colonnes et d'arcades, on en rencontre en entrelacements. Il faut alors, non seulement les signaler, mais encore rendre compte avec un soin particulier, et autant que possible fournir un dessin exact, sur une échelle étendue, des courbes principales et de celles qui résultent de leurs intersections.

La colonne et l'amortissement méritent chacun un examen particulier et approfondi.

A. La colonne se distingue du pilier par la présence d'un chapiteau et ordinairement d'une base.

Cependant il existe un genre de support intermédiaire : la colonne-pilier, toujours remarquable par sa pesanteur, et qui n'est munie à son sommet que d'un cordon et d'un tailloir, ou de l'un des deux seulement.

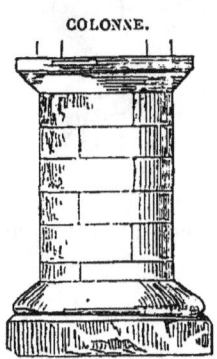

COLONNE.

La colonne est complète lorsqu'elle se compose d'une base, d'un fût et d'un chapiteau; incomplète lorsqu'elle manque, soit de base (quelquefois avec une portion du fût), soit de chapiteau.

Dans le cas où ce sont la base et une portion du fût qui manquent, ce qui existe peut être désigné sous le nom de demi-colonne et repose, soit sur une console, soit sur une simple retraite des tambours inférieurs; quelquefois aussi ces derniers manquent complètement. Quand on rencontrera des faits de ce genre, on devra examiner s'ils tiennent à la construction primitive ou s'ils sont le produit d'un remaniement postérieur, ayant pour but de

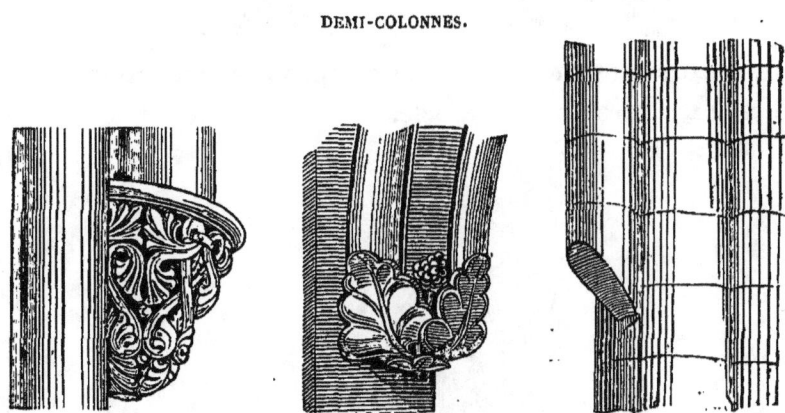

DEMI-COLONNES.

donner du jour ou de l'espace, comme cela arrive le plus communément.

La colonne peut être simple ou composée.

Elle peut être ronde[A]; munie d'une arête mousse[B] ou aiguë[C]; elliptique[D]; carrée[E] (et alors elle prend le nom de pied-droit); rectangulaire et engagée dans la muraille (et alors elle s'appelle pilastre[F]); ou prismatique[G].

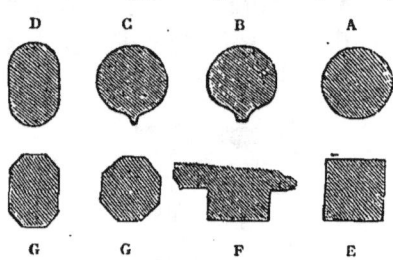

Sa base peut reposer immédiatement sur le sol ou être portée sur un socle et entourée d'une plinthe.

Cette base peut être formée ou décorée, soit de figures humaines, soit de représentations d'animaux et en particulier de lions (surtout dans les portails ou les porches), soit d'ornements courants.

BASES DES COLONNES.

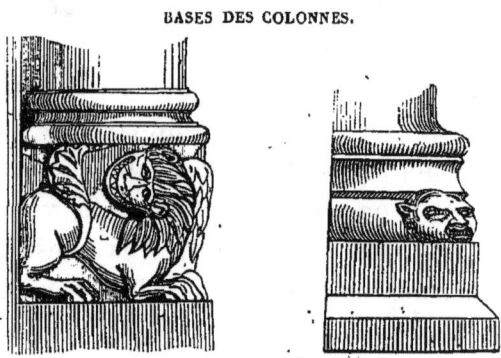

Elle peut encore être munie ou non d'appendices en forme de pattes ou de feuilles aux quatre angles du socle.

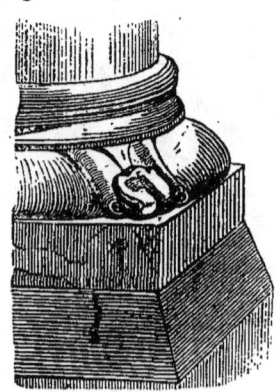

— 112 —

Considéré sous le rapport de sa forme, le fût peut être fuselé[A], renflé[B], en balustre[C], cylindrique[D] ou conique[E].

FÛTS.

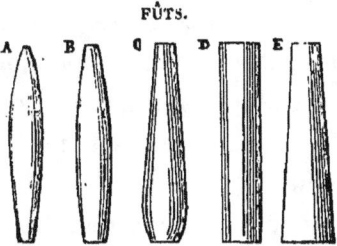

Sous le rapport de sa disposition, il peut être simple[A], croisé[B], entrelacé[C], brisé[D], noué[E] ou annelé à divers points de sa hauteur[F].

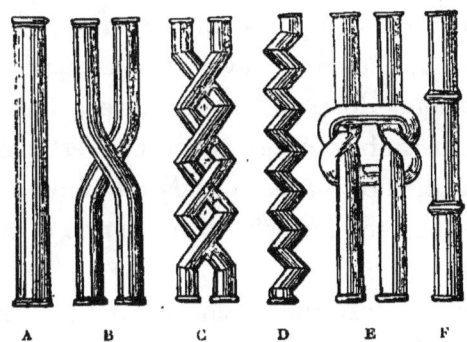

Sous le rapport de sa surface, il peut être lisse, cannelé avec ou sans rudentures[A], verticalement, horizontalement ou en spirale[B]; losangé[C], strié, gaufré[D], chevronné[E], contre chevronné[F], tordu, rubanné, imbriqué[G] et contre-imbriqué, natté, godronné[H],

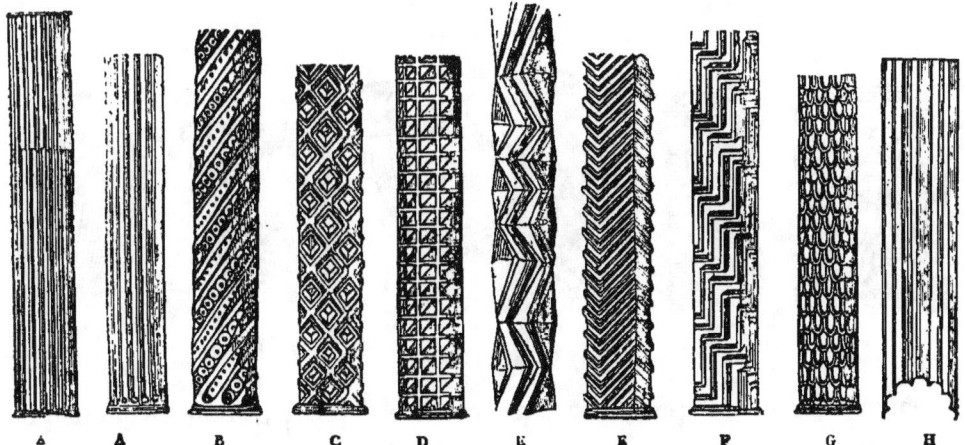

fretté, chargé d'enroulements, d'entrelacs, d'animaux ou de personnages rampant autour de lui, ou d'une figure humaine engagée; il peut même être remplacé par cette figure.

Quoique les colonnes romane et gothique ne soient pas assujetties à des proportions rigoureuses, on devra toujours indiquer le rapport du diamètre du fût ou de ses diverses parties, s'il n'est pas cylindrique, avec sa longueur.

Dans certaines contrées du royaume où l'architecture antique n'a jamais été complètement perdue de vue, on trouve la colonne corinthienne plus ou moins exactement reproduite par les artistes du moyen âge. Souvent, au lieu du type classique, ils en ont adopté constamment la variété qu'ils avaient plus particulièrement sous les yeux dans les monuments du pays, de manière à former ainsi de petites écoles locales, reconnaissables à ce caractère. C'est par une circonstance de ce genre que le pied-droit et le pilastre cannelés avec rudentures dominent exclusivement dans les églises de Vienne et de tout le territoire d'Autun.

Partout ailleurs même, excepté quelques exemples très rares de formes ioniques ou doriques, le chapiteau du moyen âge se compose ordinairement d'une corbeille et d'un tailloir, de manière à rappeler d'une manière plus ou moins fidèle les formes corinthiennes ou composites de l'architecture antique.

La corbeille peut être cylindrique^{AB}, cubique^{CD}, conique^{E} (en cône tronqué

CORBEILLES.

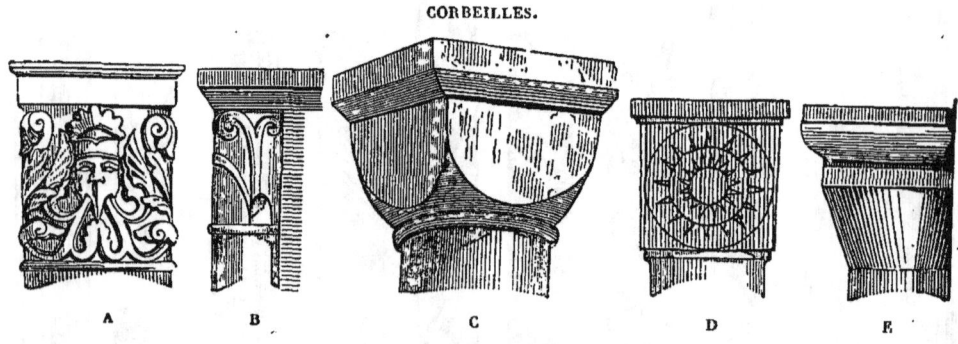

et renversé), cordée^{F} (en cœur), pyramidale^{GH} (en pyramide tronquée et renversée), urcéolée[I] (resserrée un peu au-dessous de son sommet), campanulée[J] (en forme de cloche), infundibuliforme[K] (présentant la forme d'un

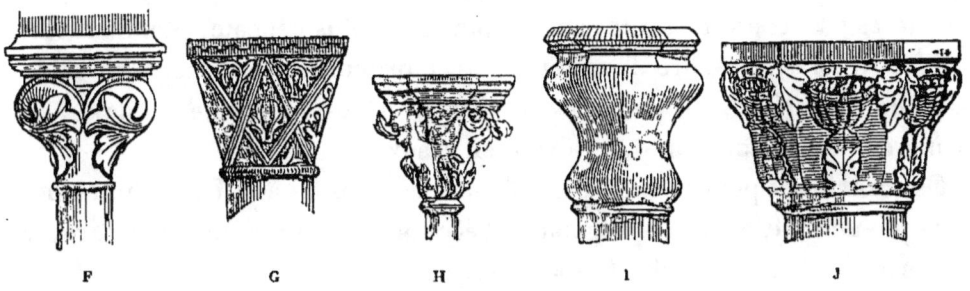

entonnoir ou d'une corbeille proprement dite, à bords plus ou moins évasés); godronnée[L], scaphoïde[M].

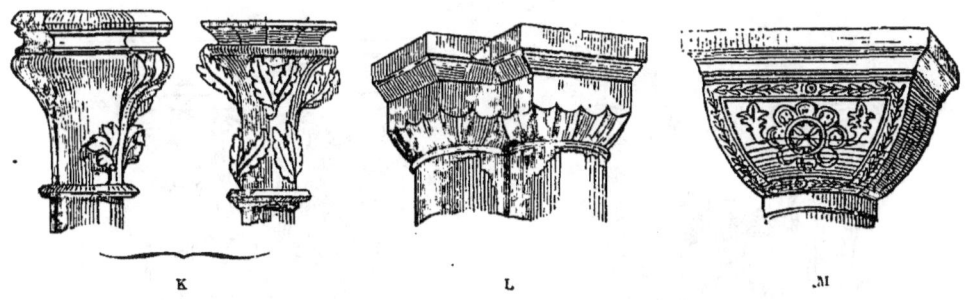

La décoration du chapiteau peut appartenir à la peinture ou à la sculpture, ou, comme cela arrive souvent, à l'une et à l'autre à la fois. Quand il est resté lisse, cette circonstance indique quelquefois que l'on a eu l'intention d'y employer la peinture exclusivement.

Il faut distinguer ce chapiteau de celui qui a été gratté après coup, aussi bien que de celui qui n'est qu'épannelé, c'est-à-dire où les masses d'ornement ont été réservées dans l'attente d'un travail de ciseau qui n'aura pas eu lieu.

On rencontre encore des chapiteaux où l'ornementation de sculpture, quelquefois la plus délicate, a été recouverte de plâtre pour faire place à des peintures.

C'est ordinairement au XIIIe siècle qu'a eu lieu cette substitution de la couleur à la forme.

En général, toutes les fois qu'on trouvera du plâtre ou du badigeon sur un point susceptible de décoration, on devra s'assurer de ce qui peut exister dessous.

Quand l'ornement de la corbeille appartiendra à la sculpture, outre les caractères provenant de son exécution plus ou moins délicate, plus ou moins fouillée, il sera nécessaire d'examiner si cet ornement se détache en plein relief de sa surface, s'il y est engagé ou s'il est pris à même sa masse, de manière que son contour y soit évidé en creux.

Cet ornement peut se composer d'objets empruntés à la figure humaine, au règne animal, au règne végétal, à l'économie domestique, la parure, la broderie, la passementerie, la sparterie, etc.

La figure humaine paraît s'être introduite dans cette partie de la colonne par la substitution d'un personnage complet au masque antique qui forme quelquefois le fleuron du chapiteau corinthien.

CHAPITEAUX.

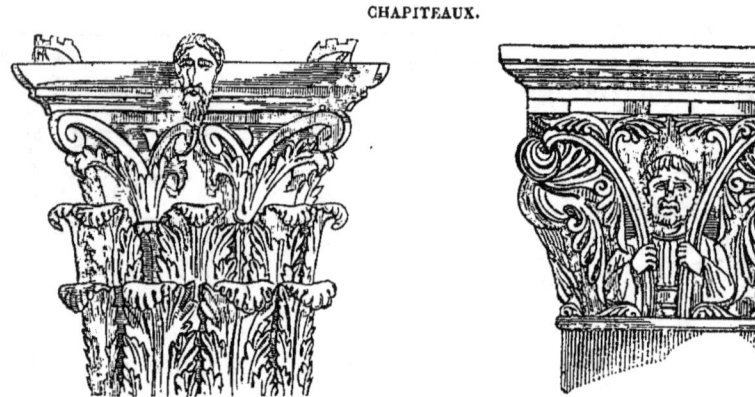

Elle y présente quelquefois des scènes historiques ou religieuses, avec ou sans inscriptions explicatives, et alors on dit que le chapiteau est historié.

Il est symbolique, quand les figures, avec ou sans mélange d'animaux, annoncent une intention symbolique, soit qu'on ait réussi ou non à en saisir le sens.

Enfin la composition peut être purement de caprice, quand ces figures sont groupées dans une simple combinaison de fantaisie ou d'ornementation.

Toutes les fois que des démons se rencontreront parmi ces personnages, on devra indiquer s'ils sont figurés avec des masques sur le visage ou d'autres parties du corps; sous la forme de Pans, avec un visage humain barbu, des cornes et des pieds de bouc; ou enfin sous une forme purement animale ou monstrueuse.

Dans les églises romanes, les personnages ou les groupes sont souvent destinés, surtout à l'extérieur, à montrer les vices et les crimes dans toute la difformité de leur physionomie et de leurs actes, ou bien déjà soumis aux châtiments que leur infligeait la théodicée bizarre et raffinée du moyen âge. Lors même que ces figures offensent la pudeur, on y reconnaît, sinon toujours une intention sérieuse et morale, au moins ordinairement l'absence de cet esprit hostile contre les ministres du culte, dont l'affaiblissement du sentiment religieux amena si souvent la manifestation, quelques siècles plus tard, dans la décoration des églises.

Quand l'ornement des chapiteaux appartient au règne animal, il faut distinguer soigneusement si les animaux représentés sont indigènes, exotiques, monstrueux ou fantastiques. Dans les deux premiers cas, on devra citer les espèces, toutes les fois qu'elles pourront être reconnues avec quelque certitude. Dans le troisième, on devra également signaler celles qui seront entrées dans la composition des monstres, lorsqu'elles seront suffisamment caractérisées. Les animaux exotiques sont ordinairement empruntés à l'Orient et il est rare que les animaux fantastiques ne proviennent pas aussi de quelque tradition mythologique, superstitieuse ou fabuleuse de l'Orient.

Quelquefois la corbeille ou même le chapiteau entier sont remplacés par une figure d'homme ou d'animal, supportant le tailloir, l'archivolte ou l'imposte.

Les objets appartenant au règne végétal qui figurent le plus souvent sur les chapiteaux sont les feuilles, les fleurs et les fruits. Les premières feuilles qu'on y rencontre sont la feuille d'eau, imitée de l'antique;

puis les palmettes, la feuille bordée de perles, et d'autres types appartenant, soit à la flore, soit à la décoration orientale.

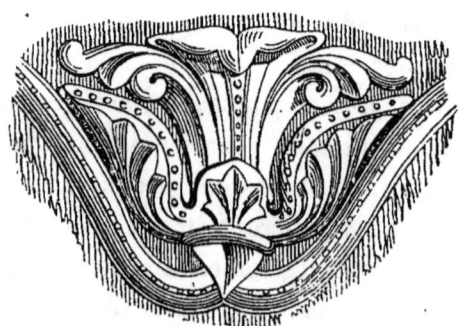

C'est au xiii⁰ siècle que commence à s'y introduire l'imitation des feuilles indigènes. Les premières en date sont souvent digitées, palmées ou ternées; on reconnaît celles de lierre^A, de vigne vierge^B, de vigne^C, de quintefeuille^D,

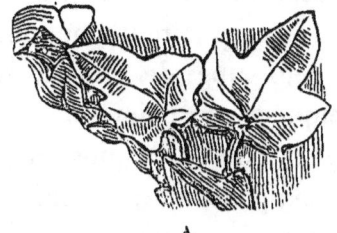

A

B

de nénuphar, de bouton d'or (*ranunculus acris*), de chêne^E, de fraisier, de

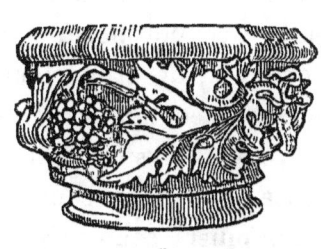

C

D

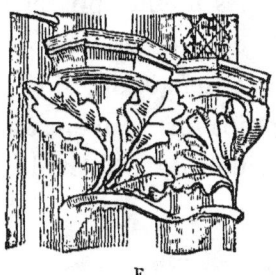

E

roseaux; puis les formes incisées, laciniées, lyrées, runcinées, lobées, sinuées, frisées, pinnatifides; la mauve frisée, le chou^F, le chardon, le houx, la chicorée. Ici encore on devra signaler toutes les espèces que l'on pourra distinguer avec quelque certitude, et toutes les formes que la nomenclature de la botanique permettra d'indiquer avec précision. Les observateurs

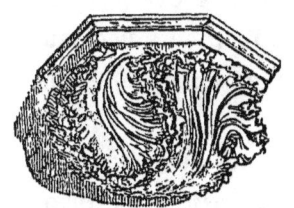

F

étrangers à l'étude de l'histoire naturelle pourront consulter à ce sujet quelque médecin ou quelque pharmacien du lieu.

Un chapiteau très gracieux, qui se rencontre souvent dans le midi de la France, consiste en une longue feuille, repliée à plusieurs reprises en boule sur elle-même.

Parmi les fleurs, nous citerons la rose, employée avec prédilection dans les églises placées sous l'invocation de la Vierge;

parmi les fruits, les raisins et la pomme de pin; parmi les objets empruntés à la toilette, les perles et les godrons.

Le chapiteau de petite dimension conserve ordinairement ses quatre cornes très visibles jusqu'à la fin du XIII° siècle; il devient, au XIV°, infundibuliforme (en entonnoir), orné de deux rangs de feuilles, dont l'inférieur se détache quelquefois au point de le faire paraître double; au XV°, il raccourcit de plus en plus jusqu'à ce qu'il s'efface complètement, et puis soit remplacé, au XVI°, par le retour aux types classiques.

La colonne et le chapiteau de grande dimension ne suivent pas exactement les mêmes phases. Après s'être montrés, au XI° siècle, avec une corbeille chargée de quelques fleurons simples et d'une exécution pesante, ils présentent, au XII°, sinon une grande pureté de formes et de proportions, au moins fort souvent un goût exquis dans le choix et l'exécution de l'ornementation de la corbeille. Dès cette époque on les trouve souvent employés

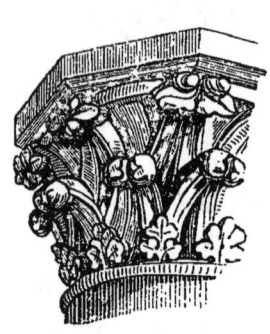

dans une portion de l'église pour faire contraste avec celle qui porte sur des piliers composés. Au XIII° siècle, il y a déjà un déclin sensible dans la décoration de la corbeille, le plus souvent cylindrique et hérissée de ces développements végétaux en crosse auxquels on a abusivement donné jusqu'ici le nom de *crochet*.

Au XIV°, elle raccourcit et présente deux étages de feuilles frisées sous un tailloir qui a passé de la forme carrée à l'octogone. Au XV°, ce tailloir s'arrondit sur une corbeille de plus en plus chétive et méconnaissable, jusqu'à ce que l'une et l'autre finissent par disparaître entièrement.

Le tailloir ne doit pas être examiné avec moins de soin que la corbeille.

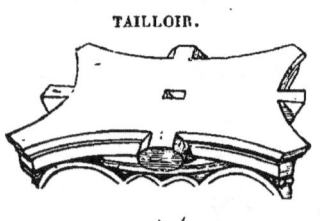

TAILLOIR.

A ce que nous venons de dire des diverses formes successivement imprimées à son contour, nous devons ajouter qu'avant l'époque où il affecte la forme carrée, ce contour se compose de quatre faces concaves, soit que la concavité résulte d'une courbe ou de lignes droites brisées.

Il sera indispensable de tenir compte de sa proportion, du profil vertical ou en retraite de sa tranche, des diverses pièces dont il est quelquefois formé, des inscriptions qu'il peut porter, et enfin de son ornementation, souvent assez compliquée.

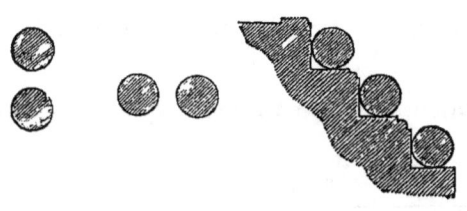

Dans les combinaisons que les colonnes présentent deux à deux, elles peuvent être doublées (l'une derrière l'autre), accouplées (placées de front) ou en retraite (diagonalement l'une par rapport à l'autre).

Quelquefois ces groupes de colonnes supportent en commun un véritable entablement.

1. *Amortissement.* — L'amortissement peut être rectiligne ou curviligne. L'amortissement rectiligne peut être en mitre ou en encorbellement.

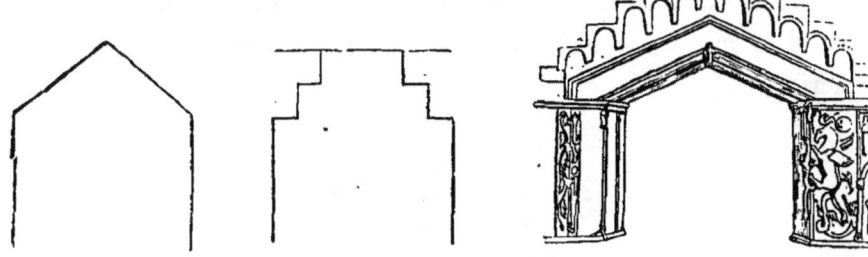

L'amortissement curviligne est, comme nous l'avons déjà dit, l'arcade.

2. *Arcade.* — L'arcade peut être simple ou composée. Dans ce dernier cas, elle est ordinairement trilobée (formée de trois lobes ou divisions distinctes); elle peut encore être complète ou incomplète, c'est-à-dire dépourvue de tout ou partie de l'un de ses côtés; l'arcade incomplète se rencontre surtout dans les collatéraux et les arcs-boutants; elle prend le nom d'arc rampant.

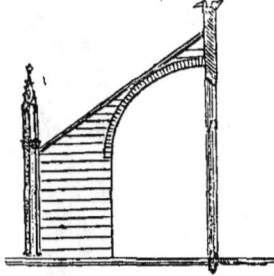

L'arcade romane est celle qui est engendrée par un seul arc de cercle;

l'arcade gothique résulte de deux arcs au moins, formant un angle à leur sommet.

On doit distinguer quatre espèces d'arcades simples appartenant à l'architecture romane, savoir :

1° L'arcade romane surbaissée, formée d'un arc moindre que le demi-cercle ;

2° L'arcade semi-circulaire ou à plein cintre, dont le nom indique suffisamment la forme, et qui est le type habituel dans l'architecture qu'elle caractérise ;

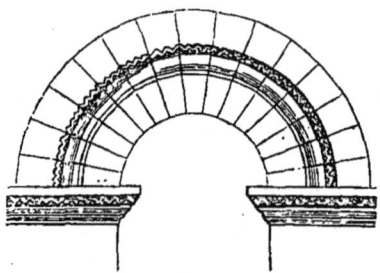

3° L'arcade romane en fer à cheval, formée d'un arc dont la courbure se prolonge au delà du demi-cercle ;

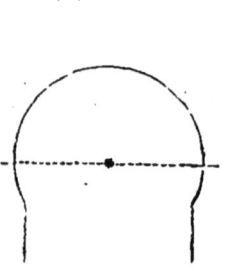 

4° L'arcade romane surhaussée, formée d'un arc semi-circulaire, dont les côtés se prolongent parallèlement au-dessous de son centre,

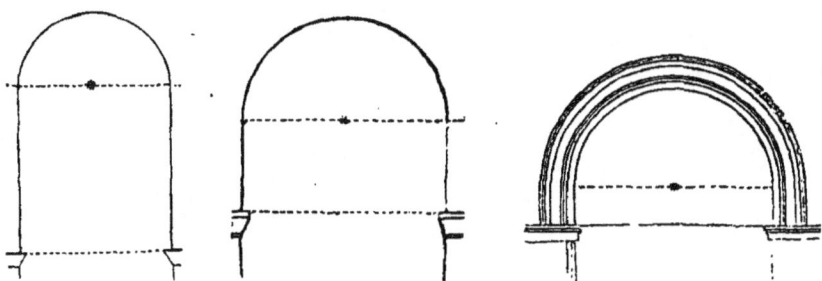

et, enfin, une seule espèce d'arcade composée, savoir l'arcade trilobée romane.

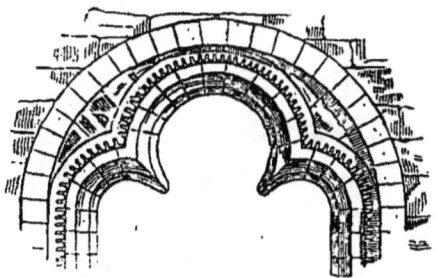

Quelquefois les deux premières de ces arcades, et la troisième, qui est d'origine byzantine, sont employées concurremment dès le xi° siècle; la quatrième appartient plus particulièrement au xii°, et se rencontre surtout dans les chevets et autres portions de l'église où les supports sont accidentellement rapprochés; la cinquième est aussi ancienne que les trois premières.

L'arcade gothique simple peut présenter jusqu'à sept formes différentes, dont les cinq premières existent dès le xii° siècle, et les deux dernières au xv° seulement.

La première de toutes en date offre ce qu'on peut appeler un plein

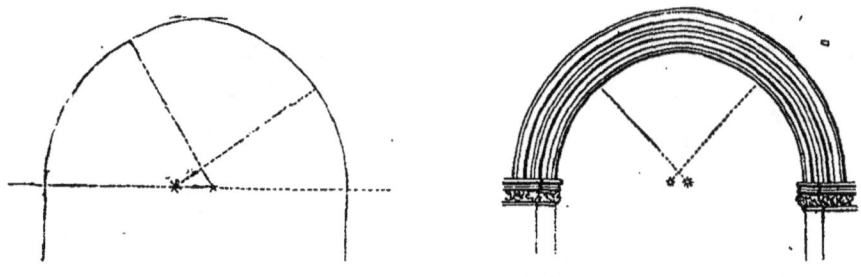

cintre brisé : c'est l'arcade gothique évasée, dont les arcs ont leurs centres placés en dedans de son contour, et quelquefois si près l'un de l'autre, qu'il faut l'examiner avec beaucoup d'attention pour apercevoir la brisure presque insensible qui la distingue du plein cintre roman.

Immédiatement après on trouve l'arcade gothique aiguë, dont les arcs ont leurs centres en dehors de son contour;

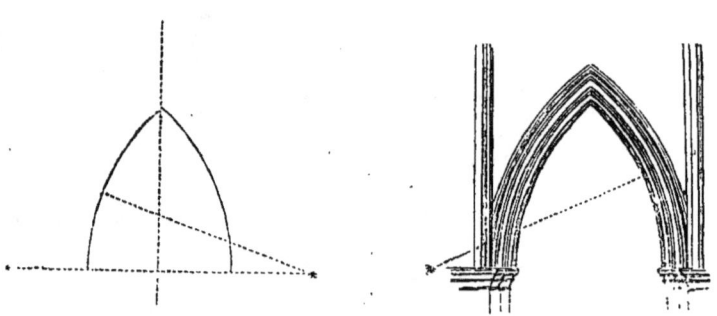

puis l'arcade à tiers-point, dont les centres, placés à ses deux extrémités inférieures, forment un triangle équilatéral avec le point d'intersection;

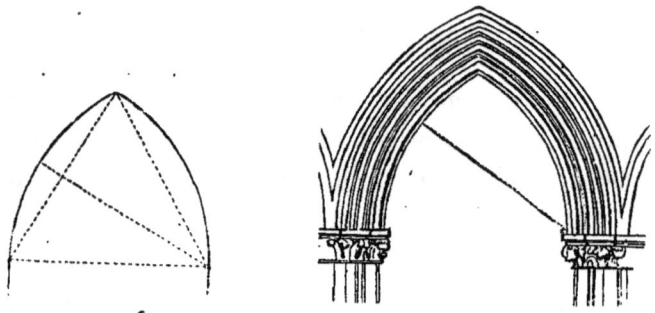

l'arcade lancéolée, formée de deux arcs, dont la courbure se prolonge jusqu'au-dessous de la ligne des centres;

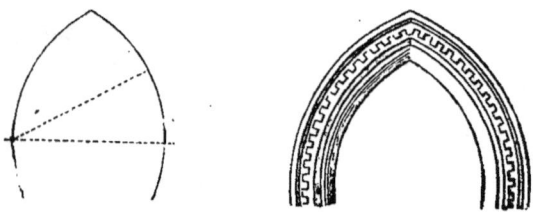

et, enfin, l'arcade gothique surhaussée, dont les arcs dépassent, comme ceux de la précédente, la ligne des centres, mais en prenant une direction parallèle.

Les deux formes particulières au xv° siècle sont : l'arcade gothique prolongée, dont les arcs s'étendent aussi au delà de la ligne des centres, mais

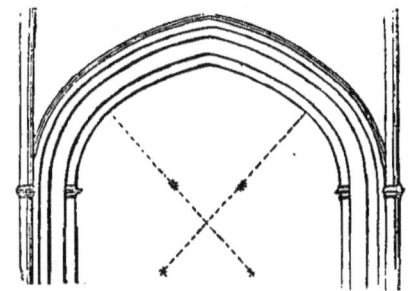

en prenant une courbe différente et beaucoup plus longue; et l'arcade gothique surbaissée, dont les arcs ne descendent pas jusqu'à la ligne des centres.

L'arcade trilobée quitte en même temps que l'arcade simple, c'est-à-dire au xii° siècle, la courbe semi-circulaire, pour prendre la courbe gothique. On la trouve souvent inscrite dans une arcade romane; puis, plus tard, dans une arcade gothique; puis, enfin, contournée et dénaturée dans les lignes flamboyantes du xv° siècle.

C'est à une époque postérieure au xii° siècle que s'introduit l'arcade à contre-courbure, formée de deux arcs convexes placés au-dessous de la ligne des centres;

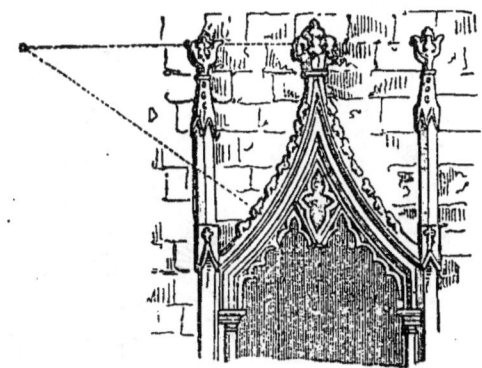

puis l'arcade en talon, formée de quatre arcs, dont les deux supérieurs sont à contre-courbures comme les précédents, et les inférieurs à courbure ordinaire,

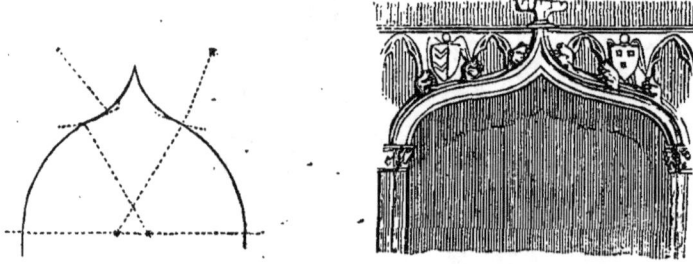

et l'arcade en doucine, formée pareillement de quatre arcs, mais dont les supérieurs sont au contraire concaves, à sommet brisé ou arrondi, et les inférieurs convexes. Ces deux dernières formes n'ont été employées en grand qu'au xv⁵ siècle.

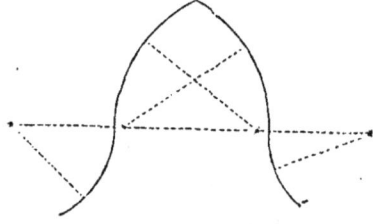

Il en est de même de l'arcade en anse de panier, formée d'un arc très surbaissé, flanqué d'arcs d'un rayon beaucoup plus court à ses deux extrémités, qui, dans les constructions supérieures au sol, ne parut guère avant cette époque.

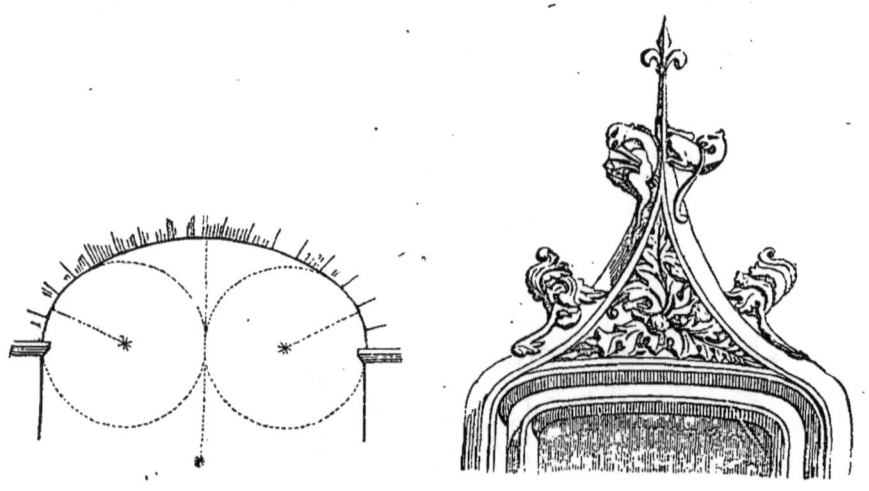

Il ne faut pas la confondre avec la baie rectangulaire ou carrée à angles arrondis en arc, qui n'en diffère qu'en ce point que ses arcs latéraux sont réunis par un linteau ou plate-bande rectiligne, au lieu de l'être par un arc surbaissé.

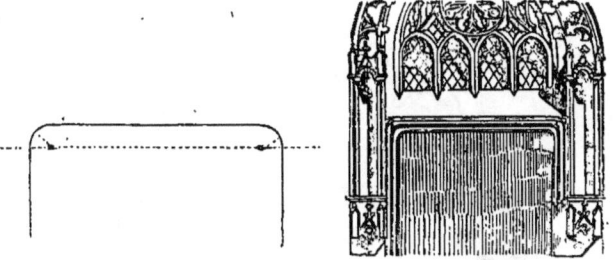

L'arcade en anse de panier normale offre pour courbe génératrice l'ellipse prise dans le sens de son grand diamètre.

A partir de la Renaissance, l'arcade est toujours ou surbaissée, ou semi-circulaire, ou semi-elliptique.

Les claveaux de l'arcade peuvent présenter, soit une alternance de couleurs, soit une alternance de saillie;

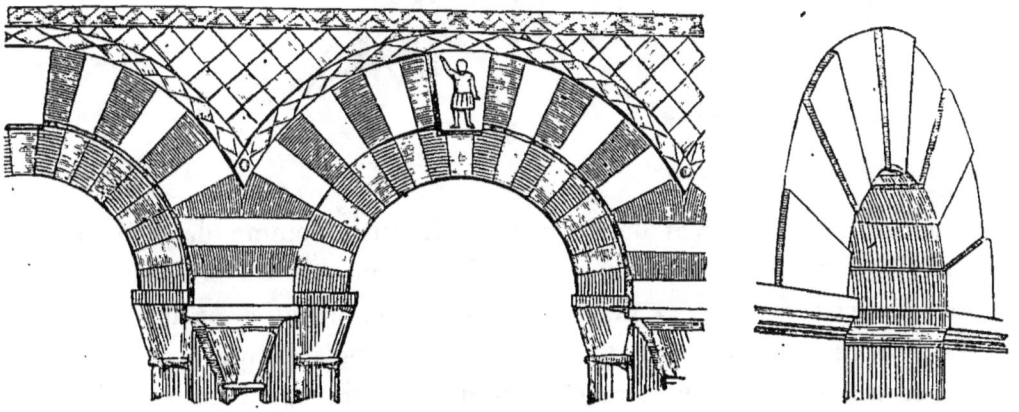

leur coupe, leur combinaison, l'épaisseur et le profil de leurs joints sont encore dignes d'examen. Dans certaines contrées on les trouve souvent disposés sur deux rangs engrenés; leur intrados peut être découpé plus ou moins profondément,

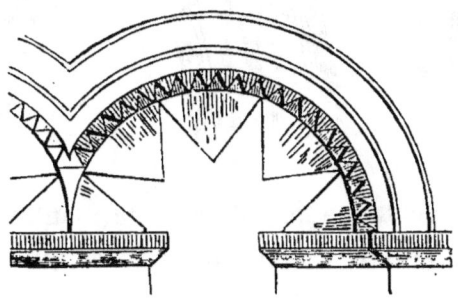

soit en dents de scie aiguës ou mousses, soit en lobes arrondis, ou en contre-lobes.

Au xve siècle, il se prolonge en légères contre-arcatures découpées à jour.

D'abord simple et plat dans l'arcade gothique, comme dans l'arcade romane, il se décore, soit d'un ressaut, soit d'un tore ou boudin; celui-ci se subdivise ensuite en plusieurs cordons ou nervures ordinairement placés en retraite, d'abord toujours saillants, puis bientôt poussés en creux en même temps qu'en relief à mesure que le support se complique lui-même.

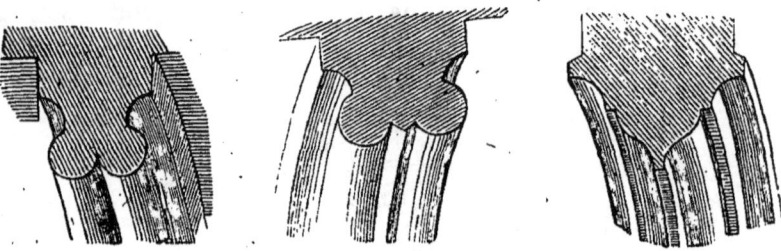

Ces nervures prennent une première arête, tantôt mousse et tantôt aiguë, puis plusieurs; enfin, à l'époque de la suppression du chapiteau, elles descendent jusqu'à terre, ou viennent mourir sur les tambours du support.

3. *Archivolte.* — L'archivolte est la décoration dont l'arcade est bordée ; elle peut être simple ou multiple, et, dans ce dernier cas, les archivoltes secondaires dont elle se compose sont placées en retraite sur un pareil nombre de cintres. Il faudra remarquer si cette retraite a lieu par ressauts réguliers et égaux, pris à même le plein de la muraille.

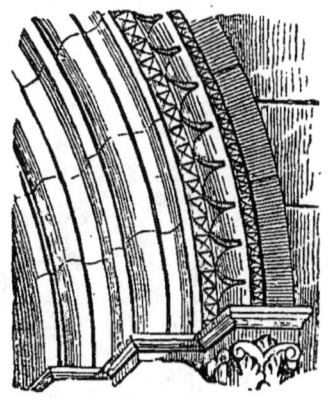

L'archivolte repose toujours sur le tailloir du chapiteau, sur une imposte, sur un entablement ou sur une console.

L'ornementation de l'archivolte commence, dans le Nord, par le tore simple[A], tordu[B], ondulé[C], guivré[D], chevronné[E], contre-chevronné[F] ou rompu[G],

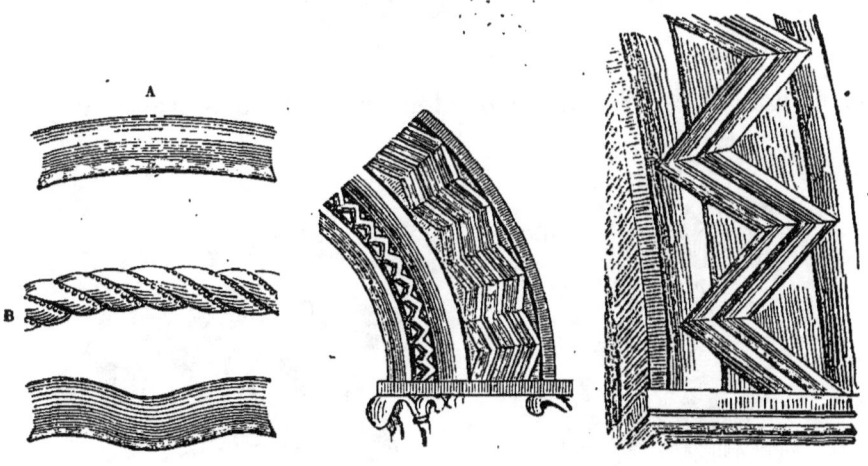

les méandres[H], les fleurons détachés[I], les pointes de diamant[J], les têtes de

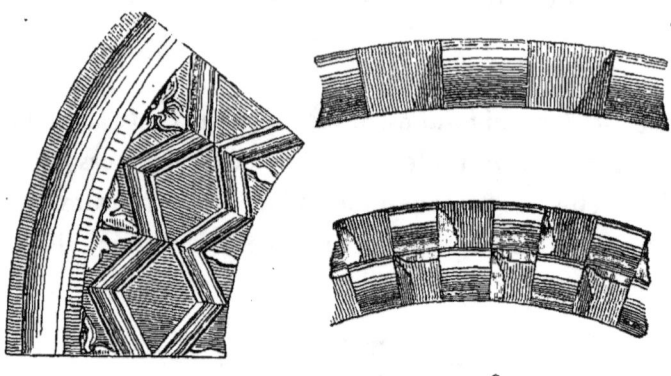

clou[K], les rosettes, les becs d'oiseaux, les masques et autres objets toujours

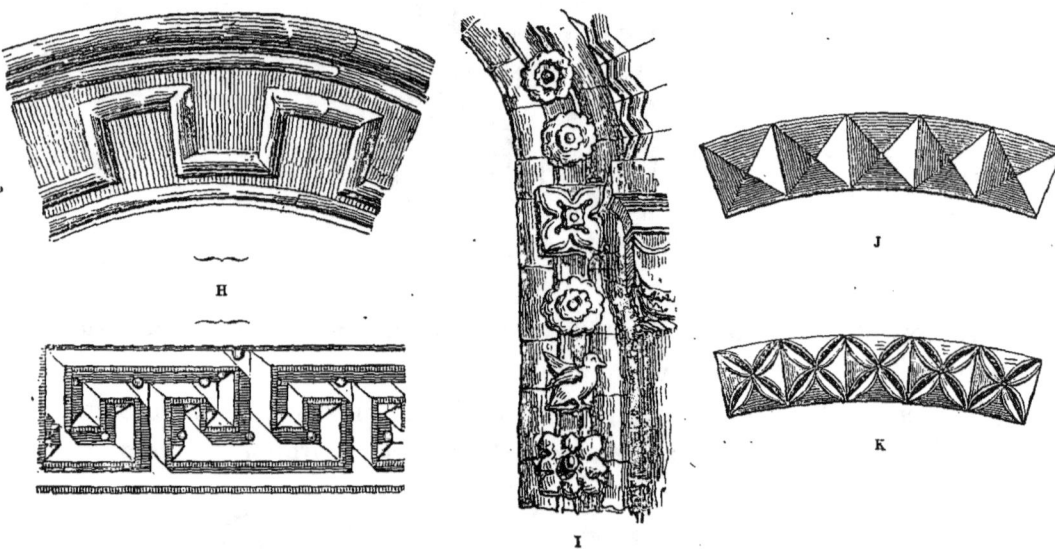

en relief, dont il est plus facile de donner l'idée au moyen d'un croquis

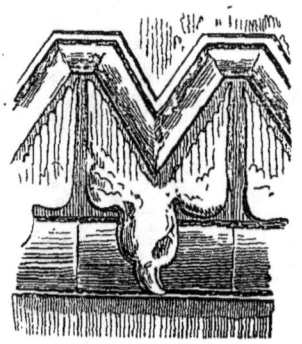
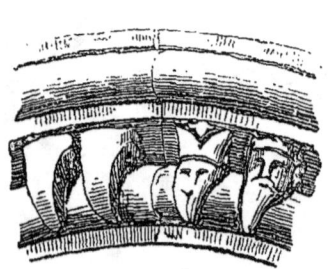

que de les assujettir à une classification complète et méthodique. Au XIIe siècle, arrivent les enroulements[A], les entrelacs[B],

A   B

les rinceaux, les dessins courants, les feuillages, que le XIIIe porte à toute leur perfection; c'est lui qui commence à chercher les modèles de ces derniers dans la flore indigène, aussi bien qu'à border l'archivolte de trèfles et quatre-feuilles en creux, et à orner son contour extérieur de crosses et autres expansions végétales. Au XIVe, elle participe à la sécheresse et à l'uniformité de l'ornementation générale aussi bien qu'à sa nature purement indigène. Au XVe siècle, toutes les formes végétales riches et compliquées que nous avons indiquées ci-dessus, à l'article du chapiteau, comme caractérisant cette époque, appartiennent encore davantage à l'arcade, et viennent se développer par groupes ou isolément dans sa masse, dans les épanouissements latéraux dont elle est bordée,

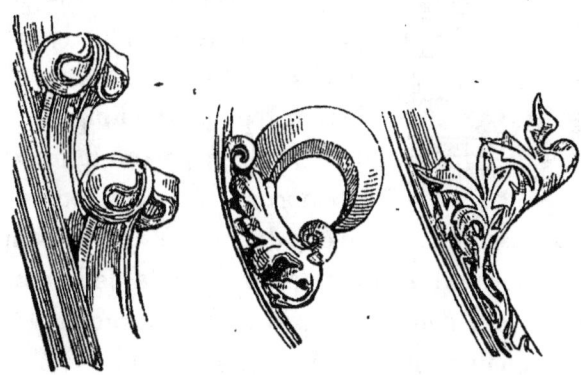

dans le fleuron qui la couronne, et, enfin, dans les pignons plus ou moins aigus et flamboyants qui la circonscrivent, jusqu'à ce que la Renaissance vienne proscrire tout ce luxe de végétation pour y substituer les moulures empruntées à l'architecture antique.

D. On n'observe de véritable entablement, au moyen âge, que dans ces  monuments du midi de la France dont les constructeurs n'ont jamais entièrement perdu le souvenir des types classiques; encore la mauvaise proportion des profils et l'oubli de quelque partie importante trahissent-ils toujours le peu de savoir et d'habileté de l'imitateur.

Nous ne pensons pas que les saillies correspondantes du sommet de la muraille, dans les édifices romans et gothiques, puissent être sans incon-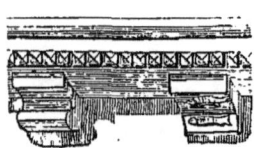vénient réunies sous le même nom, et nous préférons les désigner sous celui de couronnement. Le plus ancien de ces couronnements consiste ordinairement en une corniche plate ou arrondie, souvent même richement décorée, supportée par des modillons d'une forme particulière, représentant l'extrémité saillante des solives du plafond de la basilique primitive.

On a donné le nom de *corbeaux* à ces supports, souvent carrés ou rec-

CORBEAUX.
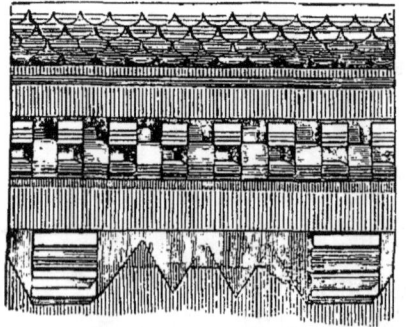
tangulaires, et se terminant par une partie ornée, qui offre, tantôt des têtes ou des figures complètes d'hommes ou d'animaux, tantôt la représentation des objets les plus divers et les plus bizarres, quelquefois même les plus inconvenants. Ordinairement ces corbeaux, en s'éloignant de leur type parallélipipède primitif, s'évident, à leur partie inférieure, par une échancrure plus ou moins caractérisée, plus ou moins heureusement motivée, de manière à se rapprocher plus complètement de la forme du modillon ou de celle de la console.

Quelquefois, et surtout dans les églises de la Bourgogne et de la Champagne, on remarque qu'ils sont amincis *en dépouille* vers leur extrémité.

L'ornementation des corbeaux, souvent très variée, devra être décrite avec soin, aussi bien que celle de la corniche; cette dernière perd souvent sa direction purement horizontale pour se découper en arcatures d'abord rectangulaires ou semi-circulaires, puis bientôt pointues ou trilobées; d'abord sans complication, puis bientôt avec contre-arcatures et contre-corbeaux; tantôt tout ce système de couronnement repose sur de légers pieds-droits, pilastres ou ressauts; tantôt ces supports alternent avec des corbeaux.

Quand les corbeaux supporteront le couronnement d'un pignon ou d'un fronton, il faudra examiner s'ils suivent l'inclinaison du rampant ou s'ils sont perpendiculaires à l'horizon.

Le plus souvent chaque arcade est munie d'un corbeau; quelquefois, enfin, les arcades pourvues de corbeaux alternent avec d'autres qui en sont dépourvues. De même qu'on trouve ainsi des arcades sans corbeaux, on peut également rencontrer, soit plusieurs rangs superposés de corbeaux et de modillons, soit des corbeaux sans arcades et même sans couronnement, qu'il faut distinguer de ces harpes ou pierres d'attente destinées à former liaison avec une continuation postérieure de la muraille, aussi bien que d'autres pierres saillantes engagées dans la maçonnerie, et de la destination desquelles il est quelquefois fort difficile de rendre compte.

Au-dessous du couronnement règne, dans certains édifices, un ornement horizontal tenant lieu d'architrave; ailleurs des briques, des incrustations, des inscriptions, et, au xiiie siècle, des trèfles ou quatre-feuilles en creux

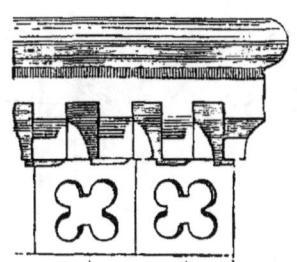

annonçant une intention de frise. Enfin, à ces divers couronnements succèdent, au xiv° siècle, un bandeau semé de feuilles indigènes;

au xv°, la guirlande de l'époque;

au xvi°, les imitations plus ou moins pures, plus ou moins heureuses de l'entablement antique.

Il existe peu de corbeaux dans les couronnements de l'est et du midi de la France; le plus souvent ils y sont remplacés par de petits modillons supportant de légères arcatures de très peu de relief; ce couronnement suit la ligne du toit, même le long des pignons; il doit son origine à l'imitation d'arcatures de briques sans saillies, surmontées d'un massif d'autres briques, disposées en *opus spicatum* ou arête de hareng, qui forment le sommet de la muraille dans quelques constructions romaines des bords du Rhin.

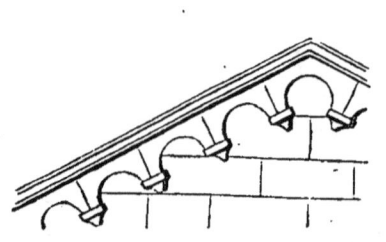 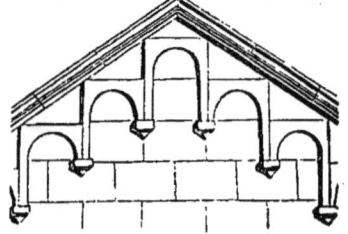

E. Le couronnement porte une couverture en terrasse, en dôme ou à comble; ces divers modes de couvertures, et surtout le dernier, qui est le plus fréquent, doivent donner lieu à l'examen de tout ou partie des points suivants :

1° Les diverses inclinaisons successives du toit dont on pourra trouver la trace;

2° La nature de la couverture actuelle et des couvertures antérieures;

3° La décoration, les dessins, jeux de couleurs, figures en relief et en intailles, inscriptions que peut présenter cette couverture;

4° L'ornement de faîtage en pierre ou en plomb qui en décore quelquefois le sommet, le fleuron ou l'acrotère qui le termine;

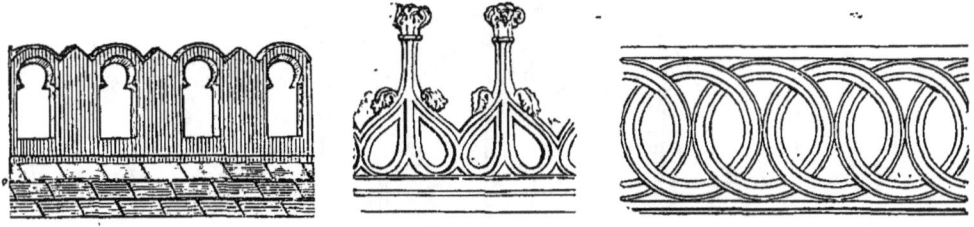

5° Les couvre-joints et leurs antéfixes;

6° Les frontons et pignons plus ou moins aigus à leur sommet, souvent flanqués d'autres antéfixes de grande proportion;

7° Les chéneaux et gargouilles, toutes les fois qu'ils mériteront quelque attention par leur forme, par leur exécution, ou par la présence d'une inscription ;

8° Les objets dont la ligne extérieure du chéneau est bordée, et qui sont ou un épanouissement de ce même chéneau (balustrade),

ou une dépendance du toit en terrasse (créneaux),

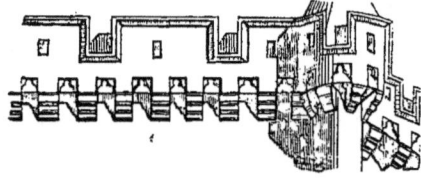

ou un **couronnement militaire** (mâchicoulis).

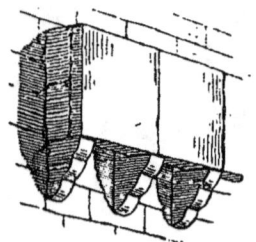
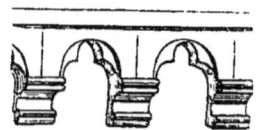

— 136 —

L'ornement de faîtage et la balustrade suivent les révolutions successives de l'ornementation. Il faudra donner la figure ou tout au moins l'indication précise du motif adopté dans leur décoration; aux xv° et xvi° siècles, cette décoration se compose souvent, pour la balustrade, d'une inscription en caractères gothiques gigantesques, dont le texte (ordinairement une antienne ou prière) devra être relevé en entier.

F. Les murailles des églises ont trop de portée, soit à raison de leur hauteur et de leur écartement, soit à cause de la poussée des voûtes substituées aux plafonds de la basilique primitive, pour qu'on n'ait pas senti de bonne heure le besoin de les renforcer de distance en distance; l'architecture romane y avait pourvu au moyen de contreforts, que l'architecture gothique a développés plus tard dans ses arcs et piliers-butants.

Les premiers contreforts sont remarquables par leur peu de saillie; ce sont ou des colonnes plus ou moins complètement engagées[A], ou des pilastres assez grêles[B], souvent même de simples ressauts[C] interrompant de distance en distance le plein de la muraille comme les chaînes de pierre, et quelquefois remaniés ou renforcés plus tard pour en augmenter la résistance. Ils s'élèvent d'ordinaire jusqu'au couronnement; néanmoins on en rencontre qui se terminent par une retraite en larmier[D], en cône[E] ou en pignon[F] avant d'y atteindre; il en est enfin qui constituent de véritables

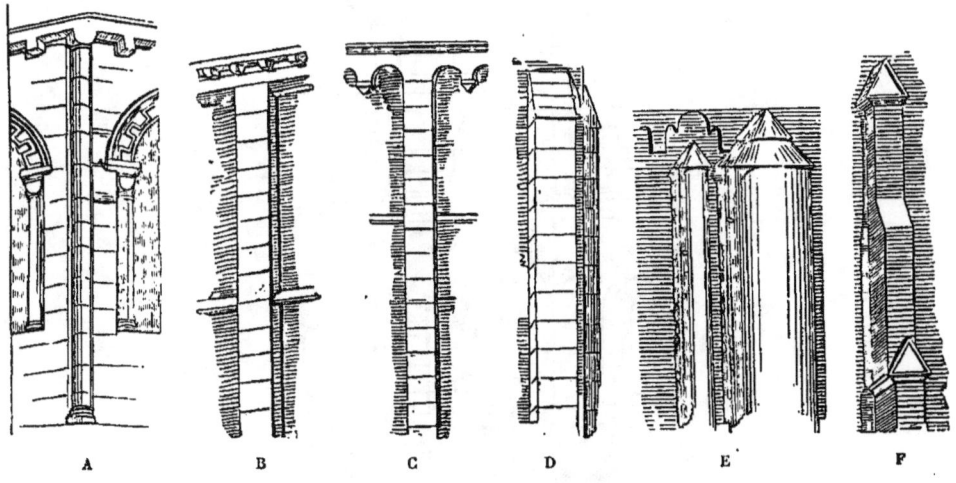

A   B   C   D   E   F

demi-tours pouvant servir à la défense de l'édifice; leurs dimensions vont toujours en augmentant, et leurs larmiers en se multipliant, à mesure que l'édifice s'élève et que la voûte s'y introduit.

On doit quelquefois distinguer les contre forts en inférieurs et supérieurs : les premiers sont alors ceux qui, appartenant à une portion secondaire de l'édifice, descendent jusqu'à terre; les seconds, qui, même après l'intro-

duction des arcs-butants, ne consistent souvent qu'en une simple colonne engagée, ne sont que le prolongement extérieur des piliers ou colonnes qui soutiennent et séparent les travées de la nef principale et du chœur.

L'architecture gothique, chez laquelle le besoin de soutènements extérieurs existait bien plus fortement encore, réclama des appuis plus efficaces pour comprimer les voûtes élancées de ses nefs principales et de ses chœurs; c'est alors qu'arrivent les premiers arcs-butants, partant du contrefort inférieur, et allant de là s'appuyer sur le contrefort supérieur.

ARCS-BUTANTS.

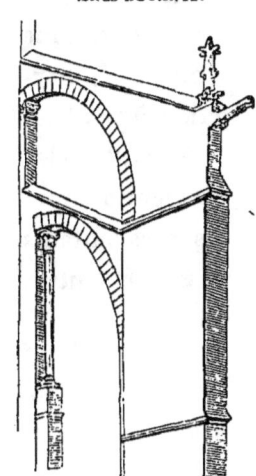

Quelquefois ces arcs-butants primitifs sont pleins, ou percés seulement, soit d'un œil-de-bœuf pour en alléger la masse, soit d'une baie de communication. Mais bientôt la saillie toujours croissante des portions principales de l'édifice et la forme en ogive de leurs voûtes obligent d'en étendre les soutènements, quelquefois doubles, bien au delà de tout ce qui les entoure; c'est alors que le contrefort inférieur s'allonge en pilier-butant, et s'arme lui-même souvent d'un petit contrefort secondaire ou éperon, appliqué sur une de ses faces; puis il reçoit dans sa partie supérieure des arcs plus ou moins complets, qui vont s'appuyer contre les murs extérieurs de la nef ou toute autre partie élevée, pour maintenir la poussée des voûtes, et forme ainsi une ceinture quelquefois double de piliers et d'arcs-butants.

Dans certains cas, cette ceinture de piliers-butants est placée en dehors des murailles secondaires de l'église, ou n'y a été rattachée qu'après coup par l'adjonction d'une série de chapelles à son plan primitif; plus rarement ces piliers, isolés de la masse de l'édifice, ont été liés les uns aux autres par une série d'arcs latéraux.

Quelquefois, comme dans la Sainte-Chapelle de Paris, les arcs et piliers-butants ont été remplacés par de longs et étroits contreforts projetés jusqu'à une distance notable de l'édifice.

L'ornementation des contre-forts et des piliers butants se compose d'abord, pour les premiers (quand ils ne consistent pas en de simples colonnes,

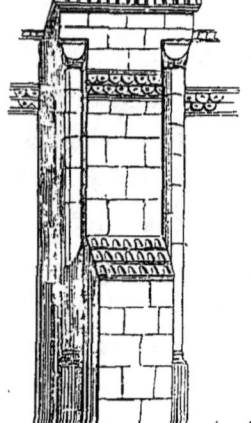
pilastres ou ressauts), tantôt de colonnes latérales, tantôt d'imbrications ou contre-imbrications figurées sur leurs divers larmiers;

Pour les seconds, d'un pilier carré, pesant et court, soutenant un arc plus ou moins complet, qui n'offre guère dans l'origine d'autre vide qu'une espèce de passage pratiqué à travers une muraille pleine; cette muraille, que remplacent quelquefois des colonnes et arcades rayonnant d'un centre commun, porte une gouttière qui se bifurque souvent autour du pilier-butant, pour rejeter au loin, au moyen de gargouilles, les eaux des toits supérieur et inférieur. Au XIII° siècle, arrivent les légers clochetons carrés, souvent à jour; les édicules avec ou sans statues; les arcs-butants élancés et quelquefois doublés; les pignons figurés, les crosses et autres expansions végétales indigènes.

CLOCHETONS ET ÉDICULES.

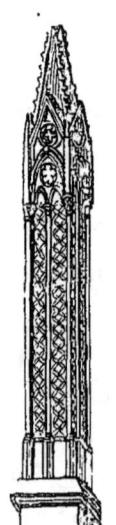

Au XIV°, les ornements s'amaigrissent; le clocheton se ferme, et ses angles, au lieu de suivre ceux du pilier, se portent souvent au milieu des faces de ce dernier; au XV°, le pilier-butant, après s'être, pour ainsi dire, complètement végétalisé dans sa partie supérieure, hérissée de crosses, de bourgeons, de fleurons, et de tout ce luxe d'une foliation indigène, riche et compliquée, que nous avons déjà eu occasion de signaler, y joint les statues, les niches, les dais travaillés à jour.

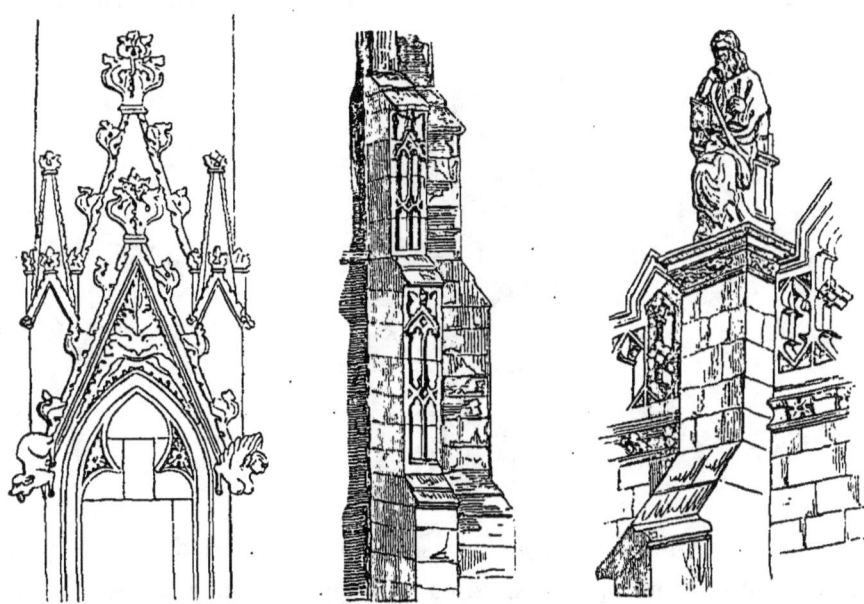

A la Renaissance, enfin, toute cette brillante ornementation cède la place, d'abord à des arabesques et à tous les caprices de l'époque de transition, puis aux consoles renversées et autres lourds appuis de l'architecture italienne.

CONSOLES RENVERSÉES.

On rencontre rarement en France, mais plus souvent en Angleterre, des piliers-butants, octogones ou hexagones, ceints, à leur sommet et à divers points de leur hauteur, d'une couronne de créneaux libres ou engagés.

Les murailles de toute église sont nécessairement percées de deux espèces de baies : les fenêtres et les portes. Nous nous occuperons d'abord des premières.

G. Les fenêtres peuvent être en arcade, en œil-de-bœuf, ou rectangulaires; percées dans la muraille à angles droits, ou évasées, soit à l'intérieur, soit à l'extérieur, en meurtrières.

Dans la basilique primitive, l'abside en était dépourvue. Ensuite elle en admit une ou trois à sa partie supérieure; plus rarement et postérieurement elles y furent pratiquées en nombre pair. C'était surtout par ces fenêtres de l'abside et par celles des façades que l'édifice était éclairé, plus que par les baies, tantôt en arcade, tantôt en œil-de-bœuf, des murailles latérales. On sait d'ailleurs que les grandes fenêtres ne furent d'abord qu'un groupe de petits jours réunis et inscrits dans une baie figurée. Sur les façades romanes, on rencontre, soit les trois fenêtres de front de la basilique, surmontées ou non de l'œil-de-bœuf du fronton, soit ces mêmes fenêtres dans une autre disposition (2 et 1), soit deux fenêtres latérales, soit enfin une grande baie circulaire à meneaux massifs et rayonnants, motivée ou par la forme carrée de l'étage de la façade dans laquelle elle est inscrite, ou par le souvenir de cet ancien œil-de-bœuf du fronton primitif, dont nous venons de parler.

Dans l'examen des fenêtres romanes, il sera toujours nécessaire de remarquer si ce sont de simples baies percées à travers le plein de la construction, ou si le contour en est dessiné par un encadrement de pierres d'une coupe particulière, destinées à former cintre, comme c'est le cas le plus ordinaire.

FENÊTRES.

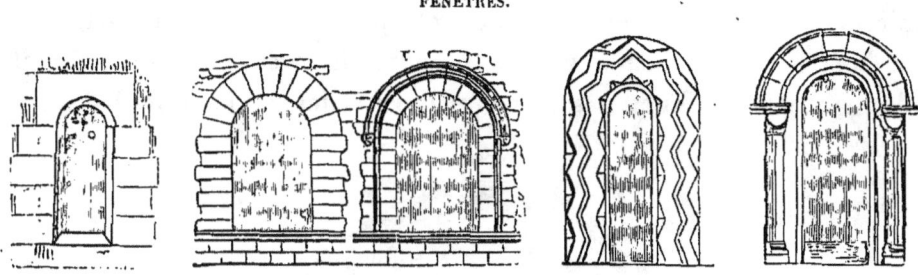

Quelle que soit la nature de l'arcade, on devra toujours indiquer le rapport de la hauteur de la fenêtre avec sa largeur. Jusqu'à une époque avancée, les pieds-droits sont ordinairement munis ou de colonnes, ou tout au moins d'une imposte à leur sommet.

La fenêtre romane en arcade peut présenter les formes semi-circulaire, surbaissée ou trilobée. En fer à cheval, elle ne se rencontre guère que dans des baies secondaires.

Ces fenêtres peuvent être réunies en groupes, deux à deux ou trois à trois, de dimensions pareilles ou inégales, inscrites ou non dans une baie principale figurée, ou dans un système d'arcature extérieure, soit d'une manière continue, soit par alternation avec des arcades figurées. Il en est de même pour l'œil-de-bœuf.

Il est rare, en France, de trouver celui-ci employé isolément dans le système général de fenestration d'une église; mais il y a souvent été combiné avec la fenêtre en arcade, soit qu'il en surmonte le sommet, soit qu'il alterne avec elle.

Sans elle on ne le voit guère que dans les façades principales, où il s'étend et s'agrandit de manière à envahir une grande partie de leur surface, et prend alors le nom de *rose*. C'est dans les roses romanes que se présentent les premières nervures en pierres (meneaux), qui forment les compartiments de la fenêtre; ces meneaux y sont toujours disposés en roue, soit qu'ils représentent des colonnettes supportant des arcades, ou bien des balustres.

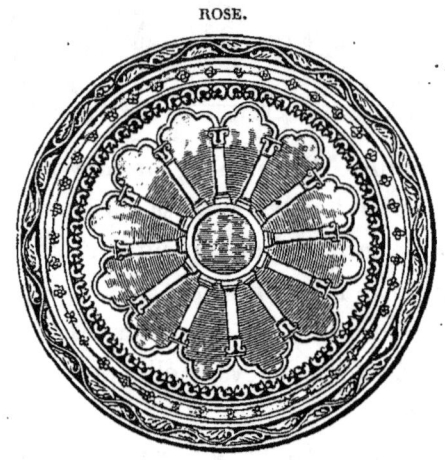
ROSE.

La fenêtre simple à arcade pointue arrive avec l'arcade gothique; elle est d'abord aiguë, surhaussée ou trilobée, rarement à tiers-point, quelquefois à contre-courbure, jamais lancéolée.

Cette première fenêtre gothique se combine, soit avec elle-même, soit avec l'œil-de-bœuf.

Les groupes qui en résultent sont souvent inscrits dans une baie figurée à arcade, d'abord romane, puis gothique. Le plus simple de ces groupes se compose de deux fenêtres étroites en arcade, ordinairement surmontées d'un œil-de-bœuf intermédiaire, le tout rassemblé dans une arcade principale figurée. Il en envahit de plus en plus les parties pleines, jusqu'à ce qu'il les ait réduites aux dimensions de meneaux. Le premier de ces meneaux est toujours perpendiculaire jusqu'à la hauteur de la naissance de l'arcade, où il se bifurque. Peu à peu les meneaux perpendiculaires et les œils-de-bœuf se multiplient dans une arcade principale ou fenêtre élargie, et ayant passé de la courbe aiguë à la courbe à tiers-point ou évasée.

Enfin les meneaux circulaires du sommet ne suffisent plus ni aux besoins de l'ornementation, ni à la solidité des châssis vitrés. Ils se ramifient dans leur intérieur, d'abord en découpures lobées ou segments, le plus souvent au nombre de six ou de trois, puis en combinaisons trop variées pour qu'il soit possible de les décrire ici, mais toujours engendrées par des courbes circulaires et rayonnantes. Telles sont les transformations que subit la fenêtre gothique, depuis une époque avancée du XII° siècle jusqu'à la fin du XIII°, et après lesquelles elle prend le nom de *fenêtre rayonnante*.

Cette fenêtre s'élargit encore au XIV° siècle, de manière à envahir souvent tout l'espace compris entre les contre forts, et passe de l'arcade évasée à l'arcade surbaissée, sans jamais s'arrêter à l'intermédiaire (le plein cintre). En même temps les meneaux se compliquent et s'évident de plus en plus en véritable dentelle ou filigrane de pierre, mais sans cesser de conserver le cercle pour courbe génératrice de toutes leurs ramifications supérieures, avec cette différence que ce n'est plus seulement le cercle en repos, mais souvent aussi les projections du cercle en mouvement.

La fenêtre en rose suit les mêmes phases, et s'agrandit de plus en plus, sans cesser d'appartenir au système rayonnant.

Vers le commencement du xv° siècle, s'accomplit une importante révolution dans la forme et la combinaison des meneaux.

Après que toutes les combinaisons possibles de l'œil-de-bœuf, de ses divisions et de ses projections ont été épuisées dans une fenêtre de plus en plus surbaissée, elles s'en trouvent à cette époque définitivement exclues

pour être remplacées par un autre système, où figurent bien encore quelquefois les projections du cercle, mais qui se distingue du précédent par la direction toujours ascendante de ses parties, au milieu d'une variété infinie de formes, renfermée dans une arcade le plus souvent surbaissée ou en anse de panier. Malgré tout le caprice de ces formes, il est rare qu'elles ne consistent pas, surtout pendant la première moitié du siècle, en un groupe de triangles ou de quadrilatères curvilignes, ou autres courbes composées finissant en pointe et présentant quelque analogie avec une flamme droite ou renversée; c'est ce qui a fait donner à la fenêtre du

xv° siècle le nom de flamboyante, lors même que ses meneaux représentent toute autre chose : par exemple, des fleurs de lis ou des étoiles, ainsi que cela arrive assez souvent en France, surtout dans les fenêtres de la grande proportion [1].

Une autre baie du xv° siècle, beaucoup plus fréquente en Angleterre qu'en France, est la fenêtre perpendiculaire à meneaux purement verticaux jusqu'à leur sommet, ou s'y croisant par de simples bifurcations parallèles

---

[1] «Nous pensons qu'on peut donner le nom de *tympan* à cette portion supérieure de la fenêtre comprise entre les deux côtés de l'arcade, toutes les fois que son tracé offrira l'empreinte de l'un des deux systèmes dont nous venons de parler, et par conséquent une séparation bien tranchée avec les meneaux perpendiculaires de la masse de la baie. Les intervalles circonscrits entre ces derniers s'appelleront des *jours*, et le vitrage qui les occupe des *panneaux*. Nous proposerons enfin de désigner par le nom de *réseau de la fenêtre* ce que les Anglais appellent *tracery*, c'est-à-dire l'espèce de broderie en dentelle produite par l'ensemble des meneaux.»

au contour de l'arcade, qui, dans ce cas, prend une coupe moins surbaissée.

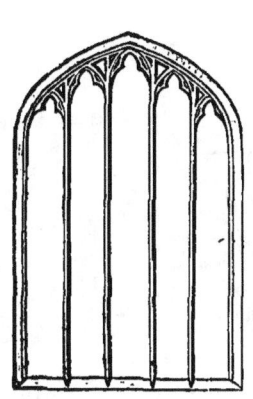 

A partir de la deuxième moitié de ce siècle, les meneaux adoptent des directions de plus en plus arbitraires dans une large baie ordinairement évasée par le haut en anse de panier, afin d'offrir un plus vaste champ à l'art du peintre verrier; ils s'y appesantissent aussi de plus en plus jusqu'à ce que le retour aux types de l'architecture classique les en bannisse complètement.

Après l'introduction de la fenêtre flamboyante, on ne trouve plus de traces de l'emploi de l'œil-de-bœuf que dans ces grandes roses terminales qui continuent d'occuper le sommet des façades et des pignons. Les meneaux compliqués de ces roses subissent la même révolution que ceux de la fenêtre à arcades, et présentent un champ plus favorable encore aux gracieux et légers épanouissements du système flamboyant. Là, c'est du centre qu'ils partent, comme dans la rose rayonnante; mais la différence du réseau qu'ils produisent ne permet pas de se méprendre un instant sur leur nature et leur date.

La fenêtre rectangulaire ne se rencontre guère qu'au-dessous des autres baies; elle remplace quelquefois, du XIIIe au XVe siècle, les galeries ou les arcatures figurées qui y règnent ordinairement; moins apparente et moins décorée que les précédentes, elle n'offre ordinairement que des meneaux perpendiculaires.

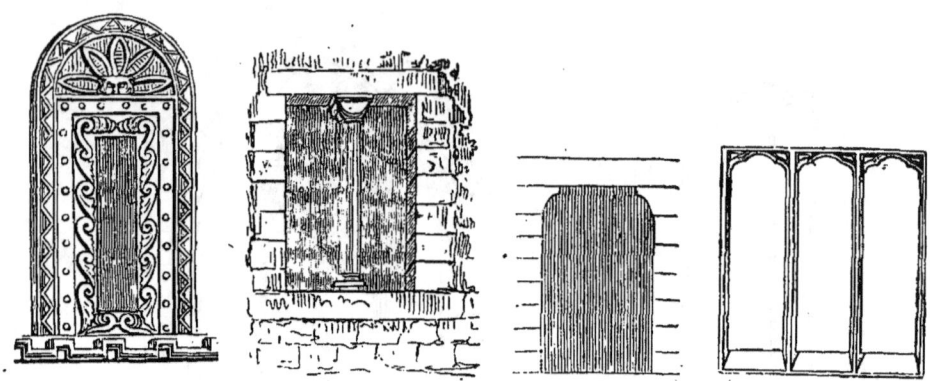

Enfin, dans quelques églises, les roses des transepts et même celles du portail sont remplacées par de grandes fenêtres à arcades tout à fait hors de proportion avec les autres, et beaucoup moins favorables à la décoration extérieure que les baies circulaires. Cette substitution se rencontre au reste beaucoup moins fréquemment en France qu'en Angleterre. Nous leur donnerons le nom de fenêtres composées, lorsqu'elles seront formées d'une grande quantité de petites fenêtres distinctes et pourvues de leurs meneaux, groupées en étages décroissants au moyen de précinctions horizontales.

A l'extérieur, l'ornementation de la fenêtre cintrée ressemble beaucoup à celle de l'arcade proprement dite, dont elle n'est guère qu'une variété;

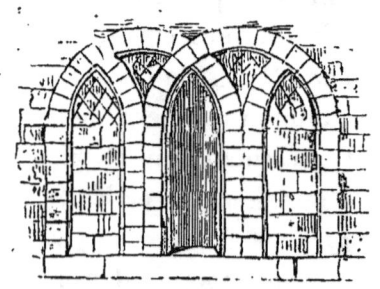

tantôt soutenue ou divisée par une ou plusieurs colonnes, tantôt n'offrant qu'une imposte ou une console pour support à son archivolte, elle est souvent liée à la fenêtre suivante par un cordon gracieux, résultant de la liaison de l'ornement extérieur de cette même archivolte avec l'imposte. Un autre système très élégant du XIIe siècle consiste à percer la fenêtre aiguë de cette époque dans un groupe d'arcades romanes entrelacées dont elle occupe les intersections.

Aux XIe et XIIe siècles les séries d'ornements courants ou détachés sur l'archivolte; aux XIIIe et XIVe, plusieurs archivoltes en retraite soutenues par un pareil nombre de colonnettes ou pieds-droits, ou bien venant mourir sur les faces des contreforts voisins; au XVe, la guirlande de l'époque avec ses crosses et ses expansions symétriques, le tout souvent inscrit dans un pignon figuré de même nature; au XVIe, les moulures renouvelées de l'architecture antique : telles sont les principales formes que revêt cette ornementation, parallèle à celle de l'arcade ordinaire, comme nous l'avons déjà dit.

Quant à la fenêtre en rose, son ornementation extérieure se compose fréquemment d'une moulure circulaire ou triangulaire curviligne, renfermant, soit des figures qui sont parfois des zodiaques, ou bien d'autres moulures appartenant également au cercle et à ses fractions.

Souvent la moulure principale, au lieu d'être fermée inférieurement, repose sur deux consoles ou deux groupes qui en tiennent lieu.

Il y a peu de portions de l'église qui aient été soumises à plus de déplacements et de remaniements que les fenêtres; c'est pourquoi, après avoir examiné et décrit celles qui existent aujourd'hui, on devra rechercher avec le même soin les traces (quelquefois difficiles à retrouver sous le badigeonnage) de toute fenestration antérieure.

H. Les murailles d'une église sont encore percées de portes. Ces baies, d'une autre nature que les précédentes, peuvent être placées, soit au milieu de façades plus ou moins richement décorées, soit çà et là sur un point quelconque du pourtour. Nous décrirons bientôt les premières en traitant des portails; les secondes, beaucoup moins importantes par leur masse et leur ornementation, n'en devront pas moins être examinées avec d'autant plus de soin que, même dans les églises très rustiques, il est rare qu'elles ne présentent pas quelques parties décorées et caractéristiques.

C'est ainsi qu'il sera toujours nécessaire de constater :

1° Si elles appartiennent à la construction primitive, si elles ont été pratiquées après coup, ou si au contraire elles ne se trouvent pas aujourd'hui supprimées et bouchées;

2° Si la baie est pourvue d'un amortissement rectiligne ou curviligne, et, dans ce dernier cas, quelle est la forme de l'arcade; si c'est au contraire un rectangle à linteau ou à plate-bande; si les angles n'en sont pas arrondis

en arcs, soit complets, soit seulement figurés, ou occupés par une console plus ou moins ornée;

3° S'il y a quelque chose à remarquer sur les faces intérieure ou extérieure des pieds-droits; s'ils présentent des colonnes, pilastres ou figures placés de front ou en retraite, et des archivoltes correspondantes; et quelle est la décoration du tympan;

4° Ce qu'il peut y avoir à dire du linteau, du pilier central quand il existe, et enfin des battants mêmes, considérés sous le triple rapport de la sculpture en bois, de la ferrure et de la serrurerie.

Nous recommanderons particulièrement l'examen de la coupe des claveaux qui composent le cintre de ces portes secondaires, quelquefois fort compliquée dans l'architecture romane et l'architecture orientale.

I. Ces murailles peuvent encore présenter des pierres chargées d'inscriptions tumulaires ou de toute autre nature, soit engagées dans leur masse, soit encastrées dans leur revêtement; quelquefois même de véritables tombeaux placés sous leur abri. Comme cependant ces derniers y sont beaucoup plus rares qu'à l'intérieur des églises, c'est dans le chapitre suivant que nous nous réserverons d'en traiter. Quant aux inscriptions, d'autres instructions, que le Comité se propose de publier, mettront à portée de reconnaître, à l'inspection des caractères, la date de ces monuments écrits. Nous nous contenterons d'avertir ici qu'on devra toujours en prendre une copie complète (à moins que ce ne soient d'insignifiantes fondations du XVIe et du XVIIe siècle, dont il ne faudra donner qu'une analyse succincte), et de plus en relever fidèlement l'empreinte par des procédés mécaniques toutes les fois qu'ils présenteront ou quelque singularité dans la forme des caractères, ou quelque difficulté dans leur interprétation, ou quelque intérêt particulier dans leur texte. Il faudra encore examiner si les pierres qui les portent ont été :

1° Posées avec intention de les y graver sur place;

2° Engagées fortuitement dans la construction (ainsi que cela est arrivé le plus souvent pour celles qui sont chargées d'inscriptions antiques);

3° Encastrées dans le revêtement pour assurer leur conservation;

4° Rapportées après coup;

5° Gravées accidentellement et sans préméditation, postérieurement à la construction.

Il serait très long d'énumérer toutes les portions de la surface extérieure et intérieure d'une église où l'on peut rencontrer des inscriptions. Les recherches à faire sous ce rapport ne sauraient être trop minutieuses; mais il est surtout indispensable de noter les cas où elles auraient été placées dans une intention marquée d'ornementation, ainsi que cela arrive souvent dans les balustrades des xv° et xvi° siècles, et plus anciennement au-dessous du couronnement, en place de frise.

Relativement au sens de ces inscriptions, elles doivent être classées en explicatives ou accidentelles. Celles-ci, qui peuvent se rapporter à toutes sortes de faits, sont ordinairement beaucoup moins intéressantes que les premières, dans lesquelles on rencontre des renseignements du plus grand prix pour l'histoire de l'édifice et celle de l'art. On les distingue encore en chronologiques ou nominatives, suivant qu'elles fournissent, soit la date de construction ou de consécration de tout ou partie d'un monument religieux, soit les noms du fondateur ou restaurateur, du pontife qui l'a béni, de l'architecte ou de l'artiste qui a concouru à l'élever, le réparer ou le décorer; enfin, elles peuvent être peintes, gravées, soit en creux, soit en relief, ou incrustées.

Les mêmes soins doivent être apportés à la recherche et à la copie exacte des portraits, écussons, emblèmes, devises, cimiers, marques, chiffres, outils caractéristiques de certains corps de métiers, qui se rencontreront à l'extérieur ou à l'intérieur des églises, et qui y auront été placés pareillement dans l'intention d'indiquer quelque date, quelque nom propre de famille, de corporation, d'artiste ou d'individu quelconque, soit qu'on ait déjà réussi ou non à en saisir la signification.

K. Ce que nous venons de dire de la possibilité de rencontrer des inscriptions sur toutes les portions de la surface d'une église est encore plus applicable à l'ornementation; il n'est, en effet, pas un point de cette surface où la fécondité des arts du moyen âge n'ait trouvé l'occasion de suspendre quelque arcature, quelque ornement détaché ou courant, quelque bas-relief, quelque statue. On ne devra omettre aucun de ces objets, ni négliger d'y chercher les renseignements qu'ils peuvent fournir, soit à la fixation de la date du monument, soit à l'histoire de l'art.

Au xie siècle, la statuaire présente deux types très distincts : l'un, court et rond, aussi dépourvu de noblesse que de beauté, est évidemment le travail d'ouvriers ignorants, abandonnés à leur libre arbitre, travaillant sous l'impulsion de l'art romain dégénéré ou de leur grossier instinct personnel; l'autre, apporté de Constantinople, où la statuaire s'était retrempée au ixe siècle, sous la domination de la dynastie macédonienne. Cette influence byzantine continua jusqu'au xiiie siècle, par l'envoi non interrompu de reliquaires, de manuscrits, de galons, d'étoffes, de broderies, de peintures, de sculptures et même d'artistes, d'agir sur l'art occidental, en concurrence avec ses inspirations indigènes; c'est surtout dans les contrées les plus voisines de la Méditerranée qu'elle prévalut. On la reconnaît aux proportions géométriques des figures, aux plis comptés et parallèles des draperies, aux vêtements qui sont ordinairement la tunique et le manteau bordés de perles, de galons, et renfermant des pierres précieuses enchâssées; à l'absence de perspective dans les pieds et genoux, qu'on figure très ouverts pour éviter la difficulté des raccourcis; aux chaussures quelquefois très riches, toujours pointues, et suivant souvent le ressaut du support; aux yeux saillants, fendus et retroussés à leur extrémité extérieure; aux sourcils arqués, et enfin au détail minutieux des cheveux.

Dès ce même siècle, mais surtout au xiie, survint un nouveau type, caractérisé par l'allongement hors de toute proportion des personnages, qui semble avoir eu pour but de leur imprimer un caractère au-dessus de l'humanité; mais qui peut avoir été motivé par la forme étroite des emplacements destinés à les recevoir. L'expression grave et religieuse de ces figures, la beauté souvent exquise et la tranquillité des types, le parallélisme exact des plis pressés dans lesquels elles sont comme emmaillottées, la fidélité et le fini consciencieux des moindres détails, attestent qu'une main consacrée a passé par là; qu'elle a suivi des proportions convenues, une sorte de canon dont il semble qu'il ne soit pas permis de s'écarter. C'est à la même époque qu'on s'appliqua à reproduire la ressemblance individuelle, ou portrait, sur les tombeaux, et qu'on l'obtint par le procédé sûr et expéditif du moulage.

Mais c'est le xiiiᵉ siècle qui est l'époque de la plus grande splendeur de la statuaire du moyen âge comme de tous ses autres arts; d'une soumission complète au joug de l'autorité, celui-ci y arrive à une liberté sage et grave, alliée à une verve admirable d'exécution, qui se manifeste dans le jet heureux, dans les poses naturelles, dans les plis simples et gracieux des figures, dans leur modelé déjà très bien senti, mais surtout dans l'expression de foi vive, de ferveur religieuse qu'il sut alors leur imprimer et qu'il ne retrouva plus depuis. L'habitude du moulage, récemment introduite, comme nous l'avons vu, contribua probablement d'une manière puissante à faire abandonner les types de convention des âges précédents pour y substituer le type indigène, qui règne exclusivement dans les productions de cette époque.

Dès le xivᵉ siècle, les plis des draperies commencent à se tourmenter; le grotesque, la satire antimonacale et anticléricale, à faire invasion dans le domaine de la statuaire, qui a passé des inspirations purement religieuses et personnellement désintéressées du cloître à l'impulsion des intérêts et des passions terrestres de l'ouvrier laïque, non encore digne du nom d'artiste. Il règne une grande inégalité dans les ouvrages de ce siècle de transition : les uns présentent toute la verve et tout le charme de l'âge précédent; dans quelques autres on voit poindre déjà les défauts et les qualités de celui qui suivra, et en certaines contrées l'influence du goût germanique aux plis collés, aux poses maniérées, aux étoffes amples sur des figures maigres; mais là où il se montre avec son caractère propre, ce caractère n'est plus inspiré et n'est pas encore exact ni spirituel : les figures présentent dans leurs surfaces plates peu de sentiment du modelé, mais au contraire les traces d'un travail expéditif, plutôt que le fouillé délicat du ciseau. Les sujets changent en même temps : ce ne sont plus ces compositions symboliques et symétriques, remarquables par l'harmonie des pleins et des vides, qui occupaient les tympans et les parties lisses des portails, ni ces saints personnages inscrits dans des arcatures, à l'imitation de celles qui existent sur certains tombeaux antiques, ni ces nimbes de diverses formes caractéristiques des siècles précédents, offrant l'image du Christ ou de Dieu le Père, entourés d'anges adorateurs, des quatre évangélistes, ou des vieillards de l'Apocalypse. Au lieu de toutes ces physionomies constamment ferventes et sérieuses, l'art, redescendu sur la terre, y groupe de nombreux personnages appartenant à la nature vulgaire et n'exprimant désormais que ses passions. Un autre caractère de ces compositions est qu'elles ne représentent plus que des événements positifs, soit qu'elles en prennent le sujet dans les récits de la Bible, dans le rapprochement de l'ancienne et de la nouvelle loi, dans les traditions de la Légende dorée, dans la vie du patron de l'église ou dans les croyances consacrées relativement à la résurrection des morts et au jugement dernier. Sans doute tous ces sujets s'y étaient déjà montrés, mais ils n'y dominaient pas exclusivement, et ils y étaient considérés d'un point de vue plus élevé.

C'est encore à cette époque que les figures grotesques ou monstrueuses, offrant quelque rapport avec celles que les ouvriers du XIe siècle avaient souvent placées autour des églises comme type d'une nature abâtardie par le vice et le péché, et qu'un goût plus épuré en avait ensuite bannies, reviennent s'y montrer, non plus cette fois dans un but moral ou purement plaisant, mais dans une intention railleuse et satirique dirigée contre le culte lui-même et surtout contre ses ministres.

Au XVe siècle, le sculpteur s'élève au rang d'artiste, et l'on sent à la fois l'empreinte des prétentions de l'atelier dans les poses et les physionomies exagérées des figures, aussi bien que dans le jeu de plus en plus tourmenté des draperies, et le fruit des études de ce même atelier dans l'habileté à rendre les moindres détails du modelé de la chair vivante et morte, et l'expression des passions humaines. C'est surtout dans la représentation en marbre ou en albâtre des têtes et des mains sur les tombeaux, ainsi que dans la composition des petites figures exécutées de même avec des matériaux précieux, que se déploya cette habileté du XVe siècle à faire vivre et surtout à faire pleurer ses personnages. Quant aux nombreuses statues dont il peupla les portails et les piliers-butants de ses églises, exécutées à la hâte par des artistes secondaires, elles présentaient au contraire peu de relief et de vie. Il faut distinguer dans cette période l'école de Charles VIII et de Louis XII, aux figures de peu de relief, pourvues de détails anatomiques plus marqués dans la sculpture d'ornementation; cette école fleurit particulièrement sur les bords de la Loire.

L'art continua de marcher dans les mêmes voies pendant les premières années du siècle suivant jusqu'à l'introduction de l'école milanaise, au travail vulgaire, expéditif et maniéré, particulièrement dans la pose, les cheveux et les draperies de ses personnages; c'est ensuite qu'arriva l'école de Michel-Ange, et que fleurirent à la fois Sambin en Bourgogne, les frères Genty à Troyes, Benvenuto Cellini et Paul-Ponce Trebati à Paris, au dessin savant, au relief plus marqué, aux poses académiques, aux muscles et aux traits fortement accentués. On sait avec quelle rapidité elle étouffa la statuaire fine et svelte de Jean Goujon, et à quels déplorables excès d'exagération, de maniéré dans les cheveux et les draperies, elle se porta, avant d'être à son tour remplacée par le goût flamand sous le règne de Henri IV.

La sculpture d'ornementation a suivi, au moyen âge, à peu près les mêmes phases que l'imitation de la nature humaine; tantôt byzantine et tantôt rustique, au xie siècle, mais habile à produire de grands effets par des procédés peu compliqués et par l'opposition des parties lisses avec les parties décorées, elle commença au xiie à s'approprier, non seulement les rinceaux, les entrelacs et quelques autres des motifs courants les plus gracieux de l'art antique, mais encore l'imitation des produits d'une nature végétale et animale fantastique ou étrangère, et jusqu'à des zodiaques ou des calendriers; sous des architectes ecclésiastiques, qui, satisfaits de diriger la masse, abandonnaient les détails à l'inspiration de leurs subordonnés, elle imprima une admirable variété aux chapiteaux, dont elle porta la décoration à son plus haut degré de perfection, aux archivoltes, aux tympans et à toutes les autres portions ornées de l'architecture romane. Le xiiie siècle fut pour elle (si ce n'est dans le chapiteau), comme pour la statuaire, l'époque la plus brillante de tout le moyen âge; celle où, employant indifféremment dans ses compositions l'ogive et le plein cintre, l'ornement symbolique, l'ornement exotique et l'ornement indigène, elle imprima un relief plus vif, un modelé plus parfait que par le passé à ses enroulements et à ses guirlandes. Mais bientôt la révolution qui avait fait passer du clerc à l'architecte de profession la direction des travaux ecclésiastiques introduisit de la sécheresse et de la négligence dans les détails, en même temps qu'elle fit faire à l'art du xive siècle un grand pas vers l'unité d'ornementation. C'est alors qu'arrivent les feuilles détachées, isolées et de plein relief, souvent aiguisées en longues et fines dentelures, et que les dais en saillie commencent à se multiplier. L'ornementation s'appesantit au xve siècle sous les lignes tourmentées et contournées du gothique flamboyant, sous le goût des tours de force et l'affectation de science, sous cette profusion de végétation indigène et vulgaire qu'elle fit germer de toutes les saillies, de toutes les arêtes, de toutes les cavités, et à l'ombre de laquelle vinrent s'abriter des légions de statues, avec leurs niches et leurs dais. Après avoir épuisé l'imitation de la nature végétale, la dentelle et la broderie eurent leur temps, puis les arabesques, puis cette ornementation de la Renaissance, d'abord vive, fine et légère, tant qu'elle resta fidèle à la division des parties, puis devenue massive, exagérée et sans esprit, quand elle brisa ses lignes ou força ses proportions; en général, l'alliance avec le gothique abâtardi du xve siècle, commencée sous Louis XII, se prolonge pendant les premières années du règne de son successeur; c'est ensuite qu'arrive la jolie colonne de petite proportion, remarquable par la saillie du stylobate, par la coquetterie de son chapiteau et de son entablement, par la variété et la finesse de son ornementation, que rend plus piquante le contraste des surfaces lisses. Malheureusement ce brillant rameau de l'art de la Renaissance fut bientôt étouffé chez nous sous la réunion des parties et les proportions exagérées des objets décorés qui en furent la suite, aussi bien que sous les lourdes et bizarres importations des goûts florentin et vénitien, dont le développement presque parallèle jeta de bien plus profondes racines dans notre sol. En beaucoup d'endroits même ce fut sans intermédiaire que l'art passa du flamboyant gothique à ce que nous pourrions appeler le flamboyant de la Renaissance, tant on y retrouve la même pesanteur des masses, le même abus des lignes brisées et contournées, la même profusion d'ornements et la même absence de critique dans leur choix, le même goût pour ces porte-à-faux, ces culs-de-lampe et ces clefs pendantes, au moyen desquels les voûtes de nos églises semblèrent souvent rivaliser avec celles des cavernes à stalactites. On peut ajouter que cette seconde dégénération fut encore plus fâcheuse que la première, puisqu'elle faussait à la fois le type chrétien et le type grec, et que trop souvent elle ne rachetait pas même par le mérite et la grâce de l'exécution les inconvenances et les disparates d'une composition païenne et théâtrale jusque dans l'intérieur des églises, assemblage bâtard d'inspirations grecques, romaines, florentines et vénitiennes.

Ce n'est point ici que nous traiterons de la peinture appliquée à la représentation de la figure humaine; ses compositions appartenant d'une manière à peu près exclusive à l'intérieur des églises, nous la réserverons pour le chapitre suivant. Nous ne croyons devoir parler maintenant de cet art que comme appliqué à l'ornementation. La peinture et la mosaïque étaient arrivées dans notre culte avec la basilique même, et la première surtout ne cessa jamais de concourir à la décoration des églises; aussi trouvons-nous dès le xie siècle les teintes plates employées pour faire valoir ou remplacer les reliefs, les refends substitués aux bossages, et jusqu'à des rinceaux et autres ornements courants présentant plus ou moins le caractère raide et anguleux de l'époque; mais c'est au xiie et au xiiie que la puissance et le charme, nous pourrions presque dire le besoin pour les yeux, d'une coloration brillante et variée furent plus généralement sentis, et qu'elle arriva dans nos temples comme auxiliaire, souvent même en remplacement de la sculpture d'ornementation, probablement par suite du contact que les croisades avaient établi entre nos devanciers et des populations plus méridionales, chez lesquelles florissait déjà cet élément de décoration. Bientôt naturalisé chez nous, il s'y combina merveilleusement avec la lumière colorée de ces vitraux éclatants dont le xiiie siècle dotait en même temps nos églises. Aussi n'y eut-il pas seulement introduction d'une couleur brillante dans l'ornementation, mais encore quelquefois réaction de cette même couleur contre la forme, réaction attestée par le plâtre appliqué sur des chapiteaux, sur des moulures sur des archivoltes de l'exécution la plus délicate, pour y substituer au simple clair-obscur de la décoration sculptée les splendeurs d'une riche décoration peinte. Au reste, cette préférence donnée à la couleur ne survécut pas au contact qui l'avait importée chez nous, et l'auréole dont elle avait ceint l'art des xiie et xiiie siècles ne brilla pas même sur celui qui les suivit immédiatement. L'ornementation peinte ne disparut pas de nos églises après l'abandon de ce luxe de couleurs, mais elle y fut employée plus sobrement, et cessa d'empiéter sur le domaine de la sculpture. On devra, toutes les fois qu'on en rencontrera les traces, en étudier avec un soin particulier les procédés, les couches successives, les motifs, les détails souvent très fins et très compliqués, et enfin les effets plus ou moins éclatants, quand on parviendra à les découvrir, soit sous les repeints, soit sous le badigeonnage que les générations intermédiaires, et surtout la nôtre, ont prodigués si déplorablement pour anéantir tout vestige de cette branche importante de l'art du moyen âge. Quelque modernes que soient les repeints, il faudra examiner scrupuleusement s'ils ne doivent pas être regardés comme une reproduction plus ou moins fidèle de la décoration primitive : c'est ce qu'on reconnaîtra aux motifs d'ornement qui y figurent; toutes les fois, par exemple, que ce sera quelqu'une des variétés du chevron, du méandre, ou d'autres moulures n'ayant pas survécu à l'époque de transition, on pourra affirmer que c'est jusque-là qu'il faut remonter au moins pour trouver la date du premier travail, dont les générations intermédiaires auront respecté la pensée dans leurs restaurations souvent maladroites, mais toujours moins funestes que le badigeonnage.

C'est surtout à l'éxtérieur que la recherche de l'ornementation peinte devra être faite avec le plus de soin, à raison des causes plus puissantes de destruction qu'elle y aura rencontrées. Ainsi il ne suffira pas d'explorer les couloirs et autres parties intérieures des porches et des portails, les chapiteaux, les statues, les colonnes, les dais, les couronnements, il faudra encore s'assurer si les parties lisses des murs, l'extérieur de l'abside et du chœur, ou toute autre surface où sa présence n'a pas été soupçonnée jusqu'ici, n'en renferment pas quelques vestiges, qui acquerraient alors une haute importance pour l'histoire de l'art.

Les mêmes recherches devront s'appliquer aux incrustations, émaux, verres, mosaïques, alternation de matériaux discolores, tels que marbres ou briques, et en général à tout ce qui a eu pour but d'imprimer à l'ornement un caractère polychrome. Les incrustations surtout méritent une grande attention par les procédés variés et souvent compliqués qui ont été employés dans leur préparation, tels que les pâtes, les mastics, enduits brillants formant une sorte de stucature ordinairement rouge, chargés d'ornements dorés ou discolores présentant quelque relief. Pour recevoir ces enduits, les surfaces lisses ont parfois été sillonnées de stries, dont il sera nécessaire de tenir note, lors même qu'elles seront restées libres. Toute cette ornementation polychrome remonte aux mêmes époques que la brillante ornementation peinte dont nous venons de parler. Il est certaines contrées de la France, telles que l'Auvergne, par exemple, où elle a pris un plus grand développement et forme une portion notable de l'art. C'est surtout dans les portails, les couronnements, les absides, les faces terminales des transepts, qu'on en doit chercher des traces. Toutes les fois qu'on rencontrera un ornement en creux tel que trèfle, quatre-feuille, œil-de-bœuf ou autre, il faudra s'assurer s'il n'a pas été rempli dans l'origine par quelque incrustation.

Nous allons maintenant reprendre chacune des grandes divisions de l'église à l'extérieur, pour indiquer sur quels points de chacune d'elles devront plus particulièrement porter les recherches.

A. Dans les églises romanes, l'abside est l'une des portions de l'édifice le plus soigneusement bâties et le plus richement décorées, même à l'extérieur, où aucune construction secondaire ne la masque ordinairement. Lors même que les autres murailles seront nues et rustiques, il faudra examiner si elle ne s'en distingue pas par quelque recherche dans le choix et la disposition des matériaux, dans les contreforts, la décoration des fenêtres et le couronnement; si elle n'est pas pourvue de colonnes ou de sculptures, surmontée, soit d'une galerie où l'on puisse circuler, soit de mâchicoulis; tenir compte du nombre et de la situation des fenêtres, ainsi que de l'infériorité du toit par rapport à celui du chœur. Quand il n'existe pas d'abside, ces recherches devront se porter sur le chevet.

Dans les églises où ce chevet n'est apparent à l'extérieur qu'au-dessus du pourtour du chœur et de ses chapelles, il prêtera matière à moins d'observations; néanmoins on devra encore en examiner, comparativement avec le reste de l'édifice, les fenêtres, les revêtements, le couronnement, les contreforts, les piliers et arc-butants.

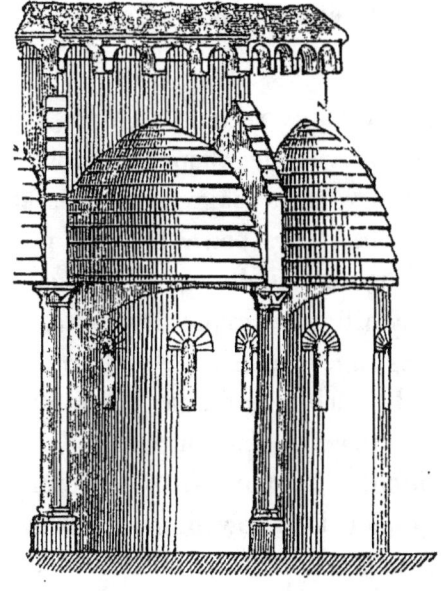

B. Le chœur est encore une des portions les plus soignées de l'église romane, et y appellera les mêmes investigations que l'abside. On examinera, entre autres choses, si son toit, plus élevé que celui de l'abside, n'est pas inférieur à celui de la nef principale.

Dans l'église gothique, le chœur se confond à l'extérieur avec le chevet ou partie supérieure du sanctuaire, et devra être soumis aux mêmes recherches.

C. La nef principale, malgré son importance dans la construction, dont elle forme la masse centrale, offre peu de prise à l'observation du côté extérieur, toutes les fois qu'elle est accompagnée de collatéraux et de chapelles, puisqu'alors elle ne présente de visible que les revêtements de sa muraille supérieure, les fenêtres dont elle est percée, ses contre-forts et arcs-butants, son couronnement et son toit. Cependant elle est souvent ornée, dans l'architecture romane, d'arcatures plus ou moins riches; mais, à mesure que la date du monument s'éloigne de ce style, les baies des fenêtres s'élargissent de plus en plus aux dépens du plein de la muraille, de manière à finir par envahir tout l'espace compris entre les contreforts.

Toutes les fois qu'au-dessus des collatéraux on pourra apercevoir l'arcature ou fenestration inférieure de la nef principale, ordinairement cachée par la toiture actuelle de ces mêmes collatéraux, on devra en tenir compte, ainsi, en général, que de toutes traces d'anciennes baies, aujourd'hui supprimées et remplacées par d'autres, ou remaniées.

D. Les collatéraux prêtent beaucoup plus aux recherches dans l'église romane, où ils sont ordinairement dépourvus de chapelles contemporaines le long de la nef. Il faudra examiner leurs baies de portes et de fenêtres, anciennes, nouvelles et remaniées, leurs contreforts et piliers-butants, leurs couronnements, leur couverture actuelle et les vestiges que l'on pourrait trouver de cette toiture primitive, presque horizontale, qui souvent laissait à jour l'arcature ou fenestration inférieure de la nef principale et du chœur, dont nous venons de parler; enfin la face plate, ou pourvue d'une abside plus ou moins prononcée, pleine ou percée d'une ou plusieurs baies, par laquelle ils se terminent à l'orient. S'ils se prolongent autour du chœur, on devra encore signaler la disposition, la forme et l'orientation de leurs chapelles, dont l'autel est tantôt parallèle à celui de ce même chœur, et tantôt rayonnant de son centre vers les divers points de l'horizon.

La chapelle de la Vierge, brillant hors-d'œuvre ordinairement ajouté après coup à l'extrémité orientale du chœur, et n'y tenant quelquefois que par une étroite galerie, réclamera une attention particulière, surtout quand elle formera comme une petite église distincte, à la suite de la grande. Enfin il sera nécessaire de soumettre au même examen les autres chapelles placées le long des collatéraux proprement dits, et de s'assurer de l'époque à laquelle elles auront pu être ajoutées à la construction primitive. Parmi les questions auxquelles donneront lieu ces chapelles, nous ne devrons pas oublier celle de leur toiture continue et distincte et propre à chacune d'elles, et alors pyramidale, conique ou en coupole.

E. Les transepts sont encore l'une des portions de l'église les plus accessibles aux regards et ordinairement les plus richement décorées, au moins sur leur face terminale. Dans l'architecture romane, ils sont le plus souvent munis d'absides, dont il faudra signaler la situation, l'orientation, la courbe plus ou moins complète, quelquefois même n'atteignant pas le revêtement extérieur, et enfin la hauteur, qui s'arrête dans certains cas à la naissance d'un étage supérieur. On devra non seulement les examiner sous tous les rapports déjà indiqués, mais encore donner une description détaillée de leur ornementation, surtout lorsqu'ils forment façade et portail. Cette ornementation rivalisant alors avec celle du portail principal, on entrera à son sujet dans des détails qui vont être indiqués ci-après (G, page 161).

F. Nous avons énuméré les diverses variétés de porches que l'on peut rencontrer à l'entrée des édifices religieux; tout ce qui en sera apparent à l'extérieur devra être relevé et décrit à part quand il présentera quelque caractère distinct de celui des constructions voisines. Cette description précédera ou suivra celle du portail, selon que le porche sera lui-même en avant ou en arrière de ce portail. Dans le cas où il ne consisterait qu'en quelques constructions légères et sans caractère, destinées seulement à protéger comme auvent le bas du portail et l'entrée de l'église contre les intempéries de l'air, il suffira de les mentionner.

G. Nous avons déjà parlé de la plupart des objets et des formes qui peuvent entrer dans la construction et la décoration d'un portail; néanmoins l'accumulation en est quelquefois si considérable, que nous croyons devoir les rappeler ici d'une manière plus méthodique. Nous pensons donc qu'il sera bon de les passer en revue dans l'ordre suivant :

1° Le plan par terre (ou ichnographie), quelquefois accidenté et brisé, soit par la présence d'un porche extérieur, soit par les saillies des supports, soit par la retraite des baies, soit surtout par l'embasement d'un ou plusieurs clochers.

2° Le système général de construction et de décoration, les proportions générales, la nature et la forme des revêtements, les colonnes, pieds-droits, pilastres et contreforts appartenant à l'ensemble.

3° Le couronnement général; la forme du pignon ou du fronton dont il est surmonté.

4° Le rez-de-chaussée; ses parties pleines, ses portes avec leurs pieds-droits, arcades en retraite, colonnes, archivoltes, statues, niches et dais; leurs linteaux, tympans, piliers centraux, battants, ferrures et serrures; ses fausses baies ou baies figurées; son ornementation et son couronnement distincts, s'il y en a.

5° Chacun des étages supérieurs, à partir du rez-de-chaussée; leurs parties pleines, colonnes, arcades, roses, fenêtres, galeries libres ou figurées, ornementation et couronnement particuliers.

6° Les pignons ou frontons, et les ornements ou baies qui peuvent s'y trouver inscrits; les galeries libres ou figurées qui les surmontent quelquefois; l'acrotère qui les termine; l'inclinaison actuelle du toit, et toute trace d'une inclinaison antérieure différente.

7° La façade des collatéraux quand elle est distincte de celle de la nef principale.

8° La base des clochers du portail quand elle constitue pareillement un corps distinct de la façade principale.

Nous n'essayerons pas d'établir l'énumération complète de tout ce qui peut entrer dans la décoration d'un portail. Cette décoration est quelquefois si riche et si variée, qu'il faudrait sortir du cadre de nos instructions pour en prévoir tous les détails et toutes les combinaisons. Ce serait d'ailleurs nous assujettir à une répétition inutile de ce que nous avons déjà dit. Les personnes qui auront bien voulu méditer avec attention les indications précédentes arriveront au portail avec une masse de connaissances déjà suffisantes pour juger avec rectitude du système de la construction de chacune de ses parties, aussi bien que pour les décrire avec précision. Nous nous contenterons de les prévenir que c'est là principalement que la sculpturé du moyen âge a étalé ses compositions symboliques, historiques et astronomiques, ses rapprochements de l'ancienne et de la nouvelle loi, des vertus et des vices.

Les zodiaques et les calendriers se rencontrent le plus souvent le long des pieds-droits des portes. Les premiers représentent les signes des constellations que parcourt le soleil; les seconds, les mois de l'année, caractérisés par l'occupation spéciale à chacun d'eux, pour diverses classes ou professions de la société. On devra examiner, dans les deux cas, les singularités et anomalies que peuvent présenter ces figures, soit dans leurs formes, soit dans leur nombre, soit dans leur disposition.

Un autre genre de figures que l'on rencontrera souvent dans les portails et les porches extérieurs, et qui semblent appartenir d'une manière particulière à cette façade extérieure de l'édifice, sont les lions, comme nous l'avons déjà dit. Les formules que nous avons citées autorisent à penser que la présence de ces figures était obligatoire, au moins à certaines époques et dans certains pays, pour leur imprimer un caractère solennel et régalien, soit comme siège de justice ecclésiastique ou civile, soit comme emplacement affecté à certains actes qui devaient être entourés d'une grande authenticité. Plus de semblables idées sont éloignées de nos mœurs, et plus on devra mettre de soin dans la recherche de ces lions, qui figurent, tantôt sculptés isolément et portés sur des colonnes en avant du monument, tantôt amoncelés en groupe dans des stylobates, des chapiteaux ou des impostes.

Nous avons déjà signalé le goût de nos devanciers du xiiie siècle pour tous les jeux de la lumière décomposée ou réfléchie. C'est à eux que l'on doit les verres colorés que l'on trouve dans les revêtements de certains portails et clochers, et qu'ils y appliquèrent quelquefois sur de vastes surfaces. On peut concevoir l'effet merveilleux qui en résultait quand le soleil venait à les frapper de ses rayons. Il subsiste malheureusement bien peu d'exemples et même de vestiges de cette splendide décoration, dont les moindres parcelles devront être recherchées et signalées.

H. Nous avons indiqué les circonstances qui introduisirent, postérieurement à son origine, les clochers dans le plan de la basilique chrétienne, et nous avons fait remarquer combien il était rare de les rencontrer en France isolés de l'église, comme cela a fréquemment continué d'avoir lieu dans d'autres contrées, et particulièrement en Italie.

Au XI° siècle, et le plus souvent à partir de cette époque, le clocher unique ou le clocher principal, quand il y en eut plusieurs, fut placé au centre de la croisée. Cette circonstance, qui l'a fait reposer sur les quatre piliers centraux de l'édifice, lui a imprimé le plus souvent aussi la forme quadrangulaire, au moins à sa base. Il en est de même, au reste, des autres constructions de ce genre, toujours appuyées sur des masses rectilignes, quel que soit leur emplacement. Dans les clochers élevés, cette forme s'arrondit plus ou moins vers le sommet, par les soins qu'ont pris les constructeurs d'abattre une ou plusieurs fois les angles, dans le passage d'un étage à un autre, de manière à présenter quelqu'un des polygones engendrés par le carré, quand la décroissance ne va pas jusqu'au cercle proprement dit. Dès une époque fort reculée on a commencé à employer à l'établissement de clochetons l'espace laissé libre par les quatre premiers angles abattus.

Il est rare que le clocher central ne porte pas sur un étage ajouté à la masse de l'église, et auquel on a donné le nom de lanterne. Cet étage, très apparent au dehors, présente souvent, dans ses revêtements, son ornementation, les baies dont il est percé, les contreforts ou clochetons destinés à le consolider, des faits particuliers, dont il sera nécessaire de tenir compte.

Les clochers ont reçu divers noms, suivant leurs formes. On les a appelés tours, lorsqu'ils finissent brusquement en terrasse ou par un toit peu visible; pyramides, quand la construction se termine en pointe au moyen de retraits successifs rectilignes ou curvilignes; flèches dans le cas où le sommet en est surmonté d'un toit aigu; dômes, si ce toit s'arrondit en segment sphérique ou en pyramide curviligne; aiguilles, quand ils présentent un cône ou une pyramide très allongée et tout d'une venue.

On rencontre encore, surtout dans les campagnes, le clocher à deux ou quatre pignons, dont la masse quadrangulaire est terminée par un toit à pignons peu aigus;

le clocher à toit de charpente, constituant une portion notable de sa masse;

le clocher de charpente revêtu de plomb; le clocher de charpente couvert d'ardoise ou de bardeau; le clocher arcade, composé d'une simple arcade à jour, sous laquelle la cloche est suspendue.

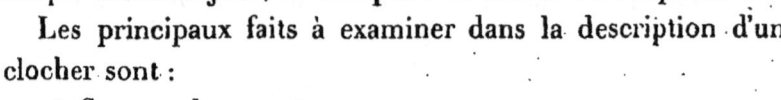

Les principaux faits à examiner dans la description d'un clocher sont:

1° Son emplacement;

2° Le plan de sa base et les modifications qu'éprouve ce plan;

3° Les matériaux et le système de construction;

4° La hauteur jusqu'au sommet, et la hauteur des diverses parties, quand elles établissent des divisions apparentes;

5° La forme, les revêtements, l'ornementation de la masse, puis de chacun des étages, en allant de la base vers le sommet, y compris ses parties constituantes, telles que contreforts, colonnes, arcades ou amortissement, baies ouvertes ou figurées, et dans le premier cas pourvues ou non de divisions horizontales formées par des précinctions, des larmiers ou des abat-sons; fenêtres, œils-de-bœuf, clochetons, édicules, niches, dais, statues, couronnements;

6° Le couronnement terminal, les frontons, pignons, mâchicoulis, créneaux, corbeaux, corniches, balustrades, antéfixes, aiguilles, clochetons;

7° Le toit, sa forme, sa hauteur; la matière dont il est couvert; le nombre de ses faces; les œils-de-bœuf et autres baies dont il est percé; l'ornementation de ses arêtes et de ses faces, en relief, en intaille ou en couleur; les imbrications ou contre-imbrications qui peuvent y être figurées;

8° La matière et la forme de la croix par laquelle le clocher se termine le plus souvent en France; les objets qui pourraient l'accompagner ou la remplacer.

Nous avons indiqué ci-dessus les divers points d'une église où l'on peut rencontrer des clochers; toutes les fois qu'il en existera plusieurs, chacun d'eux devra être décrit avec des détails proportionnés à son importance. On distinguera par le nom de clocheton ceux qui sont secondaires ou qui, même isolés, n'ont jamais été destinés à recevoir des cloches, mais seulement à concourir à la décoration de l'édifice. En France, dans les églises épiscopales et abbatiales, le nombre des clochers est le plus souvent de trois, savoir: un principal au centre de la croisée, et les autres aux deux côtés du portail.

L'ornementation du clocher se compose, aux xi° et xii° siècles, d'arcades superposées par étages (ordinairement au nombre de deux, dont les inférieures sont figurées et les supérieures libres). Pour peu que ces baies offrent quelque étendue, une colonne centrale les subdivise en arcades secondaires. La décoration de ces divers amortissements, de leurs archivoltes, colonnes, impostes; des contreforts, ressauts et revêtements, est souvent fort riche, et présente un caractère remarquable d'unité et de fermeté.

Plus tard les arcades du clocher s'allongent en lancette, n'offrant plus qu'un seul étage; la colonne centrale devient prismatique et annelée à un ou plusieurs points de sa hauteur; elle finit par disparaître de l'arcade, de plus en plus aiguë, bordée de colonnettes et d'archivoltes en retraite. C'est alors qu'arrivent les toits élancés en pierre, chargés d'imbrications figurées. Souvent, à cette dernière époque, le clocher central devient secondaire, de principal qu'il avait été jusque-là.

Au xiv° siècle, la baie perd ses colonnes et son ornementation fine et délicate. Plusieurs ressauts, larmiers ou abat-sons viennent la diviser de nouveau à l'intérieur. Les contreforts des quatre angles se renflent et se prolongent en clochetons arrondis. Les créneaux et mâchicoulis, plus ou moins ornés, signalent l'introduction du clocher comme poste militaire dans la tactique de l'époque.

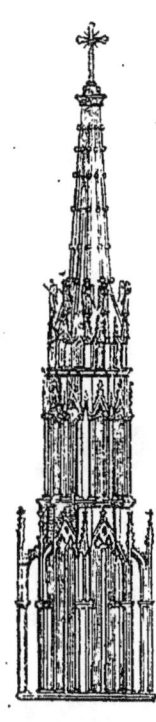

Avec le xv° siècle arrivent les baies évasées ou surbaissées, pourvues de meneaux au moins à leur partie supérieure, et d'abat-sons au-dessous; la division des étages marquée par des larmiers extérieurs, les lignes contournées et flamboyantes, les arcs rampants et autres ornements de détail de l'époque, décrits ci-dessus; leur exécution d'abord fine et légère s'appesantit à mesure qu'elle approche de la Renaissance.

C'est encore au xv° siècle qu'appartiennent les clochers de charpente revêtus en plomb, et que ce système de construction permit de hérisser de crosses et autres expansions végétales.

Le xvi° substitua à tout ce luxe de pointes et d'aiguilles plusieurs ordres superposés, d'abord d'un travail fin et délicat; puis en moindre nombre, de proportions forcées, et ce que nous avons appelé le *flamboyant de la Renaissance*, avec ses bossages, ses surfaces rustiquées et son ornementation incohérente et théâtrale. En général, à mesure qu'on revint plus complètement à l'imitation bien ou mal entendue de l'antique dans l'architecture religieuse, le clocher devint plus embarrassant à placer, à élever à une hauteur considérable et à décorer. Aussi son importance n'a-t-elle fait que décroître de jour en jour, jusqu'à ce qu'on soit prochainement ramené à l'isoler de nouveau de la basilique, comme à l'époque de son introduction.

I. Ainsi que nous l'avons déjà dit, il est rare qu'à partir du xie siècle la sacristie soit une portion constituante de l'église ou se distingue par les soins apportés à sa décoration extérieure. Comme cependant l'un ou l'autre de ces faits peut se rencontrer, il sera toujours nécessaire de l'examiner et d'en rendre compte sous ce double rapport.

DEUXIÈME PARTIE. — MONUMENTS MILITAIRES.

L'architecture militaire du moyen âge a des caractères beaucoup moins précis que l'architecture religieuse ou civile, et l'on en conçoit facilement la raison. D'abord les constructions défensives ne comportent que peu d'ornementation, et l'on a vu que c'est surtout par l'étude des détails ornés que l'on parvient à déterminer l'âge d'un édifice. En second lieu, avant l'invention de la poudre, ou, pour mieux dire, avant le perfectionnement de l'artillerie, les moyens de défense ne se sont modifiés que d'une manière assez peu sensible. Enfin les changements qu'ils ont éprouvés n'ont eu lieu que graduellement, et à mesure que l'art de la guerre faisait des progrès ; dans le plus grand nombre de cas, ils n'ont altéré les dispositions primitives que par des additions qui, se soudant, pour ainsi dire, aux constructions anciennes, en ont rendu l'appréciation plus difficile.

Pour connaître l'époque à laquelle a été construit un monument militaire, il faut donc, avant tout, distinguer ce qui est primitif de ce qui aurait été ajouté ou modifié ; puis rechercher avec soin, dans les détails de la construction qui s'appliquent à tous les genres d'architecture, ceux que l'on peut regarder comme caractéristiques. Ils ont été indiqués dans les Instructions précédentes, auxquelles nous renvoyons nos correspondants. Quelque simple que soit l'architecture d'un château ou d'une tour, il est rare qu'on n'y puisse découvrir des traces d'ornementation. A défaut de semblables indices, la forme des arcs, des voûtes, des fenêtres, enfin l'appareil même des murailles, fourniront des renseignements qu'il importe d'étudier avant de passer à l'examen des dispositions purement militaires. En s'en référant aux Instructions précédentes, on se bornera à faire observer que l'architecture militaire, ayant eu pour objet principal la solidité et la durée, est restée toujours plus sévère et plus massive que l'architecture religieuse ou civile.

DISPOSITIONS GÉNÉRALES.

Le problème dont les ingénieurs du moyen âge se sont proposé la solution semble avoir été celui-ci :

Construire des ouvrages qui puissent se protéger les uns les autres, et cependant susceptibles d'être isolés, en sorte que la prise de l'un n'entraîne pas celle des ouvrages voisins.

De ce principe découle ce corollaire : que les ouvrages intérieurs doivent commander les ouvrages extérieurs.

Aussi, toute place fortifiée se composait :

1° D'un fossé continu,

2° D'une enceinte continue,

3° D'un réduit où la garnison trouvait un refuge après la prise de l'enceinte.

Dans les villes, ce réduit était une citadelle, dans les châteaux un donjon, c'est-à-dire une tour plus forte que les autres, indépendante par sa situation et par sa construction.

Les premières enceintes fortifiées du moyen âge, surtout celles des châteaux, ne furent formées que d'un parapet en terre, bordé par un fossé, et couronné de palissades, de troncs d'arbre, de fagots d'épines, ou quelquefois même de fortes haies vives[1]. Au centre s'élevait une tour en maçonnerie, solidement bâtie et entourée d'un fossé, comme l'enceinte extérieure.

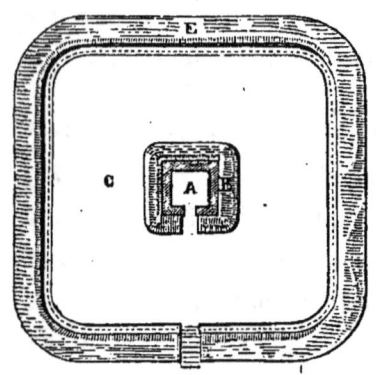

Fig. 1.

A. Tour ou donjon. — B. Fossé du donjon. — C. Enceinte défendue par un parapet ou des palissades. — E. Fossé extérieur.

Aux parapets en terre on substitua, dans la suite, des murs de pierre flanqués de tours plus ou moins espacées; on multiplia le nombre des enceintes, et l'on augmenta la force des donjons. Vers la fin du XII° siècle, les ingénieurs recherchaient avec curiosité les ouvrages anciens sur l'art de la guerre, et l'on a lieu de croire qu'à cette époque on remit en pratique les principaux préceptes consignés dans les écrivains militaires latins ou grecs, préceptes qui d'ailleurs paraissent n'avoir jamais été complètement oubliés en France.

[1] La plupart des villes ayant eu de bonne heure, soit des enceintes romaines, soit des remparts construits sous l'influence des arts de Rome, ne s'entourèrent pas de ces fortifications barbares, qui furent principalement à l'usage des seigneurs ou chefs militaires vivant à la campagne.

SITUATION.

Avant d'étudier en détail toutes les parties qui composent une forteresse, il convient de dire quelques mots des emplacements qu'on regardait au moyen âge comme le plus favorables à la défense.

En pays de montagnes, on recherchait de préférence une espèce de cap ou de plateau étroit, s'avançant au-dessus d'une vallée, surtout si des escarpements naturels le rendaient inaccessible de presque tous les côtés.

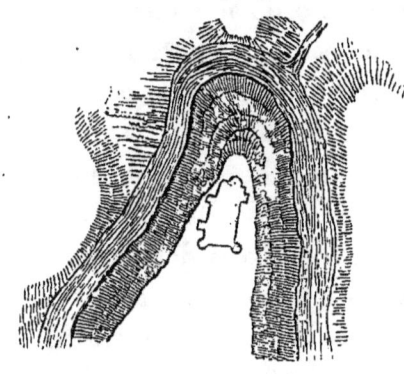

Fig. 2.

Rarement on bâtissait les châteaux sur des cimes élevées; on préférait les construire à mi-côte, soit pour la facilité des approvisionnements, soit pour ne pas se priver des moyens d'avoir de l'eau commodément. On bâtissait même des forteresses dans les vallées, mais c'était, en général, quand elles offraient de ces passages naturels dont la possession assure de grands avantages pour préparer ou pour repousser une invasion. D'ailleurs on était assez indifférent sur le voisinage des hauteurs qui dominaient les enceintes fortifiées, pourvu qu'elles fussent hors de la portée, assez faible, des machines en usage alors pour lancer des traits.

En plaine, on choisissait les bords des rivières, surtout les îles et les

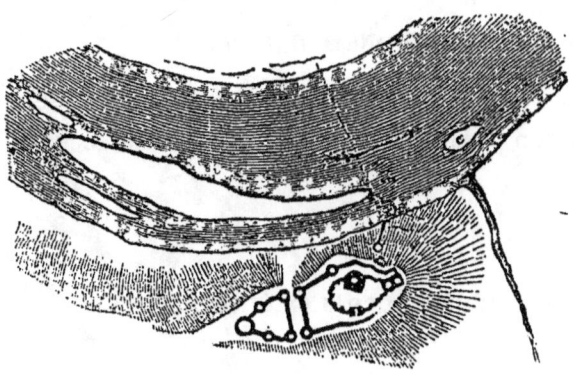

Fig. 3. — Plan du Château-Gaillard (xiie siècle).

presqu'îles qu'on pouvait facilement isoler, et qui commandaient la navigation.

Faute de rivière, on recherchait le voisinage d'un ruisseau qui remplît les fossés d'eau, ou bien d'une boue profonde, obstacle tout aussi efficace que l'eau; enfin une butte isolée, élevée de quelques mètres, était considérée comme une bonne position, que l'on s'efforçait d'améliorer encore en augmentant artificiellement la raideur des pentes. D'ordinaire même, on élevait une *motte*, ou butte factice, pour y placer le donjon ou la principale tour d'un château.

Quelques-unes de ces mottes paraissent avoir été des tumulus antiques. Il faut bien se garder de généraliser ce fait, mais on ne doit pas négliger de le signaler à l'attention des correspondants.

Avant de terminer cet article, nous rappellerons qu'en étudiant la situation d'une forteresse, il est nécessaire de tenir compte des motifs particuliers et des intérêts politiques qui, à une époque donnée, ont pu faire choisir tel ou tel emplacement. A cet effet, il importe de bien connaître les anciennes limites qui séparaient les États des différents princes indépendants, et même les limites des possessions de leurs feudataires.

Fig. 4. — Tour de Montlhéry.

DIVISIONS PRINCIPALES.

Les parties principales et caractéristiques d'une forteresse au moyen âge, à commencer l'examen par l'extérieur, peuvent être rangées dans les divisions suivantes :

1. Fossé.
2. Pont.
3. Barrières ou retranchements extérieurs.
4. Portes.
5. Tours.
6. Couronnement, créneaux, plates-formes, etc.
7. Courtines.
8. Fenêtres, meurtrières.

9. Cours intérieures.
10. Donjon.
11. Souterrains.

1. — FOSSÉS.

Les plus anciens fossés étaient creusés dans la terre et dépourvus de revêtement, du moins du côté de la campagne, car, du côté de la place, les murs, s'élevant verticalement ou en talus fort raide, formaient un des bords du fossé. L'inclinaison des bords opposés était celle qu'exigeait la nature des terres excavées.

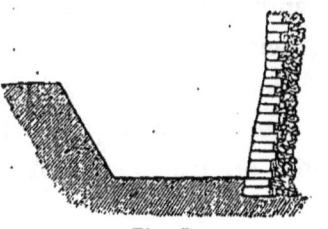
Fig. 5.

Dans les châteaux plus modernes, la contrescarpe, ou le bord extérieur du fossé, est revêtue de maçonnerie. Quelquefois c'est un mur vertical, plus souvent un talus. Il est fait mention de talus en terre à parois verticales, mais alors probablement les terres étaient retenues par des madriers, et il est présumable que ce n'était qu'une disposition temporaire adoptée au moment d'un siège.

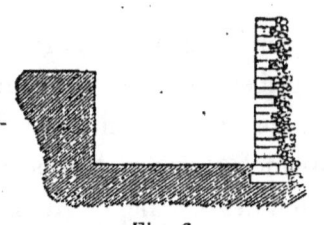
Fig. 6.

Au reste, les fossés à parois verticales ou à fond de cuve étaient considérés comme les obstacles les plus difficiles à surmonter, mais les exemples en sont fort rares.

Il est aujourd'hui à peu près impossible de juger des dimensions originelles d'un fossé creusé dans la terre et sans revêtement, tel qu'on en rencontre communément autour des anciennes places de guerre. Les éboulements et le manque de soin ont presque toujours beaucoup diminué sa profondeur primitive. Cependant l'examen attentif de son état actuel et le relèvement exact de son talus peuvent conduire à des conjectures très vraisemblables sur son état ancien.

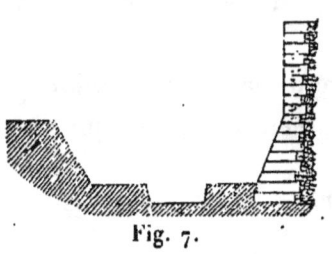
Fig. 7.

Autant que la chose était possible, les fossés étaient remplis d'eau, ou du moins susceptibles d'être inondés au besoin. Quelquefois l'eau baignait le pied des remparts, d'autres fois elle remplissait seulement *la cunette*, c'est-à-dire un canal pratiqué au milieu du fossé, entre deux berges qui restaient à sec.

— 173 —

Lorsque les fossés étaient dans une telle situation qu'ils ne pussent jamais être inondés, les difficultés naturelles du terrain rendaient presque toujours cette précaution inutile, et d'ailleurs on y suppléait, soit par une profondeur plus grande, soit par l'emploi de chausse-trapes, de pieux aiguisés, etc. cachés sous les herbes qui tapissaient le fond du fossé.

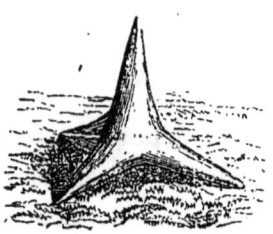

Fig. 8. — Chausse-trape; musée de l'artillerie.

Outre l'eau destinée à remplir la cunette du fossé, et qu'on prenait, comme il semble, assez peu de soin de renouveler, ce fossé recevait encore les égouts du château. Les ouvertures des canaux qui y portaient les immondices étaient soigneusement munies de grilles et de hérissons.

L'absence de fossé est rare, même dans les châteaux situés sur des hauteurs où des escarpements abrupts paraissent rendre cet obstacle tout à fait superflu.

Presque toujours, à moins que les remparts ne s'élevassent au bord même d'un précipice, s'il restait un peu de terrain uni entre les escarpements et l'enceinte, on regardait comme indispensable de creuser un fossé. En effet la destination de ce genre de défense était principalement d'empêcher l'assaillant de conduire au pied du mur ses machines de siège. Aussi la première opération de celui-ci était de combler le fossé, et de niveler le terrain jusqu'au bas du rempart.

2. — PONTS.

Un pont porté sur des piles, ou, plus rarement, une espèce de môle traversant le fossé, donnait accès dans la place. Quelquefois, en excavant le fossé, on ménageait une langue de terre, qui servait de passage; mais, d'ordinaire, on préférait un pont léger, facile à enlever au besoin, qui offrait l'avantage de rétrécir le passage, et même, en cas de siège, de l'intercepter tout à fait.

Dans les monuments figurés, dans la tapisserie de la reine Mathilde, par exemple, on voit des ponts semblables qui ne semblent composés que d'une seule planche.

On observera que l'extrémité qui aboutit à l'enceinte fortifiée est plus élevée que l'autre.

Le but de cette disposition s'explique suffisamment.

On doit remarquer encore des espèces de marches destinées à assurer le pas des chevaux.

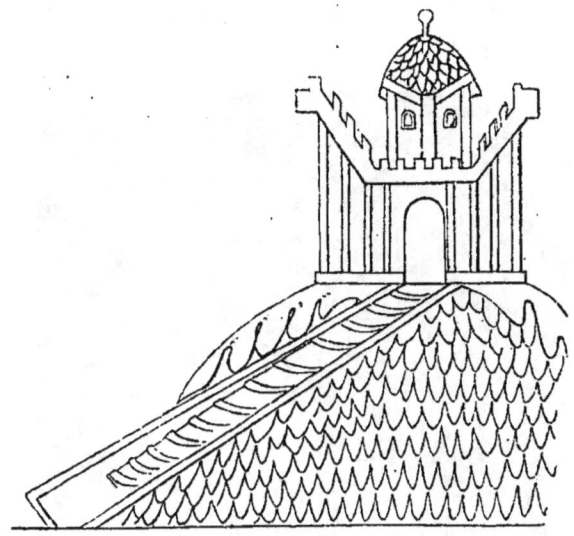

Fig. 9. — Tapisserie de la reine Mathilde (xi° siècle).

Fig. 10. — Porte Saint-Jean à Provins, vue de l'extérieur.

Bientôt on imagina de construire des ponts dont le tablier se composait de deux pièces : l'une immobile, l'autre pouvant se relever au besoin, et, de la sorte, fermer le passage. Cette invention, qu'on nomma pont-levis, se perfectionna rapidement. La partie mobile du tablier fut manœuvrée par un système de contrepoids, en sorte qu'un effort même assez faible suffit pour la lever ou l'abaisser.

Fig. 11. — Porte Saint-Jean à Provins, vue de l'intérieur.

Il est presque impossible aujourd'hui de retrouver d'anciens ponts-levis. On reconnaît qu'ils ont existé à de longues ouvertures percées dans les murs, au-dessus de la porte, et dans lesquelles se mouvaient sur un axe les flèches, c'est-à-dire les poutres formant le levier auquel le tablier mobile était suspendu.

Si le pont-levis était très léger, comme ceux qui étaient destinés à donner passage à des hommes à pied seulement, les poutres étaient remplacées par une armature en fer moins compliquée et d'une manœuvre plus facile. Les figures 12-13 dispensent de toute description.

Lorsqu'au lieu d'un fossé il s'agissait de traverser quelque obstacle plus considérable, tel qu'un large ravin, ou bien une rivière, un pont solide en pierre était substitué aux ponts de charpente réservés aux fossés d'une largeur médiocre. Alors, par des dispositions particulières, on s'étudiait à rendre le passage dangereux et difficile pour l'ennemi. Presque toujours on élevait fortement le milieu du pont, et l'on y plaçait une tour, sous laquelle il fallait passer. D'autres tours défendaient les extrémités du pont; le tablier

Fig. 12. — Tour de Cesson, près de Saint-Brieuc; état actuel.

Fig. 13. — Tour de Cesson, porte restaurée.

était très-étroit, et souvent interrompu par des ponts-levis en avant et en arrière des tours[1].

Fig. 14. — Ponte Lamentano, près de Rome.

[1] Ces ponts chargés de tours étaient souvent construits pour favoriser le prélèvement d'un péage. Dans ce cas, ils peuvent se rencontrer fort éloignés de toute autre fortification. Quelques châteaux situés sur le bord d'une rivière levaient un impôt sur la navigation au moyen d'un barrage ou estacade qui ne laissait un passage qu'assez près des remparts pour que les bateaux ne pussent se soustraire au payement du droit fixé. Il y avait, par exemple, un barrage sur la Seine, auprès du Château-Gaillard.

Dans quelques provinces, on voit le tablier des ponts affecter en plan la

Fig. 15. — Pont de Cahors.

Fig. 16. — Pont près d'Aigues-Mortes.

Fig. 17. — Pont de Sutri.

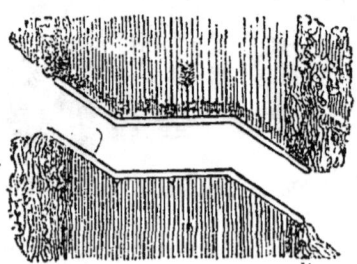

Fig. 18. — Pont sur le Tavignano, en Corse.

forme d'un Z, et l'on pensait sans doute que cette disposition devait rendre plus difficile une surprise, telle qu'en auraient pu tenter des hommes à cheval se lançant au galop pour forcer le passage [1].

3. — RETRANCHEMENTS EXTÉRIEURS, BARRIÈRES, BARBACANES, POTERNES, ETC.

Au delà du fossé, à la tête de tous les ponts, on élevait un ouvrage plus ou moins considérable, dont la destination était de protéger les reconnais-

Fig. 18 bis. — Château de la Paleuze. (Tiré d'un manuscrit de la Bibliothèque royale.)

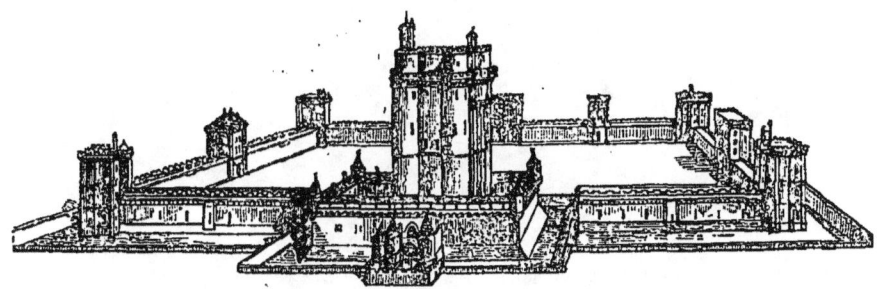

Fig. 19. — Château de Vincennes.

[1] « Il y en a beaucoup d'exemples en Corse, du XV⁰ et du XVI⁰ siècle. »

BAS-RELIEF A ST NAZAIRE
(Carcassonne.)

sances et les sorties de la garnison. Quelquefois il se composait d'une ou de plusieurs tours, ou même d'un petit château, auquel on donnait souvent la nom de bastille.

Plus fréquemment, surtout dans les châteaux de moyenne grandeur, on se contentait de plusieurs enceintes de palissades. (Voir le bas-relief de Carcassonne et la figure 67.)

Les peintures, les tapisseries, les bas-reliefs, peuvent fournir d'utiles renseignements sur les ouvrages de cette espèce, encore assez imparfaitement connus. Autant qu'on en peut juger par les récits des historiens, on doit se représenter ces sortes de fortifications comme une suite de barrières les unes derrière les autres. C'était là que s'engageaient les premiers combats, et d'ordinaire l'assaillant commençait ses opérations par brûler ou détruire ces postes avancés. On leur a donné plusieurs noms, tels que *barrières*, *barbacane*, *poterne*, et il n'est pas facile de les distinguer. Il paraît cependant que le mot de poterne s'appliquait plus particulièrement à une espèce de porte dérobée donnant accès sur le fossé, et aux ouvrages qui la défendaient.

Une forteresse située sur une hauteur escarpée avait souvent une barbacane qui donnait sur la plaine, et se liait au corps de la place. C'était comme

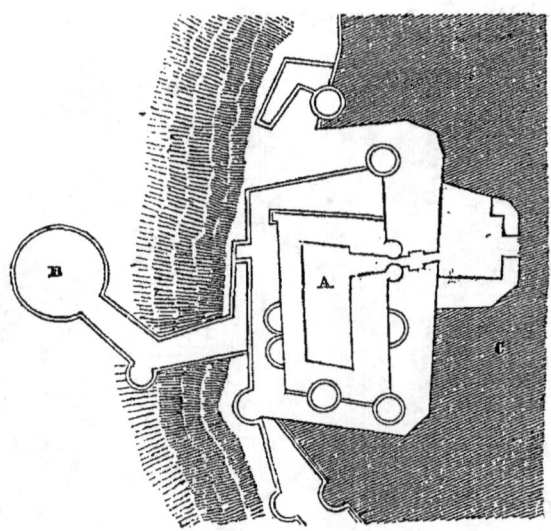

Fig. 20. — Barbacane de Carcassonne.

A. Château. — B. Tour de la barbacane. — C. Ville.

un long passage entre deux murs, quelquefois flanqués de tours, et se

— 180 —

terminant par une sorte de fort détaché. On voit une disposition de cette espèce dans les fortifications de la cité de Carcassonne, du côté qui fait face à la ville moderne.

4. — PORTES.

Après avoir franchi le fossé, on arrivait à la porte de l'enceinte principale.

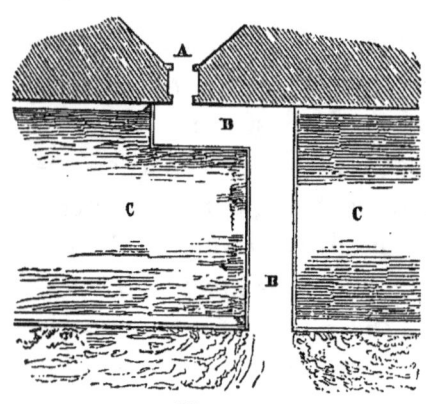

Fig. 21.
A. Porte. — B. Pont. — C. Fossé.

La même observation qui avait fait construire des ponts en zigzag, avait fait reconnaître qu'il ne fallait point placer la porte dans l'axe du pont, mais à *gauche* de celui-ci. La porte s'ouvrait à gauche parce qu'on obligeait ainsi l'assiégeant de présenter aux remparts son flanc droit, qui n'était point couvert par les grands boucliers nommés pavois qu'on portait dans les sièges. Cette disposition, que nous avons remarquée déjà dans les fortifications des Romains, paraît leur avoir été empruntée, ainsi que beaucoup d'autres, par les ingénieurs du moyen âge [1].

La porte d'un château est presque toujours placée dans un massif épais

Fig. 22. — Porte d'Aigues-Mortes (XIVe siècle).

[1] « Curandum maxime videtur..... uti portarum itinera non sint directa sed læva, namque tum dextrum latus accedentibus quod scuto non erit tectum, proximum erit muro. » (Vitr., I, 5.)

formé par deux tours que lie entre elles un corps de bâtiment plus ou moins considérable. Elle présente un passage, assez étroit, qu'on pouvait fermer à ses deux extrémités et quelquefois même au milieu. Ce passage traverse souvent une ou plusieurs petites cours comprises dans l'intérieur du massif dont on vient de parler.

Fig. 23. — Porte de Hall, à Bruxelles.

Une disposition assez semblable à celle de la figure ci-dessous paraît avoir existé dans plusieurs châteaux, mais on ne pourrait quant à présent

Fig. 24. — Porte de San-Vicente (Avila).

en citer un exemple bien conservé en France. Le dessin ci-joint représente une porte du XIV° siècle, existant encore aujourd'hui dans une ville d'Espagne.

On voit que les deux tours entre lesquelles s'ouvre la porte se projettent en avant, laissant entre elles un passage assez étroit. Le pont sert, non seulement à établir une communication entre les deux tours, mais encore à recevoir des soldats qui, à l'abri de forts parapets, pouvaient contribuer, d'une manière très efficace, à la défense de la porte.

Fig. 25. — Portes du château de Loches.

Presque tous les châteaux ont deux portes : l'une grande, l'autre petite, très rapprochées l'une de l'autre. La première servait pour les chars et les cavaliers, la petite pour les hommes à pied.

Dans les maisons particulières on trouve aussi fréquemment ces deux

Fig. 26. — Portes de l'hôtel de Sens, à Paris.

portes. La maison de Jacques Cœur, à Bourges, et l'hôtel de Sens, à Paris, en offrent des exemples remarquables.

Le pont-levis, une fois relevé, faisait en quelque sorte l'office d'un large bouclier opposé à l'ennemi; mais à force de bras, ou bien avec des machines, celui-ci pouvait parvenir à l'abaisser ou bien à rompre les chaînes qui le tenaient suspendu.

Il fallut donc lui opposer un autre obstacle.

Ce fut la herse, espèce de lourde grille en fer, quelquefois un système de paux indépendants, glissant dans des rainures pratiquées aux parois des murailles du passage.

On élevait la herse à l'aide d'une machine, et à l'approche du danger on la laissait tomber.

Dès ce moment le passage était fermé, et il fallait briser la herse pour pénétrer plus avant, car il était impossible de la relever à l'extérieur.

Fig. 27. — Porte de Moret.

Les hommes qui manœuvraient la herse étaient placés dans une salle supérieure ou quelquefois à côté de la porte. Des ouvertures étroites, percées dans la muraille, leur permettaient d'observer ceux qui se présentaient sur le pont-levis.

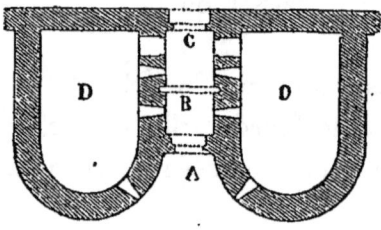

Fig. 28.

A. Porte. — B. Herse. — C. Porte. — D. Corps de garde.

Outre la herse, pour défendre l'entrée d'une place, on employait encore des portes massives en bois hérissées de clous, ou revêtues de lames de fer. Presque toujours il y avait deux portes, une à chaque extrémité du passage.

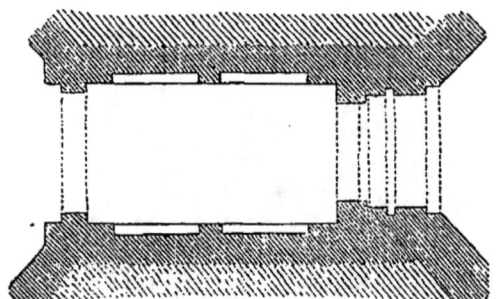

Fig. 29. — Plan.

Fig. 30. — Coupe.

On en voit un exemple au château de Saint-Sauveur-le-Vicomte, et nous donnons ici le plan, la coupe et l'élévation de son entrée principale.

Fig. 31. — Élévation.
N. B. La porte à droite de l'entrée est moderne.

Si quelque accident ou quelque ruse de l'ennemi venait à empêcher la manœuvre de la herse[1], on avait ménagé des moyens de défense dans l'intérieur même du passage. Des ouvertures dans les voûtes ou dans les plafonds permettaient aux défenseurs de la place de tirer à couvert sur l'assaillant. On voit aussi dans quelques châteaux des balcons soutenus sur des consoles, pour recevoir au besoin des hommes d'armes qui combattaient avec avantage de cette position élevée.

Fig. 32. — Porte de Cadillac.

[1] On se servit souvent avec succès, dans les surprises, de charrettes qui, conduites sous le passage de la porte, empêchaient la herse de s'abaisser.

Enfin, aussitôt que les armes à feu furent en usage, des meurtrières percées dans les murs latéraux, et même des embrasures pour des canons, complétèrent les moyens de défense, accumulés, comme on voit, à l'entrée des places fortes.

Une partie de ces dispositions se conserva pendant longtemps dans l'intérieur même des villes. On a déjà cité l'hôtel de Sens, qui marque en quelque sorte le passage de l'architecture militaire à l'architecture civile. On a pu remarquer les meurtrières percées au sommet des ogives de ses deux portes ; la figure ci-jointe présente une coupe de la meurtrière principale.

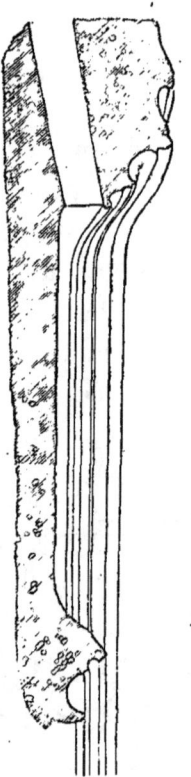

Fig. 33. — Meurtrière de la porte de l'hôtel de Sens, à Paris.

Nous avons parlé des salles où se tenaient les gens chargés de lever ou d'abaisser la herse. Elles servaient aussi de corps de garde. On y trouve de vastes cheminées, quelquefois des bancs de pierre et des niches qui ont pu servir de râteliers d'armes.

5. — TOURS.

Nous ne nous occuperons dans cet article que des tours qui flanquent l'enceinte continue et se lient à un système de fortifications plus ou moins étendu. Leur usage principal était de protéger les angles de l'enceinte, plus exposés que les fronts, attendu qu'ils ne peuvent présenter à l'ennemi qu'un fort petit nombre de défenseurs.

On espaça encore les tours de distance en distance le long des murailles de l'enceinte, afin d'en augmenter la force, de défendre l'accès des fossés et de donner les moyens de prendre en flanc les soldats qui voudraient assaillir le rempart.

Fig. 33 bis.
Tour de Saumur.

Dans ce but on leur donna souvent une saillie considérable.

En outre les tours, s'élevant en général au-dessus des murailles, formaient comme autant de petites forteresses, où quelques hommes pouvaient résister avec succès à un grand nombre. Enfin, les tours servaient encore de logements et de magasins.

Les tours sont tantôt verticales,

Fig. 34. — Tour de Narbonne.

tantôt elles affectent la forme d'un cône tronqué ;

Fig. 35. — Tour du château de Fougères.

souvent on a combiné ces deux dispositions en élevant un rempart vertical sur une base conique, ou bien en forme de pyramide.

Fig. 36. — Tour de Provins. Fig. 37. — Tour d'Angoulême.

A l'extérieur les murs sont lisses, ou quelquefois renforcés de contreforts plus ou moins saillants.

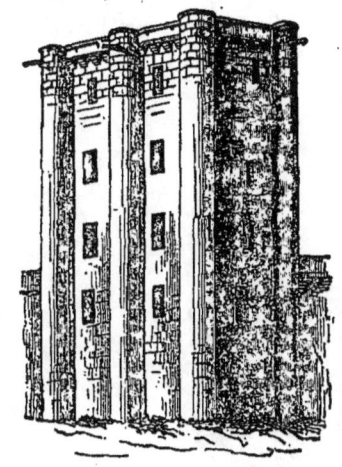
Fig. 38.
Tour de Vez.

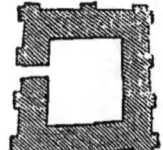
Fig. 38 bis.
Plan de la tour de Loudun.

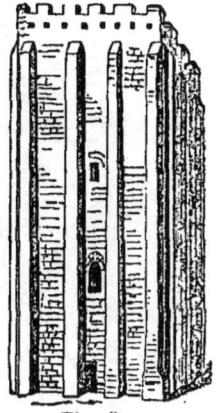
Fig. 39.
Tour de Loudun.

Ils sont toujours très épais, surtout à leur base.

On observe la plus grande variété dans la forme des tours, aussi bien que dans leurs dimensions et leur appareil. La plupart sont rondes ou carrées; mais on en voit de semi-circulaires, de prismatiques, de triangulaires, d'elliptiques.

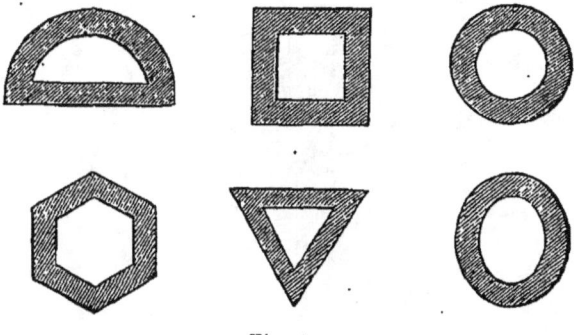
Fig. 40.

Quelques-unes présentent à l'extérieur des angles aigus, dont la destination n'est pas encore bien déterminée [1]; telles sont plusieurs tours du château de Loches et la tour Blanche d'Issoudun.

---

[1] Probablement on avait adopté cette forme pour empêcher l'ennemi de se servir du bélier. En effet, contre l'angle saillant, le bélier ne pouvait guère faire brèche, et s'il était dirigé à droite ou à gauche de cet angle, les hommes qui le manœuvraient prêtaient le flanc aux traits des assiégés.

Mais cette forme bizarre doit être considérée comme une exception. Toutefois, il semble qu'il n'y ait jamais eu de forme généralement préférée,

Fig. 41.
Tour du château de Loches.

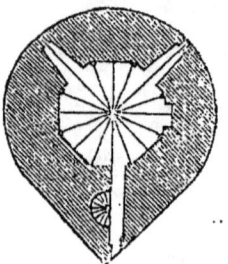
Fig. 42.
Plan de la tour Blanche d'Issoudun.

et que le caprice des ingénieurs beaucoup plus que l'expérience ait fait adopter tel ou tel mode de construction. La figure suivante offre une tour triangulaire dont les angles sont abattus.

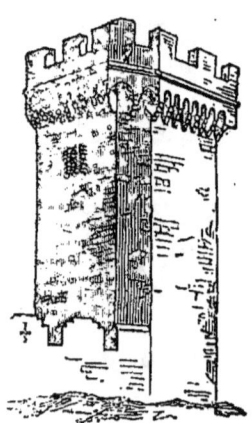
Fig. 43. — Tour de Beaucaire.

On voit des tours ouvertes à l'intérieur, mais, en général, elles ne dépassent pas la hauteur des murailles d'enceinte, et ne sont alors à proprement parler que des saillies du rempart.

— 191 —

On adopta cette disposition, sans doute parce qu'avec une moindre dépense on obtenait la plupart des avantages qu'offraient les tours ordinaires. Cependant les tours fermées furent toujours d'un usage plus général, et elles étaient justement regardées comme plus fortes que les précédentes.

Fig. 44.

6. — COURONNEMENT, CRÉNEAUX, ETC.

Les créneaux sont des espèces de boucliers en maçonnerie élevés sur un parapet et espacés les uns des autres de manière à couvrir les hommes qui bordent le rempart, et à leur permettre de se servir de leurs armes dans les intervalles qui séparent ces boucliers.

L'usage des créneaux est fort ancien, et dès le temps d'Homère on leur donnait différents noms qui semblent indiquer des variétés de forme et de destination [1].

Fig. 45. — Porte romaine tirée d'une mosaïque antique du musée d'Avignon.

En général, ils sont rectangulaires, assez élevés au-dessus du parapet pour couvrir un homme, et espacés suivant la nature des armes employées

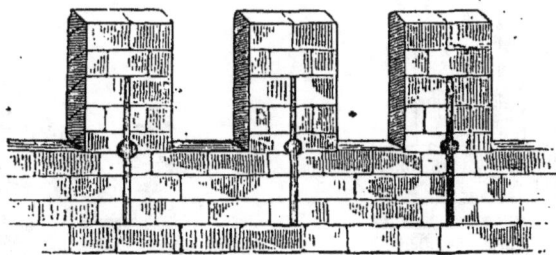
Fig. 46. — Créneaux d'Avignon.

[1] Κρόσσας μὲν ὑργων ἔρυον, καὶ ἔρειπον ἐπάλξεις. (Il., XII, 258.)

— 192 —

à l'époque où ils furent construits. D'ordinaire, le vide entre deux créneaux est moindre que la largeur de l'un d'eux.

A des époques même assez anciennes, on a donné aux créneaux des formes variées. On en voit dont l'amortissement est en ogive,

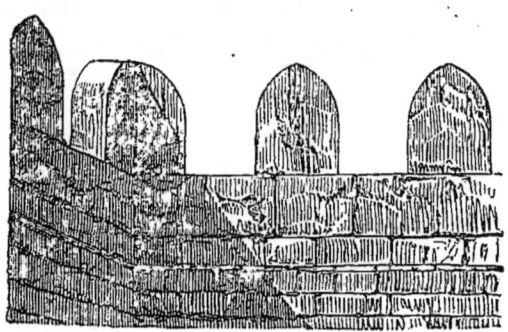

Fig. 47.

ou décrit par une courbe quelconque;

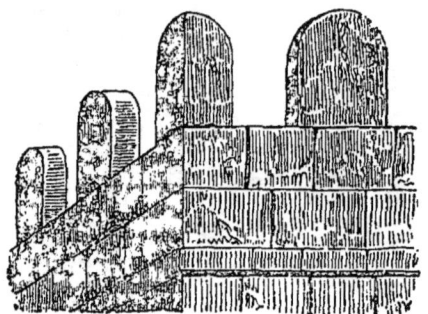

Fig. 48.

d'autres, et surtout dans les pays où l'influence arabe s'est fait sentir, qui sont dentelés ou découpés de différentes manières.

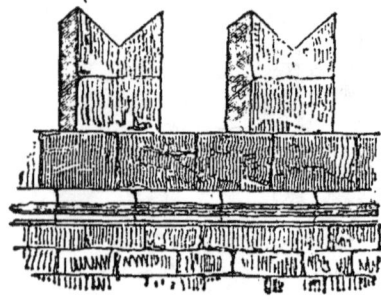

Fig. 49.

Fig. 50.

On en voit aussi qui sont couronnés par une espèce de pyramidion,

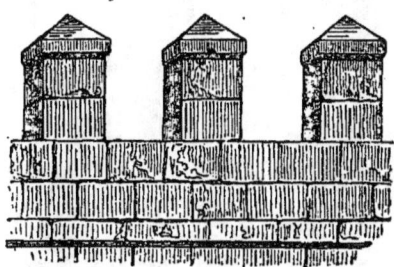

Fig. 51.

ou qui portent un rebord saillant ou une sorte de corniche.

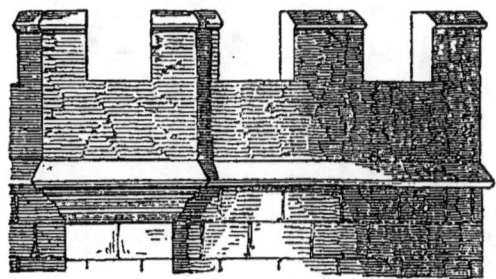

Fig. 52. — Créneaux du palais de Justice, à Paris.

Vers le commencement du xive siècle, et peut-être avant cette époque, on perça des meurtrières dans les créneaux, sans cesser pourtant de les espacer.

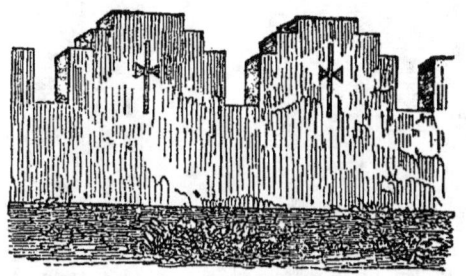

Fig. 53. — Créneaux du château de Beaucaire.

MOUCHARABYS, MÂCHICOULIS.

Les portes et les fenêtres placées à une hauteur où l'escalade était possible furent défendues de bonne heure par des balcons munis d'un parapet élevé et à jour dans la partie inférieure.

Fig. 54. — Moucharaby de l'enceinte d'Aigues-Mortes.

Fig. 55.
Porte intérieure de l'hôtel de Sens, à Paris.

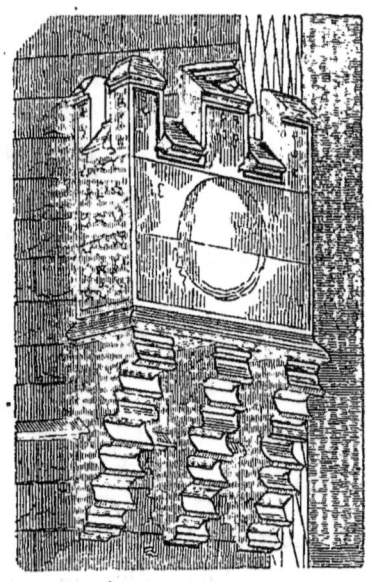

Fig. 56.
Moucharaby de l'hôtel de Sens.

De là on pouvait lancer à couvert des projectiles sur les ennemis qui tentaient de pénétrer par ces ouvertures.

Nous avons donné déjà le nom de *moucharaby* à ces balcons, qui paraissent empruntés à l'Orient.

Bientôt on imagina de les multiplier et d'en garnir tout le haut d'une muraille.

On les appelle *mâchecoulis* ou *mâchicoulis* lorsqu'ils forment ainsi un système de défense continu.

L'emploi n'en devint général qu'au xiv° siècle. On en trouve cependant des exemples un peu plus anciens.

La plupart consistent en un parapet, souvent crénelé, et porté sur une suite de corbeaux ou de consoles, médiocrement espacés.

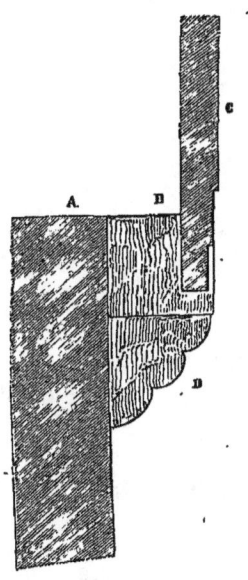

Fig. 57.

Coupe d'un mâchicoulis.

A. Rempart. — B. D. Console. —
C. Créneaux.

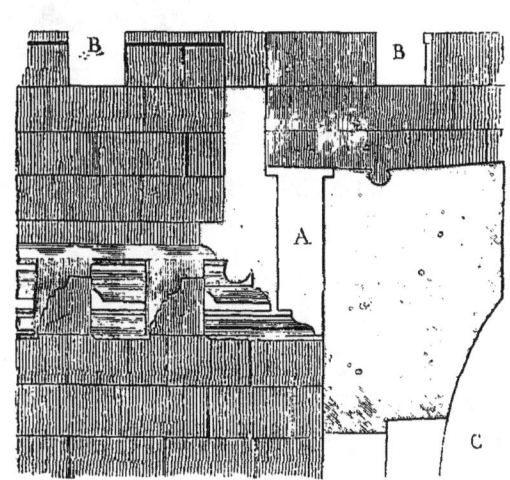

Fig. 58.

Mâchicoulis de la Bastille.

A. Mâchicoulis. — B. Créneaux.

Ailleurs, une espèce d'arcade jetée entre les contreforts extérieurs d'un rempart supporte le parapet, et tout l'espace vide compris entre deux contreforts pouvait servir à jeter des projectiles considérables, tels que de grandes pièces de bois.

On voit au château des papes, à Avignon, et dans le bâtiment de l'évêché, au Puy, des mâchicoulis disposés de la sorte.

Fig. 59. — Mâchicoulis du château des papes, à Avignon.

La forme des arcs qui unissent quelquefois les consoles ou les contreforts et qui forment l'ouverture verticale des mâchicoulis, ou, à leur défaut, l'ornementation qui rappelle ces arcs, peut, dans beaucoup de cas, indiquer avec quelque précision l'époque à laquelle ils appartiennent. D'abord ces arcs sont en plein cintre,

Fig. 60.
Mâchicoulis de l'enceinte d'Avignon.

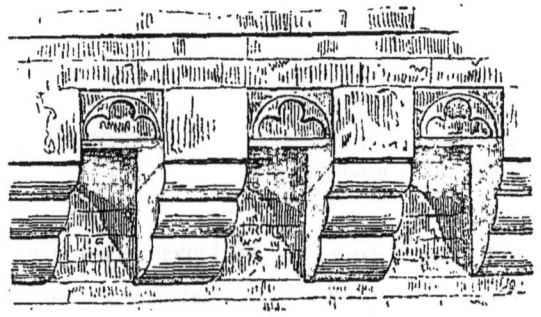

Fig. 61.

puis en ogive en tiers-point,

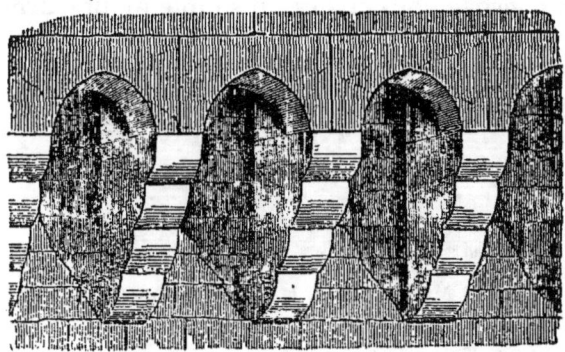

Fig. 62.

ensuite en ogive à contre-courbe,

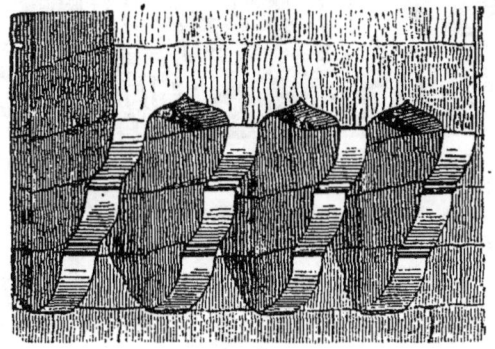

Fig. 63.

enfin ils reviennent au plein cintre.

Fig. 64 — Màchicoulis du château de Mehun.

Souvent les mâchicoulis reçoivent des moulures et des sculptures, et deviennent dans les constructions civiles un simple motif d'ornementation.

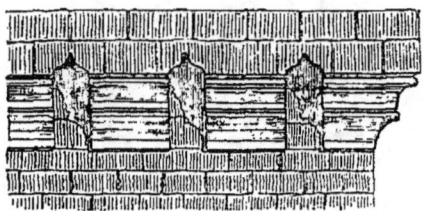

Fig. 65. — Mâchicoulis de la rue Saint-Sauveur, à Paris.

Fig. 66. — Mâchicoulis de la porte de Joigny.

HOURDS.

En cas de siège, pour augmenter la hauteur des tours ou pour suppléer à l'insuffisance de leurs couronnements, on élevait des échafauds en bois, sur lesquels se tenaient les hommes d'armes. Dans beaucoup de forteresses anciennes, des trous ou des corbeaux, disposés dans la maçonnerie de distance en distance, paraissent avoir servi à soutenir ces échafauds, que l'on plaçait aussi, comme il semble, à l'extérieur des murailles qui n'avaient point de mâchicoulis. C'est peut-être à ces charpentes improvisées que les mâchicoulis en pierre ont dû leur origine. Le nom de ces échafauds était *hourd*, *hurdel*, en latin *hurdicium*. Le verbe *hurdare* exprime l'action d'employer ce moyen de défense [1].

[1] Du Cange traduit à tort, ce nous semble, le mot *Hurdicium* par *Cratis lignea qua obducebantur mœnia, ne ab arietibus lœderentur*. Les citations suivantes peuvent indiquer plus exactement le sens de ce mot :

Hurdari turres et propugnacula, muros
Subtus fulciri facit.... (Phil.)

Les mots *propugnacula* et *turres* indiquent des échafauds placés au sommet des remparts, très différents des dispositions de défense de la partie basse des murailles, *étayées en dessous*.

— 199 —

La figure 18 *bis* nous a déjà montré un exemple de ces *hourds*. La figure suivante paraît représenter également ce système de fortifications en bois, que l'on établissait en temps de siège.

Fig. 67. — Enceinte de la ville de Moulins.

PLATES-FORMES, TOITS, ETC.

Ainsi qu'on l'a vu précédemment, les tours étaient les parties de la fortification qui contribuaient le plus efficacement à la défense d'une forteresse. Leur sommet devait donc recevoir un certain nombre d'hommes, ainsi que des machines et des provisions de pierres et d'autres projectiles. Aussi les tours étaient-elles couvertes par des terrasses, soit voûtées, soit soutenues par une forte charpente. Malgré le danger du feu, beaucoup de tours n'avaient que des plates-formes en bois.

«Attornati sunt 4 homines ad unumquemque *quarnellum* custodiendum et *hurdandum*.» (Charte citée par Du Cange, voyez le mot *Hurdicium*.)

> Par trois fois fut évidemment monstrée (la sainte Véronique)
> A tout le peuple en moult grant révérence,
> Par un évesque sus un hourt à l'entrée
> De Saint-Pierre.
> (Saint-Gelais. Voir Du Cange : *Hurdicium*.)

Les tours furent quelquefois couvertes de toits coniques, les uns portés sur le sommet des créneaux, les autres disposés en arrière, de manière à laisser un passage libre autour du parapet.

Fig. 68.
Tours du château de Nogent-le-Rotrou.

Fig. 69.
Tour du palais de Justice, à Paris.

Ailleurs, une galerie circulaire, percée de nombreuses fenêtres, tenait lieu de plate-forme, et, comme dans les exemples précédents, la tour était surmontée par un toit conique.

Au reste, nous avons lieu de croire que ces toits coniques sont rarement des dispositions originales, et nous pensons qu'on en trouverait difficilement des exemples avant le xve siècle.

Sur le sommet des tours, et parfois sur les courtines, notamment aux angles saillants d'une enceinte, on trouve souvent de petites guérites en pierre, destinées à abriter les sentinelles chargées d'observer les mouvements de l'ennemi par des ouvertures percées de tous les côtés. On appelle échauguettes ces petites constructions, ordinairement de forme ronde, et terminées par une calotte revêtue de dalles.

Fig. 70. — Tour de Semur.

Fig. 71. — Échauguette.

Il faut se garder de les confondre, soit avec les lanternons qui surmontent les cages d'escaliers, et qui ont pour but d'empêcher la pluie de tomber

Fig. 72. — Lanternon au-dessus d'un escalier.
(Tour Saint-Michel, à Saumur.)

dans l'intérieur, soit avec les *tourelles*, placées aux angles des tours, et remplissant à l'égard de ces dernières le même office que celles-ci rendent aux murailles de l'enceinte. (Voir les figures 24 et 27.) D'ordinaire, les échauguettes avancent en encorbellement hors du rempart, afin de permettre aux sentinelles d'en voir le pied.

Enfin, sur les plates-formes des tours, et surtout sur la tour la plus élevée, celle qu'on appelait la *guette*, il y avait une cloche, que l'on sonnait en cas d'alarme. Souvent la cloche était remplacée par un cornet ou oliphant, peut-être aussi par un porte-voix avec lequel on annonçait la présence de l'ennemi.

7. — COURTINES.

On appelle courtine la partie du rempart comprise entre deux tours.

Les courtines sont les portions de l'enceinte où se rencontrent en moindre nombre les moyens de défense, le voisinage des tours suffisant pour les protéger. Au sommet un passage étroit, ou °chemin de ronde, permet de circuler le long des remparts, et communique à des escaliers ou même à des plans inclinés qui conduisent dans la cour intérieure. (Voir le paragraphe 6.)

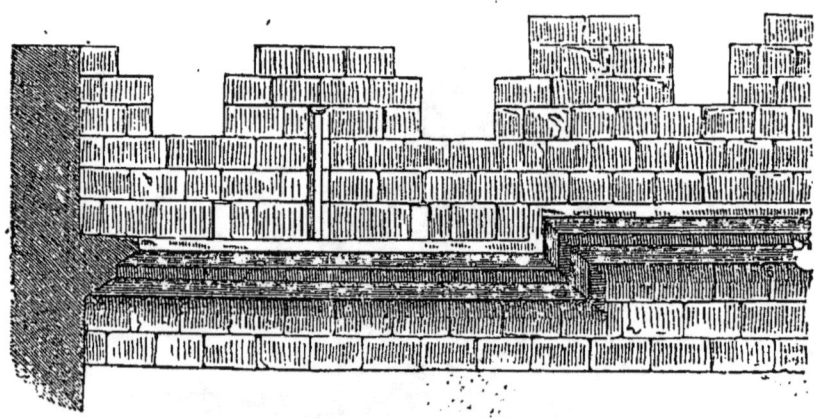

Fig. 73. — Courtine du château de Beaucaire.

Quelquefois, mais rarement, c'est une espèce de galerie couverte qui sert de chemin de ronde; très-souvent on ne voit aucun vestige de passage, soit qu'il n'y en ait jamais existé, soit qu'il ait consisté en un échafaudage en charpente. La difficulté qu'offrait l'attaque des courtines explique d'ailleurs l'espèce de négligence qu'on a mise à les fortifier. Il est extrêmement rare de trouver un parapet au chemin de ronde du côté qui regarde l'intérieur de la place, et cependant ce chemin de ronde est en général si étroit, que l'on a peine à comprendre comment les soldats qui le bordaient pouvaient faire usage de leurs armes; toute chute devait être mortelle. On en doit conclure que des échafaudages temporaires remédiaient à cet inconvénient pendant les sièges.

On a remarqué sans doute que la base de certaines courtines, de même que celle de quelques tours, formait un plan incliné. Le but de cette disposition paraît avoir été d'augmenter la force des murs sur le point où l'on pouvait les saper, et en outre de faire ricocher avec force les projectiles que l'on jetait par les mâchicoulis. (Voir les figures 36, 37 et 59.)

On voit, dit-on, dans les murs de quelques courtines, des arcades figurées à l'extérieur, qui, suivant un antiquaire anglais, n'auraient eu d'autre destination que de donner le change à l'assiégeant. Ces arcades devaient simuler à ses yeux d'anciennes ouvertures récemment bouchées, et lui faire penser naturellement que, sur ce point, la résistance de la maçonnerie serait moindre[1]. De la sorte on prétendait l'engager à diriger ses attaques précisément du côté où il devait trouver les plus grands obstacles. Nous signalons à nos correspondants cette observation, que nous n'avons point été à même de vérifier, et qui peut conduire à la découverte d'autres faits du même genre.

On ne peut guère établir de règle constante pour l'espacement qu'il convenait de donner aux tours les unes par rapport aux autres, seulement il

---

[1] Ne s'agirait-il pas, en effet, d'anciennes brèches bouchées? On en voit un exemple au donjon

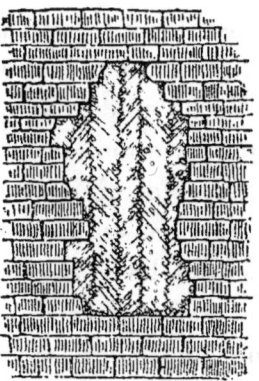

Fig. 74. — Ancienne brèche au château de Chauvigny.

de Chauvigny (Vienne). La brèche faite par le canon a été bouchée avec des briques disposées en arête de poisson.

paraît que, dans l'opinion des anciens ingénieurs, leur rapprochement ajoutait à la force d'une place. Le moine de Marmoutier, pour donner une idée d'un château imprenable, et dont il attribue la construction à Jules-César, décrit des tours tellement rapprochées, qu'entre elles il y avait à peine la longueur d'une pique. Enfin Richard Cœur-de-Lion composa le donjon de Château-Gaillard de segments de cercle presque tangents l'un à l'autre. C'est une muraille *bosselée*, ainsi que la nomme très heureusement M. Deville dans son excellente monographie sur cette forteresse.

Fig. 75. — Donjon du Château-Gaillard.

En résumé, on multipliait les tours sur les points présumés faibles, tandis que la muraille d'enceinte passait pour une défense suffisante là où la nature offrait à l'ennemi des obstacles matériels qui rendaient ses attaques peu probables. En pays de plaine, nous avons remarqué plus d'une fois que les tours sont assez près les unes des autres pour que les soldats placés dans deux tours voisines pussent lancer leurs traits sur toute la courtine intermédiaire. On peut évaluer cette distance à trente mètres environ, ce qui est à peu près la portée d'une flèche ou celle d'une pierre lancée à la main d'un lieu élevé [1]. A mesure que les armes de jet se perfectionnèrent, l'espacement des tours devint plus considérable; en sorte qu'on pourrait tirer de cet espacement quelques inductions sur l'âge d'une forteresse; mais nous nous empressons de déclarer ici que les renseignements de cette espèce ne doivent être admis qu'avec une grande réserve.

Nous avons dit plus haut que la hauteur des tours variait à l'infini. Tantôt, en effet, elles dépassent à peine les remparts qu'elles flanquent; et c'est le

---

[1] « Ne longius sit alia ab alia (turris) sagittæ missione. » (Vitr., I, 5.)

cas fort souvent pour celles qui sont placées le long d'une courtine en ligne droite et d'une certaine étendue. Tantôt elles s'élèvent à une hauteur considérable, et c'est surtout aux angles saillants d'une enceinte qu'on leur donne le plus d'élévation. On peut dire, en général, que, la hauteur d'une tour donnant de la force aux ouvrages voisins, on a muni de la sorte les parties de l'enceinte qui paraissaient les plus exposées ou les plus faibles.

Lorsque les tours sont plus hautes que le rempart qui les lie les unes aux autres, la communication entre les différentes parties de l'enceinte a lieu, soit par un passage couvert ou découvert qui contourne la tour et continue le chemin de ronde, soit au travers des chambres des tours, dont le plancher est alors à la hauteur du chemin de ronde qui règne le long des courtines. Ce n'est point, au reste, une règle absolue; car quelquefois cette communication n'existe point, et, pour passer d'une tour à une autre, il faut descendre dans la cour intérieure, où viennent aboutir tous les escaliers. Le motif de cette disposition a été, sans doute, d'isoler les tours et d'en faire comme autant de forteresses indépendantes.

Les escaliers qui conduisent aux remparts sont ordinairement placés à

Fig. 76. — Remparts d'Aigues-Mortes.

l'intérieur des tours[1]. Ils sont faciles à défendre étant fort étroits, et fermés

---

[1] « Itinera sint interioribus partibus turrium contignata, neque ea ferro fixa. Hostis enim si quam partem muri occupaverit, qui repugnabunt, rescindent, et si celeriter administraverint non patientur reliquas partes turrium murique hostem penetrare, nisi se voluerit præcipitare. » (Vitr., l. 5.)

par des portes basses et solides, en sorte que l'assaillant, maître d'une tour ou d'une partie des courtines, eût encore beaucoup de difficultés pour déboucher dans l'intérieur de la place.

On observe encore, mais plus rarement, les escaliers appliqués contre les courtines. Nous doutons que l'on trouve des exemples de cette dernière disposition avant le xive siècle.

La plupart des escaliers des tours sont en spirale, d'où leur vint leur de *vis* au moyen âge. Rarement deux personnes de front y monteraient facilement. Quelquefois l'escalier ne conduit pas jusqu'à l'étage supérieur, destiné généralement à servir de logement à un personnage de marque. On n'y accédait qu'au moyen d'une échelle, qui se retirait dans la chambre supérieure. Nous retrouverons ces dispositions de défense intérieure reproduites avec un surcroît de prudence dans les donjons.

On a vu que les tours servaient de logements et de magasins. Dans les constructions exécutées avec soin, et, si l'on peut s'exprimer ainsi, avec luxe, les étages sont voûtés; mais les planchers en bois étaient d'un usage beaucoup plus fréquent. Tantôt les poutres qui les soutiennent s'appuient sur des corbeaux saillants à l'intérieur, tantôt elles s'engagent dans des cavités ménagées à cet effet dans la maçonnerie. (Voir, pour compléter cet article, le paragraphe 10.)

8. — FENÊTRES, MEURTRIÈRES.

Nous n'avons point à nous occuper ici des renseignements que peuvent fournir les formes caractéristiques de quelques ouvertures, telles que l'ogive, le plein cintre, les fenêtres carrées avec meneaux en croix. Nous ne nous attacherons qu'aux dispositions propres à l'architecture militaire.

Toutes les ouvertures pratiquées dans le mur d'enceinte d'une place de guerre sont fort étroites. On ne voit de fenêtres, à proprement parler, qu'à une hauteur telle que les traits de l'ennemi y soient peu à craindre. Beaucoup de tours et de courtines n'offrent même pas d'ouvertures donnant sur la campagne.

Il faut d'abord prémunir les observateurs contre les inductions qu'ils seraient tentés de tirer de la forme des ouvertures étroites connues sous le nom de *meurtrières*. De ce qu'un château a des meurtrières ou des embrasures évidemment destinées à des armes à feu, l'on ne doit pas conclure que la construction de cette forteresse soit postérieure à l'usage de l'artillerie. En effet, il est toujours facile de percer une muraille, et lorsque les armes à feu commencèrent à jouer un grand rôle dans les sièges, on s'empressa de faire aux anciennes fortifications les travaux nécessaires pour le service des canons et des arquebuses. Il faut donc, avant tout, observer avec le plus grand soin si les meurtrières que l'on étudie sont de construction primitive ou si elles ont été ajoutées.

On peut distinguer quatre espèces de meurtrières dans l'épaisseur des remparts d'une place fortifiée ; ce sont :

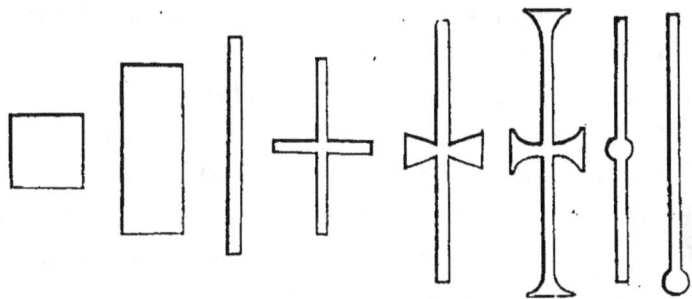

Fig. 77. — Meurtrières.

1° Des trous carrés toujours très étroits, quelquefois un peu plus longs que larges;

2° De longues fentes verticales, hautes de trois à six pieds et plus, très étroites à l'extérieur, s'élargissant à l'intérieur, terminées à leur sommet par une portion d'arc, que vient quelquefois interrompre à l'intérieur la partie supérieure de la paroi où la meurtrière est pratiquée (voir les figures 78 et 79);

3° Des fentes semblables aux précédentes, mais moins longues, traversées par une fente horizontale : même disposition intérieure;

4° Des fentes dont le centre ou la partie inférieure est agrandie et présente un trou circulaire; même disposition intérieure.

Les premières ouvertures (n° 1) ne paraissent pas avoir eu d'autre usage que celui de donner du jour et de l'air, et peut-être d'observer l'ennemi à couvert.

Les dernières (n° 4) semblent avoir été, sinon construites, du moins disposées pour des armes à feu, et, lorsque le trou rond est placé au bas de la fente, et qu'il a de certaines dimensions, on peut conclure qu'il a servi à une pièce d'artillerie.

Quant aux fentes verticales (n° 2) et aux ouvertures en croix (n° 3), on considère ordinairement les premières comme destinées au tir de l'arc, et les secondes à celui de l'arbalète [1]. Or l'usage de cette dernière arme s'étant introduit en France vers la fin du XII° siècle [2], on pourrait, de la forme des meurtrières, tirer des conclusions sur l'époque de la bâtisse à laquelle elles appartiennent, si toutefois l'opinion que nous venons de rapporter était fondée. Malheureusement ce point reste encore sujet à bien des doutes.

Hâtons-nous de dire qu'il existe des preuves que, bien avant l'invention des armes à feu, les longues fentes pratiquées dans les murs des places fortes ont servi à lancer des traits [3]. Mais quelle était l'arme au moyen de laquelle on lançait ces traits, voilà ce qu'il est plus difficile de déterminer qu'on ne le pourrait croire d'abord. La plupart des ouvertures que nous avons appelées meurtrières, d'après l'usage général, sont percées dans des murs souvent épais de sept ou huit pieds, et en s'avançant aussi loin que le lui aurait permis le rétrécissement de la muraille, du côté de l'ouverture extérieure, l'archer qui voulait décocher une flèche ne pouvait guère s'approcher assez pour bien ajuster et manier commodément son arme. On comprend qu'il ne découvrait que l'ennemi placé exactement dans l'axe de la meurtrière, en sorte qu'il lui eût été à peu près impossible de tirer sur un homme en mouvement. On observe encore que la hauteur de la meurtrière est rarement assez grande pour qu'on puisse bander un arc dans l'intérieur de son embrasure. L'arc le plus court avait au moins cinq pieds; il aurait donc fallu que la meurtrière eût plus de huit pieds de haut, car, pour tirer, l'archer élevait le milieu de son arc au niveau de son œil. Si l'on suppose, au contraire, que l'archer, pour tirer, restait hors de l'embrasure de la meur-

---

[1] Quelques archéologues nomment les premières *archères*, les secondes *arbaletrières*.

[2] L'arbalète a été défendue *entre chrétiens* au deuxième concile de Latran, en 1137. Guillaume le Breton rapporte que, de son temps, les Français n'en faisaient encore que peu d'usage :

> Francigenis nostris, illis ignota diebus
> Res erat omnino quid balistarius arcus,
> Quid balista foret.
> (Phil. lib. II, 315. V. Deville, *Chât.-Gaillard.*)

[3] Un passage de Guillaume le Breton ne laisse point de doute à cet égard :

> .... Facit aptarique fenestris
> Strictis et longis, ut strenuus arte latenti
> Immittat lethi praenuntia tela satelles.

trière, il courait le risque de frapper de sa flèche l'une ou l'autre paroi oblique de cette embrasure. En outre, comment pouvait-il juger alors de la distance de son ennemi, condition absolument essentielle pour lancer une flèche? Ajoutons encore qu'on rencontre souvent des meurtrières fort exhaussées au-dessus de l'aire de la salle où elles sont pratiquées, et qu'on ne peut découvrir la campagne qu'en montant un escalier de plusieurs marches dans l'intérieur de l'embrasure.

Même observation pour les meurtrières en croix, dont la plupart sont d'ailleurs tellement étroites qu'elles ne laisseraient pas de place au jeu de l'arc de l'arbalète, lequel est horizontal, comme on sait.

Il faut donc admettre que la plupart de ces meurtrières, quelle qu'en soit la forme, ont servi à des armes à feu, ou bien à une espèce de machine qui nous est inconnue, ou bien encore, ce qui est plus probable, que, dans le plus grand nombre de cas, elles n'ont eu d'autre destination que de donner de la lumière et de l'air, sans compromettre la sûreté des habitants d'une place de guerre.

Ce n'est au reste que par une suite d'observations appuyées par de bons dessins et des mesures exactes qu'on peut arriver à des conclusions définitives, et nous ne pouvons que recommander ce point à toute l'attention de nos correspondants.

Quelle que fût la destination de ces ouvertures, il est important de re-

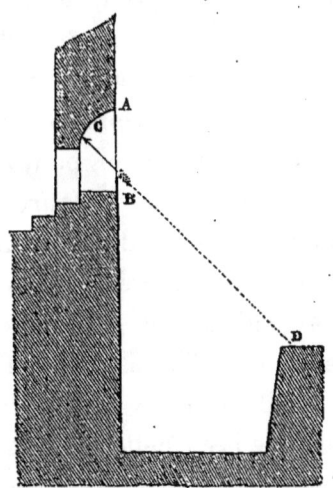   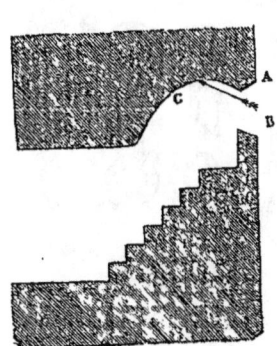

Fig. 78. — Coupe d'une meurtrière.   Fig. 79. — Coupe d'une meurtrière.

marquer les précautions prises par les ingénieurs pour qu'elles ne servissent point de passage aux traits de l'ennemi. On a vu qu'elles sont souvent élevées au-dessus de l'aire des étages qu'elles éclairent ou qu'elles défendent. Leur amortissement, en outre, est formé par une portion de voûte dont la courbe est calculée de façon à rencontrer toujours un trait lancé d'en bas et de l'extérieur; à la portée ordinaire : soit A B, le mur où la meurtrière C A B est percée; C A est la portion de voûte qui forme son amortissement; D est le point d'où l'ennemi peut lancer ses traits. On voit que la voûte C A empêchera qu'ils n'arrivent de but en blanc à l'intérieur, et sa courbe même contribuera à les faire retomber dans l'embrasure, au lieu de leur permettre de ricocher dans l'intérieur.

Avant de terminer cet article, nous devons dire un mot des latrines, disposées en général à une grande hauteur et toujours en encorbellement au-dessus du fossé. On les plaçait ordinairement dans des tours et dans des angles rentrants, afin qu'elles fussent moins exposées; et, pour que l'assiégeant ne pût s'introduire par ces ouvertures, on prenait soin d'en défendre l'orifice extérieur par des barres de fer transversales.

9. — COURS INTÉRIEURES.

Le terrain enclos par les remparts d'une forteresse se nommait la *basse-cour*. Là se trouvaient les dépendances du château, les magasins, les écuries, quelques logements et souvent la chapelle. Tous ces bâtiments étaient placés hors de la portée du trait, lorsque les dimensions de la basse-cour pouvaient s'y prêter; dans le cas contraire, on les adossait aux murs de l'enceinte du côté de l'attaque présumée, afin que les projectiles qui dépasseraient la crête des murailles allassent se perdre dans le vide en achevant leur trajet.

Lorsque la chapelle n'était point un bâtiment séparé, on la plaçait dans une tour, souvent à un étage fort élevé. On en peut voir un exemple dans le château d'Arques et dans celui de Chauvigny.

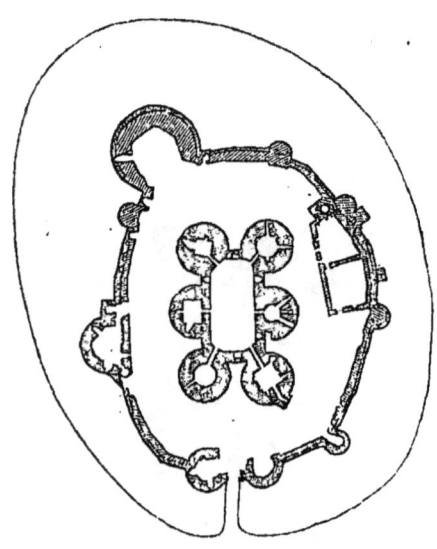

Fig. 80. — Plan du château de Blanquefort (XIIIᵉ siècle).

La basse-cour renfermait une mare et des citernes ou des puits. Quelquefois on a fait des travaux immenses pour arriver au niveau de l'eau; on conçoit en effet que, faute d'un puits suffisant, la meilleure position n'eût pas été tenable.

Un grand nombre de châteaux ont des basses-cours si étroites qu'elles ne paraissent pas avoir renfermé des bâtiments d'habitation. Construits dans des lieux inaccessibles aux chevaux, la plupart n'avaient pas besoin d'écurie, et la garnison, qui rarement était nombreuse, se logeait facilement dans les tours de l'enceinte ou dans le donjon.

10. — DONJONS.

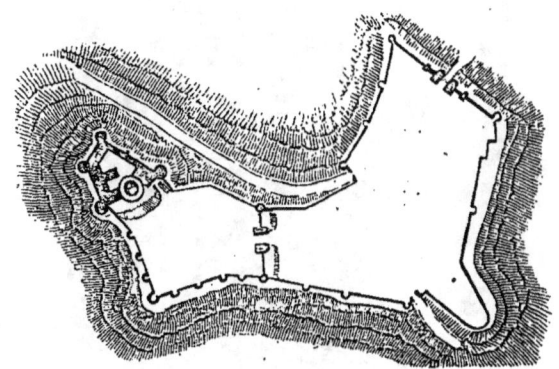

Fig. 81. — Château de Coucy.

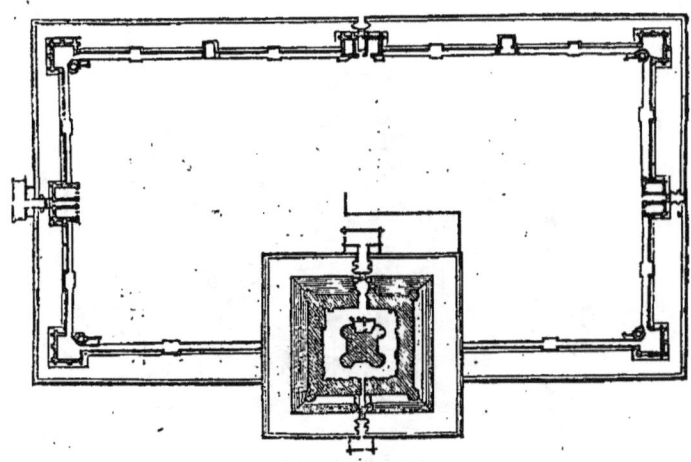

Fig. 82. — Château de Vincennes.

Il n'y a point d'emplacement fixe pour le donjon d'une forteresse. On peut dire en général qu'on choisissait de préférence le lieu le plus élevé et d'accès le plus difficile. Tantôt le donjon s'élève au milieu de l'enceinte (voir la figure précédente), tantôt il est tangent aux remparts (fig. 81), tantôt il en est complètement isolé (fig. 82).

Fig. 83. — Donjon de Coucy.

Fig. 84. — Château de Coucy.

L'étendue et les dimensions du donjon sont toujours proportionnées à celles de l'enceinte dont il doit compléter la défense. Quelquefois c'est une citadelle avec tours et courtines, renfermant une basse-cour et de nombreux bâtiments. (Voir la fig. 82.) Quelquefois aussi, et c'est le cas le plus ordinaire, le donjon consiste en une haute tour, séparée de la basse-cour par un fossé avec pont-levis, souvent élevée sur une base conique artificielle et toujours fort escarpée. Ailleurs enfin, on donne le nom de donjon à une tour plus forte que les autres et sans communication avec le rempart.

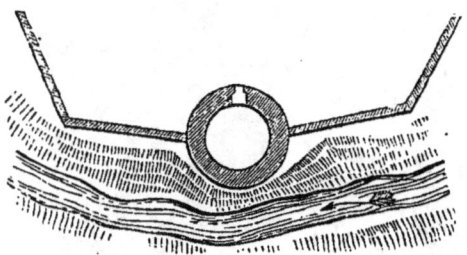

Fig. 85. — Tour d'Alluye.

De ces trois espèces de donjons, la première se trouve dans les villes et dans quelques vastes châteaux destinés à recevoir une garnison nombreuse.

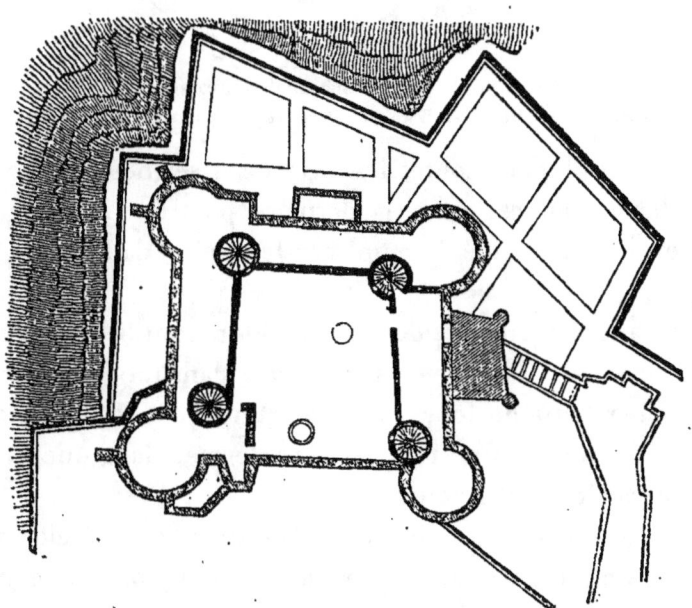

Fig. 86. — Château de Saumur.

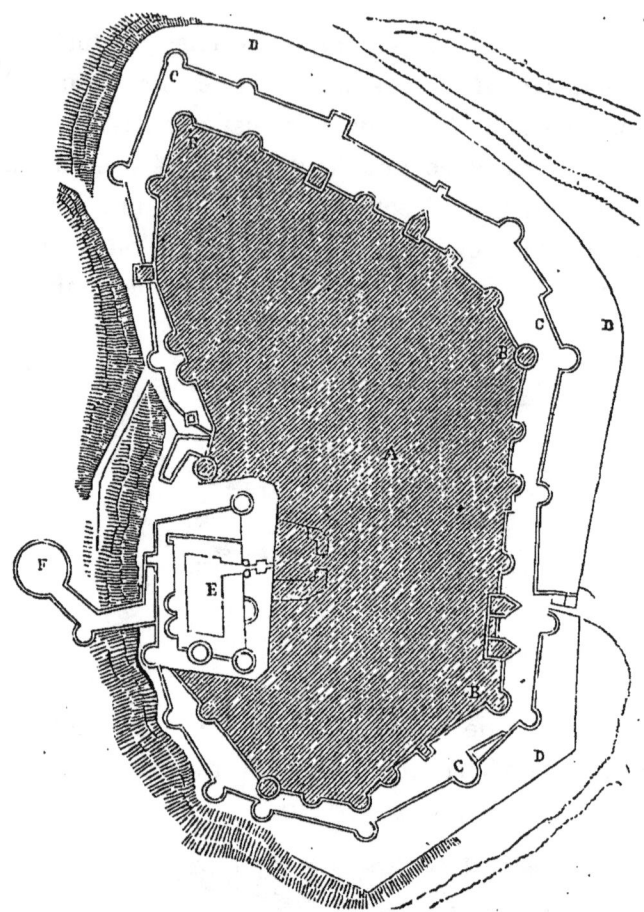

Fig. 87. — Ville et château de Carcassonne.
A. Ville. — B. Enceinte intérieure. — C. Enceinte extérieure. — D. Fossé. — E. Château. — F. Poterne.

La seconde s'applique à toutes les forteresses seigneuriales, particulièrement aux plus anciennes; enfin la dernière peut être considérée comme une sorte de palliatif destiné à remplacer le donjon dans des circonstances exceptionnelles.

Les défenses extérieures des donjons ne donneront lieu à presque aucune observation nouvelle. Elles peuvent consister dans un fossé, des lignes de palissades, un système de tours et de courtines, etc. En un mot, on peut considérer le donjon comme une place renfermée dans une autre et n'en différant que par les dimensions.

On doit pourtant noter ici quelques dispositions qui, si elles ne sont pas caractéristiques et uniquement applicables aux donjons, s'y rencontrent du moins assez fréquemment pour que nous nous arrêtions à les examiner.

Rarement, on le sait, les donjons étaient assez vastes pour renfermer une garnison nombreuse. Lorsque les défenseurs d'une place de guerre se retiraient dans ce dernier asile, ils avaient fait des pertes pendant le siège, et l'espoir de prolonger la résistance était fondé, moins sur le nombre des combattants, que sur la force et la hauteur de leurs murailles. Le donjon n'avait donc point de vastes logements et ne recevait presque jamais de chevaux. Tous les moyens de défense étaient calculés pour une petite troupe d'infanterie; en conséquence, sa porte était fort étroite, et fréquemment placée à une hauteur telle que l'ennemi n'y pût parvenir que par une escalade périlleuse; souvent même il n'y avait point de porte à proprement parler, et l'on n'entrait que par une fenêtre au moyen d'une longue échelle, ou bien d'une espèce de panier qu'on élevait et qu'on abaissait avec des poulies. Quelquefois encore, un escalier étroit et raide conduisait à l'entrée, toujours fort élevée au-dessus du sol.

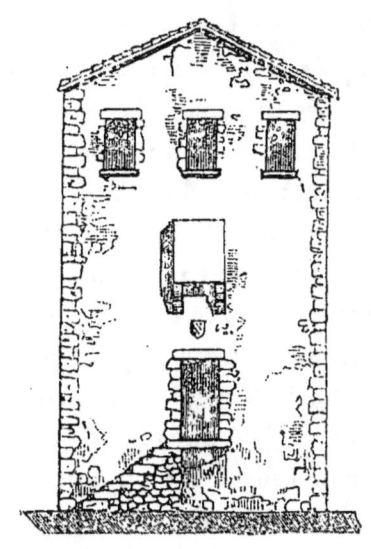

Fig. 88. — Tour du château de Fougères. Fig. 89. — Maison de Sollacaro (Corse).

Exposé à tous les projectiles des plates-formes, dominé par les mâchicoulis, l'assiégeant pouvait rarement, on le conçoit, essayer une attaque de vive force [1]. Un grand nombre de donjons, même fort vastes, n'ont jamais eu de portes. Nous avons observé un exemple curieux de ce système

[1] On voit un exemple ancien de ces escaliers extérieurs dans le donjon d'Alluye (Eure-et-Loir). Ils sont encore très-communs en Corse (voir la figure 89), et étaient même usités dans les constructions civiles du siècle dernier.

dans le château de Mauvoisin (Hautes-Pyrénées), dont l'enceinte intérieure est un carré qui n'a pas moins de 110 mètres de côté.

Avant l'invention de la poudre, les moyens de défense étaient bien supérieurs aux moyens d'attaque ; aussi les châteaux fortifiés par des ingénieurs habiles n'étaient pris en général que par un blocus, ou bien par une surprise ; contre ce dernier danger on avait accumulé plusieurs moyens de résistance faciles à employer par quelques hommes contre une troupe nombreuse. C'est ainsi que le passage des escaliers conduisant aux salles intérieures était barricadé par des grilles ou par des portes solides, défendu par des mâchicoulis et des meurtrières, interrompu quelquefois par des lacunes dans les marches, lacunes qu'on ne pouvait franchir que sur une espèce de pont mobile. Enfin des boules de pierres d'un diamètre considérable, placées en réserve dans les paliers supérieurs, pouvaient être roulées dans les escaliers de manière à obstruer le passage et à renverser même un ennemi victorieux [1].

Si le donjon a quelque étendue, il renferme lui-même un réduit destiné à offrir, après la prise du donjon, le refuge que le donjon devait donner aux défenseurs du château dont il dépendait. Ce réduit est une tour, plus forte que les autres, qu'on appelle tantôt *maîtresse tour* en raison de ses dimensions, tantôt tour du *belfroi* ou *beffroi*, parce que la cloche d'alarme y était placée d'ordinaire [2]. Nous ne nous occuperons ici que de cette tour, car, ainsi qu'on l'a dit plus haut, les fortifications du donjon n'offrent que la reproduction réduite de celles de l'enceinte extérieure.

La maîtresse tour a presque toujours son escalier disposé de manière à ne point rétrécir l'aire des appartements intérieurs. De là l'usage de renfermer cet escalier dans une tourelle accolée à la tour principale. (Voir fig. 90.) L'épaisseur de l'enveloppe ou cage de l'escalier étant généralement moindre que celle des autres murs, on la plaçait sur le point où les machines de l'ennemi étaient le moins à craindre. Très souvent l'escalier ne conduit pas à l'étage supérieur ; il s'arrête à un palier, et pour monter plus haut, on se servait d'une échelle qu'on retirait à l'intérieur. Cette disposition, autant

---

[1] On trouve de semblables boules de pierre dans beaucoup de châteaux ; mais leur usage n'est pas absolument certain. Nous avons rapporté l'opinion la plus accréditée, mais il serait possible que ces espèces de boulets eussent été destinés à être lancés par des machines ou même par des bouches à feu.

[2] Dans le Midi, on donne souvent à cette tour le nom de *tourasse*, *tourillasse*, et même *trouillasse*, par antiphrase.

que nous en avons pu juger, est plus fréquente dans le Midi que dans le Nord. Dans les Pyrénées et en Corse, elle est pour ainsi dire générale. Le logement que le pape Pierre de Luna occupa au château d'Avignon est ainsi séparé des salles inférieures du même château.

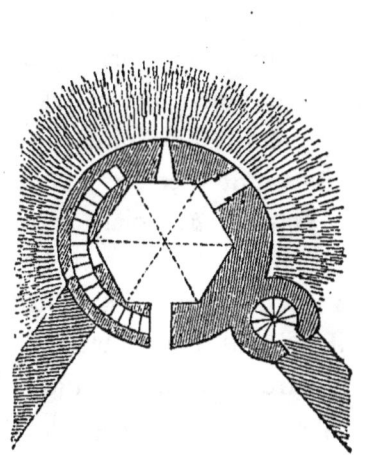

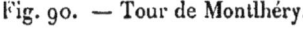

Fig. 90. — Tour de Montlhéry. Fig. 90 bis.

L'escalier, en raison de ses dimensions très resserrées, ne pouvait guère servir à porter aux étages supérieurs les armes et les provisions dont on avait besoin. Pour obvier à cet inconvénient, on avait coutume de laisser un vide assez grand dans les voûtes ou les planchers des différents étages, et par cette ouverture on montait les objets dont on avait besoin, de la même manière qu'on transporte sur le pont d'un vaisseau les provisions contenues dans sa cale.

Le rez-de-chaussée de la tour servait de magasin, et comme, en général, il n'y avait point de porte à cette hauteur, on n'y accédait que par l'ouverture dont on vient de parler, ou par un escalier spécialement destiné à ce service. D'ailleurs les salles basses étaient à peu près inhabitables en raison de l'obscurité qui y régnait, car c'est à peine si l'on osait y percer d'étroites meurtrières. Ces salles cependant contiennent souvent le four à cuire le pain; en outre, des cabinets en communication avec elles servaient de cachot au besoin, car c'était toujours dans les donjons que l'on renfermait les prisonniers d'importance. Quelquefois il y a sous la salle basse un ou plusieurs étages souterrains. Nous y reviendrons tout à l'heure.

— 218 —

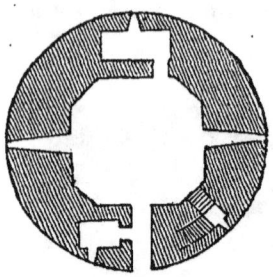

Fig. 91.

Destinées à loger le propriétaire du château, les salles supérieures de la maîtresse tour étaient décorées fréquemment avec luxe et élégance, et c'est là surtout que l'on peut trouver ces ornements qui caractérisent les époques de construction. Presque toutes ont de vastes cheminées à chambranles énormes surmontées d'un manteau conique. Les voûtes sont ornées souvent de clefs pendantes, d'écussons, de devises ou de peintures. De fort petits cabinets pratiqués dans l'intérieur des murailles sont attenants à ces salles. La plupart servaient de chambres à coucher. (Voir fig. 42, plan de la tour Blanche d'Issoudun.)

En général, le logement du châtelain est à une fort grande hauteur, soit pour être plus à l'abri d'une surprise, soit surtout pour être hors de l'atteinte des projectiles de l'ennemi. Les fenêtres, presque toujours irrégulièrement percées, ne se correspondent pas d'étage à étage[1]. Prati-

Fig. 92. — Fenêtre avec bancs en pierre.

quées dans des murs très épais, leurs embrasures forment comme autant de cabinets élevés d'une marche ou deux au-dessus du plancher de la salle

---

[1] On craignait sans doute d'affaiblir les murailles en y perçant des ouvertures sur la même ligne.

qu'elles éclairent. Des bancs de pierre règnent de chaque côté. C'était la place ordinaire des habitants de la tour, lorsque le froid ne les obligeait pas à se rapprocher de la cheminée.

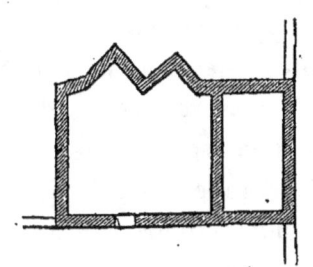

Fig. 93. — Donjon de Chalusset.

Par une dernière conséquence du principe général que nous avons exposé en commençant (qui consiste à rendre les parties d'une forteresse susceptibles d'être isolées), on imagina de diviser souvent la maîtresse tour en deux parties indépendantes l'une de l'autre, séparées par un mur de refend, ayant chacune un escalier distinct, et ne communiquant l'une avec l'autre qu'au moyen de portes étroites. Le donjon de Chalusset (Haute-Vienne) offre un exemple de cette disposition, assez rare d'ailleurs.

Dans beaucoup d'anciennes forteresses on observe, dans la maçonnerie des murs, des vides ménagés à dessein, formant comme des puits étroits et dont la destination est encore fort problématique, car je ne sache pas qu'on en ait exploré de manière à savoir où ils aboutissent. Les uns ont supposé que ces vides servaient aux mêmes usages que les ouvertures des voûtes dont nous avons parlé plus haut, c'est-à-dire au transport des munitions aux étages supérieurs; d'autres, avec plus de vraisemblance, y ont vu des conduits pour la voix, destinés à établir une communication entre les personnes placées à différents étages. Les dimensions très variables, mais ordinairement resserrées de ces tuyaux, peuvent donner lieu encore à plusieurs autres interprétations, qu'il serait inutile de rapporter ici. Il serait à désirer qu'on pût explorer les aboutissants de ces cavités, presque toujours encombrées de pierres, et nous ne pouvons que recommander cette recherche au zèle des correspondants [1]. Ces tuyaux ou ces puits, car il est difficile de

[1] Il existe à Tours, rue des Trois-Pucelles, une maison en briques, du XVe siècle, connue sous le nom de Maison du bourreau, et dont une tradition populaire fait la demeure de Tristan l'Ermite. (L'origine de cette tradition est des plus ridicules, et repose tout entière sur une cordelière sculptée autour des chambranles; or cette cordelière, ornement très-fréquent, comme on sait, passe aux yeux du vulgaire pour une corde à pendre, et l'on en a conclu que pareille enseigne ne pouvait convenir qu'au compère de Louis XI.) Au dernier étage d'une tourelle de cette maison, on remarque une petite niche où aboutit l'ouverture d'un tuyau circulaire, d'environ $0^m,15$ de diamètre. On ne connaît pas l'autre extrémité. On sait seulement qu'il descend assez bas, car des réparations récentes ont fait reconnaître qu'il se prolongeait jusqu'au bas de la tourelle. A partir de là, le tuyau est obstrué. Comme il n'est point garni de plomb ni même de mortier à l'intérieur, on ne peut supposer qu'il ait servi de conduit pour l'eau.

leur donner un nom, sont en général verticaux, ou bien légèrement obliques; cependant on a reconnu des cavités semblables, mais *horizontales*, dans le château de Gisors, et cette disposition est encore moins expliquée que les autres.

Il est rare que la maîtresse tour ne soit pas aussi la plus haute d'un château. Quelquefois cependant la disposition des localités a nécessité la construction d'une tour spécialement destinée à servir d'observatoire ou de guette, comme on disait au moyen âge. Les tours de cette espèce sont fort élevées, mais d'une bâtisse légère, n'ayant point de rôle à jouer dans la défense matérielle. Souvent elles correspondent avec d'autres tours placées sur des points culminants, en sorte qu'au moyen d'un signal convenu on pouvait être instruit en fort peu de temps de l'approche d'une troupe ennemie. On voit beaucoup de ces tours dans les Pyrénées[1]; et en Corse, elles forment comme une espèce de ceinture autour de l'île. On en trouve un assez grand nombre dans tous les pays de montagnes et le long des grands fleuves. La liaison de ces tours entre elles serait intéressante à étudier, car elle pourrait fournir des renseignements précieux sur les frontières des provinces au moyen âge.

Quelques châteaux ont deux donjons, ou même un plus grand nombre. C'est le développement, ou, si l'on veut, l'exagération du principe de l'isolement des ouvrages composant un système de fortification. C'est ainsi qu'à Chauvigny (Vienne) on voit, compris dans la même enceinte, quatre donjons assez grands chacun pour recevoir le nom de château.

L'existence simultanée de plusieurs châteaux très rapprochés les uns des autres, mais non compris dans la même enceinte, et appartenant à des propriétaires différents, est un fait qui n'est pas très rare, mais dont l'explication est encore bien difficile. A une époque où les seigneurs châtelains vivaient les uns à l'égard des autres dans un état, sinon d'hostilité du moins de suspicion continuelle, ce rapprochement a quelque chose d'incompréhensible. Nous en avons vu un exemple fort remarquable à Tournemire près d'Aurillac, où sur le même plateau existent les ruines de cinq châteaux ou donjons, contemporains en apparence (du XIII° au XIV°), ayant eu différents maîtres, et situés à un trait d'arc l'un de l'autre. Sur les bords du Rhin et de la Moselle, et le long des versants orientaux des Vosges, on

---

[1] On les appelle dans le Roussillon *atalayes*.

voit aussi nombre de châteaux situés si près les uns des autres qu'il faut supposer que dans le principe ils auraient été bâtis par le même propriétaire, et qu'ils auraient fait partie d'un même système de fortification.

L'usage des donjons s'est conservé jusque dans les fortifications du xvie siècle. Nous en donnons ici un exemple assez curieux, où l'on peut remarquer la forme bizarre de la construction, dont le plan varie à chaque étage, et le système des meurtrières (pour des armes à feu), beaucoup plus compliqué que réellement efficace.

Fig. 94. — Tour de Clansayes (Drôme).

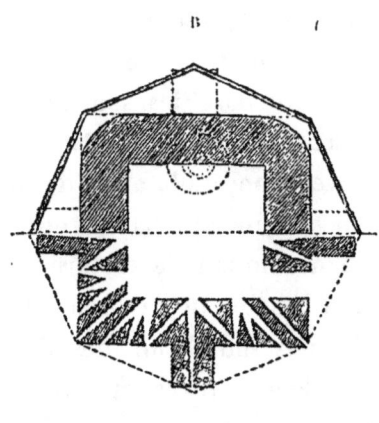

Fig. 95. — Tour de Clansayes.
A. Rez-de-chaussée. — B. 1er étage.

11. — SOUTERRAINS.

La plupart des châteaux et surtout des donjons renferment des souterrains plus ou moins vastes et qui avaient des destinations différentes. Le plus grand nombre servait de magasins ; quelques-uns recevaient des prison-

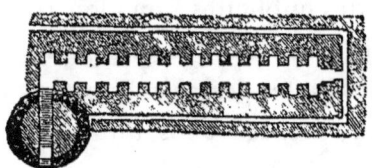

Fig. 96. — Magasins du château du Viviers.

niers ; d'autres, enfin, débouchant à une assez grande distance du château auquel ils appartiennent, paraissent avoir fourni, dans quelques localités, un moyen de communiquer secrètement avec la campagne, et de quitter le château lorsqu'il était devenu impossible de le défendre [1].

Nous n'avons rien à dire des caves ou magasins souterrains, qui ne présentent que les dispositions usitées dans l'architecture civile.

Quant aux cachots, on remarquera quelquefois avec quels raffinements barbares on privait le prisonnier de lumière et presque de tout moyen de renouveler l'air. Il y a des cachots qui ne reçoivent l'air que par des tuyaux étroits, souvent coudés dans leur trajet, soit pour rendre les évasions plus difficiles, soit pour empêcher que la lumière ne pénétrât pendant quelques moments dans la demeure du captif. Des fers, des bancs de pierre, des ceps où l'on engageait, dit-on, les jambes des prisonniers, se rencontrent parfois dans ces horribles lieux.

C'est encore dans les souterrains des châteaux, ou du moins dans les salles basses, qu'on interrogeait les détenus et qu'on leur donnait la question. Souvent une salle a été destinée particulièrement à cet usage, et l'on en voit encore une au château des papes à Avignon, dont le nom, *la Veille*, rappelle l'instrument de torture qu'elle renfermait. Toutefois nous devons avertir nos lecteurs de se tenir en garde contre les traditions locales qui s'attachent aux souterrains des donjons. On donne trop souvent au moyen âge des couleurs atroces, et l'imagination accepte trop facilement les scènes d'horreurs que les romanciers placent dans de semblables lieux. Combien de celliers ou de magasins de bois n'ont pas été pris pour d'affreux cachots! Combien d'os, débris de cuisine, n'ont pas été regardés comme les restes des victimes de la tyrannie féodale!

C'est avec la même réserve qu'il faut examiner les cachots désignés sous le nom d'oubliettes, espèce de puits où l'on descendait des prisonniers destinés à périr de faim, ou bien qu'on tuait en les y précipitant d'un lieu élevé dont le plancher se dérobait sous leurs pieds. Sans révoquer absolument en doute l'existence des oubliettes, on doit cependant les considérer comme fort rares, et ne les admettre que lorsqu'une semblable destination est bien démontrée. Les oubliettes *probables* que nous avons examinées consistent en un puits profond, ménagé dans un massif de constructions, et recouvert autrefois par un plancher. Quelquefois des portes s'ouvrent vers

---

[1] Froissart fournit quelques exemples de faits semblables. On voit dans les ruines du château de Chinon quelques galeries auxquelles on peut attribuer la même destination.

le haut de ces puits, sans apparence d'escalier ou de machine pour y descendre. Telle est à peu près la disposition des oubliettes qu'on montre dans les ruines du château de Chinon, et que fera mieux comprendre la coupe ci-jointe.

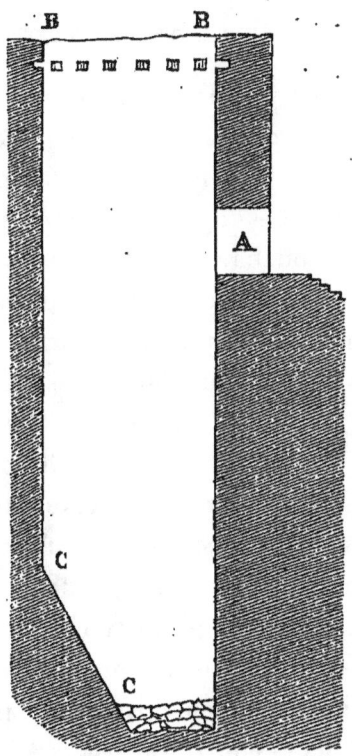

Fig. 97. — Oubliettes du château de Chinon.

La porte A donne abruptement sur l'intérieur du puits. Des trous B, B, disposés à quelques mètres au-dessus, dans les quatre murs qui forment les parois du puits, annoncent qu'un plancher a existé. On suppose qu'il était percé d'une trappe qu'on pouvait faire jouer par la porte A. L'usage du plan incliné C C n'est pas facile à comprendre. Au reste, le fond du puits étant rempli de gravois, on ne peut juger à présent de sa profondeur.

Peut-être le fond de ce puits était-il formé par un angle aigu, afin de rendre plus pénible la position du malheureux qu'on y descendait, en l'empêchant ainsi de se coucher. C'est un raffinement de cruauté dont on verra un autre exemple dans les oubliettes de la Bastille. (Voyez fig. 102.)

Nous venons d'analyser successivement toutes les parties qui composent une forteresse du moyen âge, nous examinerons maintenant d'une manière sommaire l'ensemble de quelques fortifications.

A. — ENCEINTE DE VILLE.

Cité de Carcassonne, voir fig. 87. Elle occupe un plateau d'accès très difficile au couchant. Elle a deux enceintes : la première (l'enceinte extérieure) est bâtie sur le versant de la colline; la seconde, plus élevée, la commande par conséquent. Les deux enceintes ne se confondent qu'en un seul point, du côté du couchant, parce que là les escarpements naturels paraissaient une défense suffisante. On a placé le château du même côté, par la même raison et parce que l'assaillant devait, suivant toute probabilité, commencer ses attaques du côté opposé. Ce château, tangent aux deux enceintes, peut en être isolé; d'un côté il communique à la ville, de l'autre à la campagne, par une barbacane F. On observera que l'enceinte intérieure de la ville est sensiblement plus forte que l'extérieure et que ses tours sont beaucoup plus rapprochées; enfin qu'elle a plusieurs tours fermées, tandis que l'enceinte extérieure n'a que des tours ouvertes à la gorge. La porte principale de la ville (la porte Narbonnaise, du côté du levant) s'ouvre entre deux fortes tours liées ensemble, qui forment à elles seules comme une espèce de château indépendant. Une partie de l'enceinte intérieure, quelques tours et leurs courtines, bâties à petit appareil, entremêlées d'assises de larges briques, passe pour être de construction romaine, mais plus probablement elle est l'œuvre des derniers rois visigoths. Le reste de la même enceinte, ainsi que le château, paraissent appartenir au XIIIe siècle, sauf une tour et quelques parties de murailles, qu'on peut attribuer au XIIe. L'enceinte extérieure date, suivant toute apparence, de la fin du XIIIe ou du commencement du XIVe siècle.

B. — CHÂTEAU DÉPENDANT D'UNE VILLE.

Château de Fougères. Il est bâti dans la partie basse de la ville. Ici c'est l'endroit vulnérable de la ville que l'on a défendu par un château, si toutefois le château, où du moins son donjon M, n'est pas plus ancien que la ville.

A, A', remparts de la ville.

B, porte du château.

C, seconde porte. On observera que la première porte est défendue par trois tours, qu'après avoir surmonté cet obstacle on rencontre un pont sur

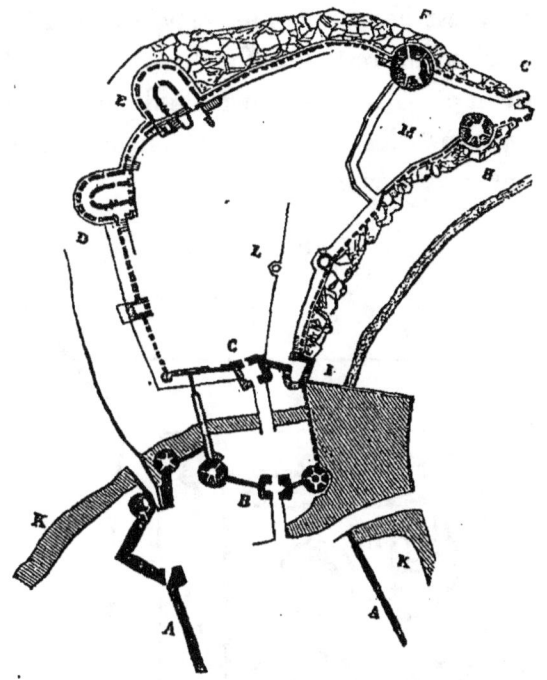

Fig. 98. — Château de Fougères.

un ruisseau très encaissé K', et que l'ennemi, maître de la porte B et du pont, n'a encore obtenu qu'un très mince avantage, car il est en butte aux traits des tours C et I, qui dominent la cour comprise entre les deux portes B et C.

D, tour de Raoul.

E, tour de Surienne.

On doit noter les dimensions extraordinaires de ces tours. Elles ont des embrasures pour des canons et devaient battre, l'une, D, l'espace compris entre le château et la ville, l'autre la courtine E F, protégée d'ailleurs par des rochers qui présentent un escarpement très raide. Ces deux tours réunies protègent un angle saillant de l'enceinte, naturellement le plus exposé. Elles paraissent de construction relativement moderne.

F, maîtresse tour du donjon, ou *Melusine*.

G, porte, ou plutôt fenêtre élevée qui paraît avoir eu autrefois un pont-levis pour communiquer à un ouvrage avancé, détruit aujourd'hui.

H, tour du Gobelin.

L, puits.

La cour du donjon M est beaucoup plus élevée que la basse-cour. Tout le donjon paraît antérieur au reste des fortifications. Les deux tours F H remontent probablement au xiie siècle. Le reste du château paraît dater du xive au xvie siècle. La plupart des tours et des courtines du château proprement dit appartiennent au xve siècle.

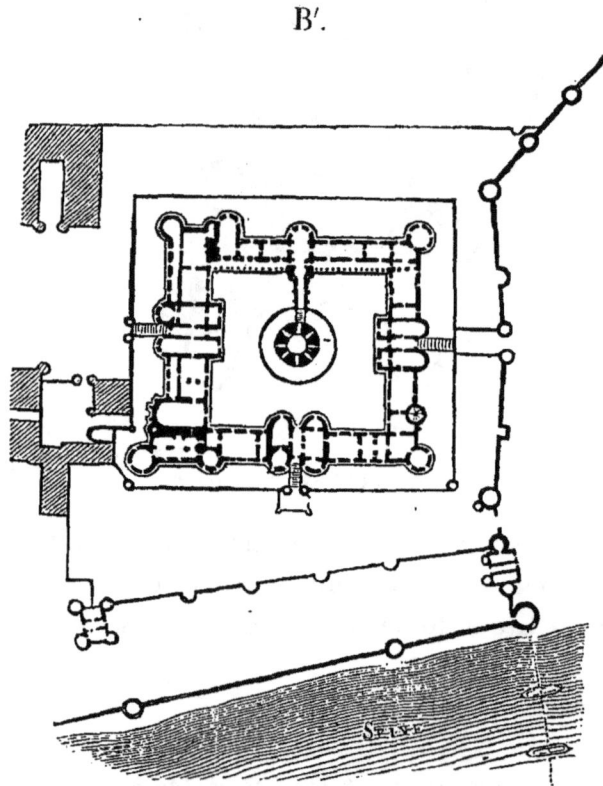

Fig. 99. — Le Louvre.

Le Louvre. Tour ronde ou donjon isolé au centre de la basse-cour. Trois portes, défendues chacune par deux tours. Bâtiments d'habitation disposés le long des courtines flanquées par des tours rondes très rapprochées. Les tours d'angles sont beaucoup plus saillantes que les autres. Un fossé entoure tout le château. Petits ouvrages avancés aux abords des ponts. Le Louvre fut commencé par Philippe-Auguste, dans les premières années du xiiie siècle.

B″.

La Bastille. Son plan forme à peu près un parallélogramme. Huit grosses tours rondes, à base conique, fort rapprochées, liées entre elles par des

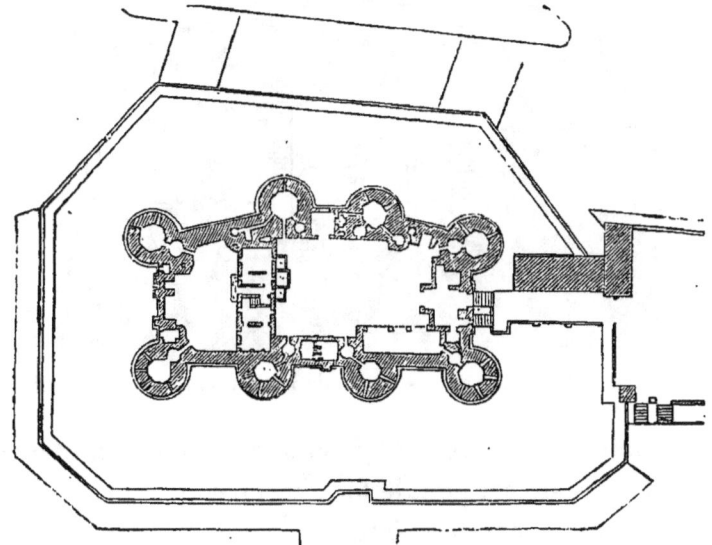

Fig. 100. — Plan de la Bastille.

Fig. 101. — La Bastille.

courtines aussi hautes que les tours; créneaux et mâchicoulis (fig. 101); fossés avec parapets extérieurs sur la contrescarpe; appartements dans les tours et le long des courtines; deux basses-cours séparées par un corps de bâtiment. Point de donjon à proprement parler; étages des tours voûtés ou portés sur des charpentes, ces dernières doubles, afin de rendre plus diffi-

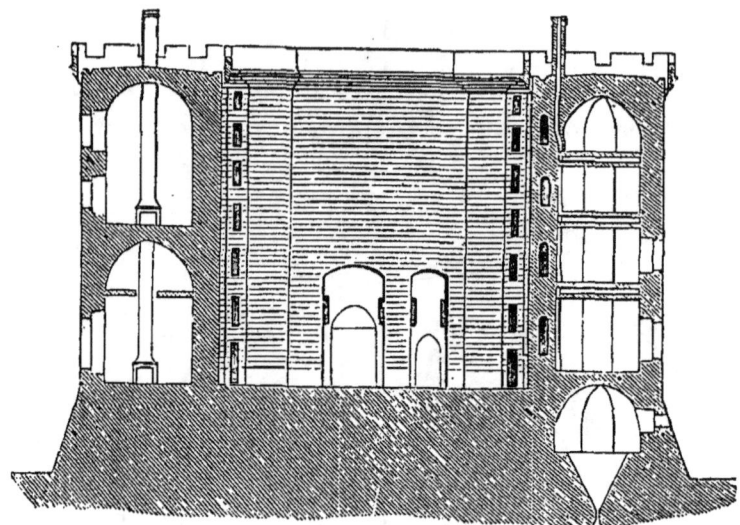

Fig. 102. — Coupe de la Bastille.

ciles les communications entre les prisonniers (disposition moderne); oubliette ou cul de basse-fosse, dont le fond est en cône renversé.

La Bastille fut commencée en 1370.

C. — CHÂTEAU ISOLÉ.

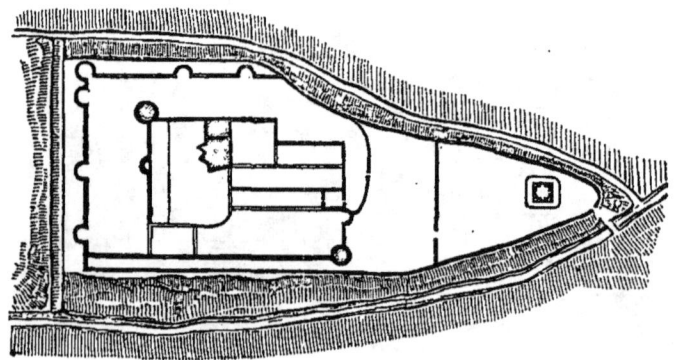

Fig. 103. — Plan du château de Chalusset.

Fig. 104. — Coupe du château de Chalusset.

Fig. 103, 104, château de Chalusset.

Il est situé sur une espèce de presqu'île triangulaire, qui forme un plateau élevé entre deux ruisseaux encaissés et n'est accessible que par l'une ou l'autre de ses extrémités, les ruisseaux et des escarpements abrupts protégeant ses flancs contre toute attaque. C'est vers le confluent des deux ruisseaux que la pente est plus douce et que le terrain s'abaisse le plus. On a pensé que c'était le côté vulnérable, et c'est sur ce point que l'on a accumulé les moyens de défense.

Après avoir franchi le pont, qui, sans doute, était fortifié autrefois, on trouve une muraille continue qui enveloppe tout le plateau; cette muraille franchie, on rencontre une tour carrée, isolée, avec un fossé profond. C'est un fort détaché qu'il fallait emporter avant d'attaquer le château.

Puis se présente une muraille qui intercepte toute communication avec la partie supérieure du plateau.

Au delà s'offre une autre muraille basse, qui forme une espèce de redoute en avant de la porte du château.

Cette porte s'ouvre à gauche de celle de la redoute, et est protégée par un massif épais et par une tour qui la flanque, en se projetant en avant du périmètre du château. On trouve une première cour, puis une seconde porte. On est alors dans l'intérieur du château; à droite et à gauche sont les bâtiments d'habitation, magasins, etc.

Le donjon, de forme très irrégulière, est situé dans un angle de la basse-cour. Il est divisé en deux parties par un grand mur de refend, qui s'élève jusqu'au sommet. Chaque partie de ce donjon a son escalier indépendant.

Du côté opposé, c'est-à-dire à la base du triangle formé par le plateau, le rocher, excavé, présente pour premier obstacle un large fossé; derrière s'élève une muraille flanquée de tours très rapprochées; puis vient l'enceinte intérieure du château qui renferme la basse-cour.

Bien que la raideur des pentes et que les deux ruisseaux semblent mettre les deux grands côtés du triangle à l'abri de toute attaque, les escarpements sont partout bordés de murs et quelquefois même l'enceinte est double.

Le château de Chalusset, aujourd'hui fort ruiné, paraît avoir été bâti ou du moins très agrandi, vers la fin du xii° siècle. C'est à cette époque qu'on peut rapporter toutes ses dispositions principales, retouchées d'ailleurs, comme il semble, jusqu'au xvi° et au xvii° siècles.

D. — TOURS ET PETITS CHÂTEAUX ISOLÉS.

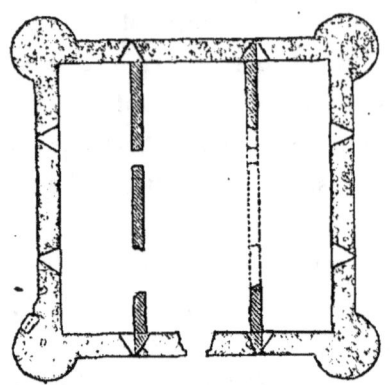

Fig. 105. — Le Castera (rez-de-chaussée).

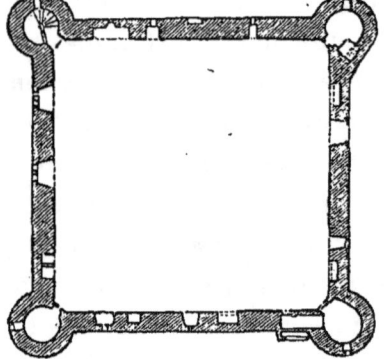

Fig. 106. — Premier étage.

Le Castera, près de Bordeaux. Grosse tour carrée avec tourelles aux angles. Point de basse-cour; nuls ouvrages avancés. En raison de la largeur de cette tour, on a divisé le rez-de-chaussée par deux murs de refend, afin de donner un appui au plancher du premier étage.

Le Castera paraît dater du XIIIe siècle.

III

INSTRUCTIONS

À L'USAGE DES VOYAGEURS EN ORIENT[1].

1856.

MONUMENTS DE L'ÈRE CHRÉTIENNE.

ARCHITECTURE.

Byzance, connue dans l'antiquité par sa situation remarquable, par le passage des Gaulois et le long siège de Septime Sévère, fut appelée par Constantin le Grand à devenir la rivale de Rome, lorsqu'il y fonda l'empire oriental. A cette ère de renouvellement présida la croix : c'est dire que les temples païens naguère élevés dans son enceinte furent remplacés par des basiliques chrétiennes, et qu'un art nouveau, celui de la civilisation moderne, allait poindre dans cette partie du vieux monde. L'empereur, néanmoins, voulant que cette capitale de l'Orient fût la digne émule de l'ancienne ville des Césars, l'agrandit considérablement, y prodigua les portiques, les palais, les aqueducs, les thermes, les places publiques. A ce point de vue, elle ressemblait aux grandes cités romaines, et de nos jours encore on y voit des ruines qui peuvent servir à éclairer la science sur plus d'une disposition antique. Quant aux détails de l'art, c'est-à-dire aux proportions des monuments, à leurs profils décoratifs, au style de l'ornementation dont ils sont chargés, ici commence une révolution qu'il faut faire remonter jusqu'au fondateur, et qu'on suit non seulement dans les églises, si différentes des temples antiques, mais aussi dans les monuments qui, par leur destination et leurs formes, rappelaient encore la civilisation païenne.

Ainsi donc, avec Constantinople devenue capitale, s'ouvrait un cycle

[1] [Ces instructions ont été rédigées par M. Albert Lenoir.]

nouveau pour l'art de l'Orient. De cette ville, centre d'un vaste empire, foyer d'une puissance remplaçant celle de Rome, puis héritière de l'art et de l'industrie antiques, le christianisme fit le premier et le principal flambeau de la civilisation moderne. Là disparurent peu à peu les mœurs, les usages, les arts de l'antiquité, pour faire place aux améliorations successives que réclamait le monde renouvelé. L'Asie, l'Afrique, l'Europe occidentale, éprouvèrent simultanément son influence, et de nos jours encore, l'art grec, ainsi que celui du nord de l'Europe, marche sur ses traditions.

Avant l'arrivée de Constantin, Byzance n'occupait que l'espace où s'élève aujourd'hui le palais du Grand Seigneur; sa forme était triangulaire. La Corne d'or, devenue depuis le port de Constantinople, et le rivage de la Propontide, motivèrent cette forme. L'enceinte du nord commençait vers la porte actuelle des Jardins (*Bagché-Kapou*), autrefois la porte Navale: là était le port, aujourd'hui en partie comblé et devenu une station de caïques; auprès s'élevaient l'arsenal, puis les thermes de *Xeuxippe,* établis l'un et l'autre par Septime Sévère.

La pointe du Sérail (*Seraï-Bournou*) portait une citadelle triangulaire dite *Acropole de Démétrius;* le mur de ville, au sud-est, formait ici un angle aigu avec celui du nord, et se dirigeait sur le rivage de la Propontide jusqu'à Tchatlati-Kapou (la porte crevassée), autrefois la porte de Fer ou d'*Arctus*.

Le mur d'enceinte situé vers le continent, à l'ouest, s'étendait de ce point jusqu'à l'arsenal de Septime, sur la Corne d'or. Les édifices publics et privés de Byzance étaient protégés par ces trois murailles, réunies à leurs extrémités.

Constantin, agrandissant considérablement cette ville, pour réaliser ses projets, ne put le faire qu'en étendant sa forme triangulaire : il supprima la muraille occidentale, qui limitait l'espace, prolongea celle du nord jusqu'aux Eaux douces, celle du sud-est, voisine de la Propontide, jusqu'au lieu occupé aujourd'hui par le château des Sept-Tours; l'enceinte de l'ouest, vers le continent, s'éleva sur une ligne parallèle au mur de Byzance supprimé. Cette vaste enceinte contenait des vallées, puis des collines au nombre de cinq; elles furent portées à sept lors des accroissements que firent Théodose le Grand, Théodose le Jeune, Héraclius et Léon. Ce développement nouveau supprima l'enceinte occidentale de Constantin, qu'avait terminée Constance.

Les Grecs font remonter l'origine de l'assemblée chrétienne de Byzance à l'apôtre saint André; Cédrène n'en porte le premier évêque qu'au règne de Caracalla. Quoi qu'il en soit, Constantin trouva une église dans cette ville; il l'augmenta pour en faire le temple principal du nouveau culte : Constance le réunit, sous le nom de Sainte-Sophie, à une basilique allongée beaucoup plus vaste; c'est ce monument, détruit par un incendie, que Justinien rmeplaça par la grande église qui existe encore. De nombreux temples chrétiens s'élevèrent dans les nouveaux quartiers de Constantinople depuis l'époque de la fondation de la ville jusqu'à la chute de l'empire. On trouvera plus loin une classification de quelques-uns de ces édifices et l'indication des caractères d'architecture qui les distinguent.

Constantin fit construire deux habitations impériales: l'une, située à l'orient, nommée le *palais de Porphyre*, s'élevait sur l'*Augusteum*, place carrée entourée de portiques à deux rangs de colonnes, sur laquelle, devant le palais, était la façade de l'église principale, depuis Sainte-Sophie; cette place contenait la statue d'Hélène sur une colonne et le milliaire d'or, où venaient aboutir toutes les grandes voies de l'empire. Le second palais, nommé *la Magnaure*, s'élevait à l'occident de la ville; on en voit aujourd'hui les ruines. La place de Constantin occupait le centre de la ville nouvelle : elle était circulaire; des portiques à deux étages de colonnes portant des statues en faisaient le tour, deux grands arcs en marbre de Proconèse la décoraient, ainsi qu'une fontaine ornée d'un groupe et d'une statue en bronze; l'empereur y avait fait élever aussi la grande colonne de porphyre enlevée à Rome, connue aujourd'hui sous le nom de *colonne Brûlée* et menaçant ruine; elle portait sa statue. Entre ces deux places s'éleva plus tard le forum de Théodose, orné, comme ceux de Trajan et d'Antonin à Rome, d'une colonne triomphale chargée de bas-reliefs militaires; une partie de ce monument existe. Les palais de l'Aigle, de Buccoléon, des Blachernes, succédèrent à ceux de Constantin restaurés par Justinien. Le Strongyle, depuis le château des Sept-Tours, forma la citadelle maritime, comme les Blachernes constituaient celle de la partie septentrionale.

Un capitole, des palais destinés aux assemblées du sénat, des édifices pour contenir le trésor public et celui de l'empereur, s'élevèrent aussi dans la ville; l'arsenal fut placé au fond de la Corne d'or, au moyen âge un autre occupa les rives de la Propontide. Les thermes de Xeuxippe, établis par Septime auprès de l'ancien port de Byzance, s'agrandirent et devinrent le plus bel édifice de ce genre qu'il y eût au monde; Arcadius en éleva un autre sur la mer de Marmara. Les édifices consacrés aux jeux publics furent l'Amphithéâtre et le Cirque; le premier était situé au nord de la ville, vers les *Eaux douces*: on en trouve le souvenir dans le nom d'une porte dite *aux Bêtes féroces*, située de ce côté; l'Amphithéâtre fut abandonné de bonne heure, comme contraire aux idées chrétiennes.

Le Cirque, construit sur des dimensions considérables, occupa l'orient de la cité; une grande partie de ce monument existe encore. La Spina porte un obélisque dressé sur un piédestal couvert de bas-reliefs : à côté, une colonne torse en bronze, formée de serpents enlacés, était jadis le support du trépied de Delphes; une pyramide occupe l'autre extrémité de la Spina. L'empereur avait fait élever un édifice, le Sigma, auprès du Cirque; on en trouve aujourd'hui quelques traces.

De nombreuses et immenses citernes furent creusées dans le sol de Constantinople pour recevoir les eaux des aqueducs : ces réservoirs existent, les uns dans leur entier, les autres ruinés; l'aqueduc de Valens traverse l'une des plus profondes vallées de la ville; ceux de Pyrgos et de Baktché-Keuï sont encore en usage.

Cet aperçu des richesses monumentales que renfermait originairement Constantinople, et dont on voit plus d'une ruine, suffit pour indiquer d'abord l'analogie qu'elle offrait avec les grandes cités antiques par ses dispositions générales, puis tout ce qu'on peut y trouver de précieux fragments de tous genres propres à éclairer la science sur la marche de l'art, sur la transition qui s'opéra entre les formes classiques, admises encore au siècle de Constantin, et celles qui s'y développèrent plus tard, enfin sur l'art nouveau qui dut son origine et son nom à la capitale de l'empire.

Les nombreux monuments de tous les genres exécutés en Orient par les civilisations diverses qui s'y sont succédé ou s'y trouvèrent en présence depuis le commencement de l'ère chrétienne peuvent, comme ceux de nos contrées, se diviser en cinq classes : 1° édifices religieux; 2° édifices monastiques; 3° constructions militaires; 4° édifices civils; 5° constructions hydrauliques.

L'Orient vit les premiers temples chrétiens, puisque là s'organisa l'Église; l'art antique, dans toute sa vigueur alors, se refléta sur les premiers édifices du culte nouveau, et durant quatre siècles il y conserva son influence : les maisons religieuses, les constructions militaires et civiles, ne furent établies, durant cette première période, que sur des imitations plus ou moins imparfaites de ce que l'art grec et romain avait laissé comme exemple.

L'art byzantin parut ensuite, prenant une direction qui lui fut propre; il produisit, pour toutes les branches de l'architecture, des compositions ingénieuses, dans lesquelles règnent une teinte locale et une physionomie particulière qui forment une école bien distincte. La variété dans la distribution des plans, dans la décoration des façades et les dispositions intérieures, en forme le principal caractère.

Lorsque ce style se développait dans cette voie, l'art arabe naissait dans des régions plus méridionales et s'étendait rapidement sur l'Asie; il eut à créer aussi pour une civilisation particulière et puissante. Les Turcs ont grandement puisé à cette source féconde, et en ont souvent allié les produits à ceux de l'art néo-grec pour former le leur, qui n'est qu'une fusion.

Enfin, pendant que ces mouvements divers s'opéraient sur le sol des civilisations antiques, l'Europe occidentale et moyenne grandissait dans le christianisme; elle y puisait la sève qui devait lui donner un art particulier, le style roman, et son dérivé, le style gothique. Ce fut alors que les saints lieux appelèrent d'Occident les pèlerins et les croisés; l'architecture de nos contrées vint se mêler aux styles orientaux, les modifiant d'abord par des alliances, les remplaçant bientôt dans tout le midi de l'empire.

Ce sont les diverses phases de ces révolutions variées, que l'architecture orientale subit depuis l'ère chrétienne, qu'on propose ici d'étudier dans leurs détails nombreux et variés. Nous n'avons à leur égard que des données vagues encore, et la science attend le jour où des publications étendues pourront la fixer d'une manière certaine.

CHAPITRE PREMIER.
ARCHITECTURE RELIGIEUSE.

Le christianisme a donné à l'Orient des monuments religieux de toute forme, intéressants pour la France à plus d'un titre, puisque nos aïeux empruntèrent d'abord à cette contrée, ainsi qu'à l'Italie, les basiliques primitives; qu'ils reproduisirent ensuite, plus ou moins exactement, les églises byzantines; puis enfin qu'ils y portèrent, par la conquête, notre architecture septentrionale.

Dans toute la chrétienté, aux premiers siècles de notre ère, la basilique, imitée de celle des anciens, avait été adoptée comme satisfaisant aux premiers besoins du nouveau culte; l'Occident et l'Orient se contentèrent de cette transition entre l'architecture païenne et celle que le christianisme devait produire un jour. Bientôt le style particulier à l'empire de Byzance se formant en Orient, les temples appropriés au rite grec prirent une physionomie locale, qui eut son influence sur l'art de l'Occident.

Cette architecture néo-grecque suivait son cours depuis plusieurs siècles, lorsque nos pèlerinages plus fréquents, et enfin les croisades, vinrent troubler sa marche en y introduisant d'abord quelques dispositions de nos églises du Nord, ce qui forma un style mixte, puis en remplaçant complètement l'art byzantin par l'architecture romane et gothique dans les contrées où les princes français établirent leur puissance. Ainsi la marche de l'art chrétien en Orient rappelle, à l'égard de la forme des temples : 1° l'unité de la primitive Église; 2° le schisme grec; 3° la conquête latine.

Basiliques.

Les basiliques primitives de l'Orient se divisent en deux classes : 1° édifices à deux étages; 2° églises à un étage.

1° Les basiliques à deux étages sont d'origine plus ancienne que les autres, parce qu'elles furent imitées exactement des synagogues, où se firent les premières conversions, et des basiliques civiles des Romains, édifices dans lesquels les femmes étaient placées au premier, dans le Gynéconitis.

2° Les basiliques à un étage sont dérivées des premières; elles furent ainsi modifiées lorsqu'on admit les femmes au rez-de-chaussée, dans la nef du nord, les hommes se réservant celle du midi.

Basiliques à deux étages.

Constantinople. — La basilique de Saint-Jean-Studius, à Constantinople, est inédite; elle est remarquable par son porche, par les nombreux chapiteaux employés à sa construction générale.

Salonique. — L'*Eski-Djouma* (inédite) est entourée d'une *area* dans laquelle se voit une fontaine byzantine ornée de sculptures, d'inscriptions et monogrammes; l'exo-narthex et l'eso-narthex sont des dispositions rares, ainsi que la galerie qui reliait l'église à la rue en traversant l'*area*. A l'intérieur sont des restes de mosaïques, dans les cintres des arcades, et le *labarum* se voit au-dessus des chapiteaux en marbre des colonnes. Ces divers détails sont précieux pour indiquer comment étaient décorées les grandes basiliques sous Constantin : la construction est en briques.

Salonique. — *Kassinieh-Djami-Si* (église de Saint-Démétrius), fondée au VIᵉ siècle. L'atrium, situé devant la façade, contient une curieuse fontaine byzantine ornée de huit colonnes portant un dôme; au centre de cet édicule est une cuve de marbre sculpté. Le narthex de la basilique porte le *gynéconitis*. A l'intérieur, l'édifice est divisé en cinq nefs par quatre rangs de colonnes de marbres précieux; celles du rez-de-chaussée supportent, indépendamment du premier étage, des galeries intermédiaires en bois, dites galeries des *catéchumènes*, disposition unique. Auprès du sanctuaire sont des salles à colonnes ou diaconiques pour le clergé. Le tombeau du saint est auprès du narthex. (Inédite.)

Basiliques simples.

Bethléem. — La plus célèbre basilique dépourvue d'un premier étage qu'il y ait en Orient est celle que l'impératrice Hélène fit construire sur la crèche du Sauveur. Elle est précédée d'un atrium contenant trois citernes. Un narthex fort simple s'élève devant la basilique; celle-ci est divisée en cinq nefs par quatre rangs de colonnes en marbre d'ordre corinthien, sur lesquelles sont peintes des figures de saints. Le transept, ou nef transversale, est d'une grande étendue et se termine par deux absides, ce qui est fort rare dans les basiliques. Des fragments de la mosaïque dont les murs étaient couverts existent encore; ils sont d'un grand intérêt pour l'histoire de l'art, et n'ont jamais été publiés d'une manière sérieuse, non plus que l'ensemble de l'édifice. Le sanctuaire de cette église remarquable, qui fut restaurée sous les empereurs grecs, au moyen âge, s'élève au-dessus de la grotte de la Nativité.

Athènes. — La capitale de la Grèce contient aussi quelques basiliques de forme primitive, ainsi que des chapelles dont la disposition s'en rapproche.

Chapelles. — On voit sur la colline de l'Aréopage, au nord, une chapelle en partie détruite, qui rappelle le souvenir de saint Denis l'Aréopagite.

Auprès du Pnyx est une autre chapelle de forme allongée, décorée de peintures à l'intérieur. (Ces chapelles sont inédites.)

Les basiliques d'Athènes sont généralement construites sur des dimensions restreintes; le narthex manque. Les façades, fort simples, sont ornées de quelques fragments antiques et de rares peintures religieuses. L'abside principale est accompagnée d'absides secondaires ou de deux sacristies carrées. Des fresques décorent les parois intérieures de l'édifice; on n'y voit aucune trace de mosaïques.

Les principales basiliques d'Athènes sont :

1° Celle de la Vierge du Grand-Monastère;

Façade de l'église de la Vierge du Grand-Monastère, à Athènes.

2° Celle de Saint-Philippe (publiées par Couchaud[1]);

3° Celle dont la façade est placée auprès du monument choragique de Lysicrate (inédite);

4° Quelques autres basiliques en ruines répandues sur plusieurs points voisins de l'Acropole (inédites).

La commission de Morée a fait connaître le plan d'une basilique située à

---

[1] [*Choix d'églises byzantines en Grèce*, pl. II.]

Modon. Il y en a certainement d'autres en Orient, mais elles sont inconnues.

Plan d'une église auprès de Modon.

Les Grecs modernes ont, depuis la conquête des Turcs, abandonné leur architecture nationale, et la basilique latine est celle qu'ils imitent de préférence, tant en Grèce qu'en Asie, soit par économie, parce que l'absence des voûtes dans ces édifices en offre une considérable, soit parce que les Turcs imitèrent dans la construction de leurs mosquées les édifices byzantins, et que les Grecs modernes voulurent suivre une autre voie.

STYLE BYZANTIN.

Eusèbe nous apprend que Constantin, la 12e année de son règne, fit élever en Orient un grand nombre d'églises de forme circulaire, à l'instar du Saint-Sépulcre et de l'église de l'Ascension, précédemment construits à Jérusalem par lui et sa mère sainte Hélène.

Cette nouvelle disposition des temples chrétiens de l'Orient devait conduire à l'emploi du dôme, à l'abandon de la basilique latine, de ses plafonds, de ses longues colonnades; ce fut l'origine du temple raccourci, surmonté de voûtes en tous sens, des Byzantins. Constantin lui-même établit la transition entre les deux styles, en construisant dans la nouvelle capitale la basilique des Saints-Apôtres, temple de forme allongée, mais surmonté d'une coupole. Cette église, depuis longtemps détruite, a été remplacée par la mosquée de Mahomet II, auprès de laquelle on voit, dans des jardins, quelques chapiteaux qui proviennent de la basilique impériale. Quant à la transition entre les deux styles, on en trouve en Orient quelques traces qu'il serait important de suivre : ainsi, la commission de Morée a fait connaître une petite église, située à Olympie, dont le porche et la nef, de forme latine, sont accompagnés d'une abside néo-grecque; l'église de Saint-Élie, à Salonique, forme une croix latine surmontée d'une coupole.

Cette alliance des deux styles produisit, depuis l'époque de la Renaissance, les innombrables églises surmontées de dômes qui ont été construites en Occident jusqu'à nos jours. La première idée en remonte à Constantin.

A côté des temples circulaires de l'Orient, qui offrent un intérêt particulier pour la France, puisqu'ils furent décrits et dessinés par notre évêque saint Arculfe, au VIIIe siècle, le même empereur en avait fait élever dont la forme était le polygone : ainsi était le temple d'or d'Antioche, consacré à la Vierge. Cette disposition fut celle qu'on adopta à Saint-Vital de Ravenne, et Charlemagne, voulant consacrer aussi un vaste temple à la Vierge dans la ville d'Aix-la-Chapelle, lui donna, comme Constantin, la forme d'un polygone. Plus tard, les Templiers, élevant en France les nombreuses chapelles de leurs commanderies, adoptèrent généralement cette forme en souvenir de l'Orient.

C'est sous le règne de Justinien que l'architecture byzantine commence à se dessiner d'une manière plus nette et mieux déterminée; le cercle et le polygone dominent bien encore dans la forme des plans conçus au commencement de ce règne, mais une enceinte quadrilatère les enveloppe et s'y relie; des nefs latérales, non encore bien étudiées, s'y font entrevoir.

Enfin, cet empereur multipliant à l'infini les édifices religieux, l'art en profita et le style byzantin fut fixé définitivement; durant sa marche, au moyen âge, il eut une grande influence dans nos contrées occidentales, et en France plus qu'ailleurs peut-être. L'Aquitaine, le Périgord, le Limousin, l'Angoumois, l'Anjou, etc., sont riches en monuments sur lesquels on reconnaît des nuances de cette école, et dans le nord de la France, les moines de Saint-Médard de Soissons élevaient en 1158 une église imitée de celle de Sainte-Sophie de Constantinople. Précédemment, en 1019, un évêque d'Elne (Pyrénées-Orientales) dessinait à Jérusalem l'église qu'il devait reproduire pour en faire sa cathédrale : « Cum Berangarius ad sanctam civitatem Jerusalem devotionis ergo accessisset, formam hujusce ecclesiæ in pergameno descripsit, unde reversus ædificavit in villa superiori Helenensi ecclesiam cathedralem. » (*Gallia christiana*, t. VI, p. 1040.)

Églises rondes et en polygone.

Saint Arculfe décrit les églises circulaires de Jérusalem et en donne les plans, publiés par les Bénédictins; ce sont :

1° Le Saint-Sépulcre, où il reste quelques fragments de la muraille extérieure;

2° L'église de l'Ascension, entièrement détruite;

3° Le tombeau de la Vierge, reconstruit par les croisés. Le saint voyageur, passant à Constantinople, y mentionne une grande église ronde contenant le bois de la vraie croix, puis celle de la Vierge; Ruy Gonzalès de Clavijo, qui visita cette ville en 1403, décrit les églises de Saint-Jean ἐν Ἑϐδόμῳ et de Sainte-Marie péribolique : elles étaient circulaires; peut-être en existe-t-il des ruines.

Salonique. — Église de Saint-Georges (inédite). La ville de Salonique

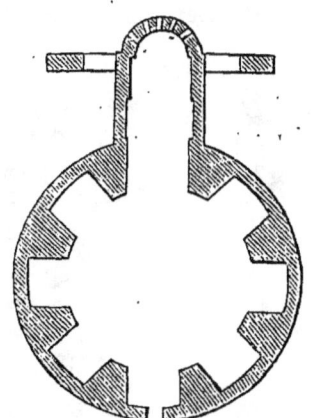

Église Saint-Georges, à Salonique.

possède la plus belle église circulaire qui soit conservée en Orient : elle date du règne de Constantin; son antiquité, sa belle disposition, les précieuses mosaïques chrétiennes qui couvrent ses voûtes, en font le plus curieux monument de cette époque. On voit au sanctuaire le premier exemple d'arcs-butants. La construction est en briques, portant des monogrammes avec la croix.

Athènes. — La capitale de la Grèce présente une église dédiée aux saints Apôtres, dont le plan en polygone, entouré d'exèdres, offre de l'analogie avec la description que fait Eusèbe du temple d'or dédié à la Vierge par Constantin dans la ville d'Antioche. (Le seul plan de cette église est publié.)

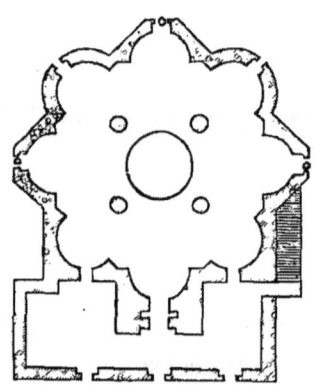

Église des saints Apôtres, à Athènes.

Les temples ronds et en polygone de l'Orient, reproduits en France sous les Mérovingiens et les Carlovingiens, se multiplièrent sous la troisième race, lorsque les styles roman et gothique succédèrent à celui qui avait précédé. A la Renaissance, on fit quelquefois usage de ces deux formes géométriques.

SIÈCLE DE JUSTINIEN.

Églises carrées.

Constantinople. — L'église de Sergius et Bacchus, ou la petite Sainte-

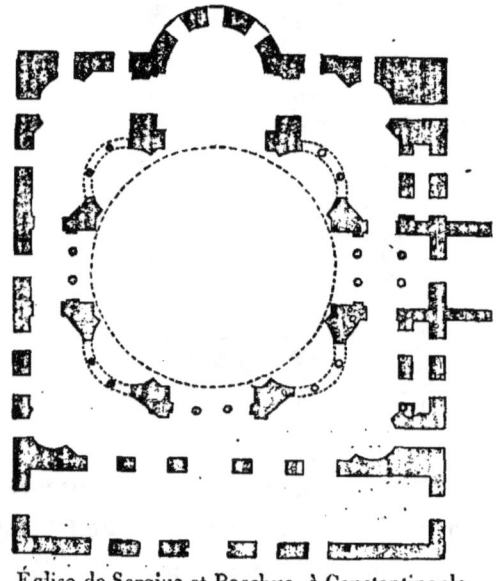

Église de Sergius et Bacchus, à Constantinople.

Sophie (plan et coupe publiés), est un édifice antérieur de quelques années à la grande église Sainte-Sophie; il est carré au dehors, en polygone à l'intérieur. Deux étages de colonnes précieuses portent la coupole;

elles sont disposées en exèdres, comme à la grande Sainte-Sophie et à Saint-Vital de Ravenne. Les chapiteaux en marbre, peints de diverses couleurs, sont byzantins au rez-de-chaussée et ioniques au premier étage. L'ordre inférieur porte une belle corniche byzantine avec inscription impériale. On y voit les monogrammes des deux saints.

Église Sainte-Sophie[1]. — Le plus grand et le plus célèbre temple chrétien de l'Orient est celui de Sainte-Sophie, construit avec les marbres les plus précieux et les matières les plus rares; cette église renferme tout ce que l'art byzantin pouvait produire de plus recherché. L'atrium contenait le baptistère, orné de portes incrustées d'or et d'ivoire; celles qui ferment l'entrée actuelle de l'église sont du travail le plus délicat: on y voit une inscription damasquinée en argent. (Elles sont inédites). L'intérieur présente de tous côtés des détails d'architecture, de sculpture, d'ornementation du plus haut intérêt pour l'histoire de l'art; les mosaïques des voûtes sont conservées sous le badigeon. Ce temple si célèbre, qui devint le type des

Église Sainte-Sophie, à Constantinople.

églises d'Orient et le principal fondement de l'art byzantin, est encore, pour ainsi dire, inconnu; les plans et des vues pittoresques ont seuls été publiés; un travail sérieux et complet sur son ensemble et ses détails d'architecture, de décor et de construction, ouvrirait une large carrière à l'étude.

[1] [Voir plus haut, p. 81.]

Theotocos tou Libou. — Eglise construite par Justinien, dans le voisinage

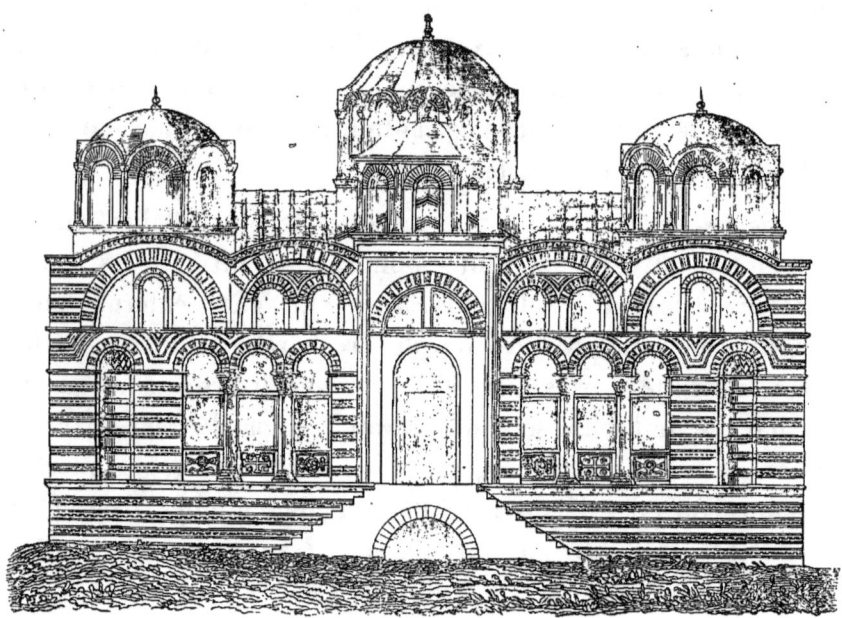

Façade de l'église de *Theotocos*, à Constantinople.

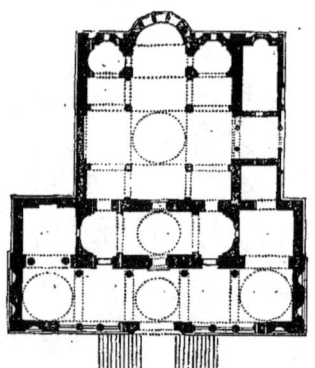

Plan du *Theotocos*.

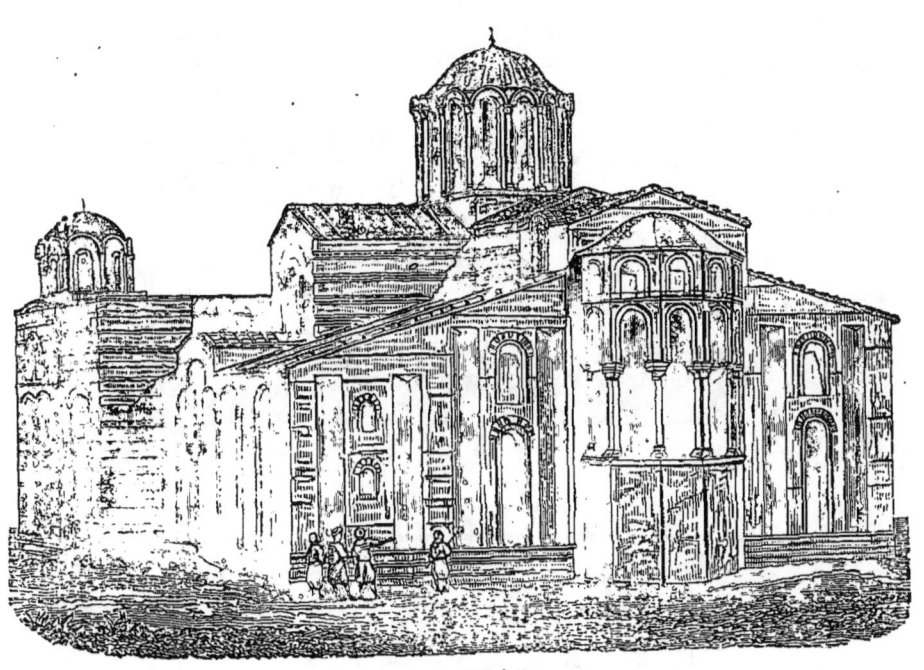

Abside du *Theotocos*.

Extrémité du narthex du *Theotocos*, voûte extradossée.

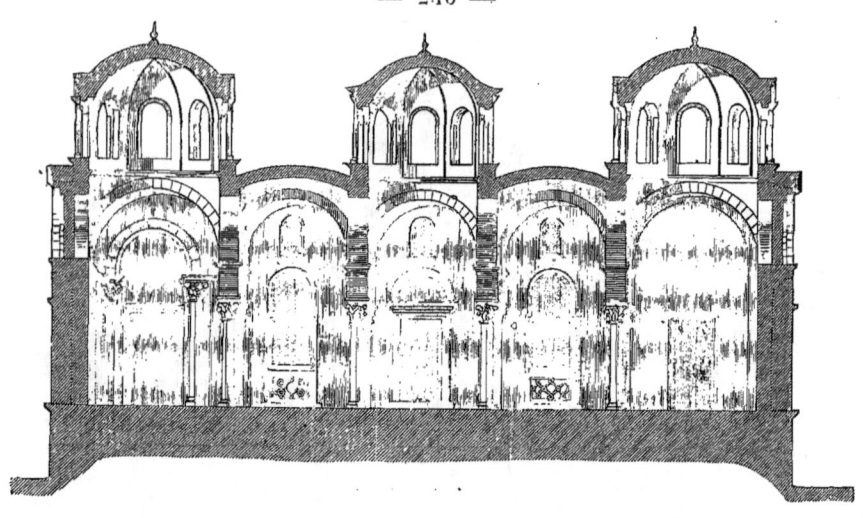

Intérieur du narthex du *Theotocos*.

Coupe de l'église du *Theotocos*.

de l'aqueduc de Valens. La façade est remarquable par les chapiteaux et les marbres sculptés; à l'intérieur sont des restes de mosaïques et d'anciennes terres cuites émaillées placées par les Turcs. (Publiée.)

Μονὴ τῆς Κορᾶς (*monastère de la Vierge*). — Belle église byzantine,

Façade de l'église de Μονὴ τῆς Κορᾶς, à Constantinople.

Arc-butant à l'église de Μονὴ τῆς Κορᾶς.

curieuse par les détails des fenêtres, dans lesquelles on peut voir le principe des trilobes du moyen âge en Occident. Arcs-butants à l'abside. (Façade publiée.)

Pantocrator. — Grande église située à l'occident de l'aqueduc de Valens;

Façade du *Pantocrator*, à Constantinople.

remarquable par sa façade, ses clôtures de fenêtres, etc. Un grand tombeau byzantin est placé devant l'église, auprès d'une source. (Façade publiée.)

Église Sainte-Théodosie. — Remarquable par la disposition de ses façades latérales, de son abside, et par les inscriptions grecques gravées en saillie sur les moulures qui couronnent le rez-de-chaussée à l'extérieur. (Inédite.)

Église Sainte-Irène. — Dans la première cour du palais du Grand Seigneur. (Inédite.)

Salonique. — *Sainte-Sophie*. — Édifice construit en briques et revêtu de marbres à l'intérieur, comme la grande église de Constantinople; deux étages de colonnes décorent les nefs : elles sont d'ordre byzantin et ionique. Auprès du chœur sont deux constructions distinctes : la sacristie et la chambre à calices. La coupole présente le plus remarquable travail en mosaïque qu'il y ait en Orient : on y voit le Christ triomphant entre deux anges, la Vierge et les douze apôtres. (Inédite.)

Le Caucase, exploré par M. Dubois de Montperreux, présente de nombreuses églises dans le style byzantin ; quelques-unes sont attribuées au siècle de Justinien. Publiées jusqu'à ce jour d'une manière peu développée, elles peuvent fournir de précieux documents sur l'art chrétien de l'Orient.

L'Asie Mineure conserve aussi de nombreux souvenirs de l'art chrétien des premiers siècles ; une exploration intelligente des sept églises d'Asie, de celles qui durent s'élever plus tard dans les grands centres de population, serait digne de fixer l'attention des voyageurs. Il en est de même des temples consacrés à de saints évêques, tels que celui de saint Nicolas de Myra, sur les côtes de Caramanie.

MOYEN ÂGE.

Le moyen âge vit le style byzantin se perpétuer en Orient jusqu'aux croisades ; on en remarque de précieux exemples dans plusieurs villes.

On peut fréquemment en fixer la date par des inscriptions ou des monogrammes ; le style des ornements et des profils de moulures est un guide dont on doit se servir.

Salonique. — *Kasandjilar-Djami-Si* (église de Saint-Baradias). — Construite en 987 par Basilicus, porté-épée de l'empereur Basile II. La construction est en briques ; les couronnements extérieurs en cintres. A l'intérieur sont des restes de peintures sous la chaux. L'édifice est abandonné. (Inédit.)

Soouk-sou-Djami-Si (église des Saints-Apôtres). — Le plan est analogue à celui du Theotocos, à Constantinople, imité depuis à Saint-Marc de Venise. La construction est en briques ; au fond est la salle des vases sacrés ; il n'y a pas de peintures à l'intérieur ; le dôme surbaissé est décoré de colonnettes. Les monogrammes du fondateur se voient sur les chapiteaux et au-dessus de la porte. (Inédite.)

Sarali-Djami-Si (église de Saint-Élie). — Église byzantine, dont le plan forme une croix latine ; elle date de l'an 1012, suivant un monogramme placé sur une corniche, et se termine par trois hémicycles. L'intérieur, blanchi à chaux, contenait sans doute une décoration peinte. La construction, en briques, forme des méandres. L'église, comme toutes celles de saint Élie, occupe un point culminant de la ville. (Inédite.)

Athènes. — Les églises byzantines d'Athènes, plus nombreuses qu'en aucune autre ville de l'Orient, plus petites que celles de Constantinople et de

Façade du *Catholicon*, à Athènes.

Salonique, présentent, dans leur disposition générale, dans leur décor et les combinaisons du constructeur, matière à des études intéressantes, tant pour ce qui concerne les formes que pour la chronologie et l'histoire de l'art. Ainsi, l'église des *Saints-Apôtres* présente, dans la disposition de son plan, le polygone admis vers la période primitive; les formes cubiques de la *Panagia Nicodimo* rappellent la seconde époque de l'art byzantin, celle qui sépare le règne de Constantin de celui de Justinien; le *Catholicon*, les

Abside du *Catholicon*.

Incorporels [1], le *Kapnicarea*, *Saint-Théodore* [2], *Saint-Taxiarque*, présentent toutes les nuances que l'art parcourut durant le moyen âge.

Si de l'Attique on passe dans le Péloponèse, on voit quelques églises byzantines à Coron, à Modon, à Samari [3], à Mistra [4], à Loutraki, à Patras, etc.

[1] [Couchaud, pl. VII.]
[2] [Couchaud, pl. VIII à X.]
[3] [Voir plus haut, p. 84.]
[4] [Couchaud, pl. XX à XXV.]

(Plusieurs églises d'Athènes[1] et de la Morée ont été publiées par Couchaud.)

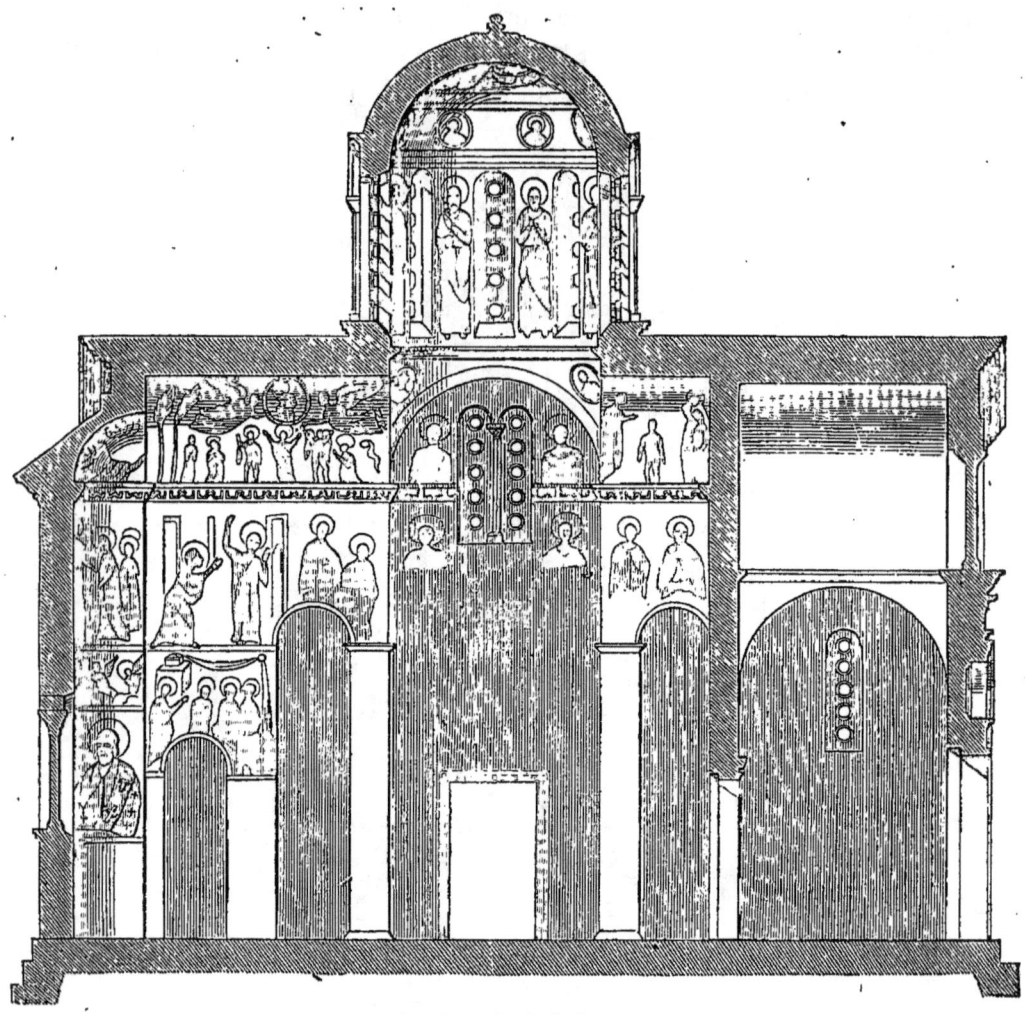

Intérieur du *Catholicon*.

Trébizonde. — Lorsque des divisions politiques portèrent un des sièges de l'empire à Trébizonde, on y éleva des églises. Celle de *Sainte-Sophie* est remarquable par ses sculptures placées à l'extérieur, par des formes archi-

---

[1] [Couchaud, pl. I à XVI, donne les vues de l'ancienne église métropolitaine, de l'église Saint-Philippe, du dôme de l'église de la Grande-Vierge, des églises de la Vierge du Grand-Monastère de Saint-Jean, des Incorporels, de Saint-Théodore, de Saint-Nicodème, de Kapnicarea et de Saint-Taxiarque.]

tecturales qui indiquent une époque très-avancée et à laquelle l'art des Arabes et celui des Occidentaux eurent de l'influence. Auprès de l'édifice est un baptistère octogone enrichi à l'intérieur de grandes peintures byzantines.

Façades. — Les édifices religieux des Orientaux indiqués dans les pages précédentes comme offrant de précieux éléments d'études peuvent, ainsi qu'on l'a vu, se classer chronologiquement par les caractères variés que présentent leurs plans; les dispositions des façades viennent aussi en aide à cette classification, importante pour l'histoire de l'art.

Façade peinte, tirée d'un manuscrit.

Basiliques. — Quelle que soit l'étendue des basiliques primitives des chrétiens d'Orient, la façade est toujours surmontée d'un pignon ou fronton plus ou moins élevé, selon que l'édifice est situé dans une contrée où les pluies sont rares ou abondantes ; ce pignon étant déterminé par l'inclinaison des toits.

Si les bas côtés ou nefs latérales sont doubles comme on en voit à Salonique, simples comme aux basiliques d'Athènes et du Sinaï, etc., leurs toits de couverture déterminent sur la façade deux demi-pignons situés plus bas que le gâble principal, à moins que la basilique n'offre à l'intérieur deux étages à ses bas côtés, ce qui put conduire les constructeurs à établir un seul toit commun à la nef principale et aux collatéraux.

Les chapelles ou les basiliques assez peu étendues pour n'avoir qu'une nef ne présentent qu'un simple pignon au sommet de leur façade.

Abside. — Le mur oriental des basiliques primitives offre, dans ses régions hautes et moyennes, les mêmes dispositions que la façade principale ; contre ce mur s'appuie l'abside, demi-tour ronde, surmontée d'un toit en forme

Abside d'une église auprès de l'*Acropolis*.

de cône. Les bas côtés peuvent avoir des absides secondaires.

Portes. — Les portes des premiers temples chrétiens se composent, soit

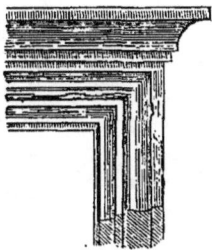

Profil des chambranles des portes de Μονὴ τῆς Κοpάς.

de chambranles antiques, employés dans leur intégrité, soit de fragments monolithes, plus ou moins ornés, et superposés de manière à former un encadrement rectiligne.

Fenêtres. — Les fenêtres sont cintrées à leur sommet, tant avec des

Fenêtre de l'église
de Μονὴ τῆς Κοpάς.

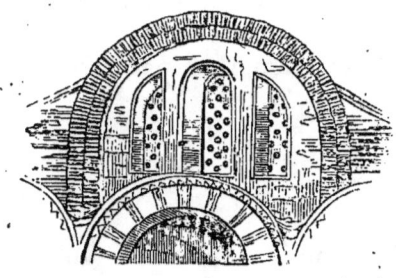

Fenêtre de l'église
du *Pantocrator*.

briques seules qu'avec des moellons allongés qui alternent dans l'arc. On pourrait rencontrer dans les baies de ces fenêtres des clôtures formées de

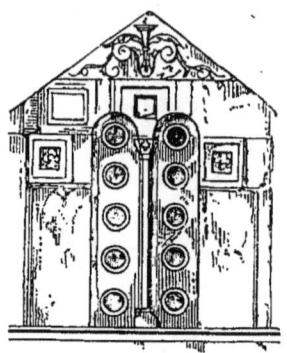

Clôture de fenêtre
à la façade du *Catholicon*.

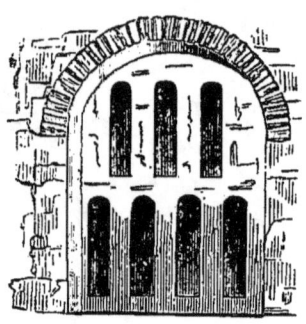

Clôture au narthex
de l'église Sainte-Sophie.

Clôture à l'église Sainte-Théodosie.

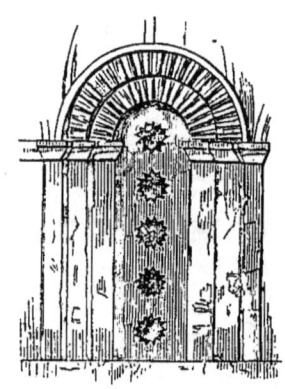

Clôture à l'église Saint-Taxiarque.

tablettes de marbre percées de trous de diverses formes; on en rencontre sur le Caucase.

ÉGLISES BYZANTINES.

1re période.

Constantin, apportant une modification importante à la basilique des premiers siècles en y adaptant une coupole au centre de la croix, puis en élevant des temples de forme entièrement circulaire ou en polygone, jeta les bases de la révolution qui allait s'opérer dans les édifices religieux de l'Orient. Eusèbe décrit l'église octogone élevée par ce prince à Antioche, ainsi que celle des Saints-Apôtres qu'il construisit à Constantinople, et mentionne les terrasses qui les surmontaient, ainsi que les grilles d'appui en bronze doré qui limitaient ces terrasses vers les façades : on peut en induire que ces édifices étaient couronnés par des lignes horizontales, que les pignons avaient disparu; et, en effet, la construction des voûtes, devenues nécessaires par les dispositions nouvelles, excluait les charpentes et conséquemment les pignons. L'église circulaire de Saint-Georges à Salonique, celle des Saints-Apôtres à Athènes, de forme polygonale, offrent l'une et l'autre des couronnements horizontaux et des terrasses supérieures excluant les pignons. Ainsi, à dater du milieu du règne de Constantin, se présente la première phase de l'architecture byzantine proprement dite, et les façades s'y montrent avec des formes différentes de celles de la période précédente.

Cette première phase de l'art s'étend, dans la capitale de l'empire, jusqu'au commencement du règne de Justinien, car l'église de Sergius et Bacchus (la petite Sainte-Sophie), dont la construction précéda de quelques années celle de la grande église de Constantinople, est ainsi conçue. La même ville présente un autre édifice construit dans un système analogue, et la Panagia Nicodimo[1] à Athènes, bien qu'élevée évidemment à une époque plus voisine de nous, conserve les mêmes dispositions cubiques, les provinces conservant quelquefois les formes traditionnelles.

Dômes. — Le caractère des dômes primitifs est d'être bas et pesants;

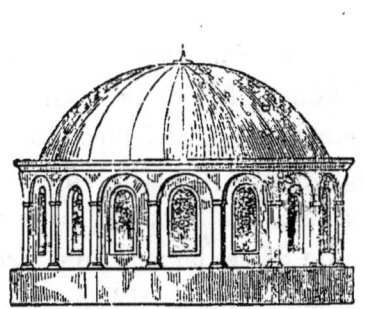

Dôme de l'église de Μονὴ τῆς Κορᾶς.

Dôme de l'église voisine de Saint-Taxiarque à Athènes.

sous Constantin, ils commencèrent à s'éclairer à leur base; ses successeurs

[1] [Voir plus haut, p. 82 à 85. La façade byzantine représentée à la page 82 est celle de la Panagia Nicodimo.]

les élevèrent plus que lui, en raison des progrès que faisait l'art de bâtir, et de nombreuses fenêtres furent placées autour du grand cercle des coupoles; plus tard, on éleva ces dernières sur un tambour cylindrique contenant les ouvertures destinées à éclairer le centre de l'édifice.

2° période.

Justinien faisait construire l'église Sainte-Sophie lorsqu'un accident qui se manifesta sur une partie de la façade le décida, comme nous l'apprend Procope, à faire supprimer tout le sommet du mur au-dessus des cintres de voûtes et à laisser l'extrados de celles-ci sans couronnement. Ce fait détermina une seconde période dans l'architecture des Byzantins : en effet, soit par l'économie qu'apportait cette simplification des formes, soit aussi par flatterie, on vit de ce moment les façades d'église offrir à leur sommet les nombreuses courbes déterminées par l'extradossement de leurs voûtes intérieures. Le *Theotocos*, le *Pantocrator*, Μονὴ τῆς Κορᾶς, Sainte-Théodosie, et d'autres églises de Constantinople, dues aux règnes de Justinien ou de ses successeurs, sont ainsi disposées; les provinces imitèrent la métropole, et ce système, encore en faveur à l'époque des conquêtes vénitiennes, fut adopté à la basilique de Saint-Marc, et se reproduisit dans la ville de Venise jusqu'au commencement du xvi° siècle; on le trouve à Mistra sur un édifice évidemment construit sous la domination latine, et les Grecs modernes l'ont quelquefois remis en vigueur, ainsi qu'on le voit à la grande église de la Vierge à Tine.

L'étude des églises byzantines demande une attention particulière de la part des voyageurs : les Turcs, envahissant l'empire de Byzance, élevaient successivement des mosquées dans les villes dont ils devenaient les maîtres; mais ce peuple, plus guerrier que constructeur, employa généralement des Grecs dans ces travaux, et, de plus, il adopta pour ses temples les principales dispositions des églises byzantines; il résulte de ces faits qu'on pourrait confondre les édifices des deux peuples, au premier aspect, si l'on n'observait : 1° qu'en général les temples chrétiens sont construits soit entièrement en briques, soit en pierres et en moellons, auxquels se mêle la terre cuite; la brique y fut employée en assises régulières, en losanges et autres formes géométriques; 2° que les corniches de couronnement sont formées de briques présentant leurs angles à l'extérieur. Dans les grandes villes, les mosquées sont ordinairement construites en pierres de taille; il est rare que

Façade de l'église de Tine.

ces derniers édifices ne présentent quelque amortissement de porte ou de fenêtre de forme arabe. Les chapiteaux cubiques ou en pyramide renversée des Byzantins, leurs moulures en biseau, la sculpture d'orne-

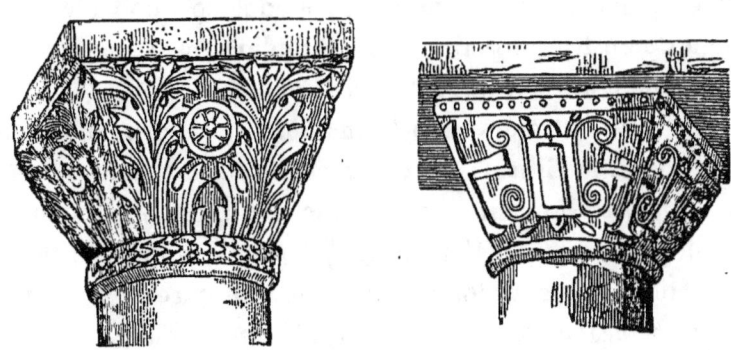

Chapiteaux byzantins.

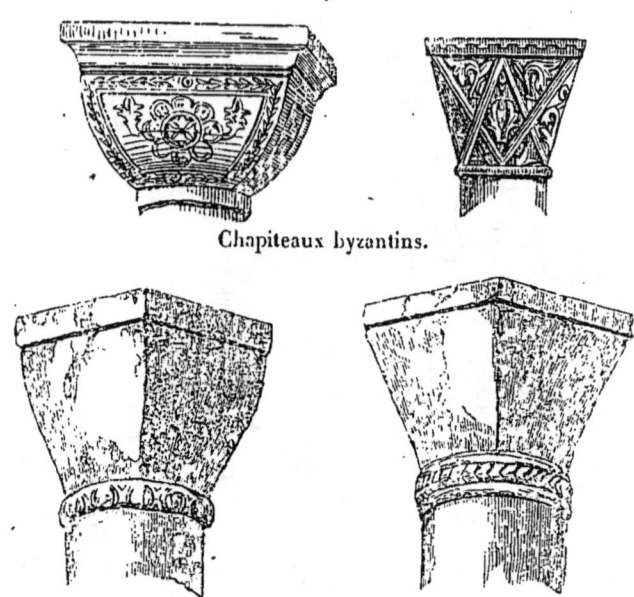

Chapiteaux byzantins.

Chapiteaux à la *Kapnicarea*, à Athènes.

ment facile à reconnaître, sont des caractères qui doivent guider dans cette étude.

3ᵉ période.

Pendant que l'architecture byzantine s'étendait du centre aux extrémités de l'empire et jusque sur les exarchats de l'Italie, commençaient les pèlerinages des Occidentaux vers la Terre-Sainte; bientôt ces voyages, en se multipliant, devaient porter en Orient l'art occidental. Les Capitulaires (édition publiée par Baluze, t. I) nous apprennent que Charlemagne fit restaurer les églises de Jérusalem; le moine français Bernard, pèlerin en 870, dit que cet empereur y fit élever une hôtellerie et une bibliothèque à l'usage des Occidentaux : « Hospitatus in xenodochio quod idem gloriosus Carolus Magnus construi jusserat, ubi et bibliothecam ingentis expensæ compegerat. » (*Ann. ord. S. Bend.* iiiᵉ siècle Benedict.)

La route que suivaient alors les pèlerins pour se rendre en Terre-Sainte traversait la Lycie et la Cilicie; ces contrées offrent des églises de tous les âges, parmi lesquelles doivent s'en trouver d'intéressantes pour relier la chaîne chronologique de l'art. Celle d'*Aladja*, par exemple, est remarquable par sa construction, par ses cloîtres ornés de sculpture et son cimetière; le mont *Karadagh, aux mille et une églises*, offre une foule de monuments curieux pour l'étude de l'art chrétien en Orient. Les monastères de *Cheyr-*

Houran et de *Mérianlik*, à peu de distance de *Sélefké*, l'église et la nécropole chrétienne de cette ville, celles de Gorighos (Corycus), de Cannidali, aux environs d'Aïasch, de Tarsous, de Manaz, d'Adana, de Sis, d'Anazarbe, méritent d'être étudiées, car il est probable que le passage si fréquent des pèlerins occidentaux par cette contrée y a laissé plus d'un souvenir, a exercé plus d'une influence sur l'architecture locale.

Cette troisième période de l'architecture byzantine présente des souvenirs des conquêtes vénitiennes en Orient : c'est là une des phases des transitions qui allaient s'opérer par le contact avec les Occidentaux. Peu importantes d'abord, les modifications s'établirent de préférence sur les parties élevées des façades, remplaçant par des pignons ou frontons les nombreuses courbes découpées de la seconde période. Les arrangements ingénieux de ces couronnements non motivés par l'emploi de la charpente, le goût tout italien qui y règne dans les profils de moulures, en dénotent l'origine. Le Catholicon et l'église de Saint-Taxiarque à Athènes, Sainte-Sophie de Tré-

Façade de l'église Saint-Taxiarque.

bizonde, en sont de précieux exemples; les églises de la Grande et de la Petite Arménie offrent la même influence, que les dates confirment; enfin les frontons ou pignons se multiplient à cette époque sur une même façade au point de la couronner d'une découpure anguleuse, comme on a vu, dans la seconde période, une série de demi-cercles surmonter les édifices: la Kapnicarea d'Athènes offre une application de ce système.

Façade latérale de la *Kapnicarea*, à Athènes.

4° période.

Après les conquêtes des Vénitiens, eurent lieu celles des Occidentaux, et particulièrement des Français; alors s'introduisirent, sur les temples néogrecs des régions moyennes et méridionales de l'empire, l'arc aigu, les clochers et les détails de l'art du Nord.

Le style roman avait pris déjà du développement en France lorsque commencèrent les croisades; moins avancées que nous à l'égard de ce nouveau mode, les autres contrées de l'Europe occidentale qui partagèrent nos travaux de la guerre sainte durent, moins que la France, laisser en Syrie des traces de cet art. Une alliance s'établit d'abord entre l'architecture byzantine et celle que les croisés transportaient en Asie : on voit à Jérusalem, sur le mont des Oliviers, une chapelle dont le plan est un polygone; sa décoration est dans le style roman du midi de la France, uni à l'art byzantin.

Patras possède un édifice roman qui peut dater de l'époque de l'arrivée des Français dans la Morée, et de leur occupation militaire.

La puissance française s'établissant de préférence à toute autre en Palestine et dans le reste de la Syrie, ainsi que sur une partie de l'Asie Mineure, à la suite des conquêtes latines, notre art roman, déjà modifié alors chez nous par l'introduction de l'arc aigu, se montre dans la plupart des édifices construits par les croisés à Jérusalem et sur tous les lieux saints, comme dans les villes asiatiques où s'étendit notre influence. L'art gréco-arménien subit aussi cette loi de la conquête. Ainsi, on doit à la seconde moitié du xiie siècle la plupart des monuments chrétiens de la Syrie; les principaux sont mentionnés ici :

Beyrouth. — La principale mosquée de cette ville est une église romane de l'époque de transition. La porte est ogivale; à l'intérieur sont trois nefs et des chapiteaux romans. La voûte est en berceau. L'édifice renferme un tombeau de chevalier avec inscription gothique. (Inédite.)

Église de Saint-Georges. — Auprès de la ville est une petite mosquée qui remplace la chapelle de Saint-Georges.

Sour (Tyr). — La cathédrale de Tyr est un édifice de la fin du xiie siècle : il a trois chapelles semi-circulaires à l'abside, des transepts arrondis; les ouvertures, en arc aigu, sont ornées de frettes. Deux colonnes antiques remarquables ornent l'intérieur.

Saint-Jean-d'Acre. — Restes informes des églises de *Saint-Jean* et de *Saint-André*. (Inédits.)

Atlit, bourg auprès de Caïfa. — Belle église de la fin du xiie siècle.

Naplouse (Sichem). — L'évêque Arculfe, pèlerin français du viiie siècle, nous a laissé un plan dessiné par lui de l'église qui s'élevait sur le puits de la Samaritaine, à Sichem. Ce dessin a été publié par les Bénédictins. La mosquée de Naplouse est une ancienne église gothique du xiiie siècle; la façade est semblable à celles de nos cathédrales. L'intérieur, très-vaste, offre des retombées de voûtes reposant sur des colonnes cylindriques. (Inédite.)

Église de Jacob. — Située derrière la ville, dans des jardins. Elle a trois portes gothiques, sans ornements. (Inédite.)

Abou-Goch (Emmaüs). — L'église, abandonnée aujourd'hui, appartenait aux Franciscains; elle est de style gothique primitif. (Inédite.)

Ramla (Arimathie). — A l'ouest de la ville sont les restes de l'église des *Quarante-Martyrs*. Le clocher est carré et orné de contreforts, les fenêtres sont en arc aigu.

Quelques travées de l'église souterraine existent et sont de la fin du xii° siècle. (Inédite.)

Jérusalem, Saint-Sépulcre. — L'évêque français Arculfe, pèlerin du

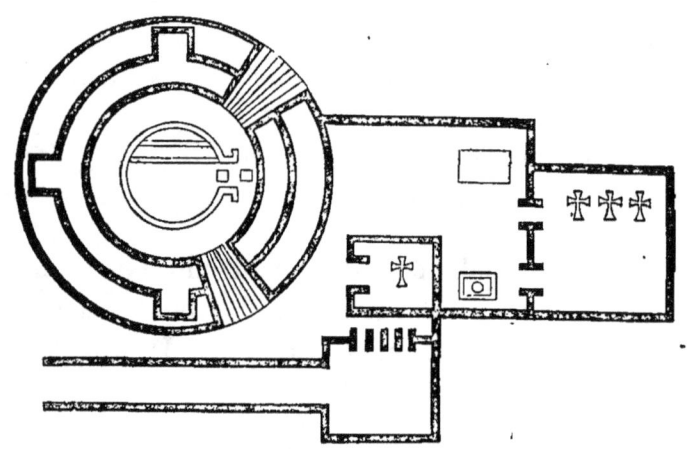

Plan de l'église du Saint-Sépulcre, à Jérusalem, tracé par saint Arculfe.

viii° siècle, nous a laissé un plan du Saint-Sépulcre, tel qu'il était à l'époque de son passage à Jérusalem.

On distingue sur ce plan la rotonde couvrant le tombeau du Christ, la chapelle élevée sur le Golgotha et celle de l'Invention de la croix. Ces trois parties importantes de l'édifice ancien se retrouvent dans l'église actuelle, dont la façade remonte aux croisades. Deux portes romanes occupent le rez-de-chaussée, des fenêtres de style gothique sont au premier étage.

Un clocher tronqué est à gauche, un fragment d'un second à droite.

Église de l'Ascension. — Saint Arculfe a tracé le plan de l'église de l'As-

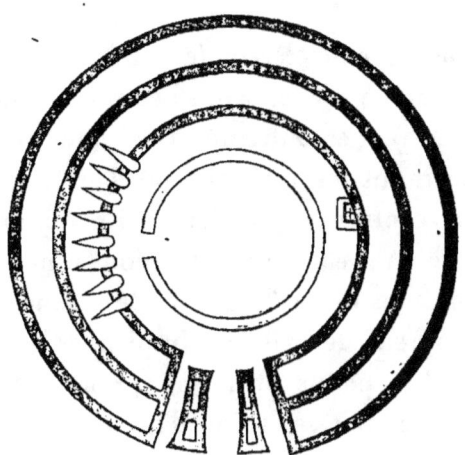

Plan de l'église de l'Ascension, à Jérusalem.

cension; rotonde considérable, sans autre voûte que le ciel, et contenant un vaste tegimen en bronze, qui couvrait les dernières traces des pas du Sauveur.

Église du Cénacle. — Arculfe nous donne aussi le plan de l'église du Cénacle, telle qu'elle était au VIIIe siècle. Cette église, transformée en mosquée, est enclavée dans des constructions qui la masquent. L'édifice, refait à la fin du XIIe siècle, est divisé en trois nefs par deux rangs de colonnes portant des arcs aigus. Les voûtes sont à nervures, les chapiteaux de style roman. (Inédite.)

Tombeau de la Vierge. (Inédit.) — Cet édifice, décrit par Arculfe, était une chapelle circulaire, portée sur un soubassement de même forme et contenant la sépulture; il a été reconstruit par les croisés; le plan est aujourd'hui très irrégulier, la voûte en arêtes et les fenêtres en arc aigu. Ce monument, bien conservé, date du XIIIe siècle.

Église de Sainte-Anne. — Transformée en mosquée, cette église est de style gothique primitif. La façade est simple, ornée de losanges et de billettes en damier; les fenêtres sont en arc aigu; une porte latérale conduit à la crypte. (Inédite.)

Église de Saint-Pierre. — Cette église ruinée ne présente que quelques pans de murs ; le clocher seul a survécu : il est percé de fenêtres géminées et en œil-de-bœuf. (Inédite.)

En général, les croisés renouvelèrent les édifices religieux construits antérieurement à leur conquête sur les saints lieux et détruits par le temps ou par les hommes ; ils élevèrent en outre un grand nombre d'églises, soit dans les villes dont ils devinrent les maîtres, soit dans les campagnes, où ils établirent de nouveaux centres de population. En raison de cette marche, qui était la conséquence naturelle de l'occupation latine, presque toutes les localités un peu importantes de la Syrie, de l'Arménie et des autres contrées où elle s'établit offrent des ruines chrétiennes qu'il serait important d'examiner avec soin. Les points principaux, après ceux qui précèdent, seraient Tripoli, Antioche, Édesse (aujourd'hui Ourfa), etc., etc.

Les conquêtes françaises donnèrent encore naissance au royaume de Chypre, au XIIe siècle ; cette période historique est tracée aussi par l'architecture sur plus d'un monument de l'île. Au XIVe siècle, notre puissance en Chypre était dans toute sa vigueur ; alors les monuments religieux s'y multiplièrent ; ils sont pour la plupart intacts ; il serait intéressant pour la France de les connaître. Ces églises, élevées toutes dans le style gothique de nos contrées, offrent cependant avec lui les différences que devait suggérer aux constructeurs un climat qui n'était pas le nôtre : les hautes charpentes de couvertures des édifices du Nord y manquent ; elles sont remplacées par des terrasses, plus en harmonie avec les usages de l'Orient. A nos vitraux peints, d'une exécution dispendieuse et souvent impossible, à une aussi grande distance de nos ateliers et de nos fabriques, on a souvent substitué des treillis en bois découpé, comme en montrent la plupart des fenêtres arabes, et comme nos maisons du moyen âge en possédaient dans une partie de leurs baies.

Limassol. — Le Katholiki, à Limassol, est un édifice des premiers temps de notre occupation. La grande mosquée de la même ville, ancienne cathédrale, est de la même époque ; elle contient, comme la précédente église, quelques inscriptions françaises. (Ces édifices sont inédits.)

La ville de *Nicosie*, à Chypre, présente la mosquée de *Sainte-Sophie*, qui est une grande église dans le style du XIIIe siècle. Le plan est publié en petit dans le Voyage d'Ali-Bey. Elle date de la domination des Français dans cette île, et fut commencée, en 1209, par Henri Ier de Lusignan. Un *atrium* gothique s'élève devant la façade; il y a *triforium* à l'intérieur; les grandes fenêtres sont en arc aigu, etc. (Inédite.)

Sainte-Catherine. — Élevée au couvent de Sainte-Catherine, cette église, convertie en mosquée, paraît dater de la fin du viiie siècle; elle n'a qu'une nef très élevée; des panneaux placés dans les fenêtres rappellent les anciennes verrières; des portails s'élèvent à l'ouest, au sud et au nord. (Inédite).

Église des Arméniens. — Cette ancienne église franque, de la fin du xiiie siècle, a une seule nef, divisée en trois travées. Des dalles tumulaires d'abbesses, celles des familles de Mimers, de Nevilles, de Bessan, de Thenouri, de Dampierre, s'y retrouvent.

Église Saint-Nicolas. — Convertie en magasin à blé, cette construction du xve siècle a de belles portes, des gargouilles encore en place; on y remarque le lion et le lévrier. (Inédite.)

L'*église des Augustins* ou *des Hospitaliers*, sous le vocable de *Sainte-Marie*, a une seule nef de 55 mètres sur 16, divisée en sept travées. L'édifice est du xive siècle. (Inédite.)

Mosquée d'Arab-Achmet. — Petite église contenant des pierres tumulaires de Louis de Nores et d'un membre de la famille de Navarre, etc. (Inédite.)

Famagouste. — La cathédrale, dédiée à saint Nicolas et terminée en 1311, dans le style du Nord, par l'évêque Baudouin, n'a pas de porche ni de transept. Trois portails à voussures s'élèvent entre deux hautes tours carrées; des boiseries à jour remplacent les vitraux; des terrasses et galeries découpées occupent le sommet de l'édifice. Au midi sont deux chapelles latérales, avec restes de peintures et d'armoiries; il n'y a pas de *triforium* à l'intérieur. (Inédite.)

Église de Sainte-Croix. — Édifice abandonné et en ruines. C'est un grand vaisseau gothique, divisé en trois nefs; un clocher est voisin de la façade. (Inédite.)

Église voisine de la mer. — Bel édifice gothique en ruines, du xive siècle, élevé sous le règne de Hugues IV. (Inédit.)

Paphos. — Églises nombreuses en style gothique. (Inédites.)
Autres en style mixte du byzantin et du gothique. (Inédites.)

Près de la mer, à l'orient du château, est la ruine de l'église qui contenait la dalle tumulaire de Cherpigny, aujourd'hui au musée de Cluny. (Inédite.)

Ces églises offrent généralement des cryptes; elles sont toutes inconnues.

Les croisades livrèrent aux Français l'Attique et la Morée; là aussi l'architecture religieuse en conserve le souvenir : l'arc aigu se trouve, à Athènes, sur les piliers des églises de Saint-Jean, de Saint-Philippe, de la Vierge du Grand Monastère, ainsi qu'au clocher ajouté au Catholicon; l'église de Khalcis[1], dans l'Eubée, présente des fenêtres, des nervures, des chapiteaux entièrement conçus comme ceux de nos églises du Nord; la chapelle d'Androussa[2], l'église de la Vierge, à Mistra[3], sont ornées de l'arc aigu ou des trilobes de nos édifices septentrionaux.

Rhodes. — Enfin Rhodes, ce dernier rempart des Latins contre les envahissements des Turcs, conserve aussi de nombreux édifices sacrés dans lesquels on retrouve les traces de l'influence occidentale en Orient; c'est là que se termine la suite des églises par lesquelles on pourrait tracer pas à pas la longue série de nos conquêtes dans ces contrées.

Foulques de Villaret, grand maître de Rhodes, fit élever dans cette ville l'église de Saint-Jean, dans le style de nos cathédrales des xiv° et xv° siècles, en le modifiant par quelques dispositions particulières motivées par les différences du climat. (Inédite.)

Le clocher isolé de cette église porte la date de 1509 et les écussons d'Émery d'Amboise et de Villiers de l'Île-Adam.

L'église de Sainte-Catherine, construite dans le style de nos cathédrales du xv° siècle, offre encore quelques vitraux, avec l'image de la patronne et des écussons de Fluvian de la Rivière et de Jean de Lastic. L'église contient la tombe de Marie de Baux, femme de Humbert II, dauphin du Viennois, morte au xiv° siècle. (Inédite.)

Les *églises de Saint-Marc* et de *Notre-Dame-des-Victoires* sont du xv° siècle; la première, construite par P. d'Aubusson, n'avait qu'une nef en arc aigu. (Inédites.)

---

[1] [Couchaud, pl. XIX.]
[2] [Couchaud, pl. XXVIII.]
[3] [Couchaud, pl. XX à XXV.]

En dehors de la ville de Rhodes est l'église de Saint-Étienne, dans laquelle domine le style du xve siècle mêlé aux cintres byzantins ; cet édifice mixte présente la réunion de l'arc aigu et de la coupole. L'église du couvent des Franciscains, peu intéressante par elle-même, contient une Vierge en marbre provenant de la chapelle de Notre-Dame-des-Victoires, décorée des armes de Pierre d'Aubusson. A distance de la ville sont les ruines de l'église de *Notre-Dame de Philerme*, du xve siècle : on y voit les armoiries de Villiers de l'Île-Adam ; auprès on descend à un caveau orné de peintures, parmi lesquelles sont figurés des grands maîtres de Rhodes. (Inédites.)

TOMBEAUX.

Les tombeaux peuvent être mis au nombre des productions de l'art religieux. Depuis le commencement de l'ère chrétienne, le style et les formes de ces monuments varièrent dans les diverses contrées de l'Orient.

Style latin. — Pendant la première période chrétienne, les tombeaux ne purent, comme en Italie, recevoir que des dimensions restreintes, en présence de la civilisation païenne et des persécutions de l'Église ; de simples inscriptions, analogues à celles que présentent les catacombes, gardaient le souvenir du défunt et indiquaient le lieu de repos.

La seconde période, celle du triomphe du christianisme, changea complètement l'aspect des sépultures.

De nombreux sarcophages païens furent employés à contenir des dépouilles chrétiennes ; puis on les imita bientôt, en remplaçant les emblèmes : on en voit un fort beau à Constantinople, devant l'église du *Pantocrator*.

La nef et la crypte de l'église de Sainte-Théodosie dans la même ville en montrent plusieurs.

Les Byzantins conservèrent toujours cette disposition. L'Orient en général présente de nombreux sarcophages couverts d'ornements, d'animaux symboliques, dans le style néo-grec du moyen âge ; on voit à Mésambrie le tombeau de la princesse Marthe Cantacuzène : il est surmonté d'un arc comme ceux que fabriquaient les Romains et les premiers chrétiens de l'Occident.

Les croisés restèrent eux-mêmes dans cette voie, lorsqu'ils élevèrent des tombeaux à leurs princes et aux rois de Jérusalem; puis le xiiie siècle ayant amené chez nous l'usage des pierres tumulaires gravées, ils le portèrent en Asie; c'est encore le système qui a persisté dans cette contrée, chez les chrétiens; ils les placent dans l'*area* qui environne l'église.

CHAPITRE II.

ARCHITECTURE MONASTIQUE.

La vie monastique devant son origine à l'Orient, l'architecture dut s'y plier plutôt qu'ailleurs aux distributions nouvelles du *cœnobium* : aussi trouve-t-on dans les maisons religieuses de cette contrée de précieux détails relatifs soit aux combinaisons imaginées alors, soit aux emprunts qui furent faits à la civilisation antique.

Après avoir vécu solitairement d'abord, les religieux groupèrent leurs cellules pour en former des *laures* ou villages de moines; établis en Égypte,

Skite grecque. Village de religieux au mont Athos.

puis sur les rives du Jourdain et de la mer Morte, ils se répandirent dans tout l'Orient et formèrent des couvents, particulièrement sur le mont Athos, où le principal monastère a conservé le nom de *la Sainte-Laure*, et dont les *skites* ne sont autre chose que des villages de religieux; bientôt on vit naître les *mandra*, les *asceteria*, les *cœnobia*, maisons communes analogues à nos *monasteria* de l'Occident.

En dehors de l'enceinte de ces établissements religieux, les moines placèrent le cimetière, les moulins, les réservoirs et fontaines d'irrigation nécessaires à la culture, un petit arsenal pour renfermer les galères et autres

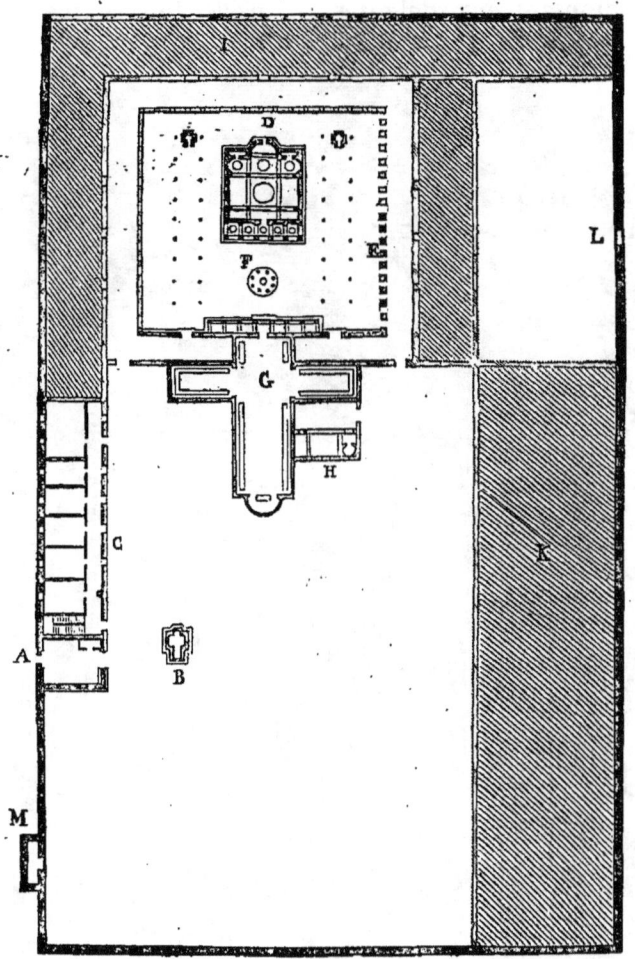

Plan du monastère de Sainte-Laure, au mont Athos.
A. Porte. — B. Chapelle. — C. Hôtes. — D. Catholicon. — E. Cloître. — F. Fontaine. — G. Réfectoire. — H. Cuisine. — I. Cellules. — K. Dépendances. — L. Poterne. — M. Tour.

embarcations, lorsqu'ils étaient situés auprès de la mer, enfin de nombreuses chapelles consacrées aux saints locaux, à la Vierge gardienne de la porte, etc.

Procope nous apprend que, dès le règne de Justinien, si fécond en fondations pieuses, l'enceinte extérieure des monastères avait l'aspect d'une forteresse, et depuis lors cette disposition militaire a généralement été maintenue. Tous les couvents du mont Athos, la plupart de ceux de la Grèce, sont dans ce cas, et de plus on les plaça fréquemment dans des lieux inaccessibles, en ajoutant aux défenses naturelles ou factices des machines

Treuil pour faire monter les voyageurs.

pour introduire les religieux dans l'enceinte par des ouvertures hautes de la muraille. Les couvents de l'Egypte, du Sinaï, les Météores en Thessalie, offrent ces combinaisons diverses.

Les tours de l'enceinte des couvents grecs doivent être examinées d'une manière spéciale, parce qu'on peut y rencontrer le souvenir d'autels con-

Vue du monastère de Sainte-Catherine.

sacrés à la Transfiguration, à saint Élie, honoré sur les lieux culminants, aux archanges, qui chez nous avaient aussi des autels dans les clochers. L'une des tours des monastères de l'Orient est ordinairement plus importante que les autres, c'est le donjon, analogue à ceux des châteaux féodaux; les moyens de défense y sont multipliés, et dans les temps modernes on y a quelquefois placé de l'artillerie. Aux couvents de l'Égypte le donjon n'est pas relié à la muraille, il est isolé; un pont-levis permet de s'y renfermer.

Les habitations des religieux de l'Orient ne sont pas toujours conçues avec l'ensemble et l'ordre qu'on remarque dans nos monastères; elles offrent encore, particulièrement dans les régions méridionales, un souvenir des *laures*, soit par leur isolement, soit par l'absence de portiques les reliant entre elles : c'est, en quelque sorte, une transition des dispositions primitives à celles qui furent adoptées plus tard.

L'église du couvent, le catholicon, est placée, comme la cella des anciens, au milieu d'une *area* ou cour sacrée, entourée de portiques dont on fit le cloître du monastère. La *Phiale*, fontaine d'ablution, des cyprès ou des platanes ornent le préau.

Les églises des monastères de l'Orient offrent les diverses phases de l'architecture précédemment indiquées : on trouve au Sinaï la basilique primitive; aux couvents du mont Athos, de l'Hélicon, de la Grèce, les formes byzantines; à l'Exsmyazin d'Érivan et sur d'autres points de l'Asie, les

Porte du Zographe,
monastère du mont Athos.

Façade de l'église d'Exsmyazin,
à Érivan.

nuances gréco-arméniennes. L'art occidental paraît en Syrie, à Chypre, à Rhodes, avec les croisades, et s'y mêle parfois au style national des Orientaux; enfin notre art gothique reflue vers la Grèce, dans les couvents de l'Attique et de la Morée, pour y rappeler la domination française. Notre présence ne s'y borna pas à introduire des formes extérieures : le cloître du couvent de Daphni[1], auprès d'Athènes, offre les dispositions de ceux de l'Occident; son église servait de sépulture aux princes.

Le réfectoire des couvents grecs reproduit en partie le triclinium antique; les tables de marbre qui le meublent, leur construction particulière,

[1] [Couchaud, pl. XVII-XVIII.]

rappellent la simplicité et la stabilité des conceptions primitives. La cuisine, isolée, disposée sur un plan circulaire ou en polygone, remonte aux

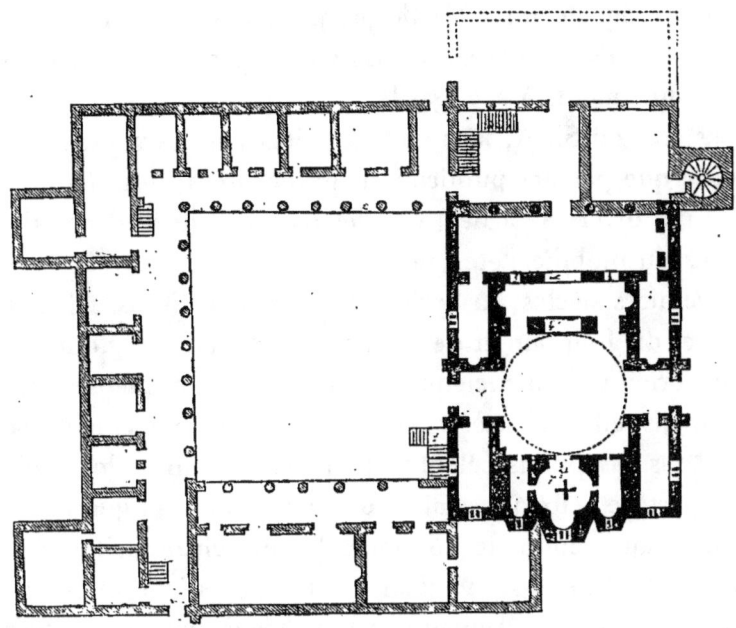

Plan du monastère de Daphni.

temps les plus anciens; tous nos monastères de l'Occident imitèrent cette disposition orientale.

Après le réfectoire, qui est la plus vaste construction du monastère, parce que toute la communauté doit s'y réunir, se présente la maison des hôtes, généralement voisine de la porte d'entrée, puis l'habitation de l'abbé, la bibliothèque, les magasins nécessaires pour recueillir les provisions, les ateliers de travail et autres dépendances. Aucun monastère de l'Orient n'offre dans son enceinte les vastes conceptions d'ensemble, le luxe de distribution et de détails qui caractérisaient au moyen âge nos maisons religieuses de l'Occident, dont la puissance s'étendait quelquefois sur la chrétienté tout entière; mais, dans ces retraites orientales, les souvenirs locaux, le choix de la situation, le pittoresque, et, comme nous l'avons dit en commençant, plus d'un précieux détail d'art ou d'industrie, doivent y attirer les voyageurs et fixer leur attention.

L'Abyssinie, la Nubie et l'Égypte présentent des monastères coptes plus ou moins ruinés par les Arabes, mais qui peuvent offrir cependant à l'étude des documents utiles. Ceux qui avoisinent les lacs de Natron forment un groupe important. Le Père Vansleb, dominicain, qui au milieu du xvii° siècle visita les couvents de l'Afrique, peut servir de guide dans ces recherches. Depuis Procope, qui en signale un à Carthage, jusqu'aux voyageurs de ce siècle, Pococke, Sonnini, Denon, la commission d'Égypte, M. Didron, on trouve de nombreux documents à cet égard.

Les monastères du Sinaï, tant de fois visités par les voyageurs, ne sont connus encore que par des publications pittoresques; des plans sérieux de l'ensemble et des diverses parties, des détails exacts de la décoration architecturale, puis du mobilier, etc., nous manquent encore.

Dès les premiers siècles, la Syrie fut riche en maisons religieuses. Les laures des rives du Jourdain et de la mer Morte, celle qui dominait le Carmel, étaient d'origine aussi ancienne que les fondations pieuses de l'Égypte. Bientôt convertis en monastères réguliers, ces établissements se multiplièrent sur tous les points célèbres de la Terre-Sainte; les croisés rétablirent la plupart de ceux qui avaient été détruits par la guerre et en fondèrent de nouveaux; enfin de nos jours les principales villes de l'Orient où se trouvent des chrétiens, le Liban habité par les Maronites, présentent encore de nombreuses communautés, dont beaucoup sont d'origine assez ancienne pour qu'on y trouve de précieux documents à recueillir.

L'Asie Mineure, les îles et le continent de la Grèce, présentent aussi des maisons religieuses : les plus célèbres de cette dernière contrée sont celles du Mégaspyléon en Morée, de Saint-Luc au pied de l'Hélicon. A la Thessalie appartiennent les Météores, déjà cités; à Rhodes, les couvents militaires des chevaliers.

A la fin du xi° siècle et dans le courant du xii°, une grande réforme s'établit, sous la direction de Christodoulos : les monastères des régions méridionales de l'empire se multiplièrent; les îles de Patmos, de Cos, la presqu'île de Straviro, l'île de Crète, virent s'élever d'importantes maisons religieuses, que les empereurs, depuis Nicéphore Botoniates, en 1079, jusqu'au dernier Andronic, en 1321, se plurent à combler de privilèges et de bienfaits.

Enfin la sainte montagne, le mont Athos, offre la réunion la plus importante d'anciens monastères qu'il y ait en Orient; une exploration complète de cet ensemble, produisant tous les détails graphiques nécessités par une étude sérieuse, enrichirait la science, en étendant le nombre des notions précieuses fournies déjà par les derniers voyageurs.

LES MÉTÉORES COUVENTS DE THESSALIE.
Saint-Barlaam.

RÔSSICON.
Couvent du Mont Athos, en Macédoine.

CHAPITRE III.

ARCHITECTURE MILITAIRE.

De nombreux documents utiles résulteraient de l'étude sérieuse des constructions militaires de l'Orient. Depuis l'origine de l'empire byzantin jusqu'à la fin des croisades, on suit sans interruption, pour ainsi dire, la marche de la castramétation dans cette contrée. De plus, les Turcs, peu inventeurs et toujours en retard, ont conservé presque complètement les anciennes ressources de cet art, et fourniraient, au besoin, de quoi remplir les lacunes.

Constantinople. — L'enceinte militaire élevée autour de la capitale de l'empire d'Orient offre l'exemple le plus complet et le plus important de la défense des places à toutes les époques, depuis la fondation de cette ville jusqu'à la chute de la puissance impériale. Au septentrion, vers le port, au sud-est, sur les bords de la mer de Marmara, on reconnaît sur ces murailles les divers systèmes de construction employés dans toutes les restaurations successives nécessitées par les avaries qu'apportèrent le temps et les hommes, et quelques inscriptions ou monogrammes en donnent les dates précises. La disposition des tours, des courtines, sur cette étendue, qui est considérable, doit fournir de précieux renseignements.

La partie la plus importante à étudier de l'enceinte militaire de Constantinople est celle qui regarde l'occident, entre le château des Sept-Tours et l'extrémité du port, dite *les Eaux douces;* elles étaient dues à Théodose, lorsqu'il joignit la sixième et la septième colline à la ville, au IV° siècle. Tous les historiens s'accordent pour considérer le système de défense établi sur ce point comme l'exemple le plus remarquable qui ait été produit autrefois. Trois murailles parallèles, espacées de vingt-cinq pas les unes des autres, flanquées de tours et surmontées de créneaux, s'y voient encore assez bien conservées, dans quelques endroits, pour être sérieusement étudiées; un large fossé rempli d'eau et presque comblé aujourd'hui en défendait l'approche; onze portes, dont l'une, la porte Dorée, était un arc de triomphe en marbre, encore en partie visible, et dû à Théodose, servaient d'issue vers le continent. Sur les deux murailles maritimes, les portes, au nombre de vingt, sont plus ou moins anciennes, à cause des restaurations qui y furent faites; plusieurs sont indiquées par des inscriptions ou des monogrammes. Les deux dernières, au nord, donnaient entrée au château des Blachernes, forteresse située à l'angle de la ville, de ce côté. Tels sont les principaux points à étudier et qui compléteraient les notions fournies par les fortifications byzantines déjà examinées sur divers points de l'empire, et dernièrement jusqu'en Afrique, à Tébessa, par M. Léon Renier.

L'enceinte fortifiée qui protège le palais du Grand Seigneur, celle qui enveloppe les quartiers francs de Péra et de Galata, ne sont pas non plus sans intérêt; la plupart des tours et des courtines sont complètes et fourniraient de précieuses observations de détail.

Les murs de Nicée, d'Ani et d'un grand nombre de villes anciennes de la Turquie d'Europe et d'Asie doivent donner d'utiles documents, tant sur le système de fortification des anciens que sur les modifications qui y furent apportées par les civilisations byzantine ou arabe. Les murs de Coniéh sont remarquables dans leur construction et l'emploi qui y fut fait, par l'ordre des Seldjoukides, de fragments antiques pour les décorer.

Les villes, les forteresses élevées dans toute la Thrace, sur la mer Noire, dans l'Asie Mineure, en Grèce et dans les îles par les empereurs d'Orient, les monastères qui, dans cette contrée plutôt que dans les autres, furent entourés de murailles militaires, sont des mines riches en notions nouvelles.

Le *château des Sept-Tours*, à Constantinople, situé à l'extrémité des murailles que baigne la Propontide, au midi de la ville, est une forteresse qui fut originairement circulaire, comme le dit Procope, et prit le nom de *Strongylon;* le pentagone fut adopté ensuite dans sa construction, une tour s'éleva à chaque angle : le château s'appela alors *Pentapyrgion;* Cantacuzène, en 1350, en ajouta deux en marbre, sur la face qui regarde le continent : ce fut alors qu'il prit le nom de *Heptapyrgion*, les « sept tours ». Cet édifice tombe en ruine; mais combien de documents précieux peuvent se rencontrer dans l'intérieur !

La puissance des Latins remplaçant généralement celle des Grecs, l'aspect des fortifications se modifia à leur arrivée : ainsi, dans la Terre-Sainte, les donjons, les créneaux, les mâchicoulis de l'Occident sont faciles à reconnaître; la forteresse de Jérusalem, dite *Tour de David*, a l'aspect de nos constructions militaires; il en est de même dans toute la Syrie, sur les nombreux points qu'occupèrent les croisés; les provinces d'Antioche, d'Alep, de Tripoli, de Damas, ont dû en conserver des traces, ainsi que les nombreux couvents fortifiés qui, dans la Caramanie, sur la route que suivaient originairement les pèlerins, servaient d'étapes à leurs caravanes avant l'arrivée des croisés.

Les Turcs construisirent aussi des forteresses en Asie, puis en Europe. Les châteaux des Dardanelles offrent des dispositions particulières; ils n'ont pas encore été sérieusement étudiés. Leur artillerie curieuse demanderait aussi un examen spécial.

Le grand château turc qui défend la rade de Smyrne, la citadelle de la même ville, méritent une attention particulière. Il en est de même des nombreuses forteresses qui, sur les rives méridionales de la mer Noire et dans les villes méditerranées, ont été construites par les Turcs lorsque leur puissance s'étendait sur ces contrées et menaçait la capitale de l'empire grec.

L'Asie présente des exemples de châteaux forts élevés par les Arabes ou les Turcs au sommet d'immenses glacis en pierre lisse, pour rendre l'escalade impossible. On en voit à Homs ou Ems, l'ancienne Émèse, auprès de Damas.

Nicosie. — L'île de Chypre est riche encore en souvenirs de la puissance française et des ouvrages militaires élevés pour la faire respecter. La ville de Nicosie offrait une enceinte considérable, enveloppant les collines voisines; elle fut détruite par les Vénitiens, qui la réduisirent et adoptèrent le système en étoile et à bastion du xvi° siècle, origine des fortifications modernes.

Famagouste. — Les Lusignans, et particulièrement Jacques II, fortifièrent Famagouste à la fin du xiii° siècle.

Cérines. — Le château de Cérines est célèbre dans l'histoire des Lusignans, qui le construisirent; son plan quadrilatère est flanqué de quatre grosses tours, deux rondes vers la mer, deux carrées du côté opposé. Le rempart, de 40 pieds de haut, est crénelé et défendu par un large fossé. Des salles voûtées occupent l'intérieur; des fours en forme de ruche s'y voient encore. Les appartements des princes offrent des ornements qui les distinguent du reste des habitations; une chapelle gothique les avoisine.

Limassol. — Le château de Limassol a été réédifié au xv° siècle par un Lusignan. Toutes ses baies sont en arc aigu. Paphos possède aussi un château de la même époque.

Kolossi. — Château en forme de grosse tour, isolé dans la campagne; c'est une construction des plus remarquables.

Tour de Kolossi.

Saint-Hilarion. — A la fois château fort et résidence royale, est précédé d'une avant-cour, au fond de laquelle est la porte, surmontée d'un moucharaby de six consoles et défendue par des tours et créneaux; elle donne entrée à une grande cour inclinée que domine une seconde enceinte formée de tours et de galeries crénelées, derrière lesquelles sont les habitations, la chapelle et deux salles royales de 80 pieds de longueur. Le donjon ou dernière enceinte surmonte cet ensemble.

Buffavent ou *château de la Reine*, à trois lieues de Nicosie, au nord-est, est encore plus escarpé que le précédent, et construit dans le même système. Une double enceinte divise le château en deux parties. Les constructions principales sont étagées sur le penchant du rocher; l'enceinte supérieure renferme le donjon, qui domine tout le pays.

Kantara. — Dans la province de Karpas est un château qui a été rebâti au xiv° siècle par Jacques de Lusignan. Il est moins étendu que les châteaux de l'ouest de l'île. Deux grosses tours protègent la porte qui conduit à la cour entourée de bâtiments; la chapelle, les magasins, la citerne, etc., sont dans cette enceinte.

Gastria. — Château des Templiers.

Chiti. — Maison de plaisance des Lusignans, auprès de Larnaca.

Tour du cap Chiti.

Potanixa. — Château royal au nord-est de Dali.

Sigouri ou *le château franc*. — Construit par Jacques Ier de Lusignan.

Cherokidia, dans le Masto, construit par les premiers Lusignans, au commencement du xiv° siècle.

Rhodes. — Les fortifications de Rhodes offrent un système complet de courtines, de bastions, de tours, dans le style occidental. Pierre d'Aubusson en fut en partie l'auteur, sous la direction de Pierre Clouet, ingénieur de l'ordre. Les portes sont défendues, comme en Occident, par des tours, un pont-levis, des mâchicoulis; on remarque la *porte d'Amboise;* la *porte Saint-Jean* est analogue; celle de *Sainte-Catherine* est due à Pierre d'Aubusson.

Le *donjon de Saint-Michel* est une énorme tour carrée.

Le *fort Saint-Nicolas* s'élève sur la jetée qui s'avance dans la mer.

La *Vedette des Chevaliers* est une tour de garde.

La *tour de Saint-Paul* complète la défense de la ville.

Grèce. — Des fragments de châteaux forts des ducs français d'Athènes et de Morée se voient sur un grand nombre de lieux escarpés de la Grèce et des îles.

A *Patras*, la citadelle est une belle construction militaire de Ville-Hardouin. Celle de Mistra lui doit aussi son origine[1].

CHAPITRE IV.
ARCHITECTURE CIVILE.

L'architecture civile de nos contrées doit plus d'une inspiration heureuse à l'Orient; puis les pèlerins et les croisés y portèrent maintes dispositions produites par notre civilisation occidentale. Ainsi Constantinople avait des léproseries dès le ve siècle; on a vu qu'au vIII^e, Charlemagne fondait à Jérusalem deux établissements à l'usage des pèlerins français. Les civilisations byzantine et arabe ont successivement créé des palais, des maisons particulières, des aqueducs, des bains, des fontaines, des écoles, des bazars et beaucoup d'autres édifices qui peuvent fournir de précieux renseignements.

Les Turcs, peu inventeurs et stationnaires, ont pris aux civilisations de l'antiquité et du moyen âge ce qui était à leur convenance, et n'ont rien modifié depuis leur prise de possession, d'où il résulte qu'on retrouve chez eux de nombreux restes d'usages antérieurs à leur conquête ou contemporains, et qu'on chercherait vainement ailleurs.

Villes.

Les villes fondées ou agrandies au commencement de notre ère en Orient présentaient, ainsi qu'on a pu en juger par ce qui précède à l'égard de Constantinople, une grande analogie avec les dispositions des villes antiques.

---

[1] [Voir dans Couchaud, pl. XXVI, les remparts de Mistra.]

L'ordre, la symétrie légués par les anciens présidaient encore aux distributions nécessitées par une agglomération nombreuse de citoyens; de larges rues, des places publiques régulièrement dessinées, des positions avantageusement choisies pour élever les édifices publics, telles étaient encore les bases sur lesquelles s'appuyaient les fondateurs et les magistrats chargés de diriger les constructions; mais avec la décadence de l'empire et les nombreuses luttes contre les barbares, avec les ruines qui en furent les conséquences, commença l'abandon des règles, l'oubli des lois de l'édilité. Alors la crainte et l'égoïsme amenèrent le désordre, les habitations privées se groupèrent sans méthode, autour des lieux les plus sûrs, contre les édifices publics offrant des garanties de stabilité; plus tard, ils furent envahis, et leur ruine s'accéléra au profit des envahisseurs. C'est dans cet état que se présentent la plupart des villes orientales, dont l'origine remonte aux premiers siècles chrétiens, aussi bien que celles qui sont dues à la civilisation antique.

Les villes modernes de l'Orient sont construites sans ordre, sans règlements qui établissent la régularité; sauf quelques artères principales dans lesquelles se porte toute la population, le reste de la surface est occupé par des ruelles ou des impasses.

Toutefois, dans ce désordre, on reconnaît encore les effets d'une loi instinctive qui guide les constructeurs : en Égypte, la direction des rues a été donnée par le besoin d'éviter le vent du désert; le défaut d'alignement des habitations lutte aussi contre ses effets. L'ardeur du soleil a fait rapprocher les maisons dans leurs parties élevées, de manière à donner le plus d'ombre possible dans les rues. Ailleurs, ce sont les pentes les moins rapides des collines sur lesquelles on a bâti et qui ont déterminé la direction tortueuse des rues. Quant à la multiplicité des ruelles étroites et des impasses, elle tient aux mœurs des Orientaux, à leur besoin de la vie retirée et du harem, lorsqu'ils ont quitté la place publique.

Cimetières. — Auprès des grandes villes, les Orientaux ensevelissent les morts sans ordre, au milieu de vastes plantations de cyprès. Dans les petites villes c'est quelquefois auprès de la mosquée, comme chez nous, au moyen âge, dans le voisinage de l'église, qu'est établi le cimetière. Quant à la forme des tombeaux, elle est variable et offre des compositions où quelquefois règne le meilleur goût; les chrétiens orientaux ont fait peu de monuments funéraires élevés au-dessus du sol : ils ont préféré les pierres tumulaires placées dans l'*area*, cour sacrée qui environne les églises, et ont figuré souvent sur ces dalles des emblèmes de la profession du défunt. Quant aux monuments funèbres qui ont été élevés sur les restes mortels des croisés, on en trouve dans la plupart des lieux où s'est étendue leur puissance.

Maisons. — On ignore comment étaient fabriquées les maisons byzantines; pendant les premiers siècles de l'empire, elles durent conserver plus d'une disposition antique, et de nos jours encore c'est l'un des caractères des habitations orientales. Toutefois le moyen âge y apporta dans la construction et le décor plus d'une invention de l'Occident, et les vieux quartiers des villes fournissent matière à des observations curieuses : nos avant-soliers et encorbellements du moyen âge y sont fréquents, ainsi que nos volets de fenêtres en treillis délicats; la vitrerie est maintenue par des meneaux en bois finement découpés. Les maisons des Arméniens et des Juifs fournissent, ainsi que celles des Turcs, de précieux détails de menuiserie intérieure; les anciennes boutiques sont closes exactement comme elles le furent au xve siècle dans plusieurs de nos provinces, en Champagne, par exemple : deux grands volets ferment toute la surface ouverte de la boutique; celui du bas s'abat pour servir de table, l'autre se relève et forme un auvent.

Si la maison est étendue, on y trouve le péristyle, cour entourée de portiques, de l'habitation grecque et romaine, ainsi que la partie réservée aux femmes ou gynécée; les pièces principales sont disposées autour de l'atrium, et rarement elles s'élèvent de plus d'un étage au-dessus du rez-de-chaussée; comme toutes nos grandes maisons nobilières du moyen âge et de la Renaissance, celles des riches Orientaux présentent un lieu réservé, construit avec solidité, et à l'abri de l'incendie, pour contenir les objets précieux. Nos grands hôtels offraient une étuve ou bain privé; on en voit dans quelques maisons opulentes de l'Orient. Le mobilier des appartements se réduit à des tapis et nattes, à des sofas, à des coffres qui ne sont autres que nos bahuts du moyen âge.

Palais. — Constantin fit construire deux palais impériaux dans sa nouvelle capitale : l'un, nommé *palais de Porphyre*, était situé dans l'ancienne enceinte de Byzance, devenue depuis le sérail. Comme son nom l'indique, il y déploya tout le luxe impérial; on pourrait en trouver quelques souvenirs vers les écuries du sultan. Le second palais de Constantin s'élevait à l'occident de la ville; il était *extra muros* avant l'extension donnée à l'enceinte par Théodose. Justinien le restaura et lui donna le nom d'*Hebdomon;* on voit encore, entre la porte d'Andrinople et celle qui l'avoisine, les ruines importantes de ce palais; de nombreuses colonnes de granit y portent des arcs dont l'appareil curieux est enirchi d'incrustements de métal; le style de la sculpture des chapiteaux, des écus sculptés sur les clefs des cintres, un appareil en losange et en damier d'une très grande richesse, donnent à ces ruines beaucoup d'importance pour l'étude.

Théodose le Jeune construisit le *palais de l'Aigle*, situé sur la Propontide, vers l'extrémité de l'enceinte de l'ancienne Byzance; on pense que trois fenêtres situées sur la muraille de ce côté et enrichies de frontons et de sculptures firent partie de cet édifice. Plus loin, au midi, on voit encore des ruines qu'on croit appartenir au palais que l'impératrice Sophie éleva au vi^e siècle. Le *Buccoléon* était un autre palais dans lequel fut conduit Baudouin après son couronnement à Sainte-Sophie; il était situé, comme les précédents, sur la Propontide, et aurait dû son nom à un groupe placé vers ce lieu par Julien l'Apostat et représentant Hercule, sous la forme d'un lion, combattant le bœuf *Achéloüs.*

Les Blachernes, situées au nord de la ville, à l'extrémité de la Corne d'or, étaient aussi au moyen âge une résidence impériale, bien que ce fût une forteresse. Deux portes situées sur le continent, et murées aujourd'hui, sont celles qui y conduisaient; l'enceinte, qui se relie à celle de la ville, est du moyen âge; à ce palais étaient joints de vastes jardins, des lacs, des terrasses. On voit des ruines de ce palais dans l'intérieur de la ville, à peu de distance de la porte nommée Aivan-Hissari-Kapou, au fond de la Corne d'or.

Un autre palais impérial s'éleva au moyen âge à Chalcédoine (Kadi-Keuï), sur la côte d'Asie, à peu de distance de la capitale; on pourrait en chercher les ruines. Enfin, le palais actuel du Grand Seigneur présente de nombreuses constructions anciennes, de vastes tribunes élevées pour faire assister les souverains à des fêtes données dans les jardins; les salles du Divan sont intéressantes par leur disposition et leur ameublement; les grandes cuisines, situées en face, offrent le plus bel exemple de ce genre de construction, tel qu'il avait été adopté au moyen âge dans nos palais et dans nos monastères: ce sont plusieurs grandes salles carrées, voûtées en arcs de cloître, dans lesquelles la fumée des foyers, après avoir circulé dans les parties hautes, s'échappe par des ouvertures pratiquées à la voûte.

On pourra trouver aussi dans le palais nommé *le Vieux Sérail* plus d'un document à recueillir.

Hospices. — Les Byzantins empruntèrent à l'antiquité païenne les hospices qui s'élevaient auprès des temples d'Esculape; mais la charité chrétienne en augmenta le nombre et les destinations diverses. On trouve dans la législation de l'empire des arrêtés relatifs au *nosocomion*, hôpital ordinaire, au *gérontocomion* ou *gérocomion*, hospice des vieillards.

L'Orient présente quelques exemples d'hospices conçus comme ils l'étaient chez nous aux xii° et xiii° siècles : ils se composent d'une grande salle qui servait d'abri aux malades; quelques constructions secondaires l'accompagnent pour loger les servants de l'hôpital et les médecins. On voit encore à Constantinople, dans le quartier franc, un hôpital dont le porche est décoré de chapiteaux byzantins.

Écoles. — Les écoles de l'Orient sont disposées précisément comme le plan du monastère de Saint-Gall nous apprend que l'étaient celles de nos contrées dès le siècle de Charlemagne; elles se composent de petites pièces contiguës, réunies ordinairement par un portique, et dans lesquelles le maître ne peut réunir qu'un nombre très restreint d'écoliers; elles sont généralement placées auprès des mosquées, comme nos écoles du moyen âge l'étaient auprès des églises.

Jardins. — Les jardins orientaux sont loin de présenter la recherche qui distingue les nôtres. Composés de parterres et de bassins de forme carrée ou en polygone, d'allées droites ou de pelouses plantées, ils diffèrent des jardins de l'Italie, de la France et de l'Angleterre.

Prisons. — Les prisons des Orientaux doivent offrir de l'analogie avec la rude simplicité de nos cachots du moyen âge; leur étude peut offrir de l'intérêt à cet égard. On voit à Constantinople une ancienne prison dans une tour voisine de la porte Zeitan-Kapou; elle a aujourd'hui la même destination.

Hôtelleries. — Le *xénodochion* des Byzantins, ou hôtelleries des voyageurs, était commun dans l'empire; on a vu plus haut que Charlemagne en fit établir à Jérusalem, à l'usage de nos pèlerins. Les historiens des croisades parlent de vastes maisons fortifiées dans lesquelles on renfermait les pèlerins à leur arrivée dans les villes ou aux différentes étapes.

Les caravanséraïs élevés en Orient dans quelques villes principales, et plus encore dans la campagne, sur les routes suivies par les caravanes, présentent quelquefois de belles dispositions; les plans sont intéressants à étudier.

Bazars et marchés. — Les nombreuses divisions qui, dans les bazars, indiquent la nature des marchandises qui doivent s'y vendre, sont un souvenir des ventes spéciales autorisées au moyen âge dans des quartiers réservés de nos villes, comme l'indiquent les anciens noms de nos rues. La construction de ces bazars, particulièrement à Constantinople, est intéressante par le style de l'architecture et la vaste étendue. On voit à Jérusalem le *bazar des forgerons,* qui est une construction romane de l'époque de transition; elle est évidemment due aux croisés.

Bazar des écrivains. — Le bazar des écrivains, à Constantinople, offre encore plus d'intérêt que ceux des marchands; il rappelle le portique des copistes à Rome et les lieux de travail de ceux qui faisaient les manuscrits au moyen âge, ainsi que le *scriptorium* des monastères.

Constructions rurales. — Nous n'avons pas de notions sur la manière dont les Byzantins disposaient les constructions rurales, et celles des Turcs ne nous sont pas plus connues; on peut donc fixer l'attention des voyageurs sur ce point important de l'architecture civile en Orient. Les maisons des habitants de la campagne, les granges ou les silos pour recueillir les récoltes, les moulins à huile, à grains, peuvent fournir des documents utiles. On sait que les moulins à vent nous vinrent de l'Orient vers le xiie siècle; ne pourrait-on en trouver d'anciens dans cette contrée, comme on en voit dans quelques localités de la France? Nos campagnes conservent de nombreux restes de constructions rurales des xiiie, xive et xve siècles; l'Orient doit en posséder de même.

CHAPITRE V.

ARCHITECTURE HYDRAULIQUE.

Les travaux hydrauliques de l'antiquité et du moyen âge sont nombreux en Orient; les Byzantins, les Arabes et les Turcs apportèrent successivement des modifications à l'art de conduire, de conserver et de distribuer les eaux; ils construisirent dans ce but des aqueducs, des réservoirs ou citernes, des châteaux d'eau et des fontaines.

Aqueducs. — Les plus beaux aqueducs byzantins sont ceux de Valens à Constantinople, puis de Pyrgos et de Baktché-Keuï, situés aux environs de cette ville. Le premier, traversant une profonde vallée, ne sert plus; le second offre trois étages d'arcades superposées : celles du bas, séparées par d'épais contreforts ou éperons, sont surmontées d'arcs aigus; les autres offrent le plein cintre. Cet aqueduc se coude à angle droit immédiatement après avoir traversé la vallée; il est construit en pierre de grand appareil. La partie souterraine des conduits est exécutée avec un béton mêlé de briques, à peu près comme faisaient les Romains. Cet aqueduc n'a été qu'imparfaitement publié. Celui de Baktché-Keuï est dans le même cas; moins important que celui de Pyrgos, il n'offre que deux rangs d'arcades en plein cintre. Les eaux des aqueducs arrivaient à Constantinople par la partie septentrionale de l'enceinte du continent, auprès d'Egri-Kapou; elles étaient recueillies dans une vaste citerne en ruine aujourd'hui.

L'Asie présente aussi des aqueducs; ils sont généralement construits en arcs aigus et alimentent des norias, ou machines qui distribuent les eaux.

Sou-terazi. — Les Turcs apportèrent de l'Asie un système d'aqueducs connu des anciens, et qui consiste à diriger les eaux dans de simples tuyaux de terre cuite hermétiquement fermés et suivant les ondulations du sol. Des colonnes ou piliers isolés, placés de distance en distance dans les vallées, reçoivent à leur sommet les eaux dans de petits réservoirs, d'où elles prennent une direction et une impulsion nouvelles; ces piliers sont nommés *souterazi* (balance d'eau); leur étude offre un grand intérêt.

Réservoirs ou *citernes.* — Les citernes de Constantinople sont célèbres; les plus connues sont celles des trente-deux colonnes et des mille et une colonnes. Elles sont situées dans le voisinage de l'Atmeïdan et de Sainte-Sophie : la première, enceinte d'une muraille d'environ 3 mètres d'épaisseur, est de forme allongée; elle a 43, mètres sur 23. Trente-deux colonnes en marbre, surmontées de chapiteaux corinthiens, portant des dosserets byzantins, sont reliées deux à deux par des arcs en plein cintre; de petites coupoles basses, au nombre de 45, couvrent la citerne, dont le sommet était originairement aéré par 28 soupiraux. Cette construction doit dater des premiers temps de l'empire de Byzance; elle n'a été qu'imparfaitement publiée.

La grande citerne, dite des mille et une colonnes, ou *basilica*, n'en contient réellement que 224. Son mur d'enceinte, épais de plus de 3 mètres, forme un carré d'environ 70 mètres de côté. L'immense étendue de la citerne exigeant une grande élévation, deux fûts de colonnes ont été placés l'un sur l'autre; un anneau ou tambour saillant les sépare; des monogrammes byzantins y sont gravés. Les chapiteaux supérieurs, de forme néogrecque, sont décorés de croix.

Des voûtes en arête relient les chapiteaux des colonnes. Deux cent trente-cinq soupiraux donnaient de l'air à cette citerne, qui n'a été publiée qu'imparfaitement, et que les détails d'architecture et les monogrammes peuvent faire remonter aux premiers siècles byzantins. Plusieurs autres citernes se voyaient à Constantinople; elles sont ruinées ou comblées. Il serait intéressant de les faire connaître.

Les Turcs nomment *Tchokour-Bostan* un réservoir ou citerne à ciel ouvert, dont les ruines se voient aux environs de Constantinople; il est considérable, car de nombreuses maisons et des jardins sont établis dans son enceinte. La construction du mur est remarquable par sa régularité; des assises de briques s'y mêlent à la maçonnerie, à la manière romaine. Ce travail curieux demanderait une étude particulière à l'égard de l'arrivée des eaux, de leur distribution, de l'époque de son établissement, etc.

Châteaux d'eau. — Des châteaux d'eau sont établis sur plusieurs points de Constantinople pour recevoir les eaux des aqueducs de Pyrgos et les distribuer dans la ville. Ces *takcims*, qui alimentent ordinairement une fontaine, sont intéressants à étudier dans tous leurs détails; les plus importants sont ceux d'Egri-Kapou, de Péra, de Narli-Kapou et de Sainte-Sophie.

Fontaines. — L'Orient était riche en fontaines de toute forme : Constantin en avait fait construire de nombreuses dans toutes les places publiques de sa capitale. Elles étaient surmontées de statues du Bon Pasteur. Celle qui décorait la place à laquelle il avait donné son nom portait de plus un groupe en bronze représentant Daniel dans la fosse aux lions. On voit des fontaines byzantines à Salonique et dans les monastères du mont Athos; celles que les Turcs élevèrent depuis plusieurs siècles dans les cours des mosquées, sur les places publiques, dans les palais et les maisons, ont été d'abord imitées plus ou moins de celles qui avaient été produites avant leurs conquêtes; la plus remarquable se voit dans l'enceinte qui précède la mosquée d'Achmet, à l'Atmeïdan. Plus tard, ils en construisirent de plus importantes et de mieux combinées pour le public. Celles qui se voient à Top-hana, à Scutari et auprès de la porte du sérail, à Constantinople, sont dignes d'une capitale; les marbres sculptés, peints et dorés qui les décorent, les toits saillants et richement ornés qui les surmontent, en font des édifices remarquables.

D'autres fontaines sont établies dans les principaux carrefours, particulièrement à Top-hana, pour distribuer à boire aux habitants; elles sont remarquables aussi par leur disposition ingénieuse et leurs ornements riches et variés.

Les environs des couvents du mont Athos et de nombreuses localités présentent des réservoirs établis dans les montagnes pour alimenter des fontaines, ainsi que pour faire tourner des meules; ces réservoirs sont ordinairement établis avec soin; quelquefois ils se combinent, à plusieurs, d'une manière ingénieuse, et peuvent servir à l'irrigation.

Bends. — A l'étude des fontaines se rattache celle des bends, immenses réservoirs naturels produits par des barrages, que les Orientaux imitèrent de ceux qui s'exécutaient dans l'antiquité, et dont la France possède un exemple au Tholonet, auprès d'Aix. Ils consistent en murailles épaisses formant, dans les pays de montagnes, un barrage au cours d'un ruisseau, pour en élever les eaux jusqu'à un aqueduc taillé dans le flanc de la montagne, ou pour établir une grande fontaine publique au pied du barrage et faire de la vallée un abondant réservoir.

Bains. — Les bains publics et privés des Orientaux doivent être des reproductions de nos étuves du moyen âge; ils diffèrent assez des *thermæ* et du *balneum* de l'antiquité pour qu'on admette que leur simplification fut celle qu'adoptèrent, après la chute de l'empire romain, les peuples qui conservèrent l'usage fréquent des bains.

Ponts. — Les ponts construits en Orient sont analogues à ceux qui s'établirent chez nous du xii° au xv° siècle : l'arc aigu est employé dans les arches; le tablier est étroit, les piles avancées; le style des corniches et autres moulures offre les seuls caractères qui les font différer des nôtres. L'étude de la construction des piles, de leur fondation dans l'eau, de l'appareil des pierres, peut offrir un grand intérêt. Les Orientaux firent aussi des ponts de bateaux. Justinien en établit un sur la Corne d'or, pour relier Galata à la ville; deux arcades permettaient aux bateaux de passer sous le tablier. On en a fait un semblable au même endroit, en 1836.

Ports. — L'ancienne Byzance avait un port situé au septentrion, sur les eaux de la Corne d'or, considérée à cette époque comme une rade. Le développement considérable donné à la ville par Constantin fit un port de toute l'étendue de cette nappe d'eau, qui s'étend depuis le Bosphore jusqu'aux Eaux douces. Cette disposition nouvelle n'empêcha pas qu'à diverses époques, des ports de débarquement, des bassins militaires, fussent établis à l'orient de la ville, sur les bords de la Propontide. L'empereur Julien en fit faire un qui était voisin de Tchatlati-Kapou : c'était le débarcadère des empereurs; il desservait les palais de l'Aigle et du *Buccoléon*.

Auprès de Koum-Kapou était un autre port destiné à la marine impériale; un bassin de radoub, comblé aujourd'hui, en occupait le fond; une muraille, encore visible, l'enveloppait.

Plus loin, étaient le port d'Éleuthère et l'arsenal de Théodose. Enfin, un port de commerce aurait occupé une baie au fond de laquelle se trouve *Somothia-Kapou*.

Les recherches relatives aux différentes constructions hydrauliques qu'on pourrait rencontrer dans ces ports de la capitale, aussi bien que dans ceux des nombreuses villes maritimes de l'empire, doivent conduire à des résultats importants à l'égard des jetées, des ateliers de construction de navires, des phares et échauguettes de signaux, des arsenaux, des moyens employés pour fermer les ports, pour amarrer les vaisseaux sur les quais, etc.

SCULPTURE.

On peut joindre aux précédentes indications sur l'architecture de l'Orient quelques notes relatives à sa décoration sculptée, puis aux productions de la statuaire.

SCULPTURE D'ORNEMENT.

La décoration sculptée étant inséparable de l'architecture, elle suivit en Orient, comme ailleurs, une marche parallèle. Ainsi, durant la première période chrétienne, celle où s'exécutaient les basiliques imitées de l'antiquité, les chapiteaux et leurs détails de sculpture étaient dans la voie de reproduction presque servile de l'art du paganisme; quelques timides innovations de détail, un ciseau moins habile, des formes plus pesantes, indiquaient seuls qu'on était dans une période de transition, annonçant une révolution prochaine. La basilique de Saint-Jean-Studius à Constantinople, celles de Salonique, d'Athènes et autres, répandues dans l'empire, font connaître cette première phase de l'art chrétien.

La seconde période date de la fin du règne de Constantin lui-même, et, fait remarquable, elle se manifeste à l'édifice par la construction duquel il commença à tracer la route sur laquelle se développa l'architecture byzantine; les chapiteaux de la basilique des Saints-Apôtres, répandus encore aujourd'hui auprès de l'emplacement qu'elle occupait à Constantinople, ont la forme cubique, nouvelle alors dans cette région de l'empire, et la sculpture qui les décore commence, elle aussi, à indiquer une voie non encore suivie jusque-là.

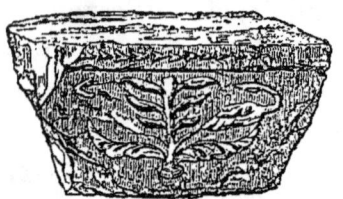

Chapiteau de l'église des Saints-Apôtres, à Constantinople.

Le nouvel art oriental était en pleine marche sous Justinien; les chapiteaux des églises de Sergius et Bacchus, de Sainte-Sophie, du Theotocos, à

Chapiteau ionique à l'église de Sergius et Bacchus.

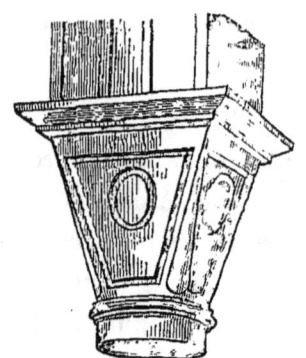

Chapiteaux de l'église du *Theotocos*.

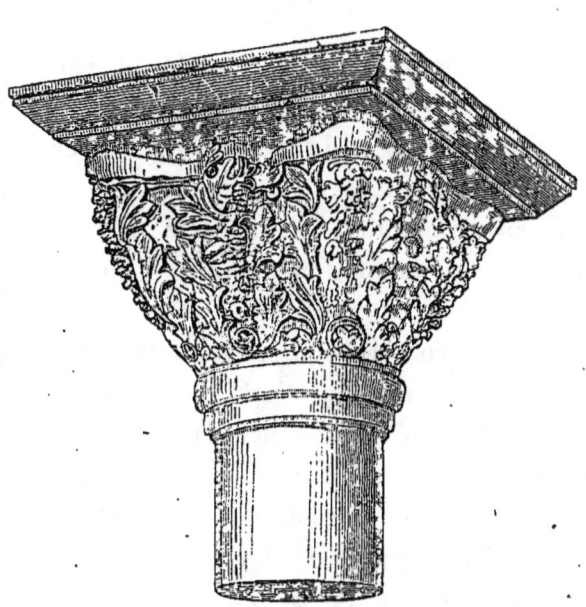

Chapiteau de l'église du *Theotocos*.

Constantinople, né rappellent plus en rien les styles grec ou romain, soit par la conception de l'ensemble, soit par l'ornementation. Leurs formes cubiques, simples ou ondulées, se dissimulent sous de grêles feuillages, sculptés d'une manière acerbe, sans étude du modèle que présente la nature, et la composition de ces ornements est sans exemple dans l'antiquité. Sur les chapiteaux de l'église de Sainte-Sophie commence à se montrer un système de décoration inconnu encore, espèce de filigrane évidé dans le marbre, et offrant les entrelacs les plus capricieux.

La fonte, l'orfèvrerie, la sculpture en ivoire, étaient moins novatrices alors que l'architecture. Les belles portes en bronze de l'église de Sainte-Sophie, les bijoux, les diptyques de cette époque, conservent encore, quant aux ornements, l'aspect des travaux de l'antiquité, moins le fini et la délicatesse des détails.

L'architecture des successeurs de Justinien se décora d'ornements sculptés, dans le goût adopté sous le règne de ce prince.

Les églises du monastère de Saint-Luc, au pied de l'Hélicon, des Saints-Apôtres et de Saint-Baradias, à Salonique, occupent la période comprise entre le VIIe siècle et la fin du Xe; peu de modifications s'y manifestent à l'égard du style de l'ornement.

Une autre ère commence vers le XIe siècle : l'originalité byzantine semble s'éteindre sous des influences étrangères, une fusion s'établit par le fait des nombreuses relations avec l'Occident, le goût arabe pénètre aussi dans l'ornementation de cette période, et de ces mélanges divers sort un style empreint de notre goût du moyen âge et dans lequel on a cru voir, à tort, l'origine de notre belle ornementation du xiie siècle, qui n'y ressemble en rien et doit rester nôtre, tous les monuments byzantins de cette époque lui étant de beaucoup inférieurs.

Enfin, la période des croisades agit sur les détails de l'architecture de la même façon que sur son ensemble : dès le xiie siècle, on voit paraître dans le midi de l'empire nos chapiteaux romans, nos frettes et autres motifs de décor; les siècles suivants, étendant jusque dans l'Attique et la Morée, jusqu'à Trébizonde même, l'influence des arts du Nord, nos chapiteaux fleuronnés, nos frises de feuillages et de fleurs des xiiie, xive et xve siècles se montrent aux lieux où régnèrent les Latins.

Depuis Justinien jusqu'à la fin du moyen âge, la sculpture d'ornement, dont on vient de suivre la marche, a été complétée dans ses effets décoratifs par une coloration variée, harmonisant les détails de l'architecture avec les marbres divers employés aux colonnes et sur les parois des édifices, avec les mosaïques et les peintures murales. L'église de Sergius et Bacchus, à Constantinople, conserve de précieux restes de cette coloration, appliquée à l'un des plus anciens temples byzantins; celle du monastère de Saint-Luc, auprès de l'Hélicon, et qui date du règne de Romanos le Vieux, les couvents du mont Athos, les églises d'Athènes et autres édifices chrétiens de l'Orient, permettent de suivre chronologiquement cette branche de l'ornementation architecturale.

STATUAIRE.

Constantin, en réunissant dans sa capitale les chef-d'œuvre de la statuaire des Grecs, dut y provoquer le goût de la sculpture au delà des limites qui lui furent assignées à Rome. Les nombreuses statues qu'il fit exécuter pour la décoration des édifices et des places publiques de Constantinople appelèrent dans cette ville les artistes que la Grèce pouvait posséder alors. Ces œuvres de l'art n'existent plus; mais les bas-reliefs du temps de Théodose qui s'y voient encore démontrent que le style antique persista jusqu'à la fin du ive siècle, et déjà paraissaient des compositions religieuses exécutées dans cette voie.

Après ce temps, l'art byzantin prit le caractère qui lui est particulier, le costume changea, la toge disparut pour faire place à des vêtements couverts de broderies, de perles et de pierres précieuses; la simplicité et l'idéalité antiques furent remplacées par un réalisme froid et sans mouvement, dont quelques sculptures sur ivoire peuvent donner une idée précise. Cette marche de l'art fut suivie par les chrétiens d'Orient jusqu'à l'époque des iconoclastes, qui fit disparaître toute représentation sculptée. Le moyen âge ramena, particulièrement au xie siècle, le goût de la sculpture dans l'empire oriental; c'est cette période qui eut quelque influence sur l'Occident, au moyen des relations vénitiennes, et par cette voie commença aussi une réaction que les croisades devaient compléter plus tard, en portant vers ces contrées lointaines le style de notre sculpture, née au milieu des développements de la civilisation occidentale.

Les principales productions du règne de Constantin étaient : 1° la statue de l'impératrice Hélène, posée sur une colonne au milieu de l'*Augusteum*, vaste place publique entourée de galeries; 2° un groupe de bronze représentant Daniel dans la fosse aux lions; 3° la figure du bon pasteur surmontant les fontaines de la ville; 4° un nombre considérable de statues placées sur les colonnes des portiques.

Théodose nous a laissé : 1° la base de l'obélisque situé au centre de l'Hippodrome; elle représente, sur ses diverses faces, les empereurs assistant aux fêtes du cirque au milieu de leur cour; 2° le piédestal et une partie du fût de la colonne dite *Théodosienne*, couverte de sujets militaires, à l'instar des colonnes Trajane et Antonine de Rome.

Justinien, en faisant construire un grand nombre d'églises dans l'empire, dut contribuer aux développements de la sculpture, puisqu'il les orna fréquemment de statues religieuses. On peut attribuer à cette époque quelques bas-reliefs en ivoire, puis un en bronze, de petite dimension, dans lesquels les souvenirs de l'art antique se mêlent aux innovations de costume et de style qui commençaient à poindre alors. Justinien avait fait placer sa statue équestre dans une des places voisines de l'église Sainte-Sophie.

Quelques ivoires des ixe et xe siècles indiquent combien était complète alors la révolution préparée depuis longtemps pour l'art byzantin; les figures impériales y sont reproduites droites, sans mouvement, et enveloppées de costumes enrichis de perles et de broderies.

L'art byzantin des xie et xiie siècles, contemporain de notre style roman, nous a laissé plus de monuments de sculpture que les périodes antérieures. La *pala d'oro* de Venise, les portes de métal, exécutées en Orient et apportées en Italie et en Sicile, pour clore plus d'une basilique, sont couvertes de figurines qui indiquent l'état de la statuaire à cette époque. Alors aussi commencèrent à se produire les nombreux diptyques et triptyques couverts de sujets sacrés, sculptés en bois, dont la reproduction s'est perpétuée jusqu'à nos jours en Orient, à l'imitation, peut-être, de ceux que produisaient nos contrées, et dans lesquels le style byzantin fut conservé presque sans mélange.

La même période a vu paraître en Orient une branche de sculpture mixte. Elle produisit ces compositions bizarres dans lesquelles des animaux se mêlent aux feuillages qui les enlacent, système de décoration que l'Occident possédait déjà à cette époque et qui paraît né dans le Nord.

Enfin, les croisés portèrent en Orient la statuaire de l'Occident. Les nombreuses églises construites par eux dans le midi de l'empire, en Syrie, à Chypre, à Rhodes et dans le continent de la Grèce continrent des statues religieuses semblables à celles qui ornaient les nôtres, et les bas-reliefs sculptés à Trébizonde ont été faits sous la même influence des Latins.

PEINTURE.

La décoration peinte des chrétiens orientaux commence par la mosaïque, du moins quant aux monuments qui nous en restent; les basiliques primitives nous la montrent d'abord étendue sur le sol, comme l'exécutaient les anciens; les compartiments les plus variés, les tons les mieux harmonisés, s'y enlacent dans tous les sens; des feuillages, des oiseaux, des animaux, y complètent l'ensemble; passant de là aux parois des murailles, elle orne d'arabesques les tympans et les intrados des arcades, les murs de pignons et les trumeaux de fenêtres, la voûte et les courbes de l'abside. Les basiliques de Bethléem et de Salonique, réunissant leurs fragments de peinture en mosaïque, compléteraient une décoration, et donneraient les idées les plus exactes sur les grandes églises de la première période chrétienne.

Le règne de Constantin, qui produisit les temples circulaires, point de départ de l'architecture byzantine, nous montre la mosaïque couvrant les coupoles; l'église de Saint-Georges, à Salonique, possède la plus remarquable par son style et sa décoration : dans douze petits temples arabesques, offrant, par leur disposition et l'art qui y a présidé, la plus grande analogie avec les peintures décoratives de Pompéi, sont figurés douze saints rappelant chacun, par les inscriptions qui l'accompagnent, l'un des mois de l'année. Le sanctuaire, les chapelles groupées autour du temple, sont ornés de mosaïques du meilleur style.

Cet édifice remarquable, reproduit avec soin dans tous ses détails encore inédits, permettrait de reconstituer par le dessin le Saint-Sépulcre de Jérusalem, l'église de l'Ascension et autres temples circulaires de la première époque chrétienne, et dont les descriptions coïncident sous plus d'un rapport avec lui.

La période justinienne nous montre la mosaïque perdant le style archaïque conservé par Constantin, pour devenir entièrement chrétienne et byzantine. L'ornementation renouvelle ses formes, les figures quittent la toge pour le manteau couvert de broderies circulaires, de perles et de pierreries, comme les diptyques et les peintures sur vélin nous les représentent.

Dans les édifices d'un ordre secondaire, construits loin de la capitale, la peinture murale remplace la mosaïque; l'ornementation due au pinceau s'étend sur les moulures simplifiées par l'architecte : elle couvre de ses détails délicats les pilastres, les épaisseurs d'arcades, les panneaux qui séparent les sujets religieux; dans les soubassements elle imite les marbres, que les ressources restreintes des villes de province n'ont pas permis d'employer en nature. Quant aux tableaux sacrés, toujours composés avec gravité et disposés avec goût pour l'ensemble de la décoration, ils sont exécutés avec une simplicité qui s'harmonise parfaitement avec les lignes et les effets de l'architecture.

Les couvents du mont Athos, des Météores et de la Grèce, les églises d'Athènes et de Salamine, la basilique de Bethléem, le Saint-Sépulcre à Jérusalem, le baptistère de Trébizonde et quelques églises de l'Asie Mineure sont les principaux édifices où se peut suivre l'histoire de la peinture en Orient, depuis une époque ancienne jusqu'à nos jours, les Grecs modernes étant encore dans la voie tracée aux premiers siècles byzantins.

Indépendamment de la peinture religieuse qu'ils exécutaient sur les parois des églises ou dans les manuscrits à l'usage du clergé et des fidèles, les Byzantins peignaient des sujets historiques, des portraits de souverains ou de personnages secondaires; plusieurs exemples se voient en Orient sur des murs d'édifices, et les manuscrits offrent plus d'un sujet profane et de la vie privée, plus d'une allégorie ingénieuse; dans ces peintures on remarque souvent des restes de l'art antique. Au xi⁰ siècle, les peintures des manuscrits grecs se rapprochent assez du style de ceux de l'Occident, aux costumes et à l'ornementation près, qui gardent encore la physionomie originale de l'Orient. L'intérieur des monuments civils devait être décoré d'arabesques et des autres genres d'ornementation fournis par le pinceau.

La peinture sur bois, si commune de nos jours en Orient, et dont les procédés sont encore ceux du moyen âge, indépendamment du style byzantin qui s'y est maintenu, doit avoir son origine dans les siècles antérieurs.

L'Orient montre aussi quelques traces de peintures murales et autres dues à l'influence de l'Occident, à l'époque des croisades et du prolongement de notre puissance après cette période; on en voit un exemple à Rhodes, dans la crypte de l'église ruinée de *Notre-Dame de Philerme* : des chevaliers de l'ordre y sont peints sur les murailles.

ICONOGRAPHIE.

L'iconographie peut recevoir des développements nouveaux de l'examen sérieux qui serait fait des nombreuses peintures religieuses exécutées à toutes les époques dans les églises de l'Orient. Cet examen doit porter sur les physionomies, les caractères symboliques, les signes particuliers, quelque peu importants qu'ils paraissent d'abord, et qui furent imaginés pour distinguer les principaux personnages chrétiens. Les divers costumes admis, soit par la tradition, soit d'une manière conventionnelle, pour caractériser les principales individualités; les accessoires secondaires, tels que meubles, encadrements, tentures, etc., etc., qui les accompagnent, sont des sujets d'étude qui offrent, en leur lieu, un intérêt réel et se rattachent plus ou moins à l'art oriental.

ATTRIBUTS DES SAINTS.

Indépendamment de l'iconographie, qui se rapporte d'une manière spéciale aux types caractéristiques et aux signes qui distinguent les personnes sacrées, les divers attributs des saints sont des documents précieux à recueillir, tant sur les peintures que sur les monuments sculptés qui pourraient se rencontrer dans les églises et autres édifices où s'en présenteraient les images.

COSTUMES RELIGIEUX.

1re période.

Les publications faites en Italie à diverses époques, et récemment en France aux frais du Gouvernement, sur les peintures que renferment les catacombes de Rome, donnent les premières notions sur les costumes religieux qu'adoptèrent d'abord les chrétiens; l'Orient peut compléter ou étendre le cercle des connaissances à cet égard. La mosaïque exécutée sous le règne de Constantin dans la coupole de l'église de Saint-Georges, à Salonique; les diptyques en ivoire ou en métal qui pourraient être recueillis sur quelque point de l'empire, d'anciennes peintures sacrées conservées dans des basiliques primitives sous le badigeon qu'y placèrent les Turcs, mériteraient un examen sérieux pour éclairer cette question importante.

2e période.

Lorsque le rite subit en Orient les modifications qui préparaient le schisme, les costumes religieux en éprouvèrent l'influence; on peut consulter les mosaïques de Ravenne, exécutées par des Grecs, et qui représentent Justinien et l'impératrice, entourés de prêtres consacrant une église; les peintures religieuses qui doivent se retrouver encore sous les badigeons, dans les édifices assez nombreux de cette époque, et celles des successeurs de ce prince; les manuscrits, etc.; les ivoires et autres monuments sculptés dont nous possédons en Occident quelques exemples.

3e période.

Le moyen âge dut apporter aussi dans le costume religieux de nombreuses modifications, comme il en produisit chez nous; cette époque, plus riche en monuments, en manuscrits, en objets d'art de tous les genres conservés en Orient, fournira sans doute de nombreux éléments aux recherches relatives à ce sujet. Les publications de Chalcondile, de Dagincourt, les peintures des églises monastiques et autres qui se voient au mont Athos, sur le continent de la Grèce et dans les îles, montrent des types de costumes religieux, depuis celui du patriarche jusqu'à ceux des prêtres, des diacres, sous-diacres, etc., etc.

4e période.

Il ne serait pas inutile à ce genre de recherches de recueillir les costumes modernes du clergé grec, parce qu'en Orient, comme dans nos contrées, des formes de vêtements anciens ont pu traverser les siècles et se maintenir d'autant plus exactement, qu'en général à ces formes se rattachent des idées symboliques.

Enfin les monuments religieux que l'Orient dut à la conquête latine pourraient offrir aussi de précieuses peintures, des bas-reliefs et autres objets d'art qui présenteraient des documents exacts relatifs à nos costumes sacrés du moyen âge, question qui devient de plus en plus importante pour nous, en raison des développements que prend chaque jour l'étude de l'antiquité chrétienne.

COSTUMES DES MOINES.

Le costume des igoumènes, des archimandrites, des simples moines de Byzance et de la Grèce moderne, doit être étudié dans ses détails. On peut se guider, à l'égard de l'ancien costume, sur des peintures de manuscrit, dont Dagincourt a publié quelques types précieux, sur d'anciennes gravures qui se trouvent dans des monastères modernes, et particulièrement au mont Athos; quant à celui des moines qui peuplent aujourd'hui les maisons religieuses, il offrira sans doute, comme en Occident, de nombreuses relations avec l'ancien vêtement des premières époques du monachisme.

INSIGNES RELIGIEUX.

Aux vêtements religieux se lient les ornements ou insignes désignant les diverses fonctions dans la hiérarchie sacerdotale. Le patriarche, le métropolitain ou archevêque, l'évêque, le hiéronomaque et le pope portaient des mitres, des croix, des crosses ou taus, des bijoux réservés à leurs emplois divers. Les formes et la décoration de ces ornements varièrent suivant les différents âges : une étude chronologique de ces divers attributs est encore à faire.

ARTS INDUSTRIELS.

Les arts industriels qui virent le jour en Orient, ou qu'y porta la civilisation occidentale, offrent autant d'intérêt que les arts libéraux; on peut suivre dans leur classification l'ordre précédemment adopté.

MOBILIER DES ÉGLISES.

Dans cette partie importante des arts industriels, intimement liée à l'architecture par les formes et par l'exécution, se trouvent confondus ici sous le même titre les produits de deux industries bien différentes, la marbrerie et la menuiserie. Les procédés de la première, si largement usités dans l'antiquité, durent peu changer après l'ère chrétienne; peut-être seulement quelques moyens d'assemblage des marbres furent-ils modifiés.

Quant à la menuiserie, elle offre plus d'intérêt peut-être, parce que celle des anciens n'étant pas parvenue jusqu'à nous, et les Orientaux ayant pu en conserver les traditions, des documents précieux à cet égard pourraient résulter de l'examen des fragments anciens de menuiserie simple ou sculptée qu'on rencontrerait dans de vieilles églises : on y reconnaîtrait les procédés employés dans l'assemblage des bois, dans leur sciage, dans les préparations qui ont pu les conserver jusqu'à nos jours; les moyens employés pour y sculpter des ornements ou y faire des incrustations. On voit à Palerme, à la Martorana, une porte byzantine en bois sculpté. Le couvent de Séménou, sur l'Athos, offre, au réfectoire, une porte de bois incrustée de rinceaux en ivoire; celle de l'église du monastère de Sainte-Catherine, au mont Sinaï, est couverte d'émaux précieux. On peut donc espérer qu'on trouverait d'autres exemples de boiseries anciennes; et quant aux assemblages des bois, ils ont pu se conserver dans la menuiserie moderne des Grecs et des Turcs.

BASILIQUES.
Fonts baptismaux.

Les premiers chrétiens orientaux avaient, comme les latins, des baptistères isolés, dans lesquels était placée la cuve baptismale, ordinairement construite en pierre ou en marbre; elle fut portée ensuite dans l'église. Quelques écrivains des premiers siècles, des mosaïques et des peintures grecques anciennes indiquent des cuves baptismales. On en fabriquait aussi en métal; l'argent et le bronze étaient employés à cet usage. On connaît de petits vases portatifs qui servaient à administrer le baptême.

Phiale, bénitier.

La fontaine d'ablutions, dont l'usage remonte à la primitive Église, fut établie d'abord au centre de la cour sacrée; elle passa ensuite dans le porche, puis à l'intérieur de la basilique sous forme de bénitier. Ces meubles de la première période de l'art chrétien sont fort rares. Les mosaïques grecques de l'église de Saint-Vital de Ravenne en font voir un exemple.

Lectorium.

L'un des meubles de la nef des basiliques était destiné à la lecture des livres sacrés et au chant religieux; construit en marbre, il était surmonté

Lectorium de la basilique Saint-Laurent-hors-les-Murs.

d'un pupitre. L'Orient a pu, comme l'Italie, conserver quelques-uns de ces meubles.

Ambon.

L'ambon ou chaire des prédications, construit en marbre, comme le lectorium, était placé en face de lui, dans la nef; deux escaliers conduisaient à la partie supérieure, qui était disposée à peu près comme le sont nos chaires modernes.

Rome possède plusieurs ambons anciens [1]; des peintures grecques démontrent que celles de l'Orient étaient analogues.

Clôtures.

La nef principale des basiliques était séparée des collatéraux par des clôtures ou chancels qui, pendant les cérémonies, servaient à maintenir une certaine classification entre les fidèles.

On a trouvé des restes de ces clôtures à la basilique de Trieste, à

---

[1] [Voir plus haut, p. 80.]

celle de Tébessa, en Afrique. Cette particularité doit fixer l'attention des voyageurs.

Chœur. — Chancels. — Trabes.

Le chœur, établi aux dépens de la nef principale, en était séparé par des chancels, clôtures en marbre ou en pierre soutenues par de minces pilastres.

Chancel à l'église Saint-Pierre de Toscanella.

Au-dessus s'élevait quelquefois la *trabes*, formée de quelques colonnes portant une architrave ou un entablement complet, qui traversait toute la nef; la basilique de Torcello, dans les lagunes de Venise, en présente un bel exemple (voir fig. de la page 304). Des bancs étaient disposés auprès des chancels du chœur.

Vue intérieure de la basilique de Torcello.

Sanctuaire.

Le sanctuaire était séparé du chœur par une clôture dans laquelle s'ou-

Portes saintes.

vrait la porte sainte. Au delà s'élevait l'autel, ordinairement de forme quadrangulaire, et quelquefois cylindrique, comme en possèdent les basiliques d'Athènes; l'autel était accompagné d'un *ciborium*, édicule composé de quatre

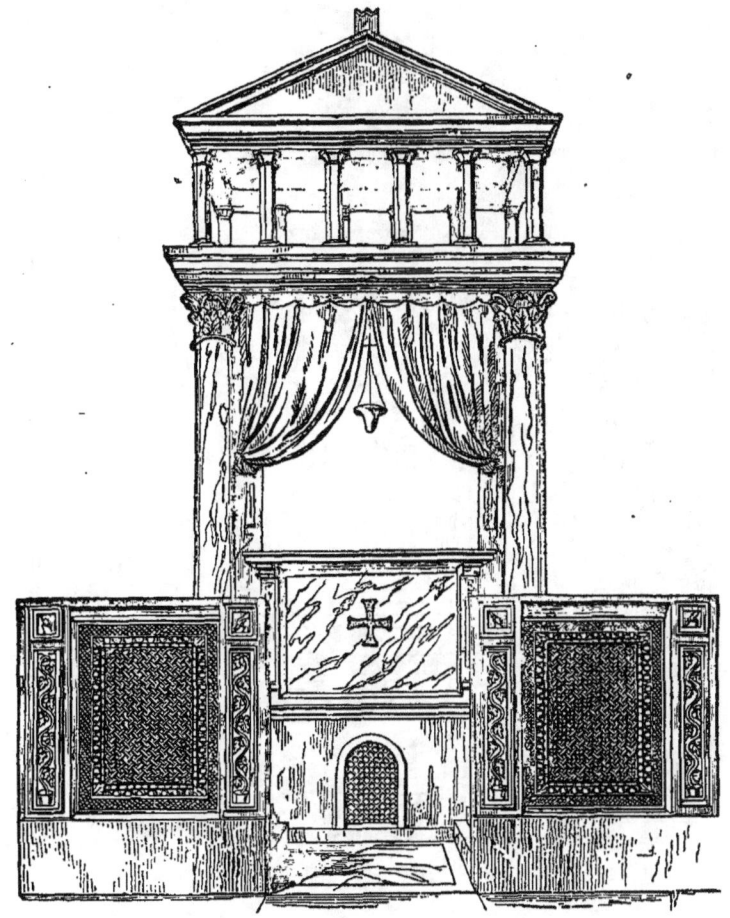

Ciborium de la basilique Saint-Clément.

colonnes portant des architraves ou des arcs surmontés d'un toit à double pente et décoré de frontons.

Presbytère.

Derrière l'autel, dans l'abside de la basilique, s'établissait le presbytère, lieu contenant des bancs en exèdre pour placer le clergé et un siège principal, ou *cathedra*, destiné à recevoir l'évêque.

Les peintures grecques du manuscrit de *Jacobus monacus*, conservé à la Bibliothèque nationale, contiennent plusieurs représentations du sanctuaire primitif en Orient : on y voit la porte sainte, l'autel et le ciborium, et plus loin la cathedra du presbytère. Les mosaïques de Ravenne, exécutées pro-

Presbytère de Torcello.

bablement par des Grecs, représentent des autels surmontés du ciborium. On voit aussi dans cette ville une *cathedra* en ivoire dans le style des premiers siècles chrétiens; un monogramme indique son origine orientale. Le baptistère de Venise contient un meuble en marbre, de même provenance, et qui doit dater du même âge.

Meubles secondaires.

Le mobilier des basiliques primitives se complétait par des objets secondaires en métal; une grille en bronze se voit à l'église de la Nativité de Bethléem; saint Arculfe a tracé sur son plan de l'église de l'Ascension, construite par sainte Hélène à Jérusalem, de nombreuses lampes suspendues devant le *tegimen* en métal qui recouvrait le lieu foulé par les pieds du Christ; les flambeaux de l'autel, le candélabre placé au milieu du chœur, étaient en bronze ou en fer. Enfin les vases sacrés dont, suivant les récits d'Anastase le Bibliothécaire, Constantin et ses successeurs étaient si prodigues envers les églises, ont pu laisser quelques souvenirs; les Bénédictins et Dagincourt en font connaître[1] de cette époque.

ÉGLISES BYZANTINES.
Meubles principaux.

Les églises byzantines, datant d'une époque moins ancienne que les basiliques primitives, et ayant été longtemps reproduites, seront plus riches en détails relatifs au mobilier.

Phiale, bénitier.

La ville de Salonique présente plusieurs phiales byzantines, composées de

Phiales du Zographe et d'Iviron.

cuves ornées de sculptures et couvertes par des dômes que portent des colonnes. Justinien établit le *Lavacrum* de l'église de Sainte-Sophie de Constantinople dans le narthex; quelques bénitiers grecs, qui nous sont connus, indiquent que plus tard ce meuble, réduit et placé dans la nef, remplaça la phiale.

[1] *Voyage litt.*, t. I, p. 159.

Stalles.

Les nefs des églises néo-grecques paraissent avoir été meublées d'un grand nombre de stalles disposées pour les fidèles assistant aux cérémonies; d'an-

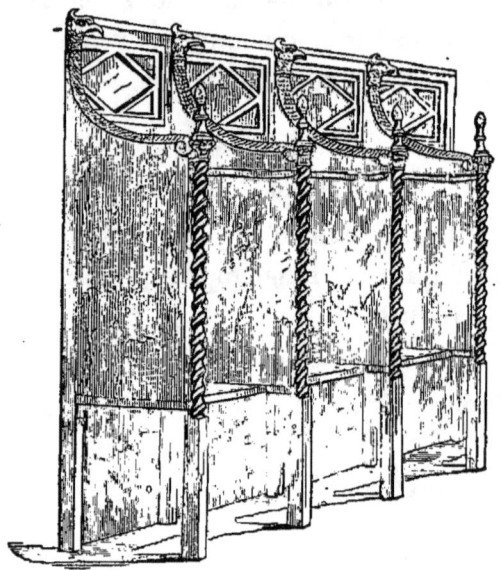

Stalles à l'église Saint-Démétrius, à Smyrne.

ciens récits de voyageurs et les églises modernes le confirment.

Trône.

Trône à l'église Saint-Démétrius, à Smyrne.

Au milieu des stalles les plus voisines du sanctuaire, les églises grecques présentaient un trône destiné à l'évêque ou au chef du clergé local; tous les temples modernes de quelque importance contiennent ce meuble,

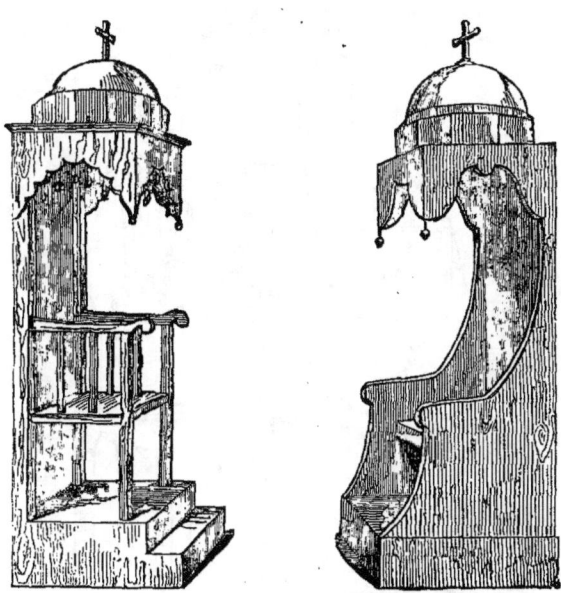

Trônes grecs, à Athènes.

décoré ordinairement de sculptures, et quelquefois de tableaux et d'ornements dorés; en général, ce trône est surmonté d'un ou de plusieurs dômes.

Un meuble particulier aux églises de l'Orient est placé dans la nef, auprès du sanctuaire: il se compose d'un pupitre soutenu, soit isolément par de riches supports, soit encore sous un petit dôme; on y place des tableaux mobiles dont les compositions retracent les diverses fêtes religieuses de l'année.

Ambon.

Rien n'indique le maintien du *lectorium* dans les églises byzantines; mais l'ambon, ou chaire de prédication, y prit plus de développement que dans la période précédente.

Les descriptions que les auteurs nous ont laissées de l'église de Sainte-Sophie, la chaire grecque transportée à Venise dans l'église de Saint-Marc,

Chaire-byzantine à l'église Saint-Marc, à Venise.

et quelques peintures démontrent que l'ambon des Byzantins fut surmonté d'un dôme porté par des colonnes.

Iconostase.

Les chancels et la *trabes* des basiliques primitives sont remplacés, dans les églises byzantines, par l'iconostase, clôture sacrée qui sépare la nef principale du sanctuaire; c'est un souvenir de celle que Salomon établit à pareille place dans le temple de Jérusalem. L'iconostase est une cloison généralement en bois; dans les églises anciennes, des colonnes en marbre lui servaient de support; quelques localités en montrent qui sont établies en maçonnerie. Selon l'importance de l'édifice, une ou plusieurs portes sont pratiquées dans l'iconostase; elles donnent entrée dans le sanctuaire. Ces portes saintes sont closes, soit dans toute leur hauteur par des vantaux en menuiserie, soit par des demi-portes, le reste étant fermé par un voile qui s'ouvre à certains moments de la cérémonie. L'iconostase est ordinairement décorée dans son ensemble avec tout le luxe de la peinture, de l'orfèvrerie, de la dorure, et de nombreuses lampes suspendues devant les tableaux religieux, de hauts candélabres placés sur les marches qui le précèdent, en complètent l'effet.

Clôture sacrée à la *Panagia Nicodimo*, à Athènes.

Clôture fermée par un simple voile.

Clôture sacrée à Patras.

— 312 —

Dans quelques églises peu importantes, l'iconostase est remplacée par un grand voile suspendu à la voûte ou à une tringle qui traverse l'édifice; il rappelle le voile des basiliques primitives.

Sanctuaire, autel.

L'autel byzantin était ordinairement cubique; de riches étoffes, des or-

Grand autel à l'église Saint-Démétrius, à Smyrne.   Petit autel dans la même église.

nements sculptés, incrustés ou formés de mosaïques, en décoraient les faces principales. Les anciennes descriptions de l'église de Sainte-Sophie de Constantinople disent quel luxe extraordinaire Justinien apporta dans l'exécution de l'autel, et la *pala d'oro* conservée à Venise est un devant d'autel byzantin.

Ciborium [1].

De nombreuses peintures représentent des *ciboria* orientaux : ils se composaient, comme ceux de l'Occident, de quatre colonnes placées auprès de l'autel; des arcs et des coupoles disposées de diverses manières en surmontaient les chapiteaux. Il est peu probable que quelqu'un d'eux ait survécu; mais des *ciboria* d'églises modernes de l'Orient rappellent ceux de l'art byzantin.

[1] [Voir plus haut. p. 88 et 305]

Presbytère, Βῆμα.

Le presbytère des églises byzantines offrait la plus grande analogie avec celui des basiliques primitives; des bancs en exèdre placés dans l'abside, un trône au milieu pour l'évêque, en formaient l'ameublement. On voit encore, auprès de quelques presbytères, de petites absides; comme dans les basiliques, elles sont fermées par des voiles ou par des portes solides, et contiennent, l'une les livres, l'autre les vases sacrés. Saint Arculfe mentionne dans son voyage une armoire de trésor qui se voyait au viiie siècle à Constantinople, dans l'église de la Vierge; elle contenait la vraie croix. Les portes des sacristies sont ordinairement ouvertes auprès du presbytère.

Cryptes.

Les cryptes sont fort rares en Orient. Eusèbe mentionne celle de la basilique des Saints-Apôtres à Constantinople, dans laquelle l'empereur avait fait préparer sa sépulture et celle de sa famille. On en voit sous les nefs de l'église de Sainte-Théodosie, dans la même ville. M. Hommaire de Hell a publié celle qui est à Midiah. On doit à M. Dubois de Montperreux d'en avoir fait connaître quelques-unes qui se voient sur le Caucase.

Ces cryptes, ainsi que celles de nos contrées, devaient contenir des autels, des tombeaux de saints ou de grands personnages. Il serait désirable que des recherches particulières pussent nous apprendre quelles étaient les dispositions et l'ameublement de ces caveaux.

Tables de proposition.

Les tables de proposition, placées chez les Orientaux derrière la clôture sacrée, offraient un grand luxe, dans l'origine de l'art byzantin; les auteurs qui décrivent l'église de Sainte-Sophie mentionnent celles que Justinien fit exécuter en or; depuis elles ont été réduites à des proportions et à des matières beaucoup plus simples; on en voit dans quelques sanctuaires qui montrent une fusion des arts grec et arabe.

ÉGLISES GOTHIQUES.

Lorsque les croisés portèrent dans le midi de l'empire l'architecture de l'Occident et y construisirent les nombreuses églises romanes ou gothiques dont les principales ont été précédemment indiquées, ils les meublèrent dans un style analogue à l'ensemble et suivant l'usage adopté dans nos contrées. On sait combien les meubles de la période romane et même de celle de la transition sont rares chez nous; c'est une raison pour recommander aux voyageurs l'examen attentif des temples de ces époques, construits en Orient par les croisés, et qui, malgré leur conversion en mosquées ou en églises grecques et arméniennes, conservaient encore quelques souvenirs de leur ameublement occidental.

Pour la période de l'art gothique, il y a plus de raisons de croire qu'on en rencontrerait des traces. Les formes et la destination des principaux meubles de nos églises du moyen âge sont assez généralement connues pour qu'il soit nécessaire d'en indiquer ici le style et le but.

MOBILIER MONASTIQUE.

Catholicon.

Le catholicon des monastères peut, quel que soit le style d'architecture qui le caractérise, présenter l'ensemble ou une partie du mobilier religieux qui vient d'être indiqué dans le précédent chapitre : il est donc inutile d'en reproduire ici les détails; toutefois, les temples des maisons religieuses de l'Orient n'ayant pas généralement subi, comme d'autres, la transformation en mosquée, leur examen doit être minutieusement fait, parce que là sans doute se trouvent plus d'anciens monuments de l'art néo-grec que partout ailleurs.

Réfectoire.

Le réfectoire, qui dans les monastères est la construction la plus importante après l'église, renferme un mobilier particulier qui mérite examen.

Tables.

D'anciennes descriptions nous font connaître que les tables des réfectoires étaient formées d'immenses plaques de pierre ou de marbre, et celles des monastères du mont Athos, particulièrement de la Sainte-Laure, sont encore aujourd'hui construites comme elles l'étaient autrefois; ces tables, arrondies vers une de leurs extrémités, sont creusées au milieu, de manière à présenter un écoulement facile à l'eau qu'on y jette en abondance pour les tenir en état de propreté.

Tribune de lecture.

Une chaire de lecture, ordinairement en bois, est placée sur l'une des faces du réfectoire : elle offre quelque analogie avec nos chaires religieuses; un dôme la surmonte.

Timbres et cloches.

Les religieux de l'Orient n'eurent des cloches que fort tard, et de nos jours encore on se sert dans les couvents, pour appeler à la prière, de timbres en bois ou en métal dont l'origine est antique : les premiers sont des

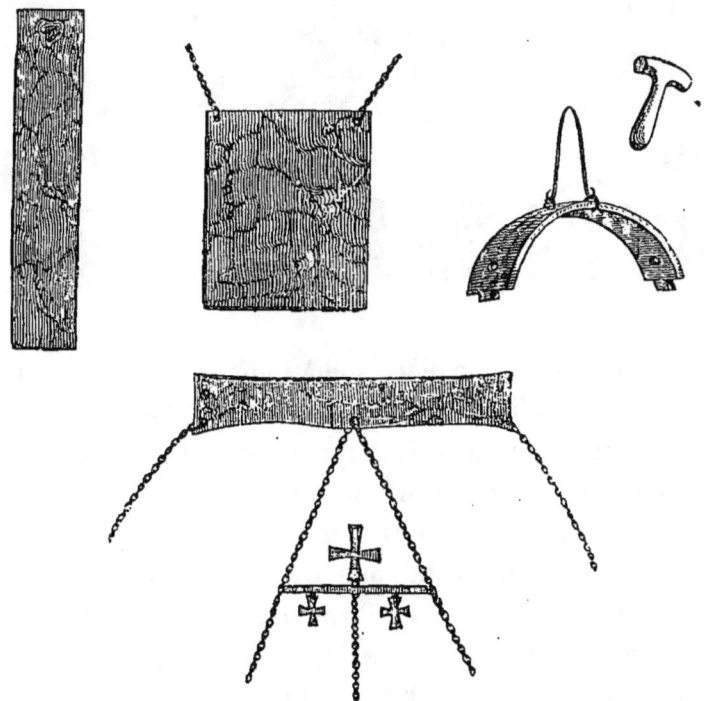

Timbres dessinés à Constantinople.

planches façonnées de manière à pouvoir se porter facilement à la main; on les frappe avec un marteau; les seconds, trop pesants pour être transportables, se suspendent : ce sont des plaques carrées ou oblongues auxquelles on donne des formes plus ou moins convenables à leur destination; il y en a de droites, de courbes, de découpées; quelquefois on les accompagne de chaînes ornées et de croix disposées avec goût.

Cuisines.

Les cuisines des maisons religieuses sont établies généralement encore comme elles l'étaient dans nos monastères du moyen âge, c'est-à-dire isolées, circulaires ou en polygone, voûtées et surmontées de nombreuses chemi-

nées. Cette disposition particulière, déjà indiquée plus haut, dut conduire à avoir des appareils culinaires et des vases particuliers qui ont pu se conserver dans quelques couvents. Le foyer était-il placé au centre, comme il est indiqué dans les cuisines du monastère de Saint-Gall, dessin du IXe siècle qui est parvenu jusqu'à nous? Les autres détails d'emménagement de ces cuisines, depuis longtemps abandonnées en Occident, peuvent fournir des notions précieuses. Les religieux occidentaux, en allant s'établir dans les couvents qu'ils faisaient construire en Asie, à Chypre ou en Grèce, durent y transporter de chez eux des meubles de cuisine, ou en faire exécuter sur les lieux d'après leurs usages.

HOURDS.

Les fortifications qui protégeaient les villes, les châteaux, les ports, etc., et dont la mention a été faite dans la première partie, devaient, en temps de guerre, se compléter, comme en Occident, par des constructions en bois, faciles à placer et à déplacer, et dont le but était de faciliter le service des murailles et de protéger les combattants. Chez nous, on les nommait *hourds* [1]. A ces additions postiches et utiles à la défense s'enjoignaient d'autres qui formaient des galeries de communication, couvertes ou découvertes, des planchers, des escaliers, etc., reliant, vers l'intérieur de la ville ou du château, les tours et autres postes importants de la place. En général, ces constructions secondaires, prévues lors de l'établissement des fortifications solides, peuvent se reconstituer par la pensée, en examinant sérieusement les consoles en pierre, les trous profonds établis à l'avance dans les murailles, pour servir à les remettre à leur place, lorsqu'en temps de guerre on songeait à les dresser comme un complément indispensable au système de fortifications.

ARMES.

Les armes défensives sont le casque, la cuirasse, les jambières, le bouclier. La mosaïque de Ravenne, qui représente Justinien consacrant une église, montre des costumes militaires de l'époque à laquelle ils commencèrent à s'écarter des formes romaines et grecques du Bas-Empire; le bouclier ovale est orné du labarum. Les nombreuses peintures religieuses exécutées dans les églises de la Grèce, du mont Athos et de l'Asie représentent souvent saint Michel, saint Georges, saint Hector, saint Démétrius et saint Procope ou quelque autre saint guerrier; on y a figuré des armures complètes ou partielles qui donnent des notions sur les formes adoptées à diverses époques de l'empire byzantin; ces études peuvent se compléter :

1° Par les médailles et monnaies, qui représentent souvent les empereurs casqués et cuirassés;

2° Par les diptyques, sur lesquels on voit des souverains, des officiers de l'Empire, etc.;

3° Enfin, par des peintures de manuscrits, dont on connaît déjà un certain nombre, qui donnent des costumes militaires d'empereurs, de grands officiers et même de soldats, durant une période de plusieurs siècles.

MACHINES DE GUERRE.

Athénée, Héron, Apollodore, Vitruve, Josèphe, nous ont laissé des descriptions des machines de guerre qu'employaient les anciens dans les sièges; plusieurs de ces machines se transmirent jusqu'au moyen âge, ainsi qu'on le

---

[1] [Voir plus haut, p. 198.]

voit sur des peintures de manuscrits et de vieux tableaux de l'Occident. On peut espérer que l'Orient donnera aussi des documents analogues.

Les sources citées plus haut à l'égard des casques, cuirasses, boucliers et autres armes défensives, fournissent de même des documents à l'égard des armes offensives des Byzantins; de plus, les arsenaux, les collections d'armes qui, en Orient, doivent être à peu près les seules qu'on puisse rencontrer, fourniraient des documents à cet égard.

Quant à l'époque des croisades, elle laissa plus qu'une autre des traces de l'armure des guerriers de l'Occident; des pierres tumulaires ou des représentations peintes, qui se voient à Rhodes, en Chypre et ailleurs, la belle collection d'armures trouvée dans une tour de Khalcis, en Eubée, peuvent combler des lacunes à l'égard de nos connaissances sur la panoplie du moyen âge.

Une importante question se rattache à cette matière, celle du feu grégeois, de ce qui le distinguait de la poudre à canon, des moyens employés par les Grecs du Bas-Empire et des époques postérieures pour en faire usage, de l'origine des armes à feu qui semblent en être dérivées. L'ancienne artillerie des Turcs offre aussi de l'intérêt : celle des châteaux des Dardanelles a déjà été examinée; peut-être n'est-elle pas la seule en Orient qui mérite l'attention des voyageurs; les arsenaux, les châteaux et les citadelles du littoral ou de l'intérieur doivent en offrir d'autres exemples.

MOBILIER CIVIL.

Les peintures des manuscrits grecs offrent quelques notions sur les meubles qui garnissaient les palais impériaux, les habitations princières et les maisons opulentes de l'empire de Byzance; des trônes, des lits, des tables, des sièges, etc., y sont figurés, et le luxe oriental y brille de toutes parts. Ces premiers renseignements peuvent être développés par des peintures nouvelles; il est difficile d'espérer qu'on trouverait encore, comme cela a lieu en Occident, des meubles du moyen âge conservés jusqu'à nous. Le mobilier des maisons ordinaires et de celles de la campagne est complètement inconnu, ainsi que les instruments de labourage. Quelques monuments publics, tels qu'hospices et caravansérais, qui sont au nombre de ceux que respectent le plus les Orientaux, pourraient avoir conservé des restes d'anciens mobiliers, et les prisons quelques instruments de torture et de supplice.

On ignore quels étaient les ustensiles culinaires qui meublaient les cuisines du Bas-Empire et du moyen âge en Orient, tandis qu'en Occident des fouilles suivies avec soin, des objets conservés dans les collections, et enfin des peintures, fournissent des notions à cet égard.

Constantinople possédait déjà une riche bibliothèque, commencée par Constance, augmentée et placée dans un bel édifice par Julien, puis étendue encore par Valens; quelques peintures byzantines font voir des personnages lisant sur des pupitres, les livres y sont roulés d'abord et reliés plus tard; ils devaient se renfermer dans des armoires, à la manière romaine, comme l'indique un précieux bas-relief antique souvent publié. A l'instar de la ville de Rome, la capitale de l'Orient devait présenter des portiques où résidaient les écrivains qui copiaient les livres, et Constantinople moderne présente encore de nos jours un bazar spécialement consacré à cette industrie.

Fonte.

Depuis la plus haute antiquité, les ouvriers étaient habiles dans l'art de fondre l'airain et les métaux précieux; des statues de toute dimension, des portes de temples, et même des portions d'édifice, étaient produites par l'industrie des fondeurs. Le christianisme nous montre de nombreux exemples qui prouvent que l'Orient suivit une marche analogue à cet égard. On voit Constantin décorer sa capitale de statues et de groupes en bronze; un immense *tegimen* en même métal s'exécuter pour couvrir tout le sol de l'église de l'Ascension, à Jérusalem, et préserver ainsi les traces des pas du Sauveur. Une grande grille fondue se voit à Bethléem. Plus tard Justinien fit placer sa statue équestre au milieu d'une place située devant l'église de Sainte-Sophie; les portes de ce temple existent encore; elles sont incrustées de métaux précieux formant des inscriptions. Cet art ne dégénéra pas au moyen âge à Constantinople; l'Italie possède encore, à la basilique de Saint-Marc de Venise, à l'abbatiale de Montréal, en Sicile, des portes de bronze fondues en Orient. Celles qui fermaient, jusqu'en 1822, la grande église de Saint-Paul-hors-les-Murs, à Rome, avaient la même origine, et de nombreux sujets incrustés en argent en décoraient les panneaux. Les Turcs durent trouver cette industrie encore en vigueur dans la capitale, lorsqu'ils s'en furent rendus maîtres, car la mosquée d'Achmet, l'une des plus anciennes de cette ville, présente de magnifiques portes en bronze, chef-d'œuvre de fonte.

Quant à la damasquinerie, on sait combien les Orientaux sont encore habiles dans ce genre de travail, qu'ils appliquent à la décoration des armes.

Orfèvrerie.

L'orfèvrerie tient une place importante dans les arts industriels. Anastase nous fait connaître combien Constantin et ses successeurs furent prodigues envers les églises pour les enrichir de vases sacrés, d'ustensiles du culte ; l'or et l'argent y brillaient de toutes parts. Les noms grecs donnés à plusieurs de ces meubles indiquent assez leur origine orientale. Des lampes, des phares, des croix, des candélabres de tous genres, portaient le luminaire, soit dans les nefs des églises, soit devant l'iconostase.

Le luxe oriental ne borna pas l'orfèvrerie à produire pour les églises des vases et autres ustensiles du culte. Les descriptions de Sainte-Sophie laissées par les auteurs grecs indiquent que Justinien fit exécuter en métal précieux l'autel et le ciborium, la clôture sacrée, les tables de proposition, le trône du presbytère, la chaire et le dôme qui la couvrait. La pala d'oro de Venise est un exemple de ce luxe byzantin. La plupart des portes saintes des sanctuaires des églises étaient en métal précieux ; on en voit encore aujourd'hui au Mégaspyléon, couvent de la Morée. Des statues d'or et d'argent s'élevaient dans les sanctuaires, et l'art byzantin imagina ces peintures sacrées, couvertes de lames repoussées, qu'on voit déjà paraître dans les premiers siècles, au dire d'Anastase, qui les désigne par ces mots, *imagines, icones ex laminis deauratis argenteis investitæ*, et dont se décorent de nos jours les iconostases, ainsi que les chapelles portatives des Grecs et des peuples du Nord. L'orfèvrerie couvrit quelquefois, par ce même procédé, les murailles entières des chapelles, et ajouta encore à ce luxe les pierres précieuses, les bijoux les plus délicatement travaillés, pour distinguer le nimbe, le collier, les bracelets des saintes images. Les nombreuses dévastations de l'Orient laissent peu d'espoir d'y rencontrer des objets d'orfèvrerie ancienne ; cependant les monastères ont pu en conserver quelques fragements. Nous indiquerons les principaux objets qui auraient pu survivre.

Lampes.

On sait combien les Grecs et les Orientaux, en général, multiplient les lampes de suspension dans leurs temples ; les anciennes églises byzantines devaient présenter, à cet égard, de l'analogie avec ce qu'on voit de nos jours en Orient. On pourra donc rencontrer dans des édifices anciens quelques exemples de ces lampes produites par l'art néo-grec; on en voit au monastère du Sinaï. C'était particulièrement en avant de l'iconostase qu'elles étaient multipliées, et pour en augmenter le nombre on en fixait à la clôture sacrée, puis à des pièces de bois ornées de croix et d'attributs.

Candélabres.

Des candélabres de grande dimension étaient placés aussi en avant de l'iconostase; on les exécutait en argent, en cuivre ou en bois, selon l'importance et la richesse du monument. Ces candélabres se reproduisaient aussi autour des meubles destinés à porter les tableaux rappelant les principales fêtes de l'année.

Flambeaux.

Sur l'autel, les flambeaux, moins multipliés que chez nous, étaient placés aux quatre angles[1]; les peintures des manuscrits nous en offrent quelquefois des copies, dont les formes élégantes font désirer d'en retrouver des originaux. Les cierges, placés dans les *flambeaux*, ne doivent pas être négligés; on en voit en Orient de plusieurs formes et de couleurs variées : il y en a de cylindriques, de plats, de prismatiques.

L'autel grec porte aussi un *flabellum*, qui est ordinairement double : c'est un disque orné de têtes de chérubins, et soutenu verticalement sur un pied. On place fréquemment aussi cet objet sur la corniche horizontale qui couronne l'iconostase.

Tabernacle.

Enfin l'autel est décoré quelquefois d'un tabernacle formé de matières précieuses et complétement isolé, ce qui le fait différer des nôtres, toujours reliés aux gradins de l'autel.

Pyxides.

Indépendamment de ce tabernacle, destiné à renfermer la sainte Eucharistie, des pyxides ou boîtes en métal précieux, qui remplissent le même but, sont suspendues, soit à la voûte du ciborium, soit à une coupole faisant partie de la couverture du sanctuaire, au-dessus de l'autel.

Les palais des souverains, les maisons des grands officiers de l'empire et

---

[1] [Voir plus haut, p. 312 : *Sanctuaire, autels*.]

des riches particuliers, durent offrir à l'orfèvrerie les moyens de développer ses ressources dans tous les genres, et particulièrement de les appliquer aux besoins usuels. La bijouterie vint se joindre à l'orfèvrerie pour contribuer au luxe oriental ; quelques exemples, conservés jusqu'à nous, indiquent le développement qu'elle prit chez les Byzantins.

Les pèlerinages, les croisades et le commerce ont dû porter en Orient plus d'un produit de l'orfèvrerie occidentale. Les églises gothiques élevées dans cette contrée étaient sans doute enrichies de vases sacrés et de meubles secondaires qui s'y transportaient pour que leur ensemble fût en harmonie. Quant à la vaisselle et aux objets d'usage ordinaire, ils y furent portés par les croisés et les pèlerins.

Papier. — Parchemin.

Les Byzantins employèrent longtemps pour écrire le papyrus en usage dans l'antiquité ; puis le parchemin, antérieurement inventé à Pergame, dut subir des perfectionnements ; au milieu du VIIIe siècle, ils inventèrent un papier qu'on croit avoir été fabriqué avec du coton : Théophile le nomme *pergamena græca quæ fit ex lana ligni*. Des manuscrits disent *lini* : ce serait alors du papier de toile de lin. Enfin on appela aussi *charta bombycina* le papier de coton. Ne peut-on, par l'examen de manuscrits anciens, dont les dates approximatives sont peu difficiles à établir, tant par l'écriture que par le style, résoudre les questions soulevées par les noms divers qui furent donnés aux papiers grecs, en raison de la matière première employée dans leur fabrication ?

Orgues.

Vitruve et quelques autres écrivains de l'antiquité ont décrit des orgues, mais sans nous laisser des représentations. La base de l'obélisque élevé au milieu du cirque de Constantinople par Théodose est le plus ancien monument qui donne la représentation des orgues ; elles y sont au nombre de deux, placées au-dessous de la tribune impériale, pour accompagner des danses et des chants. Cet instrument se perfectionna dans cette ville, car en 757 Constantin Copronyme en envoya un à Pépin : il était composé de plusieurs jeux d'un effet remarquable ; ce fut le premier qui ait été vu en France.

Verrerie.

Depuis la plus haute antiquité les Orientaux ont fabriqué du verre ; l'Afrique et l'Asie en montrent de nombreux monuments, et Pline cite la Syrie comme plus avancée dans cette industrie que les autres contrées orientales.

Le moine Théophile observe, au chapitre XII du second livre de *Diversarum artium schedula*, que les anciens employaient le verre coloré de diverses manières dans leurs mosaïques; les fragments de voûtes renversées des thermes de Caracalla, à Rome, font voir des mosaïques en verre. L'auteur ajoute que cette matière, opaque comme du marbre, était souvent incrustée par eux dans l'or, l'argent et le cuivre, pour en faire aussi des bijoux. Suivant les mêmes écrivains, les Gaulois, et depuis les Français, furent très habiles (*peritissimi*) dans ce genre de travail.

Dès le règne de Constantin on voit l'art néo-grec s'emparer des produits de la vitrification pour décorer les édifices; les églises de Saint-Georges à Salonique, de la Vierge à Antioche, du Saint-Sépulcre à Jérusalem, des Saints-Apôtres à Constantinople, montraient ou montrent encore d'importants restes des mosaïques de verre qui, dès le IVe siècle, produisaient, par leurs tons colorés de toutes nuances, par l'or et l'argent qui s'y mêlaient, d'immenses tableaux durables et d'un éclat beaucoup plus vif que les mosaïques grecques et romaines. Cet éclat, produit par les métaux précieux qui se mêlaient au verre, était l'effet d'un perfectionnement apporté dans la fabrication par les Grecs. Les anciens posaient l'or sur le verre, au moins dans les bas temps; mais le chapitre XV de l'ouvrage de Théophile apprend comment les Byzantins le couvrirent d'un fondant vitreux qui assura sa conservation : *De vitro græco, quod musivum opus decorat* (l. II, c. XV).

Les applications de cette belle industrie furent innombrables en Orient pendant la première moitié du moyen âge, et elle se répandit dans une partie de l'Occident : l'Italie en offre de nombreux exemples des premiers siècles chrétiens; la France, rivale de Byzance pour son industrie verrière, possède aussi des applications analogues. L'une d'elles, qui date du commencement du IXe siècle, survit à l'église de Germigny-des-Prés; cette industrie s'est maintenue depuis en Italie.

L'Orient conserva longtemps sa supériorité, et Venise lui dut sans doute une partie des procédés qui, depuis des siècles, la rendent célèbre à cet égard. Ainsi ses glaces, qui furent les premières en Occident, auraient-elles leur origine dans les feuilles d'un verre blanc, brillant, de l'épaisseur d'un doigt, couvertes d'un côté d'une feuille de métal; que Théophile attribue aux Grecs, au chapitre XV de son livre II? Il termine le chapitre XIV en disant que les Grecs font des coupes de pourpre ou de saphir léger et des fioles, les entourant de fils faits avec du verre blanc et y plaçant des anses de même verre; ce genre de fabrication fut la principale branche de la verrerie vénitienne au xvi° siècle.

La Syrie fut, durant le moyen âge, l'une des contrées de l'Orient qui conservèrent la supériorité dans certaines fabrications du verre, et la peinture décorative sur cette matière y était pratiquée. On lit dans les inventaires de nombreuses citations de vases de verre coloré fabriqués à Damas. « Trois pots de voirre rouge à la façon de Damas. » (Inv. de Charles V.) « Un très petit hanep de voirre en la façon de Damas. » « Une lampe de voirre, ouvrée en façon de Damas. »

On y décorait le verre d'ornements et d'images. « Un petit verre, ouvré par dehors à ymages, à la façon de Damas. »

« Un bacin plat de voirre, peint à façon de Damas, et une bordure d'argent émaillée de France et de Bourgogne. » Théophile apprend, au chapitre xiv du livre II, comment les Orientaux peignaient sur verre. Après avoir décrit leurs procédés de dorure sur cette matière, il dit « qu'ils broient à l'eau des verres de couleurs variées et en peignent des fleurs, des nœuds et autres petits ornements, etc. »

Céramique.

L'art céramique remonte à l'origine des peuples; ils fabriquèrent des vases ou des matériaux à bâtir, en employant d'abord la terre brute telle que l'offre la nature. L'Afrique et l'Asie nous montrent d'innombrables produits de ce genre, dont la peinture vint ensuite orner les surfaces grossières. La Grèce perfectionna la céramique, tant pour l'allier à sa brillante architecture que pour l'harmoniser, dans les besoins usuels, avec l'ensemble des produits de ses arts. Les Romains suivirent la même voie sans arriver à une aussi grande perfection. La céramique byzantine est fort peu connue; il n'est pas probable cependant que l'Orient, à une époque où les arts industriels y étaient généralement en progrès, ait laissé tomber cette branche importante.

Une seconde division de la céramique se montre, dès la plus haute antiquité, avec l'application d'un émail ou couverte vitreuse : l'Asie offre des briques assyriennes, l'Égypte d'innombrables statuettes religieuses; cette couverte resta pendant des siècles étrangère à la poterie. Théophile nous apprend que les Byzantins appliquèrent l'émail sur les vases de terre, mais seulement pour les orner; son chapitre XVI du second livre est ainsi intitulé : *De vasis fictilibus diverso colore vitri pictis*. Il indique ici le procédé de peinture avec des verres de couleur broyés à l'eau, et le système de cuisson dans le four à vitre. Est-ce là l'origine de l'application sur les vases de la couverte d'émail qui s'étendit sur toute leur surface? A la fin du moyen âge ce procédé se répandit : les Arabes, les Maures d'Espagne, les habitants de Majorque, les Italiens, en firent de nombreuses applications; puis les perfectionnements de ce système produisirent les couvertes à reflets dorés, dont les Turcs font encore usage dans les poteries qu'ils exécutent aux Dardanelles.

Au moyen âge, l'Orient vit reparaître les applications de la terre émaillée à l'architecture : les Arabes, les Persans et les Turcs possèdent de nombreux édifices dont les dômes, les murailles extérieures et intérieures, sont ornés de faïences, sur lesquelles les détails les plus brillants de l'ornementation sont produits par des peintures que protège une couverte d'émail. Notre architecture du Nord en fit un emploi plus restreint, en appliquant ce système à la décoration des toits, des faîtières, des combles et des poinçons apparents. En Italie, les Florentins poussèrent cet art à sa perfection, et les Della Robbia en furent les promoteurs. Sous François Ier, il prit chez nous un développement analogue qui se prolongea pendant toute la Renaissance.

Une branche de la céramique, moins brillante que celle qui vient d'être indiquée, mais non moins utile, est celle qui s'applique à la construction, c'est-à dire à la fabrication des tuiles, des briques, des carreaux de pavement, etc. On sait combien les anciens, et les Romains en particulier, apportèrent de soins dans cette industrie, et la surveillance sévère du Gouvernement pour garantir la bonne exécution. Les Byzantins héritèrent des procédés perfectionnés; ils firent l'emploi très fréquent de la terre cuite seule ou mêlée à la pierre, et dans ce dernier cas, ils ne se bornèrent pas, comme les Romains, à en faire un lien des matériaux; leurs briques y formèrent une décoration variée, et la plupart des couronnements de l'architecture se firent aussi en terre cuite.

Les Romains ayant développé plus qu'aucun peuple antérieur la construction des voûtes, ils cherchèrent les moyens de les rendre légères en même temps que durables : les pierres ponces y furent employées, puis on y plaça des amphores noyées dans le mortier, pour établir des vides. Les Byzantins perfectionnèrent ces systèmes. Les historiens rapportent qu'Isidore de Milet et Anthemius de Tralles, architectes de l'église de Sainte-Sophie, firent exécuter à Rhodes les briques destinées à la construction des coupoles, et que douze d'entre elles ne pesaient pas plus qu'une brique ordinaire ; on ignore quel pouvait être le procédé employé par les Rhodiens : les avaient-ils évidées comme on le fait de nos jours?

Pour ce qui concerne l'application des poteries à la construction des voûtes, les Byzantins en ont laissé le plus curieux exemple qui soit connu : la coupole de l'église de Saint-Vital de Ravenne est entièrement composée de vases dépourvus de fond ; leur forme est celle d'une forte bouteille en terre ; le col de l'un fut introduit dans la panse de l'autre, et depuis le grand cercle de la voûte jusqu'à son sommet, tous les vases se tiennent ainsi et forment une vaste spirale qui se développe suivant les courbes sphériques de la coupole. Le Tach-esré, à Ctésiphon, a des voûtes en poteries ; cet édifice date des Sassanides.

Émaillerie.

Les anciens enchâssaient dans le métal, pour en faire des bijoux et autres objets de luxe, des verres opaques diversement colorés, imitant les pierres précieuses. Ils durent aussi incruster à chaud de ces pâtes vitrifiées dans les chatons ou cloisons métalliques préparés à froid ; mais avant le IIIe siècle de notre ère, selon le récit de Philostrate, ils ne connurent pas l'émaillerie véritable, qui consiste à faire adhérer l'émail en fusion avec le métal ardent. D'après le même auteur, les Gaulois paraissent avoir inventé ce procédé que les émailleurs de Limoges continuèrent avec tant de succès durant tout le moyen âge et à l'époque de la Renaissance.

Les Byzantins ont fait des émaux ; on en voit quelques exemples dans les collections formées en Occident. Les portes de l'église du couvent de Sainte-Catherine, au Sinaï, en sont couvertes ; mais on n'en connaît pas qu'on puisse dater avant le XIe siècle, époque à laquelle les ateliers de Limoges étaient déjà en pleine prospérité. Les Orientaux nous durent-ils les procédés ? C'est une question que l'examen approfondi des échantillons qui pourraient se présenter dans l'ancien empire grec permettrait de résoudre.

Ivoire.

Dans leurs faciles relations avec l'Afrique et l'Asie, les Grecs et les Romains puisèrent les moyens d'appliquer l'ivoire aux grands travaux d'art et d'industrie. On sait ce qu'en firent en Orient les sculpteurs et les fabricants de meubles. Un mot d'Horace nous apprend que les architectes de Rome l'employaient à la décoration des appartements. Les Byzantins firent aussi un fréquent usage de l'ivoire; leurs nombreux diptyques sculptés, le beau siège d'évêque que possède Ravenne, les portes incrustées de rinceaux qui se voient sur le mont Athos, au réfectoire du couvent de Séménou, les fragments épars dans nos collections, indiquent la persistance de cet emploi, et ce que les recherches peuvent faire espérer en Orient. De nos jours on exporte de cette contrée, comme on le fit dans les siècles antérieurs, des croix et autres objets de culte, des représentations du saint sépulcre, fabriqués en ivoire par les chrétiens orientaux.

L'Inde fournit aussi, par la voie des Persans et des Arabes, de nombreux travaux d'ivoire; elle qui, depuis l'antiquité, était avec l'Afrique la source d'où se tirait cette matière.

Nos relations avec l'Orient durant le moyen âge introduisirent dans nos contrées ces produits de l'Inde.

Les croisés durent enrichir l'empire grec de nombreux travaux en ivoire qui s'exécutaient en Occident; ils consistaient en chapelles portatives, coffrets à bijoux, croix de tous genres, montures d'armes, miroirs, etc.

Marqueterie.

L'ivoire joue le principal rôle dans la marqueterie. Cette matière, par ses dimensions restreintes, par la facilité qu'elle présente à se découper sous toutes les formes et en tables minces, fut sans doute la première qu'on incrusta dans le bois : aussi la voit-on paraître dans les plus anciennes descriptions de meubles qui offrent l'idée de la marqueterie. L'Égypte, l'Asie et la Grèce étaient riches en productions de ce genre, et la première de ces contrées nous en offre quelques exemples parvenus jusqu'à nous. Au moyen âge, comme de nos jours, la marqueterie était pratiquée avec succès en Orient, particulièrement en Perse et dans l'Inde; l'Italie imita les produits de cette industrie, qu'elle perfectionna au XVIe siècle au point de chercher dans ses ressources restreintes les moyens d'imiter la nature. A la même époque, la France se plaça dans une voie analogue.

Nos collections d'objets d'art présentent de nombreux exemples de marqueterie orientale et italienne du moyen âge, dans lesquels on suit à peu près la marche de ce genre de travail; l'Orient peut présenter à l'investigation les moyens de compléter l'histoire de la marqueterie.

Matières dures.

Comme les peuples de l'antiquité, les Byzantins travaillaient les matières dures, les basaltes, les granits, les porphyres, les jaspes, etc., pour en faire des colonnes d'édifices, des cuves, des bassins, des tombeaux; les onyx, les agates orientales étaient taillées aussi pour décorer des autels, des meubles : on lit dans Anastase qu'en 731 le pape Grégoire III reçut de l'exarque grec, Eutychius, six colonnes d'agate onyx, *sex columnas onychinas*. En 1410, le voyageur don Gonzalès de Clavijo, visitant la ville de Constantinople, cite dans sa relation plusieurs églises de cette ville dont les colonnes étaient en jaspe. De tout temps les Orientaux travaillèrent les matières dures pour en faire des vases de luxe : le jade, les agates, le lapis lazuli, étaient au nombre de celles qu'ils employaient à cet usage.

Depuis l'antiquité assyrienne jusqu'à nos jours, l'Orient n'a cessé de produire, avec les pierres dures, des cylindres gravés en creux, des cachets, des bagues, des camées, des monuments de tout genre, témoins du goût particulier de ces peuples pour les travaux de gravure en pierre fine. On voit à Constantinople une galerie de bazar réservée particulièrement à ceux qui se livrent à cet art; ils gravent des passages du Coran sur des agates et autres pierres dures pour faire des cachets et des bagues.

Étoffes.

L'industrie des étoffes, que les descriptions laissées par quelques auteurs de l'antiquité nous montrent déjà comme fort avancée à l'égard de la teinture, du tissage et des moyens de brocher en or et en argent, reçut de l'activité novatrice des Byzantins un développement extraordinaire. On voit paraître en Orient, dans des récits datant des premiers siècles chrétiens, des productions remarquables en ce genre d'industrie. Constantinople, Alexandrie, Jérusalem, Antioche et autres villes importantes, étaient des centres de fabrication ou d'entrepôt. La pourpre, réservée aux empereurs et aux grands de l'empire, les draps d'or et d'argent, les tissus ornés de perles et de pierres précieuses, les soies brochées, les velours épais, les tapis les plus riches, ornés de portraits ou de figures d'hommes et d'animaux, y affluaient de toute part dans les marchés; jusqu'au XIIIe siècle, la cour de Rome ne se fournit de pourpre et de tentures de luxe qu'en Grèce.

Au milieu du XII° siècle, la fabrication de la soie et les perfectionnements du tissage furent introduits chez les Latins, probablement par Roger I" de Sicile : jusqu'alors toutes les étoffes de valeur étaient apportées d'Orient par les juifs et les Vénitiens, puis au moyen de présents diplomatiques. L'industrie arabe se joignit à celle des Byzantins : elle y apporta son style particulier pour les formes du dessin, et produisit aussi des résultats remarquables. Les califes protégeaient ces riches fabrications, en entretenant des ateliers dans leurs palais; Roger de Sicile les imita. Nous voyons encore chez nous d'anciennes étoffes arabes; elles indiquent le grand succès qu'elles eurent en Europe.

Les guerres saintes et les nombreux changements politiques qu'elles produisirent en Orient ne paraissent pas y avoir nui beaucoup à la fabrication des étoffes, car on voit les sultans, avant et après la prise de Constantinople, envoyer aux souverains de l'Occident des draps d'or enrichis de pierres précieuses, des tapisseries couvertes de sujets historiques, et Chalcondile, historien grec du XVI° siècle, fait mention des velours, des vêtements de soie et de drap d'or, que les empereurs turcs distribuaient avec profusion à leurs officiers et même, dans les fêtes publiques, aux principaux bateleurs et gens participant aux jeux.

L'Orient offrirait-il des restes de ces riches produits du tissage et de la teinture? Cela est probable, puisque sous notre climat moins conservateur nous en trouvons des échantillons de tous les âges; on doit donc recommander aux voyageurs de rechercher ces débris des industries byzantine et arabe. Très avant dans le moyen âge, ces nations, possédant seules la soie et les secrets de la fabrication, enrichirent l'Europe de leurs précieux tissus; puis elles mirent nos industriels sur la voie pour tirer un heureux parti de cette matière première; peut-être la découverte et l'étude de fragments tissés pourraient-ils nous apprendre encore.

SCIENCES.

SCIENCES MATHÉMATIQUES.

La *géométrie*, l'*arithmétique* et l'*algèbre* reçurent au moyen âge, en Orient, des développements inconnus des anciens. Les Arabes contribuèrent beaucoup à ces progrès des sciences mathématiques. Les chiffres dont l'invention leur est attribuée parurent dès le viiie siècle; on voit en Orient quelques inscriptions portant des dates antérieures à l'époque à laquelle on en fit usage chez nous; Athènes en présente sur la façade d'une chapelle voisine du Catholicon. Les équations algébriques du second degré furent trouvées en Orient vers le même temps.

L'*astronomie*, la *gnomonique*, étaient étudiées à Constantinople. Dès le ve siècle, des tables horaires furent établies dans cette ville pour toutes les régions de l'empire; on en a trouvé jusqu'en Égypte.

L'*hydraulique*, ainsi qu'on l'a vu précédemment par l'examen des aqueducs, des fontaines, des bains, fut plus développée chez les Byzantins que par le passé, puisque ces constructions spéciales présentent en Orient des dispositions inconnues de l'antiquité. Les vastes citernes de Constantinople, les aqueducs de Pyrgos, les sou-terazis ou balances d'eau des Arabes, en sont des exemples.

La *stéréotomie* fut indispensable aux constructeurs byzantins pour élever leurs vastes édifices en pierre, les pendentifs compliqués et hardis qui supportent les coupoles, puis les voûtes de tout genre, types caractéristiques de leur architecture. On peut donc espérer qu'un examen approfondi des procédés employés par eux dans la coupe des pierres mettra sur la voie, et de la partie de la géométrie descriptive qu'ils devaient aux traditions antiques, et des développements qu'ils lui donnèrent, pour résoudre les problèmes de stéréotomie que suggéra leur art nouveau. Les Arabes et les Turcs peuvent aussi, à cet égard, étendre nos connaissances.

La *statique* et la *mécanique* apparaissent comme des sciences avancées dès les premiers siècles chrétiens en Orient. Les bas-reliefs qui décorent le piédestal de l'obélisque de Constantinople montrent la machine qui servit à dresser ce monolithe. Le fondateur de cette ville fit venir de Rome l'immense colonne de porphyre encore en place de nos jours; lui, ses successeurs et particulièrement Justinien firent transporter d'Italie, d'Afrique et de toutes les parties de l'empire, dans la nouvelle capitale, d'innombrables colonnes monolithes qui ne purent être dressées que par de puissants moyens mécaniques.

SCIENCES NATURELLES.

Comme les sciences mathématiques, celles qui ont pour but l'application des ressources fournies par la nature vinrent en aide aux arts et à l'industrie. La *minéralogie* apprit l'emploi qu'on pouvait faire des matériaux de tout genre à exploiter pour construire et décorer les édifices ; la pierre, le marbre, les matières dures, sortirent des nombreuses carrières de l'Asie, de l'Afrique et de la Grèce. Cette dernière contrée donna les marbres de Proconèse, dans la Propontide, de Carystos, en Eubée, pour tailler les colonnes des temples ; le Pentélique et Paros fournirent les marbres statuaires ; bien que Constantin et ses successeurs dépouillassent les monuments antiques pour en appliquer les débris à leurs vastes constructions, on ne peut admettre que parmi les innombrables colonnes qui décoraient les deux étages de portiques de l'Augusteum et de la place de Constantin, les deux palais de l'empereur, les thermes et autres édifices publics dont fut décorée la nouvelle capitale, il n'y en eût pas qui fussent taillées exprès dans les carrières abondantes encore et dont l'Orient était si riche. Nos marbres d'Aquitaine, exploités sous les Mérovingiens, donnent la preuve de travaux analogues, et à la même époque.

Lorsqu'on songe à tout ce qu'il fallut de marbre pour couronner ces colonnes d'entablements complets, de chapiteaux, de statues, et le tout dans un style qui n'était plus celui des époques classiques, on ne peut douter que l'exploitation des carrières antiques n'ait été poursuivie jusqu'alors avec activité.

La même science minéralogique apprit à connaître l'utilité dans les arts des matières colorantes que renferme la terre : de là sortit la palette des peintres, à laquelle il faut joindre les substances végétales. Les anciens nous ont laissé des peintures et des descriptions assez abondantes pour apprendre qu'ils rendaient tous les effets avec les couleurs en leur possession. Les Byzantins suivirent la même voie, et, plus heureux à leur égard qu'à celui de l'antiquité, nous connaissons par le livre de Panselinos, le *Guide de la peinture*, ouvrage ancien augmenté sans interruption par les moines de l'Athos, comment on préparait au moyen âge la plupart des substances qui formaient la palette. Le moine Théophile étend les notions dans le premier livre de son *Essai sur les arts*.

La *chimie* eut une grande part dans ces préparations de matières diverses, dans la composition des encollages, des vernis et de l'assiette à dorer; elle en avait une grande aussi dans le mélange des chaux, des sables et autres matières dont on formait les ciments, les mortiers, les enduits, destinés soit à relier entre eux les matériaux de construction, soit à préparer la place réservée aux décorations du peintre. Pansélinos donne aussi plus d'un renseignement à ce sujet. Il serait utile d'étudier les procédés qu'employaient les peintres byzantins, et dont les artistes grecs font encore usage, pour dorer certaines parties des vêtements de leurs personnages peints sur bois; le métal y prend plusieurs tons et y est appliqué de manière à produire des effets riches et variés, qu'il nous serait précieux d'imiter dans la décoration de nos églises du moyen âge, que nous commençons à couvrir de sujets et d'ornements dans le style ancien. On pourrait examiner aussi par quels moyens les miniaturistes orientaux, en appliquant l'or sur le parchemin, évitaient de produire, comme on le faisait en Occident, des reliefs épais, souvent nuisibles pour fermer le volume, tant l'empâtement placé dessous était considérable.

La *métallurgie* tint une place importante dans l'industrie antique : Lemnos et les autres îles voisines de la Thrace, l'Eubée, l'Attique, et plus d'une contrée de l'empire oriental, offraient de vastes exploitations de métaux divers, qui prirent toutes les formes que l'art put imaginer. Cette industrie importante a dû laisser des traces de ses travaux, et les premiers siècles chrétiens, durant lesquels se développa plus près de nous l'ancien luxe de l'Asie, ne purent se passer de ses exploitations. Il est difficile d'admettre que les innombrables vases d'or et d'argent dont Constantin enrichit les églises, ainsi que nous l'apprend Anastase, que les meubles considérables en même matière que Justinien fit exécuter pour décorer les nefs et le sanctuaire de l'église de Sainte-Sophie, ne furent pas dus, en partie au moins, à des exploitations métallurgiques contemporaines. Quant aux procédés employés au moyen âge pour fondre et travailler les métaux, nous trouvons dans le troisième livre du moine Théophile de nombreux détails, dont plus d'un, sans doute, était dû à des traditions ou à des traités perdus aujourd'hui, et qui étaient l'œuvre des siècles antérieurs.

Aux travaux métallurgiques appliqués à la confection d'objets précieux se joignirent ceux qui étaient relatifs au cuivre et au fer, d'un usage beaucoup plus commun, et exigeant la construction d'usines. De nombreuses découvertes nous ont fait connaître, en Occident, des fonderies antiques; l'Orient ne pourrait-il en produire de même pour les premiers siècles chrétiens? A cette question se rattachent la serrurerie byzantine et la serrurerie arabe, qui nous sont inconnues, et qui cependant durent être assez riches pour que des restes aient été conservés sur plus d'un ancien édifice.

Pour plus de détails sur l'architecture chrétienne en Orient, consulter :

1° Le Mémoire de M. C. Texier sur les églises de Salonique, *Bulletin archéologique*, IV° volume, 5° numéro, 1848;

2° Le premier volume des *Annales archéologiques*, rédigées par M. Didron, 1844;

3° Le Rapport de M. L. Batissier à M. le Ministre de l'instruction publique sur les églises de la Syrie et de Rhodes;

4° Le Rapport de M. de Mas-Latrie à M. le Ministre de l'instruction publique sur l'île de Chypre;

5° La première partie des *Instructions sur l'architecture monastique*, par A. Lenoir, 1852.

IV
ARCHÉOLOGIE [1].
1853.

La section d'archéologie a pour mission de rechercher et de proposer la publication des documents inédits relatifs à l'histoire des arts de la France; d'inventorier les monuments religieux, militaires ou civils; de conserver, pour les temps à venir, au moyen du dessin ou de la gravure, les œuvres remarquables d'architecture, de peinture, de sculpture en pierre, en marbre et en bois; de préparer, enfin, les matériaux d'une histoire complète de l'art en France. Mais ces matériaux ne se rencontrent que rarement dans les livres et manuscrits, et c'est, dans bien des cas, sur les monuments mêmes qu'il faut les recueillir. Le concours que la section d'archéologie réclame des correspondants du Comité ne se borne donc pas, comme pour les sections de philologie et d'histoire, à l'exploration des documents écrits. Elle leur demande, en outre, de reproduire, par d'exactes descriptions, et autant que possible par des dessins, les objets que recommandent leur antiquité ou leur importance artistique. Par suite une division toute naturelle se trouve tracée entre les deux sortes de communications qui appartiennent à la spécialité des travaux de la section d'archéologie : *Documents tirés d'anciens écrits;* — *notices et dessins de monuments, ou renseignements sur des découvertes.*

PREMIÈRE CATÉGORIE.
DOCUMENTS MANUSCRITS.

Les instructions de la section d'histoire font suffisamment connaître, sans qu'il soit besoin de les signaler de nouveau, les différentes sources où peuvent puiser les correspondants. Les archives des établissements religieux,

---

[1] [Ces instructions, rédigées par M. de la Villegille, accompagnaient la circulaire du 28 octobre 1853.]

les registres des fabriques d'églises et des actes de l'état civil antérieurs à 1789, les mémoriaux ou registres des assemblées de ville et autres analogues, devront surtout être l'objet d'investigations spéciales de leur part. Ils y trouveront une foule de faits curieux, d'indications importantes, que la section se félicitera de pouvoir recueillir.

Les documents intéressants au point de vue de l'histoire des arts sont de genres très divers, et il serait impossible de prétendre en donner une énumération complète : l'on ne peut donc, à cet égard, que jeter quelques jalons. En première ligne, doivent se placer les anciens inventaires des *trésors* d'église, où l'on trouve des descriptions, souvent fort détaillées, de reliquaires, de vases sacrés, d'ornements et vêtements sacerdotaux remontant à une époque reculée ; les inventaires de princes ou riches particuliers présentent le même intérêt. Le Comité des arts s'était toujours empressé de donner toute la publicité dont il pouvait disposer aux documents de cette nature et le *Bulletin archéologique* en renferme un certain nombre. Tout récemment, le nouveau Comité vient de témoigner, par une double résolution, qu'il attache une égale importance à ces catalogues d'armes, de vêtements, de meubles, de bijoux, etc. Il a décidé que les inventaires de Charles V et de Charles VI seraient l'objet d'une publication particulière, confiée aux soins de M. le comte Léon de Laborde et destinée à faire partie de la Collection des documents inédits. Le Comité a, en outre, fait choix de plusieurs autres inventaires pour être publiés dans la partie du premier volume de la nouvelle partie des Mélanges réservée à la section d'archéologie.

Le dépouillement des registres des notaires doit également être recommandé aux correspondants. En effet, les renseignements que fournissent les inventaires se rencontrent aussi dans les contrats de mariage, les actes de donation, les testaments, etc. On trouvera pareillement quelquefois, dans des rapports d'experts, des descriptions d'objets mobiliers que leur exactitude rend précieuses.

Les comptes de dépenses, tels que ceux du château de Gaillon [1], les marchés et devis qui nous initient au prix des matériaux et à celui de la main-d'œuvre aux diverses époques, doivent encore être l'objet de sérieuses recherches de la part des correspondants. Les rédacteurs de ces sortes de

---

[1] *Comptes de dépenses de la construction du château de Gaillon.* 1 vol. in-4° et atlas in-fol. publiés par M. A. Deville, dans la Collection des documents inédits.

documents entraient généralement dans de minutieux détails, propres à jeter du jour sur les procédés usités autrefois dans l'art d'élever les édifices, et à faire connaître la signification d'une foule de termes techniques dont le véritable sens est resté douteux. On y trouvera, enfin, la révélation des noms des habiles ouvriers qui ont concouru à l'érection des monuments, depuis l'architecte qui en a conçu la pensée première, jusqu'au simple tailleur de pierres qui a dégrossi le bloc informe. Le Comité a adopté en principe la publication d'un volume in-4° destiné à mettre en lumière les documents inédits sur les anciens artistes de la France, qui seront envoyés par les correspondants.

Il serait superflu de faire ressortir l'extrême intérêt qu'offriraient des plans ou dessins de monuments remontant à l'époque où ceux-ci auraient été commencés. Les découvertes analogues déjà faites permettent d'espérer que l'exploration des collections manuscrites ne serait pas stérile à cet égard.

Musique. — Les manuscrits fournissent des documents d'un autre genre, que les correspondants sont invités à ne pas négliger : ce sont ceux qui peuvent donner des notions sur les connaissances musicales au moyen âge. Les uns renferment des traités plus ou moins complets, les autres des fragments de musique en anciennes notations. En ce qui concerne les premiers, ils devront être signalés et la description qui en sera donnée devra être accompagnée d'extraits qui permettent d'apprécier la valeur de ces traités; pour les seconds, il sera indispensable d'adresser des *fac-similés*, soit que la notation se montre sous la forme de *neumes*, comme cela a lieu du VIII° au XII° siècle, soit qu'elle présente des notes carrées ou en losanges placées sur des lignes de nombre variable. La plus rigoureuse exactitude est recommandée dans l'exécution de ces copies. En effet, l'absence d'un *point*, la position mal observée de la *queue* d'une note suffisent pour rendre impossible la traduction de tout un morceau.

Ces échantillons d'anciennes notations ne se trouvent pas seulement dans le corps des manuscrits mêmes; souvent des fragments en ont été employés pour former les couvertures ou les gardes d'autres ouvrages.

Il faut aussi reproduire avec grand soin les lignes qui composent la portée, quels qu'en soient le nombre et les couleurs, et surtout ne pas négliger les lignes qui se trouvent souvent tracées à la pointe sèche dans l'épaisseur du vélin et du papier.

Les miniatures des manuscrits renferment parfois des représentations d'instruments de musique qu'il sera spécialement utile de faire connaître par des dessins exacts [1].

Art militaire. — Le dépouillement de certaines archives, de celles des villes principalement, a eu différentes fois pour résultat de mettre au jour des renseignements précieux pour l'histoire de l'artillerie. Le Comité ne saurait trop engager les correspondants à continuer d'y rechercher ce qui se rapporte à la défense des villes et des châteaux, aux machines de guerre en usage aux diverses époques. Ils recueilleront avec soin tout ce qui aura trait à l'invention de la poudre, à sa composition, aux premières mentions de son emploi, ainsi qu'à celui des armes à feu. Le *Bulletin archéologique* et le *Bulletin des Comités*, qui lui a succédé, renferment de curieux exemples de ce genre de communications, tels que le règlement pour la défense de la ville et du château de Bioule [2], etc.

Miniatures et vignettes. — Les miniatures des manuscrits, indépendamment de leur valeur au point de vue de l'histoire de la peinture, aident puissamment à l'intelligence de certains textes : elles font connaître aussi les costumes, les ameublements, etc. Les indications de ces miniatures, les *fac-similés* que les correspondants pourront envoyer des plus curieuses d'entre elles seront accueillis avec intérêt par le Comité. Il en sera de même pour les collections de dessins, telles que la série des portraits des capitouls contenus dans les registres des *Annales du Capitoulat* conservés à Toulouse [3], les dessins de Villard de Honnecourt [4], le recueil de portraits historiques de la bibliothèque d'Arras [5], les portefeuilles de Gaignières [6].

Indépendamment de ces recueils et de quelques autres qui ont déjà été signalés au Comité, il en existe sans doute encore dans diverses archives ou bibliothèques.

Tels sont les points principaux pour lesquels l'exploration des archives et

---

[1] Voir les *Instructions sur la musique*, publiées par le Ministère de l'instruction publique.

[2] *Bulletin archéologique*, tome IV, p. 490.

[3] *Documents historiques inédits extraits de la Bibliothèque royale, des archives et des bibliothèques des départements*, etc., 1841, in-4°; tome I, p. 154.

[4] Publiés par M. Lassus.

[5] Vol. in-fol. mag. mss. du XVIᵉ siècle. (Voir *Bulletin des Comités*, archéologie, tome IV, p. 11.)

[6] 16 vol. in-fol. mss. conservés à la bibliothèque Bodléienne d'Oxford. La Bibliothèque impériale à Paris possède également une riche collection de Gaignières.

des manuscrits promet une abondante moisson; mais il est bien peu de branches de la science archéologique au profit desquelles on ne trouve aussi à y glaner avec succès. C'est une mine féconde d'où l'on pourra extraire de riches matériaux.

DEUXIÈME CATÉGORIE.

NOTICES DE MONUMENTS OU RENSEIGNEMENTS SUR DES DÉCOUVERTES.

Le Comité des arts avait été chargé, lors de sa création, « de dresser un inventaire complet, un catalogue descriptif et raisonné de tous les monuments de tous les genres et de toutes les époques qui ont existé ou qui existent encore sur le sol de la France [1]. » Afin d'atteindre ce but, il a adressé à ses correspondants une série de questions sur les antiquités gauloises, romaines et du moyen âge. La disposition de ces questions rend les réponses faciles pour chaque commune, en même temps qu'elle établit entre les renseignements fournis une uniformité très utile dans un travail de cette espèce. De la sorte, pourra se réaliser un jour cette pensée du Comité de dresser une carte archéologique de la France, où les antiquités de toute nature seraient indiquées au moyen de signes conventionnels.

Beaucoup de correspondants ont répondu à l'appel du Comité, qui possède déjà, pour un assez grand nombre de communes, les éléments de cette statistique générale des monuments de la France; mais il existe encore des lacunes considérables, et la section d'archéologie, en faisant un nouvel appel au zèle des correspondants, reproduit ici le tableau des questions auxquelles elle les invite à répondre.

QUESTIONS SUR LES ANTIQUITÉS GAULOISES, ROMAINES ET DU MOYEN ÂGE [2].

§ 1. Monuments gaulois.

1° Existe-t-il dans la commune des pierres ou roches consacrées par une superstition populaire ?

---

[1] *Rapports au Roi et pièces.*

[2] Voir les divers cahiers d'instructions publiés par le Ministère de l'instruction publique : *Instructions sur l'architecture antique gallo-romaine*, etc. — *Instructions sur l'architecture du moyen âge*; — *Instructions sur l'architecture militaire.* Voir aussi l'*Iconographie chrétienne*, par M. Didron, 1 vol. in-4°, et les *Instructions sur l'architecture monastique au moyen âge*, par M. Albert Lenoir, 2 vol. in-4°.

2° Sont-ce des roches adhérentes au sol ou plantées en terre de main d'homme ?

3° Ces roches sont-elles de même nature que les pierres du pays ? Et, dans le cas contraire, de quel lieu et de quelle distance peut-on supposer qu'elles aient été apportées ?

4° Quel nom portent-elles dans le pays ?

5° Quel est leur nombre ?

6° Quelle est leur hauteur ? Quelle est leur largeur ? Quelle est leur épaisseur ?

7° Ces roches sont-elles disposées en cercles ?

8° Posées en équilibre ?

9° Groupées deux par deux, réunies par une troisième superposée transversalement, de manière à former, soit une espèce de table, soit une allée couverte ?

10° A-t-on remarqué des dessins sur ces pierres ?

11° A-t-on fait des fouilles auprès d'elles ?

12° Qu'a-t-on trouvé ?

13° Existe-t-il des monticules faits de main d'homme ?

14° Les a-t-on fouillés ?

15° Qu'a-t-on trouvé ?

16° Existe-t-il des arbres ou des fontaines consacrés par des pratiques superstitieuses ?

17° À quelle distance de l'église ?

18° Existe-t-il des souterrains et y a-t-on trouvé des sépultures ?

19° Y a-t-il des traditions qui s'y rattachent ?

20° Y a-t-il de vastes excavations en forme de cônes tronqués renversés, désignées dans quelques localités sous le nom de *mardelles*?

21° A-t-on trouvé des espèces de coins ou de hachettes en pierre siliceuse ou en métal ? Des pointes de flèche ou de lance ? Des instruments ou ornements de diverses sortes ? Des monnaies ? Des poteries ?

§ 2. Monuments romains.

1° Trouve-t-on dans la commune quelques fragments d'une ancienne chaussée passant dans le pays pour une voie romaine, ou portant soit les noms de chemin de César, de chaussée Brunehaut, soit toute autre dénomination qui emporte l'idée de son ancienne importance et d'une origine plus ou moins reculée ?

2° Quelle est la direction de cette chaussée ? Jusqu'où en suit-on la trace ? Quelle portion de la commune traverse-t-elle ?

3° Quel nom lui donne-t-on dans le pays ?

4° Quelles traditions se rattachent à sa construction ?

5° Quels sont les noms des hameaux, fermes ou *lieux-dits* qu'elle traverse ?

6° Aurait-on trouvé, le long de ces chaussées, particulièrement sous des croix ou dans les fondations de quelque édifice religieux, des colonnes à peu près semblables aux pierres milliaires de nos grandes routes, et portant une inscription ? Que peut-on lire de cette inscription ?

7° Remarque-t-on des mouvements de terrain réguliers formant enceinte, et connus ou non sous la dénomination de camps romains ou camps de César ?

8° La chaussée, s'il en existe, aboutit-elle à cette enceinte ?

9° Existe-t-il quelque localité à laquelle se rattache la tradition d'un ancien champ de bataille ? Cette tradition est-elle appuyée sur des faits authentiques, sur un nom significatif, sur quelques vestiges de retranchements, ou sur des armes, ossements, sépultures ou autres objets qu'on y aurait trouvés ?

10° Trouve-t-on dans les champs, à l'époque des labours, des fragments de poterie rougeâtre, des tuiles ou briques, entières ou par morceaux, ou d'une pâte très-fine et d'une extrême dureté ?

11° Trouve-t-on des instruments de toute nature, des médailles ou monnaies, des débris d'armes, des agrafes, des épingles de bronze avec ou sans ressorts, des anneaux, des clefs courtes et grossières, des verroteries, de petits cubes de pâte rouge, noire, blanche ou jaunâtre, propres à former des mosaïques, de petites figures d'hommes ou d'animaux en bronze ou en argile cuite ?

12° Remarque-t-on, soit à fleur de terre, soit par suite de fouilles, des fragments d'anciennes murailles très-épaisses, revêtues de petites pierres carrées formant un appareil régulier et interrompu de distance en distance par des couches de grandes briques plates ?

13° Quelle est la forme de ces constructions ? Sont-elles en ligne droite ou suivent-elles une direction circulaire ou semi-circulaire ?

14° Trouve-t-on des autels, des fragments de marbre, des inscriptions, des monnaies, des statues, des fûts de colonnes, des chapiteaux, des morceaux de sculpture, soit en pierre, soit en bronze ?

15° A-t-on trouvé, dans des lieux aujourd'hui non consacrés au culte, des cercueils en pierre, en plâtre, en terre cuite, placés isolément ou en groupes ? Quelle est leur direction et la nature de la pierre ? Qu'a-t-on trouvé dedans ? Portent-ils des ornements, des figures ou des inscriptions ? Paraissent-ils avoir déjà été fouillés ? A-t-on trouvé des urnes cinéraires en terre ou en verre ?

§ 3. Monuments du moyen âge.

1° Existe-t-il dans la commune une ou plusieurs églises? Quels sont les saints patrons sous l'invocation desquels elles sont placées ?

2° Entre-t-on immédiatement dans ces églises, ou existe-t-il un porche en dedans ou en dehors du portail ?

3° Existe-t-il des chapelles isolées, des chapelles souterraines ou cryptes?

4° Quelle est la dimension de chaque église? Quelle est sa longueur (dans œuvre)? Sa largeur (*idem*) ?

5° Est-elle en forme de croix ?

6° L'église est-elle surmontée d'une ou de plusieurs tours? Sur quelle partie de l'édifice ces tours sont-elles placées? Quelle est leur forme? Sont-elles rondes, carrées, octogones? Renferment-elles un escalier? De quelles formes sont les fenêtres ou autres ouvertures? Se terminent-elles par une plate-forme? Sont-elles surmontées d'un toit ou d'une flèche? Ce toit ou cette flèche sont-ils en pierre ou en bois? Recouverts en plomb, en ardoises ordinaires ou découpées, en tuiles ou en bardeaux ?

7° Au dehors le chœur se termine-t-il carrément ou en hémicycle? Est-il entouré de chapelles? Ces chapelles semblent-elles construites à la même époque que le chœur, ou bien ont-elles été ajoutées ?

8° Quel est le mode de construction, en grand ou petit appareil? Y remarque-t-on des portions en petites pierres carrées (ordinairement en tuf), ou bien, de place en place, des assises de grandes briques plates?

9° Y a-t-il, à l'intérieur, des piliers ou des colonnes? Combien y en a-t-il de rangs?

10° Les piliers sont-ils carrés, cylindriques ou composés d'un faisceau de colonnes?

11° Ces piliers ou colonnes sont-ils ornés de chapiteaux sculptés?

12° Existe-t-il au-dessus des chapiteaux, à la naissance des arcs, des traces d'un chaînage provisoire destiné à retenir le pilier pendant la construction, et que l'on supprimait après l'achèvement du travail, soit en coupant la petite pièce de bois horizontale, soit en décrochant la barre de fer placée dans des anneaux?

13° Que représentent les sculptures de ces chapiteaux? Sont-ce des hommes, des animaux, des broderies ou des feuillages? Peut-on distinguer à quelles plantes appartiennent ces feuillages?

14° Les bases des colonnes sont-elles plates ou élevées? sont-elles ornées? Y a-t-il dans leurs angles des sortes de griffes ou pattes?

15° De quelle forme sont les fenêtres? Se terminent-elles carrément, en cintre, en ogive ou en accolade?

16° Quelle est la proportion de ces ouvertures?

17° Les arcs des fenêtres sont-ils reçus par des colonnes?

18° Les fenêtres sont-elles séparées intérieurement par des meneaux en pierre? Ces divisions sont-elles verticales, contournées ou circulaires?

19° Les voûtes de l'église sont-elles cintrées ou en ogive? En petits moellons de pierre ou en blocage? Sont-elles peintes ou seulement blanchies? Les arêtes des voûtes sont-elles saillantes? Leurs nervures sont-elles anguleuses ou arrondies? Se terminent-elles à leur point de jonction par des clefs ornées ou des clefs pendantes?

20° Les murs sont-ils soutenus par des contreforts? Ces contreforts sont-ils adhérents aux murailles? En sont-ils éloignés et les soutiennent-ils au moyen d'arcs-boutants? Sont-ils simples ou ornés de sculptures?

21° Au lieu de voûtes, y a-t-il simplement un plafond ou un lambris appliqué sur des cerces en bois correspondant aux chevrons? Les entraits ou les poutres sont-elles apparentes? Sont-elles peintes, sculptées ou tout unies?

22° Les portes de l'église sont-elles carrées, cintrées ou en ogive? Les voussures sont-elles soutenues par un ou plusieurs rangs de colonnes? Entre les colonnes y a-t-il des figures? Que représentent les chapiteaux de ces colonnes? Les portes n'ont-elles qu'une seule ouverture ou un pilier les divise-t-il par le milieu? Au-dessus de l'ouverture ou des deux ouvertures, y a-t-il un bas-relief? Que représente-t-il? De quelle dimension sont les figures? Existe-t-il des zodiaques le long des pieds-droits des portes?

23° Le toit de l'église est-il plat ou aigu, recouvert en bardeaux, en tuiles, en ardoises ordinaires ou découpées, ou en plomb? Trouve-t-on, soit sur le comble, soit simplement sur quelque ancienne lucarne, des restes d'ornements en plomb moulés ou repoussés au marteau?

24° Quelle est la forme de la corniche ou couronnement? Quelle est celle des parapets ou galeries à jour placés au-dessus? La corniche est-elle portée par de petites pierres carrées ornées par des figures ordinairement monstrueuses d'hommes ou d'animaux, par de petites arcades ou par des espèces de consoles ou modillons?

L'assise placée au-dessous est-elle décorée de trèfles, de quatre-feuilles ou d'autres ornements en creux? Consiste-t-elle simplement en un assemblage de moulures superposées, ou bien quelques-unes de ces moulures sont-elles décorées d'ornements sculptés?

25° Quel est l'ancien système d'écoulement des eaux? Existe-t-il des gargouilles ou des tuyaux en pierre ou en plomb au droit de la corniche?

26° Les arcs-boutants sont-ils couronnés par un caniveau destiné à rejeter au dehors les eaux du grand comble?

27° Y a-t-il, soit dans l'église, soit extérieurement, et particulièrement dans les voussures des portes, des statues en pierre?

28° Y a-t-il à l'intérieur, soit contre les murailles, soit au-dessus des autels, des retables en albâtre ou en bois, composés de statuettes peintes ou dorées, superposées les unes aux autres, et représentant des scènes de l'Écriture sainte?

29° Les vitres sont-elles en verre blanc ou en verre coloré? Y distingue-t-on des personnages? Quelle est la grandeur de ces personnages? Se détachent-ils sur un fond composé d'ornements ou sur des fonds de paysage et d'architecture? Y a-t-il sur le vitrail des inscriptions en latin ou en français? Donnent-elles le nom du peintre et la date de l'exécution? Envoyer des copies de ces inscriptions.

30° Ces vitraux sont-ils composés de panneaux encastrés dans des armatures de fer composées de barres perpendiculaires les unes aux autres, ou formant des dessins variés?

31° Trouve-t-on des calendriers, des tables pascales, etc., gravés sur les murs de la nef ou du chœur? Y a-t-il d'anciens cadrans solaires à l'extérieur, soit sur les murs de l'église, soit sur les contre forts?

32° Si les murailles et les piliers sont recouverts de chaux ou de badigeon, ne peut-on pas soulever cet enduit dans quelques endroits, et ne retrouve-t-on pas sur la pierre des traces d'anciennes peintures? Est-il possible de reconnaître si ces traces appartiennent à des peintures exécutées par les procédés de la fresque ou autrement? Y trouve-t-on des restes d'anciennes incrustations de verre, ou des pâtes saillantes?

33° Quelles formes affectent les fonts baptismaux? Sont-ils ornés de sculptures?

34° Les tables du chœur ou la chaire à prêcher sont-elles sculptées? En bois ou en pierre?

35° Existe-t-il dans l'église ou dans les chapelles des restes de pavements en terre cuite émaillée?

36° Trouve-t-on dans l'église de grandes dalles de pierre ou de marbre servant de pavé, et sur lesquelles sont tracées des figures d'hommes ou de femmes, d'ecclésiastiques ou de chevaliers? L'inscription qui doit entourer ces figures est-elle lisible? Peut-on la copier? La gravure est-elle remplie de mastic de diverses couleurs ou de plomb? Quels sont les sujets représentés?

37° Existe-t-il dans l'église d'autres sortes de tombeaux avec ou sans statues, avec ou sans inscription?

38° A-t-il existé dans la commune une ancienne abbaye ou un ancien couvent? De quel ordre? Sous quelle invocation? Reste-t-il quelques fragments de bâtiments conventuels? Le cloître subsiste-t-il?

39° Trouve-t-on dans les carrefours ou dans le cimetière des croix de pierre? Quelle est leur dimension? Sont-elles ornées de sculptures?

40° S'il existe des chapelles isolées, sont-elles voisines de quelque fontaine fréquentée par les malades? S'y rapporte-t-il quelque légende? Y va-t-on en pèlerinage? Ces pèlerinages ont-ils surtout lieu le jour ou la veille de la fête du saint? Quels usages locaux et cérémonial singulier y remarque-t-on? Quel genre de malades s'y rendent particulièrement? Y trouve-t-on d'anciens *ex-voto*?

41° Existe-t-il dans la commune un ancien château? Est-il fortifié, entouré de fossés? Est-il en ruines ou en bon état d'entretien, habité ou abandonné?

42° S'il est fortifié, les tours sont-elles rondes, carrées, triangulaires ou d'autres formes? Sont-elles tronquées par le haut ou couronnées de créneaux? Avec ou sans mâchicoulis? Y a-t-il un donjon? Y a-t-il des souterrains? Y trouve-t-on de ces espèces de puits désignés sous le nom d'*oubliettes*[1]?

43° De quelle forme et de quelle dimension sont les fenêtres? Sont-elles simples ou décorées?

44° A l'intérieur les cheminées sont-elles grandes? Sont-elles ornées de sculptures en pierre, en marbre ou en bois? Les plafonds et les lambris sont-ils peints ou sculptés? Voit-on sur les murailles des traces d'anciens blasons? Quels étaient les propriétaires avant 1789? Les vieillards de la commune savent-ils quelque tradition relative au château?

45° Existe-t-il dans la commune quelque autre maison ornée de peintures, de sculptures ou de décorations, soit en bois, soit en pierre? L'hôtel de ville est-il surmonté d'un beffroi?

46° Parmi les constructions rurales, telles que moulins, colombiers, granges, bergeries, etc., en est-il qui se fassent remarquer par leur architecture?

47° Trouve-t-on sur le territoire de la commune des traces des anciennes fourches patibulaires?

48° Existe-t-il encore des bornes de délimitations seigneuriales accompagnées d'emblèmes? Des inscriptions de censives se sont-elles conservées sur des bâtiments?

49° Connaît-on l'existence, soit dans le château, soit dans l'église, soit partout ailleurs, de quelque tableau, tapisserie, ancien meuble sculpté, titres ou archives, médailles, portraits de famille, reliquaires, ornements d'autel, et de tous autres objets remontant à une époque plus ou moins reculée?

Indépendamment de ces rudiments d'une statistique archéologique générale, le Comité recommande l'exécution de statistiques locales plus restreintes dans leur objet, de même que celle des monographies de monuments. Il insiste surtout sur l'utilité de joindre aux unes et aux autres des dessins et des plans. Un dessin exact, lors même qu'il ne serait pas irréprochable au point de vue de l'art, fournira toujours des données utiles sur le monument qu'il retrace. Ces dessins devront, en outre, être en nombre suffisant pour faire connaître tous les détails intéressants. Ce nombre ne saurait être fixé à l'avance pour les statistiques. La monographie d'un

---

[1] L'on devra se tenir en garde contre le préjugé populaire qui suppose presque sans restriction l'existence d'oubliettes dans toutes les constructions du moyen âge.

monument doit être, au moins, accompagnée d'un plan, d'une coupe ou d'une élévation.

L'échelle des dessins des statistiques a été fixée par le Comité à trois millimètres pour mètre, pour les plans et coupes, et à six millimètres pour les élévations et détails. Quant à l'échelle des monographies, elle est nécessairement subordonnée à l'importance du monument et au plus ou moins de délicatesse de ses détails.

Les monographies doivent, avant tout, offrir des descriptions matérielles. L'histoire du monument n'y occupera qu'une place secondaire et restreinte.

Noms d'artistes. — Les noms des artistes ne se rencontrent pas seulement dans les marchés et comptes de dépenses; on les trouve encore sur les édifices. Souvent une inscription placée sur un monument, parfois même dans un endroit peu en évidence, comme à Saint-Surin de Bordeaux, à Notre-Dame de Paris, à la cathédrale d'Amiens, etc., indique la date d'une construction ou d'une réparation, et fait connaître en même temps le nom de celui qui a dirigé les travaux. Les noms des peintres verriers sont fréquemment inscrits sur les verrières sorties de leurs ateliers, ainsi qu'on le voit à Rouen, à Auch, à Metz, etc. Quelquefois aussi, comme il arrive à Reims, à Niederhaslach, à Rouen, à Caudebec, etc., l'architecte d'une église y a reçu la sépulture, et son épitaphe mentionne les différentes parties du monument qu'il a fait bâtir.

Signes lapidaires. — Les correspondants sont également invités à relever avec soin les signes lapidaires si multipliés et si variés qui se voient gravés sur les pierres des édifices. Parmi ces dessins, quelques-uns doivent être regardés comme des signes d'appareilleurs, comme des indications de la place que chaque pierre était appelée à occuper. D'autres fois, ce ne sont que des marques d'ouvriers, espèces de signatures apposées par un tailleur de pierres pour distinguer son œuvre de celle de son compagnon d'atelier[1]. Quoi qu'il en soit, les marques de construction que portent les matériaux méritent également d'être étudiées sous ces deux points de vue. Elles peuvent servir à déterminer la date probable de telle ou telle partie d'un édifice, de même que les rapprochements qu'elles permettront d'établir entre des types iden-

---

[1] Voir *Bulletin archéologique,* t. I, p. 141 et t. V, p. 221.

tiques employés dans des contrées très diverses et séparées par de grands intervalles, fourniront souvent la matière d'utiles inductions.

On trouvera aussi dans quelques monuments, soit sur le pavé, soit le long des murs, des profils de moulures, des épures de parties diverses de l'édifice. Ces dessins d'architecture se recommandent au même titre que les plans manuscrits conservés dans les bibliothèques ou dépôts d'archives.

Inscriptions. — Une des publications les plus importantes que prépare le Comité est celle d'un recueil des inscriptions trouvées sur le sol de la Gaule. Le travail préparatoire qui a pour objet de rassembler les inscriptions rentre plus particulièrement dans les attributions de la section d'archéologie; c'est donc à celle-ci à donner aux correspondants les instructions qui leur sont nécessaires pour pouvoir concourir efficacement à la composition de cette grande collection.

Le recueil des inscriptions de la Gaule ne doit comprendre, en principe, que les inscriptions relevées sur le territoire de la Gaule ancienne. Néanmoins il ne faudra pas que les correspondants placés sur les limites des contrées qui y confinaient se conforment trop rigoureusement à cette prescription.

Le recueil des inscriptions admettra trois divisions principales:

La première comprendra les inscriptions de la période romaine;

La deuxième s'étendra depuis l'établissement de la monarchie des Francs jusqu'à l'an 1328, date de l'avènement de Philippe de Valois;

La troisième, depuis 1328 jusqu'à la fin du xvie siècle, en la réduisant aux inscriptions qui offrent un intérêt archéologique, ou qui fournissent un renseignement historique.

Les correspondants sont invités à commencer de préférence par les inscriptions de la période romaine, et à choisir avant tout parmi ces inscriptions celles qui courent risque de s'altérer. Au reste, ils feront toujours une chose utile en prenant des estampages de toutes les inscriptions, de celles même qui ne devraient pas trouver place dans le recueil.

Les lettres d'envoi qui accompagneront les estampages devront contenir les indications suivantes: l'emplacement primitif de l'inscription, s'il est connu; le lieu où elle est déposée; la matière sur laquelle elle est gravée; les dimensions de cette matière en mètres et subdivisions du mètre. Les correspondants sont priés, en outre, d'ajouter les renseignements qu'ils croiraient utile de faire connaître, notamment la mention des ouvrages dans lesquels chaque inscription aurait été publiée.

Il se présente quelques circonstances dans lesquelles il est à peu près impossible de prendre des estampages, et où les inscriptions peuvent cependant être facilement lues; c'est ce qui arrive, par exemple, lorsque les inscriptions sont gravées sur du granit ou sur des pierres très frustes. Les correspondants auront donc à joindre des transcriptions aux estampages qu'ils adresseront. Ils sont invités à consigner ces transcriptions sur autant de feuilles de papier séparées qu'il y aura d'inscriptions; à les tracer en lettres semblables à celles de l'inscription; à figurer les abréviations, sans compléter les syllabes ou les mots; à n'ajouter aucun signe de ponctuation; en un mot, à reproduire ce qui existe sur l'inscription même, sauf à mettre en note les explications qu'ils jugeraient nécessaires. Il sera utile aussi qu'ils reproduisent, dans des dessins exacts, les figures, symboles ou ornements qui se rapporteraient au texte de l'inscription et pourraient en faciliter l'intelligence.

Les inscriptions seront publiées dans le recueil avec les noms des correspondants.

Les procédés de moulage sont très multipliés. Les plus usités sont l'estampage au frottis et l'estampage foulé. Le moulage, soit avec la terre glaise, soit au moyen de plâtre, doit être évité autant que possible, car il écaille la pierre, émousse les ciselures et cause un dommage irréparable aux monuments.

Estampage au frottis. — Ce procédé consiste à étendre sur l'inscription des feuilles de papier fin, bien collé, pour que ce papier puisse résister, tout en pénétrant dans les creux. On frotte le papier ainsi étendu avec un tampon de vieux feutre, ou de cuir imprégné légèrement ou simplement sali de mine de plomb très-peu huilée. Les parties saillantes se noircissent au frottement du tampon et les parties creuses restent blanches.

Ce mode d'estampage lui-même est regardé comme dangereux par quelques personnes, en raison de l'huile qu'on y emploie et qui altère plus ou moins la pierre. Un perfectionnement qui y a été apporté n'offre pas le même danger. On étend sur la pierre gravée du papier quelconque, collé ou non, mince ou épais, résistant ou flexible. On passe ensuite sur le papier un tampon de cuir blanc, non chargé de mine de plomb; le tampon estampe le papier et le fait entrer dans les creux. Après cette opération, on charge un tampon noir d'une petite couche de mine de plomb, dont on fait une pâte assez ferme avec un peu d'huile, et on le promène également sur toute la surface du papier. Les parties creuses, les entailles, restent en blanc puisque le papier s'y est enfoncé et que le tampon passe par-dessus; mais le reste se teint en noir. Si les inscriptions sont en relief, ce sont les dessins qui se teignent en noir sur un fond blanc. Il sera bon, toutefois, si l'on se sert de papier épais et résistant, de l'humecter légèrement avec l'éponge, afin de le faire mieux pénétrer dans les creux; la mine de plomb s'attache, en outre, plus fortement au papier humide [1].

Mais l'estampage foulé est peut-être le plus simple et le plus commode encore à mettre en usage. Les résultats qu'on en obtient sont d'ailleurs des plus satisfaisants. Voici comment on procède:

Estampage foulé. — Pour estamper par ce procédé les inscriptions gravées en creux ou en relief, on devra se pourvoir : 1° d'une éponge ou tampon; 2° d'une brosse douce.

Le papier doit être épais, s'il s'agit d'estamper des caractères profondément gravés. Habituellement le papier ordinaire d'impression suffit. Dans quelques cas, enfin, on pourra se servir de papier végétal double ou triple, selon la profondeur des empreintes que porte la pierre; mais en général, il faut éviter l'usage du papier collé, qui s'imbibe lentement, et dont le retrait élargit considérablement les formes dont il doit conserver l'image.

Le papier que l'on veut employer peut être mouillé au recto et au verso, jusqu'à ce que l'humidité ait pénétré dans l'intérieur; alors on passera l'éponge sur la face qui recevra l'empreinte. Il peut suffire de mouiller le papier par le côté qui ne doit pas être appliqué sur la pierre.

Avant d'appliquer le papier sur l'inscription, on la nettoiera avec un grand soin, afin d'enlever la terre, le sable ou toute autre matière qui pourrait en empâter la surface ou souvent quelques détails. Ceci fait, 1° on étendra la feuille de papier mouillée, pour qu'elle ne forme ni pli ni boursouflure sur l'objet que l'on doit mouler; 2° on frappera d'abord avec l'éponge ou le tampon, puis, s'il est nécessaire, une seconde fois avec la brosse, droit et régulièrement, en commençant par l'angle gauche du bord supérieur, en suivant la même ligne horizontale, et en descendant graduellement de la même

[1] On peut, à défaut de mine de plomb, employer la pierre noire, la brique pilée, etc.

manière, de façon à chasser devant soi, vers le bas, les globules d'air et l'excédent d'humidité qui pourraient se trouver entre le papier et la surface dont on veut avoir une empreinte exacte. Si, dans cette opération de frappage, qui doit être exécutée sans délai, la feuille de papier, appliquée sur un plan vertical, venait à se détacher, il faudrait recommencer avec ce même papier, qui, mouillé de nouveau, et déjà réduit en une espèce de pâte par le premier frappage, n'en sera que plus propre à remplir l'emploi auquel il est destiné.

L'empreinte, bien séchée sur l'original (s'il se peut), peut être ensuite roulée et transportée facilement et sans éprouver aucune altération, si l'on a le soin de la garantir du mouillage. On peut aussi passer dans le creux des lettres un trait de crayon rouge ou noir, pourvu que cette opération ne soit pas faite sur le monument même, qu'elle pourrait détériorer.

On n'oubliera pas d'imbiber longuement et largement les corps qui absorbent rapidement l'humidité, tels que les calcaires, la terre cuite, le stuc, etc. La même précaution doit être prise pour les surfaces échauffées par le soleil.

Quand le monument offrira de trop grandes dimensions pour être couvert par une feuille de papier, on pourra l'estamper en deux ou trois bandes, soit horizontales, soit verticales, en ayant soin que dans cette division aucune ligne, aucune lettre, n'échappe à l'opération de l'estampage.

Si pendant qu'on mouille avec l'éponge ou qu'on frappe avec la brosse, le papier se crève, on peut mettre une pièce sur la partie ouverte ; on mouille la pièce jusqu'à ce qu'elle fasse pâte avec la feuille entière et s'y soude. Elle adhère en séchant et fait un tout avec la pièce lorsqu'on la retire.

Pierres tumulaires. — Le moulage par l'un ou par l'autre procédé devra aussi être employé à relever un genre de monument qui forme une catégorie à part dans les inscriptions lapidaires. Ce sont les pierres tombales, dont un si grand nombre sert encore aujourd'hui à daller le sol de nos églises. Généralement elles offrent une représentation du défunt, encadrée dans une légende. Celle-ci fait connaître le personnage, ses titres, etc.; le dessin fournit des données pour l'histoire des costumes, indique les insignes propres aux diverses professions. Le Comité saura gré aux correspondants toutes les fois qu'ils enverront des empreintes de ces tombes. Il les engage même, lorsqu'ils en auront la possibilité, à faire déplacer dans ce but les pierres tumulaires qui auraient été retournées pour être employées à un usage quelconque.

Enfin, il est bon de faire remarquer, en terminant ce qui regarde les inscriptions, qu'un certain nombre de ces monuments dont les originaux ont disparu, se trouvent mentionnés dans des recueils manuscrits. Dans le cas même de la conservation de l'inscription originale, souvent la dégradation de la pierre rend la lecture difficile. Le texte conservé par le manuscrit vient encore en aide dans cette circonstance. De toute façon, l'indication des recueils manuscrits d'inscriptions sera un fait important à noter.

Vêtements et meubles ecclésiastiques. — Le Comité des arts s'était occupé de recueillir tous les renseignements qu'il pourrait se procurer sur les *ornements ecclésiastiques* et l'*ameublement des églises,* afin d'en faire l'objet de publications spéciales[1]. La section d'archéologie, reprenant ce projet, résume de nouveau, dans les demandes suivantes, les points principaux sur lesquels elle désire être éclairée.

QUESTIONS RELATIVES AUX MONUMENTS ECCLÉSIASTIQUES ET À L'AMEUBLEMENT DES ÉGLISES.

1° Existe-t-il dans la commune des vêtements ecclésiastiques anciens, tels que chasubles, chapes, dalmatiques, aubes, ceintures, manipules, etc.?

2° S'est-il conservé quelques insignes des dignités ecclésiastiques, des étoles, des mitres, des anneaux, des gants à plaques gravées ou émaillées, des agrafes, des boutons de chape, des crosses abbatiales ou épiscopales, des bâtons de chantre, des chaussures à l'usage des évêques, des chapeaux de cardinaux, comme on en voyait suspendus dans les églises, en mémoire de prélats qui avaient fait partie du sacré collège?

3° De quel tissu sont formées les étoffes?

4° Les étoffes paraissent-elles de fabrication nationale ou étrangère?

5° A-t-on quelques données précises, ou au moins quelques traditions sur les fabriques d'où ces étoffes seraient sorties, et sur les artistes qui auraient concouru à leur confection?

6° Le tissu présente-t-il des inscriptions ou de simples marques? Dans le cas où des caractères y seraient tracés, peut-on leur trouver un sens, ou

---

[1] *Bulletin archéologique,* t. IV, p 476.

doit-on les considérer comme des imitations de caractères figurés sur des étoffes d'origine étrangère?

7° Quels sont la forme, la coupe, le mode d'assemblage, la couleur de chacune des parties des anciens vêtements sacerdotaux? Sont-elles enrichies d'orfrois ou accompagnées de plages?

8° Trouve-t-on dans quelques églises des nappes et des parements d'autels, des voiles de calice, des pales, des corporaux, des bourses d'origine ancienne, des courtines et des tapisseries destinées à la clôture du sanctuaire ou à la décoration des murailles pour les jours de grandes solennités? Sait-on quelles étaient les couleurs affectées aux différentes fêtes et cérémonies et depuis quelle époque cette distinction est en usage dans le pays?

9° Les vêtements ecclésiastiques conservés passent-ils pour avoir appartenu à quelque personnage célèbre? Sont-ils l'objet d'une vénération particulière? Le clergé s'en sert-il habituellement, ou les réserve-t-il pour quelques fêtes patronales?

10° Ces vêtements sont-ils simples ou ornés? Les ornements font-ils partie intégrante de l'étoffe, ou sont-ils seulement appliqués? En quoi consistent-ils? Sont-ce des feuillages, des animaux, des figures humaines? Offrent-ils un sens symbolique facile à saisir?

11° Les règles de l'iconographie sacrée ont-elles été suivies dans la disposition des personnages figurés et dans leurs attributs?

12° A-t-on connaissance d'étoffes anciennes découvertes dans des tombeaux, ou employées dans les châsses comme enveloppes de reliques?

13° Existe-t-il des compagnies qui fassent usage d'un costume et d'insignes particuliers? A quelle époque ont-ils été empruntés?

14° Se sert-on, dans les processions ou dans quelque autre cérémonie, de vêtements, de costumes ou même de masques et de mannequins pour représenter des personnages de l'Ancien ou du Nouveau Testament?

15° Quelques églises sont-elles demeurées en possession de vêtements ou de linges considérés comme des reliques, en raison des personnages auxquels ils auraient appartenu? Les fait-on toucher aux malades et leur attribue-t-on quelque vertu miraculeuse?

16° Est-il resté quelques débris des objets autrefois employés à la décoration des autels, et particulièrement de ceux qui servaient à la célébration du sacrifice eucharistique?

17° De quelle matière et de quelle forme sont les calices, les burettes, les plateaux, les aiguières, les patènes, les ostensoirs, les ciboires anciens? Quel en est le système d'ornementation?

18° Y a-t-il, dans l'ancien mobilier de l'église, des croix, des chandeliers, des candélabres, des lampes, des couronnes de lumière, des autels portatifs, des pierres sacrées enchâssées et conservées à part, des tabernacles, des reliquaires spécialement destinés à la parure de l'autel, des plaques historiées qui auraient été employées à la décoration du devant de l'hôtel ou du retable? Conserve-t-on des châsses importantes? Sont-elles l'objet d'exposition, d'ostension ou de processions remarquables?

19° Connaît-on des crosses ou des colombes employées à la suspense du saint Sacrement; des pyxides pour les hosties consacrées où pour les saintes huiles; des appareils ou des vases autrefois en usage pour la communion sous les deux espèces; des fers pour la confection des pains d'autel; des paix, des clochettes, des flabellums, des navettes, des encensoirs? Peut-on citer des exemples anciens de cartons d'autel et de pupitres pour la pose du missel?

20° S'est-il conservé des meubles en bois ou en fer employés au moyen âge dans les cérémonies funèbres, soit à porter les cercueils, soit à les entourer de lumières?

21° Reste-t-il d'anciennes cloches avec ou sans inscriptions? Envoyer des estampages de ces inscriptions.

22° Conserve-t-on des crécelles ou des symandres destinées à remplacer les cloches pendant la semaine sainte?

23° S'est-il conservé dans l'usage des expressions particulières pour exprimer les costumes, vases et ornements ecclésiastiques, etc.?

24° A défaut d'objets conservés en nature, pourrait-on relever dans les inventaires des anciens trésors quelque description précise et complète de costumes ou d'ustensiles sacrés, remarquables par leur forme et par leur antiquité?

Enfin la section adresse encore aux correspondants une dernière série de questions relatives aux attributs des saints.

ATTRIBUTS DES SAINTS [1].

1° Quels sont les saints représentés dans le pays avec des attributs caractéristiques?

2° Quels sont ces attributs? Quelle est la plus ancienne époque où l'on trouve des exemples de chacun d'eux? Ne sont-ils pas quelquefois isolés et indépendants de la représentation du saint?

3° Quels sont les saints invoqués actuellement dans le pays ou qui l'étaient autrefois pour un objet spécial, tel que les maladies et les diverses nécessités des fidèles?

4° Quelle est la forme du culte que l'on rend aux saints? Quel est le jour de leur fête?

5° Quels sont les lieux et les monuments où ce culte leur est rendu? Quels en sont le rite et les pratiques? Quelle est la forme des pèlerinages? Quelles sont les traditions populaires qui s'y rattachent?

6° Quels sont les saints particuliers du pays? En sont-ils originaires?

7° Quels sont leurs noms en latin, en français et dans la langue ou patois du pays?

8° Quels sont les patrons des églises, des diocèses, des villes, des confréries, des corporations d'art, des corps de métier ou d'états?

9° Existe-t-il dans le pays des objets entourés d'une vénération particulière et donnant lieu à des pratiques religieuses ou superstitieuses?

Après avoir indiqué les points principaux sur lesquels elle fait porter ses recherches, la section d'archéologie ajoute qu'elle accueillera avec empressement les communications de toute nature qui lui parviendront sur les matières de sa compétence : plans et anciens *pourtraicts* de ville, archéologie navale, céramique, description de pavés peints ou émaillés, de mosaïques, de vitraux, de peintures murales, etc.; en un mot, tout ce qui intéresse à un degré quelconque l'histoire des arts est du ressort de la section d'archéologie.

Chaque fois que des découvertes auront lieu dans leur voisinage, les correspondants sont invités à en informer aussitôt le Comité. Lorsqu'il s'agira

---

[1] On entend par attribut un objet matériel quelconque, placé ordinairement près d'un saint ou porté par lui. On peut étendre la signification de l'attribut à l'attitude, aux vêtements, à la chevelure, à la barbe, en un mot à tous les caractères que l'on peut regarder comme distinctifs.

de médailles ou de monnaies, ils en indiqueront le nombre et constateront la proportion dans laquelle se sont rencontrés les divers types. En décrivant les pièces, ils feront connaître le poids de chacune, leur matière, leur degré d'*user*; ils noteront soigneusement les additions de lettres, de chiffres, de symboles qui distinguent les diverses variétés. Cette attention à tenir compte des détails les plus insignifiants en apparence peut souvent conduire à fixer des doutes, à déterminer des dates, etc.

En attendant la publication des instructions générales sur la numismatique que prépare M. le marquis de la Grange, les correspondants trouveront dans la liste ci-jointe l'indication des principaux ouvrages de numismatique qui pourront les aider à reconnaître la nature des monuments monétaires qui arriveront à leur connaissance.

MÉDAILLES ANTIQUES.

Eckhel, *Doctrina numorum veterum*. Vindobonæ, 1792-98, 8 vol. in-4°, fig.

Rasche, *Lexicon universæ rei numariæ veterum*, etc. Lipsiæ, 1785-1805, 7 tom. en 14 vol. in-8°.

Pellerin, *Recueil de médailles de peuples, villes et rois*, etc. Paris, 1762-67, 10 vol. in-4°, fig.

Mionnet, *Description des médailles antiques grecques et romaines*. Paris, 1806-37, 15 vol. in-8°, fig.

Le même, *De la rareté et du prix des médailles romaines*. Paris, 1827, 2 vol. in-8°, fig.

Thesaurus Morellanius. Amstelodami, 1752, 7 vol. in-fol., fig.

Banduri, *Numismata imperatorum romanorum a Trajano Decio ad Palæologos Augustos*. Lutetiæ Parisiorum, 1718, 2 vol. in-fol., fig.

Riccio, *Le monete delle antiche famiglie di Roma*. Napoli, 1845, 1 vol. in-4°, fig.

Mommsen, *Ueber das rœmische Münzwesen*. Leipzig, 1850, 1 vol. in-8°.

L. de la Saussaye, *Numismatique de la Gaule Narbonnaise*. Blois, 1842, 1 vol. in-4°, fig.

F. de Saulcy, *Essai de classification des suites monétaires byzantines*. Metz, 1838, 1 vol. in-8° et 1 atlas in-4°.

Le même, *Essai de classification des monnaies autonomes de l'Espagne*. Metz, 1840, 1 vol in-8°.

Lelewel, *Type gaulois*. Bruxelles, 1840, 1 vol. in-8°, 1 atlas.

A. Duchalais, *Description des médailles gauloises de la Bibliothèque royale*. Paris, 1846, 1 vol. in-8°, fig.

Ch. Lenormant, *Trésor de numismatique et de glyptique*. Paris, 1834-50, 20 part. in-fol., fig.

Revue numismatique, publiée par E. Cartier et L. de la Saussaye. Blois, 1836-53, 18 vol. gr. in-8°, fig.

Jacob Kolb, *Traité élémentaire de numismatique ancienne, grecque et romaine*, etc. Paris, 1825, 2 vol. in-8°, fig.

Hénin, *Manuel de numismatique ancienne*. Paris, 1830, 2 vol. in-8°.

A. Barthélemy, *Nouveau manuel complet de numismatique ancienne*. Paris, 1851, 1 vol. in-8°, avec atlas.

MÉDAILLES DU MOYEN ÂGE.

Cl. Bouteroue, *Recherches curieuses des monnoies de France*. Paris, 1666, in-fol., fig.

Le Blanc, *Traité historique des monnoyes de France*. Paris, 1690, in-4°, fig.

J. Lelewel, *Numismatique du moyen âge considérée sous le rapport du type*. Paris, 1835, 2 vol. in-8° et 1 atlas in-4°, fig.

A. Barthélemy, *Manuel de numismatique moderne*. Paris, 1852, in-18, avec 1 atlas.

Conbrouse, *Catalogue raisonné des monnaies nationales de France*. Paris, 1839-41, 2 part. de texte et 2 atlas gr. in-4°.

Tobiesen Duby, *Traité des monnoies des barons, prélats, villes et seigneurs de France*. Paris, 1790, 2 vol. gr. in-4°.

Le même, *Recueil général de pièces obsidionales*. Paris, 1786, in-8°, fig.

Poey d'Avant, *Description des monnaies seigneuriales françaises composant la collection de M. Poey d'Avant; essai de classification*. Luçon, 1853, 1 vol. in-4°, fig.

B Fillon, *Considérations historiques et artistiques sur les monnaies de France*. Fontenay-Vendée, 1850, in-8°, fig.

Le même, *Lettres à M. Dugast-Matifeux sur quelques monnaies françaises inédites*. Fontenay-Vendée, 1853, in-8°, fig.

A. de Longpérier, *Notice sur les monnaies françaises composant la collection de M. J. Rousseau*. Paris, 1848, 1 vol. in-8°, fig.

Voir aussi *Revue numismatique*.

JETONS ET MÉREAUX.

Mahudel, *De l'origine et de l'usage des jetons* (*Histoire de l'Académie des belles-lettres*, t. III, p. 388-396).

Snelling, *A view of the origin, nature and use of jettons or counters*. London, 1769, in-4°, fig.

J. de Fontenay, *Mémoires de la Société éduenne*, 1844 et 1845, et *Nouvelle étude de jetons*. Autun, Paris, 1850, avec de nombreuses gravures sur bois.

Alex. Hermand, *Recherches sur les monnaies, médailles et jetons de Saint-Omer, suivies d'observations sur l'origine et sur l'usage des méreaux*, 1834, in-8°, fig.

Rossignol, *Des libertés de la Bourgogne d'après les jetons de ses États*.

SCEAUX.

Mabillon, *De re diplomatica*. Parisiis, 1709, in fol., fig.
Dom de Vaines, *Dictionnaire raisonné de diplomatique*. Paris, 1774, 2 vol. in-8°.
Marquis de Migieu, *Recueil de sceaux du moyen âge*. Paris, 1779, in-4°, fig.
Mémoires de la Société des antiquaires de Normandie. Année 1834, atlas.
Natalis de Wailly, *Éléments de paléographie*. Paris, 1838, 2 vol. in-4°, fig.
Voir aussi *Revue numismatique*.

La recommandation faite, à propos des médailles et monnaies, de décrire minutieusement les caractères les plus accessoires, est également applicable aux jetons et méreaux, aux matrices de sceaux, ou à leurs empreintes en cire ou en plomb; elle n'a pas moins d'importance pour la description des blasons. Les communications relatives à ce dernier objet devront mentionner exactement la forme des écus, les ornements extérieurs dont ils sont accompagnés, etc. Enfin le Comité ne saurait trop demander de joindre, autant qu'il sera possible, des descriptions graphiques aux descriptions écrites. Les correspondants sont en même temps priés d'indiquer, sur ces dessins, les mémoires ou notices auxquels ils se rapportent, afin d'éviter les erreurs dans le classement.

Le Comité invite ses correspondants à lui signaler les actes de vandalisme, les projets de destruction qui menacent les édifices. S'il n'a pas personnellement d'action pour préserver les monuments, il peut du moins élever la voix en leur faveur et arrêter l'effet de mesures désastreuses. Mais la plus grande circonspection doit être apportée dans l'énonciation des faits de cette nature : il importe de ne pas engager à la légère le Comité dans une fausse démarche. On devra donc, avant tout, s'enquérir des faits de la manière la plus précise, et ne signaler que les actes et les projets dont l'existence sera parfaitement avérée.

Enfin, les correspondants doivent bien se pénétrer que le Comité a uniquement pour mission la recherche et la description des monuments, mais qu'il ne dispose d'aucun fonds pour leur entretien. Le Ministre de l'instruction publique est dans l'impossibilité absolue d'accorder des secours pour réparer des édifices, opérer des fouilles, etc. Toutes les demandes de cette nature doivent être adressées directement au Ministère d'État, qui a dans ses attributions la commission chargée du classement des monuments historiques et de la répartition du crédit attribué à leur conservation.

Les correspondants se rappelleront aussi que le Comité institué pour décrire les monuments ne peut, en aucune circonstance, s'occuper de questions, de systèmes qui auraient pour base ces mêmes monuments. Ils s'abstiendront, par conséquent, de transmettre des travaux d'érudition, des dissertations dont le Comité ne saurait faire aucun profit, et qui ont leur place marquée dans les nombreux recueils que publient les sociétés savantes de Paris et des départements.

V

MUSIQUE RELIGIEUSE [1].

1840.

Parmi les monuments inédits relatifs à l'histoire des arts, il en est encore de fort importants. Je veux parler ici de tout ce qui pourra donner des notions sur les connaissances musicales des Français au moyen âge. Les manuscrits et la sculpture doivent servir à éclaircir des questions dont malheureusement on ne s'occupe pas assez.

Les documents à rechercher doivent donc, comme nous l'avons dit, se retrouver dans les anciens manuscrits et dans les représentations peintes ou sculptées de la vie de nos ancêtres.

Je vais fixer l'attention d'abord sur les documents écrits. Ils peuvent se diviser en deux classes : les traités de musique et les restes d'anciennes notations. En effet, c'est en comparant ce qui est dit d'une manière théorique dans les premiers, avec ce que l'on trouve employé pratiquement dans les autres, que l'on peut arriver à quelques résultats certains.

Bien que la musique des Grecs ne soit pas de notre ressort, elle a eu tant d'influence sur la nôtre, qu'il nous est impossible de la passer sous silence. En examinant succinctement quels sont les renseignements qui peuvent nous donner idée de sa constitution, on voit que tout est à désirer. En effet nous n'avons, pour en juger les règles, que des traités plutôt dogmatiques que théoriques, et les documents pratiques, présentant quelque authenticité, manquent complètement, puisque avec ce qui nous reste on ne peut presque rien reconstruire. Si donc un hasard inespéré faisait retrouver quelques traités oubliés ou quelques restes de la notation de cette époque reculée, la découverte serait de la plus haute importance.

Passons à des temps plus modernes : la musique n'a pas toujours été en

[1] [Les instructions sur la musique ont été rédigées par M. Bottée de Toulmon, membre du Comité historique des arts et monuments.]

Europe ce qu'elle est maintenant; ce n'est guère que vers le xiii° siècle qu'elle a commencé à poser les premières bases d'après lesquelles sa constitution actuelle la rend digne du nom d'art, en se séparant de la poésie à la remorque de laquelle elle se traînait péniblement. Ce nouveau principe dans un art aussi ancien, ce fut la mesure, qui consiste dans la division d'un morceau de musique en parties toutes de même durée, bien qu'elles ne se ressemblent pas par les diverses valeurs dont chacune d'elles se trouve composée. Cette découverte, qui apparaît au commencement du xiii° siècle, comme on doit le penser d'après les pièces qui en établissent l'existence, divise naturellement la musique en plain-chant et en musique mesurée. Les traités que l'on trouvera se diviseront donc aussi d'après ces deux spécialités.

Les traités sur le plain-chant sont certainement moins intéressants et bien plus nombreux que les traités de musique mesurée. Cependant ils peuvent présenter quelques particularités dignes d'intérêt. Lorsqu'on en trouvera, il faudra étudier d'abord leur époque, ensuite s'ils sont divisés par chapitres, enfin quelle est la matière de ces chapitres.

Comme au moyen âge l'église était le berceau de l'art musical, la musique ecclésiastique lui servait d'éléments; un traité de plain-chant était donc la première méthode mise entre les mains des commençants.

Il ne me semble pas possible de mieux indiquer le contenu d'un travail semblable qu'en présentant le sommaire de deux traités qui se distinguent parmi les plus anciens, celui de Saint-Nicet et celui d'Aurélien. Le premier est du vi° siècle et le second du ix°.

DIVISION DES CHAPITRES DU TRAITÉ DE SAINT-NICET.

1° Argumentum; 2° Canticórum sacrorum primi auctores; 3° Davidis citharæ virtus; 4° Psalmi omni generi hominum congruunt; 5° Suntque utilitate maxima; 6° Hymni; 7° Ipsius Christi Domini ac cœlestis exercitus; 8° Cum quibus omnibus et nos psallimus; 9° Lectionum et hymnorum vicissitudine delectabili; 10° Qualiter psallendum; 11° Voce consona; 12° Ex lectione uberior orationis fructus.

DIVISION DES CHAPITRES DU TRAITÉ D'AURÉLIEN.

De laude musicæ disciplinæ.	I
De nomine et inventoribus ejus et quomodo numerorum formæ inventæ fuerint.	II
Quod musicæ tria sint genera.	III
Quot habeat humana musica partes.	IV
De vocum nominibus.	V
Quod habeat musica cum numero maximam concordantiam.	VI
Quid sit inter musicum et cantorem.	VII
De Tonis octo.	VIII
Quæ ipsis inscribantur tonis.	IX
De Authentu proto.	X
De Plagis proti.	XI
De Authentu deutero.	XII
De Plagis deuteri.	XIII
De Authentu trito.	XIV
De Plagis triti.	XV
De Authentu tetrardo.	XVI
De Plagis tetrardi.	XVII
Deuterologium tonorum.	XVIII
Norma, qualiter versuum spissitudo, raritas, celsitudo profunditasque discernatur omnium tonorum.	XIX
Quod ab hac disciplina composita extant modulamina, quæ die noctuque juxta constitutionem patrum præciduntur in ecclesia.	XX

On voit que le premier traité est beaucoup plus vague que le second; la manière dont son auteur disserte sur la musique est plus spéculative que théorique. Effectivement il se ressent encore, ainsi que tous les traités de la même époque, des habitudes des Grecs sur cette spécialité.

Le second traité, qui est du ixe siècle, est bien plus avancé; il est plus pratique : cela devait être; la grande révolution dans la musique sacrée, dont saint Grégoire fut l'auteur, était opérée. Les huit tons de l'église sont bien établis du chapitre vii au chapitre xviii.

C'était en s'écartant toutefois plus ou moins de ces deux types qu'étaient écrits les traités de musique antérieurs au x⁰ siècle.

Arrivés à cette époque, nous remarquons un auteur dont les ouvrages sont fort importants, en les considérant relativement à une innovation qui se présente dans l'un d'eux. Je veux parler de l'*Organum* ou *Diaphonie*, qu'Huchbald, moine de Saint-Amand, expose le premier dans son Enchiridion. Cet essai, dont l'effet devait être affreux, est l'origine de notre harmonie. Il serait trop long d'entrer dans les détails nécessaires pour faire connaître à quelle idée on était redevable de cette découverte; je ferai seulement remarquer que c'est la première fois que l'on voit apparaître dans l'histoire de la musique l'exécution simultanée de plusieurs notes. Il est bien entendu que du temps de ces auteurs la musique ecclésiastique est la seule sur laquelle il nous reste des traités. Ce n'est que vers le xiiiᵉ siècle que quelques phrases nous montrent à de longs intervalles la preuve de l'existence d'une musique mondaine; en effet, je l'ai déjà dit, c'est à cette époque que peut se rapporter l'origine de la musique mesurée.

Une particularité qui fait aussi remarquer le moine de Saint-Amand, c'est la notation qu'il emploie dans quelques-uns de ses ouvrages. Il se sert pour cet usage de la lettre F latine, posée dans tous les sens. Au surplus, je ne parle de cette circonstance que pour mémoire; il paraît être le seul qui ait adopté ce système; aucun autre auteur n'en parle.

Avant d'aller plus loin, je crois nécessaire d'attirer l'attention des correspondants sur un point fort important de l'histoire de la musique : je veux parler de la notation dont on se servait pour représenter les sons. On trouve dans les traités dont je viens de parler des exemples notés avec des caractères également employés dans les livres liturgiques de la même époque, et cette notation se présente sous une forme où l'on n'est pas accoutumé à reconnaître de la musique. En effet les sons n'étaient pas alors représentés par des lettres, comme on le croit généralement; cette notation exista sans doute, mais ce fut postérieurement, d'une manière exceptionnelle et assez rare; à l'époque dont nous parlons, les notes musicales étaient nommées *neumes*[1].

Les neumes avaient l'aspect de notes tironiennes. Saint Grégoire, à qui l'on attribue généralement et à tort l'usage des lettres en cette circon-

---

[1] Voyez Ducange, *Glossar. med. et infim. Latinit.* au mot *Pneuma* : « Neumæ præterea in musica dicuntur notæ quas musicales dicimus. Unde neumare est notas verbis musice decantandis superaddere. »

stance, n'employa que les neumes dans la notation de son Antiphonaire, déposé sur l'autel de Saint-Pierre à Rome. En effet le fac-similé de ce document, dont on ne saurait trop déplorer la perte, est à Saint-Gall, et les signes employés sont ceux dont nous donnons un spécimen (pl. I, fig. 1). La notation en usage aux ixe, x^e, xie, xiie siècles est constamment de cette nature. On la trouve aussi sur les diptyques dont on se servait comme canon sur l'autel, et elle se changea ou se modifia de siècle en siècle; nous en donnons ici différents spécimens (pl. I, II, III et IV). Elle était, comme on peut le voir, disposée au-dessus du texte, et variait probablement, non seulement selon l'époque, mais encore selon la localité.

L'idée d'après laquelle les neumes avaient été conçus n'était pas tout à fait aussi défectueuse que l'on pourrait le penser; car ils avaient sur la notation en lettres un grand avantage, le degré d'intonation était représenté par la hauteur ou l'abaissement du signe; c'était un moyen de mettre l'œil en rapport avec ce que devait percevoir l'oreille et exécuter la voix. Ce système, tout imparfait qu'il fût, était donc préférable aux lettres, qui n'avaient aucune corrélation avec les sons à exécuter. Seulement ce que l'on devait craindre dans une telle notation, c'était la négligence ou l'inhabileté des copistes, car l'erreur était bien facile. Aussi c'est ce qui fait dire à Jean Cotton, auteur ecclésiastique du xiie siècle : *Que si deux personnes discutent sur la valeur des neumes, l'une s'appuyant sur l'avis de maître Trudon, et l'autre sur le sentiment d'Albinus, un troisième interlocuteur fait intervenir l'opinion de maître Salomon. Si donc il est rare*, ajoute Cotton, *que trois s'accordent sur un même chant, encore bien moins mille.*

On voit que la plus grande confusion régnait dans les principes de la notation; il était réservé à un homme dont le nom représente à l'idée une des époques importantes de la musique au moyen âge, de venir terminer ces discussions par un moyen fort simple; c'est au moins à lui qu'il est attribué.

Guido d'Arezzo, moine de Pompose, dont les ouvrages parurent vers le milieu du xie siècle, imagina de placer les neumes dans un système de lignes, en se servant en même temps des intervalles que ces lignes laissaient entre elles, de manière à fixer positivement la place que devait occuper chaque neume. On doit à Guido une autre amélioration fort importante : elle consistait à tracer deux lignes de différentes couleurs, une rouge et une jaune ou verte, alternativement avec les autres. La première de ces lignes colorées indiquait ordinairement que la note placée dans son trajet était la note *fa*, et la ligne jaune ou verte était alors réservée à l'*ut;* précédemment, une lettre au commencement de chaque ligne désignait le nom de chaque note (pl. IV, fig. 1 et 2).

Il ne faut pas croire que tous les manuscrits où l'on trouve les traités de Guido soient notés ainsi; le plus ancien que je connaisse est celui de l'abbaye de Saint-Évroult, actuellement à la Bibliothèque royale, supplément latin n° 1017. La première partie de ce précieux document est du commencement du xii° siècle (pl. IV, fig. 1). Ce manuscrit, dans lequel les neumes sont placés dans des lignes, est remarquable par la présence des lignes rouges et vertes. L'ancienne routine se prolongea longtemps encore, et, lorsqu'on voudra fixer l'âge d'un manuscrit d'après ce renseignement, il faudra bien examiner la localité présumée de son origine, en faisant concorder les présentes observations avec celles fournies par la paléographie et les ornements des manuscrits; moyen dont l'appréciation deviendra plus facile par la publication des ouvrages importants qui se préparent à ce sujet [1]. Ce n'est qu'à partir du xiii° siècle que les traités de musique et la liturgie ecclésiastique présentent des notes carrées sur quatre ou cinq lignes; car le nombre de ces dernières n'était pas déterminé d'une manière invariable.

Les traités de musique, un siècle après l'époque de Guido, commencent ordinairement par l'exposition fort obscure du système faussement attribué à cet auteur, puisque ce n'est qu'un siècle après lui, dans le courant du xii°, qu'on le voit paraître.

Il était représenté par une main gauche dont les articulations servaient à fixer dans la mémoire les notes de la gamme d'après un mécanisme fort compliqué, et cependant rendu nécessaire par l'absence inconcevable de la septième note *si;* c'est cette maladroite omission qui a donné lieu au système des *muances*, imaginé pour suppléer au demi-ton qui existe entre la septième et la huitième note de notre gamme. En raison de ce système on a été obligé d'inventer les propriétés de *bécarre*, de *nature* et de *bémol* (voy. pl. III, fig. 2).

C'est ordinairement par l'exposition de ce principe, auquel se rattache ce que l'on appelait *musique feinte, musica ficta,* que commence tout traité de

---

[1] *Éléments de paléographie,* par M. de Wailly; *Peintures et ornements des manuscrits,* par M. de Bastard.

musique. Les chapitres suivants sont ordinairement consacrés au développement des tons de l'église; on y trouve les règles d'après lesquelles ils sont constitués, ainsi que les chants ecclésiastiques écrits d'après leurs principes, et les différences admises dans la composition de ces derniers. Le tout est ordinairement accompagné de réflexions vagues sur les auteurs présumés de la musique, parmi lesquels on place toujours Tubal et Moyse, et sur l'excellence de cet art.

Les traités de plain-chant se maintiennent dans ce système, avec plus ou moins de développement, jusqu'au XVIIe siècle, époque à laquelle ils sont regardés comme faisant partie d'une spécialité toute particulière de l'art musical.

En revenant à parler de l'état de la musique où je l'ai laissée au XIIe siècle, je rappellerai ce que j'ai déjà dit plus haut : c'est environ cent ans après que paraissent les premiers traités de musique mesurée.

Il est fort difficile d'indiquer avec précision la manière dont ils sont conçus. Les auteurs, sur cette matière, divisaient ordinairement leurs travaux en deux sections; la mesure, comme on l'entendait alors, faisait à elle seule l'objet d'un ouvrage séparé, et le contrepoint ou composition de cette époque en formait un autre. On les trouve au surplus aussi souvent réunis que séparés.

Les traités sur la mesure comprenaient ordinairement, après l'exposition des figures ou notes musicales, les principes de division relatifs à chaque note; la LONGUE était régie par le *mode*, la BRÈVE par le *temps* et la SEMI-BRÈVE par la *prolation*. Les règles sur la valeur des notes étaient fort nombreuses; les premières étaient ordinairement relatives aux *ligatures*, d'après lesquelles les notes liées ensemble dans la même figure variaient de valeur. Venaient ensuite les chapitres de la *perfection*, de l'*imperfection* et de l'*altération*; c'étaient autant de principes par lesquels la valeur des notes changeait en raison de la place qu'elles occupaient, en considérant la note qui précédait comme celle qui suivait. Ces règles étaient ordinairement suivies de celles qui régissaient les différentes valeurs du *point*, comme aussi la *diminution*, qui divisait par moitié ou par tiers toutes les notes à la fois. La division par tiers n'eut lieu qu'antérieurement au XVe siècle. Le chapitre qui terminait était ordinairement réservé aux *pauses*. Je ne parle pas ici des *proportions* qui ont rendu si difficile la traduction des morceaux de musique du XVIe siècle, car elles n'ont commencé à être en usage qu'à la fin du XVe, et la présence de l'imprimerie fait sortir cette circonstance du cadre dans lequel nous nous renfermons ici.

Les plus anciens traités de contrepoint sont généralement fort vagues; ils présentent des règles qui ne sont que des formules. Un plain-chant à accompagner, et que dans ce cas l'on nommait *ténor*, est presque toujours ce qui constitue la composition de cette époque. On indique le plus souvent les intervalles harmoniques à adopter d'après les intervalles mélodiques. Ainsi, dans un des plus anciens traités de contrepoint en langue vulgaire (il est du xiii° siècle), l'auteur s'exprime en ces termes :

« Quiconque veut déchanter, il doit premiers savoir qu'est quand et double, quand est la quinte note, et double est la witisme, et doit regarder se li chans monte ou avale : se il monte, nous devons prendre la double note; se il avale, nous devons prendre la quinte note. Se li chant monte d'une note, si comme *ut re*, on doit prendre le déchant du double deseure, et descendre deux notes, si comme il appert, etc. » Dans le reste du traité les différents mouvements de la voix du chant ou ténor sont à peu près tous prévus, et les règles des intervalles harmoniques à adopter sont fixées d'avance.

Dans les traités anciens, les intervalles sont divisés en *concordances* et en *discordances*. Les premières sont de trois espèces : les parfaites, les imparfaites et les moyennes. Les discordances pouvaient être parfaites ou imparfaites. Viennent ensuite des règles, plus compliquées que les précédentes, sur les concordances, toujours d'après le mouvement du ténor.

La réunion du ténor et des intervalles accompagnants constituait donc le contrepoint, qui se divisait alors en diverses espèces. Vers le xv° siècle, les traités de contrepoint sont beaucoup plus développés; ils indiquent les concordances que l'on devait choisir dans le courant d'un morceau, comme aussi celles à adopter pour le commencer et le finir, etc.; le tout est mêlé de chapitres dans lesquels chaque concordance et chaque discordance est examinée particulièrement. Au surplus, tous ces détails sont d'autant plus abondants que le traité est plus complet. C'est avec toutes ces circonstances que se présente celui de Gafforio, imprimé pour la première fois en 1496.

Nous allons examiner maintenant les restes de la musique pratique. Celle qui peut avoir quelque intérêt, la musique mesurée, nous l'avons déjà dit plusieurs fois, ne date que du xiii° siècle. Toute musique avec des paroles en langue vulgaire est le plus souvent mesurée. Lorsqu'on en trouvera, il faudra la copier avec la plus grande exactitude, mettre les points où ils se trouvent dans l'original; il est essentiel que les queues soient exactement conservées dans leurs positions et leurs dimensions; la valeur d'une note étant changée par la position mal observée d'une queue. Une négligence de cette espèce suffit pour rendre impossible la traduction de tout un morceau; car il serait encore plus difficile de trouver la place d'une valeur omise dans un morceau d'ancienne musique, que de restituer de nos jours une valeur passée dans un morceau, dont on aurait même supprimé les barres de mesure, plusieurs siècles s'étant écoulés avant l'emploi de ce moyen pour établir la mesure.

La musique mesurée se rencontre dans les manuscrits en parties séparées, copiées en regard ou à la suite les unes des autres. Lorsque deux morceaux se suivent avec les mêmes paroles et des clefs différentes, on peut présumer qu'ils font partie de la même composition, lorsque la nature du manuscrit ne détruit pas d'ailleurs cette supposition. Cependant il ne faut pas croire que les morceaux du XIIIe siècle ne se présentent qu'avec cette circonstance : car il en existait alors dont la nature même admettait précisément des paroles différentes pour chaque exécutant; comme aussi une partie pouvait avoir des paroles, et l'autre en être privée.

Enfin, parmi les renseignements que l'on donnera sur les manuscrits dans lesquels on aura découvert d'anciens traités ou des fragments de notation, il est essentiel d'indiquer les bibliothèques où ils se trouvent, sous quels numéros ils sont inscrits, leur origine, ou, si on l'ignore, exposer les raisons d'après lesquelles on peut l'établir.

Je finirai en parlant des représentations relatives à l'art musical que peuvent nous présenter les miniatures, les vitraux et les bas-reliefs ou sculptures du moyen âge; on en trouve souvent dans la partie élevée des vitraux représentant des paradis, ainsi que dans les apothéoses de la Vierge.

Lorsqu'on en rencontrera, il faudra bien apprécier dans le rapport que l'on en fera la position des exécutants les uns par rapport aux autres; s'ils chantent ou s'ils emploient des instruments : dans ce dernier cas, les décrire un à un, ou mieux encore les représenter par un dessin très fidèle; préciser le nombre de cordes, de chevilles ou de trous, comme aussi la forme de chaque instrument, si ces détails peuvent être appréciés; la manière dont il est joué et dont les mains de l'exécutant sont posées; enfin annoncer si la forme en est connue ou non. Nous mettons sous les yeux des correspondants plusieurs dessins qui représentent les principaux instruments du moyen âge (pl. V, VI et VII).

Je ne dois pas terminer sans faire observer que les recherches pour découvrir les documents que je viens de signaler doivent s'étendre aux objets qui semblent avoir le moins de rapport avec notre spécialité. En effet, les fragments d'ancienne notation se rencontrent non seulement dans les manuscrits relatifs à la musique, mais encore sur les parchemins employés par les relieurs, comme aussi en fragments isolés dans les manuscrits étrangers à l'art qui nous occupe. Enfin les représentations d'instruments se retrouvent non seulement sur nos anciens monuments, mais encore sur les vieux meubles, les bois sculptés et les objets d'art de toute espèce. Je finirai par l'assurance qu'aucun détail ne paraîtra puéril ou superflu dans cette partie, où presque tout est encore dans le vague et l'incertitude.

APPENDICE.

PLANCHES DES FAC-SIMILÉS [1].

Pl. I. Fig. 1. Spécimen d'un Antiphonaire copié sur l'original déposé par saint Grégoire sur l'autel de Saint-Pierre de Rome. Cet Antiphonaire, apporté dans le viiie siècle à l'abbaye de Saint-Gall, se trouve encore dans la bibliothèque de ce couvent sous le n° 359.

    La communication de cette pièce importante est due à l'obligeance de M. le conseiller aulique G.-R. Kiesewetter, membre correspondant du Comité, à Vienne.

Fig. 2. Tiré du ms. n° 192, bibliothèque de l'Arsenal.

Pl. II. Fig. 1. Fragment du Martyre des Vierges folles, tiré du ms. n° 1139, ancien fonds latin, Bibliothèque royale, autrefois à Saint-Martial de Limoges.

Fig. 2. Tiré du ms. n° 7202, ancien fonds latin, Biblioth. royale.

Pl. III. Fig. 2. Tiré du ms. n° 5344, ancien fonds latin, Biblioth. royale.

Pl. IV. Fig. 1. Tiré d'un ms. intitulé *Guidonis opera*, n° 1017 supp. latin, Bibliothèque royale, autrefois à Saint-Évroult.

Fig. 2. Tiré d'un fragment de couverture, aujourd'hui à la Bibliothèque royale, dans un carton de feuilles séparées, relatives aux anciennes notations musicales.

Pl. V, VI, VII. Les diverses figures d'instruments publiés sur ces trois planches sont tirées de manuscrits et de monuments indiqués sur les planches elles-mêmes.

---

[1] On s'est attaché principalement à reproduire le type de la notation de chaque époque, bien que l'écriture qui l'accompagne présente quelquefois des doutes sur la date qui lui est attribuée.

Pl. I.

VIII.ᵐᵉ Siècle.

Fig. 1.

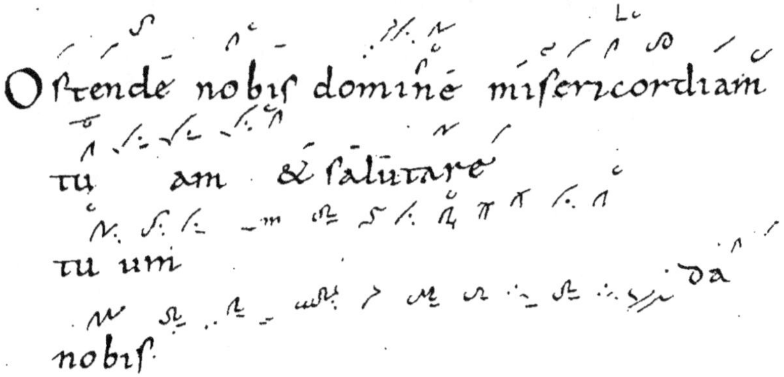

Ostende nobis domine misericordiam
tuam & salutare
tuum
nobis da

IX.ᵐᵉ Siècle.

Fig. 2.

Benedictus sit deus pater unigenitusque dei filius sanctusquoque spiritus quia fecit nobiscum misericordiam suam. ℣ Benedicimus patrem & filium cum sancto spiritui laudemus & superexaltemus eum in sæcula.

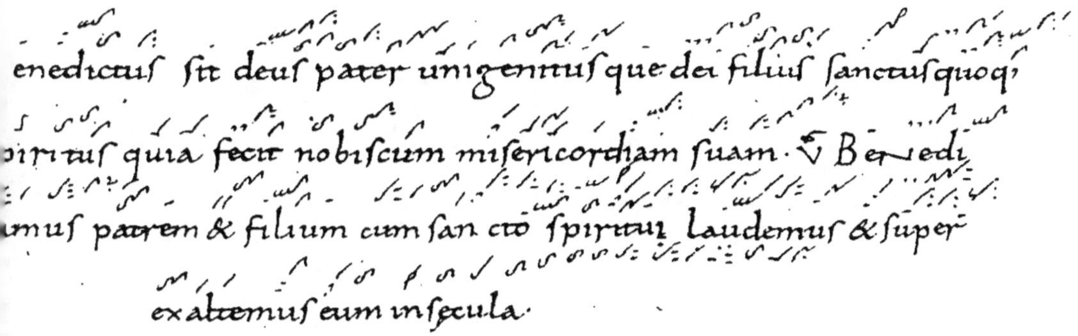

Pl. II.

X.me Siècle.

Fig. 1.

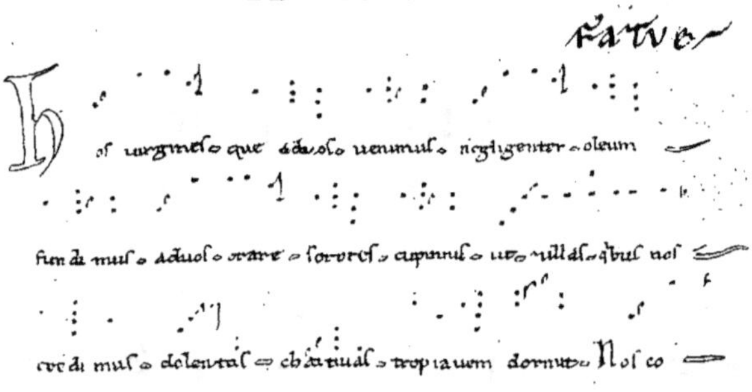

XI.me Siècle.

Fig. 2.

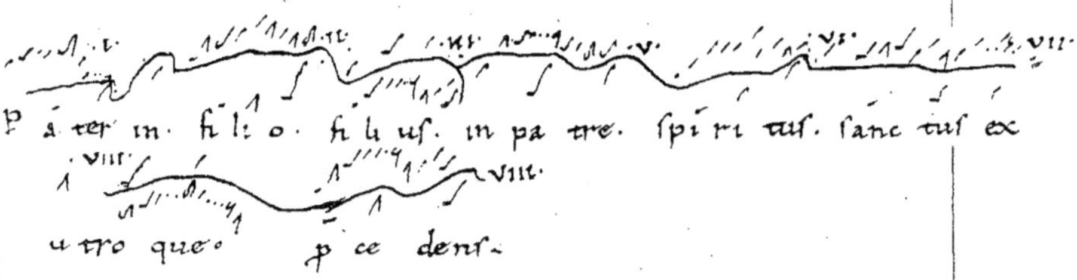

XII.me Siècle

Fig. 1.

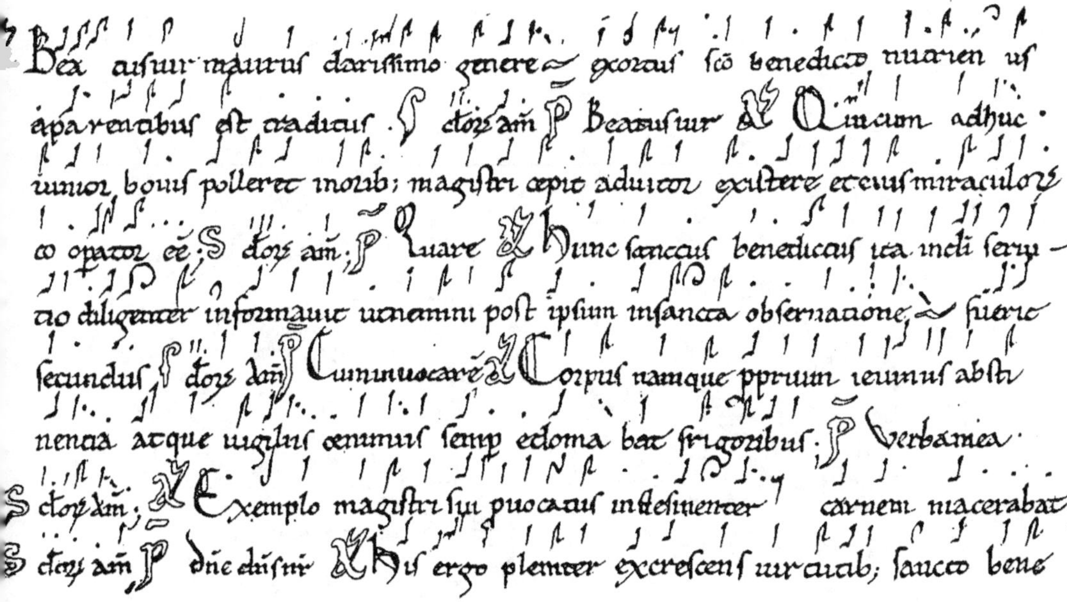
Dex cuius maurus clarissimo genere ~ gregorius sco benedicto nutrien us
a parentibus est traditus. S eouae am P Beatus uir V Qui cum adhuc
iunior bonis polleret morib; magistri cepit adiutor existere et eius miraculor
co operator ee. S eouae am. P Quare V Hunc sanctus benedictus ita in eius seru-
tio diligenter informauit ut nemini post ipsum in sancta obseruatione ~ fuerit
secundus. S eouae am P Cum inuocarem V Corpus namque pprium ieiuniis absti
nentia atque uigiliis continuis semp edoma bat frigoribus. P Verba mea
S eouae am. V Exemplo magistri sui puocatus infesinenter carnem macerabat.
S eouae am P dne dns nr V His ergo plenter excrescens uirtutib; sancto bene

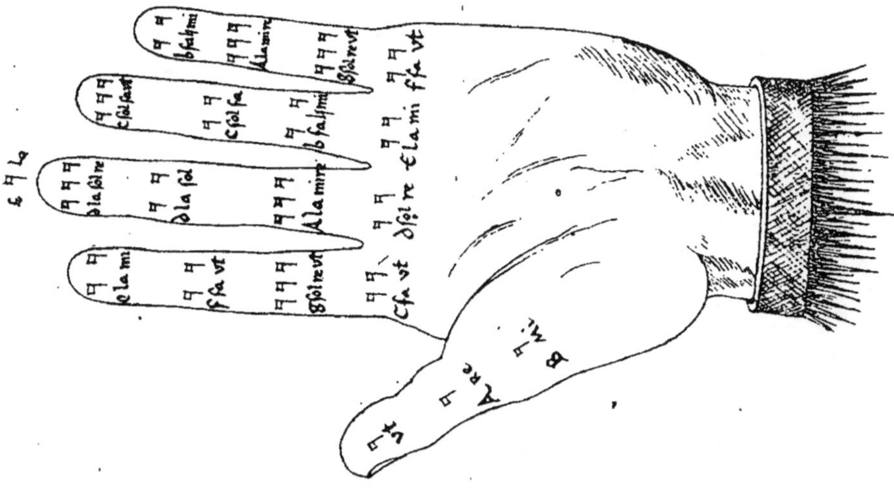
ut
A re
B mi
C fa ut
D sol re
E la mi
F fa ut
G sol re ut
a la mi re
b fa b mi
c sol fa ut
d la sol re
e la mi
f fa ut
g sol re ut
aa la mi re
b fa b mi
c sol fa
d la sol
e la

Fig. 2

Pl. IV.

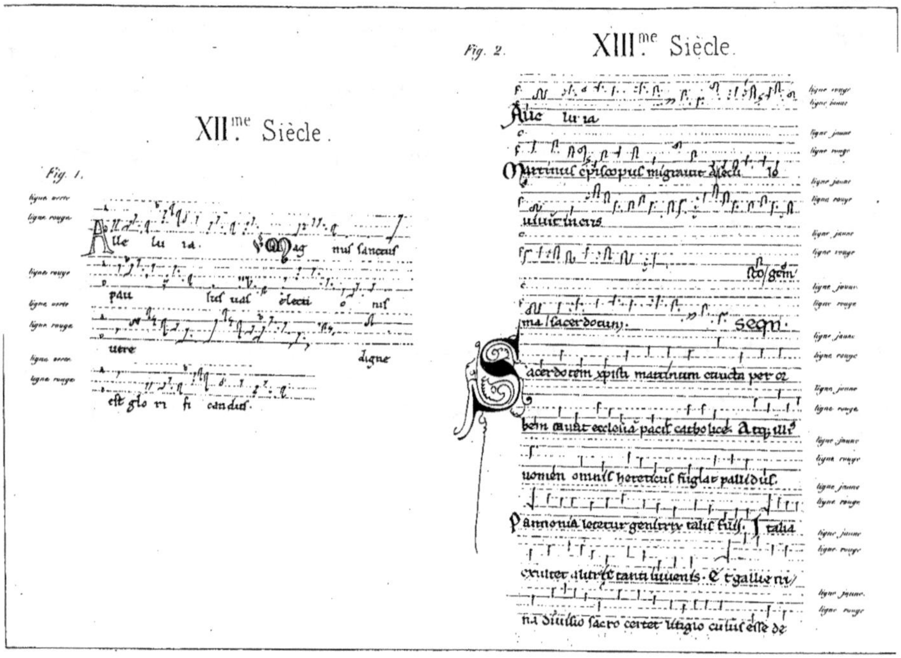
XII.me Siècle.
Fig. 1.
ligne verte
ligne rouge
Fig. 2.
XIII.me Siècle.
ligne rouge
ligne jaune

Pl. V.

Fonds de l'Abbaye de St Germain des Prés N° 30.

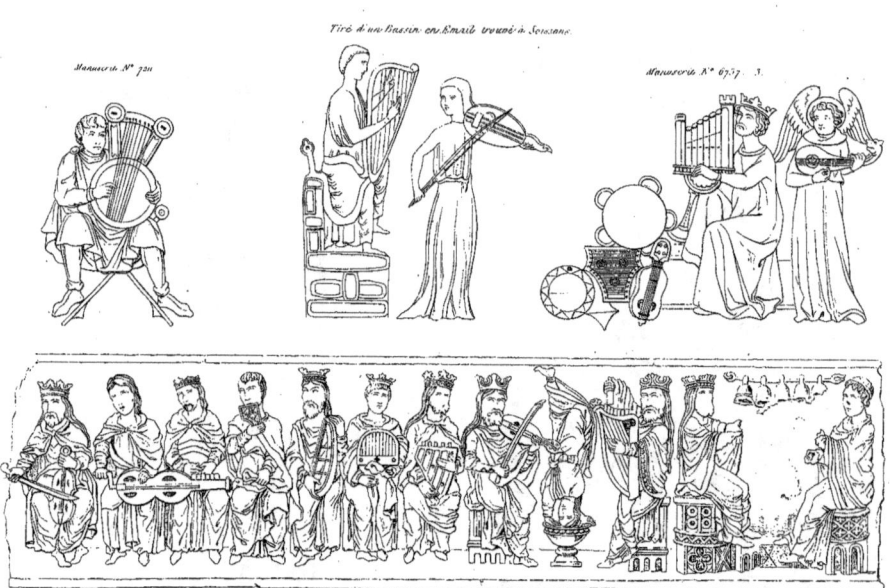

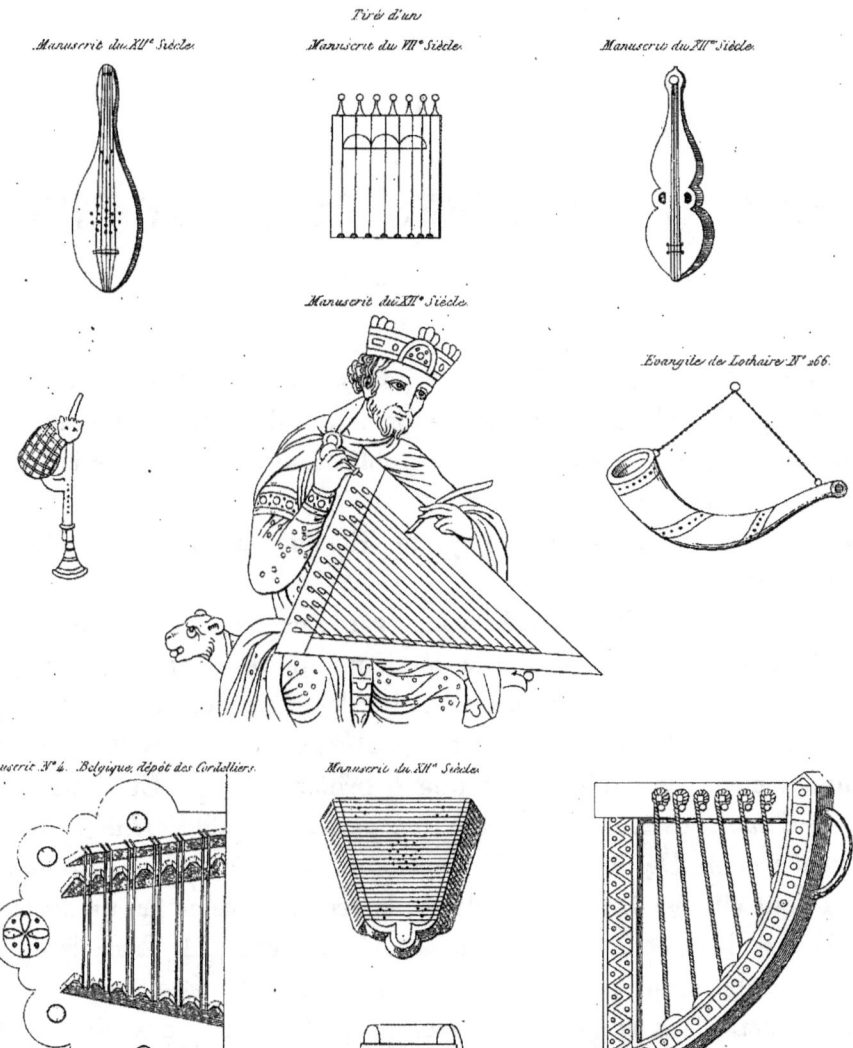

VI

POÉSIES POPULAIRES DE LA FRANCE [1].

Un décret du 13 septembre 1852, rendu sur le rapport de M. le Ministre de l'instruction publique, a prescrit la formation d'un *Recueil des poésies populaires de la France*, et en a confié la publication au Comité de la langue, de l'histoire et des arts de la France.

Dans presque tous les autres pays de l'Europe, de pareilles collections ont été formées.

Si la France est moins avancée à cet égard, ce n'est pas, comme on l'a cru quelquefois, ce n'est pas que la poésie populaire manque à notre pays.

Cette lacune a pour cause un dédain irréfléchi né des habitudes un peu mondaines que notre littérature avait peut-être trop empruntées à notre ancienne société, dont elle offrait une si brillante image. Ce préjugé doit disparaître dans nos temps nouveaux; on peut dire qu'il s'est déjà considérablement affaibli. Des hommes éminents ont appelé sur la poésie populaire l'intérêt dont elle est digne. À leur tête, la reconnaissance fait un devoir de citer l'éditeur des *Chants populaires de la Grèce moderne*, M. Fauriel, dont le goût délicat appréciait si bien les franches beautés de cette simple poésie; du reste, même aux époques antérieures, quelques-uns des plus illustres représentants de notre littérature n'avaient pas été insensibles à ces beautés.

Montaigne avait admirablement compris, et a exprimé, avec son bonheur ordinaire de langage, le mérite d'une poésie naïve et vraie comme son propre génie.

« La poésie populaire [2], » disait-il, et c'est peut-être la première fois que cette expression a été employée dans notre langue, « la poésie populaire et purement naturelle a des naifvetez et graces, par où elle se compare à la

---

[1] [Ces instructions ont été rédigées par M. Ampère, membre du Comité, et adressées aux correspondants avec la circulaire du 28 octobre 1853.]

[2] *Essais de Michel de Montaigne*, liv. Ier, ch. LIV, t. III, p. 35-36 de l'édition de M. V. le Clerc.

principale beauté de la poésie parfaicte selon l'art, comme il se veoid ez villanelles de Gascoigne et aux chansons qu'on nous rapporte des nations qui n'ont cognoissance d'aulcune science ni mesme d'escripture. La poésie médiocre, qui s'arreste entre deux, est desdaignée, sans honneur et sans prix. »

Dans le siècle suivant, le grand peintre de l'homme, Molière, parlant par la bouche d'Alceste, mettait au-dessus de la poésie à la mode parmi les beaux esprits de son temps cette simple chanson populaire [1] :

> Si le roi m'avait donné
> Paris sa grand'ville,
> Et qu'il me fallût quitter
> L'amour de m'amie,
> Je dirais au roi Henri :
> Reprenez votre Paris,
> J'aime mieux m'amie
> Au gué,
> J'aime mieux m'amie.

Le Comité a dû s'occuper d'abord de déterminer ce qui devait être compris dans un recueil de poésies populaires. Fallait-il y faire entrer tous les ouvrages marqués du sceau de la popularité, composés pour un public populaire, qui se sont transmis par le chant ou par la récitation orale, tels que les *chansons de geste* du moyen âge? Quelque tenté qu'il fût d'admettre ces poëmes si intéressants à tant d'égards, et dont il serait heureux de voir publier un plus grand nombre, le Comité n'a pas cru devoir céder à ce désir; les dimensions de ces ouvrages eussent suffi pour l'en détourner; ils auraient démesurément élargi le cadre de ses publications. Le Comité pense qu'il est à souhaiter que les *chansons de geste* les plus remarquables soient données au public, mais à part et formant un corps de poésie épique du moyen âge. Si cependant on découvrait de nouveaux poëmes de ce genre à l'état primitif, et portant évidemment l'empreinte d'une origine vraiment populaire, le Comité inviterait les auteurs de ces découvertes à lui en com-

---

[1] Le Henri de cette *vieille chanson*, comme l'appelait Molière, n'est point Henri IV, mais Henri II. Suivant M. de Pétigny, membre non résidant du Comité (*Histoire archéologique du Vendômois*, p. 342), elle aurait été composée par Antoine de Navarre, duc de Vendôme, qui réunissait de gais convives au château de la Bonnaventure, près le Gué-du-Loir, et se plaisait à y composer avec eux de joyeuses chansons. Le refrain, qui fait allusion à la position du manoir, doit donc être orthographié *au gué* et non *ô gué*, comme cela a eu lieu dans la suite par corruption.

muniquer les fruits, se réservant de prononcer sur l'emploi qui devrait en être fait.

Le Comité ne considère comme tout à fait populaires que des poésies nées spontanément au sein des masses et anonymes, ou bien celles qui ont un auteur connu, mais que le peuple a faites siennes en les adoptant. Ces dernières seront admises à titre exceptionnel, et quand il sera bien constaté que non seulement elles ont eu une certaine vogue, mais qu'elles ont passé dans la circulation générale et sont devenues la propriété du peuple. Ceci exclut toutes les compositions populaires d'intention, non de fait, toutes les poésies destinées au peuple, mais qui ne sont pas arrivées à leur adresse.

Les limites de la France actuelle sont les seules limites que reconnaisse le Comité. Tout ce qui s'est produit sur notre territoire, tel qu'il est aujourd'hui constitué, nous appartient. Cependant si quelques poésies populaires existaient dans certaines provinces avant leur réunion à la France, nous les considérons comme faisant partie de la conquête ou acquises par l'annexion, et nous n'hésitons pas à nous en emparer.

De là résulte la nécessité d'ouvrir le recueil aux poésies populaires composées dans tous les langages qui sont aujourd'hui parlés en France, savoir : les dialectes néo-latins; l'allemand, pour les provinces de l'Est; le flamand, pour celles du Nord; le bas breton, pour la Bretagne; l'italien, pour la Corse; le catalan, pour le Roussillon; le basque même, pour une partie de nos Pyrénées. Des traductions littérales seront mises en regard du texte original des poésies composées dans ces différents idiomes, poésies qu'on admettra sans doute avec sobriété, puisqu'elles n'appartiennent qu'à des localités, mais qu'on ne saurait exclure sans mutiler notre poésie populaire, et sans faire injure aux populations françaises au sein desquelles se sont produites ces compositions, nationales par l'inspiration, dont le vocabulaire peut se retrouver à l'étranger, mais n'en est pas moins le vocabulaire indigène d'une portion de nos compatriotes.

On pourra s'adresser même à des populations françaises qui n'appartiennent plus à la France, quand elles auront conservé des chants populaires qui remontent à une époque antérieure à leur séparation de la mère patrie. Ainsi, des chants savoyards devront faire partie du recueil; dans le bas Canada, vivent encore d'anciennes chansons françaises, héritage fidèlement gardé sous la domination étrangère, et que nous avons le droit de revendiquer. Un membre du Comité a entendu chanter, par des Canadiens français, la romance de la *Claire fontaine*, que M. Marmier a publiée (*Lettres sur l'Amérique*), dans laquelle il a retrouvé un chant populaire de la Franche-Comté, et qui appartient aussi à la Bretagne [1].

Il y a plus, les Indiens *coureurs de bois* savent encore de vieux refrains français, qui, égarés bien loin de leur berceau, retentissent aujourd'hui dans les forêts et les déserts immenses situés entre le Canada et l'Orégon. M. de Tocqueville a entendu, dans l'Amérique du Nord, un *bois brûlé* [2] chanter, sur un air très mélancolique, une chanson française qui commençait ainsi :

> Entre Paris et Saint-Denis
> Il était une fille.....

De même le *Chant de la Vallière* [3], qui n'est qu'un refrain des montagnards du Quercy, a été retrouvé, sous la Restauration, par un Périgourdin, sur les rives du Mississipi.

À plus forte raison les chants créoles, qui ont cours dans les colonies que nous possédons encore, devront entrer dans la collection.

En ce qui concerne les chants populaires bas bretons, le recueil de M. de la Villemarqué, membre du Comité, a montré ce que ce dialecte celtique offrait de richesses en ce genre.

Quant au basque, dans lequel on s'accorde à reconnaître un débris de la langue des Ibères, M. Guill. de Humboldt cite le *Chant de Lélo*, où il est parlé des Romains. M. Garay de Monglave a fait connaître un autre chant basque dont la physionomie populaire est frappante, au moins dans certaines parties. Il s'agit probablement de l'armée de Charlemagne, dont, comme on sait, l'arrière-garde fut mise en déroute, par les populations gasconnes, dans la vallée de Roncevaux.

Voici quelques fragments de ce chant :

> Un cri s'est élevé au milieu des montagnes des Escualdunacs.
> ....
> Ils viennent, ils viennent.............
> Combien sont-ils ? Enfant, compte-les bien.
> Un, deux, trois, quatre, cinq, six, sept, huit, neuf, dix, onze,
> Douze, treize, quatorze, quinze, seize, dix-sept, dix-huit, dix-neuf, vingt,

---

[1] [Voyez p. 382.]
[2] On nomme ainsi un métis né d'une Indienne et d'un Européen.
[3] Transmis au Comité de la part de M. Lecomte, par M. Vincent, membre du Comité.

Vingt et des milliers encore,
On perdrait son temps à les compter.
Unissons nos bras nerveux, déracinons les rochers,
Lançons-les du haut des montagnes
Jusque sur leurs têtes,
Écrasons-les, tuons-les.
....
Le sang jaillit, les chairs palpitent,
Oh combien d'os broyés, quelle mer de sang!
....
Ils fuient, ils fuient.
....
Combien sont-ils? Enfant, compte-les bien.
Vingt, dix-neuf, dix-huit, dix-sept, seize, quinze, quatorze, treize, douze, onze,
Dix, neuf, huit, sept, six, cinq, quatre, trois, deux, un.
Un! il n'y en a même plus un.
....
La nuit les aigles viendront manger ces chairs écrasées,
Et tous ces os blanchiront durant l'éternité.

Nous citerons, comme exemple plus récent des chants populaires du pays basque, une chanson dont la traduction a été dictée à M. de Quatrefages par une vieille femme de Biarritz.

SANTA-CLARA.

Dans Ataratz, les cloches de l'église ont sonné tristement d'elles-mêmes. La jeune Santa-Clara part demain. Les grands et les petits prennent le deuil : Santa-Clara part demain. On dore la selle de son cheval et sa valise d'argent.

« Mon père, vous m'avez vendue comme une vache à un Espagnol. Si j'avais encore ma mère vivante comme vous, mon père, je ne serais pas allée en Espagne, mais je serais mariée au château d'Ataratz. »

Au château d'Ataratz, deux oranges ont fleuri [1]; nombreuses sont les personnes qui les ont demandées : on a toujours répondu qu'elles n'étaient pas mûres.

« Mon père, partons gaiement : vous reviendrez les yeux pleurants et le cœur triste, et vous vous retournerez souvent pour regarder votre fille sous sa pierre de tombe.

« Orissou, la longue montagne, je l'ai passée à jeun. En arrivant de l'autre côté, je trouvai une pomme et je l'ai mangée; elle a touché tout mon cœur [2].

---

[1] On voit plus loin qu'il s'agit de Santa-Clara et de sa sœur.
[2] *Manger la pomme,* se dit également pour s'éprendre d'un amour pur et pour commettre une faute.

« Ma sœur, va à la chambre du troisième étage pour voir s'il fait Egua [1] ou Iparra [2]. Si Iparra souffle, tu le chargeras de compliments pour Sala, et si c'est Egua, tu lui diras qu'il vienne chercher mon corps.

« Ma sœur, va chercher maintenant ma robe blanche, va chercher ta robe noire. » Elle s'habille en blanc, et sa sœur en noir. Elle monte à la croisée pour voir si elle peut apercevoir Sala. Elle le voit arriver de loin; elle se précipite et tombe morte. Personne n'a pu enlever le corps. Sala seul a pu le relever.

Dans le département des Pyrénées-Orientales, le catalan, qui, comme on sait, tient moins de l'espagnol que du provençal, existe à l'état de langue indigène : il sera donc admis à figurer dans le recueil.

M. Junquet, sergent au 3e régiment du génie, a envoyé des poésies catalanes, dont quelques-unes portent le caractère d'une inspiration vraiment populaire.

Les différents dialectes de la France méridionale ont leurs chants populaires. M. Garay de Monglave a fait connaître au Comité plusieurs chants béarnais. Parmi eux se trouve la chansonnette de Gaston Phœbus, que le poëte Jasmin, dont le nom se rencontre naturellement quand il s'agit de poésie méridionale et populaire, a transportée heureusement dans une de ses plus charmantes compositions, et dont voici la traduction, d'après M. Garay de Monglave :

> Ces montagnes qui sont si hautes
> M'empêchent de voir où sont mes amours.
> Si je savais où les voir, où les rencontrer,
> Je franchirais le torrent sans crainte de me noyer.
> De la patience, les montagnes s'abaisseront,
> Et mes amours paraîtront.

Cette chansonnette a évidemment pour origine un chant populaire qui se retrouve ailleurs avec plus de vivacité, notamment dans la version suivante, provenant du département de la Corrèze :

> Baichate montagne.
> ....
> Baisse-toi, montagne,
> Lève-toi, vallon;
> Vous m'empêchez de voir
> Ma Jeanneton.
> ....

---

[1] Le vent du sud.
[2] Le vent du sud-ouest.

La chute un peu burlesque qui termine ce couplet, et que nous ne reproduirons pas ici, est une preuve de plus de son origine populaire.

Une autre preuve de cette origine, c'est que la même donnée se retrouve dans un chant populaire de la Grèce moderne.

La Corse a ses chants funèbres dont le nom est *vocero* (il en sera parlé plus loin) et des pièces appelées *serenate*. Deux d'entre ces dernières ont été communiquées par M. Mérimée, membre du Comité.

La *serenata* est, en général, comme une litanie amoureuse; l'objet aimé est comparé dans chaque distique à une fleur différente.

L'existence de chants populaires dans la partie de la France où l'on parle flamand est prouvée par les envois des correspondants. Le Comité doit à l'un d'eux, M. de Coussemaker, un chant qui, par une rencontre singulière, se retrouve aussi en Lithuanie, et un autre intitulé *Le Messager d'amour*.

LE MESSAGER D'AMOUR.

Un petit oiseau, blanc comme neige, se balançait sur une branche d'épine.

« Veux-tu être mon messager ? » — « Je suis trop petit, je ne suis qu'un petit oiseau. »

« Si tu es petit, tu es subtil; tu sais le chemin ? » — « Oui, je le connais bien. »

Il prit le billet dans son bec, et l'emporta en s'envolant;

Il s'envola jusqu'à la demeure de m'amie. — « Dors-tu, veilles-tu, es-tu trépassée ? »

— « Je ne dors ni ne veille, je suis mariée depuis une demi-année. »

— « Tu es mariée depuis une demi-année; il me semblait que c'était depuis mille ans [1]. »

Pour l'allemand parlé dans les provinces orientales de la France, le Comité n'a reçu et ne saurait indiquer aucun chant populaire; mais il ne doute pas que de tels chants n'existent, et il invite à les recueillir.

On a agité ensuite la question des époques et des siècles que le recueil devait embrasser.

Les considérations énoncées plus haut ne permettent pas d'exclure les chants populaires en latin appartenant à l'époque où cette langue, plus ou moins altérée, était la langue du peuple français; ni ceux qui plus tard sont nés dans certaines classes de la société, pour lesquelles, même après la naissance du français, le latin était encore comme une langue vulgaire, parmi les religieux et les écoliers des universités.

---

[1] Voir aussi *Les Flamands de France*, études sur leur langue, leur littérature et leurs monuments, par M. Louis de Baecker, Gand, 1851, p. 97. Du reste, en indiquant de quelles mains il a reçu des chants populaires, le Comité n'entend point établir qu'ils n'aient pas été déjà publiés.

Ces chants, dont un grand nombre ont été publiés par M. Edélestand du Méril, formeront dans le recueil une sorte d'introduction; ainsi l'histoire de la littérature latine à la même époque dans notre pays a été considérée, par nos savants Bénédictins et par leurs doctes continuateurs, comme faisant partie de l'histoire littéraire de la France. Le chant latin rimé qui célébrait la victoire remportée en 622 par Clotaire sur les Saxons :

> De Chlotario est canere rege Francorum,
> Qui ivit pugnare in gentem Saxonum.
> . . . .

ce chant fut bien réellement populaire, puisque l'auteur de la Vie de saint Pharon, qui le cite, dit qu'il était répandu parmi les paysans, volait de bouche en bouche, et que les femmes l'accompagnaient de danses et de battements de mains [1].

Avec les chants latins, on placera ceux qui sont moitié latins, moitié français, comme le chant souvent cité que les écoliers d'Abeilard avaient composé sur sa résolution de quitter le Paraclet, et dans lequel trois vers latins rimés étaient suivis de ce vers français :

> Tort a vers nos li mestres.

Tel est aussi celui que, selon M. Edélestand du Méril (*Poésies latines du moyen âge*, p. 6), le peuple chantait encore à Évreux vers le commencement du xviiie siècle, le jour de la fête de l'*Abbé des cornards*.

Les vers latins qui ont été populaires sont généralement rimés.

Si les chants en vers latins sont admis, à plus forte raison devront être admises les poésies vraiment populaires écrites dans le français du moyen âge. Les poésies lyriques des troubadours et des trouvères doivent, en général, être exclues, parce qu'elles sont un produit de l'art, mais le *Romancero français*, de M. Paulin Paris, membre du Comité, et le recueil des *Chants historiques français*, de M. Leroux de Lincy, contiennent plusieurs romances narratives, telles que *la Bele Emmelos*, *la Bele Erembors*, qui, bien que leur auteur soit parfois connu, paraissent empreintes du caractère propre aux poésies populaires.

Il a fallu déterminer aussi à quelle date devront s'arrêter les publications

---

[1] «Ex qua victoria *carmen publicum* juxta rusticitatem per omnium pene volitabat ora ita canentium, fœminæque choros inde plaudendo componebant.»

admises dans ce recueil. On a pensé qu'il ne devait pas s'ouvrir à des œuvres contemporaines, dans lesquelles les hommes vivants ou les opinions diverses pourraient se trouver attaqués ou célébrés. Mû par ces considérations, le Comité a résolu de ne faire entrer dans la collection que des poésies antérieures au xixe siècle.

Une question s'est présentée. Fallait-il admettre seulement la poésie populaire chantée? Fallait-il admettre également des poésies qui auraient été récitées publiquement, et même qui, grâce à une circulation considérable à l'état de manuscrits ou d'imprimés, auraient eu une existence véritablement populaire?

Le Comité a été d'avis que la poésie chantée devait former le fond de la collection et y tenir la plus grande place; mais il a pensé que des compositions poétiques, soit récitées en public, soit manuscrites ou imprimées, dont l'origine et la destinée seraient très évidemment populaires, pouvaient être admises accessoirement, et M. V. le Clerc, membre du Comité, a rédigé en conséquence la note que voici :

« Le Comité invite les personnes qui s'occuperont de recueillir des ballades narratives, des complaintes et autres chants populaires, à faire aussi parvenir au Comité, dans le cas où leurs recherches seraient heureuses, l'indication et, s'il est possible, la copie des manuscrits inédits qui renfermeraient, en langue vulgaire et en rimes, des Sermons, des Vies de saints ou de saintes, des Moralités et enseignements, des Dits sur les diverses professions, des Débats et disputes, des Jeux ou pièces dramatiques, comme *Aucassin et Nicolette*, *Robin et Marion*; des Contes, Lais ou Fabliaux; car dans tous ces genres de composition, dans les sermons eux-mêmes, peuvent se trouver des chants ou des fragments de chants populaires. »

Quant aux poésies chantées, qui sont appelées à former de beaucoup la majorité des pièces contenues dans la collection, il est très important de recueillir et de publier autant que possible les airs aussi bien que les paroles.

M. Vincent, membre du Comité, a bien voulu fournir à cet égard les indications et directions suivantes :

« Les paroles ne sont que l'une des parties de toute chanson. Il est donc fort à désirer que les correspondants prennent le soin d'indiquer les airs des chants dont ils communiqueront les paroles, lorsque ces airs seront déjà suffisamment connus, ou même, dans le cas contraire, d'y joindre les notes de musique ou de simple plain-chant.

« Il n'est point aujourd'hui de ville et même de village où quelques habitants ne soient suffisamment instruits pour pouvoir écrire à la dictée, c'est-à-dire à l'audition, une phrase mélodique simple, comme le sont nécessairement les airs de tous les chants qui ont acquis les honneurs de la popularité.

« Mais le Comité doit signaler ici à ses correspondants un écueil contre lequel pourraient se trouver arrêtées quelques personnes, très bonnes musiciennes d'ailleurs (et précisément par cela même qu'elles sont musiciennes), mais qui, n'ayant point fait une étude spéciale de l'histoire de l'art, ignorent que les formes mélodiques adoptées aujourd'hui généralement, exclusivement même, ne sont pourtant qu'une particularité au milieu des formes nombreuses et bien plus variées par lesquelles elles ont pu passer dans la série des âges.

« Mais, sans entrer dans des détails qui seraient ici hors de propos sur la nature et sur l'histoire du rythme et de la tonalité, nous nous bornerons à dire que beaucoup d'anciens airs diffèrent des airs modernes, non seulement par l'absence d'une mesure et d'un rythme bien déterminés, mais par deux circonstances caractéristiques :

« 1° Que l'air peut finir autrement que sur la tonique, comme dans l'exemple suivant, qui se termine sur la dominante :

« 2° Que l'air peut n'avoir point de note sensible, c'est-à-dire que le degré immédiatement inférieur à la tonique, au lieu d'en différer d'un demi-ton seulement, comme cela a toujours lieu dans la tonalité moderne, notamment dans le mode majeur, et même dans le mode mineur quand la

(1) Voyez p. 408.

progression est ascendante, en diffère, au contraire, d'un ton plein; comme dans cet autre exemple :

A la claire fon tai ne ma don- dé, Les mains me suis la-

-vé ma don- dé, Les mains me suis la vé, Les mains me suis la- vé [1].

« Ces deux circonstances, même celle qui regarde l'absence ou l'irrégularité du rythme, peuvent s'exprimer d'une manière simple et pratique, en disant qu'elles font ressembler la cantilène à un *air de plain-chant*.

« Or, quand une mélodie présente ces caractères, qui sont pour elle comme un cachet d'antiquité, on conçoit combien il est important de les lui conserver. Mais, comme nous l'avons indiqué plus haut, les musiciens non archéologues, entraînés par leurs habitudes, éprouvent malgré eux la tentation de faire disparaître cette rouille précieuse, croyant enlever une tache. Pour les prémunir, il nous suffira de leur adresser cette simple recommandation : *Écrivez l'air tel que vous l'entendez chanter, et ne changez rien.*

« Nous dirons aussi à nos correspondants : *Ne nous composez pas d'accompagnements*, et ne nous en envoyez aucun, si, faisant, en quelque sorte, un corps avec la chanson, il ne satisfait, comme elle, à la condition indispensable d'antiquité.

« Nous accueillerons, au même titre, un air dépouillé de paroles, si, néanmoins, la tradition le rapportait à quelque chanson perdue. »

On peut puiser la poésie populaire à trois sources : dans les ouvrages publiés, dans les manuscrits et dans la tradition orale.

Les correspondants sont priés d'indiquer le titre exact, la date et l'édition des ouvrages publiés dans lesquels ils auront trouvé un chant populaire.

Quant aux manuscrits, on fera connaître leur provenance, on décrira la condition dans laquelle ils se trouvent, on s'efforcera de déterminer leur âge et on établira leur authenticité.

[1] Voyez p. 417.

Si l'on trouve des variantes, on aura soin de les recueillir et de les envoyer au Comité. On fera de même pour les chants conservés par la tradition orale, dont le caractère est d'être perpétuellement modifiés par la transmission vivante qui les perpétue [1].

Ces principes généraux établis, il reste à distinguer en différentes classes les poésies populaires dont le Comité devra s'occuper, et qu'il invite ceux qui voudront bien lui venir en aide à recueillir dans toute la France.

I
POÉSIES RELIGIEUSES.

1. — PRIÈRES.

A cette classe appartiennent certains chants dévots qui tiennent de la nature de la prière, et sont, pour ainsi dire, des prières populaires.

Tel semble être *le petit Pater du bon Dieu*, en périgourdin, recueilli dans le département de la Dordogne, par M. le comte de Mellet, correspondant du Comité.

Le *Planch de san Esteve* (complainte de saint Étienne), publié par Raynouard comme un des plus anciens monuments de la langue romane, et dans lequel un verset roman alterne avec un vers latin, se chante encore à Aix, le jour de saint Étienne, à la *messe du peuple* [2]. Ce chant religieux appartient à la poésie populaire; il est, comme les *épîtres farcies*, un dernier vestige de l'antique intervention des fidèles et de la langue vulgaire dans l'office divin.

2. — LÉGENDES, VIES DE SAINTS, MIRACLES.

Les légendes qui se rapportent à la Vierge forment une classe à part et sont empreintes souvent d'un charme singulier. Plusieurs récits du moyen âge furent consacrés à célébrer sa miséricorde et le pouvoir qu'elle exerce, au nom de sa maternité, sur Dieu même. Une chanson périgourdine,

---

[1] « Quand des chansons ont été composées sur un air plus ancien, en remontant aux paroles qui ont donné à l'air le nom sous lequel il est connu, on a grande chance de rencontrer un chant populaire, qui souvent a donné à l'air sa popularité. » (Note communiquée par M. de la Villegille, secrétaire du Comité.)

[2] *Notice sur la bibliothèque d'Aix*, par E. Rouard, Aix, 1834, p. 295-296.

envoyée par M. le comte de Mellet, roule sur le même sujet. Voici la traduction, qu'il a transmise avec le texte :

> Une âme est morte cette nuit,
> Elle est morte sans confession ;
> Personne ne la va voir,
> Excepté la Sainte Vierge.
> Le démon est tout à l'entour.
> — Tenez, tenez, mon fils Jésus,
> Accordez-moi le pardon de cette pauvre âme.
> — Comment voulez-vous que je lui pardonne ?
> Jamais elle ne m'a demandé de pardon.
> — Mais si bien à moi, mon fils Jésus,
> Elle m'a bien demandé pardon.
> — Eh bien, ma mère, vous le voulez,
> Dans le moment même je lui pardonne.

Nous citerons, comme exemple d'une légende dévote et populaire, *la Cane de Montfort*, qu'on chantait en Bretagne au temps de la jeunesse de M. de Châteaubriand, dont il cite quelques vers dans ses Mémoires, et que nous donnons d'après une version recueillie par M. le docteur Roulin.

LA CANE DE MONTFORT.

> La voilà, la fille du Maine !
> Voilà que les soldats l'emmènent ;
> Comme sa mère la peignait,
> Ils sont venus pour l'emmener.

> Oll' n'était pas toute peignée
> Que les soldats l'ont emmenée.
> Oll' dit en les regardant doux :
> — Soldats, où donc me menez-vous ?

> — Et à qui veux-tu qu'on te mène,
> Sinon à notre capitaine ?
> Du plus loin qu'il la vit venir,
> De rire ne se put tenir.

> — La voilà donc enfin, la belle
> Qui me fut si longtemps rebelle ?
> — Oui, capitaine, la voilà,
> Faites-en ce qu'il vous plaira.

— Faites-la monter dans ma chambre ;
Tantôt nous causerons ensemble. »
A chaque marche qu'Oll' montait,
A chaque marche Oll' soupirait.

Quand Olle est seule dans la chambre,
A prié Dieu de la défendre,
A prié Dieu et Notre-Dame
Qu'Oll' fut changé de femme en cane

La prièr' fut pas terminée
Qu'on la vit prendre sa volée,
Voler en haut, voler en bas
De la grand'tour Saint-Nicolas.

Le capitaine, voyant ça,
Ne voulut plus être soldat,
Être soldat ni capitaine ;
Dans un couvent se rendit moine.

3. — CANTIQUES.

Les cantiques populaires pourront être recueillis dans les fêtes de village, les pèlerinages et les *pardons*.

On peut citer, comme un exemple d'un cantique vraiment populaire, celui qui est chanté dans les villes d'Hondschoote et d'Hazebrouck depuis la Noël jusqu'à la fête des Rois, et qui célèbre l'histoire des rois Mages. Ceux qui le chantent portent au bout d'un bâton une étoile en carton. Il a été publié avec la traduction par M. Louis de Baecker [1].

Pour la forme, sinon pour le fond, les complaintes se rapprochent des cantiques. Tout le monde connaît la complainte du *Juif errant*, de *Geneviève de Brabant*, etc.

4. — CHANTS POUR LES DIFFÉRENTES FÊTES DE L'ANNÉE.

Les cantiques nous conduisent à parler des chants populaires qui se rapportent à une des grandes fêtes de l'année, à Noël, aux Rois, à la Saint-Jean, au jour des Morts, etc.

Les *noëls* forment une classe considérable de chants, dont l'origine, toute populaire, remonte au moyen âge, et se lie à l'usage d'une sorte de quête

---

[1] Les *Flamands de France*, etc., p. 99.

que l'on faisait et qu'on fait encore dans certains endroits à l'époque où l'Église célèbre la nativité de Jésus-Christ. Il y avait au moyen âge des noëls latins et français.

Déjà au xiii° siècle on chantait :

> Seignors, or entendez à nous,
> De loin sommes venus à vous
> Pour querre noël.

Et maintenant on chante en Beauce et ailleurs :

> Honneur à la compagnie
> De cette maison,
> A l'entour de votre table
> Nous vous saluons.
> Nous sommes v'nus de pays étrange (étranger)
> Dedans ces lieux,
> C'est pour vous faire la demande
> De la part à Dieu.

Dans plusieurs provinces, au 1ᵉʳ mai, les jeunes gens font une sorte de quête en chantant quelques couplets, comme en Grèce, au retour du printemps, les enfants vont quêtant de porte en porte et chantant, d'après un usage qui remonte aux temps antiques, le *Chant de l'hirondelle.*

Dans le Roussillon, les jeunes gens font, le mercredi saint, une quête accompagnée d'un chant dans lequel on célèbre la Vierge et la Résurrection.

M. Marre, inspecteur de l'instruction primaire, à Saint-Brieuc, a envoyé une de ces chansons du mois de mai, fort naïve et assez gracieuse :

> En entrant dans cette cour
> Par amour,
> Nous saluons le seigneur
> Par honneur,
> Et sa noble demoiselle,
> Les petits enfants et tous
> Par amour,
> Les valets et chambrières.

Madame de céans,
Vous qui avez des filles,
Faites-les se lever,
Promptement qu'ell' s'habillent
Nous leur pass'rons un anneau d'or au doigt,
A l'arrivée du *mez de moi* [1].
Nous leur donn'rons des bagues et des diamants ⎫
À l'arrivée du doux printemps. ⎭ *Variante.*

Entre vous, braves gens,
Qu'avez des bœufs, des vaches,
L'vez-vous d'bon matin
À les mettre aux pâturages;
Ell' vous donn'ront du beurre, aussi du lait,
À l'arrivée du mois de mai.

Entre vous, jeunes filles,
Qu'avez de la volaille,
Mettez la main au nid,
N'apportez pas la paille;
Apportez-en dix-huit ou bien vingt,
Et n'apportez pas les couvains.

Si vous avez de nous donner,
Ne nous fait's pas attendre,
J'ons du chemin à faire,
Le point du jour avance.
Donnez-nous vat des œufs ou de l'argent,
Et renvoyez-nous promptement.
Donnez-nous vat du cidre ou bien du vin ⎫
Et renvoyez-nous au chemin. ⎭ *Variante.*

Si vous n'ais rien à nous donner,
Donnez-nous la servante,
Le porteur de panier
Est tout prêt à la prendre;
Il n'en a point, il en voudrait pourtant,
À l'arrivée du doux printemps!

Si vous donnez des œufs,
Nous prierons pour la poule;
Si vous donnez d' l'argent,
Nous prierons pour la bourse;

[1] « Mois de mai ».

> Nous prierons Dieu, le bienhe'reux saint Nicolas,
> Que la poule mange l'renard,
> Nous prierons Dieu, et l' bien'reux saint Vincent, } *Variante.*
> Qu'la bourse se remplisse d'argent.
>
> En vous remerciant,
> Le présent est honnète;
> Retournez vous coucher;
> Barrez port's et fenêtres.
> Pour nous, j'allons toute la nuit chantant,
> À l'arrivée du doux printemps!

Certaines fêtes et réjouissances locales sont aussi accompagnées de chansons. M. de Coussemaker a envoyé au Comité la chanson de *Gayant* ou du *Géant de Douai*, qui se chante pendant la fête communale de cette ville.

II
POÉSIES POPULAIRES D'ORIGINE PAÏENNE.

Outre les poésies populaires inspirées par la foi chrétienne, il sera important de recueillir celles où pourraient se trouver quelques traces des cultes qu'elle a remplacés, du paganisme romain, de la religion druidique, enfin de la mythologie des peuples germaniques.

Le Comité n'a point reçu de chant populaire où l'on reconnaisse des traces évidentes du paganisme romain. Ces chants, pour être rares, n'en seront que plus précieux.

1. — SOUVENIRS DRUIDIQUES.

Des souvenirs manifestes de dogmes druidiques se rencontrent dans quelques chants bretons publiés par M. de la Villemarqué.

Le dogme des existences successives était un dogme druidique.

Le barde gallois Taliessin, disait : « Je suis né trois fois, j'ai été mort, j'ai été vivant, j'ai été biche sur la montagne, j'ai été coq tacheté. »

On retrouve comme un écho de cette croyance druidique à la métempsycose mêlée à des idées plus modernes dans un fragment qui a été recueilli en Bretagne par M. le docteur Roulin :

LA SAINTE MARGUERITE.

> Qui veut ouïr la chanson
> [De sainte Marguerite].

[Toujours] la mère chante
A la fille qui crie,
Un beau jour lui demande :
— Qu'avez-vous, Marguerite ?
— J'ai bien des maladies,
Et n'ose vous le dire;
Tout le jour je suis fille,
Et la nuit blanche biche;
Toutes les chasseries
Sont après moi la nuit,
Cell' de mon frèr' Biron
Elle est encor la pire.
— Appel' tes chiens, Biron,
C'est ta sœur Marguerite.
Il a corné trois fois
Au' son cornet de cuivre.
La quatrième fois
La blanche biche est prise.
En ont fait un dîner
Aux barons de la ville.
Nous voici tous illé' (ici).
— Hors ta sœur Marguerite.
Elle répond du plat :
— Suis la première assise,
Mon foie et mon poumon
Sont dans la grand-marmite,
Mon sang est répandu
Par toute la cuisine;
Aussi mes blonds cheveux
Pendent à la cheville.
Ha ! je les vois d'ici
Que le vent les guenille.

Un refrain peut être la seule trace de souvenirs qui remontent à l'époque druidique, tel est celui qui, dans plusieurs chants populaires, ramène ce mot *la guilloné, la guillona, la guilloneou,* suivant les dialectes; mot dans lequel il est impossible de ne pas reconnaître *gui l'an neuf (neu),* d'autant plus qu'on chante ce refrain à Noël, époque des anciennes cérémonies gauloises qui se rapportaient au solstice d'hiver, et qu'il est quelquefois remplacé par cette formule : *Donnez-nous l'étrenne du gui.*

M. Guigniaut, membre du Comité, a entendu dans son enfance une sorte de chant de reconnaissance usité dans le Charolais, et composé d'un certain nombre de mots bizarres, qui ne sont peut-être pas sans rapport avec les anciennes croyances celtiques :

>Inaca
>Coudribala
>La guiloné,

auxquels on ajoute :

>Du bon pain frais.

La guiloné est évidemment ici, comme dans les exemples cités plus haut, le *gui l'an neuf (neu)*.

2. — SOUVENIRS GERMANIQUES.

Il sera également important de recueillir les chants qui contiendraient quelques vestiges des anciennes croyances et traditions des peuples germaniques.

Des refrains populaires chantés à la fête de saint Martin, dans la Flandre française, ont été recueillis par M. Louis de Baecker, correspondant du Comité, et paraissent se rattacher à divers souvenirs du paganisme germanique, entre autres aux réjouissances qui avaient lieu chez les anciens peuples germains vers l'époque du solstice d'hiver, ce que semble rappeler l'usage conservé dans certaines provinces de l'Allemagne voisines de la France, d'allumer, à ce moment de l'année, des feux sur les montagnes. Il est parlé, dans des chants bretons, de trois cygnes changés en jeunes filles, et d'une jeune fille changée en cygne, qui doit rester ainsi jusqu'à ce que sonne la première cloche. L'idée de cette métamorphose paraît se rapporter aux traditions mythologiques des anciens Scandinaves.

Dans l'Edda, trois jeunes valkyries laissent sur le bord de la mer la dépouille d'un cygne.

Tout chant contenant une formule d'incantation, une allusion à des superstitions plus ou moins bizarres, devra être également recueilli avec soin; tel est *le Conjurateur et le loup*, envoyé au Comité par M. Friry, correspondant à Remiremont, et qui se retrouve dans plusieurs parties de la France. Dans ce singulier morceau, les divers éléments sont successivement évoqués comme dans les runes scandinaves ou finnoises : ils se refusent à l'action de l'homme, et n'agissent que quand le diable paraît. Le fond de ce chant étrange doit être fort ancien.

LE CONJURATEUR ET LE LOUP.

1

I' y a un loup dedans un bois,
Le loup n' veut pas sortir du bois.
Ha, j' te promets, compèr' Brocard,
Tu sortiras de ce lieu-là.
Ha, j' te promets, compèr' Brocard,
Tu sortiras de ce lieu-là.

2

Le loup n' veut pas sortir du bois,
Il faut aller chercher le chien.
Ha, j' te promets, compèr' Brocard,
Tu sortiras de ce lieu-là.
Ha, j' te promets, etc. [1].

3

Il faut aller chercher le chien,
Le chien n' veut pas japper au loup,
Le loup n' veut pas sortir du bois.
Ha, j' te promets, compèr' Brocard,
Tu sortiras de ce lieu-là.
Ha, j' te promets, etc.

4

Il faut aller chercher l' bâton,
L' bâton n' veut pas battre le chien,
Le chien n' veut pas japper au loup,
Le loup n' veut pas sortir du bois.
Ha, j' te promets, etc.

5

Il faut aller chercher le feu,
Le feu n' veut pas brûler l' bâton,
L' bâton n' veut pas battre le chien,
Le chien n' veut pas japper au loup,
Le loup n' veut pas sortir du bois.
Ha, j' te promets, etc.

[1] Variante :

Ha, j' te promets, Broquin Broquant,
Tu sortiras de ce lieu-là.

6

Il faut aller chercher de l'eau,
L'eau n' veut pas éteindre le feu,
Le feu n' veut pas brûler l' bâton,
L' bâton n' veut pas battre le chien,
Le chien n' veut pas japper au loup,
Le loup n' veut pas sortir du bois.
Ha, j' te promets, etc.

7

Il faut aller chercher le veau,
Le veau ne veut pas boire l'eau,
L'eau n' veut pas éteindre le feu,
Le feu n' veut pas brûler l' bâton,
L' bâton n' veut pas battre le chien,
Le chien n' veut pas japper au loup,
Le loup n' veut pas sortir du bois.
Ha, j' te promets, etc.

8

Il faut aller chercher l' boucher,
L' boucher n' veut pas tuer l' veau,
Le veau n' veut pas boire l'eau,
L'eau n' veut pas éteindre le feu,
Le feu n' veut pas brûler l' bâton,
L' bâton n' veut pas battre le chien,
Le chien n' veut pas japper au loup,
Le loup n' veut pas sortir du bois.
Ha, j' te promets, compèr' Brocard,
Tu sortiras de ce lieu-là.
Ha, j' te promets, Broquin Brocand,
Tu sortiras de ce lieu-là.

9

Il faut aller chercher l' Diable,
Le Diable veut bien venir,
L' boucher veut bien tuer le veau,
Et le veau veut bien boire l'eau;
L'eau veut bien éteindre le feu,
Le feu veut bien brûler l' bâton,
L' bâton veut bien battre le chien,
Le chien veut bien japper au loup,
Le loup veut bien sortir du bois.

Ha, j' te promets, compèr' Brocard,
Tu sortiras de ce lieu-là.
Ha, j' te promets, compèr' Brocard,
Tu sortiras de ce lieu-là.

III
POÉSIES DIDACTIQUES ET MORALES.

Celles qui expriment, sous une forme populaire, des conseils ou des vérités utiles; les proverbes mêmes, auxquels la rime, l'allitération, ou une consonance quelconque donnent un certain caractère métrique, devront être recueillis.

L'idiome catalan, riche en proverbes, nous en a déjà fourni un certain nombre, dont la plupart sont des distiques et quelques-uns même des quatrains rimés; nous avons dit, plus haut, à qui nous les devons.

Nous citerons, comme exemple d'une chanson morale, la chanson bretonne qui suit, et qu'a recueillie M. de Corcelle; car, sous la forme d'un récit peu développé, elle exprime l'horreur pour le mensonge, survivant même aux égarements d'une vie désordonnée :

Adieu m'amie, je m'en vas (*bis*).
Je m'en vas faire un tour à Nantes,
Puisque le roi me le commande.

— Ah! puisqu'à Nantes vous allez
Un corselet m'en rapport'rez,
Un corselet qui aura des manches,
Qui s'ra brodé de roses blanches.

A Nante, à Nante, il est allé.
Au corselet n'a plus songé;
Il n'a songé qu'à la débauche,
Au cabaret, comme les autres.

— Mais, que dira m'amie de moi?
— Tu mentiras, tu lui diras,
Qu'i n'y a pas de cors'lets à Nantes
De la sorte qu'elle demande.

— J'aime mieux la mer sans poissons.
Ou les collines sans vallons,
Ou le printemps sans violettes,
Que de mentir à ma maîtresse.

On peut trouver une certaine moralité dans la chanson de *La Femme du roulier*, communiquée par M. Sainte-Beuve, membre du Comité, et qui peint rudement l'abrutissement du vice et les suites du mauvais exemple.

LA FEMME DU ROULIER.

(Chanson populaire du Berry.)

La pauvre femme
(C'était la femme du roulier)
S'en va dans tout le pays,
Et d'auberge en auberge
Pour chercher son mari,
  Tireli,
Avec une lanterne.

— Madam' l'hôtesse,
Mon mari est-il ici?
— Oui, Madame, oui, il est là,
Là, dans la chambre haute,
Et qui prend ses ébats,
  Tirela,
Avec une servante.

— Allons, ivrogne,
Retourne voir à ton logis,
Retourne voir à ton logis
Tes enfants sur la paille,
Tu manges tout ton bien
Avecque des canailles.

— Madam' l'hôtesse,
Apportez-moi du bon vin,
Apportez-moi du bon vin,
Là, sur la table ronde,
Pour boir' jusqu'au matin,
Puisque ma femme gronde.

La pauvre femme
S'en retourne à son logis,
Et dit à ses enfants :
Vous n'avez plus de père.
Je l'ai trouvé couché
Avec une autre mère.

— Eh bien ! ma mère,
Mon père est un libertin ;
Mon père est un libertin ;
Il se nomme *Sans gêne*,
Nous sommes ses enfants,
Nous ferons tout de même.

IV
POÉSIES HISTORIQUES.

Celles qui célèbrent un fait mémorable, un homme illustre, ou même qui, sous des noms imaginaires, peignent vivement la situation morale ou politique d'un temps.

Pour le bas breton, on trouve, dans le recueil de M. de la Villemarqué, une suite de chants historiques qui racontent la bataille des Trente, les exploits de Duguesclin et de Jeanne de Montfort ; pour le français, on devra ranger dans cette catégorie les chants qui se rapportent aux croisades, aux guerres avec les Anglais, aux querelles de religion, au règne de Louis XIV, etc., et aux temps intermédiaires.

Ces chansons populaires historiques sont, pour les époques anciennes, quelquefois en vers latins rimés comme le chant des croisés (Edélestand du Méril, *Poésies latines du moyen âge*, p. 56) :

Audi nos, rex Christe,
Audi nos, Domine,
Et viam nostram dirige.

Et quelquefois, à des époques moins reculées, en vers latins et en vers français, telles que celle-ci, qui est citée par M. Rathery (*Moniteur* du 19 mars 1853), et qui semble contenir une allusion à la captivité du roi Jean :

Christiana Francia de laquelle
Le chef est pris,
Splendens regni gloria
Aux armes de la fleur de lys.

En ce qui concerne les personnages illustres de notre histoire, on ne peut oublier la mention faite du roi Dagobert et d'un évêque du VIIe siècle, en même temps prédicateur plein d'onction et artiste très habile, de saint Éloi, dans une grotesque chanson, qui nous est parvenue comme le dernier retentissement de sa popularité et la parodie de sa renommée.

Il en a été de même du vaillant la Palisse : la parodie s'est emparée de sa célébrité. Mais ici le chant composé en son honneur, et qu'on a grossièrement travesti,

M. de la Palisse est mort,
Est mort devant Pavie,

ne contenait pas primitivement les trois vers burlesques dont on a fait suivre le premier de ceux que nous venons de citer. Tout le reste du chant était sérieux et roulait sur la captivité de François Ier.

Quant à lord Marlborough, il a trouvé aussi chez nous la célébrité populaire dans une chanson qu'il faut bien se garder de repousser, car elle est évidemment un débris d'un chant plus ancien, qui remonte au moyen âge, comme l'indiquent plusieurs traits de mœurs féodales et chevaleresques, débris auquel on a associé, dans le dernier siècle, le nom du vainqueur de Blenheim.

Les guerres religieuses du xvie siècle ont dû laisser dans les chants populaires des traces nombreuses. Le Comité a reçu de M. Gras du Bourguet, juge d'instruction au tribunal de première instance de Castellane (Basses-Alpes), la *chanson du pétard;* elle célèbre la résistance de la ville de Castellane, qui, assiégée par les protestants en 1586, repoussa les agresseurs. Cette chanson raconte l'exploit d'une femme de la ville qu'elle nomme *une brave Judith,* et qui jeta de dessus la porte de l'Annonciade, tandis que l'ennemi cherchait à la rompre au moyen de pétards, un cuvier enduit de poix allumée; sous ce cuvier fut écrasé le capitaine qui dirigeait les pétards, appelé Jean Mothe.

Malheureusement, le texte provençal est depuis longtemps perdu; la traduction française envoyée au Comité, et qui seule subsiste, n'en est pas moins très curieuse, surtout par la popularité en quelque sorte officielle dont a joui la *chanson du pétard :* elle se chantait dans une procession qui se faisait autrefois avec une grande pompe, que les consuls voulurent supprimer en 1729, mais qui fut maintenue dans tout son lustre par l'évêque de Senez. « Elle n'a cessé d'avoir lieu qu'en 1825, dit M. Gras du Bourguet, époque à laquelle le curé ne voulut pas permettre qu'on chantât la chanson; il autorisa seulement les chantres choisis par le conseil municipal à en répéter les couplets à une distance assez éloignée de la procession, à laquelle assistaient les membres de ce conseil, portant à la boutonnière de leurs habits un grand bouquet de bois vert, auquel on attachait des graines de maïs qu'on avait fait épanouir sur la cendre chaude. Cet usage a été établi pour rappeler l'explosion des pétards, les graines de maïs faisant entendre un bruit assez fort en se dilatant au feu. »

Nous devons au même collecteur une hymne en vers latins grossièrement rimés que l'on chantait dans la chapelle de Saint-Joseph, où la procession s'arrêtait.

Aux temps des guerres de religion se rapporte également une chanson en patois de la Vendée donnée par La Réveillière-Lépeaux [1]. Elle renferme une peinture des cérémonies du culte catholique, qui trahit bien vraisemblablement une origine huguenote.

La chanson suivante, recueillie en Bretagne par M. le docteur Roulin, est remarquable en ce que seule elle conserve le souvenir des persécutions religieuses du XVIe siècle, dans un pays où elles sont d'ailleurs entièrement oubliées :

> Voulez-vous ouïr l'histoire
> D'une fille d'*espit* (esprit),
> Qui n'a pas voulu croire
> Chose que l'on lui dit ?
> Sa mère dit : Ma fille,
> À la messe allons donc.
> — Y aller, à la messe,
> Ma mèr' ce n'est qu'abus.
> Apportez-moi mes livres ;
> Où sont mes beaux *saluts* [2] ?
> J'aim'rais mieux êtr' brûlée
> Et *voutée* au grand vent [3],
> Que d'aller à la messe
> En faussant mon serment.
> Quand sa très chère mère
> Eut entendu c'mot là,
> Au bourreau de la ville,
> Sa fille elle livra.
> — Bourreau, voilà ma fille,
> Fais à tes volontés.
> Bourreau, fais de ma fille
> Comme d'un meurtrier.

---

[1] *Mémoires de l'Académie celtique*, t. III, p. 371. La Picardie dispute cette chanson au Poitou.
[2] Probablement les psaumes en vers français.
[3] *Botado?* Espagnol, *jeté*.

Quand ell' fut sur l'échelle,
Trois rollons (barreaux) jà montée,
Elle voit là sa mère
Qui chaudement pleurait.
— Ho ! la cruelle mère,
Qui pleure son enfant
Après l'avoir livrée
Dans les grands feux ardents.
Vous est bien fait, ma mère,
De me faire mourir.
Je vois Jésus mon père
Qui, de son beau royaume,
Descend pour me quérir.
Son royaume sur terre
Dans peu de temps viendra,
Et cependant mon âme
En paradis ira.

La chanson du *duc de Guise* est aussi un souvenir de l'époque des guerres de religion ; elle est curieuse comme présentant dans quelques détails un degré intermédiaire entre l'ancien chant du moyen âge, aujourd'hui perdu, qui a été le type primitif de la *chanson de Malbrouk*, et cette chanson elle-même, laquelle, bien que rapportée à un personnage plus moderne, a conservé des traits d'une date plus reculée.

Qui veut ouïr chanson (*bis*) :
C'est du grand duc de Guise,
Doub, dan, donb, dans, dou, don,
    Dou, dou, don,
Qu'est mort et enterré ;

Qu'est mort et enterré (*bis*).
Aux quatr' coins de sa tombe,
    Doub, etc.
Quatr' gentilshom' y avoit ;

Quatr' gentilshom' y avoit (*bis*),
Dont l'un portoit le casque,
    Doub, etc.
L'autre les pistolets ;

L'autre les pistolets (*bis*),
Et l'autre son épée,
    Doub, etc.
Qui tant d'hugu'nots a tués;

Qui tant d'hugu'nots a tués (*bis*).
Venoit le quatrième,
    Doub, etc.
C'étoit le plus dolent;

C'étoit le plus dolent (*bis*).
Appres venoient les pages,
    Doub, etc.
Et les valets de pied;

Et les valets de pied (*bis*),
Qui portiont de grands crèpes,
    Doub, etc.
Et des souliers cirés;

Et des souliers cirés (*bis*),
Et de biaux bas d'estame,
    Doub, etc.
Et des culott's de piau;

Et des culott's de piau (*bis*).
Appres venoit la femme,
    Doub, etc.
Et touts les biaux enfants;

Et touts les biaux enfants (*bis*).
La cérémonie faitte,
    Doub, etc.
Chacun s'allit coucher;

Chacun s'allit coucher (*bis*),
Les uns avec leurs femmes,
    Doub, etc.
Et les autres touts seuls.

Ce dernier couplet se retrouve dans la *chanson de Malbrouk*, et achève d'en marquer la provenance.

La captivité de François Ier, qui fait le sujet de *la Palisse*, est aussi le thème d'un chant breton en français, dans lequel le récit est sans cesse entrecoupé de l'exclamation *vive le roi!* M. de Monglave a envoyé une version de ce chant historique en béarnais. Cette version vient de la vallée d'Ossau, ainsi que deux autres chansonnettes historiques : *La mort du duc de Joyeuse* et *La mort du duc du Maine*, aussi en patois béarnais.

La destinée tragique du maréchal Biron a inspiré à la muse populaire des chants divers; tantôt elle prend parti pour Biron contre le roi et la cour, tantôt elle semble railler son malheur et son supplice. C'est ainsi que M. Friry interprète la chanson :

Quand Biron voulut danser.

Celle-ci est chantée dans le département des Vosges, où le gouvernement de Biron, maréchal général du roi de France, dit notre correspondant, M. Friry, pour expliquer l'animosité qu'il croit voir dans cette chanson, « a laissé peser sur la mémoire d'Henri IV des méfaits si grands, qu'aujourd'hui encore, dans certains villages comtois, on attribue aux Français de cette époque les dévastations qui sont le fait des Sarrasins. »

Le chant breton suivant, donné par M. le docteur Roulin, est plus favorable à Biron.

LE MARÉCHAL BIRON [1].

Le roi fut averti par un de ses gendarmes (*bis*) :
— Donnez-vous bien de garde du maréchal Biron,
Il vous f'rait des affaires qui vous coûteraient bon.

Quelle entreprise a-t-il? dis-le moi, capitaine (*bis*).
— Faire mourir la reine et monsieur le Dauphin,
Et de votre couronne il veut avoir la fin.

Dessus ce propos-là, voilà Biron qui entre,
Le chapeau à la main, au roi fait révérence :
— Bonjour, aimable prince, vous plairait-il jouer,
Double million (mille doublons) d'Espagne que vous m'allez gagner?

Le roi il lui répond, rougissant de colère (*bis*) :
— Va-t-en trouver la reine, au' elle [2] tu joueras.
(Des plaisirs de ce monde longtemps tu ne jouiras.)

---

[1] Le plus souvent, au lieu de quatre vers, il n'y en a que trois, et le premier se répète deux fois. Les vers de cette chanson peuvent se dédoubler.

[2] *Avec elle.*

Biron n'a pas manqué, s'en va trouver la reine (*bis*) :
— Bonjour, aimable reine, vous plairait-il jouer
Double million d'Espagne que vous m'allez gagner ?

La reine lui répond, rougissant de colère (*bis*) :
— Je ne joue point au'[1] princes à tant qu'ils sont armés ;
Mettez à bas vos armes, avec vous je jouerai.

Biron n'a pas manqué, il a mis bas ses armes (*bis*),
Son épée si brillante et son poignard joli,
Les a mis par bravade droit au chevet du lit.

N'ont pas trois coups joué, les sergents ils arrivent (*bis*).
— Bonjour, aimable prince, sans vouloir vous fâcher,
Ce soir à la Bastille il vous faudra coucher.

Il y fut bien six mois, six mois et davantage (*bis*).
Messieurs de la justice faisant les ignorants,
Lui demandaient : Beau prince, qui vous a mis céans ?

— Celui qui m'y a mis en aura repentance (*bis*) ;
Car c'est le roi de France que j'ai si bien servi,
Qui pour ma récompense la mort me fait souffrir.

Je vois mon cheval blanc errer à l'aventure ;
À un autre que moi servira de monture.
Adieu toutes mes troupes, mal menées ell' seront.
On regrett'ra en France le maréchal Biron.

Les chants populaires sont historiques, non seulement par les faits qu'ils retracent ou auxquels ils font allusion, mais par les mœurs dont ils reproduisent l'image. Ainsi, la fierté querelleuse des seigneurs et des gentilshommes, toujours prêts à tirer l'épée, vers l'époque d'Henri IV, est vivement reproduite dans la romance suivante, que nous devons à M. le docteur Roulin, et qui, vers la fin, s'élève à une sorte de sublime.

[1] *Avec les.*

MONSIEUR DE BOIS-GILLES.

1

Ce fut à la male heure,
Un jour de vendredi,
Que monsieur de Bois-Gille,
   La, la, sol, fa.
Prit congé de Paris,
   La, sol, fa, mi.

2

Que monsieur de Bois-Gille
Prit congé de Paris
Pour convoyer deux dames,
   La, la, sol, fa.
Jusques dans leur logis,
   La, sol, fa, mi.

3

Pour convoyer deux dames
Jusques en leur logis.
La conduite finie,
   La, la, sol, fa,
Étant pour reparti',
   La, sol, fa, mi.

4

La conduite finie,
Étant pour reparti',
— Restez, restez Bois-Gille,
   La, la, sol, fa,
Restez, Bois-Gille, ici,
   La, sol, fa, mi.

5

Restez, restez, Bois-Gille,
Restez, Bois-Gille, ici,
— Non, ma dame [1] m'espère,
   La, la, sol, fa,
À coucher cette nuit,
   La, sol, fa, mi.

---

[1] *Ma femme.*

6

Non, ma dame m'espère
À coucher cette nuit.
Quand il fut dans la plaine,
 La, la, sol, fa,
Vu grande compagni',
 La, sol, fa, mi.

7

Quand il fut dans la plaine,
Vu grande compagni',
Il appela son page,
 La, la, sol, fa,
— Petit-Jean, mon ami!
 La, sol, fa, mi.

8

Il appela son page,
Petit-Jean, mon ami!
Dis-moi, dis-moi, mon page,
 La, la, sol, fa,
Qui sont tous ces gens-ci?
 La, sol, fa, mi.

9

Dis-moi, dis-moi, mon page,
Qui sont tous ces gens-ci?
— C'est monsieur de Vendôme,
 La, la, sol, fa,
Votre grand ennemi,
 La, sol, fa, mi.

10

C'est monsieur de Vendôme,
Votre grand ennemi,
Piquez, piquez, mon maître,
 La, la, sol, fa,
Et tirez à couri',
 - La, sol, fa, mi.

11

Piquez, piquez, mon maitre,
Et tirez à couri',
— Courir, un de Bois-Gille !
La, la, sol, fa,
Page, tu perds l'esprit,
La, sol, fa, mi.

12

Courir, un de Bois-Gille !
Page, tu perds l'esprit.
Auprès de la grand' borne,
La, la, sol, fa,
La rencontre se fit,
La, sol, fa, mi.

13

Auprès de la grand' borne
La rencontre se fit;
Comme entre gentilshommes,
La, la, sol, fa,
Le bonjour se donnit,
La, sol, fa, mi.

14

Comme entre gentilshommes,
Le bonjour se donnit.
— Bon jour, bon jour, Bois-Gille,
La, la, sol, fa,
— À toi, Vendôme, aussi,
La, sol, fa, mi.

15

— Bonjour, bonjour, Bois-Gille.
— À toi, Vendôme, aussi.
— Te souvient-il, Bois-Gille,
La, la, sol, fa,
L'affront que tu me fis ?
La, sol, fa, mi.

16

Te souvient-il, Bois-Gille,
L'affront que tu me fis ?
Devant la jeune reyne,
   La, la, sol, fa,
Trois fois me démentis,
   La, sol, fa, mi.

17

Devant la jeune reyne
Trois fois me démentis ;
Devant la reyne mère
   La, la, sol, fa,
Un soufflet me donnis,
   La, sol, fa, mi.

18

Devant la reyne mère
Un soufflet me donnis.
Achevant ces paroles,
   La, la, sol, fa,
Le combat s'engagit,
   La, sol, fa, mi.

19

Achevant ces paroles
Le combat s'engagit.
Bois-Gille en tua trente,
   La, la, sol, fa,
Mais son épé' faillit,
   La, sol, fa, mi.

20

Bois-Gille en tua trente,
Mais son épé' faillit.
Il appela son page,
   La, la, sol, fa,
— Petit-Jean, mon ami !
   La, sol, fa, mi.

21

Il appela son page,
— Petit-Jean, mon ami !
Va-t-en dire à ma femme,
La, la, sol, fa,
Qu'ell' n'a plus de mari,
La, sol, fa, mi.

22

Va-t-en dire à ma femme
Qu'ell' n'a plus de mari;
Va dire à la nourrice,
La, la, sol, fa,
Qu'elle ait soin du petit,
La, sol, fa, mi.

23

Va dire à la nourrice
Qu'elle ait soin du petit,
Et qu'il tire vengeance,
La, la, sol, fa,
Un jour de ces gens-ci,
La, sol, fa, mi.

24

Et qu'il tire vengeance
Un jour de ces gens-ci.
Achevant ces paroles,
La, la, sol, fa,
Bois-Gill' rendit l'esprit !
La, sol, fa, mi.

V

POÉSIES ROMANESQUES.

C'est à cette classe qu'appartiennent le plus grand nombre des ballades écossaises, allemandes ou scandinaves, et des romances espagnoles. La France possède aussi une certaine quantité de chants populaires qui roulent sur quelque aventure, telle qu'un enlèvement ou quelque tragédie domestique, quelque catastrophe causée par la jalousie ou par l'amour. C'est à ces chants surtout que s'appliquent les observations que l'on peut faire sur les poésies populaires qui ont pour objet de raconter.

Le récit est, en général, brusque, coupé; il laisse les détails secondaires dans l'ombre, et ne s'arrête qu'aux traits saillants. Les mêmes formes de langage sont reproduites plusieurs fois; les discours des personnages sont répétés textuellement comme dans Homère. On fait grand usage des nombres définis : tout va trois par trois ou sept par sept. Les objets les plus communs sont d'or ou d'argent. Le refrain est quelquefois sans rapport avec le sujet du récit. C'est à ces caractères et à quelques autres, surtout à une physionomie naïve et à un certain tour d'imagination à la fois simple et singulier, qu'on reconnaît la poésie vraiment populaire. On y remarque aussi un art involontaire, heureuse inspiration de la nature, qui se montre dans la gradation des événements et la préparation des catastrophes. La rime est remplacée souvent par la simple assonance, c'est-à-dire par la présence de la même voyelle dans les syllabes finales de deux vers. Quelquefois on trouve alternativement un vers qui rime et un autre qui ne rime pas. Ces traits dominants sont les mêmes dans les chants écossais, allemands, scandinaves, espagnols, et se montrent également dans nos chansons populaires françaises. On pourra en juger en comparant les suivantes à un des recueils de chants populaires étrangers qui ont été publiés. En voici deux que le Comité doit à M. le docteur Roulin et qui sont chantées en Bretagne :

    J'ai fait un rêve cette nuit [1],
    J'ai fait un rêve cette nuit,
      Que m'amie était morte,
      Que m'amie était morte.

    Sellez, bridez-moi mon cheval (*bis*)
      Que j'aille voir m'amie (*bis*).

    Son cheval il s'est arrêté (*bis*)
      Près d'un buisson de roses (*bis*).

    De trois l'amant prit le plus beau (*bis*)
      Pour donner à s'amie (*bis*).

    — Tenez, belle, prenez mon cœur (*bis*),
      Ce beau bouton de roses (*bis*).

[1] « Voyez p. 382. »

La bell' je viens vous convier (*bis*)
De venir à mes noces (*bis*).

La bell', la bell', si vous m'aimez (*Var.* si vous venez) (*bis*),
Ne changez pas de robes (*bis*).

La belle a bien entendu ça (*bis*),
S'est fait faire trois robes (*bis*) :

La première est de satin blanc (*bis*),
L'autre est de satin rose (*bis*),

La troisième est de beau drap d'or (*bis*)
Pour fair' voir qu'elle est noble (*bis*).

Du plus loin qu'on la voit venir (*bis*) :
— Voici la mariée (*bis*) !

La mariée, point ne la suis (*bis*),
Je suis la délaissée (*bis*).

L'amant vient, la prend par la main (*bis*),
Et la mène à la danse (*bis*).

Après le quatrième tour (*bis*),
La belle est tombée morte (*bis*) ;

Elle est tombée du côté droit (*bis*),
L'amant du côté gauche (*bis*).

Tous les gens qui étaient présents (*bis*)
S' disaient les uns aux autres (*bis*) :

Voilà le sort des amoureux (*bis*)
Qui en épousent d'autres (*bis*).

M. le docteur Roulin a entendu quelques personnes ajouter deux couplets avant les deux derniers.

Il y était question d'un rosier qui pousse sur la tombe et à la plus haute branche duquel chante le rossignol. Ce détail se rencontre fréquemment dans les ballades danoises et suédoises.

En chevauchant mes chevaux rouges,
Laire laire laire loure ma lan laire,
En chevauchant mes chevaux rouges,
J'entends le rossignol chanter (*bis*),

Qui me disait dans son languaige,
Laire laire. . . . .
Tu ris quand tu devras pieurer

De la mort de ta pauver' Jeanne
Qu'on est à c't' heure à enterrer.

— T'en as menti, maudite langue,
Car j'étas hier au sa au' lé (au soir avec elle),

Où c' qu'al' filait sa quenouillette
Su' l' billot dans l' coin du fouyer.

Là, quand je fus dedans les landes,
Je sentis les cloches hober;

Et quand je fus dans le ceum'tarre
J'entendis les prêtres hucher;

Et quand je fus dedans l'église,
Je vis un corps qui repeusait (bis).

Je daubis du pied dans la chasse :
— Réveill' ous Jeanne s' ous dormez ?

— Non, je ne dors ni ne sommeille;
Je sis dans l'enfer à brûler.

Auprès de moi reste une place,
C'est pour vous Piar' qu'on l'a gardée.

— Ha, dites-moi plustôt, ma Jeanne,
Comment fair' pour n'y point aller.

— Il faut aller à la grand' messe
Et aux vêpres sans y manquer;

Faut point aller aux fileries
Comm' vous aviez d'accoutumé;

Ne faut point embrasser les filles
Sur l' bout du coffre au pied du lect (lit).

La chanson narrative qui suit, recueillie dans le Blésois, a été remise par M. de la Saussaye, membre du Comité :

COMPLAINTE DE RENAUD.

Quand Renaud de la guerre vint,
Portant ses tripes dans ses mains,
Sa mère, à la fenêtre, en haut
Dit : Voici v'nir mon fils Renaud.

LA MÈRE. Renaud, Renaud, réjouis-toi,
Ta femme est accouchée d'un roi.
RENAUD. Ni d' ma femme, ni de mon fils,
Mon cœur ne peut se réjoui'.

Qu'on me fasse vite un lit blanc,
Pour que je m'y couche dedans.
Et quand il fut mis dans le lit,
Pauvre Renaud rendit l'esprit.

(Les cloches sonnent le trépassement.)

LA REINE. Or, dites-moi, mère m'amie,
Qu'est-c' que j'entends sonner ici ?
LA MÈRE. Ma fille, c' sont des processions
Qui sortent pour les rogations.

(On cloue le cercueil.)

LA REINE. Or, dites-moi, mère m'amie,
Qu'est-c' que j'entends cogner ici ?
LA MÈRE. Ma fille, c' sont les charpentiers
Qui raccommodent nos greniers.

(Les prêtres enlèvent le corps.)

LA REINE. Or, dites-moi, mère, m'amie,
Qu'est-c' que j'entends chanter ici ?
LA MÈRE. Ma fille, c' sont les processions
Qu'on fait autour de nos maisons.

LA REINE. Or, dites-moi, mère m'amie,
Quell' robe prendrai-je aujourd'hui ?
LA MÈRE. Quittez le ros', quittez le gris,
Prenez le noir, pour mieux choisi'.

LA REINE. Or, dites-moi, mère m'amie,
Qu'ai-je donc à pleurer ici?
LA MÈRE. Ma fill', je n' puis plus vous l' cacher,
Renaud est mort et enterré.

LA REINE. Terre, ouvre-toi, terre, fends-toi,
Que j' rejoigne Renaud, mon roi!
Terre s'ouvrit, terre fendit,
Et la belle fut engloutie!

Dans la romance narrative qu'on va lire, un sentiment vraiment tragique se fait jour à travers les trivialités de certains détails. Elle a été recueillie en Auvergne, par M. Mérimée, membre du Comité.

DE DION ET DE LA FILLE DU ROI.

1

Le roi est là-haut sur ses ponts
Qui tient sa fille en son giron;
. . . . (1)
C'est en lui parlant de Dion.

2

Ma fille, n'aimez pas Dion,
Car c'est un chevalier félon;
C'est le plus pauvre chevalier,
Qui n'a pas cheval pour monter.

3

— J'aime Dion, je l'aimerai
Plus que la mèr' qui m'a portée;
Plus que vous, père, qui parlez,
J'aime Dion, je l'aimerai!

---

(1) Un vers manque.

4

Le roi appelle ses geôliers :
— Vite, ma fille emprisonnez
Dans la plus haute de mes tours,
Qu'ell' n'y voye ni soleil ni jour !

5

Elle y fut bien sept ans passés
Sans qu' son pèr' vint la visiter ;
Et quand i' y eut sept ans passés,
Son père la fut visiter.

6

— Eh bien ! ma fill', comment qu' ça va ?
— Hélas ! mon pèr', ça va fort mal.
J'ai un côté dedans les fers
Et l'autr' qu'est rongé des vers !

7

— Ma fille, n'aimez pas Dion,
Car c'est un chevalier félon ;
C'est le plus pauvre chevalier,
Qui n'a pas cheval pour monter.

8

— J'aime Dion, je l'aimerai
Plus que la mèr' qui m'a portée,
Plus que vous, père, qui parlez,
J'aime Dion, je l'aimerai !

9

Le roi rappelle ses geôliers :
— Vite, ma fille emprisonnez
Dans la plus haute de mes tours,
Qu'elle n'y voye ni soleil ni jour !

10

Le beau Dion passa par là ;
Un mot de lettre lui jeta,
Où il y a dessus écrit :
— Faites-vous morte enseveli'.

11

La belle n'y a pas manqué,
S'est fait morte en terre porter.
Les prêt's vont devant en chantant,
Son père derrière en pleurant.

12

Le beau Dion passa par là.
— Arrêtez, prêt's, arrêtez là !
Encore une fois je verrai
M'amie que j'ai tant aimée.

13

Il tira ses ciseaux d'or fin,
Et décousit le drap de lin.
La belle un soupir a poussé,
Un doux rire lui a jeté.

14

— Mariez, prêt's, mariez-les !
Car jamais ne se quitteraient.
Et quand ils furent mariés,
Tous les deux ils s'en sont allés.

15

Ils y fur'nt bien cinq ou six lieues
Sans s'être dit un mot ou deux,
Sinon qu' la belle lui a dit :
— Mon Dieu, Dion, que j'ai grand faim !

16

Mon Dieu, Dion, que j'ai grand faim !
J'y mang'rais volontiers mon poing !
— Mangez-y, belle, votre poing,
Car plus ne mangerez de pain !

17

Ils y fur'nt bien six ou sept lieues,
Sans s'être dit un mot ou deux,
Sinon qu' la belle lui a dit :
— Mon Dieu, Dion, que j'ai grand soif !

18

Mon Dieu, Dion, que j'ai grand soif!
J'y boirais volontiers mon sang !
— Buvez-y, belle, votre sang,
Car plus ne boirez de vin blanc.

19

Il y a là-bas un vivier
Où quinze dam's se sont baignées,
Où quinze dam's se sont noyées,
Et vous la seizième ferez.

20

Et quand ils furent au vivier,
Lui dit de se déshabiller.
— C' n'est pas l'honneur des ch'valiers
D' voir les dam's s' déshabiller.

21

Mettez votre épée sous vos pieds,
Votre manteau devant votr' nez,
Et tournez-vous vers le vivier,
Alors je me déshabill'rai.

22

Il mit son épée sous ses pieds,
Et son manteau devant son nez,
Et s'est tourné vers le vivier;
La bell', par derrièr', l'a poussé.

23

— Tenez, la bell', voici les clefs
De mes châteaux, de mes contrées.
— Je n'ai que faire de vos clefs,
J'y trouverai des serruriers.

24

La bell', que diront vos amis,
D'avoir noyé votre mari ?
— Je dirai à tous mes amis:
C' qu'il a voulu m' fair', je lui fis.

Il y a des récits populaires dont l'effet, au lieu d'être tragique, est gracieux; tels sont les suivants, recueillis par M. de Corcelle.

    A Nantes, à Nantes sont arrivés
    Trois beaux bateaux chargés de bleds,
La tira lon la, lon latira, la tira lon la, lon latira.

    Trois beaux bateaux chargés de bleds.
    Trois dames sont v'nues les visiter,
        La tira, lon la, etc.

    Trois dames sont venues les visiter.
    — Marchand, marchand, combien ton bled?
        La tira, lon la, etc.

    Marchand, marchand, combien ton bled ?
    Je l' vends dix-huit francs la pairée,
        La tira, lon la, etc.

    Je l' vends dix-huit francs la pairée.
    — Ce n'est pas cher si c'est bon bled.
        La tira, lon la, etc.

    Ce n'est pas cher si c'est bon bled.
    — Mesdam's, entrez, vous le verrez,
        La tira, lon la, etc.

    Mesdam's, entrez, vous le verrez.
    La plus jeune a le pied léger,
        La tira, lon la, etc.

    La plus jeune a le pied léger,
    Dedans la barque elle a sauté.....
        La tira, lon la, etc.

    Dedans la barque elle a sauté.....
    Les mariniers ont dérivé.
        La tira, lon la, etc.

    Les mariniers ont dérivé.
    — A terre, à terr', bons mariniers!
        La tira, lon la, etc.

    A terre, à terr', bons mariniers!
    Car j'entends ma mèr' m'appeler,
        La tira, lon la, etc.

Car j'entends ma mèr' m'appeler;
Mes petits enfants vont crier!
   La tira, lon la, etc.

Mes petits enfants vont crier!
— Taisez-vous, la bell', vous mentez,
   La tira, lon la, etc.

Taisez-vous, la bell', vous mentez,
Jamais enfant n'avez porté.
   La tira, lon la, etc.

Jamais enfant n'avez porté...
S'il plaît à Dieu vous en aurez,
   La tira, lon la, etc.

S'il plaît à Dieu vous en aurez,
Avec un brave marinier,
   La tira, lon la, etc.

Avec un brave marinier,
Qui portera chapeau brodé,
   La tira, lon la, etc.

Qui portera chapeau brodé,
Et puis l'épée à son côté,
   La tira, lon la, etc.

Et puis l'épée à son côté,
Un pantalon tout goudronné,
La tira lon la, lon latira, la tira lon la, lon la tira.

LA CLAIRE FONTAINE [1].

En revenant des noces, dondaine,
Bien las, bien fatigué, dondé,
   Bien las, bien fatigué (*bis*).

Près la claire fontaine, dondaine,
Je me suis reposé, dondé,
   Je me suis reposé (*bis*).

A la claire fontaine, dondaine,
Les mains me suis lavé, dondé,
   Les mains me suis lavé (*bis*).

[1] Voyez plus haut, pages 376 et 383.

A la feuille d'un chêne, dondaine,
Me les suis essuyé, dondé,
  Me les suis essuyé (*bis*).

A la plus haute branche, dondaine,
Le rossignol chantait, dondé,
  Le rossignol chantait (*bis*).

Chante, rossignol, chante, dondaine,
Puisqu' tu as le cœur gai, dondé,
  Puisqu' tu as le cœur gai (*bis*).

Le mien n'est pas de même, dondaine,
Car il est affligé, dondé,
  Car il est affligé (*bis*).

C'est mon ami Pierre, dondaine,
Qui avec moi s'est brouillé, dondé,
  Qui avec moi s'est brouillé (*bis*).

C'était pour une rose, dondaine,
Que je lui refusai, dondé,
  Que je lui refusai (*bis*).

Je voudrais que la rose, dondaine,
Fût encore au rosier, dondé,
  Fût encore au rosier (*bis*).

Et qu' mon ami Pierre, dondaine,
Fût encore à m'aimer, dondé,
  Fût encore à m'aimer (*bis*).

CHANSON DU LYONNAIS ET DE L'AUVERGNE.

  La Pernette se lève,
Tra la la la, la la la la, la la la la (très prolongé).
  La Pernette se lève
  Deux heur's avant le jour.

  Ell' prend sa quenouillette,
Tra la la la................
  Ell' prend sa quenouillette
  Et son joli p'tit tour.

  A chaque tour qu'el' file,
Tra la la la...............
  Sa mère vient lui dire :
  Pernette, qu'avez-vous ?

Av'-vous mal à la tête ?
Tra la la la................
Av'-vous mal à la tête ?
Ou bien le mal d'amour ?

— J' n'ai pas mal à la tête,
Tra la la la................
Je n'ai pas mal à la tête,
Mais bien le mal d'amour.

— Ne pleures pas, Pernette,
Tra la la la................
Ne pleures pas, Pernette,
Nous te maridarons.

Te donnerons un prince,
Tra la la la................
Te donnerons un prince,
Ou le fils d'un baron.

— Je ne veux pas ce prince,
Tra la la la................
Je ne veux pas ce prince,
Ni le fils de baron.

Je veux mon ami Pierre,
Tra la la la................
Je veux mon ami Pierre,
Qui est dans la prison.

— Tu n'auras pas ton Pierre,
Tra la la la................
Tu n'auras pas ton Pierre,
Nous le pendoularons.

— Si vous pendoulez Pierre,
Tra la la la................
Si vous pendoulez Pierre,
Pendoulez-moi aussi.

Couvrez Pierre de roses,
Tra la la la................
Couvrez Pierre de roses,
Et moi de mille fleurs.

Au chemin de Saint-Jacques,
Tra la la la..............
Au chemin de Saint-Jacques,
Enterrez-nous tous deux.

Les pèlerins qui passent,
Tra la la la..............
Les pèlerins qui passent
Prieront Dieu pour nous deux,
Prieront Dieu pour nous deux.

Ces chants sont parfois enjoués; on en jugera par celui que nous devons à M. de Saulcy, membre du Comité, et qui est aux précédents ce qu'est un gai vaudeville à une tragédie ou à une pastorale.

Nous étions dix dans un pré (*bis*),
Toutes filles à marier,
C'était Dine,
C'était Chine,
C'étaient Perrette et Martine,
Ah! ah!
Cath'rinette et Cath'rina,
C'était la gente Suzon,
La duchess' de Montbazon,
C'était la Sourimène,
C'était la du Maine.

L' fils du roi vint à passer (*bis*),
Salua Dine,
Salua Chine,
Salua Perrette et Martine,
Ah! ah!
Cath'rinette et Cath'rina,
Salua la gente Suzon,
La duchess' de Montbazon,
Salua Sourimène,
Embrassa la du Maine.

A toutes il fit un cadeau (*bis*),
Bague à Dine,
Bague à Chine, etc.
Diamants à la du Maine.

Il leur offrit à coucher (*bis*),
  Paille à Dine,
  Paille à Chine, etc.,
Beau lit à la du Maine.

Puis toutes il les renvoya (*bis*),
  Chassa Dine,
  Chassa Chine, etc.,
Et garda la du Maine.

Enfin il est des chansons populaires que leur tour et leur caractère doivent faire rapporter à celles qui précèdent, mais qui, au lieu du récit d'un événement, présentent seulement une fantaisie gracieuse ou l'effusion poétique d'un sentiment naïf. Telles sont les suivantes, recueillies par M. de Corcelle :

  Mon père m'a fait bâtir château,
Sur l'herbette nouvelle... ah ! je m'en vais !
  Sur l'herbette nouvelle.

  L'a fait bâtir sur trois carreaux,
Sur l'herbette nouvelle, etc.

  Les trois carreaux en sont d'argent,
Sur l'herbette nouvelle, etc.

  De pardessous ruisseau coulant,
Sur l'herbette nouvelle, etc.

  Les trois canards s'y vont baignant,
Sur l'herbette nouvelle, etc.

  Le fils du roi les va mirant,
Sur l'herbette nouvelle, etc.

  Il a tiré sur le devant (le premier),
Sur l'herbette nouvelle, etc.

  De par les yeux sortit le sang,
Sur l'herbette nouvelle, etc.

  De par le bec l'or et l'argent,
Sur l'herbette nouvelle... ah !·je m'en vais !
  Sur l'herbette nouvelle.

M. de Corcelle ajoute :

Cette chanson est très en usage pendant les moissons. Je l'entends chaque année.

Une seule moissonneuse chante le récit. Le refrain est en chœur et à l'unisson. Il en est de même pour la chanson : *À Paris, à la Rochelle*.

>Emm'nons la bergère aux champs (*bis*),
>Où i' y a de l'herbe tant !
>Emm'nons-la jouer, emmenons-la, ma bergère,
>Emmenons-la jouer.

>Trois faucheurs y vont fauchant (*bis*),
>Trois faneus's y vont fanant.
>Emm'nons-la jouer, emm'nons-la, ma bergère,
>Emmenons-la jouer.

>Trois faneus's y vont fanant (*bis*),
>L' fils du roi les va mirant.
>Emm'nons-la, etc.

>Le fils du roi les va mirant (*bis*).
>— Sir', que regardez-vous tant !
>Emm'nons-la, etc.

>Sir', que regardez-vous tant (*bis*) !
>— Vos beaux yeux qui plaisent tant.
>Emm'nons-la, etc.

>Vos beaux yeux qui plaisent tant (*bis*) !
>— I' n' sont pas pour vous pourtant.
>Emm'nons-la, etc.

>I' ne sont pas pour vous pourtant (*bis*).
>Sont' pour mon berger des champs.
>Emm'nons-la, etc.

>Sont pour mon berger des champs (*bis*).
>Nous nous marierons à la Saint-Jean.
>Emm'nons-la, etc.

>Nous nous marierons à la Saint-Jean (*bis*) :
>C'est le plus beau jour de l'an.
>Emm'nons-la, etc.

>C'est le plus beau jour de l'an (*bis*)
>Que le jour de la Saint-Jean.
>Emm'nons-la jouer, emmenons-la, ma bergère,
>Emm'nons-la jouer.

À PARIS, À LA ROCHELLE.

A Paris, à la Rochelle, ah! sous les bois!
Ah! sous les bois!
Sous la feuille nouvelle!

On a vu trois demoiselles, ah! sous les bois! etc.

La plus jeune est la plus belle, ah! sous les bois! etc.

Sa mèr' la coiffe à la chandelle, ah! sous les bois! etc.

J' n'en s'rai pas plutôt mariée, ah! sous les bois! etc.

Vous le s'rez une autre année, ah! sous les bois! etc.

Une autre année, je serai morte, ah! sous les bois! etc.

Si je meurs que l'on m'enterre, ah! sous les bois! etc.

Que l'on m'enterr' dans mon coffre, ah! sous les bois! etc.

Qu' le couvercle en soit de roses, ah! sous les bois! etc.

Ceux qui cueill'ront de ces roses, ah! sous les bois! etc.

Ils prieront Dieu pour la belle, ah! sous les bois! etc.
Ah! sous les bois!
Sous la feuille nouvelle!

CHANSON BRETONNE.

Mon pèr' m'a mariée à la Saint-Nicolas, ah! ah!
Il m'a donné un homme que mon cœur n'aime pas, ah! ah!
Ouh! ouh! ouh! ça ne va guère,
Ah! ah! ah! ah! ça ne va pas.

Ah! mon pèr', mon chèr pèr', quel mari j'ai donc là, ah! ah!
— Taisez-vous, ma chèr' fille, des écus il en a, ah! ah!
Ouh! ouh! ouh! etc.

Taisez-vous, ma chèr' fille, des écus il en a, ah! ah!
— Que me fait la richesse quand le cœur n'y est pas, ah! ah!
Ouh! ouh! ouh! ça ne va guère,
Ah! ah! ah! ah! ça ne va pas.

VI

CHANTS QUI SE RAPPORTENT AUX DIVERS ÉVÉNEMENTS

ET AUX DIVERSES PHASES DE L'EXISTENCE, LE MARIAGE, LE BAPTÊME, UNE PREMIÈRE COMMUNION, UNE PRISE DE VOILE, UNE MORT, UN ENTERREMENT.

A cette classe appartient la *Chanson de la mariée*, chantée aux noces bretonnes, dès le temps de madame de Sévigné, dont il existe des variantes dans plusieurs provinces, et dont le Comité a entre les mains jusqu'à six versions différentes. Deux viennent de Bretagne, l'une recueillie par M. de Corcelle, l'autre envoyée par M. Marre.

Une version de la *Chanson de la mariée*, en patois poitevin, a été donnée avec la musique par M. de la Villegille [1]. Deux versions en français ont été publiées avec la musique, telles qu'elles se chantent dans le Poitou et dans quelques départements voisins, par M. Guerry [2].

Le Comité se plaît à citer ces nombreuses variations sur un même thème, comme fournissant un frappant exemple des transformations perpétuelles de la poésie populaire, et pouvant faire sentir aux correspondants quel est l'intérêt des *variantes*, que le Comité les engage à recueillir toujours avec soin. Nous donnerons la version bretonne, d'après M. de Corcelle, et une traduction du chant poitevin, transmise par M. de la Villegille.

CHANSON DE LA MARIÉE.

M. de Corcelle l'a entendu chanter par des vendangeurs, près de Niort, sur un air différent de l'air de Bretagne; il en connaît un troisième. Elle était accompagnée d'une pantomime. La mariée figurait sur un siège à part, et une jeune fille lui adressait ces couplets [3] :

> Rossignolet des bois, rossignolet sauvage (*bis*),
> Rossignolet d'amour qui chante nuit et jour (*bis*).
>
> Il dit dans son jargon, dans son joli langage (*bis*) :
> Filles, mariez-vous, le mariage est doux (*bis*).

---

[1] *Notice historique et archéologique sur la paroisse de Chavagnes-en-Paillers* (Vendée), p. 26.

[2] *Note sur les usages et les traditions du Poitou*, par M. Guerry, avocat à Tours. (*Mémoires et dissertations sur les antiquités nationales et étrangères*, publiés par la Société royale des antiquaires de France, t. VIII, Paris, 1839, in-8°, p. 462.)

[3] Les vers de cette chanson peuvent se dédoubler.

Nous sommes v'nus ce soir, du fond de nos bocages,
Vous faire compliment de votre mariage,
A monsieur votre époux, aussi bien comme à vous (*bis*).

Vous voilà donc liée, Madame la mariée (*bis*),
Avec un lien d'or qui ne délie qu'à la mort (*bis*).

Avez-vous bien compris c' que vous a dit le prêtre ?
A dit la vérité, ce qu'il vous fallait être :
Fidèle à votre époux et l'aimer comme vous (*bis*).

Quand on dit son époux, souvent on dit son maître.
Ils ne sont pas toujours doux comme ont promis d'être,
Car doux ils ont promis d'être toute leur vie (*bis*).

Vous n'irez plus au bal, Madame la mariée,
Vous n'irez plus au bal, à nos jeux d'assemblées ;
Vous gard'rez la maison, tandis que nous irons (*bis*) !

Quand vous aurez chez vous des bœufs, aussi des vaches,
Des brebis, des moutons, du lait et du fromage,
Il faut, soir et matin, veiller à tout ce train (*bis*).

Quand vous aurez chez vous des enfants à conduire,
Il faut leur bien montrer et bien souvent leur dire,
Car vous seriez tous deux coupables devant Dieu (*bis*).

Si vous avez chez vous quelques gens à conduire,
Vous veillerez surtout qu'ils aillent à confesse,
Car un jour devant Dieu vous répondrez pour eux (*bis*).

Recevez ce gâteau que ma main vous présente :
Il est fait de façon à vous faire comprendre
Qu'il faut, pour se nourrir, travailler et souffrir (*bis*).

Recevez ce bouquet que ma main vous présente :
Il est fait de façon à vous faire comprendre
Que tous les vains honneurs passent comme les fleurs (*bis*).

Voici maintenant la *Chanson de la mariée*, d'après le texte poitevin, telle qu'elle est connue dans une partie de la Vendée :

> Le rossignolet des bois,
> Le rossignolet sauvage,
> Le rossignolet plein d'amour,
> Qui chante nuit et jour.

Il dit dans son beau chant,
Dans son joli langage,
Fillett's mariez-vous,
Le mariage est bien doux.

Il en est de bien doux (des maris)
Tout comm' de bien volages;
Ils ont bien des appas,
Ne vous y fiez pas!...

Celui-là qu' vous prenez,
Ils dis'nt qu'il est fort sage;
Il me semble être né
Pour conduire un ménage;
Celui qu' vous avez pris
S'ra doux, il l'a promis.

Avez-vous remarqué
C' que vous a dit le prêtre?
Il a dit vérité,
En disant qu'il faut être
Soumise à votre époux
Et l'aimer comme vous.

Si vous avez chez vous
Des valets à conduire,
Il faut veiller sur tous
Pour qu'il n'y ait rien à r'dire
Sur leur fidélité,
Leur sagesse et bonté.

Il faut veiller sur eux,
S'ils vont bien à la messe,
S'ils font bien leurs devoirs,
S'ils vont bien à confesse;
Il faut, soir et matin,
Veiller à tout ce train.

Vous n'irez plus au bal,
Madame la mariée!
Vous n'irez plus au bal!
Aux jeux ni aux veillées:
Vous gard'rez la maison,
Pendant que nous irons.

Prenez donc ce gâteau
Que ma main vous présente,
Il est fait d'un' façon
Pour vous faire comprendre
Que tous ces vains honneurs [1]
Pass'ront comme ces fleurs.

Où est-il votre époux,
Madame la mariée ?
Où est-il votre époux ?
Est-il auprès de vous ?

S'il est auprès de vous,
Faites-nous le connaître ;
S'il est auprès de vous,
Époux, embrassez-vous.

LA MARIÉE.

Et n' le voyez-vous pas
Là, qui vous verse à boire,
Qui boit à vos santés ?
C'est pour vous saluer.

LE CHŒUR.

Payez-nous nos rançons [2],
Madame la mariée,
Donnez-nous nos rançons,
Après nous nous en irons.

LA MARIÉE.

Quell' rançon voulez-vous,
Mes belles jeunes filles ?
Quell' rançon souhaitez-vous,
Qui soit à votre goût ?

LE CHŒUR.

Un gâteau de six blancs,
Madame la mariée,
Un gâteau seulement,
Et nos cœurs s'ront contents.

---

[1] Variante :

>   Qu'il faut, pour se nourrir,
>   Travailler et souffrir.

[2] *Rançon* signifie ici salaire, ce qui est dû aux chanteuses pour leur peine.

LA MARIÉE.

Un gâteau de six blancs
Cela n'est pas grand' chose;
Un garçon de vingt ans
F'rait vos cœurs plus contents.

LE CHOEUR.

Nous vous souhaitons l' bon soir
Madame la mariée;
Nous vous souhaitons l' bon soir
Et à la compagnie;
Nous vous souhaitons l' bonsoir;
Adieu, jusqu'au revoir.

La première version est plus poétique et plus grave, la seconde est plus développée et plus rustique.

En Corse, on chante en l'honneur d'un mort des couplets toujours composés ou plutôt improvisés par des femmes, analogues aux *myriologues* des Grecs modernes et aux *coronachs* écossais. Ces chants s'appellent, en Corse, *vocero* ou *ballata*. Dans le Béarn, des chants analogues portent le nom d'*aûrost*.

Voici des fragments d'un *vocero* corse composé par une mère pour sa fille, et dont la traduction a été communiquée par M. Graziani, employé au Ministère de l'instruction publique.

VOCERO D'UNE MÈRE SUR LA MORT DE SA FILLE.

Or voici ma fille,
Jeune fille de seize ans;
La voici sur la *tola* (table mortuaire),
Après tant de souffrances;
La voici vêtue
De ses plus beaux habits.
Avec ses plus beaux habits
Elle veut partir à présent,
Parce que le Seigneur
Ne veut plus la laisser ici.
. . . .
. . . .
. . . .
Oh! combien à présent le paradis

Sera plus beau !
Mais aussi, pour moi, comme
Le monde sera plein de tourments !
Un jour sera mille ans,
En pensant à toi ;
Demandant toujours à tous :
« Où est ma fille ? »
O mort ! pourquoi arracher
Ma fille de mon sein,
Et pourquoi me laisser
Ici-bas pour pleurer toute seule ?
Que veux-tu que je fasse ici,
Si elle n'est plus là pour me consoler ?
Au milieu de parents sans affection,
Au milieu de voisins sans amour,
Si je tombe malade au lit,
Qui est-ce qui essuiera ma sueur ?
Qui est-ce qui me donnera une goutte d'eau ?
Qui est-ce qui ne me laissera pas mourir ?

. . . .
. . . .
. . . . (1)

VII

CHANTS QUI SE RAPPORTENT AUX PROFESSIONS ACTIVES,

TELLES QUE CELLES DE SOLDAT, DE MARIN, ETC.

Les chansons de soldats peuvent célébrer une bataille, un siège. On devra les rechercher auprès des vieux soldats ou dans les localités qui ont été le théâtre de sièges ou de combats mémorables. Si elles sont narratives, elles seront placées parmi les chants historiques ; si elles offrent, non le récit d'un fait, mais l'expression de sentiments belliqueux à l'occasion de ce fait, elles prendront place parmi les chants guerriers. On ne pourra se dispenser d'admettre la vieille chanson des soudards, qui peint si bien les maux que faisait éprouver aux campagnes une soldatesque effrénée :

Soudards que nous sommes,
. . . .
Tant que la guerre durera
Le paysan nous nourrira.

(1) Extrait des *Canti popolari corsi*, Bastia, 1843, in-12.

D'autres chansons de soldats, inspirées par de plus nobles sentiments, ne pourront manquer d'être recueillies.

On recherchera les chansons de marins dans les ports de mer et à bord des bâtiments.

M. de la Villemarqué a envoyé au Comité :

LES FILLES DE LA ROCHELLE.

(Chanson de matelots bretons.)

Sont les fill's de la Rochelle
Qui ont armé un bâtiment (*bis*),
Pour aller faire la course
Dedans les mers du Levant.
Et lon lon la je n'ai point de maîtresse,
Je passe mon temps fort joliment.

Pour aller faire la course
Dedans les mers du Levant (*bis*);
La coque en est en bois rouge,
Travaillé fort proprement.
Et lon lon la je n'ai point de maîtresse, etc.

La coque en est en bois rouge,
Travaillé fort proprement (*bis*);
La grand' vergue est en ivoire,
Les poulies en diamant.
Et lon lon la, etc.

La grand' vergue est en ivoire,
Les poulies en diamant (*bis*),
La grand' voile est en dentelle,
La misaine en satin blanc.
Et lon lon la, etc.

La grand' voile est en dentelle,
La misaine en satin blanc (*bis*),
Les cordages du navire
Sont tout fil d'or et d'argent.
Et lon lon la, etc.

Les cordages du navire
Sont tout fil d'or et d'argent (*bis*),
Et la cale est toute pleine,
Toute pleine de vin blanc.
Et lon lon la, etc.

Et la cale est toute pleine,
Toute pleine de vin blanc (*bis*),
Et l' capitain' du navire
Est le roi des bons enfants.
Et lon lon la, etc.

Hier, faisant ma promenade
Dessus le gaillard d'avant (*bis*),
J'aperçus une brunette,
Qui pleurait dans les hauts-bancs.
Et lon lon la, etc.

J'aperçus une brunette
Qui pleurait dans les hauts-bancs (*bis*) ;
Je lui dis : genti brunette,
Qu'avez-vous à pleurer tant ?
Et lon lon la, etc.

Je lui dis : genti brunette,
Qu'avez-vous à pleurer tant (*bis*) ?
Av'-vous perdu père ou mère,
Ou quelqu'un de vos parents ?
Et lon lon la, etc.

Av'-vous perdu père ou mère,
Ou quelqu'un de vos parents (*bis*) ?
— J' n'ai perdu père ni mère
Ni aucun de mes parents.
Et lon lon la, etc.

J' n'ai perdu père ni mère
Ni aucun de mes parents (*bis*),
Je pleure ma rose blanche,
Qui s'en fut la voile au vent.
Et lon lon la, etc.

Je pleure ma blanche rose
Qui s'en fut la voile au vent (*bis*) ;
Ell' s'en alla vent arrière,
R'viendra-t-elle en louvoyant ?
Et lon lon la, je n'ai point de maitresse,
Je passe mon temps fort joliment.

Les bateliers des fleuves et des rivières ont aussi leurs chants. M. Lagravère, de Bayonne, employé au Ministère de l'intérieur, a communiqué une chanson sur les bateliers de la Nive et de l'Adour, connue sous le nom de *lous Tilloulés*, avec l'air noté et la traduction. Ce chant, peu distingué comme poésie, a un certain entrain de la profession et une certaine saveur du pays qui pourront le faire admettre :

LES TILLOLIÉS.

Avez-vous vu les tilloliés ?
Comme ils sont brav's, hardis, légers.
   Faisant leur promenade
   Au-d'ssus de Peyrehorade,
   Et tirant l'aviron
   Tout droit chez le patron !

Quand ils furent devant Peillic [1],
Monsieur le comte leur a dit :
   Un couple de pistoles,
   Mes enfants, seront bonnes
   Pour boire à ma santé ;
   Vive le tillolié !

— Monsieur Verdié, nous vous saluons
Avec notr' berret à la main ;
   Excusez la hardiesse
   D'une brave jeunesse
   Qui vient vous inviter
   A la r'garder sauter.

Venez, Madame, s'il vous plaît ;
Nous sommes tous d'honnêt's garçons.
   N' craignez pas l'ouragan
   Ni la pluie ; nous avons
   Avec nous Chatelié
   Le brave tillolié.

Pour promener l' temps est beau ;
Embarquez-vous dans not' bateau.
   Que votre gouvernante
   Est jolie et charmante,
   Pour être de Paris !
   Ell' sembl' de not' pays.

[1] Endroit ainsi nommé sur les bords de l'Adour.

En arrivant au Pont-Mayou,
Le quartier l' plus beau de Bayonne,
  Du haut de la tillole
  Ils font la cabriole,
  Du pont de Panecau
  Ils font le soubresaut.

Puis, en reprenant l'aviron,
Ils s'en vont droit à Saint-Léon [1],
  Montrer à la jeunesse
  A nager avec hardiesse,
  Pour apprend' comme il faut
  A fair' le soubresaut.

VIII

CHANSONS PROPRES AUX PROFESSIONS SÉDENTAIRES,

AUX FORGERONS, AUX TISSERANDS, AUX TAILLEURS, AUX CORDONNIERS, AUX SABOTIERS,
AUX FILEUSES, AUX MENUISIERS; CHANSONS DE COMPAGNONS.

Voici la chanson des cordonniers, envoyée par M. Marre, et qui, malgré son enjouement, présente une conclusion assez morale :

LES CORDONNIERS.
(Environs de Saint-Brieuc.)

Les cordonniers sont pir's qu' les évêques (*bis*);
Tous les lundis ils font une fête,
  Lonla.
Battons la semelle, le beau temps viendra.

Tous les lundis ils font une fête (*bis*),
Et l' mardi ils ont mal à la tête,
  Lonla.
Battons la semelle, le beau temps viendra.

Et l' mardi ils ont mal à la tête (*bis*);
L' mercredi ils vont voir Cath'rinette,
  Lonla.
Battons la semelle, le beau temps viendra.

---

[1] C'était en face de la chapelle et de la fontaine de Saint-Léon, sur la Nive, que les tilloliés allaient autrefois montrer à nager aux enfants que les parents leur confiaient en sortant de l'école.

L'mercredi ils vont voir Cath'rinette (*bis*) ;
Le jeudi 'ls aiguisent leurs alènes,
    Lonla.
Battons la semelle, le beau temps viendra.

Le jeudi 'ls aiguisent leurs alènes (*bis*) ;
L' vendredi ils sont sur la sellette,
    Lonla.
Battons la semelle, le beau temps viendra.

L' vendredi ils sont sur la sellette (*bis*) ;
L' samedi petite est la recette,
    Lonla.
Battons la semelle, le beau temps viendra.

Certaines industries locales ont leurs chansons, telle est celle des dentellières de la Flandre française, pour la fête de sainte Anne, leur patronne [1].

IX

CHANSONS QUI SE RAPPORTENT AUX TRAVAUX DE LA CAMPAGNE :
AUX SEMAILLES, À LA MOISSON, AUX VENDANGES, À LA CUEILLETTE DES OLIVES.

Selon M. Fauriel, des chants de cette sorte, qui existaient au moyen âge dans le midi de la France, remontaient à d'anciens chants populaires grecs, apportés par la colonie phocéenne. Il serait bien intéressant de chercher si des chansons analogues subsistent encore dans la France méridionale. Tout ce qui a trait aux travaux des champs et à la vie agricole mérite d'être noté avec soin. Le plus ancien chant populaire connu est un couplet, adressé par un laboureur à ses bœufs, écrit en hiéroglyphes, il y a environ trois mille ans, et traduit par Champollion [2] :

Battez pour vous (*bis*),
    O bœufs,
Battez pour vous (*bis*),
Des boisseaux pour vos maîtres.

Ce vieux couplet égyptien, qui constate l'antiquité du *bis*, ressemble assez,

---

[1] M. Louis de Baecker, *Les Flamands de France*, etc., p. 111.
[2] *Lettres écrites d'Égypte et de Nubie en 1828 et 1829*, par Champollion le jeune; Paris, 1883, in-8°, p. 196.

par le mouvement, au refrain de la chanson *des Moissonneurs*, qui se chante dans le bas Maine à la fête *de la Gerbe*.

> Ho! batteux, battons la gerbe
> Compagnons, joyeusement [1]!

X
CHANSONS DE CHASSEURS, DE PÊCHEURS, DE BERGERS.

A cette dernière catégorie se rapportent les *pastourelles*, genre gracieux dont on a tant d'exemples dans notre vieille langue du moyen âge. Le sujet est toujours à peu près le même. C'est un chevalier qui fait rencontre d'une bergère et lui offre son amour. Le plus souvent la bergère repousse la séduction; quelquefois aussi elle cède. Dans une chanson, dont le sujet est analogue, mais dont la date est beaucoup plus moderne, une beauté des champs rejette les vœux d'un *bourgeois de ville*, auquel elle préfère son ami Nicolas.

XI
CHANSONS SATIRIQUES.

Elles forment une partie importante du génie poétique de nos pères. Ceux qui recueilleront les compositions de ce genre feront bien de noter les circonstances dans lesquelles elles se sont produites et d'expliquer les allusions qu'elles peuvent renfermer.

Ces chansons ont pour objet, soit des événements ou des personnages publics, soit des aventures particulières.

A cette dernière classe appartiennent les couplets populaires chantés dans les *charivaris*.

Les chansons et noëls satiriques abondent dans l'histoire de la vieille France; mais peu de ces chansons furent véritablement populaires. Leur popularité était à la cour et dans les salons, plutôt que dans les champs ou dans la rue. Cependant elles y arrivaient, et devront être admises quand leur diffusion dans toutes les classes de la société sera attestée par l'histoire ou rendue probable par la tournure vraiment populaire des couplets.

On trouve quelques-unes de ces chansons éparses dans le vaste recueil

---

[1] *Lettres sur l'origine de la chouannerie et sur les chouans du bas Maine*, par J. Duchemin-Descepeaux; Paris, 2 vol. in-8°, 1825-1827, t. II, p. 131.

connu sous le nom de *Collection Maurepas*. En voici deux exemples; le premier se rapporte au siège de Lérida, le second au duc de Villeroi, sous Louis XIV :

> Ils reviennent nos guerriers (*bis*),
> Fort peu chargés de lauriers;
> La couronne en est trop élevée.
> Lère la lère lanlère
> Lère la lé lérida.

> La prudence de Villeroy
> A sauvé le royaume;
> Il a fort bien servi le roi,
> Mais c'est le roi Guillaume.

XII

CHANSONS DE CIRCONSTANCE

À PROPOS D'UNE INVENTION, D'UNE MODE,
D'UN ÉVÉNEMENT GRAND OU PETIT, QUI FRAPPE L'IMAGINATION DU PUBLIC.

Par exemple, au sujet de l'invention et de la vogue incroyable du *pantin* au milieu du XVIIIe siècle, on composa une multitude de chansons de toute espèce, dont la plus populaire commençait ainsi :

> Que pantin serait content,
> S'il avait l'art de vous plaire,
> Que pantin serait content,
> S'il vous plaisait en dansant.

Ces chansons, quelque triviales qu'elles puissent sembler, ont leur importance pour l'histoire des usages et des mœurs.

XIII

CHANSONS BADINES COMPRENANT LES CHANSONS BACHIQUES.

Elles pourront être admises dans le recueil, toutes les fois que la gaieté n'y passera pas grossièrement les bornes de la décence et qu'elles auront un caractère véritablement populaire.

Là trouveront place les chansonnettes dont le ton est enjoué, sans être trop libre. En respectant les convenances qu'impose au recueil un but sérieux, le Comité pense qu'il ne faut pas pousser la sévérité trop loin, car si, par une austérité excessive, on retrancherait de ce recueil tout ce qui est badin et léger, on effacerait un des principaux traits du caractère national, qu'il est appelé à représenter.

Cette remarque s'applique également aux chansons composées sur des airs de danse, aux rondes et bourrées. Le Comité a reçu un assez grand nombre de rondes, presque toutes remarquables par la gaieté et la grâce. Nous nous bornerons à citer une de celles que nous a transmises M. Marre.

RONDE [1].

Derrière chez mon père, y a un ormeau fleuri,
Tous les oiseaux du monde y vont faire leur nid,
La caille, la tourt'relle, la jolie perdrix,
Et la jolie colombe, qui chante jour et nuit.
Ah ! je ne puis là, lilarira, le soir m'endormi'.

Et la jolie colombe qui chante jour et nuit,
Qui chante pour les filles qui n'ont point leurs amis.
Ne chante pas pour moi, car j'en ai un joli :
Il est dans la Hollande ; les Hollandais l'ont pris !
Ah ! je ne puis là, lilarira, le soir m'endormi'.

Il est dans la Hollande ; les Hollandais l'ont pris !
— Que donneriez-vous, belle, à qui vous l'irait qu'ri' ?
— Je donnerais Touraine, Paris et Saint-Denis,
Et la claire fontaine qui est dans mon jardin.
Ah ! je ne puis là, lilalira, me lever le matin.

M. le docteur Roulin a trouvé la même ronde en Bretagne avec un autre rythme et un autre refrain. Il est à remarquer que *tout Rennes* remplace *Touraine;* c'est le cachet du pays d'où provient cette version.

Les rondes ont souvent conservé des traces évidentes de la poésie chevaleresque du moyen âge, et offrent un souvenir des héros que cette poésie a célébrés, par exemple d'Ogier le Danois :

Qui est dans ce château ?
Ogier (*ter*),
Qui est dans ce château ?
Beau chevalier.

M. P. Pâris a fait remarquer que ce refrain avait cela de curieux, qu'il se

[1] Les vers de cette ronde peuvent se dédoubler.

rattachait à une de nos grandes *chansons de geste* les plus populaires. Pendant la disgrâce et la captivité d'Ogier le Danois, Charlemagne avait menacé d'une mort honteuse quiconque prononcerait devant lui le nom d'Ogier. Trois cents écuyers se donnent alors le mot; ils viennent devant le palais de Charlemagne crier, comme d'une seule voix, *Ogier! Ogier! Ogier!* et Charlemagne, n'osant punir la fleur de la chevalerie, aime mieux céder et pardonner à Ogier.

Les refrains isolés, quand le chant dont ils faisaient partie s'est perdu, ne devront pas être négligés.

Il en est de même des rondes chantées par les enfants, car elles peuvent contenir des traits qui prouvent, soit leur antiquité, soit une origine étrangère. Ainsi :

> La tour prend garde
> De te laisser abattre...

semble remonter à une époque féodale.

La ronde

> Nous n'irons plus au bois,
> Les lauriers sont coupés...

doit appartenir à un climat plus méridional que celui des environs de Paris, où les lauriers ne croissent pas dans les bois.

Enfin, on ne dédaignera pas les chansons de nourrices et de berceuses, appelées en anglais d'un nom particulier, *lullaby*. M. Blanc a envoyé une chanson de nourrice en patois provençal, dont le sujet est assez singulier et le tour très populaire, bien que la rédaction ne semble pas ancienne. Voici la traduction française :

1

> Le roi a un' nourrice,
> Belle comme le jour;
> Le roi a un' nourrice,
>   Grand Dieu d'amour,
> Belle comme le jour.

2

> Elle s'est endormie,
> Le dauphin dans ses bras;
> Elle s'est endormie,
>   Grand Dieu, hélas!
> Le dauphin dans les bras.

3

Quand ell' s'est réveillée,
L'a trouvé étouffé.

4

Ell' le prend, l'emmaillote,
Ell' dit qu'ell' va laver.

5

Le roi est à la f'nêtre,
Le roi l'a vue passer.

6

Où allez-vous, nourrice ?
Le dauphin pleurera.

7

N'ayez pas peur qu'il pleure,
J' l'ai bien emmailloté.

8

Ell' va fair' dire un' messe
A Not'-Dame-de-Pitié.

9

Au premier évangile,
L'enfant a soupiré.

10

Au dernier évangile,
L'enfant s'est relevé.

Dans une *chanson de berceuse* originaire de la Corse, et communiquée par M. Graziani, se trouvent des imaginations étranges comme il s'en rencontre dans les poésies populaires des peuples du Midi et de l'Orient.

La mère parle à son enfant qu'elle endort par un refrain monotone et doux à l'oreille; entre deux refrains, elle lui dit:

Quand enfin vous naquîtes,
On vous fit baptiser.
La lune fut la marraine,
Et le soleil le parrain.
Les étoiles qui étaient dans le ciel
Avaient des colliers d'or.

On n'a pas voulu grossir inutilement ces instructions en y insérant tous les morceaux que les premières recherches du Comité, servies par le zèle des correspondants, ont déjà mis à sa disposition, et qui pourront trouver place dans le recueil. On n'a voulu qu'indiquer le caractère de cette collection et donner comme des types des principales classes de chants populaires qu'elle devra contenir. C'est pour le Comité un vif sujet d'espérance que d'avoir déjà réuni plus de matériaux qu'il n'en pouvait employer. Quand un appel aura été fait aux collecteurs par la publication de ces instructions, on a lieu d'attendre que leurs investigations produiront un recueil abondant de chants populaires, où entreront à la fois les plus vieux et les plus grands souvenirs de notre histoire, aussi bien que les naïves fantaisies et les gracieux badinages de l'esprit français, et qui présentera une image fidèle et vivante du génie de notre nation.

VII
PHILOLOGIE[1].
1853-1854.

La section de philologie a dans ses attributions :
1° L'histoire de la langue ;
2° L'histoire de la littérature ;
3° L'histoire de la philosophie et des sciences.

L'objet de ses travaux est la recherche et la publication des documents inédits, de tout genre, qui peuvent contribuer à enrichir l'histoire du développement de l'esprit français dans ces trois grandes directions.

Pour éclairer, autant qu'il est en elle, dans un champ si vaste, les explorations des correspondants du Comité, dont elle sollicite le concours, la section de philologie se propose de leur transmettre prochainement, des instructions détaillées et tout à fait spéciales, qu'elle n'a pas cru devoir encore arrêter d'une manière définitive, mais qu'elle n'ajourne que dans l'espoir de les rendre plus complètes. Elle a jusqu'ici, d'ailleurs, consacré une grande partie de ses séances à la préparation du *Recueil des poésies populaires de la France* et des instructions particulières qui s'y rapportent. C'est même sur ce point qu'elle appelle aujourd'hui, sinon toute l'attention, au moins la coopération immédiate et efficace des correspondants.

Ceux d'entre eux, toutefois, qui seraient disposés à lui faire des communications, à lui adresser des matériaux relatifs à l'un des objets qui rentrent dans le cadre général de ses attributions, trouveront ici quelques indications préalables de nature à diriger leurs recherches. Aux divisions de ce cadre, que la section de philologie leur rappelle, à la définition simple et nette par elle-même de ces attributions, elle ajoute, comme exemples et comme types caractéristiques de la nature variée de ses travaux, les titres des ouvrages actuellement sur le métier, dont la publication demeure confiée à

---

[1] [La première partie de ces instructions, rédigées par M. Le Clerc, était jointe à la circulaire du 28 octobre 1853.]

ses soins, d'après l'avis du Comité, par décision de Son Excellence M. le Ministre de l'instruction publique. Ces ouvrages sont :

1° Pour l'histoire de la langue, et devant faire partie d'une nouvelle série et d'un nouveau volume de Mélanges : *Glossaire latin-français du commencement du xive siècle*; *Lettres inédites de Balzac;*

2° Pour l'histoire de la littérature, et indépendamment du *Recueil des poésies populaires de la France*: *Poèmes chevaleresques en langue romane du Midi* (*Girart de Roussillon, Ferabras*, etc.); *Poèmes de Chrestien de Troyes;*

3° Pour l'histoire des sciences : *Trésor de Brunetto Latini.*

Parmi les ouvrages précédemment publiés dans la collection des Documents inédits, qui peuvent servir à compléter ces rapides indications, la section de philologie rappelle comme des modèles, tant pour l'histoire de la langue et de la littérature, que pour celle de la philosophie, qui est ici principalement, mais non pas exclusivement, la scolastique : la *Traduction des quatre livres des Rois*, le *Poëme sur la Croisade contre les hérétiques albigeois* et le *Sic et non* d'Abélard.

Enfin, pour guider plus sûrement encore les correspondants, par les inspirations mêmes qui ont tant contribué à fonder la tradition entière de ces recherches et de ces publications nationales, la section de philologie ne peut mieux faire que de les renvoyer aux *Instructions générales* qui leur furent adressées à l'époque de l'établissement du Comité, en 1835, et aux *Rapports* qui font également partie de la collection des Documents inédits, comme conséquences et comme annexes de ces *Instructions*.

La section qui, dans le Comité de la langue, de l'histoire et des arts de la France, est particulièrement chargée de la direction des recherches sur les origines et les vicissitudes de la langue et de la littérature nationale, comprend aussi dans ses attributions les annales de la philosophie et des sciences, et il en sera parlé dans le cours des observations qui vont suivre. Mais comme d'excellents esprits, soit chez nous, soit chez plusieurs peuples voisins, étudient depuis quelques années avec prédilection nos antiquités grammaticales et littéraires, et qu'il est cependant incontestable que les matériaux nécessaires à cette étude sont encore loin d'être complets, il appartient à la section de travailler, avant tout, à les accroître, pour aider à combler les lacunes que peuvent offrir sur ces questions les meilleurs ouvrages.

On ne trouvera point ici de notes ni de pièces justificatives : les détails en seraient infinis; et nous voulons seulement présenter à l'émulation des hommes studieux, dans une récapitulation sommaire, une série de faits qui leur sont connus aussi bien qu'à nous, que nous pouvons leur rappeler sans discussion, et que, dans le doute, il leur sera facile de vérifier.

VERSIONS FRANÇAISES DE LA BIBLE ET DES LÉGENDES.

L'ancien Comité a donné un utile exemple, approuvé de toute l'Europe savante, lorsqu'il a publié, par les soins de M. le Roux de Lincy, la traduction française, écrite vers le xiie siècle, et peut-être au xie, des quatre livres des *Rois*. Cette édition a été, depuis, le manuel de quiconque a voulu, non plus deviner, mais observer comment notre langue, en se dégageant de ses éléments latins, s'est essayée à revêtir peu à peu les formes qui lui sont restées. Mais ce n'était là que le premier pas dans une voie qu'il convient de poursuivre. Nous regrettions alors de n'avoir pu donner que par extraits la rédaction en langue vulgaire des sermons de saint Bernard. Combien on fournirait surtout à l'étude le moyen le plus sûr de s'éclairer par la comparaison, si l'on faisait succéder aux livres des *Rois*, d'après des copies non moins anciennes, d'autres monuments de notre langue primitive, la traduction des *Psaumes*, celle des deux livres des *Machabées*, celle des *Moralités sur Job* et des *Dialogues* de saint Grégoire! De semblables versions, faites sur des textes respectés, sont de vrais lexiques du vieux langage, et, comme elles s'adressaient à la foule, de sincères témoins de l'idiome populaire.

Il convient donc de rechercher avec curiosité, pour remplacer ainsi les conjectures par des preuves, tout ce qui peut s'être conservé de ces traductions de l'Écriture sainte, recommandées à tous les diocèses de France, dès l'an 813, par les conciles. Celles des légendes de la Vierge, des vies des Pères et des Saints, en vers ou en prose, méritent presque la même attention. Ces instructions faites exprès pour la multitude des fidèles, comme les cantiques sur saint Étienne, saint Jean, saint Blaise, saint Léger, saint Nicolas, et les deux pièces retrouvées à Valenciennes (l'histoire rimée de sainte Eulalie, qui est peut-être du xe siècle, et l'homélie mi-partie de latin et de français sur Jonas, plus ancienne encore), doivent être ailleurs en assez grand nombre, puisqu'il est certain qu'au xviie siècle on persistait à lire des vies des Saints en vieilles rimes françaises dans les églises des environs de Paris.

VERSIONS DES TEXTES DE DROIT.

On peut aussi juger à propos de recueillir ou de signaler du moins aux amis de ces études les versions françaises des Codes, qui sont nombreuses à compter du xiie siècle, et quelquefois accompagnées de gloses. La langue de nos praticiens s'est formée sur ces traductions, ainsi que sur celles du Décret de Gratien et des Sommes d'Azon et de Tancrède. Le livre *de Justice et de Plaid*, publié par le précédent Comité, et qui n'est souvent qu'une reproduction des lois romaines, prouve combien de tels ouvrages fourniraient aux lexicographes de mots et de locutions.

CHARTES FRANÇAISES.

Il n'est pas moins à désirer que de nouveaux documents viennent ajouter aux exemples déjà constatés d'une innovation importante, quand les chartes, les coutumes, les traités, les contrats et autres actes publics ou privés commencent à être rédigés dans l'idiome vulgaire de chacune des provinces qui ont depuis formé l'unité française. Les originaux authentiques auraient surtout beaucoup de prix. Que l'on se borne cependant aux plus anciens titres, aux pièces antérieures à l'an 1500, de provenance et de date certaines, et que l'on s'occupe moins de celles dont le lieu et le temps pourraient laisser des doutes.

COMPTES, REGISTRES, ETC.

Nous aurions tort de ne point comprendre parmi les plus riches répertoires d'expressions techniques en langue vulgaire les comptes royaux, les registres des communes, les inventaires des familles, les statuts et les descriptions d'arts et de métiers.

INSCRIPTIONS EN VERS FRANÇAIS.

Les inscriptions françaises, surtout en vers, ne sauraient être transcrites avec trop de soin et de fidélité; car, outre qu'elles sont l'écho le moins équivoque de la langue usuelle, puisqu'elles s'adressent à tous et qu'elles n'ont pas été remaniées par des copistes, elles peuvent se rapporter à des événements glorieux pour notre pays, comme celle d'une ancienne porte d'Arras, où quelques rimes françaises, en 1250, trente-six ans après la bataille de Bouvines, rappelaient, dans un style simple et correct, plusieurs souvenirs de cette grande journée.

CHRONIQUES RIMÉES.

La section historique du Comité ne nous défendra pas non plus d'indiquer, en passant, les chroniques rimées, comme celles de Wace et de Benoît de Sainte-Maure, celle de Jordan Fantosme, et la chronique en vers romans du Midi sur les hérétiques albigeois, à laquelle nous donnerons bientôt pour pendant l'édition préparée par M. Francisque Michel, d'après un manuscrit de l'abbaye navarraise de Fitero, du poème historique de Guillaume Anelier, de Toulouse, qui, après avoir suivi Louis IX à Tunis, raconte la domination française en Navarre au temps de Philippe le Hardi. Mais nous ne parlons néanmoins de ce genre mixte que pour arriver tout naturellement à d'autres récits en vers, à nos grands poèmes chevaleresques, qui sont quelquefois, aussi bien que les chroniques, même en prose, un mélange de vérité et de fiction et qui ont eu longtemps une grande part dans ce qui semblait être alors de l'histoire.

GRANDS POÈMES.

Comme nous allons exprimer le vœu qu'on nous mette à portée de sauver le plus possible de l'oubli ce qui reste de ces anciens poèmes français, nous demanderons à exposer avec une certaine étendue quelques-uns des motifs qui nous font attacher de l'importance à ces publications.

Et d'abord elles sont utiles aux études historiques. On ne cesse de dire que la critique n'a pas encore délivré entièrement nos anciennes annales des fables qu'elles ont empruntées aux chants des trouvères, dans un temps où les traditions qu'ils propageaient en France et hors de France étaient respectées à l'égal des documents les moins douteux. Oui, sans doute, la poésie a prêté souvent ses fables à l'histoire, et la restitution n'en a pas toujours été faite; l'histoire les a gardées. Mais comment en achever le triage avec un discernement toujours sûr, si les œuvres des poètes, enfouies dans les manuscrits, ne peuvent être comparées aux narrations moins suspectes des chroniqueurs?

Autre motif de répandre et de faciliter la connaissance de ces rimeurs de nos traditions françaises. Une question à la fois historique et littéraire n'est peut-être pas encore suffisamment éclaircie. Le cycle épique de Charlemagne a-t-il en effet précédé celui d'Arthur ou de la Table ronde? Ainsi l'ont pensé de fort bons juges: ainsi le croyait notre illustre confrère Fauriel;

et le contraste entre le rôle des femmes, grave, soumis, ou d'une grossièreté naïve, dans les poèmes carlovingiens, et l'étrange raffinement de mauvaises mœurs qui caractérise les *Lancelot*, les *Tristan*, les *Amadis*, tels du moins que nous les avons, n'annonce-t-il pas une date plus récente de l'âge chevaleresque? Lorsqu'il est à peu près reconnu que des poèmes français sur Roland, Olivier, Renaud et les autres paladins, pouvaient remonter jusqu'au xi° siècle, trouvera-t-on sur le continent la trace des poèmes bretons ou gallois, avant que la cour de Henri II d'Angleterre eût fait paraphraser en prose anglo-normande, vers l'an 1160, les histoires latines de Geoffroi de Monmouth? Les textes seuls peuvent jeter quelques nouveaux jours sur ces incertitudes.

De telles publications intéressent aussi, nous devons le dire, l'honneur de l'esprit français. Une longue insouciance pour notre vieille gloire littéraire nous a laissé beaucoup d'erreurs à combattre et de droits à revendiquer. On ne saurait croire avec quelle légèreté des écrivains du dernier siècle et même du nôtre, qui avaient cependant à leur disposition les travaux de Fauchet, de Barbazan, et les admirables recueils de copies manuscrites formés pendant plus de cinquante ans par La Curne Sainte-Palaye, ont abandonné et trahi la cause de l'originalité nationale dans un genre où il est si rare de créer. Peut-être s'imaginaient-ils avoir tout dit quand ils avaient répété sans examen quelque dicton puéril contre la stérilité française; et ils oubliaient que la France avait fourni de sujets d'épopées l'Italie, l'Espagne, l'Allemagne, l'Angleterre, sans compter les versions de nos poèmes dans presque toutes les langues du nord et de l'orient de l'Europe. De prétendus critiques, moins justes en France pour nos poètes qu'on ne l'était hors de France, nous donnaient pour des traducteurs, tandis que c'est nous qui étions traduits.

Cet ingénieux poème de *Partonopeus de Blois*, où quelques souvenirs de la Psyché d'Apulée sont renouvelés avec grâce, et que l'on ne connaissait que par une mauvaise analyse de la *Bibliothèque des romans* d'après une rédaction espagnole, était regardé, sur la foi d'une note qu'une main moderne avait jointe au manuscrit de l'Arsenal, comme la traduction d'un roman en vieux langage catalan publié en 1488 à Tarragone; et les réclamations n'auraient peut-être pas été entendues si, en 1834, Crapelet n'eût imprimé l'original d'après cette copie française du xii° siècle.

Il n'y a pas longtemps qu'on redisait encore, avec Tressan, que le *Filocopo* de Boccace, ou *Florio e Biancafiore*, venait d'un ouvrage espagnol imprimé en 1512 : *Flore et Blanchefleur*, ce charmant petit poème que tout le monde peut lire à présent dans l'édition donnée en 1844, à Berlin, est une production française très ancienne, dont le style a été rajeuni au XIIIe siècle, que les minnesingers avaient imitée d'après un texte antérieur, et que toutes les nations européennes, même la Grèce, s'étaient empressées de traduire.

Ce n'est que lorsque nous aurons les diverses rédactions du texte français du roman de *Troie*, par Benoît de Sainte-Maure, écrit vers le milieu du XIIe siècle, et dont nous avons un manuscrit daté de l'an 1264, que nous pourrons savoir avec certitude si c'est à une imagination française, comme un premier coup d'œil nous l'a fait depuis longtemps supposer, que le *Filostrato* de Boccace, et d'après lui, Chaucer et son imitateur Shakespeare, ont dû l'épisode de *Troïlus et Cressida*.

Sur notre sol même, on sait quelle controverse dure encore, pour la priorité de quelques œuvres, entre la langue romane du Midi et celle des trouvères. Trop souvent les erreurs et les disputes qu'elles font naître ne se sont prolongées que faute de connaître les textes, sans lesquels toute vraie critique est impossible. Ainsi, pour réclamer en faveur de la langue d'oc l'invention de plusieurs de nos grands poèmes sur Charlemagne, on prétendait que nos poètes du Nord n'avaient pas même eu l'idée de chanter la guerre contre les Saxons : le *Widukind de Saxe*, composé vers l'an 1200 par Jean Bodel d'Arras, est venu, en 1839, faire tomber cet argument, que devait déjà rendre fort suspect la multitude de nos poèmes carlovingiens, dont la moitié au moins est inédite.

Un autre partisan du système absolu qui veut tout faire commencer en Provence a écrit qu'il ne restait pas un seul vers, dans la vieille poésie française, en l'honneur de Roland ni de Guillaume d'Orange. Le poème de *Roland* n'existait alors, sous sa forme la plus ancienne, que dans le manuscrit d'Oxford. Quant à *Guillaume d'Orange*, il ne s'en est encore retrouvé, non pas à Oxford, mais à Paris, que dix-huit branches, qui ne font que cent dix-sept mille vers, dont quelques centaines viennent d'être données par M. Conrad Hofmann, dans les mémoires de l'Académie de Bavière, et un bien plus grand nombre, environ seize mille, aux frais du gouvernement de Hollande, par M. Jonckbloet, dans une élégante édition de La Haye, qui arrive en ce moment à Paris.

Pour prévenir de tels mécomptes et faire avancer, s'il est possible, l'ancienne question des rapports entre les deux littératures, celle du midi et celle du nord de la France, la section hâte de tous ses vœux la publication simultanée de deux grands poèmes du cycle de Charlemagne, *Girart de Roussillon* et *Ferabras*, avec les deux textes en regard, le provençal d'un côté et le français de l'autre. Nous avons à Paris *Girart* en provençal ; il s'en trouve à Londres un texte à demi français. *Ferabras*, que nous avons en français, a été publié en provençal à Berlin. Nous croyons, d'après une étude qui devra être plus approfondie, que, pour *Ferabras*, c'est le français qui est l'original. On apprendrait avec reconnaissance qu'il se fût découvert de ces deux poèmes, dans l'une ou l'autre rédaction, quelque exemplaire inconnu.

Enfin, un motif qui nous engage à recommander de préférence les textes en vers, et qui doit avoir quelque intérêt pour la section du Comité chargée de réunir des documents sur les différents âges de notre langue, c'est que si nous trouvons dans l'idiome vulgaire une image plus réelle et plus vivante de la physionomie de nos aïeux que dans toutes leurs œuvres latines, on peut le dire surtout de leurs poésies ou, si l'on veut, de leurs rimes françaises. La versification, avec ses règles déjà rigoureusement observées de très bonne heure, au moins dans les transcriptions dignes de foi, contribue bien mieux que la prose à nous transmettre la prononciation, la manière d'écrire les mots, la construction. Il n'en faudrait pas moins, si l'occasion s'en présentait, recueillir quelques grammaires, quelques préceptes, comme M. Guessard l'a fait heureusement pour deux grammaires provençales du XIIIe siècle, ou quelques-uns de ces anciens vocabulaires qui sont encore plus précieux quand le français y accompagne le latin. Mais, à défaut de préceptes ou de glossaires, que l'on ne cesse point de multiplier les exemples, et des exemples que la mesure et la rime rendront toujours moins contestables que ceux de la prose. Jusqu'à une moisson plus ample et plus complète de mots et de phrases, tous les ouvrages sur notre ancienne langue pourront sembler prématurés, parce qu'ils manqueront de l'autorité que leur donnerait plus tard la comparaison entre un grand nombre de textes des diverses provinces et des divers siècles.

Or, ce n'est point ici le lieu de le dissimuler, la publication de nos anciens poèmes, d'abord assez active, quoique se renfermant avec trop d'égoïsme dans le cercle étroit de ceux qui veulent qu'un livre soit toujours rare, paraît s'être ralentie chez nous depuis quelque temps, et les étrangers se sont mis à nous succéder ou du moins à lutter contre nous dans l'accomplissement de notre devoir, comme pour nous avertir à leur tour de la sève féconde et de l'éternelle jeunesse de cette vieille littérature française qu'on étudie ainsi de toutes parts. Nous trouvons presque en eux des concitoyens.

Quelques-uns même, dans l'ardeur que leur inspiraient ces études françaises, qui doivent être plus épineuses pour eux au milieu des habitudes d'une langue si différente de la nôtre, ont cru qu'il était déjà temps de composer des grammaires de notre vieux langage. C'est là ce qu'ont essayé MM. Orelli à Zurich, Fuchs à Halle, Diez à Bonn, Burguy à Berlin. Quoique nous pensions que ce sont là des essais venus trop tôt, pour eux plus encore que pour nous, il faut nous en applaudir, s'ils y ont trouvé un nouvel encouragement à la publication des textes. En effet, ils se sont bien vite aperçus que, pour accréditer leurs théories, il était bon d'observer encore, et que l'éditeur devait accompagner, sinon précéder le grammairien.

Il y aurait de l'ingratitude à ne point rappeler les principales de ces éditions françaises de la docte Allemagne. L'Angleterre n'est certes point restée indifférente à une littérature qui fut la sienne pendant près de trois siècles, et des associations amies des lettres ont tiré des bibliothèques de la Grande-Bretagne, en choisissant M. Francisque Michel pour éditeur, la Conquête de l'Irlande, la Chronique de Jordan Fantosme, *Horn et Rimenhild*, *Charlemagne*, des fragments de *Tristan;* c'est aussi pour des sociétés anglaises que le même éditeur a extrait des manuscrits de Paris, outre les Aventures de *Frégus*, par Guillaume, clerc de Normandie, *la Manekine*, attribuée, suivant une conjecture récente, à Philippe de Beaumanoir, seigneur de Remi, et que M. le Roux de Lincy donnera bientôt *Blanche d'Oxford et Jehan de Dammartin*, autre délassement, dit-on, de notre célèbre légiste. Mais l'Allemagne a rendu la vie à un plus grand nombre de ces ouvrages, qu'elle semble vouloir admettre au partage de son amour pour les monuments de toutes les antiquités. M. Immanuel Bekker, l'habile helléniste, a publié à Berlin, avec son édition du *Ferabras* provençal, de longues colonnes des *Quatre fils Aimon*, de *Girart de Viane*, d'*Agolant*, d'*Aubri le Bourgoing;* puis, en deux fois, la légende rimée de Garnier de Pont-Sainte-Maxence en l'honneur de *saint Thomas de Canterbury;* dans l'intervalle, *Flore et Blancheflcur*, et en 1849 une édition plus complète d'*Agolant*, sous le titre d'*Aspremont;* M. Aldebert Keller, à Tübingen, les *Sept Sages*, et le *Romvart*, choix de textes transcrits dans les bibliothèques d'Italie; M. Massmann, à Quedlinburg, le poème d'*Éracles*, par Gautier d'Arras, trouvère du XIIe siècle; M. Conrad Hofmann, à Munich, des fragments de *Guillaume d'Orange;* à Erlangen, *Jourdain de Blaives* et un autre poème carlovingien, *Amis et Amiles*, où les frères jumeaux, les Ménechmes de la comédie grecque et latine, transportés par les trouvères dans le monde de la chevalerie, leur ont inspiré une de leurs œuvres les plus attachantes et les plus pathétiques.

Plusieurs des éditions imprimées à l'étranger, comme celles qu'a données à Bruxelles M. de Reiffenberg de la chronique rimée de Philippe Mouskés, du *Chevalier au cygne*, de *Gilles de Chin*, et tout récemment celle de *Guillaume d'Orange*, à la Haye, par M. Jonckbloet, ont été faites sur nos manuscrits de Paris. De là viennent aussi les poèmes qui ont paru en France, *Berte aux grands pieds*, *Garin le Loherain*, la *Chanson d'Antioche*, dus à M. Paulin Paris, un des premiers qui aient repris chez nous avec ardeur ces études françaises; *Gérart de Nevers*, le *Comte de Poitiers*, le *Saint-Graal*, *Eustache le Moine*, publiés par M. Francisque Michel; *Raoul de Cambrai*, par M. Edward le Glay; *Parise la duchesse*, par M. de Martonne; *la Mort de Garin*, par M. Édelestand du Méril; le *Brut* et le *Rou*, de maître Wace, par MM. le Roux de Lincy et Pluquet; *Baudouin de Sebourc*, par M. Boca.. *Ogier*, que M. Barrois a tiré d'un de ces petits volumes qui servaient aux jongleurs, vient de la bibliothèque de Tours, où il avait passé de l'abbaye de Marmoutier, et où se conserve, dans un autre manuscrit tout semblable, en attendant un éditeur, *Huon de Bordeaux*, que nous ne connaissons que par les remaniements en prose qui l'ont altéré.

Mais il y a beaucoup d'autres de ces ouvrages français dont nous n'avons pas même de copie en France, et qui, après nous avoir quittés pour des contrées lointaines, y sont restés, tandis qu'ils ont disparu chez nous, à moins que d'heureuses découvertes ne nous les rendent. Sans nous arrêter à ce poème provençal qu'on dit être de la princesse Éléonore, belle-sœur de saint Louis, depuis reine d'Angleterre, à *Blandin de Cornouailles*, dont l'unique exemplaire est à Turin, il suffira de dire que *Guillaume de Dole* est à Rome; *Ugon le Berruier* et *Orson de Beauvais*, à Middle-Hill; *Jouffroi de Poitiers*, à Copenhague; *Elédus et Serène*, à Stockholm.

N'est-ce pas une merveilleuse histoire que celle des diverses fortunes de nos anciens poèmes français, et n'en pourrait-on pas comparer quelquefois les vicissitudes aux aventures de leurs chevaliers errants ? Ceux qui se retrouvent en Angleterre ont sans doute souffert des copistes, accoutumés à un accent étranger ; mais comme le français y devint moins usuel au xive siècle, on peut croire qu'ils y ont cependant subi moins d'altérations qu'entre les mains de nos ménestrels, qui, pour être écoutés, voulaient toujours parler la langue de leur temps : ainsi le *Roland* d'Oxford garde bien mieux sa forme primitive que les copies que nous en avons sur le continent. C'est principalement au xiiie siècle, dans cet âge dont l'activité littéraire ne respecta pas assez les grandes compositions des âges précédents, qu'on les soumit à des changements arbitraires, à de nouveaux développements, qui leur firent perdre de leur simplicité; mais peut-être avaient-elles été dès lors remaniées plusieurs fois. Nous voyons du moins les versificateurs allemands du même siècle, ces imitateurs infatigables de nos poèmes, en reproduire qui paraissent plus anciens que ceux qui y répondent dans notre langue. On a fait aussi connaître, au delà du Rhin, des traductions en vieilles rimes allemandes de plusieurs poèmes français qui nous manquent encore, ou que nous avons, mais inédits. M. Guillaume Grimm vient de donner celle d'*Athis et Prophélias;* personne ne songe à notre texte français.

C'est également en vers que se firent les imitations anglaises, à l'usage de ceux qui n'entendaient point ou ne voulaient point paraître entendre la langue des conquérants. Lorsque les poèmes nous restent dans les deux langues, un court parallèle fait aisément voir que le français est l'original. Plusieurs traductions anglaises de notre *Gui de Warwick*, qui semblerait par son titre venir de l'Angleterre, y ont été imprimées : nous en avons l'original français, et il est inédit. Le *Beuve d'Hanstone* des Anglais, copié sur le nôtre, a été plusieurs fois imprimé; le nôtre ne l'est pas. *Sir Ferumbras, Sir Triamour, Sir Eglamour d'Artois, Roland et Ferragus, Richard Cœur-de-Lion* lui-même et quelques autres, dont les critiques anglais sont loin de nier la provenance française, n'ont pas été retrouvés en français. On vient d'annoncer à Londres un recueil d'anciens monuments de la poésie anglaise, et entre autres *Sir Ysumbras*, dont les éditeurs font remonter le premier texte à nos trouvères : voilà encore un ouvrage à chercher dans nos collections de manuscrits.

Viennent ensuite, au xive siècle, les imitateurs italiens, qui commencent par se contenter de la prose. Le pays où devaient naître Pulci, Boiardo, Arioste, ces chantres moqueurs de notre chevalerie française, dont quelques-uns de nos poètes s'étaient permis de rire avant eux, la connut d'abord par les *Reali di Francia*, où reparaissent Berte, Charlemagne, Roland, Beuve d'Hanstone, Aimeri de Narbonne, mais où se montre aussi, parmi quelques récits indigènes, la trace de plusieurs des nôtres qui ne sont pas encore retrouvés.

Si, dès le xiii° siècle, les remaniements en vers des anciennes œuvres de la poésie narrative en avaient altéré, même en France, le vrai caractère, les recompositions verbeuses de nos versificateurs du xv° siècle vinrent détruire à leur tour la naïveté toute guerrière de ces poèmes, pour y substituer le plus souvent des scènes édifiantes; mais la transformation fut encore plus profonde lorsque, vers la fin du même siècle, on les mit presque tous en prose.

Il y avait eu, d'assez bonne heure, plus d'une application de la prose à cette vieille poésie. On croit que les premières amplifications romanesques de la chronique de Geoffroi de Monmouth, le conteur latin des prouesses de la Table ronde, se firent en prose française; c'est en prose aussi que nous sont racontés *Le Roi Flore et la Belle Jehane*, *Le Comte de Ponthieu*, et ce vaillant *Beaudouin de Flandre*, « lequel espousa le diable. » Mais c'est surtout au xv° et au xvi° siècle que la prose s'empare de tout cet héritage littéraire, et que les simples et gracieuses inventions du génie primitif de nos poètes subissent la plus complète métamorphose. L'imprimerie envahit le monde, et peut seule suffire à la reproduction rapide et inépuisable des plus vastes œuvres; les Vérard, les Petit, les Galiot du Pré, les Trepperel, font sortir de leurs presses, sous les titres les plus propres à séduire les lecteurs, de nombreux et d'énormes volumes. *Lancelot du Lac* n'en exige que trois. *Perceforêt*, qui devait être plus court dans ce manuscrit en vers de l'an 1220 dont parle Warton, et qu'on a vainement cherché comme tous les autres du même poème, atteint jusqu'au sixième tome in-folio, et il n'est pas le seul qui devienne colossal. Nous voilà bien loin de cette sobriété qui recommande aux gens de goût le *Roland*, *Berte aux grands pieds*, la *Chanson des Saxons* !

Les anciens poëmes français, revêtus, alors surtout, de cette forme de romans en prose qu'ils ont gardée plusieurs siècles, et sous laquelle se les disputent des amateurs qui les lisent peu, mais qui enseignent du moins par leur exemple à respecter cette vieille gloire, avaient été déjà et continuèrent d'être mis à une autre épreuve : on en fit des « jeux par personnages » ou de vraies représentations dramatiques. Les gestes des douze pairs de France en fournissaient volontiers le sujet. A Lille, en 1351, on joua (le mot est resté) *Les Enfants d'Aimeri de Narbonne*. Guillaume d'Orange, sous le nom de saint Guillaume du Désert, la reine Berte, Amis et Amiles, Robert le Diable, transformés en « Miracles de Notre-Dame », parurent sur la scène comme autant de pieuses moralités. Quelques-unes de ces pièces sont imprimées; d'autres ne sont qu'indiquées dans les catalogues de manuscrits; mais il doit s'en trouver dont le titre n'est pas même connu. De nos jours, en 1833, on a encore assisté, dans un village des Pyrénées, à un drame tiré de ces vénérables traditions des douze pairs, et dont le plan n'était autre que celui du poème de *Ferabras*.

L'enthousiasme pour ces noms héroïques alla même jusqu'à les environner, ou peu s'en faut, de l'auréole des saints : les poëmes chevaleresques, s'ils étaient mieux connus, aideraient à l'explication des monuments de l'art religieux. On sait que Berte, Roland, Olivier, Renaud, sont quelquefois représentés au portail ou sur les vitraux des églises, à côté des images les plus révérées, et que les paladins morts à Roncevaux ont été honorés comme des martyrs. Les pèlerins de Saint-Jacques de Compostelle visitaient les tombeaux de Roland, de Guillaume, de Garin, de Turpin lui-même, avec non moins de piété que les reliques des bienheureux; et Ferabras, le géant sarrasin, après sa conversion, fut presque canonisé.

Que cette haute fortune des fantaisies de nos poètes ne nous empêche pas de rappeler qu'elles obtinrent et gardèrent longtemps une célébrité tout à fait vulgaire, celle que donnent les enseignes des rues de Paris. Dans un manuscrit du xve siècle, une proclamation burlesque nous fait part du mariage des Quatre fils Aimon, dont l'image ornait une boutique vis-à-vis de la grande Boucherie, et invite à leurs noces beaucoup d'autres des plus fameuses enseignes : le Roland, de la rue de la Saunerie; Isoré et Guillaume au court nez, de la place Maubert; le Champion de la Croix Aimon; le Chevalier au Cygne, de la rue des Lavandières. Il fallait que l'auteur d'un tel « esbatement », comme il l'appelle, fût bien persuadé que ces vieux récits amusaient encore le peuple de la grande ville, pour prétendre l'intéresser au mariage des Quatre fils Aimon.

C'étaient là du moins des hommages qui, comme l'honneur de fournir des noms aux preux des tournois ou aux figures des jeux de cartes, recommandaient bien ou mal le souvenir des héros de notre poésie nationale, sans porter préjudice aux anciennes œuvres remplies de leurs combats et de leurs amours. Ces nobles chants ont eu réellement plus à souffrir, en vieillissant, d'un autre genre de popularité. S'ils avaient été comme étouffés, au XVIe siècle, sous le poids des volumes, il leur a fallu traverser, dans le cours de leurs longues mésaventures, un moment plus triste encore, lorsque, vers la fin du siècle dernier, quelques beaux esprits, sous les ordres de Paulmy d'Argenson, se mirent à en rédiger des extraits, en style moderne, pour la *Bibliothèque des romans*, non pas d'après les manuscrits, dont ils avaient à leur portée la plus riche collection, mais d'après les amplifications démesurées des romans en prose, ou, ce qui est vraiment sans excuse, d'après les imitations espagnoles ou italiennes, qu'ils prirent pour les originaux. De vains enjolivements, des couleurs fausses, les fadeurs à la mode, l'oubli de tout naturel, de toute vérité, quel travestissement des œuvres de nos trouvères ! Une dernière dégradation les attend, ou, si l'on peut le dire, une nouvelle consécration, mais bien humble et bien misérable, de la perpétuité de leur renommée : la Bibliothèque bleue ; tous les ans on réimprime pour les campagnes, surtout à Troyes, en petits livrets couverts de papier bleu, les Douze pairs, les Quatre fils Aimon, Pierre de Provence et la Belle Maguelone, Robert le Diable. Ces noms-là, qui sont de bonne heure descendus dans la foule, s'y prononcent encore après sept ou huit cents ans, et rien ne fait croire qu'ils doivent y être jamais oubliés.

Sommes-nous donc pour cela quittes envers nos anciens poètes ? N'est-il pas temps de réparer le mal qu'on leur a fait ? Un de nos savants et zélés confrères, M. Paulin Paris, dont les études persévérantes viennent de remettre en lumière, dans le XXIIe volume des Annales littéraires de notre pays, un grand nombre de ces vieilles histoires rimées qui ont déjà beaucoup vécu, mais qui ont cependant besoin qu'on les aide à ne pas mourir, a commencé avec succès et poursuivi avec dévouement la publication des romans des Douze pairs. D'autres l'ont secondé dans cette noble tâche : M. Francisque Michel, qui s'y est réservé une place honorable, a donné *Widukind de Saxe*, *Charlemagne à Jérusalem*, *Roland* ; M. Édelestand du Méril, *La mort de Garin* ; M. Prosper Tarbé, *Auberi le Bourgoing*, *Girart de Viane*. M. Trébutien a été l'éditeur d'une des rédactions en vers de *Robert le Diable*. Mais combien d'œuvres encore inédites, ou qui se publient ailleurs ! Le poème des *Quatre fils Aimon*, négligé en France, quoiqu'on n'y ait certainement oublié ni Renaud de Montauban, ni l'enchanteur Maugis, ni le cheval Bayart, nous est arrivé en partie de Berlin, comme la Haye nous envoie celui de *Guillaume*. Un autre, celui d'*Éracles*, rempli des souvenirs de nos guerres d'Orient, composé vers l'an 1150, et aussitôt traduit en allemand, aurait mérité d'être depuis longtemps publié en France; il vient de l'être à Quedlinburg.

Ferabras n'est encore imprimé, et par des presses étrangères, que dans la langue romane du Midi; nous l'avons dans celle du Nord, qui semble, pour cet ouvrage, la langue originale. Il est à désirer que le parallèle entre les deux textes ne se fasse pas attendre.

Pierre de Provence, dont Bernard de Treviez, chanoine de Maguelone, écrivait les aventures au xiie siècle, n'est connu que par les versions en prose française, espagnole, allemande, par un poème grec, et une ancienne rédaction latine, qui fut, dit-on, retouchée de la main de Pétrarque. Ne pourrait-il pas s'en découvrir une leçon versifiée dans l'une ou l'autre de nos deux langues romanes?

Un savant français qui a, jusqu'à présent, coopéré aux généreux efforts de l'Allemagne en l'honneur des vieux écrivains de la France, M. Michelant, éditeur du poème d'*Alexandre* et des Mémoires de Philippe de Vigneulles pour la Société littéraire de Stuttgart, va mettre sous presse, pour le comité de Paris, les œuvres d'un des plus habiles et des plus clairs de nos poètes, quoiqu'il date du milieu du xiie siècle, Chrestien de Troyes. Nous saurons mieux peut-être, en lisant les plus anciens poèmes français sur Lancelot et Perceval, comment se sont popularisées, par une langue déjà presque européenne, ces aventures des chevaliers de la Table ronde, que lisaient ensemble, à Rimini, Françoise et Paul, lorsqu'ils tombèrent sous le poignard de Malatesta. Ces chants, qui se répandirent si vite en Italie, en Espagne, et que Wolfram de Eschenbach se hâta d'imiter, doivent avoir laissé des traces dans plusieurs de nos provinces, et il pourrait s'y retrouver enfin de quoi compléter, sous une forme assez voisine de l'ancienne forme française, *Le Saint-Graal* et le *Tristan*.

Il ne reste que des exemplaires en prose de *Perceforêt*, de *Giglan*, de *Valentin et Orson*: la rédaction en rimes, qui est la première, n'a pas encore reparu.

D'autres récits ne sont restés ni en vers ni en prose, et nous ne savons qu'ils ont existé que par les indications recueillies dans des ouvrages conservés. On découvrira peut-être un jour *Constantin*, *Fiovio* ou *Floevent*

(Flavius), *Cloevier* (Clovis), *Richier, Landri*, les *Enfances de Charlemagne*. Les poèmes provençaux de Guillaume Bechada et de Guillaume IX, comte de Poitiers, sur la première croisade, sont encore à trouver. Les branches que nous avons de l'*Alexandre*, du *Renart*, en désignent d'autres que nous n'avons plus.

Il y a donc d'importants manuscrits à chercher, d'utiles publications à faire. Que les amis de leur pays se mettent à l'œuvre; que ceux qui sont jaloux de réclamer avec nous pour nos aïeux cette gloire de l'invention qu'on a eu le tort de leur refuser, interrogent avec courage nos grandes archives littéraires, les plus riches encore de l'Europe, mais qui ne sont peut-être pas les plus connues; qu'ils étudient aussi les bibliothèques étrangères, où se conservent, depuis plusieurs siècles, des exemplaires moins retouchés que les nôtres; qu'ils fassent sortir de ces longues ténèbres des productions originales, qui, lors même qu'elles n'ajouteraient pas à l'estime que l'on témoigne hors de France pour notre poésie primitive, n'en viendraient pas moins éclairer de lumières nouvelles nos grammaires, nos lexiques, l'histoire de notre langue; et ils doivent être persuadés, par l'appel même qu'on leur fait en ce moment, que les encouragements de l'État ne manqueront pas plus que la reconnaissance publique à leur zèle et à leurs travaux.

AUTRES GENRES.

Le silence que nous gardons ici sur les autres genres de poésie, tels que lais, dits, enseignements, disputes, serventois, proverbes en vers, blasons, saluts, chansons notées, ne veut point dire qu'il n'y ait aussi dans ces divers genres quelque espoir d'heureuses découvertes pour ceux qui voudront nous aider à défendre, contre l'indifférence et le dédain, les restes d'une littérature que les étrangers respectent plus que nous, parce qu'ils l'ont beaucoup imitée.

FABLIAUX.

Peut-être avons-nous assez et trop de fabliaux; car on ne trouverait pas facilement chez aucun autre peuple cette surabondance de contes rimés, qui sont allés tour à tour amuser toutes les nations de l'Europe, et qui, chez nous, remontent au moins jusqu'aux premières années du xiie siècle. Cependant il ne faudrait point négliger de recueillir ceux qui offriraient encore quelque originalité. Il est bon surtout de faire attention aux contes en vers latins ou même en prose latine, dont les auteurs de nouvelles italiennes n'ont pas moins profité que de nos contes en langue vulgaire, et où se retrouvent, comme on pourrait en fournir aujourd'hui la preuve, presque tous les contes de Perrault. Quelques-uns sans doute sont venus de plus loin, puisqu'il y en a qui ont une origine indienne; mais il est toujours intéressant de les suivre dans les diverses formes qu'ils ont pu prendre à travers les siècles.

Nous ne saurions donc, ni pour ce genre, ni pour aucun autre, fixer d'avance le point où il faut s'arrêter. Les explorateurs des anciens manuscrits n'ont pas besoin que nous renfermions pour eux dans des limites fixées d'avance tous les caprices du génie poétique de nos pères; et nous voudrions l'essayer, qu'il resterait toujours quelque chance à l'imprévu. Cependant, pour appeler un moment la curiosité et les recherches des correspondants sur le genre dramatique, dont le début en France est maintenant mieux étudié qu'autrefois, nous leur ferons part d'un projet du Comité.

THÉÂTRE.

Parmi les manuscrits du Vatican qui ont appartenu à la reine Christine de Suède, fonds si riche en ouvrages français, dont plusieurs nous manquent, il s'en trouve un qui avait été, comme beaucoup d'autres, la propriété d'Alexandre Petau, fils de Paul, et où l'on peut lire son nom écrit de sa main sur le premier feuillet : *A. Petavius sen. Par.* 1636. Ce magistrat, oncle du célèbre jésuite, avait hérité de son père de précieux manuscrits, venus en partie de l'ancienne abbaye bénédictine de Fleuri ou Saint-Benoît-sur-Loire. Un grand nombre, vendus à la reine de Suède en 1645, sont maintenant hors de France; et celui dont nous parlons, in-folio sur papier, composé de cinq cent neuf feuillets, et qui porte aujourd'hui le numéro 1022, est un de ceux que nous devons regretter le plus, car il a pour titre *Le Mystère du siège d'Orléans*, et c'est une vraie tragédie de Jeanne d'Arc, qui date du xve siècle même, comme la langue et l'écriture ne permettent pas d'en douter.

Il n'était point rare de voir les confréries représenter des sujets de notre histoire; mais celui-ci s'accordait plus que tout autre avec le caractère pieux qui dominait presque seul sur le théâtre, et il est naturel d'y rencontrer l'intervention divine. La Sainte Vierge et les deux patrons de la ville d'Orléans, saint Euverte et saint Aignan, intercèdent pour le roi Charles et pour la France ; l'archange saint Michel, qui annonce à la Pucelle sa mission, la soutient ensuite dans ses épreuves ; et c'est au milieu de ces manifestations de la protection céleste que paraissent, dans une action vive et animée, tous ces grands noms historiques, Dunois, la Hire, Chabannes, Villars, Vendôme, Xaintrailles, et de l'autre côté, Salisbury, Somerset, Bedford, Suffolk, Talbot, etc. La représentation, outre qu'elle nous transporte de temps en temps au paradis, est à grand spectacle sur terre et sur mer, accompagnée de trompettes, d'orgues, de tocsin, de canon, avec plusieurs sièges, plusieurs batailles ; la scène, qui change à tout moment, nous fait voir, entre autres lieux, Londres, Mantes, Chartres, Beaugenci, Melun, Cléri, Orléans, Chinon, Paris, Blois, Sulli, Poitiers, Fierbois, Jargeau ; mais sans prétendre à l'unité de lieu ni de temps, elle conserve partout assez bien, avec l'unité du sujet, qui est la délivrance d'Orléans, sa physionomie religieuse et guerrière.

Ce drame rimé, compris dans les catalogues de Montfaucon, indiqué en passant par M. Adelbert Keller et par M. Jules Quicherat, dont MM. Daremberg et Renan ont copié ensuite plusieurs feuillets, a déjà été à Rome l'objet d'une sérieuse étude pour MM. Guessard et Léon de Bastard, à qui nous devons ce que nous en avons dit. Le premier offre de l'aller copier tout entier, de le joindre à la collection des Documents, et de faire enfin connaître par l'édition de cet ouvrage, avec un essai de notre théâtre naissant, l'expression populaire de la pensée des contemporains sur un des grands faits de notre histoire.

Il ne serait pas impossible de découvrir, surtout dans nos villes du Centre, quelque autre copie, moins fautive peut-être, du Mystère du siège d'Orléans. Ceux qui savent combien un texte est difficile à établir correctement d'après un seul exemplaire feront des vœux, comme nous, pour qu'on retrouve encore ailleurs ces pages que la France n'aurait pas dû oublier si longtemps, et qu'il lui appartient de publier.

SCIENCES.

Les sciences vont être bientôt représentées, dans les publications de la section, par le *Trésor* de Brunetto Latini, souvent promis, toujours attendu, et dont le texte est, nous osons le dire, nécessaire à une nation voisine. Le proscrit de Florence, qui passe pour avoir été le précepteur et l'ami de Dante, écrivit cet ouvrage en France sous le règne de saint Louis, d'après les leçons de l'université de Paris, d'après nos poèmes didactiques, tels que les Bestiaires, les Lapidaires, l'Image du monde; et il l'écrivit en prose française, parce que notre langue lui semblait la « parleure » la plus agréable et la plus répandue. Nous en avons des manuscrits très corrects; mais le texte de la traduction italienne, le seul imprimé, est tellement défectueux dans ses trois éditions, qu'il est quelquefois inintelligible. Il est donc urgent que l'original aide enfin à rectifier ce mauvais texte italien, où les auteurs du vocabulaire de la Crusca ont cependant puisé des exemples, dont quelques-uns semblent de vrais barbarismes. Giamboni, contemporain et traducteur de Brunetto, inspirait par son habileté d'écrivain une confiance que ne méritaient pas les éditeurs ignorants, qui, près de deux siècles après lui, ont fait imprimer sa version. Elle ne redeviendra lisible que par la comparaison avec une édition du texte français. M. Jules Desnoyers s'en est chargé. Les correspondants qui pourraient rencontrer des manuscrits de ce texte sont priés d'en faire connaître l'ancienneté, l'importance, et d'indiquer la valeur des miniatures jointes ordinairement aux exemplaires.

PHILOSOPHIE.

Pour la philosophie, M. Ravaisson se propose de présenter incessamment à l'adoption du Comité un recueil d'ouvrages et de fragments inédits, soit en latin, soit en français; recueil propre à éclaircir l'histoire des principales doctrines du moyen âge, dont il a déjà transcrit presque tous les matériaux dans les bibliothèques nationales ou étrangères, et dont il se réserve de déterminer plus tard la composition.

VIII

HISTOIRE [1].

1853.

La mission de la section d'histoire est de recueillir et de publier les documents nouveaux et importants relatifs à l'histoire de France. Les correspondants doivent la seconder en lui signalant les mémoires, chartes et autres pièces historiques que renferment les bibliothèques et les archives des départements.

I

SOURCES PRINCIPALES DES DOCUMENTS HISTORIQUES.

§ I. BIBLIOTHÈQUES. — Presque toutes les bibliothèques publiques contiennent des manuscrits qui ont rapport à l'histoire de France. Un grand nombre de cartulaires y ont été déposés, et personne n'ignore de quelle utilité sont ces documents pour l'histoire civile et ecclésiastique aussi bien que pour la géographie du moyen âge. Les correspondants doivent envoyer au Comité l'analyse de tous les cartulaires que renferment les bibliothèques publiques. Ils prendront pour modèle le catalogue des cartulaires conservés dans les archives départementales qui a été publié par le Ministère de l'intérieur [2]. Les correspondants auront soin, en dépouillant les cartulaires, de s'assurer si les chartes dont ils transmettent l'indication au Comité sont inédites, et d'avertir le Comité que cette vérification a été faite. C'est une précaution qu'ils doivent prendre pour toutes les pièces dont ils enverront l'analyse ou la transcription. La *Bibliothèque historique* de Lelong et de Fontette [3], les *Bibliothèques* de Fabricius [4] et de Casimir Oudin [5], ainsi que l'*His-*

---

[1] [Ces instructions, rédigées par M. Chéruel, étaient jointes à une circulaire du 28 octobre 1853.]
[2] Un vol. in-4°, Paris, 1847.
[3] Lelong, *Bibliothèque historique de la France*. Paris, 1719, un vol. in-f°. Une nouvelle édition, beaucoup plus complète, a été donnée par Fevret de Fontette. Paris, 1768-1778, 5 vol. in-f°.
[4] *Bibliotheca latina mediæ et infimæ latinitatis cum supplemento Christiani Schœttgenii, et notis Dominici Mansi.* Padoue, 1754, 6 vol. in-4°.
[5] *Commentarius de scriptoribus Ecclesiæ antiquis, illorumque scriptis adhuc extantibus in celebrioribus Europæ bibliothecis*, etc. Francfort et Leipsig, 1722, 3 vol. in-f°.

toire littéraire de la France [1], le Gallia christiana [2], le Recueil des historiens des Gaules et de la France [3], et les Monumenta Germaniæ historica, publiés par M. Pertz [4], leur fourniront presque toujours les renseignements indispensables.

Il serait également utile de consulter les collections où les Bénédictins et d'autres érudits ont réuni tant de pièces diverses; telles que le Spicilegium de d'Achery [5], les Antiquæ lectiones de Canisius [6], l'Amplissima collectio [7] et le Thesaurus anecdotorum [8] de Martène et Durand, le Thesaurus anecdotorum novissimus de Bernard Pez [9], les Analecta de Mabillon [10], la Nova bibliotheca manuscriptorum de Labbe [11], les Miscellanées de Baluze [12], les Collections des conciles [13], les Tables de Bréquigny [14], les diverses Bibliothèques des

[1] Histoire littéraire de la France, par les Bénédictins de Saint-Maur. Paris, 1733-1763, 12 vol. in-4°. Cet ouvrage est continué par l'Institut, qui a publié 10 volumes; le dernier porte la date de 1852.

[2] Gallia christiana in provincias ecclesiasticas distributa. Paris, 1715-1786, 13 vol. in-f°.

[3] Rerum gallicarum et francicarum scriptores. Paris, 1738-1840, vol. I-XX in-f°.

[4] Monumenta Germaniæ historica. Hanovre, 1826-1852, vol. I-XXII in-f°.

[5] D. Luc d'Achery, Spicilegium sive collectio veterum aliquot scriptorum, 1re édit. Paris, 1653-1677, 13 vol. in-4°; nouvelle édition donnée par de la Barre, en 3 vol. in-f°, Paris, 1723.

[6] Antiquæ lectiones, 1re édit. Ingolstadt, 1601-1608, 6 vol. in-4°; 2e édit. donnée par Basnage sous le titre de Thesaurus monumentorum ecclesiasticorum, Anvers 1735, 7 parties réunies en 4 ou 5 vol. in-f°.

[7] Veterum scriptorum amplissima collectio. Paris, 1724-1733, 9 vol. in-8°.

[8] Thesaurus novus anecdotorum. Paris, 1717, 5 vol. in-f°.

[9] Thesaurus anecdotorum novissimus seu veterum monumentorum collectio recentissima. Augsbourg, 1721-1729, 6 vol. in-f°.

[10] Vetera analecta, 1re édit. Paris, 1675-1685, 4 vol. in-8°; 2e édit. donnée par de la Barre, 1 vol. in-f°. Paris, 1723.

[11] Nova bibliotheca manuscriptorum librorum. Paris, 1653, 1 vol. in-4°; et 1657, 2 vol. in-f°. Ces deux ouvrages n'ont de commun que le titre; le premier est un inventaire de manuscrits et le second un recueil de documents inédits.

[12] Miscellanea, 1re édit. Paris, 1678-1715, 7 vol. in-8°. 2e édition donnée par Mansi, avec de nombreuses additions, Lucques, 1761-1764, 4 vol. in-f°.

[13] Conciliorum omnium generalium et provincialium collectio regia, Paris, 1644, 37 vol. in-f°; Labbe et Cossart, Sacrosancta concilia, Paris, 1672, 18 vol. in-f°; Baluze, Conciliorum nova collectio, Paris, 1683, vol. in-f°; Mansi, Supplementum ad collectionem conciliorum, Lucques, 1748-1752, 6 vol. in-f°; du même, Sacrorum conciliorum nova et amplissima collectio, Florence et Venise, 1759-1790, 31 vol. in-f°; Sirmond, Concilia antiqua Galliæ, Paris, 1629, 3 vol. in-f°, avec un supplément par de Lalande, Paris, 1666, in-f°.

[14] Table chronologique des diplômes, chartes, titres et actes imprimés concernant l'histoire de France. Paris, 1769-1850, 6 vol. in-f°. Il faut ajouter à cette collection celle des Diplomata, chartæ, epistolæ, leges, aliaque instrumenta ad res gallo-francicas spectantia, réédités et complétés par M. Pardessus. Paris, 1843-1849, 2 vol. in-f°.

Pères [1], la Collection des Bollandistes [2], les Vies des saints de l'ordre de Saint-Benoît [3], etc. Parmi les ouvrages récents nous recommanderons encore, entre beaucoup d'autres, quelques-unes des savantes publications du cardinal Angelo Mai [4], ainsi que la collection des *Monuments pour servir à l'histoire des provinces de Namur, de Hainaut et de Luxembourg* [5]. A défaut de ces ouvrages, les correspondants ont au moins à leur disposition les histoires locales, où ils peuvent, presque toujours, faire la vérification qui leur est demandée [6].

La plupart des bibliothèques publiques contiennent aussi des chroniques et des mémoires manuscrits. Ces manuscrits ne sont pas toujours anciens; ce sont souvent des copies de chartes, des journaux, des recueils d'anecdotes, écrits par quelque ecclésiastique ou par quelque amateur patient et laborieux. Ces ouvrages, quelle que soit leur date, n'en ont pas moins leur prix. Tout est à consulter, tout est à recueillir en ce genre; les correspondants devront transmettre au Comité l'indication et l'analyse de ces manuscrits. Sans doute, les bibliothèques ne fourniront pas toutes, comme celle

---

[1] *Sacra bibliotheca SS. Patrum*, Paris, 1859, 9 vol. in-f°; *Magna bibliotheca Patrum*, Cologne, 1618-1622, 15 tom. in-f°; *Maxima bibliotheca vett. Patrum*, Lyon, 1677, 27 vol. in-fol.; Andr. Gallandii *Biblioth. vett. Patrum*, Venise, 1765, 14 vol. in-f°. Ces trois collections renferment beaucoup de documents relatifs à l'histoire du moyen âge.

[2] *Acta sanctorum, quotquot toto orbe coluntur.* Anvers et Bruxelles, 1647-1852, 55 vol. in f°.

[3] *Acta SS. ordinis S. Benedicti in sæculorum classes distributa.* Paris, 1668-1702, 9 vol. in-f°. Cet ouvrage est complété par les *Annales ordinis S. Benedicti.* Paris, 1733-1739, 6 vol. in-f°.

[4] *Classici auctores e Vaticanis codicibus editi*, Rome, 1828-1838, 10 vol. in-8°; *Spicilegium romanum*, Rome, 1838-1844, 10 vol. in-8°.

[5] *Monuments pour servir à l'histoire des provinces de Namur, etc.*, publiés par le baron de Reiffenberg, Bruxelles. 1844-1848, 4 vol. in-8°.

[6] Les correspondants pourront encore consulter les *Notices et extraits des manuscrits*, Paris, 1787-1851, 17 vol. in-4°; les *Ordonnances des rois de France de la troisième race*, Paris, 1723-1849, 21 vol. in-f°; Dumont, *Corps universel diplomatique*, Amsterdam, 1726-1731, 8 vol. in-f°; Rymer, *Fœdera, conventiones, etc.*, Londres, 1704-1727, 20 vol. in-f°; Eckhart, *Corpus historicum medii ævi*, Leipsig, 1723, 2 vol. in-f°; Ludwig, *Reliquiæ manuscriptorum, etc.*, Francf. et Leips., 1720-1741, 12 vol. in-8°; *Archiv der Gesellschaft für ältere deutsche Geschichtskunde* (*Archives de la Société pour l'étude de l'ancienne histoire d'Allemagne*); ce recueil, publié par M. G.-H. Pertz (Hanovre, 1820-1852, vol. I-X, in-8°) contient beaucoup de documents relatifs à l'histoire de France. Les correspondants trouveront dans l'*Annuaire de la Société de l'histoire de France*, pour 1837, une bibliographie de l'histoire de France rédigée avec beaucoup de soin par M. Jules Desnoyers. Les tables des *livres cités* dans les tomes XVIII, XX, XXI et XXII de l'*Histoire littéraire de la France* seront aussi très utiles à consulter. Il suffit de citer les noms des éditeurs pour inspirer une entière confiance. La première de ces tables a été rédigée par M. Daunou et les trois autres par M. J.-V. Le Clerc.

de Clermont, des journaux écrits par un Fléchier; mais partout il se trouvera quelques matériaux plus ou moins incomplets, qu'il importera de réunir. Dans le cas où les correspondants ne pourraient s'assurer si ces chroniques ou mémoires manuscrits sont inédits, ils devraient envoyer au Comité la copie des premières et dernières lignes de l'ouvrage. Ils auront encore à rechercher et à indiquer au Comité les lettres d'ambassadeurs et d'autres personnages historiques conservées dans les bibliothèques des départements. Les lettres des savants, des écrivains et des artistes doivent également être signalées. Il importe que tous ces documents soient connus, et que le Comité soit informé des renseignements nouveaux qu'ils pourraient fournir pour l'histoire de France.

§ II. ARCHIVES. — Les archives publiques sont de tous les dépôts ceux où les correspondants trouveront les documents inédits les plus nombreux et les plus intéressants. On peut les diviser en archives ecclésiastiques, archives civiles ou politiques et archives judiciaires.

Archives ecclésiastiques. — Dans la première catégorie, outre les cartulaires, dont nous avons déjà parlé, nous signalerons aux correspondants les *Registres capitulaires.* Ces documents remontent ordinairement jusqu'aux XIIIe ou XIVe siècles, et présentent une série d'annales ecclésiastiques d'un grand intérêt. Ils peuvent servir à compléter ou à rectifier le *Gallia christiana.* Souvent même l'histoire politique y trouve d'utiles renseignements, tels que des lettres de rois, de princes ou gouverneurs, adressées aux chapitres, les instructions données par le clergé aux députés qu'il envoyait aux états généraux ou aux états provinciaux, les détails de la réception des princes dans les églises cathédrales, et le récit des cérémonies qui s'y sont accomplies. Ainsi, les *registres capitulaires* de la cathédrale de Rouen contiennent les renseignements les plus complets sur le couronnement de Charles, frère de Louis XI, comme duc de Normandie en 1465, sur le serment qui lui fut imposé, et sur les cérémonies religieuses qui accompagnèrent cette investiture solennelle. L'inventaire des bibliothèques capitulaires, les règlements auxquels elles étaient soumises au moyen âge, le prix des livres, les dépenses faites pour la construction ou l'entretien des cathédrales, et bien d'autres renseignements précieux pour l'histoire des mœurs et des institutions de l'ancienne France, font désirer que ces registres capitulaires soient complètement dépouillés. Dans plusieurs diocèses ils ont été remis au secrétariat de l'évêché. Les correspondants obtiendront facilement l'autorisation de les y consulter et d'en extraire les documents qui concernent l'histoire de France.

Les *Obituaires* des cathédrales et des grands monastères doivent aussi être étudiés attentivement. Ils renferment des indications biographiques intéressantes, non seulement sur les évêques et les dignitaires ecclésiastiques séculiers et réguliers, mais encore sur les bienfaiteurs des églises et des monastères, et sur les artistes qui ont présidé à la construction ou à l'ornementation des édifices. Les *Registres des officialités diocésaines* fourniront des détails utiles sur les mœurs et les institutions du moyen âge. Les *Pouillés* ou registres des bénéfices ecclésiastiques sont importants à consulter pour la topographie de l'ancienne France. On y trouve, en effet, le dénombrement des paroisses, des chapelles, des hôpitaux, des bénéfices ecclésiastiques séculiers et réguliers sous leurs noms anciens, et dans un ordre méthodique. Les correspondants devront indiquer la date probable de la rédaction de ces pouillés, faire connaître si les noms de lieux sont en latin et diffèrent de la forme actuelle, si ces registres contiennent les noms des patrons et des collateurs, le revenu de la taxe, le nombre des communiants, etc. Ces renseignements seront utiles pour préparer une géographie de la France au moyen âge. Les *Calendriers ecclésiastiques*, qui sont annexés à des missels, à des chroniques et à d'autres manuscrits, peuvent servir à déterminer l'époque de l'inscription des saints au martyrologe. Enfin, le Comité recommande aux correspondants les *Registres des visites pastorales*, que les évêques ont quelquefois fait rédiger. On y trouve les documents les plus authentiques sur la situation morale et politique du clergé aux diverses époques de notre histoire.

Archives civiles. — Quant aux archives civiles, nous nous bornerons à signaler, au milieu des nombreuses pièces qu'elles renferment, les lettres adressées par les rois, princes et gouverneurs aux bailliages et aux villes, les registres contenant les délibérations des hôtels de ville et échevinages, les procès-verbaux des assemblées de bourgeois, les comptes des receveurs du domaine et des percepteurs des divers impôts, les aveux rendus par les possesseurs de fiefs, les *Mémoriaux* des Chambres des comptes, et surtout la correspondance des intendants avec les ministres. Quelques mots suffiront pour indiquer le choix à faire entre ces documents. Les lettres des rois, princes et gouverneurs sont quelquefois des circulaires sans intérêt, destinées à annoncer une bataille, la naissance ou la mort d'un prince, ou tout autre événement de cette nature. Mais, à côté de ces lettres le plus souvent insignifiantes, il s'en trouve qui ont un caractère original ou qui présentent des détails historiques intéressants. Les correspondants doivent en transmettre l'indication au Comité.

Le Comité appelle aussi l'attention des correspondants sur les registres des délibérations des hôtels de ville. Ces registres contiennent presque toujours une histoire complète des municipalités; on y trouve des relations faites par les échevins, lorsqu'ils sortaient de charge, sur les événements qui avaient signalé leur administration, et des comptes rendus par les députés que les villes avaient envoyés aux États généraux. De pareils documents n'intéressent pas seulement l'histoire locale. Les *Registres des délibérations de l'hôtel de ville de Paris pendant la Fronde*, publiés par la Société de l'histoire de France[1], ont jeté une nouvelle lumière sur cette époque, et prouvé que la bourgeoisie, bien loin d'avoir participé, comme on l'a prétendu, aux intrigues des grands et des parlements, y avait courageusement résisté. L'histoire générale de la France y a gagné un renseignement précieux et authentique.

Les *Mémoriaux* des Chambres des comptes, qui ont été souvent réunis aux archives civiles, fourniront encore d'utiles renseignements. Ils contiennent, entre autres, les lettres de noblesse et les donations accordées par les rois. La Société des antiquaires de Normandie a rendu un véritable service à l'histoire en faisant publier à ses frais l'analyse des *Mémoriaux de la Chambre des comptes de Normandie*. Il serait à souhaiter qu'un pareil travail fût exécuté pour toutes les anciennes provinces.

On trouve aussi, dans les archives civiles, des procès-verbaux d'états provinciaux. Rien ne serait plus utile qu'un inventaire complet de ces documents pour préparer une histoire encore à faire des états provinciaux de la France. Personne n'ignore qu'aux XIVe et XVe siècles, les états provinciaux ne se soumettaient pas toujours aux décisions des États généraux. Les états de Normandie, entre autres, résistèrent à la perception d'un impôt voté par l'assemblée de 135 . L'étude et le dépouillement des cahiers des états provinciaux auraient donc un intérêt réel pour l'histoire générale de la France.

---

[1] *Registres de l'hôtel de ville de Paris pendant la Fronde*. Paris, 1846-1848, 3 vol. in-8°.

A ces diverses catégories de documents que contiennent les archives civiles, il faut ajouter une correspondance dont jusqu'ici on n'a tiré presque aucun parti, et qui servira à faire connaître l'administration monarchique des deux derniers siècles. Les intendants, institués par Richelieu, maintenus et affermis par Louis XIV, ont été les instruments les plus actifs de la puissance centrale dans les diverses parties de la France. La correspondance des ministres avec ces fonctionnaires existe dans les archives des départements. C'est là surtout qu'on peut suivre le travail incessant de l'administration monarchique pour transformer la France, annuler les droits féodaux, les libertés municipales et les franchises ecclésiastiques, et en même temps développer l'industrie, améliorer les finances, ouvrir des routes, creuser des canaux, réformer les universités et le clergé. La publication de la *Correspondance administrative de Louis XIV* a déjà fourni d'utiles renseignements pour l'histoire de ce règne; et cependant elle se compose principalement de lettres adressées par les intendants aux ministres de Louis XIV, tandis que les archives des intendances contiennent les dépêches mêmes des Colbert, des Louvois et d'autres personnages illustres des xvii° et xviii° siècles, dont l'administration n'est encore qu'incomplètement connue. Cette partie des archives départementales a été beaucoup trop négligée. Les correspondants y trouveront la matière de communications aussi neuves qu'intéressantes.

Archives judiciaires. — Les archives judiciaires renferment les registres des anciennes juridictions seigneuriales et royales. Elles ont presque toujours été conservées avec soin par les fonctionnaires chargés des greffes; mais il s'en faut de beaucoup que l'histoire en ait profité comme elle l'aurait dû. On est étonné que les archives des parlements soient ainsi oubliées, quand on se rappelle que ces tribunaux joignaient l'autorité politique à l'autorité judiciaire, et que leurs registres contiennent l'histoire la plus complète et la plus exacte des provinces depuis le xvi° siècle jusqu'à la fin du xviii°. L'exemple de M. Floquet, qui a tiré des registres du parlement de Normandie [1] l'histoire de cette province pendant les trois derniers siècles, n'a eu que bien peu d'imitateurs. Les correspondants doivent s'occuper immédiatement et avec persévérance du dépouillement de ces archives. L'analyse complète des registres parlementaires comblerait une des lacunes de

---

[1] *Histoire du parlement de Normandie.* Rouen, 1839-1849, 7 vol. in-8°.

l'histoire de France. Comment, en effet, retracer les troubles religieux du xvi° siècle, les agitations et les intrigues de la première moitié du xvii°; comment exposer les résistances provinciales à l'influence administrative qui a transformé la France, si l'on ne connaît l'histoire de ces puissantes corporations judiciaires, qui furent d'abord un utile auxiliaire et plus tard un obstacle redoutable pour la royauté?

Archives et bibliothèques particulières. — Nous n'insisterons pas sur les archives et les bibliothèques particulières. On ne doit cependant pas oublier que beaucoup de familles ont conservé des *papiers terriers* et des correspondances historiques. Des lettres de Henri IV, de Vauban, de Catinat ont été retrouvées dans des archives et des bibliothèques particulières. Combien d'autres trésors y sont enfouis et exposés à des causes incessantes de destruction! Le Comité ne saurait trop vivement engager les correspondants à s'enquérir des documents historiques que contiennent ces dépôts, et à lui en transmettre des copies ou du moins une analyse détaillée.

II

INDICATIONS QUI DOIVENT ACCOMPAGNER LES COPIES TRANSMISES PAR LES CORRESPONDANTS.

Les correspondants doivent donner au Comité les indications paléographiques qui déterminent l'âge, l'authenticité et le caractère des pièces communiquées. Ils trouveront dans le savant ouvrage que M. N. de Wailly a intitulé *Essais de paléographie*[1] tous les renseignements nécessaires pour rendre leurs notes paléographiques précises et complètes.

Ils doivent indiquer si l'ouvrage est écrit sur papier de coton ou de chiffe, sur parchemin ou sur papyrus d'Égypte. Si le manuscrit paraît fort ancien, ils en donneront un fac-similé. Dans le cas où le manuscrit ne serait pas daté, on examinera si les raies sur lesquelles s'appuient les lignes d'écriture sont tracées à la pointe sèche (avant 1200), au plomb (du xi° au xiv° siècle), ou en rouge (du xiv° au xv° siècle); si les *i* simples sont accentués (après 1200), ou pointés (après 1400); si l'*u* est surmonté d'un ou plusieurs accents aigus (du x° au xii° siècle); si les mots sont séparés entre eux ou non; si l'*æ* est formé d'un *a* et d'un *e* conjoints (avant 1200), ou d'un *e* simple (du xiii°

---

[1] Publié dans la *Collection des documents inédits relatifs à l'histoire de France*. 2 vol. in-4°.

au xv° siècle), ou d'un *e* avec cédille (avant 1100); si les chiffres sont arabes (après 1200); à quelle distance les signatures des cahiers (si toutefois il y a des signatures) sont placées au-dessous de la ligne inférieure.

Pour les chartes, on aura soin d'indiquer si elles ont des sceaux; si les sceaux sont plaqués ou pendants; s'ils sont ronds ou ovales, en cire ou en pâte blanchâtre, verte ou rouge; si les attaches sont en soie ou en parchemin.

Il ne faudra jamais s'en rapporter uniquement au titre des manuscrits, ni à la table des matières; mais chaque manuscrit doit être parcouru pièce par pièce, feuille par feuille, page par page. On regardera avec attention les feuilles volantes, la reliure, les marges et les notes diverses qui peuvent avoir été ajoutées au commencement, à la fin ou dans le courant de l'ouvrage. Relativement aux collections de pièces, on distinguera les pièces détachées de celles qui sont inscrites sur des registres suivis.

Les dissertations, introductions historiques, morceaux intercalés pour relier des extraits de pièces, en un mot les travaux personnels, de quelque nature qu'ils soient, ne rentrent pas dans le cadre des renseignements que demande le Comité. Des notes courtes et substantielles, portant principalement sur des noms de personnes ou de lieux et sur des usages locaux, devront seules accompagner les copies qui lui seront transmises.

IX

RÉPERTOIRE ARCHÉOLOGIQUE

DE LA FRANCE [1].

1859.

Cet ouvrage, dont le projet a été exposé, par ordre du Ministre, dans la séance du 14 juin 1858, est le complément naturel du dictionnaire des noms de lieux de la France que viennent d'entreprendre, sous les auspices de Son Excellence, les membres de la section d'histoire et de philologie. Comme le titre l'indique, ce sera le répertoire des monuments de tous genres et de tous âges, disséminés dans toutes les parties de l'empire; en un mot, ce livre sera un guide, à la fois pratique et scientifique, de l'archéologue en France. Bien qu'au premier abord ce projet paraisse immense, un examen sérieux et la lecture du programme démontreront qu'il est facilement réalisable. « Il ne s'agit pas, » comme l'a très judicieusement fait observer un membre du Comité, dans la discussion qui suivit l'exposé du projet, « il ne s'agit pas de rédiger des descriptions minutieuses de tous les monuments répandus sur la surface de la France, mais bien de composer un guide archéologique qui fasse connaître l'existence des monuments de chaque localité, en renvoyant aux ouvrages spéciaux où ces monuments sont décrits plus amplement. »

C'est là, en effet, le but que les rédacteurs de cet ouvrage devront s'efforcer d'atteindre. Le plan peut être exposé en peu de mots : sous chaque nom de lieu, le lecteur trouvera l'indication sommaire, mais précise, des monuments de toutes classes de l'antiquité, du moyen âge, de la Renaissance et des temps postérieurs, qui s'y trouvent aujourd'hui, ou dont il existe des traces, soit dans les livres, soit dans les estampes. L'ouvrage aura

---

[1] [Ces instructions, rédigées par M. Chabouillet, étaient jointes à une circulaire du 30 mars 1859; le spécimen, dû à M. Rosenzweig, archiviste du Morbihan, accompagnait celle du 16 décembre suivant.]

donc la forme d'un dictionnaire ; mais les noms de lieux ne seront pas rangés dans l'ordre alphabétique pour toute la France ; ils seront groupés par départements, et classés, dans chaque département, suivant l'ordre administratif. On a reconnu que ce système offrait plusieurs avantages : il permet de faire paraître l'ouvrage par fascicules comprenant un département ; il réunit les monuments d'une même région ; enfin, et c'est là son principal mérite, il facilitera le concours, indispensable à une pareille œuvre, des correspondants du Ministère et des savants qui composent les Sociétés académiques des provinces.

Il est à peine utile d'ajouter qu'il ne peut être question d'énumérer tous les monuments de l'antiquité qui se rencontreront dans chacune des localités ; il est évident qu'on ne mentionnera que ceux qui mériteront d'être signalés, soit sous le rapport historique, soit sous celui de l'art. On ne fera pas l'histoire, même abrégée, des localités ; il suffira de dire à quelle époque présumée remonte l'endroit nommé ; puis, après l'indication du nom antique, viendrait une description des monuments et objets d'art très brève, mais cependant assez précise pour que le lecteur puisse savoir facilement tout ce que la France renferme ou a renfermé jadis de richesses archéologiques. La concision de chacun des articles n'ira pas jusqu'à faire négliger les renseignements importants ; ainsi, toutes les fois que la chose sera possible, l'âge des monuments sera indiqué ; mais on comprend que les rédacteurs ne pourront consigner dans leur travail que le résultat de leurs recherches, sans jamais le grossir de dissertations.

Chacun des articles sera terminé par des citations bibliographiques, c'est-à-dire qu'on y donnera l'indication des ouvrages dans lesquels ces monuments seraient décrits *in extenso* et surtout figurés. Les notes bibliographiques seront accompagnées, toutes les fois que cela semblera nécessaire, d'une appréciation de l'autorité des livres cités. A l'égard des livres rares, ainsi que des manuscrits ou chartes, il serait utile d'ajouter la désignation des dépôts publics ou particuliers dans lesquels ils se trouveraient aujourd'hui. On n'omettrait pas, toutes les fois que faire se pourrait, la désignation des tableaux, des estampes et même des lithographies offrant des représentations fidèles des monuments existants ou disparus.

La collection topographique du département des estampes à la Bibliothèque impériale sera consultée utilement. On y trouve des estampes et même des dessins de monuments qu'on chercherait vainement ailleurs.

La rédaction doit être exempte de toute recherche littéraire; il s'agit de dresser une table des matières méthodique et raisonnée des antiquités de la France. La clarté, la simplicité et la concision, telles sont les qualités qui doivent faire remarquer le style d'un tel ouvrage.

On suivra l'ordre chronologique, c'est-à-dire qu'on commencera, sous chaque nom de lieu, par les monuments de l'époque celtique; la seconde division comprendra ceux de l'époque romaine, et la troisième ceux du moyen âge et temps postérieurs.

Il est difficile de déterminer l'époque à laquelle finissent ce que nous appelons la Renaissance et temps postérieurs; toutefois, la Commission a pensé qu'en général il conviendrait de s'arrêter au règne de Henri IV. A partir de cette époque, on ne mentionnerait plus que les monuments et curiosités de haute importance. Les collaborateurs de l'ouvrage, correspondants ou membres des Sociétés savantes, sauront bien faire un choix, de plus en plus sévère, à mesure qu'on se rapprochera de l'époque contemporaine.

Les monuments ou objets d'art célèbres et déjà décrits dans des ouvrages dignes de confiance pourront et devront occuper moins d'espace que d'autres qui, peut-être moins importants, seraient pour la première fois signalés à l'attention publique; ainsi, telle chapelle ignorée, telle église de village, négligée jusqu'à ce jour, devra être décrite avec plus de détails que telle cathédrale sur laquelle il existe des ouvrages auxquels on peut renvoyer le lecteur. On joint ici une nomenclature des principaux objets à décrire ou à mentionner, sous chacun des noms de lieux. Les collaborateurs ajouteront nécessairement bien des articles à cette liste qu'on n'a dressée que pour faire mieux comprendre le plan de l'ouvrage.

Époque celtique.

Dolmen.
Menhirs.
Pierres levées.
Alignements.
Mardelles.

Fontaines consacrées par d'antiques superstitions.
Cimetières, tumulus, tombes.
Armes.

Époque romaine.

Voies.
Bornes milliaires.
Murs.

Fortifications.
Camps.
Ponts.

Arcs.
Aqueducs.
Théâtres.
Amphithéâtres.
Cirques.
Temples.
Palais.
Tombes.
Édifices privés.
Statues.

Bas-reliefs.
Ustensiles.
Ornements.
Inscriptions.

Il n'y aura pas lieu de donner le texte des inscriptions; il suffira de signaler leur présence et de renvoyer au recueil qui va être publié par ordre du Ministre de l'instruction publique et des cultes.

Moyen âge, Renaissance et temps postérieurs.

Murs.
Remparts.
Ponts.
Aqueducs.

Édifices religieux, civils et militaires, c'est-à-dire :

Églises.
Abbayes.
Cloîtres.
Chapelles.
Hôpitaux.
Hôtels de ville.
Châteaux.
Palais.
Maisons.
Hôtels.
Colombiers.
Moulins.

Bornes limitatives, surtout celles portant des inscriptions ou armoiries.
Fourches patibulaires.
Croix de carrefour ou de cimetière, etc.

Objets d'art et de mobilier, c'est-à-dire :
Statues.
Bas-reliefs.
Châsses.
Reliquaires.
Croix.
Calices.
Chandeliers.
Bénitiers.
Vitraux.
Bijoux.
Étoffes et tapisseries.
Peintures.
Armes.
Médailles et monnaies, etc.

Les musées, bibliothèques et archives départementales, communales et hospitalières doivent être mentionnés; les catalogues de ces divers établissements, soit imprimés, soit manuscrits, signalés. On citerait les objets les plus remarquables dans chacun de ces établissements, toujours avec indication des ouvrages où ils seraient décrits et représentés. On dirait par quelle série d'objets tel ou tel musée, telles ou telles bibliothèques ou archives se distinguent des autres. On mentionnerait même les collections particulières, lorsqu'elles renfermeraient des objets trouvés dans la localité ou se rapportant à l'histoire locale. Les collections de sceaux, monnaies, médailles et jetons seraient mentionnées; on pourrait même citer les grandes raretés, mais surtout on indiquerait les ouvrages où ces précieux vestiges des âges écoulés seraient décrits et figurés. On citerait également, sous chaque nom de lieu, quand faire se pourrait, la collection de la France ou de l'étranger où se trouveraient réunis un ou plusieurs objets de cette classe ou de toute autre se rapportant à la localité. Ainsi, à l'article SAINT-OUEN, de Rouen, je suppose, on dirait que le sceau en argent de cette abbaye est conservé à..., dans le musée ou dans les archives, etc., etc.

L'ouvrage sera complété par deux tables alphabétiques qui seront préparées au fur et à mesure de l'achèvement de chacun des fascicules. La première comprendra les noms de toutes les localités citées et qu'on ne pourrait trouver promptement sans cet auxiliaire, puisque les noms de lieux ne seront pas rangés suivant l'ordre alphabétique dans le *Répertoire*.

La seconde table comprendra les *choses*, c'est-à-dire les monuments et objets de tous genres mentionnés dans l'ouvrage. Cette seconde table sera à la fois alphabétique, méthodique et raisonnée. Que l'on prenne par exemple le mot AUTEL; il devrait être ainsi rédigé à la table:

AUTEL romain. *Voyez* Marseille, Nîmes, etc.
— du XIIe siècle. *Voyez* Lyon, Sens, Reims, etc.
— du XVIe siècle. *Voyez* Brou, Orléans, etc.
— ....etc., etc...................

Que l'on suive rigoureusement ce système pour tout le vocabulaire de l'archéologie, et cette table, à elle seule, formera l'inventaire complet des antiquités de la France.

La liste de tous les collaborateurs, avec l'indication de la part de chacun d'eux dans le travail, terminera l'ouvrage. Ce sera le dénombrement de l'élite intellectuelle et scientifique de nos provinces au moment présent, après le recensement des richesses de leur passé. La publication de cette liste apportera au Répertoire l'autorité si nécessaire à une pareille entreprise, en montrant réunies dans cette œuvre patriotique, comme en un faisceau, les forces vives de l'érudition de toutes les contrées de la France.

SPÉCIMEN.

ARRONDISSEMENT DE LORIENT.

CANTON DE BELLE-ISLE.

(Chef-lieu : Palais.)

BANGOR. *Ép. celtique.* Près du moulin de Gouch, pierre branlante en granit et menhir en quartz (Catal.). — Dans la lande de Runélo, cromlech (ibid.). — A Runélo, menhir en schiste rouge, de 3^m 60 de hauteur, nommé *Jean de Runélo;* autre en granit de $7^m,86$, brisé, nommé *Jeanne de Runélo* (ibid.). — A Runédaol, dolmen en granit, ruiné (ibid.). — Près de Runélo, trois galeries souterraines dites *garennes.* — Dans la lande de Runélo, tombelles. En 1846, il y en avait une vingtaine dans l'île; beaucoup ont été détruites (ibid.). || *Ép. romaine.* Armes et instruments de bronze trouvés à Calastrennes, aujourd'hui au Musée archéologique de Vannes, ainsi qu'un fragment d'arme en fer recueilli dans la mer, sous le camp de César. || *Moyen âge.* Église paroissiale de Saint-Pierre, considérée comme la plus ancienne de l'île par sa fondation, quoique la priorité semble appartenir plutôt à celle de Locmaria : quelques fragments d'un édifice réputé être l'ouvrage des Anglais, conservés dans une reconstruction moderne. Plusieurs pierres sculptées, encastrées dans les murailles extérieures, entre autres un ange tenant un écu uni, et au-dessus l'inscription Atfo, avec la date 1697; un fragment de statuette armée de cuirasse et tassettes. Dalles funéraires également encastrées dans l'intérieur : une avec la date 1520, le nom de *Richard* sculpté en relief et la représentation d'un calice; une autre sans inscription, avec l'image d'une sphère traversée par deux grands cercles; une troisième avec le seul millésime 1011, admis à tort comme date de décès dans la nouvelle édition d'Ogée. Dans le bras sud du transept, un tableau de la Vierge attribué à l'école espagnole. Cloche avec cette inscription gothique : *S. Coulonbier m^{cc} xxx iiij.*

LOCMARIA. *Ép. celtique.* Un tumulus (C. D.). || *Moyen âge.* Église paroissiale de Sainte-Marie : nef romane avec chœur et transept gothiques. Plan en croix latine, 28 mètres sur 10. Chœur carré. Au bras nord du transept, une fenêtre à cintre brisé et des arcades gothiques ajustées par pénétration sur des colonnes unies. Bas côtés à la nef; deux rangs de trois arcades en plein cintre, portées sur des piliers carrés et massifs; au-dessus, fenêtres romanes, hautes et étroites. Porte en plein cintre sur la façade occidentale. Tour carrée à baies romanes au-dessus de la porte, avec une petite flèche couverte d'ardoises pour amortissement. Contreforts sans décoration, peu saillants. Toiture aiguë couverte d'ardoises. A l'intérieur, beau tableau de la Vierge tenant l'enfant Jésus, attribué à un grand maître espagnol; sculpture d'un écu chargé de trois fasces et trois coquilles.

PALAIS. *Ép. celtique.* Beaucoup de monuments détruits depuis peu par les défrichements (Og. N. E.) — A Kerspern et près de Kerdanet, deux grottes souterraines ou *garennes* (Catal.). — A Hoedic, deux menhirs, dont l'un, sanctifié par une statue de la Vierge, est un but de pèlerinage (ibid.). — A Houat, menhir de 3 mètres, lieu dit Parc-er-Menhir. — A Bod-Lan-Bihan, un dolmen (Og. N. E. || *Ép. romaine.* Un vase en cuivre trouvé en 1843, en creusant l'arrière-port (C. D.) || *Moyen âge.* Dans l'île de Houat, ruines d'une très ancienne chapelle de Saint-Gildas. Suivant la tradition, saint Gildas et le diable, luttant d'adresse, sautèrent de la presqu'île de Rhuis sur l'île de Houat : à l'endroit où tomba le saint jaillit une source ; le pied du diable ne fit que percer la roche. — A Rozerières, ruines d'un petit fort bâti par les moines de Quimperlé, auxquels appartenait Belle-Isle (Og. N. E.).

PORT-PHILIPPE ou SAUZON. *Ép. celtique.* Dans la lande de Kerlédan, deux menhirs en schiste (Catal.); un tumulus (C. D.). || *Ép. romaine.* Un retranchement, qui ferme l'entrée de la petite presqu'île du vieux château, est attribué aux Romains (Og. N. E.) || *Moyen âge.* Église paroissiale de Saint-Nicolas : vestiges d'une construction gothique de la première époque, au bras sud du transept et à la tour qui s'élève sur la façade.

CANTON DE BELZ.

BELZ. *Ép. celtique.* Au nord d'Er-Vélionec, menhir de 4 mètres sur 1^m,80 (C. D.). — A Kernours, sur un tertre, débris d'une grotte aux fées qui avait 10 mètres sur 3 (ibid.). A Kerhuen, un dolmen (ibid.). — A Kerlourde, un dolmen renversé (ibid.). — A Kerlutu, dolmen dont la table, longue de 4 mètres, repose sur quatre supports (ibid.). — A Crubelz, tumulus bien conservé, haut de 4 mètres, ayant 85 mètres de circonférence. Hache celtique en bronze, aujourd'hui au Musée archéologique de Vannes. || *Ép. romaine* (?). Entre l'île de Saint-Cado et la terre ferme, jetée en pierres de taille de 100 mètres de long sur 4 de large, remarquable par sa solidité et sa structure grossière ; on en attribue la construction au diable. — Figurine en terre cuite trouvée dans l'île de Riec. Aujourd'hui au Musée archéologique de Vannes. || *Moyen âge.* Église paroissiale de Saint-Saturnin : fragments d'un édifice gothique de la plus vieille époque, conservés dans une reconstruction qui date de 1678 ; les parties anciennes sont l'arc triomphal et le bras sud du transept, autour duquel est peinte une litre. — Chapelle Notre-Dame : édifice gothique de la dernière époque, non voûté. Plan oblong, 15 mètres sur 5^{m}50, avec un retour d'équerre saillant de 8 mètres sur le côté nord. Grand et moyen appareil. Portes en anse de panier avec accolades ; deux sont surmontées des armes sculptées de Lanvaux (trois fasces) ; fenêtres à cintre brisé sans décoration. Entraits coupés aux fermes du comble ; il reste les abouts décorés de têtes de serpents ou de chimères. Inscriptions de 1562 et 1564 sur les sablières. Au-dessus du pignon occidental, un petit clocheton carré en pierre, sans ornements. — Chapelle Saint-Dado, dans une petite île où était autrefois un prieuré de Templiers, dont il reste quelques décombres : édifice roman bâti en petits moellons noyés dans le mortier. Plan oblong, 16 mètres sur 10 ; une abside à l'orient ; un seul bras de transept au sud ; deux bas côtés à la nef ; deux rangs de trois arcades en plein cintre, portées sur des piliers carrés. Arc triomphal en plein cintre, portant sur des colonnes engagées avec chapiteaux ornés de feuillage.

Fenêtres romanes bouchées au bout des bas côtés et au fond de l'abside; œil-de-bœuf dans le pignon du mur de face. Porte occidentale refaite, avec un cintre en anse de panier; autre porte en plein cintre sur le collatéral sud, précédée d'un vieux porche, également en plein cintre et sans décoration. Dans l'appendice qui figure un bras de transept, un massif de plusieurs pierres assemblées forme une sorte de tombe levée; c'est ce qu'on appelle, dans le pays, l'a utel de saint Cado; d'autres disent que c'était son lit. Des croix de consécration et une cuvette carrée sont creusées sur la face supérieure. On se met la tête dans cette cuvette pour être guéri de la surdité, et pour la prévenir. Pèlerinage. Au bas de la nef, une tribune en menuiserie, ouvrage dans le style gothique flamboyant. Ancien cadran solaire à l'extérieur.

ERDEVEN. *Ép. celtique.* A 1 kilomètre sud-ouest du bourg, menhir de 4 mètres (Catal.). — Au sud-ouest et au sud du bourg, vers Kerzerho, onze alignements de menhirs, analogues aux pierres de Carnac, et appelés de même *les soldats de S. Cornély*. On nomme *Camp de César* le terrain qui les porte (C. D.). — Près des alignements, deux colonnes sur un tertre (Catal.). — A l'extrémité est des alignements, un dolmen avec quatre réduits (ibid.). — A Saint-Germain, un tumulus (C. D.) || *Moyen âge.* Chapelle de la Vraie-Croix ou Langroes : édifice gothique de la dernière époque, non voûté. Plan rectangulaire sans bas côtés, 7 mètres de large; longueur réduite depuis peu pour le redressement de la route. Fenêtres gothiques sans ornements, sauf celle du fond, aujourd'hui bouchée, qui avait des meneaux, et est encore couronnée, à l'extérieur, d'une accolade avec chou et crochets. La façade a été récemment reconstruite. Contreforts surmontés de pinacles inachevés ou brisés. Banc de pierre appliqué sur tout le pourtour extérieur de l'édifice. Au dedans, un bénitier surmonté d'une anse de panier avec une accolade au-dessus. — Près du cimetière de l'église paroissiale, lec'h ou pierre de justice [1], arrondie à son sommet, haute de 1m50.

LOCOAL-MENDON. *Ép. celtique.* Près de Kerooen, un menhir (Catal.). — A Mannéer-Hloh, trois roches aux fées ou allées couvertes, plus ou moins dévastées; l'une est enfermée dans une enceinte de terre et de pierres; une autre, présentant deux retours d'équerre, a un développement total de 20 mètres (C. D.). — Au sud de Loqueltas, sur un tertre, grotte aux fées en forme de croix latine; 7m20 de longueur à la partie principale (ibid.). — A Houetneguy, dolmen ruiné (Catal.). — A Grellen et au nord de Kervoen, deux autres dolmens également bouleversés (ibid.). || *Moyen âge.* Église paroissiale de Notre-Dame, à Mendon : édifice gothique de la dernière époque. Plan en forme de croix latine, terminé par un mur droit; pas de bas côtés, 29 mètres sur 8. Le transept ouvert sur la nef par trois arcades gothiques à moulures engagées par pénétration sur des piliers polygones. Grandes fenêtres à meneaux et remplages flamboyants; celle du fond a été bouchée. Quelques fragments de vitraux. Couverture en lambris à clefs pendantes;

---

[1] On désigne ainsi, en Bretagne, des pierres levées, qui diffèrent des menhirs en ce qu'elles sont généralement moins hautes, qu'elles sont taillées sur les côtés et qu'elles portent quelquefois une inscription moitié latine, moitié bretonne.

têtes de serpents et fleurons sculptés sur les entraits; rinceaux, animaux et personnages sur les sablières; plusieurs écus armoriés figurent dans cette décoration, entre autres, les armes de Bretagne brisées d'un chef à deux coquilles, l'écu parti de France et de Bretagne, un autre écu chargé d'un cerf passant. Contreforts surmontés de pinacles à crosses. Principale entrée sur le flanc sud, précédée d'un porche carré, voûté, sur croisée d'ogives. La porte est formée de deux baies en anse de panier, décorées richement et séparées par un trumeau, sur lequel fait saillie un bénitier surmonté d'un dais dans le style flamboyant le plus riche. Autre porte dans le même goût, mais moins ornée, sur la façade occidentale. Au-dessus du pignon, campanile en bois terminé par une flèche. A l'intérieur, piscine en accolade. Dalle funéraire sous le porche, avec le dessin d'une croix cantonnée de cercles. Cadran solaire gravé au-dessus de la porte méridionale. — Église paroissiale de Saint-Goal, à Locoal, considérée comme ayant appartenu aux Templiers : fragments d'un édifice gothique de la première époque, conservés dans une reconstruction moderne. Il reste les murs de clôture de la grande nef, dont on a bouché les arcades; celles-ci avaient leurs cintres brisés et posés sur des piliers carrés. A l'intérieur, tombeau de saint Goal, récemment retrouvé.

PLOEMEL. *Ép. celtique.* Près de la chapelle Saint-Cado, dans la lande de Hoc'Hir, un menhir de 4 mètres environ de hauteur sur 2 de largeur. — Entre Ploemel et Plouharnel, un autre menhir (Cat.). — A l'est du village de Saint-Laurent, un menhir de $4^m 50$ de hauteur. ‖ *Moyen âge.* Chapelle Saint-Cado : édifice construit en moyen et petit appareil. Plan rectangulaire sans bas côtés, 15 mètres sur 5. Chœur carré. Fenêtre au fond du chœur à cintre brisé, avec meneaux en......

RENSEIGNEMENTS BIBLIOGRAPHIQUES [1].

Catal. — *Catalogue des monuments historiques du Morbihan jugés dignes d'être décrits et conservés*, rédigé par les soins de la Société archéologique; Vannes, 1856, in-8°.

C. D. — Cayot-Délandre, *Le Morbihan, son histoire, ses monuments;* Paris et Vannes, 1847, in-8°, et atlas in-4°.

Og. N. E. — Ogée, *Dictionnaire historique et géographique de la province de Bretagne,* 2° édition, revue et augmentée par M. Monet; Rennes, 1840-1853, 2 vol. gr. in-8°.

[1] Chaque notice relative à un département sera terminée par de semblables renseignements, où l'on aura soin de consigner les titres exacts et complets de tous les ouvrages cités en abrégé dans la notice.

X

DICTIONNAIRE GÉOGRAPHIQUE [1].

1859.

L'utilité d'un *Dictionnaire géographique de la France* est reconnue depuis longtemps non seulement par les savants qui travaillent sur les monuments originaux de notre histoire, mais encore par les administrateurs et par les gens du monde. Nous avons donc tous applaudi au projet qui nous a été communiqué de la part de M. le Ministre, et la Commission chargée de l'examiner n'a mis aucun retard dans l'accomplissement de la mission qui lui était confiée. Après avoir mûrement discuté les principales questions que soulevait la publication du Dictionnaire, et avoir pris connaissance des renseignements transmis par un grand nombre de correspondants, elle fait aujourd'hui connaître le plan qui lui a semblé réunir le plus d'avantages.

La Commission avait d'abord pensé à ranger dans une seule série alphabétique les noms modernes fournis par la géographie de la France entière, à faire suivre chaque nom moderne des anciennes formes correspondantes, et à réunir, dans un index placé à la fin du livre, non seulement les formes anciennes citées dans le corps de l'ouvrage, mais encore les noms relevés dans les textes et dont l'équivalent moderne n'aurait pas été déterminé.

Nous n'avons pas tardé à reconnaître que, conçu d'après ce plan, l'ouvrage serait d'une exécution très lente et très difficile; l'impression ne pourrait en être commencée que le jour où tous les matériaux auraient été recueillis, coordonnés et définitivement revisés. Frappée de cet inconvénient, la Commission s'est demandé s'il n'y aurait pas lieu de publier l'ouvrage par livraisons, et de consacrer un Dictionnaire spécial à chacun des 86 départements, sauf à relier le tout par un index général des anciens noms de

---

[1] [Ces instructions, rédigées par M. Léopold Delisle, étaient jointes à une circulaire du 30 mars 1859.]

lieu de la France entière. Après un examen approfondi, c'est à ce dernier système qu'elle a cru devoir s'arrêter. De l'avis unanime des membres de la Commission, c'est le seul moyen d'arriver promptement à des résultats utiles, et d'intéresser sérieusement à la publication du livre les correspondants du Ministère et les Sociétés savantes qui, grâce à cette combinaison, conserveront l'honneur et la responsabilité du travail. Nous avons encore tenu compte d'une autre considération. Avec ce plan, le danger d'avoir pour certains pays des travaux incomplets ou fautifs est notablement atténué; les reproches que l'on pourrait avoir le droit d'adresser aux Dictionnaires de quelques départements n'atteindraient pas l'ensemble de l'ouvrage. A la rigueur, on pourrait recommencer les parties défectueuses, précieuse ressource à laquelle il faudrait renoncer si les fautes étaient disséminées dans toute l'étendue d'un Dictionnaire général.

Comme on ne doit mettre aucun délai à commencer les Dictionnaires départementaux, il est indispensable d'indiquer dès à présent d'une manière très nette le plan sur lequel ils seront composés.

Chaque Dictionnaire départemental s'ouvrira par une introduction dans laquelle l'auteur fera sommairement la description physique du département, et présentera le tableau des anciennes circonscriptions auxquelles répond le territoire de ce département.

Le Dictionnaire devra contenir, dans une seule série alphabétique : 1° les noms fournis par la géographie physique : montagnes, vallées, cavernes, forêts, cours d'eau, étangs, marais, caps, baies, havres, îles et rochers; 2° les noms de lieux habités : communes et dépendances de communes, telles que villages, hameaux, écarts, fermes, moulins, etc.; 3° les noms se rapportant à la géographie historique : noms de peuples et d'anciennes circonscriptions religieuses, politiques et administratives, vieux chemins, camps, retranchements, châteaux, fiefs, abbayes, prieurés, commanderies, hôpitaux, maladreries.

On compte sur le zèle et l'intelligence des collaborateurs pour n'écarter aucun nom qui ait un caractère d'ancienneté et qui présente un intérêt historique ou philologique. Il est entendu qu'on ne tiendra pas compte des montagnes, vallées, cours d'eau, etc., qui, n'ayant pas de nom particulier, empruntent leur dénomination à la commune ou au hameau.

Pour dresser la nomenclature des lieux habités, on pourra se servir des tableaux du recensement de la population conservés dans les archives de chaque préfecture. A la fin du recensement de chaque commune, on trouve un tableau récapitulatif par quartiers, villages, hameaux ou rues.

Dans les mêmes archives, on pourra consulter les états des chemins ruraux rédigés, commune par commune, à partir de l'année 1823.

On aura la nomenclature des rivières et des cours d'eau dans des tableaux statistiques que les préfets ont envoyés au Ministère de l'intérieur entre les années 1835 et 1845 et dont les minutes doivent être restées dans les archives ou dans les bureaux des préfectures. Souvent ces dépôts renferment d'autres statistiques officielles, qu'il sera bon de mettre à profit, par exemple, les états des biens communaux, des landes, des marais, des forêts, des domaines, etc. [1].

A l'aide de ces documents et de plusieurs autres que nous ne pouvons énumérer, on se procurera aisément la nomenclature moderne des lieux qui ont droit de figurer dans le Dictionnaire.

L'orthographe officielle sera respectée; toutefois, quand elle sera évidemment fautive, il faudra en faire la remarque, indiquer la forme régulière, l'inscrire à son rang dans la série alphabétique et de là renvoyer à la forme administrative. On se conformera aux principes qui ont généralement présidé au classement alphabétique des noms compris dans le Dictionnaire des postes. On suivra les mêmes errements pour le rangement des noms qui ne figurent pas dans ce répertoire. Ainsi on ne tiendra compte ni des articles ni des adjectifs qui se trouvent au commencement d'un si grand nombre de lieux. Les mots SAINT et SAINTE seront considérés comme partie intégrante des noms et en détermineront le rangement à la lettre S.

Chaque nom sera suivi d'une indication propre à en faire connaître la nature et la situation.

Si c'est un chef-lieu de département ou d'arrondissement, on mettra simplement *ch. l. de dép^t.* ou *d'arr^t.* Pour un chef-lieu de canton, on indiquera l'arrondissement dont il fait partie *(arr^t de...)*; pour une commune, le canton auquel elle appartient *(c^{on} de...)*; pour une dépendance de commune, la commune dont elle dépend *(c^{ne} de...)*, en faisant précéder cette indication d'une note abrégée qui fasse bien distinguer les différentes

---

[1] Ces renseignements ont été fournis par M. Dubosc, archiviste du département de la Manche et correspondant du Ministère pour les travaux historiques. C'est encore au même savant que nous devons quelques-uns des documents d'après lesquels nous avons préparé le spécimen joint à ce rapport.

espèces de lieux et d'établissements dont il s'agit, par exemple *ham.*, *éc.*, *f.*, *m^{in}*, pour *hameau*, *écart*, *ferme*, *moulin*.

Les noms se rapportant à la géographie physique seront suivis d'abord d'un mot qui en détermine la nature (*montagne, vallée, caverne, forêt, étang, rivière, ruisseau, marais, cap, baie, havre, île, rocher*), puis d'une indication qui permette de recourir à la carte géographique. Le plus ordinairement, il suffira de mentionner la commune sur le territoire de laquelle est située la montagne, la vallée, la caverne, etc. Toutefois, pour les chaînes de montagnes, pour les grandes forêts, pour les lacs et les baies d'une certaine étendue, il faudra nommer non pas une ou plusieurs communes, mais le canton ou les cantons, l'arrondissement ou les arrondissements, le département ou les départements dans lesquels sont situées ces chaînes, ces forêts, etc. La position des cours d'eau sera fixée par l'indication de la source et du confluent ou de l'embouchure.

Les noms fournis par la géographie historique seront expliqués d'après le même système. On s'attachera à bien déterminer le territoire occupé par les anciens peuples et l'étendue des anciennes circonscriptions. S'il n'y a pas moyen de tracer des limites, même approximatives, il faudra du moins énumérer les localités qui sont connues pour avoir fait partie de la circonscription dont il s'agit.

A la suite de chaque nom moderne seront cités les noms anciens qui lui correspondent. Il suffira de donner un exemple de chaque forme, en choisissant toujours les textes les plus anciens et les plus authentiques. Parmi les documents qui doivent être principalement consultés, nous rappellerons les inscriptions, les légendes de monnaies, les passages des auteurs grecs et latins que D. Bouquet a réunis dans le tome Ier de son recueil, diverses productions historiques et littéraires du moyen âge (telles que chroniques, vies de saints, romans chevaleresques, etc.), les chartes et les cartulaires, les pouillés, les registres de visites ecclésiastiques, les comptes, les rôles d'imposition, les aveux et les livres terriers. Dans les citations, au nom même du lieu, on n'ajoutera que les mots qui peuvent en déterminer la situation. On indiquera la source d'où chaque texte est tiré, et, autant que possible, l'année ou le siècle auquel il remonte. On pourra négliger les formes inventées par les latinistes modernes, à moins toutefois que l'usage ne les ait consacrées et qu'elles n'aient été accueillies dans les documents officiels. Les formes en langue vulgaire ne seront pas relevées avec moins de soin que les formes latines. Il ne sera pas nécessaire de tenir compte des altérations que les noms ont subies sous la plume des copistes ignorants et des auteurs étrangers. Les noms nouveaux que les gouvernements ont substitués à des noms anciens seront enregistrés, quand même ces noms n'auraient eu qu'une existence éphémère.

Les sources seront indiquées d'une manière très abrégée, mais cependant assez précise pour permettre d'y recourir. Elles seront énumérées dans un tableau placé en tête de chaque Dictionnaire. Toutes les fois qu'il s'agira de documents manuscrits, le tableau fera connaître les dépôts dans lesquels ils sont conservés.

Le Dictionnaire de chaque département se terminera par un index des noms anciens, comprenant, dans une seule et même série alphabétique : 1° les noms anciens cités dans le corps de la livraison, avec un renvoi où il en est question; 2° les noms anciens dont l'équivalent moderne n'est pas connu, mais qui doivent s'appliquer à des lieux renfermés dans les limites du département.

Pour bien faire comprendre l'application de ces principes, nous allons donner quelques exemples tirés du Dictionnaire géographique du département de la Manche.

Spécimen des différents articles qui formeront le corps de chaque Dictionnaire.

ALLEAUME, c^{on} de Valognes. — *Alaunium.* Itin. d'Antonin. — *Alauna.* Table de Peutinger. — *Sancta Maria l'Aleaume.* Livre noir. — *Sancta Maria de Valoniis Aleaume.* Rôle de la débite. — *Parrochia Sancte Marie Aleaume.* 1258. Cart. du chap. de Coutances, p. 80. — *Sancta Maria Alermi.* Livre blanc. — *Saincte Marie Aleaume.* 1409. Matrologe, f. 102 v°.

BAUTOIS (LE), petit pays, répondant à une partie de l'arrondissement de Coutances, cantons de la Haye-du-Puits, de Lessay et de Périers. Baûpte paraît en avoir été le chef-lieu. — *Pagus qui appellatur Balteis.* 1027. Dotal. Adelæ. — *Baltesium.* 1192. Lib. de benef. Exaq., f. 94 v°. — *Bauteis.* Livre noir. — *Baptesium.* 1386. Livre blanc, f. 96. — *Bauptez.* 1400. A. E., PP. 304, n. 292. — *Bauteiz.* 1472. A. E., PP. 289, n. 288.

D'après le Livre noir, l'archidiaconé du Bautois (*A. de Bauteis*), division du diocèse de Coutances, renfermait les doyennés de Carentan, du Bautois, de la Haye-du-Puits, de Saint-Sauveur-le-Vicomte, de Barneville, de Jersey et des îles de Guernesey. Cet archidiaconé, comprenant les îles de Jersey, de Guernesey, de Serk et d'Aurigny, a été quelquefois appelé archidiaconé des Îles. Dans une charte de 1238, figure *R. de Petravilla, archidiaconus Insularum.* Cart. de Saint-Sauveur, n° 191.

Le doyenné du Bautois renfermait, au XIII° siècle, les paroisses suivantes : Coigny, Baupte, Appeville, Houtteville, Beuzeville, Cretteville, Vindefontaine, les Moitiers, Prétot, Saint-Jores, Sainte-Suzanne, le Plessis, Gorges, Gonfreville, Nay, Saint-Germain-le-Vicomte, le Buisson, Saint-Germain-la-Campagne. Livre noir.

Le Bautois donnait son nom à une forêt. *Foresta de Balteis.* 1056. Gall. christ., XI, inst., 225.

BIVILLE, c^{on} de Beaumont. — *Buistotvilla.* V. 1020. Cart. de Marmoutier, I, 194. — *Boiville.* V. 1070. B. I., Résidu S.-Germ., 974, f. 276 v°. — *Buevilla.* V. 1080. Cart. de S.-Sauveur, f. 12. — *Buievilla.* Livre noir. — *Buiville.* T. des ch., reg. 61, n. 210. — *Boevilla.* Livre blanc. — *Paroisse de Saint-Thomas de Bieville.* 1440. Matrologe, f. 51 v°. — *Bieuville.* 1419. A. E., PP. 304, n. 182. — *Byville.* 1560. Matrologe, f. 150 v°.

BLANCHELANDE, abb. de l'ordre de Prémontré, c^{ne} de Varanguebecq. — *Sanctus Nicolaus de Blanca Landa.* 1554. Gall. christ., XI, inst., 243. — *Blancha Landa.* 1250. Reg. visit. archiep. Rot., p. 88.

BOCHEFONTAINE, vill., c^{ne} de Canisy.

BONNEVILLE (LA), c^{on} de Saint-Sauveur-le-Vicomte. — *Merdosa villa.* XII° siècle. Cart. de S.-Sauv., n. 67. — *Parrochia Sancte Margarite de Merdose villa.* V. 1210. Ib., n° 64. — *Parrochia Sancte Margarite de la Bone ville.* 1226. Cart. du chap. de Coutances, n. 123. — *Parrochia Sancte Margarite de Bonavilla.* 1237. Cart. de Saint-Sauveur, n. 75. — *La Bonneville.* 1472, A. E., PP. 289, n. 271.

BRICQUEBOSQ, c^{on} des Pieux. — *Bikrobot.* V. 1008. Dotalitium Judithæ. — *Brichebot.* V. 1100. Cart. de S.-Sauveur, n. 14. — *Villa de Briquebosc.* V. 1175. Ib., n. 1. — *Ecclesia Sancti Michaelis de Salomonis villa.* V. 1175. Ib., n. 1. — *Brichebosc.* XII° siècle. Ib., n. 171. — *Briquebo.* Livre blanc.

CANTEPIE, f., c^{ne} de Grosville. — *Cantapia.* V. 1008. Dotal. Judithæ.

CARNET, c^{on} de Saint-James. — *Chernetum.* 1168. Cart. de Marmoutier, II, 167. — *Kernet.* 1179. Cart. de Savigny, in ep. Abr., n. 60. — *Quernet.* 1221. Cart. du Mont-S.-Michel, f. 122. — *Carnet.* 1232. Ms. 34 d'Avranches.

CHAMPS-DE-LOSQUE (LES), c^{on} de Saint-Jean-de-Daye. Cette commune a été formée, en 1836, de la réunion des communes de Saint-Aubin-de-Losque et de Saint-Martin-des-Champs. V. S.-AUBIN-DE-LOSQUE, S.-MARTIN-DES-CHAMPS.

CHAPELLE-EN-JUGER (LA), c^{on} de Marigny. — *Sanctus Petrus de Capella.* V. 1170. Cart. de Marmoutier, II, 51. — *Capella.* 1172. Ib., 31. — *Capella Engelgeri.* V. 1250. Cart. du chap. de Coutances, n. 319. — *Capella Engeugerii.* Livre noir. — *Capella Enjugeri.* Livre blanc. — *La Chapelle Enjugier.* Cart. de S.-Lô, p. 339 et 1013. — *Capella Injugeri.* Compte de 1549. — Il faudrait écrire, non pas LA CHAPELLE-EN-JUGER, mais bien LA CHAPELLE-ENJUGER. La seconde partie de ce mot est le nom d'un seigneur, *Engelgerius* ou *Engogerius de Bohon*, qui vivait au XII° siècle.

CHIFFREVAST, chât., cne de Tamerville. — *Siffrevast.* V. 1175. Cart. de Saint-Sauveur, n. 1. — *Sifrewast.* 1180. Rot. scac., 37. — *Sifreval.* 1198. Ib., 479. — *Sieffreval.* 1339. T. des ch., carton J. 210, n. 7. — *Syffrevastum.* Livre blanc. — *Ciffrevast.* Coutumier des forêts de Normandie. — Sous le nom de métier de Chiffrevast, on désignait un quartier de la forêt de Brix ou de Valognes : *le mestier de Siffrevast.* Coutum. des forêts.

COUDRE (LA), min, cve de Négréville. — *Le moullin et tenement du vey de la Couldre.* 1611. Arch. de l'év. de Coutances, liasse 110.

COUESNON, riv., prend sa source près de la Chapelle-Janson (Ille-et-Vilaine), se jette dans la mer, dans la baie du Mont-Saint-Michel. — *Fluvius qui dicitur Cosmun*[1]. Vita s. Joscii, Mabillon, Acta, sæc. II, p. 567. — *Fluvius Coysnon.* Dudon de S.-Quentin, l. III, éd. Duch., p. 93. — *Fluvius Coisnon.* Guil. de Jumièges, VI, 8. — *Cosno.* Tapisserie de Bayeux. — *Cosnonium.* 1090. Cart. de Marm., II, 159. — *Coisnanus.* Baudri de Bourgueil, dans Bouq., XIV, 225. — *Coisnun.* Wace, Roman de Rou, v. 1858. — *Unda Coetni.* Guil. le Breton, Philipp., VIII, 44. — *Coynon.* 1321. T. des ch., reg. 70, n. 141.

COUROIE ou COURAIE, nom d'une sergenterie du bailliage de Cotentin. — *Sergenterie Couroie.* 1413. A. E., PP. 304, n. 149. — *Sergenterie Courouye.* 1472, A. E., PP. 289, n. 288. D'après un aveu de l'année 1472, elle se divisait en cinq branches, savoir : de Varanguebecq, de Bautois, de Saint-Sauveur Lendelin, de Muneville et de Vaudrimesnil. A. E., PP. 289, n. 288. Cette sergenterie tirait son nom d'un sergent qui en était le titulaire à la fin du XIIe siècle. A une charte de Guillaume, évêque de Coutances, v. 1190, est témoin *Willelmus Coreia, serviens domini regis.* Cart. de Savigny, in ep. Const., n. 36.

CRUX, fief et chapelle à Tirpied. — *Robertus de Cruies.* 1213. Coll. Le Ber, titres de Savigny, n. 17. — *De Crues.* 1218. Cartul. du Mont-S.-Michel, f. 124 v°. — *De Cruis.* 1237. Livre vert, p. 109. — *De Crudis.* 1256. Ib., p. 62, n. 17. — *Crux.* 1271. Rôle de l'ost de Foix.

DOUVE (LA), riv., prend sa source à Hardinvast, se jette dans la mer à Saint-Clément. — *Unva.* V. 1080. Cart. de S.-Sauv., n. 12. — *Ouva.* V. 1160. Ib., n. 16. — *Ove.* 1383. T. des ch., reg. 124, n. 226. — *L'eaue de Douve.* Coutumier des forêts. — *La mère eaue d'Onve.* 1480. S.-Sauveur. Le nom véritable de cette rivière est l'Ouve; c'est par abus qu'on a pris l'habitude de dire et d'écrire LA DOUVE.

DOVILLE, con de la Haye-du-Puits. — *Sanctus Martinus de Escallecliff, et Sanctus Martinus Callis Clivi.* XIIe s. Blanchelande. — *Sanctus Martinus de Dovilla.* Livre noir. — *Douville.* 1451. A. E., PP. 304, n. 232. — *Doville.* 1453. Ib., n. 256.

---

[1] Il faut sans doute lire *Cosniun;* mais la forme *Cosmun* est donnée, non seulement par Mabillon, mais encore par le seul manuscrit ancien que la B. I. possède de la Vie de saint Josce. (Ms. lat. 1864, f. 166).

FLAMANVILLE, c^{on} des Pieux. — *Flamenovilla.* V. 1008. Dotalitium Judithæ. — *Flamenvilla* et *Sanctus Germanus de Mari.* V. 1080. Cart. de S.-Sauveur, n. 12. — *Flammevilla.* V. 1100. Ib., n. 14. — *Flammenvilla.* 1104. Ib., n. 14. — *Sanctus Germanus de Direch.* V. 1135. Ib., n. 13. — *Sanctus Germanus de Direth.* V. 1175. Ib., n. 1. — *Ecclesia de Direte.* Livre noir. — *L'église de Direte.* 1287. Liv. de l'obit. de S.-Sauveur, f. 85. — *Sanctus Germanus de Flamenvilla.* Livre blanc. — *Flamenville.* 1395. A. E., PP. 289, n. 53.

GERVILLE, c^{on} de la Haye-du-Puits. — *Gervilla.* 1056. Gall. christ., XI, inst., 225. — *Girevilla.* V. 1180. Lib. de benef. Exaq., f. 73 v°. — *Guierevilla.* 1196. Ib., f. 61 v°. — *Guerevilla.* 1231. Reg. E. de Phil. Aug., f. 251 v°. — *Guirevilla.* Livre noir. — *Guirville.* 1259. A. E., J. 1034, n. 50 *bis.* — *Gierville.* 1424. A. E., PP. 304, n. 185.

GRESTAIN (Chasse de), petit chemin à Azeville, qui a peut-être conservé le nom d'une localité mentionnée dans l'ancienne Vie de saint Floscel : *In monumento locelli vocabulo Christonno, in villa que ab hominibus illius provincie et pagi nominatur Duurix Duuronno.*

GRISELÉE, falaise, c^{ne} de Fermanville.

HAGUE-DIKE (LE), retranchement construit par les Normands pour isoler la pointe de la Hague (voy. ce mot), depuis Gréville jusqu'à Omontville. — *Fossé de Haguedith.* 1252. Cart. de Cérisy, p. 706.

HEMEVEZ, c^{on} de Montebourg. — *Sanctus Laudus de Anslevilla.* XIIe siècle. Cart. de Montebourg, n. 138. — *Ansnevilla Heymevez.* Livre noir. — *Annevilla Haimeveiz.* 1321. Liv. de l'aumôn. de Saint-Sauveur, f. 53 v°. — *Ansnevilla Haimesveiz.* V. 1320. Cart. de Saint-Sauveur, p. 174. — *Haymevez.* 1326. T. des ch., reg. 64, n. 332. — *Heimesveis.* XIVe siècle. Livre de l'obit. de Saint-Sauveur, f. 57. — *Hemesvez.* V. 1400. A. E., S. 5057. — *Anneville Hammeves.* Cout. des forêts. — *Hemeveis.* V. 1420. A. E., S. 5057. — *Hemesves.* 1472. A. E., PP. 289, n. 271.

LANDE-POURRIE, forêt, qui s'étendait entre Mortain, Tinchebray et Domfront. — *Landa Putrida.* XIIe siècle. T. des ch., reg. 48, n. 103. — *Foresta Lande Putride.* 1255. Olim, I, 5. — *Londa Putrida.* 1319. T. des ch., reg. 59, n. 289. — *Lande Pourrie.* 1323. Ib., reg. 61, n. 395. — *Lande Porrie.* 1336. Ib., carton J. 224, n. 1. — En 1338, le roi permet de fonder deux nouvelles paroisses dans *la forest de Lande Pourrye, au dyocèse d'Avrenches, en la baillie de Coustantin.* — *Lende Pourrye.* 1394. A. E., PP. 304, n. 187.

LIEUSAINT, c^{on} de Valognes. — *Locus sanctorum.* 1266. Cart. du chap. de Coutances, n. 126. — *Parroisse de Liussains ou bailliage de Coustentin.* 1344. T. des ch., reg. 76, n. 251. — *Lieuxsains.* Coutum. des forêts de Normandie. — *Lieuxains.* 1441. Matrologe, f. 99 v°. — *Lisainz, Liesainz,* Cart. de Saint-Lô, p. 10 et 20. — Enclavée dans le diocèse de Coutances, la paroisse de Lieusaint faisait partie du diocèse de Bayeux.

Losque. V. Champs-de-Losque, Saint-Aubin-de-Losque.

Lutumière (La), c"" de Brix, bois, baronnie et prieuré dépendant de l'abbaye de Saint-Sauveur-le-Vicomte. — *Silva Lutumerie.* 1042. Fondation de Cérisy. — *Sanctus Petrus de Lutumeria.* Cart. de S.-Sauveur, n. 3. — *Lutemare.* V. 1170. Reg. E de Phil. Aug., f. 220. — *Lutumeria justa Bruis.* Cart. de S.-Sauveur, n. 5. — *Capella Sancti Petri de Luthumeria.* XII° siècle. Cart. de la Lutumière, n. 29. — *Luitumeria.* Livre noir. — *Letumeria.* Livre blanc.

Mesnil-Auval (Le), c°" d'Octeville. — *Mesnillum Avar.* Livre noir. — *Parrochia de Mesnilvair.* 1257. Cart. du chap. de Cout., n. 35. — *Mesnil Auvair.* 1288. Ib., n. 244. — *Mesnillum Aubar.* 1320. T. des ch., reg. 59, n. 450. — *Le Mesnil Auvar.* Cout. des forêts.

Montmirel, vill., c"° de Canisy.

Moullepied (Le doit de), c"° du Mesnil-Eury. — *Doitum de Moilliepie.* 1271. Cart. de Saint-Lô, 477.

Moutons, ham., c"° de Saint-Clément. Ancien prieuré de femmes. — *Sancta Maria de Mustone.* V. 1130. T. des ch., reg. 48, n. 103. — *Musto in Landa Putrida.* XII° siècle. Ib. — *Mostun.* Cartul. du Plessis, n. 858. — *Prioratus de Moustons.* 1235. Reg. scac., f. 77, col. 2. — *Prioratus de Ariete.* 1256. Reg. visit. archiep. Rot., p. 244. — *Prieuré de Notre-Dame-de-Moutons.* 1344. T. des ch., reg. 74, n. 44.

Ollonde, ancien château, c"° de Canville. — *Orlonda.* 1198. Rot. scac., 479. — *Orlanda.* 1205. Reg. C de Phil. Aug., f. 69. — *Orlonde.* Reg. E. de Phil. Aug., f. 26. — *Orlunda.* 1257. Cartul. de S.-Sauveur, n. 214. — *Orlonde.* 1413. A. E., PP. 304, n. 149.

Ouve (L'), riv. V. Douve.

Pernelle (La), c°" de Quettehou. — *Sancta Petronilla.* Livre noir. — *Paroisse de Saincte Perronnelle.* A. E., PP. 304, n. 296. — *La Pesnelle.* 1418. Ib., n. 175.

Perrine (La), dépendance de la c"° du Dézert, ancienne léproserie et maison de l'ordre des Mathurins. — *Domus leprosorum quam L. uxor Willelmi de Humeto construxit apud le Desert.* V. 1185. A. E., M. 573. — *La maison de Sainte Katherine de la Perrine de l'ordre de la Trinité et des Chetiz.* 1326. T. des ch., reg. 64, n. 295. — *Perrina.* Livre blanc. — *La maladerie de la Perrigne, en la parroisse du Désert.* A. E., PP. 304, n. 253.

Pigace (sergenterie), division de la vicomté d'Avranches. D'après un rôle d'imposition, du 20 janvier 1398, elle comprenait les paroisses de Ducey, la Godefroy, le Val-Saint-Pair, Précey, Pontaubault, Poilley, Saint-Aubin, Saint-Senier-sous-Avranches, les Cresnays, le Mesnil-Adelée, Saint-Ouen-de-Celland, la Gohannière et Saint-Brice. Cette sergenterie tirait son nom de la famille à qui elle était inféodée; Jean Pigace, écuyer, en rendit aveu le 31 août 1387. Cartul. normand, p. 61, n. 383 not.

Plein. Petit pays, correspondant à une partie du c°" de Sainte-Mère-Église. Plusieurs communes en ont tiré leur surnom : Angoville-au-Plein, Beuzeville-au-Plein, Neuville-au-Plein. — De la baronnie et vicomté de Bricquebec dépendait, en 1435, un notaire établi *eu siége du Plain*. Matrol., f. 83.— D'après le Livre noir, le doyenné du Plein (*decanatus de Plano*) était une division de l'archidiaconé de Cotentin; il comprenait les paroisses suivantes : Joganville, Fréville, Émondeville, Azeville, Fontenay, Ravenoville, Foucarville, Saint-Germain et Saint-Martin-de-Varreville, Saint-Marcouf, Eroudeville, Beuzeville-au-Plein, Turqueville, Boutteville, Hiesville, Carquebu, Blosville, Houesville, Liesville, Saint-Côme-du-Mont, Angoville-au-Plein, Brucheville, Sainte-Marie-du-Mont, Audouville, l'Île-Marie, Ecoqueneauville.

PONT-AUBAULT, c^{on} d'Avranches. — *De Pontabaudo*. V. 1140. Cart. du Mont-S.-Michel, f. 90. — *Pont Albalt*. 1150. Cart. de Savigny, in ep. Abr., n. 35. — *Pons Aubaudi*. 1179. Ib., n. 60. — *Beatus Andreas de Ponte Aubandi*. XIIe siècle. Livre vert, n. 72. — *Pons Aubaut*. 1241. Montmorel. — *Le Pont Aubaut*. 1374. Reg. pit. M. S. M., f. 115 v°.

PRIEURÉ (LE), f., c^{ne} de Clitourps. Ancien prieuré dépendant de l'abbaye de Saint-Sauveur-le-Vicomte. — *Torgistorp juxta Barbefluvium*. XIIe siècle. Cartul. de la Lutumière, n. 3. — *Prioratus Sancti Michaelis de Torgistorp*. XIIe siècle. Cart. de S.-Sauveur, n. 347. — *Turgistorp*. XIIe siècle. S.-Sauveur.— *Tourgistourp*. 1303. Liv. de l'obit. de S.-Sauv., 28 v°. — *Tourclitourp*. 1459. S.-Sauveur. — *Torclitour*. 1496. Épitaphe, dans le ms. 1028 du suppl. fr., p. 267. — *Prioratus Sancti Michaelis de Clitourpo*. 1577.— *Capella Sancti Michaelis de Torclitorp, gallice de Clitourp*. 1596. S.-Sauveur.

PSALMONVILLE, vill., c^{ne} de Bricquebosq. — *Solomonis villa*. 1008. Dotalitium Judithæ. V. BRICQUEBOSQ. Il vaudrait mieux écrire SALMONVILLE.

QUIQUENGRONGNE, mⁱⁿ, c^{ne} de Golleville. — *Manoir appellé Quinquengrongne, en la parroisse de Golleuville*. A. E., PP. 304, n. 157.

RABÉ (LE), vill. et bois à Quettehou.— *Silva Rabeti*. 1042. Fondation de Cérisy. — *Foresta de Rabeio*. 1180. Rot. scac., 32. — *Bois du Raboy*. 1346. T. des ch., carton J. 222, n. 19. — *Le buisson du Rabbé*. 1449. A. M. — *Le bois de Rabet*. 1666. A. de l'év. de Coutances, liasse 110.

SAINTÉNY. V. SAINT-ÉNY.

SALMONVILLE. V. PSALMONVILLE.

SANSURIÈRE (LA), ruisseau venant de la Haye-du-Puits, affluent de la Douve. Il donne son nom à un marais, qu'on traverse sur une chaussée en allant de Saint-Sauveur-le-Vicomte à la Haye-du-Puits. — *Calceia que dicitur la Sansuere, et Sanguissugaria*. 1303. Livre de l'obit. de S.-Sauveur, f. 14 et v°.

SIQUET, ham., c^{ne} de Tamerville.

SAINT-AUBIN-DE-LOSQUE, c^{ne} supprimée en 1836. Voy. CHAMPS-DE-LOSQUE (LES). — *Sanctus Albinus*. Livre noir. — *Cheminum de Losca*. 1273. Cart. de Saint-Lô, p. 479. —

Sanctus Albinus de Osca. Livre blanc. — Selon toute apparence, l'orthographe régulière devrait être DE L'OSQUE.

SAINT-ÉNY, c^{on} de Carentan. — *Sanctus Petrus de Sanctineio.* V. 1060. Collégiale de Cherbourg. — *Sanctus Petrus de Santineio.* 1162. S.-Nicolas d'Angers. — *Sanctineium.* 1236. Cart. du chap. de Coutances, n. 320. — *Sanctineyum.* Livre noir. — *Parrochia de Sancto Eneio.* 1252. Cart. de S.-Sauveur, n. 87. — *Sanctus Petrus de Sanctineio.* 1253. Ib., n. 88. — *Sayntêni.* 1326. T. des ch., reg. 64, n. 332. — *Sainteny.* 1407. Liv. de l'obit. de S.-Sauveur, 87 v°. — *Parroisse de Saint-Eny.* 1419. A. E., PP. 304, n. 180. — *Sanctigneyum.* Compte de 1549. — Il est certain que l'orthographe régulière du nom de cette commune est SAINTÉNY et non pas SAINT-ÉNY.

SAINT-LÔ, ch.-lieu du dép^t. — *Ex civitate Briovere.* 511. Concil. Aurel. I. — *Ecclesia Brioverensis.* 549. Concil. Aurel. V. — *Briovero.* Triens mérovingien. — *Castellum in Constanciensi territorio, quod ad Sanctum Loth dicebatur.* Ann. Mett., a. 890. — *Castrum Sancti Laudi.* Ann. Vedast., a. 889. — *Burgus Sancti Laudi qui est supra Viram fluvium.* V. 1100. Gall. christ., XI, inst., 219. — *Saint-Lo.* Roman de Rou, vers 8394. — *Sanctus Laudus de Constantino.* V. 1180. Ab. de S.-Lô. — *Saint-Lou en Constentin.* Le dit du lendit, vers 106. — *Le Rocher de la Liberté.* 1793.

Chef-lieu d'un doyenné (*decanatus de Sancto Laudo*), qui, d'après le Livre noir, comprenait ces paroisses : Saint-Gilles, Saint-Lô, Saint-Georges-Mont-Cocq, le Mesnil-Rouxelin, Canisy, Saint-Ouen, Gourfaleur, Bon-Fossé, Saint-Ebrémond de Bon-Fossé.

Chef-lieu d'une sergenterie, citée en 1324 (T. des ch., reg. 62, n° 315), et d'une élection. — Charles VI établit à Saint-Lô un siège d'assises le 24 janvier 1412. Ordonn., IX, 671.

SAINT-MARCOUF (îles), dépendance de la c^{ne} de Saint-Marcouf. — *Insulæ quæ rustica lingua Duo Limones appellantur.* Vie de S. Marcouf. — *Duas insulas que sunt ibi (apud Sanctum Malcurfum) in mari.* V. 1070. Fondation de Cérisy. — *Insula Sancti Marculphi.* 1424. Obit. des cordeliers de Valognes.

SAINT-MARTIN-DES-CHAMPS, commune supprimée en 1836. Voy. CHAMPS-DE-LOSQUE (LES). — *Sanctus Martinus de Campania.* Livre noir. — *Saint-Martin de la Campaigne dit l'Esgarey.* 1419. A. E., PP. 304, n° 180.

SAINTE-MÈRE-ÉGLISE, ar. de Valognes. — *Manerium quod Sancte Marie ecclesia nominatur.* V. 1160. Abb. Blanche. — *Parrochia de Sancte Marie ecclesia.* 1287. T. des ch., reg. 73, n. 342. — *Paroisse de Sainte Mariglise.* 1344. Ib., carton 222, n° 17. — *Sancta Maria ecclesia.* Livre pelu. — *Saint Mareglisse.* Vers 1420. A. E., S. 5057. — *Mère-Libre.* 1793.

Sainte-Mère-Église était le chef-lieu d'une sergenterie de la vicomté de Carentan, citée en 1453. A. E., PP. 304, n° 242. C'était aussi le chef-lieu des paroisses du diocèse de Bayeux, enclavées dans le diocèse de Coutances.

VAL-SAINT-PAIR (LE), c^{on} d'Avranches. — *Parrochia Sancti Petri de Valle.* 1244. Livre vert, p. 84, n. 60. — *Vallis Sancti Petri.* 1244. Ib., p. 80, n. 53. — *Sanctus Petrus de Valle juxta Abrincas.* 1246. Ib., p. 77, n. 46. — *La parroisse du Val Saint Pere.* 1305. Ib., p. 122. — *Parroisse du Val Saint-Pierre.* 1327. T. des ch., reg. 64, n. 636. —. De ces exemples, dont le nombre pourrait être décuplé, il résulte qu'on devrait écrire Le Val-Saint-Père, et non pas Le Val-Saint-Pair.

Valognes, ch. l. d'arr^t. — *Curtis que appellatur Valangias.* 1027. Dotal. Adelæ. — *Valoniæ.* V. 1060. Collégiale de Cherbourg. — *In comitatu Constantino, villa Valongia.* V. 1060. Baluze, Miscell., fol., III, 45. — *Valonia.* V. 1150. Cart. du chap. de Coutances, n. 286. — *Valumpnia.* V. 1160. Cart. de S.-Sauv., n. 3. — *Valuignes et Valuines.* Wace, Roman de Rou, v. 384 et 5204. — *Valoignes,* Benoît, v. 32770. — *Valones.* Benoit de Peterb., a. 1175. — *Waloniæ.* 1198. Rot. scac., 471. — *Parrochia Sancti Machuti.* Reg. scac., f. 64. — *Wallones.* 1238. Bouq., XXI, 257. — *Sanctus Macutus de Valoniis.* Rôle de la débite. — *Walloniæ.* 1288. T. des ch., reg. 73, n. 342. — *Wallongnes.* xiiie s. Chron. de Norm., Bouq., XI, 331. — *Waloignes.* 1320. T. des ch., reg. 61, n. 125. — *Valogniæ.* V. 1320. Cart. de S.-Sauveur, p. 173. — *Valloignes.* 1328. T. des ch., reg. 71, n. 5. — *Valoingnez.* V. 1400. Cout. des forêts de Norm., f. 705. — *Saint Maslo de Valonges.* 1400. Matrologe, f. 28 v°.

Valognes fut le chef-lieu de l'archidiaconé du Cotentin (voy. ce mot) et d'un doyenné qui, suivant le Livre noir, renfermait ces paroisses : Le Theil, Saussemesnil, Tamerville, Huberville, Montaigu, Saint-Germain de Tournebu, Le Vicel, La Pernelle, Rideauville, Saint-Vast, Quettehou, Morsalines, Grenneville, Aumeville, Crasville, Videcosville, Octeville-la-Venelle (et mieux l'Avenel), Hautmoitier, Lestre, Tourville, Quinéville, Ozeville, Saint-Martin d'Audouville, Vaudreville, Sainte-Marie d'Audouville, Saint-Floxel, Montebourg, Ecausseville, Eroudeville, Le Ham, Sortosville, Flottemanville, Saint-Cyr, Alleaume, Valognes, Sainte-Croix, Teurthéville-Bocage.

Dans l'ordre civil, il fut le chef-lieu d'une vicairie, si, dans le *Dotalitium Judithæ,* il faut lire : *vicaria quæ vocatur Valgenas,* comme l'a conjecturé M. Stapleton (Rot. scac., I. lxxxi); — d'une baillie sous les Plantagenets (voy. Biblioth. de l'éc. des chartes, 2e série, V, 261); — d'une vicomté citée dès l'année 1287 (T. des ch., reg. 73, n. 342); — d'une sergenterie mentionnée en 1320 (Ib., reg. 59, n. 476), — et d'une élection.

La Verderie de Valognes, division forestière, d'après un Mémoire de 1666 (Arch. de l'év. de Cout., liasse 110), comprenait huit gardes ou cantons : la haye de Valognes, les bois de Montebourg, de Montbaven, de Hetemenboscq, de Digoville, de Blanqueville, de Boutron et de Rabet.

Varengère (La), f., c^{ne} d'Ozeville. — *Varengeria.* Reg. E de Phil. Aug., f. 26. — *Fieu de la Varenguière.* 1389. A. E., PP. 304, n. 320. — *La Varengière.* 1389. B. I., ms. franç. 9436. 3, p. 48.

Vé-Salmon (Le), quartier, c^{ne} de Valognes. — *Vadum Salomonis.* 1219. Reg. scac., f. 64. — *Le Vey Psalmon.* 1430. Matrologe, f. 23 v°.

Spécimen de l'index des noms anciens, qui terminera chaque dictionnaire départemental [1].

Alauna, Alaunium. *Alleaume.*
Annevilla, Anslevilla, Ansnevilla. *Hemevez.*
Aries. *Moutons.*
Balteis, Baltesium, Baptesium, Bauptez, Bauteis. *Bautois.*
Bieuville, Bieville. *Biville.*
Bikrobot. *Bricquebosq.*
Blanca Landa, Blancha Landa. *Blanchelande.*
Boevilla, Boiville. *Biville.*
Bona villa. *La Bonneville.*
Brichebosc, Brichebot. *Bricquebosq.*
Briovere. *Saint-Lô.*
Briquebo, Briquebosc. *Bricquebosq.*
* Brisniacus villa. Domaine que saint Ouen possédait dans le Cotentin et qui est cité dans plusieurs vies anciennes de ce prélat.
Buevilla, Buievilla, Buistotvilla, Buiville, Byville. *Biville.*
Callis Clivus. *Doville.*
Campania (S. Martinus de). *Saint-Martin-des-Champs.*
Cantapia. *Cantepie.*
Capella, Capella Engelgeri, Engeugerii, Enjugeri, Injugeri. *La Chapelle-en-Juger.*
Chapelle Enjugier. *La Chapelle-en-Juger.*
Chernetum. *Carnet.*
Christonnum. *Grestain.*
Ciffrevast. *Chiffrevast.*
Coetnus, Coisnanus, Coisnon, Coisnun. *Couesnon.*
Coreia. *Couroie.*

Cosmum, Cosno, Cosnonium. *Couesnon.*
Couldre (La). *La Coudre.*
Coynon, Coysnon. *Couesnon.*
Cruda, Crues, Cruies, Cruis. *Crux.*
Direch, Direte, Direth (S. Germanus de). *Flamanville.*
Douville, Dovilla. *Doville.*
Duo Limones. *Saint-Marcouf (îles).*
*Duurix, Duuronno. « Villa que ab hominibus illius provincie et pagi (le Cotentin) nominatur Duurix Duuronno. » Vie de saint Floscel. Selon toute apparence, cette localité était située à Saint-Floxel ou aux environs.
Escalleclif. *Doville.*
Esgarey (Saint-Martin l'). *Saint-Martin-des-Champs.*
Flamenovilla, Flamenvilla, Flammenvilla, Flammevilla. *Flamanville.*
Gervilla, Gierville, Girevilla, Guerevilla, Guiervilla, Guirevilla, Guirville. *Gerville.*
Haguedith. *Le Hague-Dike.*
Haimesveiz, Haimeveiz, Hammeves, Haymevez, Heimesveis, Hemesves, Hemesvez, Hemeveis, Heymevez. *Hemevez.*
Insularum (Archidiaconatus). *Bautois.*
Kelgenæ. Forme corrompue de Valgenæ, suivant M. Stapleton. Voy. *Valognes.*
Kernet. *Carnet.*
Landa Putrida, Landè Porrie, Lende Pourrye. *Lande Pourrie.*
Letumeria. *La Lutumière.*
Liesainz, Licuxains, Lieux sains. *Lieusaint.*

---

[1] Les noms imprimés en caractère italique sont les noms modernes qui ont été l'objet d'un article dans le corps du Dictionnaire.

Dans cet index, les articles précédés d'un astérisque se rapportent à des noms anciens dont l'équivalent moderne n'est pas connu.

Limones. V. Duo Limones.
Lisains, Liussains, Locus sanctorum. *Lieusaint.*
Londa Putrida. *Lande Pourrie.*
Losca. *Saint-Aubin-de-Losque.*
Luitumeria, Lutemare, Luthumeria, Lutumeria. *La Lutumière.*
Mari (S. Germanus de). *Flamanville.*
* Martiniacum, in pago Constantino, in condeda Quasnacinse. 718. Diplomata, chartæ, II, 50.
Merdosa villa. *La Bonneville.*
Mère-Libre. *Sainte-Mère-Église.*
Mesnil Auvair, M. Auvar, M. Vair, Mesnillum Aubar, M. Avar. *Le Mesnil-Auval.*
Moilliepie. *Moullepied.*
Mostun, Moustons, Musto. *Moutons.*
Onve. *Douve.*
Orlanda, Orlonda, Orlunda. *Ollonde.*
Osca. *Saint-Aubin-de-Losque.*
Ouva, Ove. *Douve.*
Perrigne (La), Perrina. *La Perrine.*
Pesnelle (La). *La Pernelle.*
Planum. *Le Plein.*
Pons Aubandi, P. Aubaudi, P. Aubaut, Pont Albalt, P. Aubaut, Pontabaudus. *Pont-Aubault.*
Quernet. *Carnet.*
Quinquengrongne. *Quiquengrogne.*
Rabbé, Rabeium, Rabet, Rabetum, Raboy. *Le Rabé.*
Rocher (Le) de la Liberté. *Saint-Lô.*
Sainteny. *Saint-Eny.*
Salomonis villa. *Psalmonville.*
Sanctigneyum, Sanctineium, Sanctineyum. *Saint-Eny.*
Sanguissugaria, Sansuere (la). *La Sansurière.*
Santineium, Saynteni. *Saint-Eny.*
Sieffreval, Siffrevast, Sifreval, Sifrewast. *Chiffrevast.*
Solomonis villa. *Psalmonville.*

Syffrevastum. *Chiffrevast.*
Saint-Loù. *Saint-Lô.*
Saint-Mareglise. *Sainte-Mère-Église.*
Saint-Maslo. *Valognes.*
Saint-Thomas de Bieville. *Biville.*
Sainte-Catherine de la Perrine. *La Perrine.*
Sainte-Mariglise. *Sainte-Mère-Église.*
Sainte-Perronnelle. *La Pernelle.*
Sanctus Albinus. *Saint-Aubin-de-Losque.*
Sanctus Andreas de Ponte Aubandi. *Pont-Aubault.*
Sanctus Eneius. *Saint-Eny.*
Sanctus Germanus de Direte, de Mari. *Flamanville.*
Sanctus Laudus. *Saint-Lô.*
Sanctus Laudus de Anslevilla. *Hemevez.*
Sanctus Loth. *Saint-Lô.*
Sanctus Machutus, Macutus. *Valognes.*
Sanctus Malcurfus, Marculfus. *Saint-Marcouf.*
Sanctus Martinus de Campania. *Saint-Martin-des-Champs.*
Sanctus Martinus de Dovilla. *Doville.*
Sanctus Martinus de Escalleclif. *Doville.*
Sanctus Martinus l'Esgarey. *Saint-Martin-des-Champs.*
Sanctus Michael de Clitourpo. *Le Prieuré.*
Sanctus Michael de Salomonis villa. *Bricquebosq.*
Sanctus Michael de Torgistorp. *Le Prieuré.*
Sanctus Nicolaus de Blanca Landa. *Blanchelande.*
Sanctus Petrus de Capella. *La Chapelle-en-Juger.*
Sanctus Petrus de Sanctineio. *Saint-Eny.*
Sanctus Petrus de Valle. *Le Val-Saint-Pair.*
Torclitorp, Torclitour, Torgistorp, Tourclitourp, Tourgistourp, Turgistorp. *Le Prieuré.*
Unva. *La Douve.*

Vadum Salomonis. *Le Vé-Salmon.*
Val-Saint-Père (Le), S.-Pierre. *Le Val-Saint-Pair.*
Valangiæ, Valgenæ. *Valognes.*
Vallis Sancti Petri. *Le Val-Saint-Pair.*
Valloignes, Vallongnes, Valogniæ, Valoignes, Valoingnes, Valones, Valonges,
Valongia, Valonia, Valoniæ, Valuignes, Valuines, Valumpnia. *Valognes.*
Varengeria, La Varengiére, La Varenguière. *La Varengère.*
Vey Psalmon (Le). *Le Vé Salmon.*
Wallones, Walloniæ, Waloignes, Waloniæ. *Valognes.*

Spécimen du tableau des sources qui devra précéder chaque dictionnaire départemental [1].

Abbaye Blanche. — Titres de cette abbaye : Archives de l'Empire.

Abbaye de Saint-Lô. — Titres de cette abbaye : Archives de La Manche.

Blanchelande. — Titres de cette abbaye : Archives de la Manche.

Cartulaire de Cérisy. — Ce cartulaire est perdu ; les archives de la Manche en possèdent une traduction faite au XVII° siècle.

Cartulaire du chapitre de Coutances. — Manuscrit du XIV° siècle : Archives de l'évêché de Coutances.

Cartulaire de la Lutumière. — Manuscrit de l'année 1452 : Archives de la Manche.

Cartulaire de Marmoutier. — Recueil fait par Gaignières, d'après les titres originaux : Bibliothèque impériale, fonds latin, n° 5441.

Cartulaire du Mont-Saint-Michel. — Manuscrit du XII° siècle : Bibliothèque d'Avranches, n° 80.

Cartulaire de Montebourg. — Manuscrit du XIII° siècle : Bibliothèque du château de Plein-Marais.

Cartulaire du Plessis. — Manuscrit du XV° siècle : Archives du Calvados.

Cartulaire de Saint-Lô. — Recueil formé par M. Dubosc, d'après les titres originaux : Archives de la Manche.

Cartulaire de Saint-Sauveur. — Manuscrit du XIII° siècle : Archives de la Manche.

Cartulaire de Savigny. — Manuscrit rédigé vers l'année 1200 : Archives de la Manche.

Collection Le Ber. — Sous le n° 5636 de cette collection, à la Bibliothèque de Rouen, se trouve une suite de 217 chartes originales provenant des archives de l'abbaye de Savigny.

Collégiale de Cherbourg. — Pancarte du XI° siècle relative à la fondation et à la dotation de cette église, publiée dans les Mémoires de la Société académique de Cherbourg, année 1852, p. 152-168.

[1] Sur ce tableau n'ont pas été portés : 1° les ouvrages et les documents dont les éditions sont connues de tous les savants ; 2° les pièces manuscrites dont la citation dans le Dictionnaire est accompagnée d'une note qui en fait connaître la date, la nature et la cote dans une bibliothèque ou dans un dépôt d'archives.

Compte de 1549. — Sous ce titre est désigné un compte de la grande prévôté du chapitre de Coutances, en 1549, que feu M. de Gerville doit avoir donné aux archives de l'évêché de Coutances.

Coutumier des forêts de Normandie. — Registre composé au commencement du xv° siècle : Archives de la Seine-Inférieure.

Dotalitium Adelæ. — Charte de Richard III, duc de Normandie, pour sa femme Adèle, en 1026, publiée par d'Achery, Spicilegium, éd. in-folio, III, 390.

Dotalitium Judithæ. — Charte de Richard II, duc de Normandie, pour sa femme Judith, en 1008 ou environ, publiée par Martène, Thesaurus, I, 122.

Fondation de Cérisy. — Pancarte du xi° siècle relative à la fondation et à la dotation de l'abbaye de Cérisy; elle est insérée dans le Cartulaire de Normandie, que M. Le Prévost a donné à la Bibliothèque de Rouen.

Liber de beneficiis Exaquii. — Cartulaire du xv° siècle relatif aux patronages possédés par l'abbaye de Lessay : Archives de la Manche.

Livre de l'aumônerie de Saint-Sauveur. — Registre écrit vers 1320 : Archives de la Manche.

Livre blanc. — Pouillé du diocèse de Coutances dressé vers l'année 1340. Il en existe deux copies qui paraissent remonter à la fin du xiv° siècle : l'une d'elles déposée aux archives de l'évêché de Coutances par M. l'abbé Delamare, aujourd'hui évêque de Luçon; l'autre conservée à la Bibliothèque impériale, fonds latin, n° 5200.

Livre noir. — Pouillé du diocèse de Coutances dressé en 1251, retouché en 1278 et 1279. Le premier exemplaire de ce pouillé se trouvait dans le Livre noir proprement dit, registre du xiii° siècle, qui a disparu des archives de l'évêché de Coutances depuis une quarantaine d'années; il en existe dans plusieurs collections des copies qui toutes dérivent d'une copie faite par M. de Gerville. Le second exemplaire du pouillé du xiii° siècle fait partie d'un registre de la fin du xiv° siècle qui appartenait à M. l'abbé Piton-Desprez, et dont j'ai pris copie en 1849.

Livre de l'obiterie de Saint-Sauveur. — Registre du commencement du xiv° siècle : Archives de la Manche.

Livre pelu. — Pouillé du diocèse de Bayeux dressé au xiv° siècle, publié par Beziers, à la fin de l'Histoire sommaire de la ville de Bayeux.

Livre vert. — Cartulaire de l'église d'Avranches composé au xiii° siècle : Bibliothèque d'Avranches.

Matrologe de la confrérie du Saint-Sacrement de Valognes. — Cartulaire rédigé au xv° siècle : Archives de la fabrique de Saint-Malo de Valognes.

Montmorel. — Titres de cette abbaye : Archives de la Manche.

Obituaire des Cordeliers de Valognes. — Registre remontant au xv° siècle, copié en partie dans les Mémoires de Mangon sur l'histoire de Valognes; ces Mémoires appartiennent à M. La Foullerie, de Bricquebec.

Registre C de Philippe-Auguste, composé en 1211, sauf les additions : Bibliothèque impériale, fonds des cartulaires, n° 172, seconde partie.

Registre E de Philippe-Auguste, composé en 1220, sauf les additions : Bibliothèque impériale, fonds français, n° 8408, 2.2, B (Colbert).

Registrum pitanciarum Montis Sancti Michaelis. — Manuscrit du xiv° siècle : Archives de la Manche.

Registrum scaccarii. — Manuscrit du xiii° siècle : Bibliothèque de Rouen.

Rôle de la débite. — État dressé au xiii° ou au xiv° siècle des sommes que les paroisses du diocèse de Coutances devaient payer pour la débite; cet état est copié à la fin du second exemplaire du Livre noir (voyez ce mot).

Rôle de l'ost de Foix, en 1271, publié par De La Roque, à la fin de son Traité du ban et arrière-ban.

Saint-Nicolas d'Angers. — Titres de cette abbaye : Archives de Maine-et-Loire.

Saint-Sauveur. — Titres de cette abbaye : Archives de la Manche.

Trésor des chartes. — Archives de l'Empire.

Vie de saint Floscel. — Cette vie, composée au plus tard au ix° siècle, se trouve dans les manuscrits suivants : n° 156 de la bibliothèque de l'école de médecine de Montpellier; n° 1, t. II, du même dépôt; n° 5353 du fonds latin de la Bibliothèque impériale; n° 1, t. II, du fonds de Saint-Martin-des-Champs; n° 58, t. V, du fonds des Feuillants; n° 1193 du Résidu Saint-Germain.

Vie de saint Marcouf. — Les deux anciennes vies de ce saint sont publiées dans le Recueil des Bollandistes, t. Ier du mois de mai.

Vie de saint Ouen. — Première vie, composée au commencement du viii° siècle, dans les Bollandistes, août, IV, 805. — Deuxième vie, remontant au x° ou au commencement du xi° siècle : Ibid., IV, 810. — Troisième vie, remontant au commencement du xi° siècle : Bibliothèque impériale, supplément latin, 709 *bis*.

XI

DESCRIPTION SCIENTIFIQUE

DE LA FRANCE[1].

1860.

I

DESCRIPTION GÉOLOGIQUE.

L'étude de la constitution géologique du sol de la France a été entreprise depuis un grand nombre d'années. Sous la direction de M. Brochant de Villiers, deux savants ingénieurs des mines, MM. Dufrénoy et Élie de Beaumont, ont exécuté une carte géologique générale, qui est destinée spécialement à faire connaître les grandes divisions que présentent les masses minérales constituant le sol de notre pays. Ce travail, commencé en 1825 et terminé en 1840, constitue un magnifique monument scientifique, en même temps qu'il est une source féconde de renseignements utiles. On conçoit cependant que, dans les explorations qu'ont dû faire les ingénieurs chargés de l'exécution de la carte géologique de la France, il leur était impossible de visiter en détail tous les cantons, toutes les localités dont se compose le territoire du pays. Ces recherches auraient détourné leur attention de l'objet principal, qui consistait à juger les masses minérales avec exactitude et à bien caractériser les terrains.

Pour compléter la description géologique de la France, il devenait donc nécessaire de rattacher à la carte générale les cartes géologiques des départements, ces dernières ayant pour but direct d'indiquer les limites des subdivisions des divers terrains, leurs contours, leurs accidents locaux, les

---

[1] [Ces instructions, rédigées par une commission composée de MM. Belle, Chatin, Delambre, Hébert, Pasteur, Serret et G. Ville, étaient jointes à une circulaire adressée, le 1er juin 1860, aux correspondants et aux présidents des Sociétés savantes.]

variations que présentent les roches qui s'y trouvent, et de faire connaître enfin l'étendue et la position de toutes les substances minérales dont l'industrie et l'agriculture peuvent retirer quelque utilité.

L'exécution des cartes géologiques départementales fut dès lors entreprise par les soins de l'administration des mines et avec le concours des conseils généraux. Quelques-unes d'entre elles sont aujourd'hui terminées; ces cartes ne sont pas toutes faites à la même échelle; les teintes qui ont été employées pour représenter les divers terrains varient de l'une à l'autre, et quelquefois même il est arrivé qu'une grande formation géologique n'a pas été subdivisée d'après les mêmes principes dans deux départements voisins.

Le Comité, en demandant aux Sociétés savantes une description et une carte géologique de leur département, n'entend nullement exiger les détails que comporte une carte à grande échelle. Il désire seulement arriver à présenter dans un cadre, aussi restreint que possible, à l'aide de travaux exécutés d'après un plan uniforme, exempt des inconvénients qui viennent d'être signalés, un résumé homogène et exact de la constitution géologique de la France.

Le Comité pense que ce résultat pourra être atteint, si les géologues chargés, dans chaque département, de l'exécution du travail se conforment aux indications qui suivent:

La description géologique d'un département devra être divisée en deux parties.

La première partie sera spécialement destinée à faire connaître tout ce qui se rattache à la surface du département, ses limites, son étendue, sa superficie, le relief du sol, montagnes, plaines, vallées; les masses d'eau stagnantes ou courantes, de toute nature, qui s'y trouvent; en un mot, tout ce qui concerne la *géographie physique*.

Les éléments de cette description devront être coordonnés de manière à montrer leur relation, à mettre en évidence les notions générales qui en résultent sur la configuration de la contrée, à faire connaître, par exemple, les formes et la direction des massifs montagneux ou des collines, des bassins ou des vallées, leur rapport avec les bassins hydrographiques, qui diffèrent quelquefois complètement des bassins orographiques, différence qu'on peut prouver par un exemple frappant, en citant la Meuse, qui traverse le plateau montagneux de l'Ardenne perpendiculairement à sa direction et dans une véritable fracture naturelle; il n'y a point de bassin orographique qui corresponde au bassin hydrographique de la Meuse.

La seconde partie sera spécialement consacrée à l'étude de la constitution du sol, c'est-à-dire à la *description géologique proprement dite*.

On commencera par faire connaître d'une manière sommaire les masses minérales qui entrent dans la constitution du sol.

On signalera d'abord les *roches éruptives*, qui seront, en général, en rapport intime avec les centres montagneux, puis les grandes masses calcaires, argileuses ou schisteuses, arénacées, qui doivent à leur disposition en couches le nom de *masses stratifiées*, à leur origine celui de *roches sédimentaires*. On indiquera les zones superficielles occupées par les diverses masses minérales dans le département, leurs rapports avec le relief du sol, leur influence sur le régime des cours d'eau qui circulent à leur surface [1].

Après cet examen préalable, on entrera dans l'étude détaillée des masses minérales. On sait que ces masses sont le produit de phénomènes successifs, et appartiennent à de longues périodes. On commencera par les plus anciennes; mais, comme l'âge des roches stratifiées se déduit de caractères inhérents à ces roches elles-mêmes, tandis que l'âge des roches éruptives dépend des masses stratifiées qu'elles ont traversées, il est naturel de commencer par ces dernières, c'est-à-dire par les *formations sédimentaires*. La masse des *formations éruptives*, dans un aperçu général, doit marcher en première ligne, parce que ces masses minérales ont plus d'influence que les autres sur la configuration extérieure du sol; mais, dans un examen plus approfondi, on voit que cette étude suppose la connaissance des lois de superposition des roches sédimentaires.

C'est en effet la marche que le Comité propose de suivre dans la description géologique; on décrira d'abord les roches sédimentaires, depuis les plus anciennes jusqu'aux plus modernes, celles qui sont aujourd'hui en voie de formation, et on terminera par l'étude des massifs éruptifs.

Les masses minérales sont loin de conserver aujourd'hui la position qu'elles présentaient à l'époque de leur dépôt; les mouvements du sol, qui sont la conséquence nécessaire du refroidissement séculaire de la masse du globe, autrefois incandescente, y ont produit de nombreuses dislocations; il en est résulté des fractures à peu près verticales et des fissures plus ou moins profondes, que l'on désigne sous le nom de *failles;* quelquefois même les eaux, sortant des bassins qu'elles occupaient, ont traversé des contrées

---

[1] Consulter, pour cette partie, un excellent travail de M. Belgrand sur l'arrondissement d'Avallon (Yonne).

étendues, en produisant sur leur parcours des dénudations plus ou moins considérables; la description de tous ces accidents devra faire l'objet d'une étude spéciale.

Les sources superficielles et les eaux minérales, dont l'origine est toujours en rapport avec les accidents que le sol présente, devront être également soumises à une étude très approfondie.

Les opérations agronomiques s'exercent directement sur la terre arable ou la terre végétale, qui est ce qu'on appelle proprement le sol d'une contrée; mais il ne faut pas confondre le sol avec le sous-sol, qui est la masse du terrain recouvert par la terre végétale.

Or le sol et le sous-sol ont entre eux de nombreux rapports, et le sous-sol influe souvent très puissamment sur la nature de la terre végétale et sur tout ce qui s'y passe. C'est par suite de cette circonstance que beaucoup de contrées, telles que la Beauce, la Sologne, la Champagne Pouilleuse, etc., ont reçu, des populations qui les habitent, des dénominations indépendantes des divisions politiques. Elles forment des divisions naturelles par l'ensemble de leurs rapports physiques ainsi que par l'analogie de leurs productions.

Mais la nature du sol n'influe pas seulement sur la production agricole, elle réagit souvent d'une manière encore plus profonde sur les mœurs, les habitudes et le caractère des populations.

Ces considérations générales trouveront naturellement leur place à la fin de la description géologique du département, et l'exposition des faits qui s'y rapportent sera de nature à offrir le plus grand intérêt.

La description géologique de chaque département devra être nécessairement accompagnée d'une carte géologique coloriée. Cette carte, exécutée à l'échelle de $\frac{1}{500\,000}$, fera connaître les contours des grandes masses minérales, représentées par les teintes qui ont été adoptées par MM. Dufrénoy et Élie de Beaumont, pour l'exécution de la carte géologique de la France.

Enfin, il sera souvent nécessaire, pour donner une idée nette de la configuration de chaque département, d'établir, à la même échelle de $\frac{1}{500\,000}$, soit pour la surface entière, soit pour une partie seulement, une carte orographique, dont on trouve un excellent modèle dans celle du Forez et des contrées voisines, que M. Gruner, ingénieur en chef des mines, a jointe au texte de sa description géologique du département de la Loire.

DESCRIPTION GÉOLOGIQUE
DU DÉPARTEMENT DE

A. — Géographie physique.

Situation du département. — Ses rapports avec l'ancienne division provinciale. — Son étendue. — Points géodésiques de premier ordre.

Orographie.

Sa configuration orographique. — Régions naturelles qu'il comprend ou dont il fait partie. — Montagnes. — Plateaux. — Plaines. — Vallées. — Bassins.

Hydrographie.

Ses cours d'eau. — Fleuves. — Rivières. — Ruisseaux. — Torrents. — Étangs. — Leur régime. — Leurs étendues navigables. — Composition chimique des eaux.

Bassins hydrographiques dont le département fait partie. — Étendue qu'il serait possible de dessécher ou d'arroser.

B. — Géologie.

Notions générales et sommaires sur la nature du sol. — Roches éruptives. — Roches sédimentaires.

Relations entre les diverses masses minérales et le relief du sol. — Leur influence sur le régime des eaux.

Roches sédimentaires.

Description des roches sédimentaires classées par terrains *primaires* [1], *secondaires*, *tertiaires*, *quaternaires* et *modernes*.

Cette description commencera par celle des terrains les plus anciens, et sera faite d'après le programme suivant :

1° Composition des terrains primaires, nature des couches qu'ils renferment, leur ordre de superposition, leurs relations mutuelles démontrées par des coupes naturelles choisies parmi celles qui offrent le plus d'intérêt, et accompagnées, au besoin, de figures intercalées dans le texte ;

2° Indication sommaire de toutes les localités du département où les mêmes superpositions peuvent être constatées ;

3° Extension de ces terrains dans le département, leurs rapports avec le relief du sol ;

4° Notions spéciales, mais sommaires, sur chacun des terrains primaires, c'est-à-dire sur les terrains *azoïque*, *silurien*, *dévonien*, *carbonifère* et *permien* ;

5° En décrivant chacun de ces terrains, on indiquera, parmi les fossiles qu'on y ren-

---

[1] Le nom de *terrain* est spécialement réservé aux divisions de premier ordre des *roches stratifiées*. Sous le nom de *terrains primaires*, nous comprenons l'ensemble des terrains schisteux anciens (gneiss, micaschistes, etc.) et les terrains silurien, dévonien, carbonifère et permien.

contre, ceux qui sont caractéristiques par leur grande extension sur la surface du globe, et surtout ceux qui sont spéciaux au département. — Mentionner les gisements fossilifères les plus riches, ainsi que les espèces nouvelles;

6° On signalera les roches et minerais utiles (pierres employées dans les constructions, marbres, pierres à chaux, argile, minerais de fer, etc.) qui sont exploités dans les terrains primaires, et on donnera l'indication précise des lieux d'exploitation.

[Le même ordre sera suivi dans la description des terrains *secondaires*, *tertiaires*, *quaternaires* et *modernes*.]

Roches éruptives.

Description des massifs composés de roches éruptives et commençant par les plus anciennes (massifs *granitiques*, massifs *porphyriques*, etc.).

Leur rapport avec les roches stratifiées.

Minéraux subordonnés à ces roches.

Filons.

Matériaux qu'elles fournissent pour les constructions.

Minéraux exploités.

Dislocations du sol.

Dislocations subies par les masses minérales. — Failles. — Dénudations, etc.

Sources et eaux minérales.

Disposition des sources dans les différents terrains. — Leur régime. — Leur composition. — Leur température.

Sources minérales. — Leur régime. — Leurs variations. — Leur composition. — Leur température. — Circonstances particulières de leur gisement.

Recherche des sources et des eaux souterraines.

Considérations générales.

Indiquer, autant que cela sera possible, l'influence de la nature du sol sur les ressources agricoles, sur l'industrie et sur l'état des populations.

La description devra être suivie :

1° D'une statistique minéralogique, dans laquelle les matières seront classées par ordre alphabétique;

2° D'une statistique de toutes les substances minérales exploitées, classées également par ordre alphabétique.

Cartes.

Deux cartes seront indispensables pour compléter la description géologique de chaque département :

1° Une carte géologique à l'échelle de $\frac{1}{500\,000}$.

On emploiera pour son coloriage la série des teintes adoptées pour la carte géologique de la France publiée par MM. Dufrénoy et Élie de Beaumont;

2° Une carte orographique également coloriée.

II

EAUX MINÉRALES.

Parmi les questions que doit comprendre la description des stations hydro-minérales, il en est qu'auront déjà traitées les rédacteurs de la partie hydrographique et géologique de l'ouvrage; telles sont celles qui concernent *l'origine des eaux*, leur *volume*, leur *température*, leur *densité* et leur *composition chimique*. On aura ainsi envisagé les eaux minérales dans leur ensemble, et fait connaître l'origine, les qualités physiques et les qualités chimiques des divers groupes d'eaux; puis on aura étudié, sous tous ces rapports, les eaux de chaque station du groupe, et les diverses sources d'une même station. Il s'agit maintenant de relier ce travail à celui qui a pour objet les établissements thermaux. Si l'on consacrait à ces établissements une section à part, il y aurait nécessité de répéter, pour chacun d'eux, les données de la physique et de la chimie; car ces données sont le commentaire si naturel et si direct de l'usage thérapeutique et même des procédés d'administration des eaux, qu'on ne pourrait les en séparer sans de graves inconvénients. On a pensé qu'on lèverait toute difficulté en considérant l'exposé chimique afférent à une localité donnée comme étant la première partie du chapitre consacré à cette localité; c'est-à-dire que ce chapitre, commencé par le géologue, serait, quant au reste, laissé en blanc, pour ainsi dire, et rempli ensuite par le rédacteur chargé de la description des établissements hydrothérapiques. De cette manière, les eaux minérales ne seront aucunement séparées de l'hydrographie générale, et l'on sera sûr d'éviter, dans la *Description scientifique de la France*, toute répétition inutile et tout désaccord de forme ou de fond.

Pour plus de sécurité, on recommande aux géologues de se concerter avec les auteurs à qui incombe la description des stations thermales, pour tenir compte de certaines variations de température et de constitution physico-chimique qui échappent à l'hydrographie proprement dite, mais se lient simplement aux conditions de l'aménagement : par exemple, aux dispositions des galeries, à la longueur du parcours des eaux, à la composition des tuyaux, aux mélanges des sources dans les baignoires, etc.

Les autres objets de description sont relatifs à *l'établissement*, au *mode d'emploi* des eaux, et à leur *usage thérapeutique*.

On indiquera la disposition générale de l'établissement et sa distribution intérieure (cabinets de bains et de douches, salles d'aspiration, promenoirs, etc.).

On dira quels sont les modes hydrothérapiques les plus usités dans la station (boisson, bains, douches, etc.); quelles sont les ressources de l'établissement pour chaque mode (nombre de baignoires, de cabinets de douches, etc.); quels sont les appareils employés et leur mode de fonctionnement; si l'eau est, ou non, courante dans les baignoires et les piscines. Quand il y aura des salles d'inhalation, indiquer, s'il se peut, la composition médicamenteuse de ces salles.

Enfin, les indications concernant les usages médicaux des eaux devront être très courtes. On se bornera à mentionner les principales affections contre lesquelles l'eau est généralement employée. Des développements un peu étendus sortiraient du cadre du dictionnaire, et une controverse de thérapeutique, à l'occasion de chaque établissement, pourrait enlever à la publication l'homogénéité qui doit la caractériser.

Le programme de la description des eaux minérales de France, en réservant à la description géologique les qualités physico-chimiques des eaux, se réduit donc aux trois points suivants :

1° Description de la disposition générale et des dispositions intérieures de l'établissement;

2° Modes d'emploi thérapeutique des eaux; indication des appareils et de leur mode de fonctionnement;

3° Indication sommaire des usages thérapeutiques.

III

MÉTÉOROLOGIE ET CLIMAT.

L'établissement de toutes les moyennes qui, dans l'état actuel de la science, servent à caractériser la météorologie et le climat d'une contrée, ou plus justement d'une localité quelconque de cette contrée, suppose une multitude d'observations poursuivies pendant un grand nombre d'années. Heureusement, dans la plupart des chefs-lieux et des villes principales de la France, il existe une ou plusieurs personnes studieuses et dévouées qui se sont imposé la pénible tâche d'exécuter toutes les mesures de détail que comporte la recherche des moyennes météorologiques. On ne saurait mieux faire que de s'adresser à elles, et de les prier de donner un résumé complet de leurs observations avec leurs impressions personnelles sur la météorologie de leur ville qui souvent se confondra avec celle du département. Toutes les fois que dans un département il existera plusieurs localités étudiées, le travail devra être résumé isolément pour chacune d'elles et suivi d'une discussion que soulèvera naturellement la comparaison des données relatives à ces localités voisines.

Un excellent résumé d'une des plus belles séries d'observations météorologiques que l'on connaisse a été inséré dans les *Mémoires de la Société du Muséum de Strasbourg*, par M. Bertin, professeur à la Faculté des sciences. Ce travail pourra être consulté pour le choix et l'étendue des détails, ainsi que l'*Annuaire de la Société météorologique de France*.

Afin d'apporter plus d'uniformité dans la rédaction, le Comité désire que l'on se rapproche autant que possible du questionnaire suivant :

Température moyenne annuelle; ses variations. — Marche de la température dans l'année moyenne. — Température moyenne annuelle en ne tenant compte que des températures au-dessus de 0° [1]. — Températures mensuelles. — Nombre moyen des jours de pluie, des jours de gelée. — Quantité moyenne de pluie. — Répartition de la pluie dans l'année moyenne. — Pluies mensuelles. — Nombre moyen des orages, des jours de grêle, des jours de brouillard, des jours sereins. — Des vents; leur fréquence, leur direction. — État hygrométrique de l'air. — Pression barométrique moyenne; ses variations. — Hauteurs barométriques dans l'année moyenne. — Température des sources, des puits, du sol. — Observations ozonométriques. — Observations magnétiques. — Observations des météores divers.

Quant à la disposition la plus simple des tableaux destinés à renfermer les éléments numériques des principales demandes qui précèdent, voici celle que le Comité désire que l'on adopte.

[1] Cette donnée doit être évaluée en prenant comme diviseur le nombre des jours où la température moyenne s'est élevée au-dessus de 0°.

TABLEAU I.

TEMPÉRATURES ANNUELLES À

ANNÉES.	TEMPÉRATURE MOYENNE.	MAXIMUM.	MINIMUM.	VARIATION.
Moyenne............				
Maximum............				
Minimum............				
Variation............				

TABLEAU II.

TEMPÉRATURES MENSUELLES À

ANNÉES.	JANVIER.	FÉVRIER.	MARS.	AVRIL.	MAI.	JUIN.	JUILLET.	AOÛT.	SEPTEMBRE.	OCTOBRE.	NOVEMBRE.	DÉCEMBRE.

TABLEAU III.

MARCHE DE LA TEMPÉRATURE DANS L'ANNÉE MOYENNE À

MOIS ET SAISONS.	TEMPÉRATURES			OSCILLATION MENSUELLE.	TEMPÉRATURE	
	MINIMUM.	MOYENNES.	MAXIMUM.		DES PUITS.	DES EAUX courantes.
Décembre...........						
Janvier..............						
Février.............						
Hiver..........						
Mars................						
Avril................						
Mai.................						
Printemps......						
Juin................						
Juillet..............						
Août................						
Été..........						
Septembre...........						
Octobre.............						
Novembre...........						
Automne........						
Année..........						

TABLEAU IV.

MÉTÉORES AQUEUX À

ANNÉES.	PLUIE et NEIGE.	NEIGE.	JOURS						
			de NEIGE.	de GELÉE.	de GRÊLE.	de TONNERRE.	de BROUILLARDS.	SEREINS.	COUVERTS.

TABLEAU V.

PLUIES MENSUELLES À

ANNÉES.	JANVIER.	FÉVRIER.	MARS.	AVRIL.	MAI.	JUIN.	JUILLET.	AOÛT.	SEPTEMBRE.	OCTOBRE.	NOVEMBRE.	DÉCEMBRE.	ANNÉE.
Moyenne.......													
Maximum......													
Minimum......													
Variation.......													

TABLEAU VI.

RÉPARTITION DE LA PLUIE DANS L'ANNÉE MOYENNE À

MOIS ET SAISONS.	QUANTITÉ D'EAU TOMBÉE		JOURS		
	par MOIS.	par JOUR de pluie.	de PLUIE.	de NEIGE.	de PLUIE ET NEIGE.
Décembre.............					
Janvier................					
Février...............					
Hiver..........					
Mars................					
Avril................					
Mai.................					
Printemps........					
Juin................					
Juillet..............					
Août...............					
Été.............					
Septembre...........					
Octobre.............					
Novembre...........					
Automne........					
Année..........					

TABLEAU VII.

NOMBRE MOYEN DES ORAGES À

MOIS ET SAISONS.	TOTAL DES JOURS	
	DE GRÊLE.	DE TONNERRE.
Décembre..........................		
Janvier............................		
Février............................		
HIVER........................		
Mars.............................		
Avril..............................		
Mai..............................		
PRINTEMPS.....................		
Juin..............................		
Juillet.............................		
Août..............................		
ÉTÉ...........................		
Septembre.........................		
Octobre...........................		
Novembre.........................		
AUTOMNE......................		
ANNÉE MOYENNE................		

TABLEAU VIII.

FRÉQUENCE DES VENTS DANS L'ANNÉE MOYENNE A

MOIS ET SAISONS.	SUR 100 VENTS IL Y A EN MOYENNE								COMPOSANTES DU VENT.	
	N.	N.-E.	E.	S.-E.	S.	S.-O.	O.	N.-O.	S.	E.
Décembre...............										
Janvier..................										
Février.................										
HIVER..........										
Mars..................										
Avril..................										
Mai....................										
PRINTEMPS.......										
Juin...................										
Juillet.................										
Août...................										
ÉTÉ...........										
Septembre..............										
Octobre................										
Novembre...............										
AUTOMNE........										
ANNÉE..........										
Maximum.......										
Minimum.......										
Vents forts.....										

TABLEAU IX.

HUMIDITÉ DANS L'ANNÉE MOYENNE λ

MOIS ET SAISONS.	MOYENNE de L'HYGROMÈTRE.	HUMIDITÉ (EN CENTIÈMES).				VAPEUR CONTENUE DANS L'AIR	
		Moyenne.	Maximum.	Minimum.	Oscillation.	saturé.	humide.
Décembre........							
Janvier..........							
Février..........							
Hiver.......							
Mars............							
Avril............							
Mai.............							
Printemps....							
Juin.............							
Juillet...........							
Août............							
Été.........							
Septembre........							
Octobre..........							
Novembre........							
Automne.....							
Année........							
Maximum....							
Minimum....							
Variation.....							

TABLEAU X.

PRESSION BAROMÉTRIQUE À

ANNÉES.	PRESSION MOYENNE.	MAXIMUM.	MINIMUM.	VARIATION.
Moyenne				
Maximum				
Minimum..........				
Variation				

TABLEAU XI.

MARCHE DU BAROMÈTRE DANS L'ANNÉE MOYENNE À

MOIS ET SAISONS.	HAUTEURS RÉDUITES À ZÉRO.			OSCILLATION.
	MOYENNE.	MAXIMUM.	MINIMUM.	
Décembre...............				
Janvier.................				
Février.................				
HIVER............				
Mars....................				
Avril...................				
Mai.....................				
PRINTEMPS.........				
Juin....................				
Juillet..................				
Août....................				
ÉTÉ..............				
Septembre...............				
Octobre.................				
Novembre...............				
AUTOMNE..........				
ANNÉE............				
Maximum..........				
Minimum...........				
Variation...........				

TABLEAU XII.

OBSERVATIONS OZONOMÉTRIQUES À

MOIS ET SAISONS.	INTENSITÉ			OSCILLATION.
	MOYENNE.	MAXIMUM.	MINIMUM.	
Décembre...............				
Janvier.................				
Février.................				
HIVER				
Mars...................				
Avril...................				
Mai....................				
PRINTEMPS.........				
Juin....................				
Juillet..................				
Août...................				
ÉTÉ				
Septembre...............				
Octobre.................				
Novembre...............				
AUTOMNE				
ANNÉE				
Maximum				
Minimum				
Variation...........				

TABLEAU XIII.

OBSERVATIONS MAGNÉTIQUES. — *AD LIBITUM.*

IV

BOTANIQUE.

Le travail que le Comité demande aux Sociétés savantes et à ses correspondants se compose essentiellement du catalogue des plantes de chaque département. Là est l'œuvre presque tout entière.

Cependant, avec le catalogue, et comme application de celui-ci sur le terrain, le Comité désire quelques itinéraires botaniques ou herborisations dans les localités les plus riches du département. Il est inutile de faire remarquer que cet appendice au catalogue sera aussi utile aux voyageurs naturalistes qu'il sera d'une exécution facile, nous allions dire agréable, pour les botanistes résidants.

Enfin, le catalogue, considéré dans ses éléments, sous divers aspects avec lesquels les botanistes ont été familiarisés par les travaux de géographie botanique exécutés dans ce siècle, et résumés surtout par les de Humboldt, de Candolle, Schouw, Thurmann et Lecoq, fournira tout naturellement la matière de quelques aperçus intéressants qui trouveront leur place dans le chapitre faisant suite aux herborisations. C'est là que l'influence de la latitude et de l'altitude, se compensant l'une par l'autre, que celle de l'orientation et de la nature du sol se présenteront avec leurs lois, par le simple dépouillement des faits notés dans le catalogue.

Les correspondants auront, en particulier, à préparer, par leurs propres observations, la solution de la question de prédominance entre la nature physique, ou l'état d'agrégation du sol, et sa nature chimique.

On le voit, les trois parties du travail demandé aux Sociétés savantes et aux correspondants peuvent, en quelque sorte, être réduites à la première, savoir au catalogue, dont le reste n'est qu'application ou conséquence.

Cette importance du catalogue nous justifiera d'y revenir pour l'exposition sommaire des principes qui ont dirigé le Comité dans sa rédaction.

Il ne peut être question aujourd'hui de disposer les plantes autrement que d'après la méthode naturelle. Mais autre chose est la méthode, autre chose est la classification.

Adopterons-nous la classification de de Candolle, suivant laquelle se publie le *Prodromus regni vegetabilis*, flore monumentale, qui comprendra la description de tous les végétaux du globe, et qui, pendant un siècle au moins, sera sans rivale? ou celle adoptée par Endlicher pour la description de tous les genres de végétaux aujourd'hui connus? ou celle plus naturelle, à notre avis, d'après laquelle M. Ad. Brongniart a disposé le jardin botanique du Muséum, tout en laissant les plantes sèches des herbiers de cet établissement suivant la série d'Endlicher? ou celle d'Ad. de Jussieu, savant dont la piété filiale a fait les plus louables efforts pour mettre la classification, déjà bien vieillie, de son illustre père, en harmonie avec la méthode dont le premier il a jeté les bases? ou celle qu'Ach. Richard a exposée dans ses ouvrages et appliquée au jardin botanique de la Faculté de médecine? Préférerons-nous enfin les séries et les groupes adoptés par Bartling dans ses *Ordines*, par Lindley dans son *Vegetable Kingdom*, etc.? Nous nous arrêterons dans ces citations, car chaque botaniste ayant aujourd'hui sa classification, nous pourrions continuer ainsi longtemps encore.

L'enseignement qui ressort de ce qu'on peut appeler l'*anarchie* des classificateurs, tient à ce que, bien que le *but* soit marqué depuis L. de Jussieu, les *moyens* pour atteindre ce but solliciteront longtemps encore les études persévérantes et la sagacité des botanistes.

Déjà cependant quelques faits se détachent, adoptés de la plupart des botanistes, et l'on peut, en en tenant compte, dresser une classification éclectique, assurément non parfaite, mais non moins incontestablement en progrès sur la plupart de celles qui ont précédé.

Un premier point qu'on admettra aisément, c'est que la division primordiale des plantes en cellulaires et en vasculaires, de de Candolle, éloigne trop les fougères et les lycopodiacées des mousses, pour les rapprocher trop aussi des phanérogames. Nous laisserons donc, avec L. de Jussieu, les deux groupes de cryptogames réunis sous le nom d'acotylédones. Seulement, faisant une légitime part à la donnée anatomique introduite par de Candolle, nous l'appliquerons à la division des acotylédones en acotylédones cellulaires et en acotylédones vasculaires.

Dans l'embranchement des monocotylédones nous comprendrons le type des nymphéacées, type monocotylédone par toute son organisation, moins les deux cotylédons, qui ne semblent être là que pour rappeler que *natura non facit saltus*.

De même, nous ne chercherons pas à changer le nom de *dicotylédones*, quoique les conifères *polycotylédones* doivent rentrer dans cet embranchement.

Dans cette grande classe des dicotylédones, que L. de Jussieu divisait en diclines, en apétales, en monopétales et en polypétales, de Candolle a fait justice des diclines, qu'il a réunies aux apétales sous le nom de *monochlamydées*, bien qu'il se trouvât là de nombreuses *achlamydées* et *dichlamydées*. A son tour, M. A. Brongniart a mis hors de doute que les monochlamydées ou apétales ne peuvent être éloignées des polypétales, et il a opéré la fusion des deux groupes sous le titre de *dialypétales*, division que nous adopterons, toutefois en disant que cette division des végétaux comprend des plantes apétales en même temps que d'autres plantes pétalées, les dialypétales vraies.

Restait à décider si les dialypétales continueraient à occuper le haut de l'échelle végétale, ou si le premier rang serait donné aux gamopétales. Par des raisons bien connues et acceptées aujourd'hui par la généralité des botanistes, nous accordons la prééminence aux gamopétales.

Là ne s'arrêteront pas les données positives pour le progrès de la classification végétale. Déjà même plusieurs autres points paraissent acquis, tels que la prééminence des plantes à graines sans albumen sur celles à graines pourvues de cet organe, celle des espèces à ovaire libre sur les espèces à ovaire infère. Mais, devant, tout en évitant d'être rétrograde, nous montrer plutôt réservé que téméraire, nous n'avons pas cru devoir traduire dès à présent, en divisions ou classes, des faits, qui d'ailleurs offriront, en raison de leur importance subordonnée, de grandes difficultés dans l'application.

BOTANIQUE.

INSTRUCTIONS OU PROGRAMME.

ARTICLE PREMIER. — DU CATALOGUE.

Il sera dressé dans chaque département le catalogue des plantes vasculaires. Celui-ci sera suivi, quand ce sera possible, de tout ou de partie du catalogue des plantes cellulaires.

Le catalogue sera disposé conformément à la classification suivante :

PREMIER EMBRANCHEMENT. — *Plantes acotylédones.*

PREMIER SOUS-EMBRANCHEMENT. — *Acotylédones cellulaires.*

PREMIÈRE DIVISION. — *Cellulaires amphigènes.*

1. Algues.
2. Champignons.
3. Lichens.

DEUXIÈME DIVISION. — *Cellulaires acrogènes.*

4. Hépatiques.
5. Mousses.
6. Characées.

Deuxième sous-embranchement. — *Acotylédones vasculaires.*

7. Marsiléacées.
8. Fougères.
9. Lycopodiacées.
10. Équisétacées.

Deuxième embranchement. — *Plantes monocotylédones.*

11. Graminées.
12. Cypéracées.
13. Typhacées.
14. Aracées.
15. Joncacées.
16. Colchicacées.
17. Liliacées.
18. Amaryllacées.
19. Dioscoracées.
20. Iridacées.
21. Broméliacées.
22. Orchidacées.
23. Hydrocharidées.
24. Nymphéacées.
25. Lemnacées.
26. Naïadacées.
27. Triglochynées.
28. Potamées.
29. Alismacées.
30. Butomacées.

Troisième embranchement. — *Plantes dicotylédones.*

Première division. — *Dicotylédones gymnospermes.*

31. Conifères.
32. Taxacées.

Deuxième division. — *Dicotylédones angiospermes.*

Première sous-division. — *Angiospermes apétales et dialypétales.*

33. Quercacées.
34. Juglandées.
35. Myricacées.
36. Bétulacées.
37. Salicacées.
38. Ulmacées.
39. Urticacées.
40. Aristolochiées.
41. Cytinacées.
42. Loranthacées.
43. Santalacées.
44. Éléagnacées.
45. Thymélacées.
46. Lauracées.
47. Polygonacées.
48. Nyctaginées.
49. Phytolaccées.
50. Salsolacées.
51. Amarantacées.
52. Paronychiacées.
53. Caryophyllacées.
54. Portulacées.
55. Renonculacées.
56. Magnoliacées.
57. Berbéridées.
58. Fumariacées.
59. Papavéracées.
60. Crucifères.
61. Capparidées.
62. Résédacées.
63. Frankéniacées.
64. Droséracées.
65. Violacées.
66. Cistacées.

67. Vitacées ou Vinifères.
68. Acéracées.
69. Hippocastanées.
70. Balsaminées.
71. Oxalacées.
72. Géraniacées.
73. Linacées.
74. Polygalacées.
75. Coriaracées.
76. Tamaricacées.
77. Hypéricacées.
78. Tiliacées.
79. Méliacées.
80. Euphorbiacées.
81. Aurantiacées.
82. Rutacées.
83. Rhamnacées.
84. Célastracées.
85. Térébinthacées.

86. Légumineuses.
87. Rosacées.. { Amygdalées. / Dryadées. / Spiréacées. / Rosacées. / Pomacées.
88. Myrtacées.
89. Cucurbitacées.
90. Épilobiacées.
91. Haloragées.
92. Cératophyllées.
93. Lythrariées.
94. Crassulacées.
95. Mésembryanthémées.
96. Cactacées.
97. Grossulariées.
98. Saxifragées.
99. Ombellifères.
100. Hédéracées.

DEUXIÈME SOUS-DIVISION. — *Angiospermes gamopétales.*

101. Caprifoliacées.
102. Rubiacées.
103. Valérianacées.
104. Dipsacées.
105. Composées. { Carduacées. / Corymbifères. / Lactucées.
106. Lobéliacées.
107. Campanulacées.
108. Vacciniées.
109. Ericacées.
110. Plantaginées.
111. Plombaginées.
112. Amaranthacées.

113. Primulacées.
114. Monotropées.
115. Orobanchées.
116. Acanthacées.
117. Verbénacées.
118. Labiées.
119. Scrofulacées.
120. Solanacées.
121. Borraginées.
122. Jasminacées.
123. Convolvulacées.
124. Polémoniacées.
125. Gentianées.
126. Apocynacées.

Des *clefs analytiques* ou dichotomiques seront placées, les premières, après le titre de la famille, pour conduire à chacun des genres, les secondes, après le nom du genre, pour la détermination de ses espèces.

Il sera donné une description très sommaire des espèces ou variétés récemment observées dans le département, et nouvelles pour la flore de France.

Le nom des plantes naturalisées sera précédé du signe *;
Celui des espèces cultivées du signe †.
Chaque nom latin de plante sera suivi :

Du signe affirmatif (!) quand celle-ci aura été observée vivante par le correspondant lui-même; du signe (?) quand son existence dans le département, affirmée autrefois, paraîtra contestable;

D'un seul nom d'auteur (le plus ancien et le plus classique), sans synonymie;

Du nom ou des noms français usités dans le département;

Des signes de convention (①, ②, ♃, ♄, ♄) indiquant que l'espèce est annuelle, bisannuelle, vivace, sous-ligneuse ou ligneuse;

De l'un des signes (*t.c*, *c*, *a.r*, *r*, *t.r*) relatifs à sa rareté variable;

D'indications sur l'habitat (ex. Grenoble, Lautaret, Hohneck, pic du Midi, etc.); sur la station (ex. sables maritimes, champs, rochers, glaciers, prés, bois, etc.); sur la nature minérale et géologique du sol, sans négliger ce qui se rapporte à son état d'agrégation (ex. calcaires marneux, rochers calcaires, schistes, granits, sables, grès, quartzites, etc.); sur l'altitude du lieu (dans les départements à altitudes peu variables, comme plusieurs de ceux du nord de la France, il suffira de noter, une fois pour toutes, l'altitude générale dans le court aperçu de géographie botanique qui fera suite au catalogue; en plusieurs endroits on se trouvera bien de diviser le département en zones supérieure, moyenne, inférieure, ou, dans les montagnes, par degrés de 200 mètres, et de rapporter l'espèce à l'une de ces divisions générales; le signe ? indiquera que l'altitude n'est évaluée que par approximation);

De la notation de l'orientation sur les pentes des coteaux et des montagnes;

De la mention des époques de floraison et de maturation.

ART. 2. — HERBORISATIONS.

A la suite du catalogue, il sera donné quelques itinéraires botaniques ou *herborisations* pour les localités les plus riches ou les plus caractéristiques du département (ex. la Grande-Chartreuse et Saint-Nizier, dans le département de l'Isère; plaine de Benfeld, dans le Bas-Rhin; Hohneck et Ballon de Soultz, dans le Haut-Rhin; Puy de Dôme, bois des Capucins et pic de Sancy, dans le département du Puy-de-Dôme, etc.). Il serait très utile que les plantes fussent énumérées suivant l'ordre même où elles se présentent dans l'itinéraire.

ART. 3. — GÉOGRAPHIE BOTANIQUE.

Après le catalogue et les herborisations, il sera présenté quelques considérations sommaires de géographie botanique, portant notamment sur les points suivants, à l'occasion desquels les correspondants pourront établir de courtes comparaisons entre leur département et les départements contigus :

La statistique des espèces par rapport à la constitution minérale du sol (plantes des calcaires, de la silice, plantes des schistes, etc.);

La statistique ou le dénombrement par rapport au sol cultivé et à celui non cultivé, — par rapport au voisinage des habitations, des vieux châteaux, et, s'il y a lieu, d'anciennes colonies, des ports d'arrivages et des jardins botaniques;

Enfin, l'indication des espèces les plus caractéristiques du département et de ses localités principales, ainsi que celle des plantes qui paraissent avoir dans la contrée leur centre de végétation. A ces dernières il conviendra d'opposer les espèces qui n'existent dans le département que comme rameaux d'espèces venues du Nord, du Sud, de l'Est, de l'Ouest.

Pourront encore être utilement signalées :

1° Les plantes qui seront descendues des montagnes dans les vallées;

2° Les espèces, en plus petit nombre, qui se sont avancées vers une altitude supérieure à celle de leur point de départ.

L'appréciation concise des causes du transport des espèces ou de l'extension de leur aire de végétation sera l'utile complément des indications précédentes.

V

ZOOLOGIE ET ANTHROPOLOGIE.

Les indications générales qu'a acceptées le Comité peuvent être rangées sous les titres suivants :

Zoologie, zootechnie, anthropologie.

ARTICLE PREMIER. — ZOOLOGIE.

Le nombre immense des espèces que comprend la faune française n'a pas permis d'accepter l'idée d'en dresser, pour chaque département, un catalogue général, malgré l'intérêt qu'il eût présenté. Le Comité a pensé, en conséquence, qu'il convenait de se borner à une énumération complète des animaux vertébrés, dont le nombre est assez restreint, et dont l'importance, si l'on considère les ressources qu'ils fournissent à l'alimentation, est manifeste pour tous. Toutefois, la raison principale qui a porté à réaliser ce travail dans son ensemble, c'est que pratiquement cette réalisation est possible. Quant aux animaux sans vertèbres, leur nombre vraiment prodigieux écarte l'idée d'en rédiger un catalogue méthodique et complet en toutes ses parties. Il suffira donc de signaler parmi ces animaux (articulés, mollusques, bryozoaires, radiaires, etc.) les genres dominants seulement, et, dans ces genres, les espèces les plus remarquables, soit qu'elles caractérisent la faune du département, soit qu'elles se recommandent par un intérêt quelconque, au point de vue de leur utilité, par exemple, ou de leurs qualités nuisibles. Ajoutons que les systolides et les infusoires seront laissés de côté; l'importance de leur étude étant exclusivement scientifique, ils disparaissent du plan qu'a adopté le Comité.

Pour obtenir dans les résultats généraux une homogénéité plus grande, et pour rendre les comparaisons plus faciles, on devra se conformer, dans la rédaction des catalogues, aux indications suivantes :

1° Ne donner à chaque espèce qu'un seul nom scientifique, en indiquant l'auteur qui l'a proposé, et en écartant absolument tout débat synonymique; si l'espèce porte un nom vulgaire, il sera bon de le faire connaître;

2° Indiquer si l'espèce est commune ou rare;

3° Si elle est sédentaire ou de passage, et, dans ce cas, si elle obéit ou non à des alternatives régulières [1];

---

[1] L'emploi de quelques signes, en partie adoptés pour la partie botanique du dictionnaire, pourra abréger le travail :

T. C. indiquera qu'une espèce est très commune.
C..... commune.
A. C..... assez commune.
A. R...... assez rare.
R..... rare.
T. R...... très rare.

Une espèce est-elle sédentaire, on peut l'indiquer par une flèche verticale ; est-elle de passage accidentel, on l'indiquera par une flèche horizontale ; est-elle de passage régulier, par deux flèches horizontales en sens inverses l'une de l'autre .

4° Tenir compte des dates des départs et des retours, et faire, à cet égard, la part des causes météorologiques;

5° Signaler sommairement, mais avec exactitude, la distribution des espèces à la surface du département, en ayant égard :

 a, à la géographie physique de ce département ou des départements voisins;

 b, à la nature géologique du sol;

 c, aux conditions locales de sécheresse ou d'humidité;

 d, aux conditions d'altitude et d'orientation;

 e, à la composition de la flore naturelle et à la nature des cultures dominantes;

 f, enfin, en général, aux causes accidentelles qui peuvent en expliquer la présence;

6° Mentionner, s'il y a lieu, les variétés de l'espèce;

7° Dire si l'espèce est utile ou nuisible, et, dans ce dernier cas, quels moyens sont employés pour en prévenir les ravages ou les inconvénients.

Il paraît, au premier abord, superflu de dire dans quel ordre, pour les animaux vertébrés, se fera l'énumération des espèces. Toutefois on comprendra qu'en raison des oscillations perpétuelles de la classification et de la nomenclature, il était indispensable d'indiquer une marche sommaire. On devra se rappeler ici qu'il ne s'agit pas d'une discussion de principes, mais d'une simple énumération, qu'il faut rendre, autant que possible, homogène et régulière.

En conséquence, on suivra dans cette énumération l'ordre des familles, tel qu'il est indiqué;

1° Pour les mammifères, par Cuvier (*Règne animal*), 2° édition;

2° Pour les oiseaux, par Degland (*Ornithologie européenne*);

3° Pour les reptiles, par Duméril et Bibron (*Erpétologie générale*);

4° Pour les poissons en général, par Cuvier (*Règne animal*).

En effet, bien que d'illustres auteurs aient fait subir à la classification adoptée dans cet ouvrage des modifications profondes, les résultats auxquels ils sont parvenus ne présentent point assez d'homogénéité et de certitude pour lui être, en ce moment, substitués avec avantage. D'ailleurs, la plupart des espèces qui ont donné lieu à cette discussion étant exotiques ou fossiles, les vues nouvelles qui ont été publiées n'auraient, malgré leur incontestable importance, qu'une application très indirecte au but que le Comité se propose.

ART. 2. — ZOOTECHNIE.

La zootechnie, en général, est essentiellement liée aux questions agricoles; on se bornera, en conséquence, à la question suivante :

Indiquer les caractères et les qualités des races domestiques autochtones et de celles qui ont pu être introduites; dire quelles modifications celles-ci ont amenées ou subies.

ART. 3. — ANTHROPOLOGIE.

Les indications relatives aux questions anthropologiques peuvent être ainsi résumées :

1° Rechercher et déterminer avec soin les caractères de la population dominante; noter avec attention les types exceptionnels; les comparer, autant que possible, avec les types connus des races autochtones ou advènes que le sol a portées;

2° Avoir égard, dans cette recherche, à la forme du crâne et de la face, à la couleur des cheveux et des yeux, aux nuances du teint, au développement de la taille et à la physionomie des extrémités; tenir compte, dans les déterminations qui seront faites, du caractère et des aptitudes des populations, et s'aider, au besoin, des traditions locales et des données de l'histoire;

3° Constater les améliorations qui se sont produites dans la race, ou les dégénérescences qu'elle a subies, et, s'il se peut, en signaler les causes;

4° Indiquer quelle est dans le département la distribution des maladies de l'homme en ayant égard : 1° aux localités; 2° au mode d'alimentation; 3° aux professions.

VI

STATISTIQUE.

Le Comité invite les Sociétés savantes à prendre comme base de leurs travaux la statistique publiée à Paris par les soins du Ministère de l'agriculture, du commerce et des travaux publics. Cette importante collection comprend quinze volumes in-folio. Ne voulant pas refaire ce qui existe déjà, et le but du dictionnaire assignant forcément une place secondaire à la statistique, le Comité a décidé en principe qu'il convient de s'en tenir aux résultats obtenus. On résumera donc la statistique officielle dans une série de tableaux propres à mettre en lumière les faits les plus généraux et à faire ressortir leurs conséquences les plus importantes.

En donnant pour base à son propre travail les documents centralisés et déjà publiés à Paris, le Comité ne saurait avoir la pensée de renoncer au bénéfice des informations locales, ni d'abdiquer le droit de rectifier les documents reconnus incomplets ou inexacts. Depuis la publication de la grande statistique, l'état économique de la France a subi de notables changements. Le Comité accueillera avec satisfaction les données nouvelles qui s'y rapportent, se réservant, à son tour, de renvoyer au contrôle du bureau central de la statistique les rectifications qui lui seront proposées.

L'utilité de ce contrôle est évidente. L'administration chargée de la statistique possède des moyens de vérification dont le Comité manque absolument; elle dispose d'un personnel mieux à l'abri qu'aucun autre des erreurs et des illusions auxquelles on est exposé lorsqu'il s'agit de dresser le bilan exact de toutes les ressources d'un grand empire.

En résumé, l'économie du système adopté par le Comité est très simple : on prendra les documents déjà publiés à Paris comme base de renseignement; on dressera la statistique de tous les départements sur un plan uniforme; on rectifiera les documents vieillis ou erronés autant que faire se pourra, mais toujours avec l'agrément et le concours de l'administration la plus compétente sur la matière.

Dans cette mesure, l'usage des documents officiels déjà publiés aura l'inestimable avantage de faciliter l'œuvre des Sociétés savantes dans tous les départements à la fois, sans rien diminuer de l'importance des recherches originales, et sans que la valeur des documents qui émaneront des correspondants du Comité soit inférieure à ceux rassemblés par les soins du bureau central de la statistique.

La statistique du dictionnaire sera divisée en trois chapitres, comprenant la population, l'agriculture et l'industrie.

POPULATION.

Depuis 1817, les actes de l'état civil étant régulièrement tenus dans toutes les communes de France, la statistique générale est la source la plus sûre à laquelle on puisse recourir.

Après un mûr examen, le Comité a décidé qu'on représenterait le mouvement de la population dans chaque département sous la forme adoptée dans l'*Annuaire du bureau des longitudes* pour le département de la Seine.

Sur ce plan, les documents concernant la population n'occuperont guère que deux pages du dictionnaire, et cependant, ils comprendront :

1° Les naissances à domicile et dans les hôpitaux, le nombre des enfants naturels et des enfants mort-nés ;

2° Les décès à domicile, dans les hôpitaux et les prisons, les décès par accidents et les condamnés à la peine capitale ;

3° Le rapport des naissances aux décès, avec distinction de sexe ;

4° Le nombre des décès aux diverses périodes de la vie.

Le tableau suivant forme le programme de cette partie du travail.

POPULATION.

MOUVEMENT DE LA POPULATION DU DÉPARTEMENT DE   , PENDANT L'ANNÉE, FOURNI PAR LA PRÉFECTURE.

Naissances	à domicile	En mariage	Garçons......
			Filles.......
		Hors mariage	Garçons......
			Filles.......
	aux hôpitaux	En mariage	Garçons......
			Filles.......
		Hors mariage	Garçons......
			Filles.......

TOTAL............................

Naissances		des garçons..
		des filles....
Enfants naturels	reconnus, compris dans les naissances ci-dessus.........	Garçons......
		Filles.......
	non reconnus............	Garçons......
		Filles.......

TOTAL............................

RECONNAISSANCE ET LÉGITIMATION D'ENFANTS NATURELS, POSTÉRIEUREMENT À LEUR NAISSANCE, ET COMPRIS DANS LES NAISSANCES CI-DESSUS.

Par.........	actes de célébration de mariage....	Garçons......
		Filles.......
	actes postérieurs à la naissance.....	Garçons......
		Filles.......

TOTAL............................

Enfants mort-nés.................................. { Masculins... }
                                                   { Féminins... }

Décès....... { à domicile..................... { Masculins... }
             {   { Féminins... }
             { aux hôpitaux civils............ { Masculins... }
             {   { Féminins... }
             { aux hôpitaux militaires........ { Masculins... }
             {   { Féminins... }
             { dans les prisons.............. { Masculins... }
             {   { Féminins... }
             { déposés à la Morgue........... { Masculins... }
             {   { Féminins... }
             { Exécutions.......................

                      TOTAL.........................

Décès.. { Masculins... }
                                                   { Féminins... }

TABLEAU DES DÉCÈS

AVEC DISTINCTION D'ÂGE, DE SEXE ET D'ÉTAT DE MARIAGE.

ÂGES.	HOMMES				FEMMES				TOTAL DES DEUX SEXES		TOTAL GÉNÉRAL.
	NON MARIÉS.	MARIÉS.	VEUFS.	TOTAL.	NON MARIÉES.	MARIÉES.	VEUVES.	TOTAL.	masculin.	féminin.	
De 0 jour à 1 an....											
De 1 an à 2 ans....											
De 2 ans à 3 ans....											
....											
....											
....											
....											
De 95 à 100 ans....											

TOTAL GÉNÉRAL DES DÉCÈS.

Hommes . . . . { non mariés. . . . . }
{ mariés. . . . . }
{ veufs . . . . }

Femmes. . . . . , ... { non mariées. . . . . }
{ mariées . . . . }
{ veuves. . . . . }

Déposés à la Morgue. . . . . { Hommes. . . . . }
{ Femmes. . . . . }

DIFFÉRENCE ENTRE LES NAISSANCES ET LES DÉCÈS.

Total des naissances . . . . { masculines. . . . . }
{ féminines. . . . . }

Total des décès. . . . . { masculins. . . . . }
{ féminins. . . . . }

Excès des naissances sur les décès. . . . . { masculins. . . . . }
{ féminins. . . . . }

Mariages. . . . . { Garçons et filles. . . . . }
{ Garçons et veuves. . . . . }
{ Veufs et filles. . . . . }
{ Veufs et veuves. . . . . }

(Voir, pour la composition exacte des tableaux, l'*Annuaire du bureau des longitudes*.)

La statistique officielle ne contient aucun renseignement sur les institutions de prévoyance et de secours. Le Comité a été frappé de cette lacune. Le nombre des établissements ouverts par la sollicitude vigilante de l'État, aussi bien que par la charité privée, aux malades et aux infirmes, à l'enfance et à la vieillesse, les associations qui se dévouent à l'assistance de toutes les infortunes, les caisses de retraite, les assurances sur la vie, intéressent de trop près les populations, leur développement et leur bien-être, pour ne pas occuper une large place dans la statistique que nous avons à dresser. Sous la généreuse impulsion du Gouvernement impérial, notre époque a vu se multiplier rapidement ces institutions protectrices ; il importe d'en constater les progrès, et de rendre aussi l'hommage qui leur est dû aux efforts persévérants qui s'y consacrent.

Le Comité a été unanime pour demander l'introduction des quatre questions suivantes au programme sur la population :

1° Quel est le nombre et la nature des établissements et fondations de charité et de secours, publics ou privés, du département? — Indiquer le nombre des personnes secourues et la quotité des secours alloués annuellement.

2° L'utilité des institutions de prévoyance, en particulier des caisses de retraite et des compagnies d'assurances sur la vie, est-elle généralement comprise par les populations?

3° Quel est, de ces modes de prévoyance, le plus usité, et par quelles classes de la population l'est-il?

AGRICULTURE.

Tous les gouvernements qui se sont succédé en France, depuis Louis XIV, se sont efforcés de réunir les documents les plus exacts possible concernant nos ressources agricoles. Mais ce n'est guère qu'à dater de la Restauration qu'on a atteint le degré d'exactitude nécessaire à une bonne statistique. Les difficultés d'un semblable travail tiennent à plusieurs causes. D'abord la variété des renseignements qu'il faut réunir, et, plus encore, l'esprit soupçonneux des populations rurales, qui redoutent toujours l'intervention du fisc, et dont on n'obtient qu'avec peine des indications complètes et sincères.

Le Comité a décidé que la statistique agricole serait divisée en deux parties : la première, exclusivement historique, fera connaître l'état agricole de chaque département : on y traitera plus particulièrement les questions suivantes :

1° Conditions naturelles du département sous le rapport agricole. — Nature et configuration du sol. — État des forêts. — Importance et régime des cours d'eau.

2° Modes d'exploitation en usage. — Proportion relative des domaines cultivés par les propriétaires, les fermiers et les métayers. — Durée moyenne des baux.

3° Cultures spéciales.

4° Nature des assolements.

5° Des animaux domestiques et des spéculations dont ils sont l'objet.

6° Des améliorations possibles, sous le rapport des cultures, des animaux, des desséchements, du drainage et des irrigations.

Les notices, devenues classiques, dont se composent les voyages agronomiques de Lullin et de Châteauvieux, peuvent donner une idée de celles que le Comité attend du zèle et des lumières des Sociétés savantes.

La seconde partie de la statistique agricole présentera exclusivement le relevé des chiffres réunis dans deux tableaux séparés : l'un consacré à la culture et aux produits végétaux ; l'autre aux animaux domestiques.

Le premier comprendra six ordres de renseignements : la superficie des terres cultivées, — la nature des cultures, — le rendement moyen par hectare, — la quantité de semence employée, — l'époque exacte des semis et des récoltes.

Le second tableau, consacré aux animaux domestiques, comprendra l'indication des espèces, le nombre des individus et leur valeur moyenne.

La statistique officielle garde le silence sur l'époque des semis et des récoltes. Il est cependant indispensable de connaître ces deux éléments, si l'on veut mettre en lumière l'influence exercée sur la production végétale par les conditions météorologiques diverses, dont la résultante détermine le caractère propre au climat de chaque lieu.

Comme il est reconnu aujourd'hui que les indications officielles sont généralement au-dessous de la réalité, le Comité insiste auprès des Sociétés savantes, pour leur recommander de nouveau de lui proposer les rectifications reconnues nécessaires.

TABLEAU I.

STATISTIQUE AGRICOLE.

NATURE DES CULTURES.	ÉTENDUE des CULTURES en hectares.	UNITÉ de LA QUANTITÉ des produits.	A L'HECTARE.		PRODUIT TOTAL.	ÉPOQUE	
			PRODUIT obtenu.	SEMENCE employée.		des SEMIS.	des RÉCOLTES.
Froment..............		Hectolitre.					
Méteil................		Idem.					
Seigle................		Idem.					
Orge.................		Idem.					
Avoine...............		Idem.					
Maïs et millet.........		Idem.					
Vignes.... { Vin........		Idem.					
{ Eau-de-vie....		Idem.					
Bière..... { forte........		Idem.					
{ petite........		Idem.					
Pommes de terre.........		Idem.					
Sarrasin...............		Idem.					
Légumes secs...........		Idem.					
Jardins		....					
Betteraves.............		Quint. mét.					
Colza, navette..........		Hectolitre.					
Chanvre (filasse et graines)..		Idem.					
Idem................		Kilogr.					
Lin...................		Hectolitre.					
Idem................		Kilogr.					
Mûriers...............		....					
Prairies naturelles.........		Quint. mét.					
Prairies artificielles.......		Idem.					
Idem................		Kilogr.					
Pâtis, landes, bruyères.....		....					
Jachères...............		....					
Bois..... { de l'État......		Stère.					
{ des communes.		Idem.					
{ des particuliers.		Idem.					
Sol forestier............		....					
Vergers, pépinières........		....					
Oseraies...............		....					
TOTAL DE L'ÉTENDUE du domaine agricole.							

(Extrait de la *Statistique officielle de l'agriculture*, t. Ier, p. 44.)

TABLEAU II.

ANIMAUX DOMESTIQUES.

ANIMAUX.	NOMBRE.	PRIX MOYEN EN FRANCS.	VALEUR TOTALE.
Taureaux..................................			
Bœufs....................................			
Vaches...................................			
Veaux....................................			
Total des bestiaux.......			
Béliers...................................			
Moutons.................................			
Brebis...................................			
Agneaux.................................			
Total des troupeaux.....			
Porcs....................................			
Chèvres..................................			
Chevaux.................................			
Juments..................................			
Poulains.................................			
Total des chevaux.......			
Mules et mulets.........................			
Ânes et ânesses.........................			

INDUSTRIE.

A l'exemple des auteurs de la grande statistique, le Comité a admis la division des industries en trois catégories, fondées sur l'origine des matières premières qu'elles emploient.

Sous le titre de produits minéraux, on devra comprendre les produits extraits du sol et les industries qui s'y rattachent; par exemple la houille, le marbre, les terres argileuses, les poteries, la porcelaine, les métaux, la quincaillerie, etc.

Sous le titre de produits végétaux : la bière, les distilleries, les féculeries, les papeteries, les tissus de chanvre, de lin et de coton, etc.

Enfin, sous le titre de produits animaux : les lainages, les graisses, les peaux, les os, la soie, les engrais, etc.

Il est bien entendu que les exemples cités à l'appui de la division adoptée par le Comité ne forment pas l'inventaire des industries dont il sera fait mention dans le dictionnaire : c'est un simple spécimen pour justifier le plan d'après lequel elles seront classées. Suivant les départements, la nature des industries groupées sous le même chef changera, mais l'ordre de leur succession restera invariablement le même pour tous les départements.

Comme pour l'industrie agricole, le Comité a décidé que les tableaux de chiffres seraient précédés d'une notice pour en expliquer la portée et la signification. Cette notice fera plus spécialement connaître :

1° Les industries les plus importantes du département, leur mode de fabrication et la qualité de leurs produits;

2° L'époque à laquelle remonte la fondation de ces industries;

3° Les industries nouvelles qui tendent à s'introduire dans le département;

4° La provenance des matières premières, le mode et le prix des transports.

Quant au tableau de chiffres lui-même, il comprendra six ordres de renseignements : le nombre des fabriques, la valeur des matières premières employées, la valeur des produits fabriqués, les salaires des hommes, femmes et enfants, disposés dans l'ordre du tableau de la page suivante.

Pour l'industrie comme pour l'agriculture, le Comité recommande aux Sociétés savantes de recourir à la grande statistique, en les invitant aussi à lui proposer toutes les rectifications qu'elles seront à même de justifier.

NATURE DES PRODUITS.		NOMBRE des ÉTABLISSE- MENTS.	VALEUR		SALAIRE		
			ANNUELLE des matières premières.	des PRODUITS fabriqués.	des HOMMES.	des FEMMES.	des ENFANTS.
Produits minéraux.	Terre argileuse, faïence, porcelaine......... Fer, minerai........ Clous............. Acier............. Etc., etc...........	1	12,848^f	23,680^f	1^f 60^c	0^f 75^c	0^f 50^c
Produits végétaux.	Orge, bière......... Papeterie........... Etc., etc...........						
Produits animaux.	Laines............. Peaux............. Etc., etc...........						

(Extrait de la *Statistique officielle de l'industrie*, t. Ier, p. 216.)

Enfin, pour faciliter les recherches aux personnes qui trouveraient insuffisants les documents publiés dans le dictionnaire, on devra indiquer, au bas de chaque tableau, le volume et la page de la statistique générale qui en aura fourni les éléments, et faire précéder d'un astérisque les chiffres ayant subi une correction.

XII

SCIENCES ÉCONOMIQUES ET SOCIALES [1].

1883.

La section des sciences économiques et sociales, instituée par arrêté du 12 mars 1883, est une des sections du Comité des travaux historiques et scientifiques. Elle a, comme les autres sections de ce Comité, pour objet général de former le lien scientifique des sociétés savantes de Paris et des départements, de faire connaître leurs travaux, de correspondre avec les savants en recevant leurs communications et de publier des documents inédits concernant notre histoire nationale.

L'objet particulier de la section des sciences économiques et sociales est, d'une part, l'examen, à un point de vue différent de celui de l'histoire proprement dite, des faits qui, dans le passé, intéressent d'une manière spéciale la vie économique et morale, le droit et les institutions de la France et, d'autre part, l'étude, à un point de vue exclusivement scientifique, des faits et des questions qui, dans le présent, portent sur les mêmes matières.

L'étude du présent et même, jusqu'à un certain point, celle du dernier siècle, dont les idées ont préparé et dont les institutions expliquent en partie les temps contemporains, sont une nouveauté dans les travaux du Comité. Elle sera une des préoccupations principales de la section des sciences économiques et sociales.

L'étude du passé n'est pas une nouveauté dans le Comité. Elle a toujours été et elle reste le domaine de la section d'histoire et de philologie; cette section ne s'est désintéressée et ne doit se désintéresser d'aucune des institutions ni d'aucun des événements de la vie économique et morale qui peuvent éclairer les destinées de la nation et qui sont des dépendances de l'histoire générale.

[1] [Ces instructions ont été rédigées par M. Levasseur.]

Mais ces institutions et ces événements peuvent être étudiés à deux points de vue, celui de l'histoire proprement dite et celui des sciences juridiques, administratives, économiques, pédagogiques. C'est à ce dernier que se placera la section des sciences économiques et sociales. Le même document qu'une section aura analysé pourra, dans certains cas, être encore utilement examiné par l'autre et devenir l'objet de deux études distinctes. Par exemple, un travail sur les monnaies, dont la section d'archéologie aura fait connaître l'intérêt numismatique, pourra être, dans la section des sciences économiques et sociales, l'objet d'un rapport au point de vue de la circulation et de l'échange; un tarif de douanes, dont la section d'histoire aura apprécié l'importance historique, sera étudié par la section des sciences économiques et sociales au point de vue de la nature des droits fiscaux, de leur relation avec les systèmes économiques et de leur influence sur le commerce; un jugement rendu par un tribunal intéressera, d'une part, la section d'histoire en lui faisant connaître, par exemple, l'existence du tribunal et la sentence; d'autre part, la section des sciences économiques et sociales en lui révélant la solution d'un point de droit ou quelques formes de la procédure, et en lui permettant de les comparer avec la procédure moderne.

Les faits qui se rapportent au moyen âge ont un intérêt particulier pour la section d'histoire, parce que les matériaux de l'histoire, étant alors relativement rares, sont plus précieux. Pour la section des sciences économiques et sociales au contraire, ce sont les faits des temps modernes qui ont le plus d'intérêt, parce qu'ils appartiennent à une société dont la manière de s'administrer et de vivre ressemble davantage à la nôtre, et cet intérêt s'accroît, pour ainsi dire, à mesure que ces faits se rapprochent par leur date de la période contemporaine.

La section des sciences économiques et sociales aura quelquefois à aborder des questions de travaux publics, d'agriculture, de colonisation, qui sont aussi du domaine des deux sections des sciences; elle s'abstiendra de toucher aux côtés purement techniques ou géographiques de ces questions et envisagera seulement leur côté économique.

La méthode de la section des sciences économiques et sociales est celle que la tradition a consacrée depuis longtemps dans le Comité des travaux historiques : c'est la méthode de l'érudition, laquelle consiste à n'appuyer de conclusions que sur des documents précis, authentiques et bien étudiés. Cette méthode est applicable aux études contemporaines comme à l'histoire du passé; elle leur est même d'autant plus utile qu'elle les garantit contre les digressions et qu'elle leur fournit un terrain solide, celui de l'observation des faits.

La section considère les dissertations théoriques comme étant beaucoup moins de son ressort que les faits. Elle s'attachera surtout à la publication des textes, à la connaissance des actes, aux statistiques, qui, si elles peuvent égarer le jugement lorsqu'elles sont mal établies ou mal interprétées, sont un puissant instrument d'investigation dans les sciences sociales lorsqu'elles sont bien faites, aux monographies, qui peuvent égarer aussi si le type est mal choisi, mais qui, composées avec méthode et discernement, sont aussi un moyen efficace pour pénétrer dans le détail de la vie économique et sociale d'un peuple.

La section signalera dans le *Bulletin* du Comité les travaux des sociétés savantes de Paris ou des départements qui seront adressés à Monsieur le Ministre et qui seront de son ressort; elle le fera en rendant compte, soit dans le procès-verbal de ses séances, soit dans un rapport spécial et plus étendu, de ceux qui présenteront un intérêt suffisant. Elle pourra même insérer intégralement dans le *Bulletin* les travaux inédits qui auront une importance particulière pour les études sociales.

Elle procédera de la même manière à l'égard des communications qui lui seront faites par les correspondants du Ministère de l'instruction publique ou par d'autres savants.

Elle croit utile, au début de ses travaux, de signaler aux sociétés savantes et aux correspondants les principaux sujets dont elle partagera l'étude avec la section d'histoire et de philologie pour les siècles passés et dont elle traitera spécialement pour la fin du xviii° siècle et pour le temps présent :

1° La population, état numérique aux diverses époques de notre histoire, nombre des feux ou des habitants, changements économiques qui ont exercé une influence sur la population, constatations relatives à l'état moral et matériel de la population française;

2° La condition des personnes et des terres, droit privé, propriété foncière et mobilière, amodiation des terres, nature et rendement des cultures;

3° Le commerce et l'industrie, foires et marchés, péages, tarifs de douanes, routes et voies navigables, corps de métiers et liberté du travail, manufactures royales, règlements de fabrication et d'atelier, résultats de la production industrielle;

4° Les prix, valeur des marchandises, valeur de la terre, salaires, circulation des monnaies;

5° Le système financier, impôts, comptes de finances, projets financiers, administration des impôts;

6° La pédagogie, petites écoles, collèges et universités, plans de réforme, enseignement primaire, secondaire, supérieur, technique;

7° L'organisation judiciaire, justices royales et seigneuriales, officialités, tribunaux, coutumes et lois, réformes introduites dans le droit par les ordonnances royales, par les lois et règlements de la période contemporaine;

8° L'organisation administrative, conseils, intendances, élections, pays d'états, districts, départements, municipalités.

Pour les deux derniers groupes, dont l'étude est liée étroitement à l'histoire générale, la section des sciences économiques et sociales n'envisagera, dans les périodes antérieures à la Révolution de 1789 et dans les événements qui l'ont préparée, que les côtés qui concernent le droit civil, criminel et administratif.

D'ailleurs la section indique par ces exemples la nature des travaux qui rentrent dans ses attributions et sur lesquels elle pense que les recherches des savants avec lesquels elle se trouvera en relation peuvent se porter avec fruit; mais elle ne prétend ni déterminer les frontières d'un domaine, ni circonscrire ses études aux sujets qui viennent d'être énumérés. Elle rappelle même que l'investigation des temps passés lui est en partie commune avec la section d'histoire et de philologie, que chaque section prendra dans les documents qui parviendront au Ministère ce qui est de son ressort, et que les mêmes matières fourniront ainsi plus d'une fois l'objet de deux études spéciales. Dans les siècles antérieurs au xvii° siècle, la publication des textes, quand il y aura lieu de les insérer au *Bulletin*, sera faite par la section d'histoire et de philologie; ce qui n'empêchera pas la section des sciences économiques et sociales d'apprécier à son point de vue le document lorsqu'il lui aura été renvoyé et même de le publier s'il ne l'a pas été par la section d'histoire.

Tout mémoire et tout document portant sur ces matières qui lui sera communiqué sera examiné par elle avec l'intérêt que mérite le sujet. Dans une étude sociale ou économique, un fait révèle quelquefois un état des mœurs et des institutions. Plus souvent, il ne suffit pas pour conduire seul à une conclusion ; mais un grand nombre de faits du même genre réunis de divers côtés peuvent constituer un faisceau utile à l'histoire des sciences sociales : la section s'appliquera, entre autres choses, à former de tels faisceaux avec le concours des sociétés savantes.

Le succès dépendra surtout du zèle des savants qui fourniront les éléments de la synthèse.

La section ne bornera pas son rôle à concentrer les recherches dont les résultats lui seront spontanément fournis par les bulletins des Sociétés savantes ou par les communications personnelles des correspondants. Elle pourra provoquer elle-même des recherches et indiquer sur quels points de la vie économique de la France il serait intéressant de diriger des investigations scientifiques. Elle le fera notamment, ainsi que le pratiquent les autres sections du Comité, à propos du congrès des Sociétés savantes, en choisissant les questions à discuter parmi celles qui seront proposées par ces mêmes sociétés ou par ses propres membres.

Elle le fera également par la publication de documents relatifs à l'histoire administrative, juridique ou économique de la France.

Déjà de nombreux volumes intéressant ces matières ont été publiés dans la Collection des documents inédits par les soins de la section d'histoire et de philologie. Les publications de ce genre relatives aux siècles antérieurs au XVIIIe siècle resteront, comme par le passé, dans les attributions de cette section.

Les documents inédits qui se rapporteront à une époque plus récente seront du ressort de la section des sciences économiques et sociales. Celle-ci étudiera les projets de publication de ce genre émanant de son initiative ou soumis à son examen par des savants ; elle pourra les proposer ensuite à la commission centrale du Comité des travaux historiques et scientifiques et elle aura à en surveiller l'impression, si le Ministre, sur l'avis de cette commission, décide que la publication aura lieu.

XIII
RECHERCHE DES ANTIQUITÉS
ET
TRAVAUX DE GÉOGRAPHIE COMPARÉE
EN TUNISIE [1].
1885.

Aujourd'hui que la carte de la Tunisie a été dressée, que les ruines les plus importantes de cette région ont été dessinées ou décrites, il est permis de songer à l'exécution d'un travail d'ensemble qui serait comme une statistique archéologique de la Tunisie. C'est une œuvre nécessairement difficile et longue, qui réclame le concours de tous les hommes instruits appelés à résider dans la Régence. Quelques recherches que l'on ait déjà faites dans ce pays, on peut affirmer qu'il n'y a pas une route, un champ de ruines qui n'appelle l'attention de nouveaux explorateurs. La présente notice a pour but d'indiquer à MM. les officiers la nature des services qu'ils peuvent rendre à l'archéologie en Afrique et de formuler les principes généraux dont leurs recherches devront s'inspirer pour être fructueuses. Les documents qu'ils feront parvenir par l'entremise du Ministère de la guerre au Ministère de l'instruction publique, seront imprimés, intégralement ou en partie, dans le *Bulletin d'archéologie* publié par ce Département et qui paraît à intervalles rapprochés. On y reproduira non seulement des itinéraires et des copies d'inscriptions, mais aussi, lorsqu'ils offriront un intérêt particulier, des dessins, des photographies et des plans. Un tirage à part de ces communications sera mis à la disposition de MM. les officiers. Cette partie du *Bulletin* formera comme un magasin de matériaux relatifs à l'épigraphie, à la géographie et à l'histoire de l'art en Afrique, où viendront puiser un jour ceux qui seront appelés à dresser l'inventaire des richesses archéologiques de la Régence.

[1] [Ces instructions ont été rédigées par M. S. Reinach.]

I

DES PROCÉDÉS DE REPRODUCTION.

Le seul procédé de reproduction qui soit toujours à la portée des voyageurs, c'est le dessin. La précision est la première qualité d'un dessin exécuté d'après un objet antique. L'usage de la *chambre claire*, petit instrument portatif et très peu coûteux, permet d'arriver à une précision presque absolue et ne saurait être trop recommandé. Il n'est pas désirable que les dessins soient exécutés *à l'effet*, car les préoccupations artistiques nuisent généralement à l'exactitude. En outre, les procédés de la zincographie, qui seront appliqués pour reproduire les dessins dans le recueil périodique du Ministère, ne donnent des résultats convenables que lorsque le modèle est dessiné au trait, avec des hachures sobres et bien espacées. Les dessins à la plume sont, à cet égard, préférables à tous les autres, lorsque les contours des objets et les ombres y sont bien nettement accusés.

La photographie rend des services inappréciables dans la reproduction des inscriptions et des monuments figurés. Au lieu des clichés de verre, qui sont fragiles et encombrants, on se servira avec avantage du papier sensibilisé fabriqué par M. Balagny [1]. Deux précautions à recommander en Tunisie, où la lumière est très vive, c'est de ne pas exagérer le temps de pose et de ne jamais tirer une photographie avec le soleil dans l'objectif.

Il ne suffit pas de copier avec soin les inscriptions, qui sont souvent d'une lecture très difficile : il est *absolument nécessaire* de les estamper. Un bon estampage est préférable à dix copies ou même à la meilleure photographie. Il existe deux excellents procédés d'estampage que nous allons décrire brièvement et dont on emploiera l'un ou l'autre suivant les circonstances. Les instruments nécessaires sont : la brosse dite à argenterie, qui est toujours pourvue d'un manche [2]; un tampon enduit de mine de plomb (conservée en poudre dans un petit tube); du papier à dessin ordinaire non collé [3]; une éponge.

---

[1] Chez M. Puech, place de la Madeleine, 21.

[2] La brosse à argenterie doit être choisie un peu épaisse; une brosse à cheveux ou une brosse à cirage peuvent servir.

[3] Nous recommanderons spécialement le *papier Michallet* (1 fr. 75 cent. les vingt-cinq feuilles, chez Moreau, passage du Pont-Neuf, 11-14) et le *papier vergé d'Arches* sans colle (1 fr. 60 cent. les vingt-cinq feuilles, chez Gallin Tuzellier, rue de Condé, 1).

1er procédé. — On a de l'eau à proximité et il ne fait pas grand vent. Nettoyez à la brosse la surface de l'inscription et l'intérieur des lettres, passez sur la pierre une éponge imbibée d'eau. Appliquez ensuite le papier sur la pierre et mouillez-le avec l'éponge jusqu'à ce qu'il adhère parfaitement, en ayant soin d'appuyer légèrement pour empêcher que des bulles d'air ne séjournent entre la pierre et le papier[1]; puis frappez fortement avec la brosse en commençant par le haut, de manière que les lettres apparaissent bien nettement sur le papier. Revenez plusieurs fois sur les lignes ou les lettres un peu effacées ou qui vous sembleront difficiles à lire. L'opération terminée, on doit laisser sécher le papier sur la pierre ou l'étendre au soleil en le maintenant aux quatre extrémités par des cailloux. Quand l'estampage est sec, on peut le plier ou le rouler sans crainte de l'endommager, pourvu que les lignes suivant lesquelles on le pliera ne coïncident pas avec celles de l'inscription. Il vaut mieux encore rouler l'estampage et l'introduire dans un tube en fer-blanc ou un rouleau en carton. On peut l'expédier par la poste entre deux feuilles de papier fort, plié en quatre ou en huit.

Si l'inscription est grande, on fera plusieurs estampages que l'on numérotera de gauche à droite, en commençant par celui du haut. Chaque estampage partiel doit reproduire les premières ou les dernières lettres de l'estampage voisin, pour faciliter les raccordements. Si, pendant que l'on estampe, le papier vient à se déchirer sous le coup de brosse, il suffit de mouiller une nouvelle feuille de papier, de l'appliquer sur la partie endommagée de la première et de frapper de nouveau. L'action de l'eau transforme le papier en une sorte de pâte qui vient remplir l'interstice causé par la déchirure.

Lorsque les lettres d'une inscription sont grandes et profondes, ou lorsque la pierre présente de nombreuses crevasses, il vaut mieux exécuter l'estampage avec deux ou plusieurs feuilles de papier superposées.

Si l'on ne dispose pas d'une quantité de papier suffisante, estamper seulement les parties difficiles à lire ou endommagées. En général, quand une inscription présentera des parties peu lisibles, il sera bon d'en faire plusieurs estampages à l'aide du procédé indiqué ici et du suivant.

---

[1] Pour faire disparaître les bulles d'air, quand elles persistent, il suffit de piquer le papier avec la pointe d'une épingle ou d'un canif et de donner ensuite quelques coups de brosse sur la partie piquée.

2ᵉ procédé. — On manque d'eau, ou il fait grand vent. Le premier procédé est impraticable dans ces deux cas. Nettoyez alors la pierre avec la brosse; appliquez une feuille de papier en la faisant tenir fortement aux quatre coins; puis frottez avec le tampon enduit de mine de plomb jusqu'à ce que les lettres paraissent en blanc sur le fond noir. Ce procédé est excellent lorsque l'inscription est facile à lire et que la pierre est lisse; il est très inférieur au premier quand il s'agit d'inscriptions endommagées ou de surfaces rugueuses. L'estampage ainsi obtenu peut se transporter et s'expédier comme un journal.

Le succès d'un estampage dépend presque entièrement de la qualité du papier employé. Tout papier collé est à rejeter absolument; le papier d'emballage et le papier à filtrer peuvent servir, mais ils présentent des inconvénients. Le Ministère de l'instruction publique tiendra à la disposition des cercles militaires qui en feront la demande des spécimens de papier de la qualité voulue.

Nous parlerons plus loin des procédés de reproduction applicables aux mosaïques, aux pierres gravées et aux monnaies.

II
DES RUINES.

Les Arabes désignent les ruines sous le nom général d'*henchirs*. Il est toujours facile de reconnaître que l'on est sur l'emplacement d'une ruine romaine à la quantité de débris de poterie rouge qui couvrent le sol. La plupart des ruines romaines en Afrique sont peu importantes : ce sont des centres d'exploitations agricoles, des gîtes d'étapes ou des fermes. Il est évident que l'on devra surtout s'attendre à découvrir des inscriptions là où le champ de ruines est étendu et où des restes de monuments émergent du sol. La présence de grands blocs de pierres équarris, de débris d'architecture ou de fragments de marbre, est toujours l'indice que l'on est sur l'emplacement d'une véritable ville ayant possédé des monuments publics. Il faudra alors chercher s'il n'existe pas une dépression de forme quadrangulaire marquant l'emplacement du forum. C'est là que se trouvent généralement les inscriptions et en particulier les piédestaux de statues.

Comme les matériaux antiques ont été employés pendant des siècles à des constructions byzantines ou arabes (forteresses, églises, mosquées, marabouts), il ne faudra jamais négliger d'examiner attentivement ces constructions.

Lorsqu'on découvre une ruine romaine, même peu importante et sans inscriptions, il est nécessaire d'indiquer : 1° sa position exacte sur la carte et, si possible, le nom qu'elle porte dans le pays, nom que l'on essayera toujours de faire écrire en arabe par un *taleb*, pour éviter les erreurs de transcription. Beaucoup de noms de lieux romains se sont conservés plus ou moins exactement dans la toponymie arabe : citons *Sufetula* devenue *Sbeïtla*, *Neapolis* devenue *Nebel*, *Colonia Mactaris* devenue *Makter*, *Zama* devenue *Djiama*. A défaut d'inscriptions, la connaissance d'un lieu-dit arabe peut autoriser l'identification d'un emplacement avec une station romaine mentionnée par les géographes anciens ou les itinéraires; 2° la disposition générale du terrain. Un plan à grande échelle, avec l'indication des accumulations de débris, des restes de monuments, des rues, etc., est le renseignement le plus précieux que l'on puisse fournir sur une ruine; 3° la forme et la dimension des monuments, les matériaux avec lesquels ils sont construits (marbre, pierre calcaire, brique, etc.), la qualité de la construction. Si l'appareil est négligé et le ciment très abondant, la ruine ap-

Fig. 1. — Mur de la citadelle d'Haïdra (construction byzantine).

A revêtement extérieur. — B blocage. — C revêtement intérieur.

partient à une basse époque : si les pierres sont bien taillées et disposées avec soin, on a affaire à une ruine de haut-empire [1]. Lorsque la forme d'un

---

[1] Si l'appareil se compose de deux lits verticaux de pierres de taille, même bien ajustées, séparées par un lit de mortier et de blocage, on est en présence d'une construction byzantine, probablement d'une forteresse (fig. 1).

monument est encore reconnaissable, il faut toujours en dessiner le profil et en relever le plan à grande échelle.

Les monuments que l'on rencontre le plus fréquemment sont des citernes, des travaux de fortifications, des aqueducs, des ponts, des mausolées, des thermes, des arcs de triomphe, des villas, des temples, des basiliques, des amphithéâtres, des théâtres, etc. Dans le sud tunisien, les restes de pressoirs à huile sont très nombreux (fig. 2). Il est souvent dif-

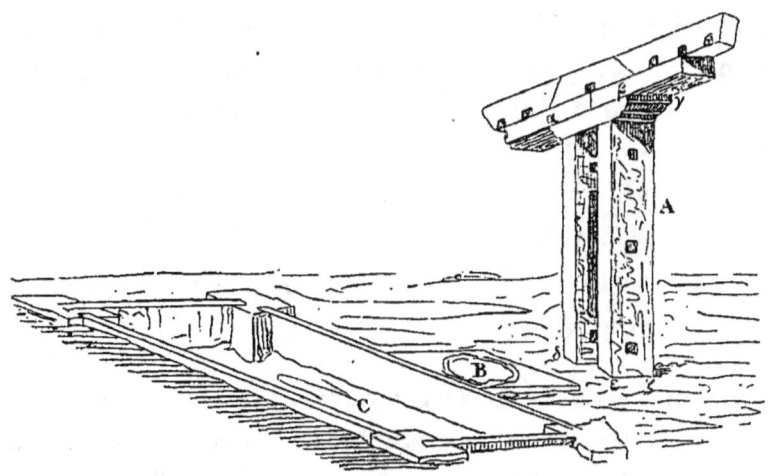

Fig. 2. — Henchir Choud el-Battal (à l'ouest de Feriana).
Détail d'un des pressoirs : A pressoir. — B plateau du pressoir. — C cuve.

N. B. Il est rare de trouver un pressoir dans cet état de conservation. Généralement on ne trouve que la partie $\alpha\beta\gamma\delta\varepsilon\zeta$ debout, quelquefois même $\alpha\beta\gamma$ manque; mais les rainures des montants et leur peu d'écartement indiquent suffisamment leur destination.

ficile de reconnaître à quelle classe appartient un monument dont il ne subsiste que des débris mutilés; mais ce qui importe surtout, c'est de noter exactement ce que l'on voit, sans se mettre en peine de l'interpréter. Dans les ruines d'un monument considérable, les moindres détails de construction sont intéressants : on ne négligera pas, le cas échéant, de dessiner et de mesurer les chapiteaux des colonnes, d'étudier la forme des bases et des fûts, d'examiner les joints et les modes de scellement, de recueillir les graffites, les inscriptions, les marques d'appareillage tracées sur les murs. Ceux qui désireraient acquérir, sur ces matières, des connaissances précises, consulteront avec avantage le *Lexique des termes d'art*, par M. J. Adeline (1 vol. in-8° avec gravures, chez Quantin).

III

ROUTES ET PIERRES MILLIAIRES.

Les routes romaines qui sillonnaient la province d'Afrique sont encore apparentes en beaucoup d'endroits. Nous les connaissons d'une manière générale par deux documents anciens : la *Table de Peutinger* (ainsi nommée du nom d'un géographe allemand qui l'a publiée) et l'*Itinéraire d'Antonin*. On y trouve l'indication des villes et des stations situées sur les routes, avec les chiffres exprimés en milles romains (1,481 mètres) de leurs distances au point initial. Ainsi, pour ne citer qu'un exemple, la *Table de Peutinger* donne les renseignements suivants sur la route de Choreva à Tuburbo Majus :

CHOREVA	X	*Henchir Dermoulia*,
BISICA	XVIII	*Henchir Biska*,
AVITTA	V	*Henchir bou Ftis*,
TVBVRBO		*Henchir Kasbat*.

Mais il se trouve que, sur ce parcours, comme en bien d'autres cas, la *Table* a commis des erreurs, ou plutôt que les copistes du moyen âge qui l'ont reproduite ont mal copié quelques-uns des chiffres donnés par elle. Ainsi la distance entre Henchir Dermoulia et Henchir Biska est, en réalité, de 18 milles, tandis que celle qui sépare Henchir Biska d'Henchir bou Ftis est de 10 milles. La distance entre ce dernier Henchir et Henchir Kasbat est de 15 milles et non de 5, comme l'indique la *Table de Peutinger*.

Il importe donc, lorsque l'on suit une voie romaine, de noter les ruines que l'on rencontre et les distances qui les séparent, en estimant ces dernières d'après la vitesse normale du pas d'un cheval. Étant donné un point A' identifié avec un point A de la *Table de Peutinger*, et un point B que la même *Table* place à n kilomètres plus loin, il est fort intéressant de savoir si l'on trouve effectivement des ruines à n kilomètres du point A', ou si ces ruines sont situées à une distance plus grande ou plus petite. Les documents fournis sur les routes romaines de la Tunisie par la *Table de Peutinger* et par l'*Itinéraire d'Antonin* seront portés à la connaissance de MM. les officiers dans une des premières livraisons du recueil que nous publierons avec leur concours.

Les pierres milliaires, colonnes avec inscriptions que l'on trouve de distance en distance sur les routes romaines, sont des documents précieux pour contrôler l'exactitude des itinéraires anciens. Il faudra toujours s'assurer qu'elles sont bien en place [1], sans quoi la valeur des renseignements qu'elles donnent est fort diminuée. Comme les pierres milliaires sont généralement circulaires, l'estampage n'en est pas toujours commode; les dernières lignes, qui contiennent l'indication de la distance à la station initiale, doivent particulièrement attirer l'attention [2]. Auprès des pierres milliaires on trouve fréquemment de petites ruines, qui ne sont autres que des gîtes d'étape ou des relais, avec des citernes, des auges, etc.

Des itinéraires, exécutés sur le modèle de ceux qu'ont rédigés les officiers des brigades topographiques, indiquant avec soin l'emplacement et l'aspect des moindres ruines, sont de très utiles contributions à l'étude des itinéraires romains en Tunisie. Beaucoup de routes romaines, par exemple celle d'Henchir Tina (*Thenae*) à Sbeïtla (*Sufetala*), n'ont jamais été étudiées au point de vue archéologique, et les stations romaines qu'elles contiennent restent encore à découvrir.

IV

DES INSCRIPTIONS.

Outre les inscriptions arabes, dont nous n'avons pas à nous occuper ici, on trouve en Tunisie des textes épigraphiques rédigés en latin, en grec, en punique (langue des Carthaginois, très semblable à l'hébreu) et en libyen. Les textes grecs, puniques et libyens sont relativement rares; quand on en rencontrera, il faudra toujours en prendre plusieurs estampages. Comme les textes grecs découverts en Afrique appartiennent à une basse époque, la lecture en est souvent difficile : les caractères sont liés, chargés d'ornements arbitraires ou irrégulièrement gravés. Les lettres *epsilon*, *sigma*, *oméga* peuvent présenter les formes Є, C, Ϲ, ω, W, Ш.

---

[1] Souvent, en effet, les bornes milliaires ont été transportées à quelque distance de la place qu'elles occupaient pour être employées dans des constructions de basse époque ou arabes. Les colonnes employées dans les marabouts sont fréquemment des milliaires.

[2] Il faut noter très exactement les dimensions des pierres milliaires et voir si l'on s'est servi, pour faire le milliaire, d'une colonne enlevée dans un temple ou un monument public; il sera facile de le reconnaître en examinant la partie supérieure de la colonne qui, dans ce cas, porte un astragale, et se termine par une surface plane, tandis que les bornes d'origine sont taillées à la partie supérieure d'une façon convexe. Ces renseignements sont particulièrement indispensables quand il s'agit d'un fragment dont on veut déterminer la provenance.

Les textes puniques sont écrits en vieux punique ou en néo-punique, espèce d'écriture cursive dont le déchiffrement est toujours pénible. Nous donnons ici comme spécimens une ligne en caractères puniques et une en caractères néo-puniques :

Il ne faudra jamais négliger d'estamper les documents de ce genre, et il est même désirable qu'on puisse en déposer les originaux en lieu sûr.

On a trouvé, notamment à Carthage, à Sousse (Hadrumète), à Medeïna (Altiburos), à Constantine, des stèles puniques portant des inscriptions et des bas-reliefs, ou des bas-reliefs seulement, qui sont des ex-voto offerts à la déesse phénicienne Tanit. Les bas-reliefs représentent différents symboles, tels que des poissons, des moutons, des navires, des palmiers, des fragments d'architecture, etc. Ils sont fort importants pour la connaissance de la religion carthaginoise et doivent être estampés et recueillis, lors même qu'il n'en resterait que des fragments. Il est probable qu'on en découvrira quelque jour à Gabès et dans l'île de Djerba, qui ont été le siège de comptoirs phéniciens et ont dû posséder des sanctuaires puniques comme les villes de Carthage et d'Hadrumète.

Les inscriptions libyques présentent l'aspect suivant. On les a découvertes surtout dans la partie occidentale de la Tunisie :

Ces textes sont encore peu nombreux [1] et méritent d'être estampés avec soin.

Les inscriptions latines d'Afrique sont souvent gravées sur des pierres un peu molles que les intempéries ont endommagées. En outre, la forme

---

[1] M. le docteur Reboud en a publié plusieurs collections.

des lettres présente fréquemment des ambiguïtés qui peuvent embarrasser les épigraphistes les plus compétents. Les caractères sont parfois liés de manière à former des espèces de monogrammes; les points de séparation entre les mots font souvent défaut. Les lettres I, T, L, E, F, P, sont faciles à confondre : L a parfois la forme du *lambda* grec de l'écriture cursive. Lorsque les lettres sont très grêles et très serrées, on est exposé à ne voir qu'un seul caractère là où il s'en trouve en vérité plusieurs. C'est pourquoi l'application des procédés de l'estampage est absolument indispensable en Tunisie; on ne saurait trop le répéter, tout en reconnaissant l'utilité des copies faites avec soin qui doivent aider au déchiffrement des estampages.

La copie d'une inscription doit être accompagnée des indications suivantes : 1° situation exacte de la pierre; si elle est en place, encastrée dans une construction ou à terre; 2° nature de la pierre (marbre, calcaire, etc.); 3° ses dimensions en hauteur, en largeur et en épaisseur; 4° les dimensions des lettres. Ces dimensions varient souvent d'une ligne à l'autre.

Il ne faut jamais passer le crayon ni le canif dans le creux des lettres douteuses d'une inscription : on risque ainsi de commettre des erreurs qu'il serait difficile de reconnaître dans la suite et qui laisseraient une trace sur l'estampage.

La classification des inscriptions latines sortirait du cadre de cette notice[1]. Les plus nombreuses sont les inscriptions funéraires, qui sont généralement précédées du sigle D·M·S (*Diis Manibus sacrum*). Ensuite viennent les inscriptions votives, les dédicaces ou inscriptions honorifiques, les bases des statues élevées aux empereurs, aux proconsuls, aux magistrats municipaux. Les lois, les lettres des empereurs, les sénatus-consultes, sont des documents très importants, mais beaucoup plus rares. Toutes les inscriptions latines de l'Afrique romaine publiées jusqu'en 1881 ont été réunies par l'Académie de Berlin en deux gros volumes fort coûteux; un troisième, contenant les textes découverts depuis l'occupation de la Tunisie, vient seulement de paraître (décembre 1884). Ces recueils, où les commentaires sont écrits en latin, s'adressent surtout aux savants spéciaux et l'acquisition ne peut en être recommandée aux bibliothèques militaires.

[1] Les officiers qui voudraient se mettre au courant de cette étude peuvent s'abonner au *Bulletin épigraphique*, publié à Paris chez Champion (année 1884). Il n'existe pas encore de *Manuel d'épigraphie latine*.

Nous dirons plus loin quelques mots des inscriptions sur poteries ou sur pierres gravées.

V

STATUES ET BAS-RELIEFS.

Les monuments figurés de l'époque carthaginoise sont extrêmement rares en Afrique : on ne peut guère espérer en trouver à la surface du sol. Quelques rochers présentent des dessins gravés au trait figurant le plus souvent des animaux du pays; ce sont les bas-reliefs dits *rupestres*, attribués aux populations indigènes de l'Afrique et très intéressants, malgré la barbarie du style. On peut les estamper comme des inscriptions. En général, il ne faut pas négliger de copier ou de photographier des monuments parce qu'ils sont exécutés d'une manière grossière : comme témoignages de l'art indigène, comme documents sur les croyances ou les cultes locaux, ils présentent souvent un intérêt supérieur à celui d'œuvres d'art plus dignes de ce nom. Les dessins qu'on exécute d'après ces objets doivent être d'une précision minutieuse et ne jamais tendre à *embellir* le modèle.

Les statues romaines, représentant des empereurs, des impératrices, des magistrats municipaux, etc., sont assez nombreuses en Tunisie. La plupart n'ont aucune valeur artistique : elles étaient exécutées sur un modèle convenu et offrent généralement à la partie supérieure du torse une cavité où l'on ajoutait après coup la tête du personnage que l'on voulait représenter. Les têtes, et en particulier les nez, ont été mutilés à l'époque des invasions ou ont servi de cibles aux Arabes; les figures entières sont par conséquent fort rares.

Les bas-reliefs funéraires, sculptés au-dessus ou au-dessous d'épitaphes, sont des œuvres très grossières, mais qui méritent néanmoins d'être copiées. La classe des terres cuites est fort nombreuse; les unes sont des figurines en ronde bosse, les autres des reliefs imprimés à l'aide de moules. Parmi ces dernières il faut signaler les briques d'époque chrétienne portant des représentations d'animaux et des scènes empruntées aux Livres saints.

Les statuettes de bronze sont de la plus grande rareté. Il faudra se défier de celles qui sont offertes par les marchands de Tunis comme découvertes à Utique ou à Carthage; la plupart sont fausses, et les autres ont été importées d'Italie.

VI

MOSAÏQUES.

La mosaïque est un art essentiellement romain, et il n'y a guère de ruine romaine où l'on n'en rencontre des spécimens. On a aussi trouvé en Tunisie des tombeaux d'époque chrétienne ornés de dalles en mosaïque avec des inscriptions funéraires (tombeaux de Lemta, entre Sousse et Sfax).

Bien peu de mosaïques présentent un intérêt artistique suffisant pour qu'il soit utile de les détacher et de les transporter sur toile, opération difficile et fort coûteuse qui ne peut être confiée qu'à des ouvriers spéciaux. Mais toutes celles qui ne se composent pas de simples dessins géométriques méritent d'être reproduites avec soin, si possible en grandeur naturelle ou à grande échelle. Il suffit pour cela de calquer la mosaïque avec du papier à calquer ordinaire, de reporter le calque sur papier à dessin en le réduisant s'il y a lieu, et d'indiquer les couleurs à l'aquarelle. On conçoit que, les mosaïques découvertes étant généralement destinées à disparaître dans un temps plus ou moins long, il y ait grand intérêt à en conserver le souvenir dans une reproduction d'une exactitude mathématique qui pourra être, à son tour, reproduite dans le recueil par les procédés de la chromolithographie [1].

Il est essentiel, lorsque l'on copie une mosaïque, d'indiquer la nature des pierres qui la composent, et qui sont tantôt des marbres de couleur, tantôt des cubes de verre coloré, tantôt des cubes en terre cuite ou des cubes émaillés. On pourra toujours joindre à l'envoi de la copie quelques spécimens de pierres prises dans les parties moins bien conservées de la composition.

Les mosaïques les plus intéressantes sont celles où l'on a figuré des personnages ou des animaux. Les inscriptions en mosaïque sont rares et doivent être calquées avec grand soin. On pourra généralement se dispenser de copier entièrement les bordures composées d'ornements qui se répètent sans variantes ; le motif principal suffit pour donner une idée satisfaisante de l'ensemble.

Lorsque la copie d'une mosaïque éveillera l'idée d'une œuvre d'art vraiment importante, les mesures nécessaires seront prises pour qu'elle soit détachée et transportée en lieu sûr.

---

[1] C'est ainsi qu'une reproduction de la mosaïque d'Hammam-Lif, exécutée par les soins de M. le capitaine de Prudhomme, a pu être publiée en couleurs dans la *Revue archéologique* de 1884.

VII

MONNAIES ET PLOMBS.

Pour reproduire les monnaies et les plombs historiés, il suffit d'appliquer sur leur surface une feuille de papier et de frotter avec un crayon noir.

Les monnaies anciennes que l'on trouve en Tunisie sont puniques ou romaines. Presque toujours elles sont très endommagées par l'oxydation, que l'on peut faire disparaître partiellement en les plongeant dans du jus de citron ou dans l'acide chlorhydrique étendu d'eau. Nous ne conseillons pas à MM. les officiers d'acheter des monnaies dans les grandes villes, où les pièces fausses sont très répandues : ils devront surtout se garder des belles monnaies d'argent de Sicile, que l'on trouve chez les marchands de Tunis et qui sont fabriquées par milliers en Italie. L'art de distinguer les pièces fausses des pièces authentiques est extrêmement difficile : les plus experts sont journellement trompés par les faussaires, dont les procédés se perfectionnent de plus en plus. Mais on pourra, en général, acquérir les monnaies de bronze qu'on trouvera chez les Arabes de l'intérieur, *à la condition qu'elles soient dans un état parfait de conservation;* une monnaie de bronze oxydée et indistincte ne vaut presque jamais la peine d'être achetée, même à très bas prix. Signalons aussi, pour mémoire, les monnaies de verre arabes.

Si, en parcourant une ruine, on trouve des pièces de monnaies éparses sur le sol, il faudra toujours les recueillir; leur date pourra fournir des renseignements sur l'antiquité de la ruine ou sur l'époque à laquelle elle a cessé d'être habitée. C'est particulièrement après les fortes pluies que l'on a chance de trouver des monnaies en parcourant l'emplacement d'une ruine antique.

Les plombs historiés sont rares; comme ils se conservent difficilement, il ne faudra pas tarder à en prendre des empreintes.

VIII

PIERRES GRAVÉES.

Il y a deux sortes de pierres gravées : les *intailles*, gravées en creux, et les *camées*, où le sujet est en relief. C'est surtout envers ce genre d'antiquités que la plus grande défiance est de rigueur : la Tunisie, surtout depuis l'occupation française, est littéralement inondée de gemmes apocryphes. Mais dans certaines villes, notamment à Sfax et à Sousse, les anciennes familles possèdent des bagues ou des colliers ornés de pierres gravées recueillies dans le pays à une époque où l'industrie des faussaires n'y florissait pas encore. Il sera toujours utile, lorsque les propriétaires le permettront, de prendre des empreintes de ces pierres avec de la cire à cacheter ordinaire, surtout si l'on est en présence d'intailles portant des caractères latins, grecs ou puniques (noms du possesseur ou, plus rarement, de l'artiste). L'envoi de ces empreintes devra être accompagné de l'indication de la nature des pierres (cornalines, onyx, calcédoines, etc.), ou tout au moins de la mention de leur couleur et de leur degré de transparence. Les camées sont de la plus grande rareté et l'authenticité de ceux que l'on pourrait rencontrer ne doit être admise qu'après une enquête sévère sur les circonstances de leur découverte. En général, les intailles se trouvent surtout à El-Djem et dans les îles Kerkenna ; mais il faut n'accepter qu'avec le plus grand scepticisme les provenances indiquées par les marchands.

Une classe nombreuse d'intailles est celle des *pierres gnostiques* ou *basilidiennes*, qui présentent des animaux fantastiques, des têtes et des figures diverses entrelacées, avec des inscriptions en lettres grecques et latines dont on ne peut démêler le sens. On a même trouvé dans le sud Tunisien une lame d'or très mince couverte d'inscriptions inintelligibles de ce genre. Nous croyons devoir les signaler ici pour qu'on n'y voie pas nécessairement l'œuvre de faussaires.

Répétons en terminant que si l'acquisition de pierres gravées expose presque toujours à des déceptions, on ne court aucun risque à prendre des empreintes qui peuvent quelquefois offrir beaucoup d'intérêt.

IX

POTERIES, VERRERIES, PETITS BRONZES, ETC.

La poterie romaine que l'on trouve en Tunisie appartient presque exclusivement à la classe dite *poterie samienne* ou *arrétine*. Elle est d'un rouge brillant et présente des ornements en relief. Dans une ruine que l'on explore méthodiquement, les moindres fragments de poterie historiée sont à recueillir ; ce sont parfois des fonds de vases qui portent un timbre avec le nom du fabricant[1], parfois des briques ou des tuiles avec le nom du fa-

---

[1] M. le docteur Vercoutre a recueilli près de Sousse une intéressante collection de poteries de ce genre, qu'il a décrites dans la *Revue archéologique* de 1884.

bricant ou de l'ouvrier. La belle couleur rouge lustrée est un indice d'antiquité relative : les poteries byzantines sont généralement ternes et d'une fabrication grossière. Nous devons aussi attirer l'attention sur les anses d'amphores en grosse poterie jaune; en les nettoyant, on peut y découvrir des timbres de fabricants en lettres latines, grecques ou puniques.

Les lampes en terre cuite sont peut-être les antiquités que l'on rencontrera le plus souvent. Elles présentent fréquemment des sujets en relief et la signature des fabricants. Ces dessins et ces signatures devront être copiés et estampés; il va sans dire que les ornements végétaux très simples ne méritent pas d'être reproduits.

Quelquefois on trouve des fragments de poterie portant des *graffites*, c'est-à-dire des inscriptions à la pointe en écriture cursive. Comme les monuments de cette espèce sont rares, on fera bien de les recueillir, ainsi que les fonds de vases portant des marques de fabrique; mais il n'y a aucun intérêt à collectionner les lampes communes ni surtout les petits vases sans ornements que l'on trouve en grand nombre dans les tombeaux.

Les verreries irisées sont absolument dépourvues d'intérêt, à moins qu'elles ne soient grandes et intactes, ou ornées de figures en relief, ce qui leur donne une valeur considérable.

Les petits bronzes (poids, aiguilles, anses de vases, objets de toilette, agrafes, etc.) méritent généralement d'être recueillis : on trouve parfois des figurines modelées en bas-relief qui ont servi d'appliques à des coffrets. Les inscriptions sur bronze et sur plomb sont de la plus grande rareté et doivent être conservées précieusement. On ne trouvera guère de petits objets en or ou en argent.

Les objets en ivoire et en os présentent souvent de l'intérêt, surtout lorsqu'ils portent des inscriptions. A cette classe appartiennent les *tessères de spectacles*, petites lames en os ou en ivoire portant généralement un monogramme suivi d'un chiffre.

X

DES TOMBEAUX.

Nous devons encore attirer l'attention de MM. les officiers sur les tombeaux antiques qu'ils peuvent être amenés à découvrir. Il est essentiel, lorsque l'on fouille un tombeau, de noter exactement sa forme, la position qu'y occupe le cadavre, celle des objets qui sont déposés auprès de lui. Il faut également indiquer si la sépulture est à inhumation ou à incinération, si les ossements recueillis permettent de déterminer le sexe du mort. Les monnaies déposées dans les tombeaux sont des documents précieux pour en fixer l'époque : c'est ainsi que M. le capitaine Vincent a pu reconnaître que les tombeaux de Béja, où il a découvert des monnaies de Carthage, appartiennent à l'époque punique. Au cas où l'on rencontrerait une sépulture punique, il faudrait essayer de recueillir le crâne du mort, qui présenterait de l'intérêt pour les anthropologistes ; mais il faut bien s'assurer que la sépulture est intacte et n'a pas servi de nouveau, comme cela arrive souvent, à une époque postérieure.

Les renseignements qui précèdent, bien que nécessairement très sommaires, ne seront peut-être pas inutiles à ceux qui désirent employer au profit de la science une partie de leurs loisirs. Toute demande d'information sur un point particulier, adressée au secrétaire de la Commission archéologique de Tunisie, sera accueillie avec plaisir et recevra une prompte réponse. Il est inutile de rappeler que les documents destinés à l'impression ne peuvent être communiqués que suivant le mode qu'indiquera M. le Ministre de la guerre et conformément aux prescriptions spéciales dont il accompagnera les présentes instructions.

APPENDICE.

I

EXTRAIT D'UN RAPPORT

CONTENANT DES INSTRUCTIONS RELATIVES À LA CONSERVATION DES MONUMENTS[1].

4 mai 1840.

1. — MONUMENTS DISPARUS.

Quand les monuments n'existent plus, le Comité propose d'en conserver la mémoire par une inscription. S'ils doivent être nécessairement et infailliblement détruits, il désire qu'on ajoute à ce moyen ceux d'en garder le portrait et les plus curieux fragments. De l'église Saint-Côme, près de l'École de médecine, il ne reste pas pierre sur pierre. Une tablette de marbre, encastrée dans la muraille des bâtiments qu'on a élevés sur son emplacement, devrait rappeler que cette église, qui allait du xiiie au xve siècle, a été rasée pour ouvrir la rue Racine; qu'elle servait de chapelle à cette école de chirurgie d'où est sortie la Faculté actuelle de médecine; car saint Côme, patron de l'église, était à la fois le patron des médecins et chirurgiens, médecin qu'il était lui-même[2]. On ne doit pas répudier le passé, quelque suranné qu'il soit ou qu'il paraisse. La Faculté de médecine doit à l'École de médecine, son aïeule, ce souvenir de piété filiale. L'église n'existe plus; il serait bon qu'une plaque de marbre, ne fût-elle que d'un pied carré, rappelât le lieu où elle était.

Du reste, on a eu cette attention pour un monument qui datait des premières années du xiiie siècle et qui était situé dans la Cité. Lorsque, pour percer la rue d'Arcole, il a fallu faire sauter, en 1837, l'église de Saint-Pierre-aux-Bœufs, le seul édifice religieux de Paris qui s'arrêtât par un chevet carré, on consola les antiquaires, si c'était possible, en incrustant, au-dessus de la porte d'une maison toute neuve qui a remplacé l'église, cette inscription :

Sur cet emplacement fut autrefois l'église Saint-Pierre-aux-Bœufs, dont on ignore l'origine, mais qui existait déjà en 1136, démolie en 1837.

Sur les ordres de M. le Préfet de la Seine, auquel le Comité doit des remercî-

---

[1] [Ce rapport a été présenté à M. le Ministre de l'instruction publique par M. de Gasparin, pair de France, président du Comité des arts et monuments.]

[2] La confrérie de chirurgie avait, dans cette église, qui était aussi une paroisse, des bancs gothiques écussonnés aux armes et emblèmes des chirurgiens.

ments pour la sollicitude qu'il porte à nos monuments, on avait descendu le portail très orné de Saint-Pierre-aux-Bœufs; on en avait numéroté les pierres avec une attention extrême. Le soin de replacer ce portail contre l'entrée occidentale de Saint-Séverin fut confié à deux jeunes architectes pleins de zèle pour ces reliques de l'architecture chrétienne. Aujourd'hui, ce portail est redressé et l'on peut admirer encore ces pierres sculptées, ces chapiteaux à feuillages, ces gorges fleuries qui font à l'église de Saint-Séverin une entrée digne de ce curieux édifice. De l'église, il ne reste plus qu'un bout de façade, qui est déplacé, et qu'un souvenir, qui est gravé sur une inscription; mais au moins la destruction n'est pas complète. On aurait pu, malheureusement on ne l'a pas fait, conserver les bases et les chapiteaux feuillagés des colonnes de Saint-Pierre et les déposer au musée nouveau; c'est encore un moyen sur lequel le Comité insiste vivement, afin de ne pas perdre jusqu'à la dernière trace des édifices intéressants. Mais, avant que la démolition ne s'opérât, M. le Préfet de la Seine ordonna à ces mêmes architectes, qui déposaient, transportaient et relevaient la façade, de dessiner, mesurer, profiler, coter l'église entière. Ces dessins ont été exécutés avec rigueur et sur une grande échelle; ils font aujourd'hui partie des archives de la ville de Paris, et l'on pourra toujours y recourir au besoin.

Pour un monument d'une faible valeur esthétique, mais d'une certaine importance historique et sur lequel M. Emmanuel Durand avait appelé l'attention du Comité, on n'a rien fait, malgré des réclamations motivées, malgré des espérances qu'on avait fait concevoir. On l'abat, tandis qu'il était facile de le reculer et de le relever ailleurs, on rase le petit édifice, sans qu'on l'ait dessiné et sans qu'une inscription rappelle qu'il était l'unique et dernier débris d'un monument fameux. Ce débris, c'est la tourelle de Saint-Victor; ce monument fameux, c'est l'abbaye elle-même. Je crois devoir conserver ici les motifs donnés par le Comité pour justifier l'intérêt qu'il attachait à sa conservation.

Près du Jardin des Plantes, en face de l'hospice de la Pitié, s'élevait donc une tourelle carrée par le bas, octogonale par le haut et dont le sommet était surmonté d'un toit aigu en charpente et couvert d'ardoises. Ce petit monument ne se recommandait ni par des détails précieux, ni par une belle architecture, mais par les souvenirs historiques et religieux qu'il rappelait. Il datait de la fin du xive siècle et c'était, avec quelques ogives saisies actuellement et perdues dans des constructions toutes récentes, l'unique vestige de l'abbaye de Saint-Victor.

Les embellissements projetés en cet endroit par la ville de Paris ont fait sacrifier cette tourelle qui servait autrefois d'éperon à l'angle sud-est de la clôture de l'abbaye; au xviiie siècle, on lui adossa une fontaine. A la place de cette flèche aiguë, on a construit, deux mètres plus loin, une fontaine qui rentre à moitié dans la maison dont elle fait l'angle. Ainsi est détruit l'effet de perspective qu'on aimait à remarquer de la rue Saint-Victor et du labyrinthe qui domine le Jardin des Plantes. Dans le bas de la rue Saint-Victor, à six cents pas plus loin que la tourelle, la ville de Paris a planté autrefois de grands peupliers, magnifiques de venue, et dont un existe encore, afin de donner de la légèreté à la fontaine qu'ils accompagnaient; cette tourelle de Saint-Victor était elle-même une espèce d'arbre monumental qui donnait de l'élégance aussi à la fontaine qui coulait à ses pieds.

Si des mesures avaient été prises pour que cette aiguille s'élançât au centre du carrefour projeté dans cet endroit, on eût rappelé à peu près, quoique dans des dimensions beaucoup plus modestes, la disposition des places Vendôme et de la Concorde. Les voitures, et c'est un avantage pour la circulation, auraient tourné autour de cette tourelle, comme elles tournent autour de l'obélisque, autour de la colonne de la place Vendôme et du Louis XIV de la place des Victoires, et comme on veut le pratiquer à l'égard de la tour de Saint-Jacques-la-Boucherie. Faire de cet obélisque gothique un centre à la base duquel coulerait une fontaine, était donc réaliser un projet très pittoresque et adopté depuis longtemps pour l'ornement des places et des carrefours.

Malheureusement, cette idée ne s'est pas offerte; on a tracé un plan et tiré des alignements comme si la tour n'existait pas. D'après ce plan et ces alignements, on a établi des constructions à 2 mètres de distance de cette tourelle qu'on a sacrifiée. Ces alignements étant irrévocables, les concessions de terrain étant faites et les constructions presque terminées, on ne pouvait plus songer à conserver la tourelle dans sa place actuelle. D'un autre côté, on ne pouvait l'avancer au milieu du carrefour, parce que ce carrefour est étroit, d'après les plans arrêtés; mais il était facile et peu dispendieux de la reculer jusqu'aux alignements ou de la reporter dans un endroit voisin. Il fallait une fontaine dans cet endroit, et, puisque cette fontaine existait à la base du petit monument, on pouvait bien reculer la fontaine avec le monument lui-même. Alors le carrefour eût été complètement dégagé et ce fragment unique d'une illustre abbaye eût été conservé.

Dans la tourelle, qu'on aurait ainsi reculée sur le plan des alignements nouveaux, M. Lenormant proposait d'incruster une plaque de marbre sur laquelle on aurait gravé en quelques lignes, d'abord l'histoire de cette célèbre abbaye qui a jeté un si vif éclat aux plus belles époques du moyen âge; puis les noms des grands hommes qui en sont sortis, comme Guillaume de Champeaux qui l'a fondée et qui fut le maître d'Abailard, comme Hugues de Saint-Victor, qui est appelé le saint Augustin français. A côté de cette inscription, il aurait fallu laisser subsister une pierre qu'on voyait sur la face méridionale de cette tourelle et sur laquelle, au XVIIe siècle, on avait gravé *Rue Saint-Victor*. En 1793 a été biffé le *Saint*, et cette pierre, ainsi devenue historique, ne portait plus que *rue Victor*;

elle témoignait que la rue Saint-Victor avait été débaptisée à la Révolution, comme toutes celles qui, à Paris, portaient le nom d'un saint quelconque.

Il fallait donc conserver cette tourelle; il fallait sortir enfin d'un système où l'on s'est engagé depuis trop longtemps et qui ne reconnaît d'autres moyens d'embellissements que la règle, le niveau et les jalons, aveugles instruments d'une parfaite mais glaciale régularité. Il serait temps d'adopter une méthode plus élevée, source de nobles jouissances, et qui consisterait à faire naître des idées élevées et à faire renaître d'importants souvenirs par la vue de certains monuments.

Le Comité avait espéré qu'il serait fait droit à ces sages réflexions, et que l'on conserverait l'unique et pittoresque débris de cette abbaye où ont vécu, où se sont développés tant d'hommes éminents en savoir et en vertu. Cette espérance n'a pu se réaliser: des nécessités, à ce qu'il paraît, ont forcé de démolir cette tourelle qui ne sera pas replacée ailleurs et dont les pierres, retaillées à neuf, servent à d'autres constructions. Puisqu'on n'en conserve aucun débris, il faudrait, au moins, qu'une inscription, scellée dans le mur d'une des maisons nouvelles construites sur l'emplacement de Saint-Victor, rappelât le souvenir de cette abbaye.

De l'église de Cluny, sur la place de la Sorbonne, il ne reste plus qu'une tourelle; l'église entière a été sacrifiée à la construction d'une maison. Que la tourelle, au moins, soit conservée avec soin; qu'une inscription rappelle la date de l'église, l'époque de sa ruine et constate qu'elle avait servi autrefois d'atelier au peintre David.

De la grille enlevée et détruite, à la place Royale, on aurait pu faire un dessin exact et mesuré; on pourrait placer un pilastre en fer et quelques barreaux dans le musée national des Thermes, pour rappeler la serrurerie du xviie siècle. Dans la cour des Bernardins on a déposé des pilastres et portions de cette grille; on pourrait les transporter au musée des Thermes. Si les nécessités de l'alignement, si les exigences de l'industrie commandent impérieusement qu'un monument de l'art de nos pères soit détruit, que ce monument, au moins, soit gardé en partie par ses plus précieux débris et en entier par le dessin.

2. — MONUMENTS DONT LES RUINES SONT DISPERSÉES.

Pour ces ruines égarées et qui finissaient par se perdre, le Comité des arts n'a cessé, depuis deux ans, de réclamer la création d'un musée spécialement destiné à recueillir nos antiquités nationales. Au mois d'avril de l'année dernière, sur une proposition de M. le baron Taylor, le Comité fit des démarches auprès de M. le Préfet de la Seine et fut assez heureux pour déterminer la ville de Paris à fonder dans un monument qui lui appartient, au palais des Thermes, un musée vraiment national.

Faute d'un local spécialement affecté à les recueillir, beaucoup d'objets d'art se perdaient à Paris et dans les environs. Lorsqu'on procédait à la restauration ou à la démolition d'un édifice ancien, lorsqu'une vieille église tombait en ruines, il fallait jeter aux gravois, vendre on ne sait pour quel usage, équarrir pour en faire des pierres neuves et les employer dans des constructions nouvelles, des fragments intéressants de sculpture et d'architecture, des bases, des fûts et des chapiteaux de colonnes, des dalles sépulcrales ciselées, des frises et des gargouilles sculptées; car les musées royaux, consacrés aux antiquités païennes, ne pouvaient recevoir les antiquités chrétiennes ou gothiques. Ainsi ont disparu complètement des sculptures, des vitraux, des ciselures intéressantes, lors de la démolition des églises de Saint-Côme et de Cluny, lors de la transformation de Saint-Benoît en théâtre. Les chantiers de Saint-Denis regorgent d'objets qu'on ne sait où placer; les ateliers de Saint-Germain-l'Auxerrois possèdent des sculptures qu'on n'a pas pu conserver dans la restauration de cet édifice, ou des plâtres de celles qu'on a gardées et qu'on a fait mouler; ces sculptures et ces plâtres demandaient un abri.

La destruction du musée des Petits-Augustins a été amèrement regrettée par tous les antiquaires et les historiens : aussi la nécessité d'un musée national devenait urgente de plus en plus et il faut applaudir vivement à l'administration qui a fondé un pareil établissement; cette idée était populaire. Plusieurs villes de province possèdent déjà des musées nationaux; il ne fallait pas que Paris, qui les a devancées autrefois par la création du musée des Petits-Augustins, restât aujourd'hui en arrière de Dijon, d'Orléans, du Puy, de Toulouse, du Mans, de Rouen, de Narbonne ou même de Carcassonne, qui montrent fièrement leur musée à tous les voyageurs qui viennent les visiter. A la sous-préfecture de Mortain, M. de Caumont a fait déposer quelques fragments d'architecture et de sculpture chrétienne, pour former le noyau d'un musée. Enfin, à l'étranger, la ville de Bruxelles vient de destiner la chapelle de Nassau à recevoir les antiquités nationales de la Belgique.

Le Conseil municipal de la ville de Paris, qui prend avec tant de zèle les intérêts matériels et intellectuels de ses commettants, devait saisir avec empressement l'occasion de donner à ces intérêts un élan nouveau par la fondation d'un musée national au cœur de Paris. Cette fondation, on peut le dire, sera même une bonne opération financière; car, en peu d'années et sans frais, arriveront de tous côtés des objets d'art dont on ne sait que faire, qui se perdraient sans profit, faute d'un local, ou qu'on donnera au nouveau musée, à la seule condition d'inscrire le nom du donateur sur l'objet donné. Si, depuis la suppression du musée des Petits-Augustins, un musée semblable avait existé, il renfermerait aujourd'hui des objets d'une valeur considérable et qui n'auraient rien coûté, comme le musée d'Orléans en est la preuve.

Les études historiques et le goût de l'archéologie, si remarquablement en faveur aujourd'hui, seront avivés, soutenus, agrandis, contrôlés par l'établissement d'un musée national, où l'on viendra étudier les diverses transformations que l'art de l'architecture, de la sculpture, de la peinture sur bois, sur verre ou sur laine, a subies à toutes les époques du moyen âge. Aujourd'hui que les arts industriels, ceux du tapissier, de l'ébéniste, du bronzier, du porcelainier, abandonnent, ou, du moins, négligent les formes grecques et romaines, parce que ces formes sont épuisées par les copies qu'on en a faites, parce qu'elles ont fourni en imitation à peu près tout ce qu'elles pouvaient donner, on a recours aux formes gothiques, car l'industrie ne peut rester stationnaire; mais, faute de modèles, on reproduit ces formes infidèlement et disgracieusement. C'est au musée nouveau de fournir des types de choix. Là encore l'industrie trouvera un ample profit.

Parmi les emplacements très propres à recevoir un musée de cette nature, le palais des Thermes était le plus convenable. En effet, le prieuré de Saint-Martin-des-Champs et la Sainte-Chapelle, auxquels on avait pensé d'abord, sont occupés et insuffisants; les Thermes sont libres, sans destination, spacieux, susceptibles d'agrandissement, de facile appropriation au but désiré. Déjà même le Conseil municipal avait songé à en faire un musée national, puisqu'il y avait fait déposer des chapiteaux et des bases provenant de la démolition de Sainte-Geneviève et de la restauration de Saint-Germain-des-Prés; il s'agit tout simplement de continuer et de compléter une idée émanée de la ville de Paris.

Les Thermes sont de construction romaine; mais ils avoisinent des constructions du moyen âge. On pourra, par une transition qu'il sera facile d'établir plus tard et lorsque le musée prendra de l'accroissement, communiquer des unes aux autres. Ainsi, sous les voûtes romaines, on placerait les objets de l'art romain; sous les arceaux gothiques, les objets de l'art du moyen âge. On suivrait alors, par ordre chronologique, le développement de notre art à toutes ses périodes. Le monument et les objets qui le meubleraient seraient en harmonie parfaite; et toute civilisation, païenne ou chrétienne, trouverait sa place dans ce musée national français.

Les Thermes étaient depuis longtemps l'objet de la sollicitude de M. le Préfet et du Conseil municipal, qui ont ordonné d'y faire quelques travaux, de les protéger d'une grille sur la rue de la Harpe, et d'y pratiquer des fouilles.

On placera dans ce musée non seulement les objets d'art en nature qui seront recueillis ou donnés, mais encore des estampages des plus belles ou des plus curieuses sculptures qui se détériorent aux portails de nos monuments religieux.

Qu'on accroisse petit à petit ce noyau, et, en peu d'années, à très peu de frais, ce musée municipal, fondé par la ville qui en gardera la tutelle, ce musée national, à plusieurs titres, rivalisera en importance avec les admirables musées royaux que fait administrer la liste civile. Aujourd'hui, il n'y a encore que le germe d'un musée; mais, lorsque les objets d'art y abonderont, ce qui ne saurait tarder, on sentira la nécessité de les ranger en galerie, dans un ordre où ces objets disposés chronologiquement s'élèveront à un grand degré d'intérêt. Déjà, on y a déposé seize statues qui servaient de bornes dans la rue de la Santé et qui paraissent venir de Notre-Dame de Paris; des chaînes provenant des anciennes barricades, des chapiteaux romans qui ornaient une vieille église de Corbeil ont été promis à ce musée par M. le vicomte Héricart de Thury et M. le baron Taylor. On pourra y recueillir les quinze statues chrétiennes, peintes et dorées, trouvées ces jours-ci dans la rue Saint-Denis.

L'établissement de ce musée obtenu par les soins du Comité est donc un des plus heureux résultats dont on doive se féliciter. Cet exemple d'un musée municipal, donné sur une aussi grande échelle, devra exciter l'émulation des départements qui n'ont pas encore d'établissement analogue. On peut être assuré maintenant que des musées nationaux seront fondés prochainement dans tous les chefs-lieux de département. Le Comité désire même, et il peut espérer qu'il s'en établira jusque dans les villes d'arrondissement et de canton, parce que les objets d'art ne sont bien que chez eux et doivent rester dans la localité à laquelle ils appartiennent; c'est là, en effet, que se font valoir réellement toutes leurs qualités et tout leur intérêt.

3. — MONUMENTS RUINÉS, MAIS DEBOUT.

Le Comité a accueilli une réclamation faite par un de ses correspondants au sujet de l'église Saint-Thomas, à Beauvais. La révolution de 1793 a défoncé les voûtes, détruit les sculptures, ébranlé les murs de cette église. Cependant, ce qui reste debout est encore considérable et n'est pas sans intérêt. Saint-Thomas est un monument de la transition où le cintre et l'ogive sont en présence. Les colonnes du portail sont surmontées de chapiteaux délicatement feuillagés. Ces ruines rasées rapporteraient peu; laissées debout, elles ne gênent personne et sont visitées avec intérêt par les étrangers.

Le Comité a donc réclamé contre l'intention de faire disparaître ces ruines; il a demandé leur conservation. L'antiquaire, pas plus que le géologue, ne doit dédaigner un débris, parce que ce débris peut le conduire à la connaissance d'un fait important. Et puis d'ailleurs, c'est que les ruines, et les Anglais le comprennent mieux que nous, sont pour beaucoup dans la beauté des paysages.

4. — MONUMENTS DÉLABRÉS.

C'est là que s'est représentée souvent, presque à chaque séance, la grave question des restaurations. Pour la cathédrale de Laon, pour Sainte-Madeleine de Vézelay, monuments de la plus haute importance et dans un état de délabrement complet; pour Notre-Dame de Melun, qu'il ne sera peut-être pas possible de réparer; pour l'église de Saint-Gervais; pour la cathédrale de Vienne; pour les églises de la Couture au Mans, de Vivoin, de Chanteuge, qui réclament des réparations urgentes, le Comité a appuyé des demandes de secours faites par des maires et des préfets, par des prêtres et des antiquaires, et les a renvoyées aux Ministères des cultes et de l'intérieur.

Sur la recommandation du Comité, une subvention a été accordée au département de la Dordogne pour acquérir le beau cloître de Cadouin et le faire restaurer. — Le secrétaire du Comité a rédigé un rapport qui a été envoyé au Ministère de l'intérieur, pour appeler l'intérêt du Ministre sur l'église et surtout sur les vitraux de Montfort-l'Amaury.

Les restaurations entreprises à Saint-Germain-l'Auxerrois et à Saint-Denis ont été l'objet d'une grave attention. Paris est un modèle que toute la France copie; ce qui s'y pratique est imité par les départements. Des restaurations faites à Saint-Germain-l'Auxerrois, et surtout à Saint-Denis, par des architectes de Paris et justement renommés, doivent donc avoir dans l'avenir une immense influence. Le Comité a dû s'en occuper. A cette occasion, il ne saurait trop répéter qu'en fait de restauration le premier et inflexible principe, c'est de rappeler ce qui était et non pas d'innover, quand même on serait poussé par la louable intention de compléter ou d'embellir. Il faut laisser incomplet ou imparfait tout ce qui était dans cet état.

Les architectes ont de la propension à retrancher ou à ajouter dans les édifices confiés à leurs soins, sous le prétexte de les restaurer ou de les compléter. On ne doit pas se permettre de corriger même les irrégularités, ni d'aligner les déviations, parce que les déviations ou les manques de symétrie sont des faits historiques pleins d'intérêt, et qui souvent fournissent des caractères archéologiques propres à accuser une époque, une école, une idée symbolique.

Les réflexions nées de la restauration de Saint-Denis ont consacré qu'il ne faut ajouter aux monuments rien d'inutile ni d'étranger; celles qu'a provoquées la restauration de Saint-Germain, qu'il ne faut rien en détruire ni rien en retrancher. Ni adjonctions, ni suppressions, telles sont les doctrines archéologiques soutenues par le Comité.

En fait de monuments délabrés, il vaut mieux consolider que réparer, mieux réparer que restaurer, mieux restaurer qu'embellir; en aucun cas, il ne faut supprimer. Ces principes ont été appliqués par le Comité au sujet d'un système de restauration proposé pour la cathédrale de Laon et sur lequel on demandait avis. Ce bel édifice est ruineux et dans un délabrement qui fait peine. Le Comité, par l'organe de M. du Sommerard et du secrétaire, insista pour que toutes les restaurations fussent exécutées dans le style du monument; pour que l'on débadigeonnât les jolies clôtures en pierre qui ferment les chapelles latérales et que l'on conservât à leur place actuelle toutes les dalles tumulaires qui pavent la cathédrale; pour qu'on mît un soin minutieux dans la restauration des vitraux. Le débadigeonnage général, et spécialement celui des clôtures qui ferment les chapelles de Notre-Dame de Laon, doit se faire avec une éponge imprégnée d'eau seconde plutôt qu'avec une brosse. Si la brosse est indispensable quelquefois, il faut s'en servir avec légèreté; mais jamais il ne faut ôter le badigeon avec la râpe, le ciseau ou la pointe sèche, qui altèrent les sculptures en les amaigrissant ou en les écornant. Il faut une balustrade pour couronner les tours de Notre-Dame de Laon, parce que ces tours sont constamment rasées par un vent violent qui compromet les visiteurs. Il faudrait emprunter le motif de cette balustrade à la cathédrale de Paris qui est contemporaine de celle de Laon et lui est analogue de construction, et non pas à Notre-Dame de Reims qui est plus récente et plus ornée. Il ne faudrait pas prendre ce motif dans la cathédrale de Laon elle-même, à un des étages où il y en a déjà, parce que la répétition d'une même balustrade à des étages différents est contraire à l'esprit de l'architecture gothique qui varie ses motifs et ne les répète pas d'étage en étage.

5. — MONUMENTS INCOMPLETS.

Pour ceux-là, si la nécessité l'exige, si les besoins sont réellement impérieux, il faut leur faire des adjonctions; mais jamais ces adjonctions ne doivent masquer le monument ni en dénaturer le caractère. Autrefois, dans les églises anciennes, surtout dans les églises romanes et dans les églises gothiques du XIIIe siècle, il n'existait pas de sacristies proprement dites; pas de bâtiments où les officiants revêtissent leurs habits de chœur, où le clergé établît son administration religieuse. Aujourd'hui, au contraire, les sacristies, toujours destinées à ces différents usages, sont de première nécessité. Il faut donc en bâtir où il en manque, et il en manque en beaucoup d'endroits. Comme l'ensemble doit emporter l'accessoire, le style et l'âge de l'église qui réclame une sacristie doivent s'imposer à cette sacristie même. Si l'église est cintrée ou ogivale, romane ou gothique, des XIIe ou XIVe siècles, d'un caractère grave ou fleuri et abondant en ornements, il faut que la sacristie soit de la même forme, du même siècle, du même caractère. On doit la prendre dans l'église même, si c'est possible, dans une chapelle latérale, par exemple, et ne rien construire de nouveau; mais si l'on ne trouve dans l'église aucun local, aucune chapelle qui puissent se prêter à ce service, il faut construire à quelque distance de l'église, afin de ne pas cacher, par un bâtiment nouveau, une ancienne construction. S'il faut absolument souder la sacristie à l'église, qu'on l'établisse contre la partie la plus nue d'un des deux flancs et non pas contre le portail ou l'abside qui doivent toujours être dégagés.

Pour ces constructions nouvelles, on doit copier servilement la forme des constructions anciennes qui nécessitent les compléments. On doit imiter jusqu'à la pente d'un toit, jusqu'à la forme d'une colonne ou d'une baie; c'est surtout en vue de la future sacristie de Notre-Dame de Paris que ces principes ont été posés. Il faut les appliquer aux presbytères et aux chapelles qu'il serait indispensable d'ajouter à diverses églises.

6. — MONUMENTS INTACTS ET COMPLETS.

Puisqu'ils sont bien conservés et suffisants, qu'on ait soin de les garder et de les entretenir comme on entretient une statue et un tableau dans un musée. C'est à ce sujet que le Comité s'est élevé contre des projets de destruction qui s'attaquaient à des monuments historiques célèbres, robustes, bien bâtis, bien conservés, d'une belle architecture et qu'on voulait abattre, parce que celui-ci gênait l'alignement d'une route ou d'une rue, parce que celui-là entravait une nouvelle bâtisse, parce que cet autre appartenait à un propriétaire qui voulait l'accommoder à son usage.

La porte-forteresse de Moret appartient à la première classe, l'hôtel de la Trimouille à la troisième.

Un jour, le Comité fut informé par une correspondance de M. Teste d'Ouest, transmise par M. Victor Hugo, que la démolition d'une porte-forteresse qui défend le pont de Moret et qui date de Charles VII allait être exécutée. Cette porte était sous le poids d'une double condamnation. En effet, le Conseil municipal de Moret ayant voté la reconstruction du pont, ce projet entraînait de soi la destruction de la porte qui lui sert de tête. Si la porte échappait au Conseil municipal, elle tombait alors entre les mains de l'administration des ponts et chaussées, parce qu'elle contrariait l'alignement de la route qui passe par là. Ne comprenant pas la valeur du mot *reculement* au sujet d'un édifice historique d'une forte construction, d'une belle architecture, et auquel Moret était redevable de ne pas avoir l'apparence d'un village, le Comité fit des démarches pour sauver cette porte. Il déclara que les monuments sont les plus glorieuses reliques de l'histoire, et qu'on ne pouvait abattre aujourd'hui une porte pour la restauration de laquelle le Ministère de l'intérieur avait donné, il y avait peu de temps, une forte allocation. Il fit observer que la porte Saint-Denis, monument de Louis XIV, que l'arc d'Orange, monument romain, étaient hors de l'alignement, tout aussi bien et plus encore que la porte de Moret, très beau monument du moyen âge. Le monument de Paris et le monument d'Orange s'élèvent fièrement au beau milieu des boulevards et de la route où ils sont examinés, respectés, admirés; ce n'était donc pas une raison pour renverser une porte gothique à peu près dans le même cas. Il semble que les édifices ne devraient pas reculer devant les routes, mais que les routes pourraient bien se déranger pour laisser passer les édifices. D'ailleurs, cette porte de Moret présente un exemple intéressant, et qui n'est pas très commun en France, de la commune au moyen âge; enfin, dans cette porte a été déposée cette fameuse cage où a été renfermé La Balue.

La porte n'est pas démolie encore, et le Comité est plein de confiance dans l'intérêt que M. le Ministre des travaux publics porte à nos monuments nationaux. La conservation de cet édifice serait d'un bon exemple pour toutes les communes de France qui sacrifient inutilement des portes anciennes et de vieilles fortifications, afin d'aplanir un chemin, de planter une promenade, de bâtir une maison, mais qui ne voient pas que ces portes et fortifications donnent aux villes et villages une physionomie qui attire les voyageurs et les artistes, ce qui est d'un revenu certain et quelquefois considérable pour une commune.

Quant à l'hôtel de la Trimouille qui est situé à Paris, dans la rue des Bourdonnais, il n'appartient pas à l'État, mais à un particulier. Or, la ville de Paris manquait d'une mairie pour le IV⁰ arrondissement; la maison actuelle qui en sert est insuffisante, incommode, peu convenable. Pas de plus beau bâtiment, au contraire, pour cet usage, que cet hôtel de la Trimouille, un glorieux témoin de notre histoire, presque un chef-d'œuvre de notre art, et qui, par surcroît, est situé au centre du IV⁰ arrondissement. Sur un rapport rédigé par le secrétaire du Comité et adressé à votre prédécesseur, Monsieur le Ministre, M. le Préfet de la Seine a fait des efforts pour acquérir ce monument et y placer la mairie. Le Conseil municipal, qui a déjà sauvé, en la rachetant, la tour de Saint-Jacques-la-Boucherie, devait accueillir l'idée de conserver l'hôtel de la Trimouille, qui est plus précieux encore. En effet, des négociations furent entamées; mais le propriétaire exagéra ses prétentions pour céder l'hôtel à la ville de Paris, et la ville n'a pu les accepter. A cette occasion, le Comité s'est demandé si le Gouvernement, qui a le droit de chasser un propriétaire de chez lui pour cause d'utilité publique et qui porte ainsi une atteinte grave, mais approuvée de tous, à la propriété, ne devrait pas se faire conférer le droit d'exproprier pour cause d'intérêt historique et de conservation monumentale.

Non seulement l'intérêt historique, mais l'utilité publique réclament une pareille loi, car les monuments rapportent aux communes qui les possèdent tout ce que les voyageurs dépensent pour venir les visiter. Quiconque est possesseur d'un monument historique ne devrait pouvoir l'abattre ou le modifier qu'après en avoir demandé l'autorisation au Gouvernement.

L'amour des édifices historiques est trop peu répandu encore, l'intérêt pécuniaire est trop impérieux pour que les monuments possédés par des particuliers ne soient pas, aujourd'hui ou demain, rasés ou dénaturés. Le mal est sérieux; il est imminent; le remède efficace ne se trouvera que dans une loi spéciale.

En l'absence de cette loi, le Comité a cherché du moins à faire tomber dans les mains de l'État ou dans celles de particuliers intéressés à les conserver, des monuments dignes d'intérêt. Le département de la Dordogne a acheté le cloître de Cadouin; le département de l'Oise, généreusement aidé par le Ministère de l'intérieur, va se rendre acquéreur de la Basse-Œuvre de Beauvais; l'église de Binson, sous Châtillon-sur-Marne, a été achetée par un riche propriétaire qui aime passionnément nos antiquités nationales.

Déjà M. de Caumont, membre non résident du Comité, avait acheté pour lui-même les restes de l'abbaye de Savigny, en Normandie, afin d'en sauver au moins ce que l'abandon et les désastres politiques avaient encore laissé debout.

Il faut donc conserver religieusement et entretenir avec soin les monuments historiques. Mais l'entretien archéologique, l'entretien bien entendu est ennemi de ces badigeonnages, de ces prétendus embellissements qui gâtent les édifices, enterrent ou engorgent les sculptures, cachent les peintures ou les détruisent pour toujours. Heureusement que les bonnes doctrines, à cet égard, se répandent partout en France et que les hommes de goût, les antiquaires des départements protestent énergiquement contre un pareil entretien qui est une dégradation. Plusieurs correspondants du Comité ont signalé des actes nuisibles de badigeon, des actes inutiles de mutilation; la publicité donnée à ces faits ou des démarches effectuées par le Comité n'ont pas toujours été sans succès.

MM. de Montalembert et V. Hugo désireraient qu'une loi empêchât les fabriques et les conseils municipaux de restaurer, de badigeonner et d'entretenir sans contrôle; ils voudraient que des règles fussent posées par le Gouvernement pour garantir des restaurations savantes et utiles. Le Comité se propose de faire tous ses efforts pour provoquer une loi relative non seulement à la conservation, mais encore à la restauration de nos monuments nationaux, de nos cathédrales, de nos châteaux féodaux, de nos hôtels de ville, de nos maisons historiques.

7. — MONUMENTS PROJETÉS.

Voilà, pour six classes de monuments, ce que le Comité a fait ou conseillé; mais il en est une septième qui a vivement excité son intérêt, celle des monuments qui n'existent pas encore et qui sont en projet. Jusqu'à présent, il n'a été question que de monuments anciens, que de l'art du passé; mais l'art de l'avenir, les monuments futurs devaient préoccuper le Comité. A ce sujet, des avis nombreux lui sont demandés, il ne doit pas les refuser. Quel style d'architecture la France doit-elle adopter de préférence dans la construction des églises nouvelles? Telle est la question qu'on lui adresse de divers côtés.

Depuis la fin de la Renaissance jusqu'à nos jours, on a copié, pour nos monuments de toute nature, pour nos églises principalement, les temples de Rome et de la Grèce. Le terme de ces imitations plus ou moins heureuses, plus ou moins convenables, est arrivé, et les communes qui ont des églises à bâtir déclarent qu'il leur faut autre chose.

En ce moment, si la France était en possession d'une nouvelle architecture, d'un art qui ne fût ni une copie, ni une imitation d'un art étranger ou d'un art épuisé; si un architecte de génie se montrait avec une forme nouvelle, la question se trancherait de soi. Il faudrait embrasser cet art, il faudrait laisser faire et favoriser cet architecte. Mais, comme nous n'avons encore rien de nouveau à donner, force est bien de remonter dans le passé et d'y prendre l'art ancien qui conviendrait le mieux à l'art moderne. Le paganisme ne peut pas servir au christianisme; du temple ne peut sortir l'église. Mais l'ancien christianisme pourrait prêter au christianisme d'aujourd'hui presque tous les éléments d'un art nouveau. Aujourd'hui, comme alors, le dogme est identique, le symbole est analogue, la liturgie est semblable; donc, puisque l'art est l'expression d'une croyance et d'une pensée, quand ni la croyance ni la pensée n'ont pas changé sensiblement, l'art peut être à peu près le même. Mais le christianisme a fourni une longue carrière, il a mis en œuvre plusieurs formes architecturales : jusqu'aux xe et xie siècles, il a fait du byzantin et du latin; jusqu'au xiie, du roman; du gothique, jusqu'au xvie, et alors est arrivée la Renaissance qui a combiné des éléments anciens, qui a innové dans les détails et trouvé un style nouveau. Est-ce au cintre, est-ce à l'ogive, est-ce au roman, au gothique, à la Renaissance qu'il faudra s'adresser pour trouver des formes et des dimensions à bâtir? Question difficile et qui se complique encore de celle des matériaux, des sommes disponibles, du talent et de la science des architectes, de l'habileté des ouvriers et des exigences créées par des besoins nouveaux.

Sur ma proposition, le Comité a voulu mûrir cette question qui est reprise cette année-ci, examinée en commission et approfondie dans les séances du

Comité. L'église gothique projetée pour la place Belle-Chasse, l'église ogivale qu'on veut élever à Nantes, les avis qui sont réclamés, imposaient au Comité le devoir de donner et de motiver son opinion.

AMEUBLEMENT ET ORNEMENTATION.

Après les monuments, le Comité avait à s'occuper de l'ameublement qui les rend habitables et propres à l'usage qu'ils remplissent.

Pour l'ameublement ancien, les autels, les jubés, les stalles en bois sculpté, les vieilles tapisseries, les reliquaires, les châsses, le Comité n'a cessé de réclamer avec force leur conservation et leur entretien. Il a même demandé qu'un objet mobilier ne fût jamais déplacé de l'endroit qui lui était destiné, car l'emplacement a souvent une signification et toujours un intérêt historique. Ainsi, des fonts baptismaux qui sont placés à l'entrée de l'église d'un côté, tandis que le confessionnal est placé de l'autre, semblent indiquer qu'on ne peut pénétrer plus loin sans que là on ait acquis l'innocence par le baptême et qu'ici on l'ait recouvrée par la pénitence. Dans plusieurs églises, ces meubles sont ainsi disposés; changez-les, l'idée s'en va. La ville de Sens a vendu dernièrement de magnifiques vitraux attribués à Pinaigrier et à Jean Cousin, cet illustre peintre sénonais. Elle a offert, pour une somme d'argent peu considérable, de magnifiques tapisseries gothiques qui sont dans le trésor de sa cathédrale, et tous les ornements portés par saint Thomas Becket, lors de son exil en France, et laissés par lui au trésor de Sens même. Le Comité a livré ces faits à la publicité, et M. le Ministre de la justice et des cultes a été prié d'étendre à toutes les cathédrales de France l'inventaire dressé déjà dans plusieurs, et qui compte et décrit les objets précieux encore contenus dans les *trésors*, afin de rendre les conseils de fabrique responsables de leur conservation.

Le conseil de fabrique de la Trinité, à Vendôme, a détruit un très bel autel orné de sculptures et d'incrustations en marbre noir et qui datait de la fin du xvie siècle. On l'a abattu, sous prétexte qu'il jurait avec l'église qui est du xiie siècle, et on l'a remplacé par un autel à la romaine, dont la forme sans caractère se rapprocherait plutôt de notre époque que du xvie ou xviie siècle et surtout que du xiie. Le Comité a blâmé ce fait, et l'a rendu public. Il ne faut pas détruire un monument qui a de la valeur pour y substituer un monument insignifiant; on n'est pas même excusable par l'intention de mettre un meuble en harmonie avec l'édifice où il est placé, parce que, à la rigueur, un meuble peut être antérieur ou postérieur à cet édifice même.

Quand rien n'existe encore, lorsqu'il faut un ameublement nouveau, la question change de face; le Comité donnera, à la suite de ses doctrines sur la construction des églises nouvelles et pour leur servir de complément, des avis là-dessus.

Mais il désire, au préalable, que les autels nouveaux, que les chaires, que les bancs d'œuvre, que les stalles s'harmonisent avec le style des églises qui en ont besoin. Puisque nos meubles, comme notre architecture, n'ont pas de style propre et convenable, il vaut mieux, afin de satisfaire l'esprit et les yeux, adopter le style roman, gothique ou de la Renaissance, pour des meubles qui doivent être placés dans une église du XIe, du XIIIe et du XVIe siècle, que de faire jurer ces meubles avec le style et l'époque de cette église.

Relativement aux peintures monumentales, aujourd'hui si rares en France, relativement aux vitraux, le Comité a rédigé des instructions et adressé des réclamations.

Il a demandé que les peintures qui décorent les statues de la clôture du chœur à la cathédrale d'Amiens ne fussent pas ravivées, comme on paraissait en avoir l'intention, mais qu'on repeignît seulement ce qui avait complètement disparu. Il faut laisser intactes toutes les traces de peintures qui existent encore, il faut même respecter les couleurs éteintes. Le Comité a exprimé le vœu que ce parti fût appliqué aux statues nouvellement badigeonnées à la clôture du chœur de Notre-Dame de Paris. Il a prié le département de la guerre de faire protéger par des planches, contre l'humidité et la poussière, des peintures monumentales qui ornent le dortoir de Saint-Jean-des-Vignes à Soissons. Il aurait vivement désiré, sur la proposition de M. Mérimée, faire dessiner les nombreuses, anciennes et belles figures peintes à fresque qui décorent l'église et la crypte de Saint-Savin, près de Poitiers, mais le crédit du Comité n'aurait pu subvenir à ces dépenses. Et cependant, il y avait urgence, car ces peintures romanes, presque uniques en France, sont exposées à périr d'un jour à l'autre. Il faut espérer que le Ministère de l'intérieur pourra aviser à leur conservation.

Sur la demande du Comité, M. Albert Lenoir, un de ses membres, rédigea des instructions propres à diriger les fabricants de vitraux historiés et les restaurateurs chargés de réparer cette fragile ornementation de nos églises, qui a tant souffert des révolutions, des intempéries et des orages, de l'indifférence et de l'incurie.

Il m'a paru utile de reproduire ici ces instructions qui peuvent obtenir de bons résultats.

INSTRUCTION SUR LA RESTAURATION DES VITRAUX.

« La peinture sur verre, longtemps abandonnée, se relève de nos jours pour rendre à nos édifices leur plus bel ornement; déjà de nombreux fabricants, peintres verriers, rivalisent de zèle, afin de mettre cet art au niveau du progrès général. Cette renaissance de la peinture émaillée sur verre doit faire de nos jours de rapides progrès, aidée qu'elle sera par nos connaissances actuelles en chimie. Le Comité n'a pas cru devoir rester étranger au développement de cette branche de l'industrie et des arts; il a jugé nécessaire de rappeler aux fabricants de vitraux quels étaient les moyens mis en pratique par leurs devanciers pour arriver aux heureux résultats qui furent chez eux le fruit d'une longue expérience. Le Comité n'a point à s'occuper ici des procédés chimiques, la partie technique est seule de son ressort.

« En général, les grands travaux de peinture sur verre qui se préparent sont destinés à remplacer les belles verrières du moyen âge qui décoraient nos basiliques, ou à restaurer celles qui ont souffert depuis plusieurs siècles. Les églises de la France offrent une série de caractères architectoniques qui se suivent sans interruption depuis le xie siècle jusqu'au xviiie, époque à laquelle la peinture sur verre tomba en désuétude. Il est de la première importance que les restaurations ou additions de peinture sur verre à exécuter à l'avenir soient dans le style des monuments, afin de les mettre en harmonie avec eux. Le peintre-vitrier doit donc, s'il n'est habile dessinateur lui-même et de plus archéologue, avoir dans son atelier un dessinateur exercé dans la connaissance des arts du moyen âge, et en état de diriger tous les travaux de la fabrique jusque dans les plus petits détails, tant pour la restauration des vieilles verrières que pour la fabrication complète des nouveaux tableaux.

« L'architecte chargé de la décoration d'un monument fournit, il est vrai, des dessins; mais ce ne sont souvent que des esquisses que le fabricant doit savoir développer ou interpréter au besoin.

« Les plus anciens vitraux qui aient été conservés datent du xiie siècle; les tableaux, représentant des légendes de saints ou des traits de l'histoire sacrée, sont composés de manière à prendre l'apparence de mosaïques dont les pièces de rapport, de petite dimension, sont formées de verre en table, coloré dans la pâte, et de verre légèrement nuancé pour imiter les carnations; sur ces différents tons on a tracé au pinceau des contours vigoureux et un léger modelé, qui donnent la forme aux figures et à leurs vêtements. Les tons sont riches en couleur; le bleu et le rouge dominent dans les sujets ainsi que dans leurs encadrements; il en est de même pour les fonds à compartiments variés remplissant les intervalles qui isolent les tableaux des limites des fenêtres ou de leurs meneaux. Ordinairement, dans ces fonds imitant des mosaïques, un seul ton domine les autres qui lui sont subordonnés de manière à éviter la confusion. Les couleurs claires, telles que le blanc, le jaune, l'oranger, le violet pâle et le vert pâle, y sont fort rares, pour éviter que les rayons lumineux, en passant par ces verres transparens, ne nuisent à l'effet général de la verrière; ces tons clairs ne sont employés que dans des fleurons, des perles d'encadrement et autres détails : on conçoit qu'un point trop brillant, dans une verrière obscure, donne passage à un rayon qui s'élargit en s'approchant du spectateur et nuit à toutes les parties voisines de ce foyer lumineux.

« Au xiie siècle, le verre rouge n'était pas teint d'une manière uniforme, imperfection qui dépendait sans doute du fabricant, mais dont les peintres-verriers ont su tirer parti, au point que, dans certains vitraux, ces teintes vergetées produisent plus d'effet que nos verres également colorés sur toute leur surface et qui, en raison de l'uniformité du ton, deviennent froids.

« Un dépoli obtenu au four et appliqué par derrière, donne aux verres blancs ou colorés du xiie siècle, ainsi qu'à ceux des époques suivantes, un ton grave et rembruni que n'ont pas nos verres diaphanes, à travers lesquels on distingue le ciel. Ce moyen simple d'harmoniser les verrières dans leur ensemble n'a jamais été négligé par les artistes du moyen âge.

« Déjà, dans cette première période, les ornements s'exécutaient avec beaucoup de soin et de finesse pour les broderies des vêtements et autres détails; ils s'enlevaient en clair avec une pointe délicate, au moyen de laquelle on les gravait dans les teintes brunes avant que la cuisson ne leur eût donné une dureté inattaquable. Aux xive et xve siècles, on usait du même procédé pour rendre avec précision les cheveux des personnages et pour obtenir des lumières dans les carnations.

« Au xiiie siècle, les vitraux furent composés dans un système analogue à celui de la période précédente; mais l'art faisant des progrès, on osa plus; les sujets peints s'étendirent aux dépens des fonds en mosaïque: on représenta des personnages de grande proportion qui remplirent toute une fenêtre. Ces tableaux sont si bien conçus, quant à l'alliance des couleurs, qu'il n'y règne aucune confusion, malgré le nombre considérable des morceaux de verre dont ils sont composés.

« Le trait des figures est ferme, bien accentué, de manière à ne point se perdre dans l'espace; il est de plus bien entendu pour la perspective, c'est-à-dire qu'on lui a donné plus de vigueur dans les parties hautes que dans les parties basses des verrières, augmentant sa force à mesure que les sujets s'élèvent. Le modelé qui remplit les contours pour donner du relief aux figures est léger et grenu, afin de ne point produire des effets noirs et durs lorsqu'on voit les sujets par les côtés ou de bas en haut. Cette étude du modelé transparent est très importante. Dans les plis des vêtements, on observe de même peu de travail; il est produit souvent par des hachures simples et placées à propos. Au xiiie siècle, le modelé des figures n'est formé, dans les demi-teintes, que par un dépoli léger; les lumières les plus vives sont produites par le verre dans toute sa transparence, ce qui n'a lieu que sur des lignes très étroites et de manière à ne pas nuire à l'harmonie générale de la verrière.

« Dans un but de sage économie, on produisit, dans le xiiie siècle, de nombreuses verrières exécutées en grisaille, non pour ce qui concerne les sujets de légendes et les grandes figures historiques, toujours coloriés à cette époque, mais pour former des fonds en compartiments mosaïques, en ornements de feuillages ; ces grisailles sont composées d'entrelacs et de dessins très compliqués, dans lesquels les fonds ou les reliefs s'enlèvent en gris l'un sur l'autre. Des hachures au pinceau, très rapprochées et croisées, forment de loin un ton vigoureux et cependant en harmonie, par sa transparence, avec la partie du dessin à laquelle on a laissé au verre dépoli sa teinte blanche et naturelle. Quelques fleurons, quelques lignes coloriées, distribués avec goût dans ces verrières monochromes d'ailleurs, produisent un bon effet.

« Les vitraux du XIII° siècle sont les plus remarquables de tous ceux qui furent exécutés au moyen âge, ce qui tient à la grande unité qui y règne et à laquelle sont sacrifiées les recherches de la peinture. Les sujets ou légendes sont composés avec la plus grande simplicité, sans perspective aérienne ou linéaire. Les figures, placées presque toutes sur un même plan comme dans un bas-relief, présentent par cette raison une fermeté de tons favorable à la décoration des grands édifices. Les mosaïques qui encadrent les sujets ont la même valeur qu'eux, ce qui ramène tout l'effet de la verrière à une même surface et lui donne cette unité indiquée plus haut.

« Déjà, au XIV° siècle, la peinture sur verre se modifie ; ce n'est plus cette mosaïque ferme et serrée qui, dans les siècles précédents, se lie si bien aux formes simples et graves de l'architecture. Alors les meneaux se multiplient et se contournent, et la peinture suit la même marche. Elle devient plus lâche par l'étendue donnée aux morceaux de verre qui composent les tableaux ; le peintre l'emporte sur le simple décorateur. Les lignes de plomb qui multipliaient les contours vigoureux, dans les siècles précédents, deviennent plus rares, parce que l'œuvre du peintre acquiert plus de valeur comme exécution et veut être ménagée ; mais c'est aux dépens de l'effet produit par l'ensemble que cette révolution s'opère. Dans ce siècle, les pinacles, les dais qui couronnent les figures isolées prennent dans les tableaux une grande importance relative : les fonds monochromes, s'étendant autour des personnages, nuisent à l'effet qu'ils devraient produire et fixent souvent l'attention au détriment du sujet principal. Dans les scènes plus étendues, les figures commencent, au XIV° siècle, à s'échelonner les unes au-dessus des autres, première tendance vers l'observation de la perspective ; il résulte de là une certaine confusion nuisible à la simplicité qu'exige, en général, la décoration peinte dans les grands édifices. Malgré les inconvénients signalés ici, les couleurs, comme dans le XIII° siècle, sont encore du plus beau choix pour les vêtements et les fonds. Toutefois les tons jaune et vert pâle commencent à se répandre dans les tableaux ; les grisailles s'emploient dans l'exécution des encadrements en architecture figurée, ce qui donne trop de passage à la lumière et jette du vague dans les verrières.

« Au xv⁰ siècle, l'unité est encore moins observée que dans la période précédente. Les tons clairs se multiplient dans les pinacles et les dais fort peu colorés qui encadrent les grandes figures isolées. Les nombreux ornements peints en jaune sur fond blanc, ou enlevés par la gravure à l'émeri sur les tables de verre coloré à demi-épaisseur, qui forment les vêtements des figures ou des tapisseries tendues derrière elles, produisent une confusion qui détruit l'harmonie.

« A cette époque, le modelé des figures est fin et transparent, mais d'une teinte grise et uniforme ; l'architecture prenant un grand développement et ne recevant qu'une légère teinte rousse ou grise rehaussée seulement par des ornements jaunes, les personnages se trouvent isolés dans un large champ vague et peu convenable à la décoration ; rarement ces tableaux sont encadrés par des bordures colorées, souvenir de l'ornementation des siècles précédents. Ces cadres eux-mêmes ne sont plus conçus comme des mosaïques composées d'un grand nombre de morceaux de verre rapprochés par le plombage ; ce sont des feuilles maigres et découpées, imitation de celles qu'on exécutait alors en sculpture ; elles sont peintes sur de longues bandes de verre.

« Les légendes abandonnées sont remplacées par des tableaux dans lesquels les perspectives d'édifices et de paysages jouent un grand rôle pour former des compositions agréables comme objets d'art, mais dans lesquelles la décoration générale de l'église n'a été comptée pour rien ; l'artiste n'est plus qu'un peintre isolé, abandonné à lui-même, et ne subordonnant en aucune manière ses compositions à celles de l'architecte qui, dans le xiii⁰ siècle, dirigeait peintres et sculpteurs pour former un ensemble complet et en accord dans toutes ses parties.

« Au commencement du xvi⁰ siècle, lorsque les arts dépendants du dessin recherchaient les formes antiques et déterminaient la Renaissance, on exécuta de très belles verrières riches encore des couleurs employées dans les siècles précédents ; mais les détails se multiplièrent dans les vêtements brodés, dans les encadrements d'architecture arabesque ; de nombreux portiques et des lointains en perspective compliquèrent les compositions de manière à les rendre diffuses.

« Vers le milieu du xvi⁰ siècle, la tendance à éclaircir les vitraux par l'emploi des tons pâles et transparents, qui s'était manifestée graduellement dans les deux siècles précédents, pour donner plus de lumière aux édifices religieux et aux cérémonies moins de mystère, conduisit les verriers de la Renaissance à exécuter un grand nombre de grisailles. Les peintres les plus habiles de l'école française ne dédaignant point alors de se livrer à la peinture sur verre, le dessin savant de ces artistes parut former une décoration suffisante et fit négliger le brillant des couleurs, qui n'aurait pu que nuire au mérite de leurs productions. De plus, l'architecture, ramenée à cette époque vers la simplicité de l'art antique, perdant les tons variés qui l'enrichissaient au moyen âge, depuis la base des colonnes jusqu'au sommet des voûtes, la peinture sur verre dut se décolorer comme elle.

« Dans les verrières du XVIe siècle, l'architecture figurée, les arabesques d'encadrement, sont colorées d'un ton jaune ; le modelé y est fait avec soin ; quelques guirlandes de fruits ou de fleurs y prennent seules leurs teintes naturelles, exécutées au pinceau et presque sans verre en table ni plombage ; le tracé des figures est d'un beau dessin, les expressions bien senties ; le modelé, formé d'un pointillé léger qui s'exécutait à la brosse, est ordinairement d'un ton roux, imitant assez bien la carnation.

« Au XVIIe siècle, la décadence se manifeste dans les verrières, l'architecture figurée n'a plus ce ton chaud, bien que monochrome, de la Renaissance ; elle est blanche ou grise ; les ombres, exécutées par la méthode en apprêt, sont obscures, imitant un lavis pesant ; les figures offrent les mêmes caractères. Environnées de tons noirs et opaques dans le but de faire briller les têtes dont le lourd modelé avait besoin d'opposition, il en résulta une obscurité presque générale dans les tableaux.

« Au XVIIIe siècle, la décadence était complète ; on n'employait plus les verres colorés en table ; les peintures de cette époque offrent l'aspect de grandes ébauches exécutées par la méthode en apprêt et d'un effet gris et nul. Le verre blanc remplaça généralement les belles verrières du moyen âge, et quelques encadrements de mauvais goût rompirent seuls la monotonie des édifices couverts d'un épais badigeon.

« Toutes ces observations qui s'appliquent à chacune des périodes de la peinture sur verre doivent être familières aux peintres-verriers chargés de la restauration des vitraux dans les édifices publics. Tout en se conformant au style de chaque époque pour ce qui concerne le dessin linéaire et le modelé, il est très important qu'ils emploient des verres d'épaisseur égale à celle qui était en usage lors de l'exécution de la verrière qu'ils restaurent. Au moyen âge le verre a quelquefois jusqu'à deux lignes d'épaisseur ; c'est le seul moyen de donner de la durée aux ouvrages. Ces verres découpés au grugeoir doivent conserver sur les bords de petites aspérités qui, enfoncées dans les plombs avec le maillet de bois, donnent plus de solidité au plombage.

« L'observation des épaisseurs à donner au verre ne suffit pas encore ; on doit, par quelques essais au four, s'assurer que les couleurs qu'on y appliquera réussiront à donner le ton voulu par les raccords à faire dans une verrière ancienne, ou dans un tableau qu'on exécute entièrement à neuf. Il y a des verres dont la qualité est telle que les tons qu'on espérait y obtenir manquent complètement à la cuisson et produisent des effets tout différents. Ces essais sont indispensables pour éviter les fausses dépenses et les pertes de temps.

« L'imitation du plombage n'est pas moins importante pour l'effet d'une verrière; on doit donner aux plombs la même force et la même largeur qu'à ceux des parties conservées de la peinture ancienne. Par cette exactitude, les contours auront la même valeur sur tous les points du tableau.

« Enfin on imitera scrupuleusement les armatures en fer qui soutiennent les peintures sur verre; elles contribuent souvent à donner des effets qu'on n'obtiendrait pas par un autre système de ferrures; la solidité des vieilles armatures est garantie par leur durée. On doit donc éviter de donner plus d'épaisseur à celles qu'on fera exécuter de nouveau : auprès de ces fers trop larges, les contours des figures, formés par les plombs, deviendraient maigres, et toute la verrière perdrait son harmonie. Au XIII° siècle, les châssis en fer servent de cadres aux tableaux et forment dans les fenêtres des motifs de décoration, en losanges, en cercles, en trèfles, etc. Les fers qui soutiennent les belles verrières de la Sainte-Chapelle de Paris sont conçus de la sorte. Aux XIV° et XV° siècles, les armatures en fer se réduisent à des lignes verticales et horizontales, qui passent indifféremment dans une partie quelconque des tableaux. Au XVI° siècle, lorsque l'œuvre du peintre devint plus précieuse, on réduisit les ferrures autant qu'il fut possible de le faire sans compromettre la solidité de la verrière. Elles formèrent des carrés destinés à remplacer le plombage, presque généralement abandonné à cette époque, parce qu'on peignait sur des tables de verre de forme régulière. »

Il faut ajouter à ces observations de M. Lenoir, que les seules peintures à placer dans les églises sont des peintures à la fresque sur les murs, à l'émail sur les vitraux. Elles font alors partie du monument lui-même et s'y encadrent tout naturellement. Au contraire, les tableaux proprement dits ont le grave inconvénient de faire saillie sur les murs et sur les piliers, d'obstruer des arcades, de briser les lignes de l'architecture, d'encombrer un monument. Le Comité applaudira donc toujours à des résolutions de conseils de fabrique ou de conseils municipaux, tendant à décorer des églises avec des vitraux ou des fresques. Il faut conserver les anciens tableaux puisqu'on les a, mais n'en pas augmenter la collection par de nouveaux.

Quant aux statues, les principes archéologiques devront se développer et se discuter ultérieurement. Le Comité, l'année précédente, s'est transporté à Amiens pour examiner la restauration qu'on y faisait des statues qui ornent la clôture du chœur. Il a approuvé le travail, parce que MM. Duthoit frères et Caudron, conservant des anciennes statues dégradées tout ce qui restait, se sont appliqués à remettre, çà et là, des têtes, des bras et des fragments de corps exactement dans le style et le mouvement de ces figures tronquées. Le talent et la précision archéologique ont distingué ce travail. On ne saurait, comme ces messieurs, restaurer avec trop d'intelligence et de sobriété.

Pour les statues entièrement arrachées à nos églises, comme aux cathédrales de Noyon et de Châlons-sur-Marne, comme aux Notre-Dame de Laon et de Paris, le Comité ne s'est pas encore prononcé; mais il aura cette importante question à débattre lorsqu'il s'agira de restaurer en ce point Notre-Dame de Paris. Doit-on replacer à la galerie du portail les rois qui la garnissaient, et quels rois? Est-on sûr qu'il y avait là des rois de France et non pas plutôt des rois de Juda, ancêtres de la vierge Marie et de Jésus-Christ? Faut-il adosser de nouveau contre les parois des portes les grandes statues qui les gardaient? Quels personnages étaient là? Au milieu devaient être les apôtres, assurément; mais dans quel ordre? On ne sait plus quels étaient les saints qui flanquaient les entrées de gauche et de droite. Ou bien devrait-on laisser les places vides? Cette vacance n'est-elle pas un fait historique digne d'intérêt? Pourquoi les grandes statues ont-elles été abattues et les petites respectées? Pourquoi les rois et les évêques étaient-ils vus de plus mauvais œil que les autres personnages? En laissant les choses dans leur état actuel, on conserve un fait historique; en les modifiant, on détruit ce fait, et l'on s'expose presque infailliblement à se tromper.

DESTRUCTIONS ET DÉGRADATIONS.

Le Comité a donc réclamé la conservation minutieuse de tous les édifices, aussi bien que de l'ameublement et de l'ornementation qui les décore. Il a repris pour son compte, analysé et republié les circulaires émanées, en diverses circonstances, du Ministère de la justice et des cultes et qui posent des principes absolus de conservation et des lois détaillées de restauration. Ces circulaires insistent sur l'obligation imposée aux architectes de conserver fidèlement aux monuments qui leur sont confiés le caractère et le style qu'ils ont reçus du siècle qui les a érigés. Pour suppléer au défaut d'études et de connaissances qui n'est que trop commun, dans les petites localités, parmi les personnes chargées de ces travaux, MM. les Préfets sont invités à recourir aux lumières et au zèle des sociétés archéologiques qui s'organisent de toutes parts, et même à provoquer la formation de sociétés de ce genre. Il faut empêcher les dilapidations ou dégradations des boiseries, sculptures, vitraux peints et autres objets précieux, comme reliquaires, ornements, ustensiles, missels, chartes. Le badigeonnage des églises est signalé comme destructeur très souvent, et comme ridicule toujours. Le grattage joint aux mêmes inconvénients ceux d'altérer pour jamais, et d'amaigrir les sculptures et les formes de l'architecture. Le nettoyage et la remise en plomb des vitraux peints prêtent souvent à d'étranges abus de la part de l'ignorance ou de la cupidité. La réparation du pavé fait disparaître les anciennes pierres tumulaires où les annales locales et même l'histoire générale du pays peuvent puiser d'utiles lumières, sans parler de l'intérêt religieux et moral toujours profondément blessé par la destruction de ces pieux souvenirs. Il est donc important que MM. les Préfets tiennent la main à ce qu'aucun changement ne se fasse dans une église, sur quelques fonds que ce puisse être, provenant de la fabrique ou de la commune, sans qu'ils en soient informés préalablement. A l'égard des cathédrales, en particulier, un motif impérieux exige le contrôle de la part de l'Administration. La restauration de la principale église du diocèse est toujours un type offert aux communes de la circonscription, qui ont une église à réparer. Si cette restauration est faite avec intelligence, il en ressortira un bon exemple dont profiteront les localités secondaires. Or, il est malheureusement démontré, par une multitude de faits, que le zèle des chapitres et des fabriques n'est pas une sûre garantie contre des mutilations infiniment regrettables. Dans quelques circonstances, des poursuites ont dû être exercées contre des administrations qui s'étaient permis de mutiler les édifices religieux confiés à leurs soins, sous des prétextes de restauration ou d'amélioration; mais ces répressions tardives ne rétablissent pas un objet d'art qui a été détruit ou déshonoré. Il faut donc s'attacher principalement à prévenir de tels abus. Pour s'éclairer sur la convenance et l'importance d'une restauration, sur le caractère des monuments à restaurer, M. le Ministre demande des plans, élévations, coupes et descriptions de ces monuments.

Le Comité a été poussé par le besoin de conservation et l'amour de l'histoire qui l'animent, à demander, sur la proposition de M. le marquis de la Grange, qu'on ne substituât pas des noms nouveaux aux noms anciens que portent les rues de Paris. Le Conseil municipal a décidé que les rues de la Mortellerie, de l'Orme-Saint-Gervais, du Tourniquet-Saint-Jean, de Seine-Saint-Victor seraient dépouillées de ces dénominations auxquelles s'attachent des traditions historiques, pour porter les noms de quelques hommes illustres de la France. Assurément, Cuvier, François Miron ou le maréchal Lobau méritent bien qu'on donne leur nom à une rue de Paris; mais il ne faut pas débaptiser les anciennes rues à leur profit. On perce beaucoup de rues nouvelles en ce moment; que ces rues nouvelles portent le nom de tout homme qui a illustré la France par sa vertu ou son génie, c'est une juste reconnaissance accordée par les enfants aux ancêtres célèbres. Mais il ne faut pas que l'histoire ait à souffrir de ces pieux hommages. Les rues d'une capitale sont un livre où chaque siècle a écrit sa page; le XIXe siècle doit ajouter son feuillet comme les époques précédentes, mais sans raturer les feuillets antérieurs pour se faire de la place. Les époques religieuses, bourgeoises, révolutionnaires, guerrières, libérales, ont traduit leurs sympathies par des noms de saints, des noms vulgaires, des noms politiques et militaires, des noms de grands hommes donnés à diverses rues de Paris. Notre siècle aussi doit graver son idée dominante au coin des rues modernes; mais il doit respecter les anciens noms, et ne rayer aucun nom du vocabulaire historique. Le nom du Tourniquet-Saint-Jean était le seul nom qui rappelât Saint-Jean-en-Grève, si célèbre autrefois; il n'aurait pas fallu le détruire. On a remplacé, par une dénomination nouvelle, celle de la rue de la Juiverie, confondue aujourd'hui dans la rue de la Cité. Dans ce cas, il y a eu avantage et économie d'un nom sur deux qui étaient donnés à la même voie; mais on a malheureusement supprimé le nom qui rappelait que cette rue faisait partie du quartier des Juifs et qu'ils avaient là une synagogue où, après leur expulsion violente, Philippe-Auguste fit bâtir une église de Sainte-Madeleine. Au coin de la rue Poissonnière et du boulevard, une boutique porte encore pour enseigne : *Aux limites de Paris*. Là, dans les murs de la maison, à la hauteur du premier étage, était encastrée une pierre monumentale. Cette pierre était gravée et des armes de France et d'un édit de Louis XV qui défendait de bâtir plus loin et d'étendre la ville au delà. La ville s'est gardée d'exécuter l'édit, et a bien fait; mais il n'aurait pas fallu enlever la pierre qui a été détruite tout récemment.

Ces réclamations si nombreuses du Comité, ces observations dont la presse quotidienne s'est emparée à diverses reprises pour y donner son appui, n'ont pas toujours été ou entendues ou écoutées; malgré des avertissements motivés, des monuments ont succombé. Mais même alors le Comité n'a pas perdu ses paroles, car ses avertissements ont porté fruit. Ainsi, la grille de la place Royale, un intéressant modèle de la serrurerie du xvii° siècle, a été enlevée et détruite sans que le Comité y ait rien pu. Mais au même moment on réparait la grille du Val-de-Grâce, ou plutôt on substituait à la vieille grille une grille nouvelle. Or, celle-ci a reproduit rigoureusement la forme, les dimensions et le nombre des barreaux, des pointes, des traverses, des pilastres, des contreforts de celle-là. L'architecte, qui mérite de grands éloges, a copié exactement la vieille serrurerie. En visant à la grille de la place Royale, on a donc touché la grille du Val-de-Grâce; les observations faites pour l'une ont été le salut de l'autre.

C'est ainsi que le Comité a toujours réclamé même quand il n'espérait pas réussir. C'est ainsi qu'il a signalé même des faits accomplis, parce qu'il savait que ces réclamations porteraient ailleurs si elles tombaient ici, et parce que la publicité donnée à un fait exécuté pouvait prévenir ou arrêter un fait projeté. Il a donc, à propos de la ville de Sens, fait connaître que cette vieille cité ne respectait pas ses antiquités. Sens est environnée d'une muraille romaine de dix à douze pieds d'épaisseur, sur un pourtour de plus d'une demi-lieue. Dans presque toute cette étendue, la partie haute est recouverte par un appareil du iv° siècle, en *opus incertum*. Quant à la partie basse, elle se compose de blocs unis sans mortier, appareillés à plats joints et qui proviennent évidemment d'un temple antique, ainsi que le prouvent des trous pratiqués pour le scellement des agrafes de cuivre ou de plomb qui ont laissé de fortes traces d'oxyde. Un très grand nombre de ces pierres contiennent des fragments d'inscriptions intaillées où l'on déchiffre aisément le nom de *Jovis*. Cette ville de Sens est donc la Narbonne du Nord; mais à Narbonne, ce musée en plein air, ces murailles composées de débris antiques sont assez religieusement respectées, tandis que la ville de Sens met ses antiquités à l'encan. Il y a cinq ans, ces murs étaient presque intacts; depuis, la municipalité de Sens les a vendus aux propriétaires riverains, et aujourd'hui il n'en reste plus que le tiers. Chacun a démoli la portion qu'il avait achetée pour se faire un petit jardin dans l'épaisseur du mur; car il y avait double profit : on gagnait à la fois un terrain d'une certaine étendue et plusieurs mètres cubes de très belle et très bonne pierre.

A mesure que le pic faisait une entaille et arrachait une pierre, on voyait apparaître des sculptures de la plus parfaite conservation, provenant évidemment de frontons et de frises d'un temple d'une belle époque et qui a dû être démoli après les édits de Théodose, afin que les matériaux servissent de clôture à l'ancienne ville de Sens. Dans les dernières démolitions surtout, on a retrouvé de magnifiques fragments de sculptures. Tout cela, inscriptions, sculptures, ornementation qui représentait des vases, des rinceaux, des griffons, a été broyé, mutilé, équarri en pierre neuve. Il est vrai que la ville s'est réservé le droit de reprendre aux propriétaires toutes les pierres sculptées, à la condition de rendre une égale quantité de pierres brutes et unies; mais elle ne l'a pas fait, parce qu'elle n'a pas d'argent pour racheter ces sculptures et pas de place pour les conserver. Le maire et le sous-préfet de Sens désireraient bien sauver ces débris antiques, et si le Gouvernement pouvait leur accorder une allocation pour les acquérir, peut-être alors que le Conseil municipal s'enquerrait d'un emplacement propre à les recueillir.

En 1832, la ville de Sens a démoli une admirable porte du xive siècle, uniquement pour donner de l'occupation aux ouvriers sans ouvrage; triste expédient qui livra un chef-d'œuvre d'architecture à la destruction. On est aujourd'hui sur le point de démolir l'hôtel de ville, ancienne officialité de l'archevêché, attenante à la cathédrale, et dont le beau caractère d'architecture accuse nettement le xiiie siècle. Les ornements de ce vieil édifice portent le cachet de sa destination; car les clochetons et consoles sont sculptés de tours crénelées, de prisons, de châteaux forts. La cour de l'archevêché est encombrée de fragments de sculptures qui font de cette ville de Sens une vraie ruine habitée.

La ville de Bayonne traite avec aussi peu de respect que la ville de Sens les monuments qu'elle possède. Ainsi la cathédrale a été badigeonnée en jaune, en bleu et en violet foncé à l'intérieur; à l'extérieur, les pierres fauves et brunes sont recrépies tous les ans d'un ciment blanchâtre. Il y a trois ans, on a scié en petits carreaux les grandes dalles tumulaires de la cathédrale pour faire un pavement à neuf; on vient de raccourcir et de retailler le maître autel qui se distinguait par des formes larges et amples. La sculpture du portail qui conduisait de l'église au cloître, et qui date du xiv° siècle, est empâtée d'un badigeon qu'il faudrait éponger. D'une église des Jacobins, construite aux frais du cardinal Godin, il reste cinq chapelles gothiques, plusieurs soubassements de piliers, la base de l'abside et deux fenêtres ogivales très élégantes. Un hôpital militaire qui se construit autour de ces ruines fait jeter à bas les fragments, et l'on balaye aux gravois des chapiteaux d'un travail délicat. On badigeonne et on cimente les murs de Bayonne, murs romains, à ce qu'on croit, épais de six ou sept pieds, appareillés en petites pierres carrées qui sont assises dans un bain de ciment très dur. Les administrateurs de l'hospice civil blanchissent la façade de cet hospice et font raser des fenêtres du xvi° siècle qui donnaient au monument un aspect sévère.

M. Texier, curé d'Auriat, correspondant, a réclamé pour des stalles négligées dans l'église d'Aubasine, près de Brives. Il a signalé la mutilation d'une statue de saint Étienne qu'on a sciée en deux, par le milieu du corps, pour faire un buste de cette statue en pied.

Le Comité a livré tous ces faits à la publicité qui en empêchera d'analogues et qui en fera justice.

RESTAURATION DES ORGUES.

Mais le Comité qui protège et étudie les monuments de l'architecture, de la sculpture et de la peinture, ne devait pas oublier la musique, une autre forme de l'art et qui n'est pas sans importance. Des instructions spéciales, dont il sera parlé dans un instant, ont été rédigées sur la musique. L'instrument musical le plus colossal qui ait été encore inventé, l'orgue, devait donc aussi être l'objet de l'attention du Comité qui a soulevé la question aussi neuve qu'importante de la restauration des anciens buffets d'orgues.

Un orgue, à cause de ses dimensions et de son importance liturgique, est un petit édifice enchâssé dans le grand qui est l'église; le Comité qui se préoccupe de la restauration des constructions chrétiennes, de l'architecture proprement dite, devait donc porter sa sollicitude sur le meuble le plus vaste et le plus curieux à divers titres, qui pare cette architecture.

Informé que la fabrique et le Conseil municipal de Gonesse, près de Paris, se proposaient de restaurer l'orgue de l'église, meuble ancien et signalé comme intéressant, le Comité des arts délégua deux de ses membres, M. Albert Lenoir et M. Bottée de Toulmon, pour examiner cet orgue sous le rapport architectural et musical à la fois, et pour prendre connaissance de la nature des réparations qu'on avait l'intention de faire.

Comme instrument de musique, cet orgue n'a plus qu'une importance médiocre; car, à différentes époques, il a subi des restaurations maladroites. Il ne reste de l'ancien orgue que le prestant, jeu sur lequel les autres jeux sont accordés. Le clavier avait originairement quatre octaves, d'*ut* en *ut,* circonstance intéressante et qui concorde avec les renseignements donnés sur ce sujet par un manuscrit de la Bibliothèque royale, et qui date du xve siècle. Cet orgue a besoin d'être restauré et d'être approprié aux besoins du culte. Déjà on a fait des augmentations peu convenables; mais M. le curé de Gonesse est animé des meilleures intentions, et il a recueilli toutes les observations qui lui ont été faites. Dans la réparation, il exigera qu'on se conforme scrupuleusement aux caractères du vieil orgue. Il serait à désirer que le Gouvernement vînt en aide à la fabrique pour la dépense qu'elle a l'intention de faire, afin de réparer convenablement cet ancien instrument.

Comme monument, cet orgue est d'un grand intérêt. Au-dessus de la porte d'entrée de l'église, à l'intérieur, s'élève un encorbellement en bois qui a été peint au xve siècle. La peinture, qui est d'un beau caractère, représente des anges jouant chacun d'un instrument de musique et faisant à eux tous un concert. C'est au-dessus de cet encorbellement que s'élève l'appui de la tribune qui était couvert d'arabesques du temps de François Ier; les sculptures ont été enlevées et remplacées par des peintures lorsque, sous le règne de Louis XIII, on établit un positif au milieu de la tribune. Mais un morceau de l'ancienne balustrade existe encore et suffit pour accentuer le caractère primitif. Au-dessus de la tribune se dresse l'orgue qui se divise en trois parties principales couronnées de coupoles, et en parties secondaires moins élevées. Les sculptures qui accompagnent le buffet sont bien conservées et dans le style du temps de François Ier. Au milieu des trois corps principaux sont des tuyaux du xvie siècle ornés au sommet et à la base de renflements sculptés; des peintures et arabesques dorées décorent ces tuyaux dans toute leur longueur. Sur les observations présentées par les deux commissaires du Comité, on restaurera la boiserie sans l'altérer. Du reste, l'église de Gonesse est une des plus remarquables des environs de Paris. Le chœur, élevé à la fin du xiie siècle, est précédé d'une belle nef qui est du xiiie et que décore une galerie. La base du clocher est d'architecture romane et sert d'appui à une sacristie du xiie siècle. Le trésor, qui domine cette sacristie, contient de magnifiques ornements d'église donnés sous le règne de Louis XIV. Un beau tableau du temps de François Ier décore l'église. Enfin, derrière cet édifice est un hôpital fondé sous Philippe-Auguste; à la porte de l'une des salles on voit le fragment d'une tombe des fondateurs avec une inscription. Ces constructions diverses, l'orgue avec ses peintures et ses jeux, doivent recommander l'église de Gonesse à l'intérêt du Gouvernement.

M. Schmit demanda des avis au Comité relativement aux restaurations à faire aux orgues des cathédrales. Ces grandes églises renferment un orgue toujours monumental et souvent très ancien. Lorsqu'une restauration est nécessaire pour ces instruments, ce qui arrive fréquemment, on fait des propositions au Ministère des cultes, on envoie des rapports ; mais l'Administration n'a aucun moyen de s'éclairer, parce que personne ne s'est occupé de cette question spéciale d'archéologie chrétienne. On a recours aux facteurs les plus renommés ; mais les facteurs se déclarent mutuellement incapables. On donne trente ou quarante mille francs, et souvent cette somme, dont le but était de réparer un orgue, ne sert qu'à le dénaturer, à le mutiler. Lorsque le crédit demandé est considérable et qu'il s'agit de faire des augmentations aux orgues, par exemple d'ajouter des tuyaux et des jeux, dans l'intention d'imiter la musique moderne et les cornets à piston, l'Administration refuse. Il ne paraît pas convenable que la musique religieuse ressemble à la musique profane et contemporaine ; l'austérité de l'architecture et des cérémonies ecclésiastiques commande la gravité en toutes choses. Cependant l'Administration voudrait s'éclairer sur toutes les questions relatives aux orgues considérées comme instruments et comme monuments.

M. Bottée de Toulmon a fait observer que les orgues de France différaient essentiellement des orgues d'Allemagne et que, d'après cette différence, on pouvait poser des principes relatifs aux restaurations des orgues. En Allemagne, l'orgue accompagne le chant ; les jeux, combinés uniquement dans ce but, sont d'une grande simplicité. En France, l'orgue est un orchestre, un instrument qui n'accompagne pas, mais qui joue presque toujours seul ; ses jeux doivent être variés pour répondre à cette fonction. Cependant, il faut se garder des effets de fantaisie, des effets de sonnettes ou de cornets à piston ; il faut fortifier, au contraire, les effets de basse, ajouter des jeux dont le son convienne aux cérémonies de l'église. En tous cas on doit respecter religieusement la caisse de l'instrument et laisser en place les *sommiers* ; un orgue perdrait sa valeur historique par des déplacements et des additions notables.

En conséquence de ces observations, j'ai nommé une commission spéciale de musique chargée de donner les avis nécessaires sur la restauration des orgues en général, et d'éclairer M. le Ministre des cultes sur les demandes qui lui seraient adressées pour les orgues des cathédrales en particulier.

On avait annoncé au Comité que le bel orgue de la Chaise-Dieu, en Auvergne, était à vendre ; des renseignements pris ultérieurement ont démenti ou peut-être même arrêté ce projet.

II

RAPPORT RELATIF À UNE MONOGRAPHIE DE LA MUSIQUE.

PLAN DE L'OUVRAGE. — UTILITÉ DES RECHERCHES PROPRES À FACILITER L'ÉTUDE
DE LA MUSIQUE ANCIENNE ET IMPORTANCE DE CETTE ÉTUDE.

1846.

Monsieur le Ministre, vous m'avez fait l'honneur de me demander le résultat de mes « recherches sur les ouvrages, imprimés ou manuscrits, relatifs à la musique »; et vous avez arrêté, « après avis du Comité des arts et monuments [1], » que j'aurais à « dresser un catalogue raisonné de tous ceux de ces ouvrages qui se trouvent dans les principales bibliothèques de Paris et des départements ».

Les termes dont vous vous êtes servi, Monsieur le Ministre, m'ont fourni le programme de mes travaux. D'une part, je devais poursuivre la recherche des documents relatifs aux progrès de l'art musical; de l'autre, rédiger, sous forme de bibliographie spéciale, travail indiqué par le Comité historique, un catalogue des documents que j'aurais recueillis. J'ai cru voir, dans la tâche que j'avais à remplir, les éléments d'un seul et même ouvrage; j'ai consulté les besoins de l'art; l'étendue des ressources qui étaient mises à ma disposition m'a fait comprendre celle des devoirs qui m'étaient imposés; et, m'efforçant de répondre à votre confiance, Monsieur le Ministre, j'ai conçu la pensée d'une œuvre nouvelle dans l'histoire des beaux-arts : une monographie de la musique.

Me borner à offrir le relevé de ce que renferme de musique ou de traités de musique chaque bibliothèque séparément, était un résultat trop peu satisfaisant; désigner, dans un ouvrage disposé sur un plan général, la bibliothèque où se trouve placé chaque article, et le numéro même sous lequel il est inscrit, servait également de témoignage à la richesse de nos bibliothèques, et présentait l'avantage particulier de favoriser les recherches de la science et de l'histoire : je ne pouvais choisir un autre mode de procéder. Mais les bibliothèques du royaume sont tellement universelles qu'il n'est guère d'ouvrages relatifs à la

---

[1] [Cette décision a été prise sur l'avis de M. Bottée de Toulmon, appuyé par MM. Délécluze et de Montalembert, à la séance du 24 janvier 1846.]

musique qui ne doivent s'y trouver; de sorte qu'en ajoutant seulement quelques titres, en faisant un pas de plus, j'arrivais à cet ouvrage bibliographique dont l'utilité avait été exposée par le Comité des arts et monuments. Là encore je ne pouvais hésiter, et c'est ainsi que j'ai vu s'agrandir mon travail jusqu'aux proportions de la monographie.

Il est permis de dire qu'une œuvre aussi complète serait nouvelle dans l'histoire de la musique. En effet, examinant d'abord notre littérature, on voit que tout ce que nous possédons se réduit aux renseignements disséminés dans les *Bibliothèques françaises* de La Croix du Maine et de Duverdier, aux catalogues incomplets de Brossard, de La Borde et de Boisgelou, aux documents que fournissent çà et là les *Biographies des musiciens*, aux indications sommaires données par M. de Lafage dans le *Manuel de musique*, et par M. Fétis dans *La musique mise à la portée de tout le monde*. (Je ne cite que pour mémoire une *Bibliographie musicale de la France et de l'étranger*, publiée en 1822, compilation de peu d'étendue et de moins de valeur encore.) Quant aux littératures étrangères, elles comptent des ouvrages qui méritent à la vérité beaucoup d'estime, mais qui sont anciens déjà et se trouvent en arrière par conséquent d'importantes découvertes, scientifiques ou historiques, et du mouvement prodigieux qui s'est opéré dans l'art depuis cinquante ans. Ceux de Doni, de Draudius, de Walther, de Mattheson et du savant Forkel sont de ce nombre; ceux de Lichtenthal et de Becker sont plus récents, mais ils ne comprennent que les traités et ne s'étendent point aux œuvres de musique. Lichtenthal d'ailleurs, traducteur italien et continuateur de Forkel, n'a pu toujours rectifier les erreurs dans lesquelles celui-ci avait dû tomber, et Becker, qui n'est pas irréprochable sous le rapport de la disposition typographique, n'a pas eu non plus sous les yeux tous les ouvrages dont il a parlé. Vous m'avez ouvert les plus riches dépôts, Monsieur le Ministre : je suis donc obligé à plus d'exactitude. Cependant, si les données venaient à me manquer, j'aurais à balancer l'autorité de ces divers auteurs, et je croirais pouvoir ainsi compléter la partie bibliographique.

Établissant mon ouvrage sur une assez grande échelle, je n'avais plus à redouter d'être incomplet à mon tour; j'avais à craindre un tout autre danger, celui de ne pouvoir achever mon entreprise : l'exemple de Franck, d'Assemani, d'Audiffredi, qui n'ont pas terminé leurs catalogues, me faisait connaître la témérité de certains engagements. Ce n'est pas que la grandeur d'un projet soit un obstacle insurmontable à son exécution : si l'on est arrêté, c'est presque toujours par la multitude des détails. J'ai senti qu'il fallait en être sobre. Je me réserve, il est vrai, d'indiquer les articles dont la valeur aurait été reconnue, et qui se trouvent maintenant perdus dans les mémoires des sociétés savantes, dans les journaux, les revues, les œuvres des polygraphes; mais, d'un autre côté, j'écarterai les ouvrages qui traitent de la musique d'une manière insuffisante; et, tout en recueillant les détails intéressants avec la précaution du bibliographe, je ne me laisserai point entraîner à de longs commentaires. Voici ce qui me paraît essentiel, voici comment je procéderai dans la description de chaque document.

En tête, le nom de l'auteur et ses prénoms, tels qu'il les a portés ou tels qu'il les porte, afin d'éviter la confusion qui résulte des noms francisés; ses qualifications, qui justifient quelquefois sa compétence; sa profession, qui souvent est significative; le pays qu'il habitait, puis les dates de sa naissance et de sa mort, dates qui sont nécessaires pour ordonner chronologiquement chaque série, lorsque le document ne porte pas de millésime. (Ces notices biographiques ne seront point répétées; j'annoncerai par un signe que l'auteur est cité déjà.) Ensuite, je transcrirai le titre de l'ouvrage, dans son entier, le traduisant s'il est en langue étrangère, l'expliquant s'il est obscur ou allégorique, reproduisant fidèlement l'orthographe de l'auteur, et plaçant entre parenthèses les variantes s'il en existe, et des éclaircissements, s'il en est besoin. Pour les imprimés, je relaterai la date ou les dates de l'impression, le nom de la ville, celui du libraire, et, dans les anciennes éditions, celui de l'imprimeur; je constaterai le nombre de tomes et de volumes et le nombre de pages; j'indiquerai les traductions et les réimpressions; je prendrai soin de mentionner les planches gravées, ce que je ferai aussi pour les œuvres de musique, ayant de plus à donner pour celles-ci la date omise par les éditeurs modernes. Pour les manuscrits, les pièces de musique devenues rares, les paléotypes, ma notice aura plus d'étendue, puisque, comprenant d'abord les renseignements relatifs à leur âge, à leur format, à l'auteur, elle contiendra en outre des détails touchant la correction du texte, l'exécution matérielle, l'état de conservation, la grandeur des feuillets, les ornements et les peintures. En la rédigeant, j'aurai toujours présentes les instructions du Comité historique, et je n'oublierai pas que tout est indice pour l'histoire, et que de l'examen d'un document, on peut souvent inférer jusqu'à l'usage auquel il était destiné. Enfin, que j'aie à parler d'un imprimé ou d'un manuscrit, j'en rapporterai brièvement le contenu général, laissant de préférence parler l'auteur, afin de donner en même temps une idée de son style. Si la table d'un ouvrage remarquable en donne l'analyse, je la copierai, et, résumant l'opinion des critiques, tant sur les œuvres musicales que sur les traités, je citerai quelquefois un jugement sur l'ouvrage. Je rentrerai dans mon programme en indiquant, à la fin de chaque article, la bibliothèque de France à laquelle il appartient, la lettre et le numéro qui lui ont été donnés.

Des feuilles volantes me serviront pour rédiger ce premier travail; et ce ne sera qu'après avoir exploré les principales bibliothèques, que je pourrai songer au classement général. Cependant j'ai, dès aujourd'hui, à tracer un programme:

il est de mon devoir, Monsieur le Ministre, de vous rendre un compte détaillé de la manière dont j'entends mon travail; je ne veux pas d'ailleurs vous laisser penser que j'aborde ma tâche sans avoir en vue un plan sinon arrêté, du moins conçu d'avance.

J'expose donc ici le projet de mon ouvrage. Je lui ai laissé, quant à présent, la forme de tableau, afin d'y faire mieux ressortir certaines corrélations, de présenter dans chaque colonne, une suite, un enchaînement. J'ai fait en sorte de n'y rien laisser d'arbitraire. C'était adopter un système ; mais il fallait s'y résoudre, en mettant à profit toutefois les classifications des bibliographes. Ce qui m'est la preuve qu'à défaut d'autre mérite, ma nomenclature a celui de tout comprendre, c'est que je ne rencontre plus de documents dont la place ne se présente d'elle-même sous un de ces titres que je me suis attaché à rendre significatifs et précis. Néanmoins, à quelque degré de maturité que mon projet me paraisse arrivé, je fais mes réserves pour le modifier encore, ne fût-ce que dans mes subdivisions.

La division en deux tomes est déterminée par des raisons trop fortes pour être jamais changée : d'abord un catalogue des œuvres de musique, ensuite un catalogue des traités auxquels ces œuvres ont donné lieu.

Plusieurs auteurs ont réuni ces deux grandes sections sous un même titre; mais ils ont peut-être beaucoup étendu le sens du mot *bibliographie*, qu'ils ont employé. Il signifie rigoureusement *désignation des livres*; et l'on pourrait dire qu'il ne s'applique bien, dans l'espèce, qu'au catalogue des traités. Cette considération, qui m'a fait adopter pour l'œuvre entière le titre plus général de *Monographie*, pourrait me conduire à donner à l'un des volumes le titre de *Littérature de la musique*, et à l'autre celui d'*Annales de l'art musical*. Forkel, Lichtenthal et Becker d'un côté, Maittaire, Panzer et Renouard de l'autre, ont dit dans le même sens : *Littérature de la musique, Annales typographiques, Annales de l'imprimerie des Alde et des Estienne*. Je confesserai volontiers que j'hésite encore sur les titres à choisir pour les deux volumes.

L'ordre que j'énonce ici n'est pas celui que reproduit le tableau, mais celui qui indique la marche de mon travail. Je m'occuperai des traités avant de m'occuper des œuvres, de même qu'avant les manuscrits je verrai les imprimés.

1. — CATALOGUE DES TRAITÉS DE MUSIQUE.

Quand il s'agit de bibliographie générale, chacun a sa méthode; il n'est même aucune partie sur laquelle on se trouve parfaitement d'accord. En fait de bibliographie spéciale, il n'en est pas autrement; et si, comme solution générale à toutes les difficultés, le bibliographe ne tenait en réserve une table alphabétique, il s'exposerait à l'accusation d'avoir omis ce que l'on n'aurait pas trouvé, et je ne dis pas seulement tel ou tel ouvrage, mais des parties entières.

Il y a là réellement une cause d'embarras, et je ne suis sorti de mes propres doutes qu'après avoir analysé les ouvrages de littérature musicale les plus accrédités. J'ai voulu chercher aussi des analogies dans les bibliographies générales, pour ce qui concernait les grandes divisions, l'histoire et les places respectives de l'histoire et des encyclopédies. J'avais attendu quelque secours de cette recherche. Pourtant j'aurais vu augmenter mes incertitudes entre tant de méthodes diverses, si je n'avais reconnu des inadvertances qui me faisaient rejeter la plupart d'entre elles. On a proposé, par exemple, de terminer les catalogues par les encyclopédies, qui résument, disait-on, toutes les connaissances; mais alors il fallait, en traitant l'histoire, renvoyer à la fin l'histoire universelle, qui comprend toutes les histoires. En ce point, la méthode faisait défaut : on n'entendait pas proposer de commencer ainsi par les détails. Dans un système différent, on descendait du général au particulier, et, appliquant ce principe à l'histoire, on commençait par l'histoire universelle, et l'on en venait ensuite à approfondir ses diverses parties. Mais, en appliquant ce principe au catalogue lui-même, il eût été logique de commencer par les encyclopédies, ce que l'on n'avait pas fait. Enfin, plaçant les encyclopédies avant l'histoire, on a perdu de vue le principe qu'on venait de poser, en faisant précéder l'histoire universelle de quelques-uns des matériaux avec lesquels on la compose.

J'espère ne pas commettre de semblables méprises, et, si j'adopte une marche différente dans les parties qui n'ont rien de commun, j'applique un seul système à l'histoire et au plan général : je montre l'ensemble et je reviens sur les détails.

Dans toutes mes divisions, je donne d'abord la liste des traités les plus complets; mais, dans l'histoire de la musique et dans la bibliographie elle-même, je cherche, après ceux-ci, les traités qui ont embrassé le plus d'objets; dans la théorie et dans la pratique, au contraire, je reprends, après les traités complets, les méthodes élémentaires, et je vais des notions les plus simples aux parties élevées de la science. On ne peut vraiment s'occuper, dans l'histoire, des détails concernant le chant, le rythme, les instruments, les inventions, qu'après avoir considéré la musique en général, puis la musique religieuse, la musique dramatique; et, dans la pratique, il ne conviendrait pas de s'occuper des premiers éléments, après avoir traité de la composition, de l'instrumentation et de la musique que l'on destine à l'église ou au théâtre.

Je divise en deux parties la littérature de la musique : les manuscrits qui sont les plus anciens, et les imprimés. Mais, afin de faciliter les travaux pour lesquels l'ouvrage que j'entreprends pourrait être consulté, j'indique des renvois des premiers aux seconds et réciproquement. Les chapitres qui se complètent les uns par les autres, les livres déjà cités, et qui peuvent être rangés dans des classes différentes, donneront lieu à d'autres renvois.

Avant de disposer mes matières dans un ordre quelconque, j'ai pris soin de rassembler tout ce qui constitue la littérature de la musique, littérature qui, sous le double rapport du nombre et de la valeur des écrits, est hors de proportion avec celle des autres arts. Puis, considérant les diverses séries d'ouvrages comme autant de chapitres d'un volumineux traité de musique dont j'aurais eu à classer les différentes parties, je me suis demandé quel ordre j'aurais voulu suivre si j'avais eu à traiter de la musique elle-même. Il me sembla qu'il eût fallu la définir, l'étudier dans son origine, dans ses développements et dans ses effets; employer les connaissances ainsi acquises, à la perfectionner, à augmenter ses moyens de propagation. Cet ordre, puisé dans la nature des choses, serait venu, en quelque sorte, s'imposer : j'ai cru pouvoir le reproduire lorsque, sans traiter de l'art, j'avais à traiter du livre, lorsque, sans l'histoire de la musique, j'avais à faire l'histoire des livres qui en ont parlé.

Les encyclopédies musicales, cependant, n'avaient pas trouvé place dans les divisions auxquelles j'étais arrivé. Elles représentent l'art tout entier; elles l'enseignent à elles seules; elles le résument comme une table, ou plutôt comme un immense sommaire : elles ne pouvaient donc entrer dans une des divisions. Mais puisque je voulais aller du général au particulier, c'est au commencement qu'elles devaient figurer, et c'est là que je les ai placées.

Dans le système de Barbier, de Brunet, de M. Beuchot et de M. de Fortia, l'histoire ne vient qu'après les sciences et les arts, ceux-ci se trouvant à l'origine du développement intellectuel de l'homme, et l'histoire n'étant que l'expression de ce qui s'est accompli dans l'exercice des facultés. J'imite ce système pour la science, la théorie des sons, mais non pour l'art lui-même, qui n'est point l'art créé d'abord, mais qui est le dernier fait de l'histoire de la musique.

La théorie acoustique ayant posé les bases de la science musicale, l'esthétique et la physiologie en achèvent la doctrine. La musique se rattache ainsi aux autres arts avec lesquels elle a des principes communs : on conçoit que l'étude de l'organisme humain, par exemple, et de la parole, n'est pas sans intérêt pour l'art de combiner les sons. C'est alors que la musique, devenue, par le secours des autres sciences, une science elle-même, leur renvoie des lumières et complète leurs théories par les siennes. C'est alors aussi qu'on se trouve conduit à rechercher dans l'histoire, non seulement les inspirations par lesquelles l'art a débuté, mais encore les faits propres à fournir les vérifications que la science demande.

A la pratique actuelle, suite naturelle de l'histoire dont elle fera bientôt partie, se termine ce qui concerne la musique proprement dite. Toutefois, pour que la connaissance des ouvrages qui se rapportent à cet art ne soit pas incomplète, il faut y ajouter celle des traités relatifs à la législation musicale, aux institutions destinées à propager l'étude de l'art, à la typographie, à la construction des instruments et des salles de concert. Ce ne peut être que sous forme d'appendice, puisqu'il n'est plus question de l'art lui-même; mais dans la société le musicien a ses devoirs et ses droits qu'il lui importe de connaître, aussi bien que les moyens de reproduire ses œuvres et de les communiquer.

Plusieurs bibliographes spéciaux ont ajouté des sections pour les livres qui, renfermant des données trop générales, n'avaient pas été portés dans des classes particulières. Il me semble cependant que si l'on est incertain, lorsque, dans un grand nombre de séries, l'on a examiné chaque partie l'une après l'autre, ce n'est pas que l'on ne voie aucune série qui puisse recevoir un ouvrage, c'est plutôt que l'on ne sache où le placer de préférence. En pareil cas, on peut toujours se décider : j'ai donc supprimé les sections dont les titres étaient indéterminés; mais, en revanche, j'en ai introduit beaucoup de nouvelles, pour correspondre aux derniers progrès.

Ces mêmes bibliographes ont joint à l'histoire de la musique ancienne l'histoire de la musique des Grecs modernes, comme si, avec une autre civilisation, ce n'était point une autre musique. Ils ont placé au même chapitre la comparaison de la musique ancienne et de la nouvelle, sans avoir fait connaître d'abord celle-ci par son histoire. Ils ont compris dans la section pratique les détails sur les instruments qui ne sont plus en usage, tandis que portant au chapitre de la musique ancienne la description des anciens instruments, ils reconnaissaient ainsi ce qui appartient à l'histoire. Ils ont été d'avis de réunir les méthodes de chant aux méthodes de chant figuré (solfèges) : ce qui est mettre ensemble l'étude de l'expression, de la déclamation et celle des principes élémentaires. Ils ont joint aux méthodes pratiques l'histoire des instruments, séparée ainsi de l'histoire générale; à la théorie de la musique dramatique, la construction des salles de théâtre; à l'art du facteur d'orgues, les qualités demandées à l'organiste, etc., etc.

Ce sont là, je crois, des fautes à éviter. Mais si l'on voit des différences de détails entre ma classification et celle de ces divers auteurs, on en trouve pareillement et de plus considérables, lorsque, généralisant, on en vient à comparer mon système et le leur. Ils sont unanimes à peu près dans leur méthode; cependant je n'ai pu me servir d'une distribution qui a pour elle cet accord, je l'avoue, mais qui me paraît offrir quelque confusion. Ils n'ont pas distingué ce qui tient à la physiologie de ce qui tient à l'acoustique, laquelle n'est traitée qu'en second lieu, après l'histoire. Ils ont divisé en deux parties la philosophie de l'art, plaçant avant l'histoire les considérations sur la *nature* et la *beauté* de la musique, et exposant après la pratique l'*esthétique musicale*. La critique historique est à la fin de l'ouvrage, tandis que l'histoire est au commencement; les encyclopédies se trouvent au milieu même.

2. — CATALOGUE DES ŒUVRES DE MUSIQUE.

Mon travail aura d'abord pour objet, ainsi que je viens de l'établir, la littérature de la musique. Mais je ne perdrai pas de vue qu'après avoir recueilli les traités historiques et didactiques, il s'agirait, pour accomplir dans son étendue la mission qui m'est confiée, de dresser un catalogue des œuvres de musique et de retrouver celles qui gisent ignorées au fond de nos bibliothèques.

Conformément aux vœux que le Comité historique vous a exprimés, Monsieur le Ministre, la direction de mes travaux sera telle, que la première partie de mon ouvrage, assise sur des bases mieux connues, viendra puissamment en aide à la seconde, dont les matériaux sont épars; et que je ne m'attacherai d'abord plus particulièrement à l'une, que pour rendre l'autre plus parfaite lorsqu'il s'agira de la traiter. Des fragments de musique peuvent en effet s'offrir dans mes recherches sur la littérature musicale et surtout dans le dépouillement des manuscrits : l'inventaire que j'en aurai fait me deviendra précieux, alors que j'aurai à le fondre, selon sa destination, dans le catalogue des œuvres de musique.

Outre l'intérêt historique des publications de ce genre, elles promettent, Monsieur le Ministre, des résultats véritablement féconds. Je ne les poursuivrai point : l'histoire, je le sais, doit m'occuper plutôt que l'art. Mais ce n'était pas une raison pour négliger tout à fait les circonstances au milieu desquelles mon ouvrage allait se produire.

La musique, introduite dans l'éducation, se répand dans toutes les classes; elle occupe l'attention des esprits sérieux qui lui assignent un but élevé; les actes les plus favorables à l'art musical signalent votre Ministère, et ceux qui pensent que l'étude de l'art n'est point toute frivole, sont affermis dans leur conviction.

En même temps, il est certaines exigences auxquelles la musique doit satisfaire. On a peu à désirer d'elle comme développement harmonique ou dramatique, comme instrumentation, mais on voudrait qu'elle fût empreinte plus communément d'un sentiment profond; qu'elle eût des sources classiques où se retremper, comme la poésie; que, loin de se borner à des progrès en ce qui concerne la perfection de l'instrument, progrès qui n'ont guère été faits qu'au détriment de l'expression, elle sût y puiser, pour l'expression même, un surcroît de force.

J'ai dû chercher à seconder les efforts qui pourraient être tentés. J'ai compris que pour amener dans des investigations nouvelles ces génies heureux à qui sont réservés les résultats véritables, et qui, nés pour la méditation, ne peuvent s'engager dans les longs travaux préparatoires, il fallait, avant tout, disposer pour eux des matériaux abondants : car ce sont ces matériaux qui leur manquent pour agrandir leurs propres vues, pour en mieux apprécier la portée. Et il ne m'était pas défendu, me semble-t-il, de penser que mon rôle, tout modeste qu'il est, tenait de près ou de loin à des entreprises dont la possibilité commence à être aperçue; en sorte que, sans être tenté aucunement de sortir de mes limites, déjà assez étendues pour mes forces, j'ai senti quelque chose de l'impulsion que peut donner à d'autres un espoir plus grand et plus légitime.

Les considérations sur l'avenir de l'art, auxquelles le travail dont vous m'avez chargé pourrait donner lieu, ne m'appartiennent donc pas. Cependant, Monsieur le Ministre, il en est quelques-unes que je dois développer aujourd'hui, non seulement parce qu'elles pourraient me conduire dans la rédaction du Catalogue à un classement particulier que je soumets à votre approbation, mais encore et surtout parce que je les crois de nature à justifier l'utilité pratique de ce travail.

En remarquant l'oubli dans lequel sont tombés les ouvrages de ces compositeurs qui tour à tour avaient fait proclamer autour d'eux que l'art était arrivé à son apogée; en voyant quelle est l'indifférence générale pour certaines partitions du commencement de notre siècle, nous ne sommes point fondés à soutenir que les chefs-d'œuvre contemporains resteront comme les seuls types du beau. Les maîtres eux-mêmes, qui ne peuvent ignorer la place qu'ils occupent maintenant, n'espèrent pas, ne désirent pas la garder, eux qui préparent glorieusement des voies nouvelles à leurs successeurs. Quant à leurs œuvres admirables, nous pouvons les considérer comme des chefs-d'œuvre, si nous n'entendons pas sortir de notre point de vue, mais c'est à l'avenir de prononcer; et résistant au désir de les classer déjà, nous ne devons les désigner que sous le nom de formes approuvées par le goût du jour et qui lui restent soumises, de transformations qu'il ne nous appartient pas de juger en dernier ressort. On se garde, quand on a lu l'histoire de la musique, de porter des arrêts définitifs; et la défiance et la réserve croissent à proportion de l'étonnement, lorsque l'on voit, toujours reproduits, cette insouciance, ce dédain des œuvres les plus vantées aux périodes précédentes.

Ces remarquables variations dans la manière d'apprécier les mêmes œuvres suffiraient à nous apprendre qu'il serait à propos, pour se former des idées justes sur la matière, d'instruire de nouveau ces causes déjà jugées. Peut-être après un mûr examen, qui dès à présent n'est plus nécessaire pour un grand nombre, quelques-uns des plus exclusifs dans leur culte pour la musique actuelle trouveraient-ils qu'elle avait aussi son mérite, cette musique des Grecs à laquelle on attribuait la puissance de former les mœurs et de diriger les passions; cette musique de Palestrina, l'artiste éminent qui fut le défenseur de l'art auprès du concile de Trente; cette musique des Adam de Le Hale, des Josquin, des Arcadelt, des Scarlatti, des Jomelli, des Clari, des Bach, des Handel, maîtres illustres que nous ne connaissons guère que par leur antique renommée. Pourquoi supposer en effet que la musique au moyen âge et dans les derniers siècles n'avait point marché d'un mouvement parallèle aux autres arts, à la poésie, tandis qu'à ces diverses époques nous la voyons cultivée par tant de grands artistes, tant de grands esprits? On allègue que la musique de ces temps et des temps anciens n'était pas en réalité supérieure à la nôtre; que les hommes qui l'écoutaient étaient seulement des hommes différents; mais serons-nous admis à traiter de peuples primitifs, d'autant plus faciles à émouvoir qu'ils étaient moins avancés dans les arts, ces peuples qui bâtissaient le Parthénon, la cathédrale de Paris et le Dôme de Florence? Sommes-nous même bien sûrs de les avoir égalés? Pouvons-nous croire que nos études nous aient donné la pleine intelligence de cette musique qui nous dépayse?

Dégageons-nous de toute prévention. Sachons dire de la musique ancienne ce qu'on dira de la nôtre : que des beautés incontestables se sont manifestées. Mais s'il est vrai que l'art ne soit point à l'abri d'innovations, de vicissitudes, il ne faut pas que l'espoir de l'enrichir par des acquisitions nouvelles nous domine exclusivement; il faut se laisser ramener quelquefois à l'étude par la crainte de perdre ce qui est acquis. Si l'on cherchait à s'informer, à s'éclairer, on trouverait peut-être dans ces partitions fermées depuis longtemps des leçons dignes de notre attention; peut-être serait-il possible d'établir une sorte de poétique spéciale : l'art, sans perdre de son indépendance, ne serait plus abandonné aux hasards de l'inspiration. L'histoire raconte la vie des grands artistes; l'œuvre, étudiée, révèle seule les procédés. L'homme instruit, envisageant les partitions anciennes du milieu même des siècles où elles parurent, découvrirait au milieu de la pensée informe, aperçue au premier coup d'œil, une intention de l'auteur qu'il avait rendue à sa manière. Il reconnaîtrait le beau sous quelque forme et selon quelque système qu'il se soit produit; il apprendrait ainsi quels furent à chaque époque l'esprit et la portée de l'art; enfin, s'il avait pu renouveler fréquemment ses observations, il arriverait sans doute à réhabiliter les anciennes écoles, et cela au grand profit de l'art moderne : il nous mettrait peut-être sur la trace de la forme que la musique doit chercher aujourd'hui.

Pour ne point rester dans ces généralités, je vais essayer, Monsieur le Ministre, de préciser quelques-uns des enseignements que la musique aurait à recevoir du passé. On élève bien des questions; c'est ma tâche de les recueillir. Sans prétendre tout démêler, je m'appliquerai à montrer la liaison que l'on peut établir entre la musique actuelle et celle des autres temps. Dans ce but, j'esquisserai quelques traits de l'histoire de l'art, discutant en particulier la musique des Grecs et des Romains, qui est réputée n'avoir avec la nôtre aucun point de contact, et passant plus rapidement sur la musique des derniers siècles, puisque, malgré l'indifférence dont elle est l'objet, sa valeur par rapport à nous est moins généralement contestée.

Les Grecs et les Romains avaient deux sortes de musique. C'étaient d'abord les airs populaires et les hymnes religieux; mais à en juger par les fragments qui nous restent, on serait conduit à penser qu'ils ne cherchaient pas la perfection dans ce genre. C'était en second lieu l'art de l'émission de la voix dans le discours, cet art que cultivaient les orateurs, les poètes, les philosophes et les législateurs de la Grèce [1].

Les Grecs, et cela est vraiment incontestable, croyaient que la musique, celle qui mérite ce nom, consiste dans un rapport parfait de l'inflexion vocale, expression du sentiment, avec le langage, expression des idées. Ils pensaient que, l'inflexion devançant l'expression complète de l'idée, la musique agit directement sur l'âme, tandis que les mots écrits et la parole sans accentuation ont besoin, pour arriver au même but, d'une impression produite d'abord sur l'esprit. De là pour eux ce souci particulier de l'accent du discours et ces études sérieuses sur une matière qui ne nous paraît pas les comporter. « La musique et l'éloquence, dit Cicéron, sorties d'une seule et même source, étaient tellement unies dans leur marche qu'elles ne pouvaient suivre une route tout à fait différente l'une de l'autre sans s'éloigner de leur but, et que ce n'était même qu'en se prêtant un secours mutuel, qu'elles pouvaient y arriver. »

Le tétracorde réglait la déclamation. Les cordes extrêmes marquaient les limites de l'échelle que la voix devait parcourir dans le discours, et les cordes intermédiaires représentaient les tons que la voix devait le plus souvent retrouver. On s'explique ainsi que la lyre ait porté le nom de $\varkappa\alpha\nu\omega\nu$ (règle, mesure), qu'on en ait fait le symbole de l'éloquence. La flûte était du reste destinée pareillement à soutenir la voix et à fournir les intonations de l'accent oratoire.

De plus, les Grecs avaient remarqué que certains modes, unis probablement à des rythmes spéciaux, affectaient l'âme d'une manière particulière; et pour donner plus de force à ces modes, ils appliquaient toujours chacun d'eux à l'expression d'un même ordre d'idées, employant ainsi la puissance de l'habitude à éveiller plus promptement les mêmes sentiments.

Il faut rapporter à cet art particulier, auxiliaire de l'éloquence, cette efficacité surprenante que l'on attribue à la musique des Grecs, ces prodiges dont l'histoire a gardé le souvenir [2].

Mais lorsque l'on voit s'accumuler, chez les historiens, des témoignages qui, se

---

[1] J'ai trouvé bon de ne pas m'engager ici dans les développements qu'aurait voulus, si je l'avais citée, une définition fort intéressante à divers égards, qu'un théoricien grec a donné de la musique (science du beau dans les corps et les mouvements). Il semble que le mot *musique* y soit pris dans le sens très large où nous entendons nous-mêmes le mot *harmonie* : l'harmonie universelle, l'harmonie des sphères célestes, etc.

[2] Les ouvrages de Villoteau ont contribué beaucoup à éclaircir tous ces points.

fortifiant les uns par les autres, ne permettent plus de mettre en doute des faits extraordinaires, lorsque l'on prend dans leur vrai sens les fables auxquelles l'invention de l'art a donné lieu, on est porté à supposer que les moyens d'action propres à la musique ancienne nous sont restés en grande partie inconnus. Cependant on ne tarde pas à se persuader que le principe essentiel est parvenu jusqu'à nous et que l'art a sa loi fondamentale, qui ne saurait changer. On a rencontré en effet chez les anciens philosophes des aperçus qui, tout en donnant l'idée de certains progrès dont la musique actuelle serait susceptible, rendent compte des effets de la musique des Grecs, et n'autorisent point à penser que l'art ait dû son action heureuse à des moyens différents de ceux dont il est question dans la théorie.

« ..... La musique n'est-elle pas, dit Aristote, un des moyens d'arriver à la vertu? *Et ne peut-elle pas, comme la gymnastique influe sur les corps, elle aussi influer sur les âmes en les accoutumant à un plaisir noble et pur?* »

« Rien mieux, dit encore Aristote, rien mieux que le rythme et les chants de la musique *n'imite réellement* la colère, la bonté, le courage, la sagesse même et tous les sentiments de l'âme et aussi bien tous les sentiments opposés à ceux-là. Les faits eux-mêmes démontrent combien la musique peut changer les dispositions de l'âme, et *lorsqu'en face de simples imitations on se laisse prendre à la joie, à la douleur, on est bien près de ressentir les mêmes affections en face de la réalité.* » (Traduction de M. Barthélemy-Saint-Hilaire.)

Si l'on veut une autre explication, si l'on demande comment le sentiment peut être éveillé dans l'âme par le son de la voix, c'est Aristide-Quintilien qui nous dit ingénieusement : « De deux cordes tendues à l'unisson, vient-on à agiter l'une, on voit l'autre se mouvoir aussitôt : effet merveilleux d'un art divin qui agit jusque sur la nature morte, sur les corps impassibles. Mais combien plus ne pas attendre d'effet, lorsque, dans les corps animés, va vibrer un sentiment qui trouve aussi son unisson. »

Les Grecs avaient donc reconnu un principe, mais c'est le principe éternel et suprême, savoir : que l'accent du discours doit inspirer celui du chant. La musique, ainsi comprise, leur paraissait avoir tant de force que « toute histoire, toute doctrine de philosophie, toute affection et brief toute matière qui avoit besoing de plus grave et ornée voix, ils la mettoient toute en vers poétiques et en chants de musique. » (*Plutarque.*) Ils ajoutaient que puissante aussi dans le mal, elle eût été capable de dépraver les cœurs.

Je ne prétends pas assurément que nous devions pousser l'imitation au delà de certaines bornes, et aller, par exemple, jusqu'à employer la musique dans le discours. Cependant, et quant à cela même, je n'oserais pas non plus faire tomber trop de blâme sur celui qui, considérant la voix comme interprète du sentiment par l'inflexion, ainsi qu'elle est l'interprète de l'idée par le langage articulé, soutiendrait que l'on pourrait essayer de quelques études. Avancer que la diction aurait à y gagner pour la variété, la justesse et la convenance des intonations, l'égalité du ton, la flexibilité de la voix, la pureté de la prononciation, ne serait pas un paradoxe insoutenable. Mais, pour ne parler que de l'art musical et de ses effets, j'examine de nouveau, et cette fois dans leur application à notre système actuel, les diverses parties de la musique des Grecs, cherchant à indiquer ainsi les avantages d'une étude plus approfondie.

D'après ce que j'ai dit plus haut, il n'y a rien d'étonnant à ce que les citharèdes, en changeant de mode et de rythme, soient parvenus souvent à modérer les passions, à faire succéder le calme à l'agitation.

On parle beaucoup de la richesse et de la variété des anciens rythmes; mais je n'insisterai pas sur ce point, parce que l'on ignore s'ils étaient autres que ceux de la poésie. Quant aux modes, nous avons conservé seulement le majeur et le mineur : l'un, sonore, éclatant; l'autre, tendre, triste, d'une expression pénétrante. Leur effet est distinct et bien caractérisé : on dirait qu'ils peuvent alternativement dilater et resserrer le cœur. Mais pourquoi nous borner à ceux-là ? Quelque éloignés que soient des nôtres les modes anciens, ne pourrait-on en tirer parti ? Ne pourrait-on essayer quelquefois du système dans lequel ont été composés le *Te Deum* et le *Dies iræ* ? Nous savons à quel point l'habitude peut rendre l'oreille docile, et on en a fait l'épreuve lorsque se sont produites ces œuvres de notre école lyrique, que l'on n'avait pas comprises d'abord et que maintenant on ne peut se lasser d'écouter. Qui oserait affirmer que l'on ne doit pas attribuer de puissance aux tonalités qui nous sont étrangères aujourd'hui ?

Le tétracorde maintenait le chant dans de justes limites. Mais le langage de la passion, toujours violente, exagérée, avait nécessité l'adjonction, si fort blâmée par les magistrats d'Athènes, de nouvelles cordes à la lyre. Ils auraient voulu voir le peuple s'en tenir à un langage simple et naturel ; ils savaient qu'on est plus disposé aux affections vives lorsqu'on les a fréquemment simulées.

Le compositeur ne pourrait-il apprendre, en étudiant l'histoire et la disposition de l'antique instrument, à proportionner les intervalles à l'émotion qu'il voudrait exprimer? Ne pourrait-il, comme on l'a dit quelquefois, employer les cordes du médium pour l'état calme de l'âme, se réserver les cordes aiguës et graves, les intervalles éloignés, lorsqu'il aurait à faire entendre l'accent de la passion ou du sentiment exalté?

Enfin, si les anciens ont deux genres de musique, nous avons, nous aussi, deux genres différents.

Je cherche ce que l'art moderne peut avoir d'analogue à la musique chez les Grecs, lorsqu'on la divise comme je viens de le faire. La distinction que j'entends établir ici n'est donc pas celle de la musique sacrée et de la musique profane, ni celle de la musique vocale et de la musique instrumentale, ni celle de la musique mélodique et de la musique qui ne fait entendre qu'une harmonie mélodieuse. C'est la distinction entre la musique où l'art consiste dans un certain agencement des sons destiné surtout à flatter l'oreille, quel que soit le sentiment qu'ils expriment, et la musique où l'art est un moyen de rendre plus sensibles les affections et les passions. Au XVIII° siècle, l'un des deux genres se personnifiait dans Piccini; l'autre, dans Gluck.

Le premier est la conquête propre des modernes : les anciens en ont connu tout au plus les premiers rudiments. Il se distingue par le dessin de la mélodie et l'élégance de la forme, par la carrure des phrases, le retour périodique des motifs et la modulation dans un cercle tracé. Qu'il soit joint aux paroles ou qu'il en soit séparé, il existe de lui-même; il est un jeu de l'imagination à tel point qu'il distrait quelquefois l'attention des paroles, mais on peut dire que sa valeur propre lui confère des priviléges.

Le second élève la parole à sa plus haute puissance. Par la vérité d'expression, c'est un langage naturel, qui s'adresse à l'âme et que tous comprennent. Étudié d'une manière spéciale par les anciens, il est resté connu des maîtres, et l'école française en perpétue l'usage.

Je ne pouvais avoir en vue que ce dernier genre, Monsieur le Ministre, quand j'ai parlé de l'utilité que présente l'étude de la musique ancienne. Si l'on refuse aux Grecs de nous avoir été supérieurs en ce qui tient aux modes et aux rythmes, on a d'autant plus de motifs pour supposer que l'art s'était nécessairement développé en d'autres parties. Mais, indépendamment des modes et des rythmes, que trouve-t-on dans la musique grecque ? Point d'harmonie, point de ce que nous appelons mélodie, point d'instruments. En voyant que l'unique ressource de cet art si puissant dès son origine, était l'expression dans la déclamation lyrique, on est frappé comme à la découverte d'une vérité nouvelle; on ne peut s'empêcher de croire que si l'art a perdu quelques-unes de ses prérogatives, c'est qu'on oubliait dans l'application le principe esthétique posé par les théories.

Nous avons beaucoup obtenu sous le rapport des formes musicales; mais, sans renoncer à rien, ambitionnons autre chose. La sensation se serait assujetti le jugement si elle nous faisait dire que le sentiment du beau se résout dans le plaisir de l'oreille. Il ne s'agirait plus alors que d'étudier l'affinité de cet organe pour certaines particularités des corps sonores, pour certaines vibrations combinées. C'est où en arriveraient à coup sûr, et plus tôt qu'ils ne voudraient le croire aujourd'hui, ceux qui n'auraient cherché les moyens de l'art que dans ses procédés.

De nos jours, on a nié le pouvoir de la musique ancienne. On en jugeait par la musique moderne, qui se borne à l'imitation de ce qui est au lieu de s'élever à l'imitation de ce qui pourrait être, et qui, renonçant à influer sur les mœurs, ne fait plus en effet que les peindre. On n'avait pas pris garde qu'en abdiquant son autorité, elle donne encore des preuves de sa puissance.

Ce sera mon devoir de fournir des documents aux thèses les plus opposées, et de ne présenter mes opinions en tout ceci que comme des points de vue, non comme des conclusions. Si donc l'on disait que la musique n'a jamais été que l'image des mœurs et ne peut exercer sur elles d'influence, on trouverait dans les pages que je me propose de rassembler, la désignation des textes dont il serait possible d'appuyer cette assertion. Parviendrait-on à la justifier, ces pages qui indiqueraient les œuvres où se retrace le passé, prendraient alors pour l'historien l'intérêt qu'elles perdraient pour le moraliste.

Et encore pourrait-on penser qu'elles seraient non moins intéressantes pour l'un que pour l'autre. Si la musique s'inspire du caractère des peuples, si, montrant les formes que ces peuples affectionnent, elle peut servir à constater leur état moral et leurs penchants, on arriverait plus aisément, connaissant la nature du mal, à en découvrir les causes dans le passé, à y remédier dans l'avenir.

Au moyen âge, je rassemblerai ce qui peut exister du chant ecclésiastique, seul reste de la musique ancienne; je recueillerai tout ce qu'on peut trouver des chansons latines, des chansons guerrières, de la poésie chantée des Provençaux, sortes d'essais que faisait l'art pour se reconstruire. Quant à la déclamation musicale, telle que la pratiquaient les Grecs, je n'espère pas en rencontrer de vestiges ailleurs que dans la liturgie [1]. Elle n'avait pas autrement survécu à l'invasion des Barbares, et ne pouvait reparaître sitôt.

Ensuite, et dans ces temps où la musique était presque partout la science des sons plutôt que l'art des sons, dans ces temps où les grands maîtres découvraient les bases de l'harmonie, tandis que la plupart des compositeurs, subordonnant leurs inspirations à des calculs, ne se distinguaient plus que par des subtilités, je recueillerai ces œuvres de contrepoints de tous les genres auxquelles je fais allusion, et aussi cette musique populaire, rythmée, mesurée, qui existait toujours et que ne pouvait remplacer la musique des érudits.

On n'aurait pas à demander aux auteurs de cette époque le secret de leurs artifices: il nous est suffisamment connu; mais quelques-uns d'entre eux auraient peut-être à nous révéler des beautés harmoniques d'un ordre supérieur. Aux chansons, on pourrait emprunter leur tour naïf; au chant grégorien, son caractère

---

[1] On croit la retrouver encore dans le chant des lamentations et des récits tirés de l'Écriture ou des Pères.

imposant. On sait que le plain-chant n'avait pas et n'a pas même encore ces notes *enharmoniques* de notre système actuel, ces notes qu'il nous est permis d'altérer pour rendre plus nécessaires la résolution et la modulation. On pourrait se livrer à de nouvelles recherches, relatives à la constitution de la gamme, et en particulier à ces intervalles variables, *tempérés,* dont la théorie embarrasse tous les systèmes.

Peut-être aussi aurai-je réuni assez de documents pour résoudre cette grande question que l'on se pose aujourd'hui : que doit être la musique religieuse ?

Dans les temps tout à fait modernes, l'élément dramatique domine. La difficulté vaincue, dans l'art de composer à plusieurs voix, ne se présente plus comme l'effort du talent; les effets d'orchestre sont déjà variés; dans les diverses transformations de l'art, on suit distinctement la trace des vrais principes, et l'on comprend dès lors qu'il y a pour nous quelque utilité à connaître les moyens employés.

La comparaison des écoles entre elles offrirait un autre genre d'intérêt, et j'essaierai de dire comment.

On ne peut nier l'impression que produit le plain-chant, antique mélopée, grave, simple, majestueuse, remplie de calme et de sérénité.

On avoue que la musique actuelle, au rythme décidé, aux modulations multipliées, sombre, éclatante tour à tour, pleine d'agitation et de contrastes, ne convient qu'au drame, n'excelle qu'à interpréter la passion.

Il semble que la musique allemande, souvent énergique et réfléchie, toujours savante, mais où la science se met au service de la fantaisie pour en faire aimer les caprices, nous fasse entendre, par intervalles, la langue un peu confuse de la rêverie.

La musique italienne, spontanée, colorée, pleine de verve et d'éclat, expansive comme le caractère méridional, annonce un peuple épris de la forme extérieure.

La musique française se reconnaît d'une part à ses motifs spirituels; de l'autre, à ses mélodies, déployées, soutenues, d'une expression, suivant les cas, forte ou tendre, d'une éloquence en général simple, qui rappelle la manière de nos classiques.

Chez les Orientaux, des chants formés d'intervalles qui n'en sont plus, pour ainsi dire, tant ils sont diminués; des chants traînants et toujours accompagnés d'un frémissement de la voix, mélancoliques et surchargés d'ornements, ont quelque chose qui tient et de l'indolence et d'une sorte de langueur passionnée; tandis que chez les peuples qui ont conservé de l'austérité dans les mœurs, la gamme présente des degrés distants.

Or, s'il est vrai, d'un côté, qu'il appartienne à la musique religieuse de communiquer le calme, et à la musique dramatique de produire l'émotion, ne pourrait-on pas discerner, dans un détail plus particulier, les effets qui se rapportent à chacune des théories musicales ? S'il est vrai, d'un autre côté, qu'il existe un rapport universel et constant entre la musique d'un peuple et le caractère de ce peuple, ne pourrait-on chercher quelle a été l'influence réciproque des mœurs et des diverses théories ? N'aurait-on pas à attribuer, ici comme dans le premier cas, certains effets à la musique ? Enfin, s'il faut nécessairement conclure des effets aux théories, la comparaison des effets obtenus n'aurait-elle pas pour conséquences immédiates de nouveaux progrès, pour conséquences ultérieures, un usage mieux entendu de l'art musical, une appréciation plus juste de sa véritable portée ?

Il ne me restait plus, Monsieur le Ministre, qu'à chercher une classification dont l'on pût s'aider pour retrouver la tradition des écoles les plus célèbres, et reconnaître de siècle en siècle les tendances des principales conceptions. Je me suis arrêté au système chronologique : il offre le tableau des auteurs du même temps, et par là rend sensible le caractère de chaque époque. Seulement, pour que les œuvres de musique ne se trouvent pas confondues, je le combine avec la division que demandent les différences de destination, et sans faire aucun sacrifice à la symétrie du plan, j'obtiens ainsi pour les deux parties de l'ouvrage la classification en livres, sections, chapitres. En raison de l'importance et de la diversité des sujets, tout est écueil dans la division méthodique du catalogue des traités ; pour distribuer celui des œuvres, au contraire, tout est simple ; trois genres bien distincts se présentent : musique religieuse, musique dramatique, musique de concert, et il est également facile d'établir les subdivisions qui sont marquées dans les tableaux ci-joints.

Si ce n'était la difficulté typographique, je réunirais l'ordre de la chronologie et la distribution en genres, en séries, c'est-à-dire que je diviserais chaque page en trois colonnes principales (répondant aux divisions par livres), et que je partagerais chacune d'elles en plusieurs autres colonnes (répondant ensemble aux huit sections indiquées ci-après comme devant composer le tome Ier).

Le développement d'un genre de musique et l'abandon de tous les autres à certaines époques, seraient ainsi mis à découvert ; le mouvement des écoles se trouverait marqué selon qu'apparaîtraient sur la même scène plus de compositeurs italiens que de compositeurs français, plus de français que d'allemands, etc., et j'arriverais à des résultats aussi commodes pour les recherches qu'ils seraient intéressants pour l'histoire.

La régularité du plan exigeant alors une disposition semblable pour le catalogue des traités, il faudrait aller plus loin et mettre en regard l'art et la science, ici les compositeurs, là les auteurs didactiques, les théoriciens et les historiens de la même époque. L'ouvrage (format oblong) présenterait au verso les huit colonnes dont je viens de parler, et, au recto, quinze colonnes environ pour les traités, selon leur objet. Le classement systématique, avec toutes ses divisions, serait renvoyé à une double table (œuvres, traités), et c'est l'ouvrage entier que j'appellerais, si je l'osais, Annales de l'art musical (histoire des productions de l'art, histoire de sa littérature).

J'ai l'honneur d'être, etc.

Ch. DE COURCELLES.

Extrait des Tableaux annexés au rapport.

Divisions principales sans les subdivisions.

MONOGRAPHIE DE LA MUSIQUE.

Tome I. *Œuvres de musique.* — Livre 1ᵉʳ. Musique religieuse. (3 sections). — Livre 2ᵉ. Musique dramatique. (3 sections.) — Livre 3ᵉ. Musique de concert. (2 sections.)

Tome II. — *Traités de musique.* Introduction. Encyclopédies. (2 sections.) — Livre 1ᵉʳ. Théorie. (3 sections : Théorie acoustique; Théorie physiologique; Théorie esthétique.) — Livre 2ᵉ. Histoire. (7 sections.) — Livre 3ᵉ. Pratique. (5 sections.) — Appendice. L'art dans ses institutions et ses moyens de communication. (2 sections : Législation spéciale; Architectonique et Mécanique musicales.)

III

PLAN D'INSTRUCTIONS SUR L'ARCHÉOLOGIE FRANQUE [1].

7 avril 1856.

LIVRE PREMIER.

FOUILLES ET SÉPULTURES.

CHAPITRE PREMIER.
DES FOUILLES.

§ 1. Ce que c'est qu'une fouille scientifique.
2. Son utilité en histoire et en archéologie.
3. Manière de la diriger.
4. Il y a deux sortes de fouilles archéologiques : les fouilles de constructions et les fouilles de sépultures.
   (Indiquer ici les caractères de ces deux genres d'exploration. Les Francs, n'ayant construit que peu d'édifices, ne nous ont guère laissé que des sépultures.)
5. Fouilles archéologiques faites de nos jours en France, en Suisse, en Belgique, en Allemagne et en Angleterre.
6. Causes et occasions de ces fouilles.
7. Connaissances nécessaires à un explorateur.

CHAPITRE II.
DES SÉPULTURES.

§ 1. Des sépultures en général, et spécialement des cimetières francs.
2. Fosses, cercueils de bois, sarcophages de pierre, de marbre, de plomb, de plâtre, de tuiles, etc.
3. Caractères des diverses inhumations : horizontales, assises, ployées, habillées, armées, orientées, simultanées, successives, etc.
4. Étude de l'homme physique : sexe, âge, taille, mutilations, etc.
5. Caractères généraux qui servent à distinguer la sépulture des hommes de celle des femmes.

CHAPITRE III.
VIOLATION DES SÉPULTURES.

§ 1. Lois anciennes contre la violation des sépultures.

[1] Ce plan d'instructions a été préparé par M. l'abbé Cochet, membre non résidant du Comité.]

§ 2. Faits enregistrés par l'histoire.

3. Faits recueillis par l'archéologie et les explorateurs modernes.

LIVRE II.
ARMES ET ÉQUIPEMENT MILITAIRE.

CHAPITRE PREMIER.
DES ARMES.

§ 1. La hache ou francisque.

2. La lance ou framée.
3. L'angon.
4. L'arc et les flèches.
5. L'épée.
6. Le sabre.
7. Le poignard.
8. Le couteau.
9. Le bouclier.

CHAPITRE II.
DE L'ÉQUIPEMENT MILITAIRE.

§ 1. Le casque.

2. Le ceinturon.
3. La pince à épiler.
4. L'éperon.
5. La vrille.
6. Les seaux ou baquets en bois, garnis de cuivre et de fer.
7. Les plateaux ou bassins en cuivre.
8. Les poêlons en bronze.
9. Les briquets, les pierres à feu, les pierres à raffiler, etc.
10. Les chevaux et leur harnachement : mors, brides, fers, anneaux, etc.

LIVRE III.
COSTUMES, ORNEMENTS, USTENSILES, MEUBLES.

CHAPITRE PREMIER.
COSTUMES ET ORNEMENTS.

§ 1. Tissus de lin, de chanvre, de laine, brochés d'or, etc.; vêtements, chaussures, ceinturons.

§ 2. Épingles à cheveux.
3. Boucles d'oreilles.
4. Colliers de verre, d'ambre, de pâte de verre, etc.
5. Amulettes.
6. Perles de verre, d'ambre, d'agate, de pâte de verre, de terre cuite, etc.
7. Fibules ou broches.
8. Boules de cristal.
9. Bracelets.
10. Bagues ou anneaux du doigt.
11. Bagues-sigillaires.
12. Châtelaines.
13. Chaînettes.
14. Ceinturons avec clous et terminaisons de fer, de bronze, d'argent, etc.
15. Boucles ou agrafes.
16. Plaques et contre-plaques de ceinturon.
17. Boutons.

CHAPITRE II.
USTENSILES ET MEUBLES

§ 1. Styles.
2. Cure-dents.
3. Cure-oreilles.
4. Peignes.
5. Dé à coudre.
6. Dés à jouer.
7. Compas.
8. Coupes à boire.
9. Bourses et fermoirs de bourse.
10. Couteaux et boucles de couteaux.
11. Ciseaux.
12. Anneaux de fer et de bronze.
13. Clefs de maison.
14. Clefs de coffret.
15. Coffrets.
16. Clochettes.
17. Boîtes en bronze.
18. Cuillères.
19. Balances et poids.
20. Quenouilles et fuseaux.

LIVRE IV.

ARTS, INDUSTRIE, SCIENCE, RELIGION.

CHAPITRE PREMIER.
ARTS ET INDUSTRIE.

§ 1. Céramique. — Poterie. Vases en terre cuite (bols, plateaux, barillets, etc.).
Vases en bois. — Vases romains. — Vases francs.

Verrerie. — Vases de verre (bols, coupes, fioles, etc.); perles en verre, en pâte de verre, émail, mosaïque.

2. Numismatique. — Monnaies en or, en argent, en billon, en bronze, des époques gauloise, romaine ou franque; coupées ou percées; trouvées au cou, au bras, à la ceinture, etc.

3. Métallurgie. — Nature des métaux : or, argent, cuivre, bronze, plomb, étain, fer.

Travail des métaux : damasquinure, niellure, émaillure, plaqué, estampé, dorure, argenture, étamage.

CHAPITRE II.
SCIENCE ET RELIGION.

§ 1. Symbolisme, épigraphie, sigillographie.
2. Funérailles. — Restes de paganisme. — Traces de christianisme.

IV

PLAN D'INSTRUCTIONS SUR LA MUSIQUE [1].

5 mai 1856.

PREMIÈRE PARTIE.

MÉLODIE.

SECTION PREMIÈRE.

MUSIQUE RELIGIEUSE.

Chap. I. Du chant aux premières époques et suivant les divers rites du culte catholique.

    § 1. Chant des premiers chrétiens.
    2. Chant ambrosien.
    3. Chant grégorien.
    4. Chant gallican.
    5. Chant mozarabe.

Chap. II. Les diverses parties du chant catholique :

    § 1. Récitation.
    2. Psalmodie.
    3. Antiennes.
    4. Répons.
    5. Hymnes.
    6. Proses ou séquences.

Chap. III. Chants qui ne font pas partie du service divin :

    § 1. Chants en langue latine.
    2. Chants en langue vulgaire.

Chap. IV. Offices dramatiques.

Chap. V. Chants de l'église protestante.

[1] [Ce plan d'instructions a été préparé par M. de Coussemaker, membre non résidant du Comité.]

SECTION II.
CHANTS PROFANES.

CHAP. I. Chants en langue latine.
    § 1. Chants historiques.
    2. Chants populaires.

CHAP. II. Chants en langue vulgaire.
    § 1. Chants des troubadours.
    2. Chants des trouvères.

CHAP. III. Musique de théâtre.

CHAP. IV. De la mélodie sous ses diverses autres formes aux xive, xve et xvie siècles.

DEUXIÈME PARTIE.
HARMONIE.

CHAP. I. Organum et diaphonie.
CHAP. II. Déchant.
CHAP. III. Contrepoint.

TROISIÈME PARTIE.
NOTATION. — SOLMISATION.

SECTION PREMIÈRE.
NOTATION.

CHAP. I. Notation par lettres.
    § 1. Notation boëcienne.
    2. Notation dite grégorienne.

CHAP. II. Notation par signes autres que par lettres.
    § 1. Neumes.
    2. Neumes primitifs.
    3. Neumes à hauteur respective.
    4. Neumes à points superposés.
    5. Neumes guidoniens.
    6. Neumes allemands.

CHAP. III. Notation proportionnelle.
    § 1. Notation proportionnelle des xiie et xiiie siècles.

§ 2. Notation du xiv⁰ siècle.
3. Notation rouge et noire.
4. Notation noire et blanche.
5. Notation blanche des xv⁰ et xvi⁰ siècles.

Chap. IV. Notation instrumentale.

SECTION II.
SOLMISATION.

Chap. I. Solmisation avant Gui d'Arezzo.
Chap. II. Solmisation attribuée à Gui d'Arezzo.
Chap. III. Solmisation par hexacordes ou système des muances.

QUATRIÈME PARTIE.
INSTRUMENTS DE MUSIQUE. — DANSE.

Chap. I. Instruments à cordes.

§ 1. Instruments à cordes pincées.
2. Instruments à cordes mises en mouvement par frottement.
3. Instruments à cordes frappées.

Chap. II. Instruments à vent.
Chap. III. Instruments à percussion.
Chap. IV. Musique instrumentale.
Chap. V. Musique de danse.

CINQUIÈME PARTIE.
BIOGRAPHIE ET BIBLIOGRAPHIE.

Chap. I. Biographie.

§ 1. Compositeurs.
2. Chanteurs.
3. Instrumentistes.
4. Facteurs d'instruments.

Chap. II. Bibliographie.

§ 1. Traités, documents et musique publiés.
2. Traités, documents et musique inédits.
3. Lacunes et *desiderata*.

V

INSTRUCTIONS

POUR LA CONSERVATION, L'ENTRETIEN ET LA RESTAURATION DES ÉDIFICES DIOCÉSAINS ET PARTICULIÈREMENT DES CATHÉDRALES.

26 février 1849.

La Commission des arts et édifices religieux (section d'architecture), instituée, par l'arrêté du Gouvernement du 16 décembre 1848, près la direction générale de l'administration des cultes, a préparé la circulaire suivante, adressée à MM. les architectes des édifices diocésains. M. le Ministre [1] en a ordonné l'impression et la distribution [2].

Les architectes attachés au service des édifices diocésains, et particulièrement des cathédrales, ne doivent jamais perdre de vue que le but de leurs efforts est la *conservation* de ces édifices, et que le moyen d'atteindre ce but est l'attention apportée à leur *entretien*. Quelque habile que soit la restauration d'un édifice, c'est toujours une nécessité fâcheuse; un entretien intelligent doit toujours la prévenir.

La conservation des édifices dépend, non seulement du soin qu'on prend de les entretenir; elle peut être encore subordonnée à des causes extérieures que l'architecte doit étudier : tels sont l'isolement des constructions, l'assainissement du sol, l'écoulement facile des eaux. L'administration centrale ne négligera rien pour faire disparaître les causes de destruction et les inconvénients matériels que ses architectes pourraient lui signaler.

CONDUITE DES TRAVAUX.

1. Toutes les fois que l'importance des travaux l'exigera, l'architecte désignera l'emplacement des chantiers et ateliers affectés à chaque nature de travaux.

2. L'architecte et ses agents veilleront à ce que les chantiers soient fermés les dimanches et les jours fériés, sauf les cas d'urgence et l'autorisation de MM. les évêques.

3. L'architecte prendra les mesures nécessaires pour que les fers, les plombs,

---

[1] [M. de Falloux était alors Ministre de l'instruction publique.]

[2] Bien que ce document n'émane pas du Comité des arts et monuments, sa publication dans le Bulletin a paru utile, les instructions qu'il renferme pouvant s'appliquer à toute espèce de monuments.

les bois et autres matériaux ayant une valeur et appartenant aux édifices, soient rangés en magasin et inventoriés. Ces matériaux ne pourront être enlevés, lorsqu'ils devront être réemployés dans l'édifice d'où ils proviennent, que sur un ordre signé de l'architecte ou de ses agents.

4. Toutes les mesures de police que les architectes jugeront convenable de prendre, soit pour assurer l'ordre sur les travaux parmi les ouvriers, soit pour la conservation des monuments, seront notifiés aux entrepreneurs, qui devront, ainsi que leurs agents et ouvriers, s'y conformer scrupuleusement.

5. Les travaux, suivant leur nature, devront toujours être entrepris en bonne saison; et l'architecte et ses agents devront s'assurer, avant de commencer un ouvrage, que les matériaux sont disposés à l'avance et prêts à être employés, afin d'éviter des retards pendant l'exécution.

6. Lorsque, par suite d'une autorisation spéciale, il sera nécessaire de déposer, d'enlever ou de démolir certaines portions d'un édifice ayant une valeur au point de vue de l'art ou de l'archéologie, l'architecte devra faire dresser un état actuel des parties qu'il s'agit de remplacer, avant de commencer l'exécution.

7. Chaque entrepreneur est responsable des accidents et dégradations provenant de son fait ou de celui de ses ouvriers; s'il s'agit d'une construction neuve, l'entrepreneur reconnu coupable devra, en se conformant rigoureusement aux prescriptions de l'architecte, remplacer aussitôt et entièrement à ses frais les parties dégradées; si les parties dégradées appartiennent aux anciennes constructions, non seulement il devra les remplacer à ses frais, mais l'architecte se réservera en outre le droit de proposer à l'Administration l'application d'une retenue, qui pourra être portée jusqu'à la valeur de l'objet détruit et remplacé.

8. L'architecte et ses agents veilleront à ce que les matériaux provenant de démolitions soient immédiatement descendus sur les chantiers désignés; qu'ils ne soient jamais déposés, même temporairement, sur des voûtes, des dallages et des couvertures; que la descente de ces matériaux soit faite avec soin, au moyen d'équipages suffisants et de manière à éviter toute espèce d'accident.

9. L'architecte et ses agents auront le soin de s'assurer que les entrepreneurs chargés de travaux sont munis, chacun en ce qui le concerne, de tous les engins reconnus nécessaires; que ces engins sont en bon état et bien établis.

10. Les dépôts de matériaux, tels que bois de charpente, pierres, moellons, etc., devront toujours être isolés des monuments, de manière à ce que le voisinage de ces dépôts ne puisse être une cause de dégradation pour les édifices.

11. Lorsque des travaux seront exécutés à proximité de sculptures, statues, bas-reliefs, l'architecte et ses agents devront indiquer aux entrepreneurs toutes

les mesures de précaution nécessaires pour couvrir et protéger ces objets pendant la durée du travail.

12. L'architecte prendra toutes les mesures convenables pour que, pendant la durée des réparations, les vieilles maçonneries intérieures et les voûtes particulièrement soient autant que possible préservées de la pluie.

TENUE DES ATTACHEMENTS.

13. Les *attachements* se composent de la description détaillée et de l'exacte représentation des différentes parties des travaux. Le but des attachements étant de fournir tous les éléments propres à faciliter l'évaluation des travaux et le règlement des mémoires, il est indispensable, au fur et à mesure de l'exécution, de réunir tous les renseignements et dessins nécessaires pour les établir avec exactitude. Toutefois, il est important de remarquer que les attachements ne constatent que des faits, et ne peuvent être invoqués comme constituant un droit.

14. Les attachements devront particulièrement indiquer les parties qui pourraient être cachées, et celles qui deviendraient d'un accès difficile, soit par suite de l'enlèvement des échafauds, soit pour toute autre cause.

15. Les attachements constateront la forme, l'origine, les dimensions, la qualité ou le poids des matériaux employés, ainsi que les détails de leur mise en œuvre.

16. Ils préciseront le nombre des contremaîtres, compagnons et garçons présents, chaque jour, sur le chantier et qui travailleront à la journée, la nature des travaux auxquels ils auront été appliqués, enfin les raisons qui auront fait adopter le mode d'exécution à la journée, qui ne doit être employé que lorsqu'il sera impossible de faire autrement.

17. Les minutes écrites ou figurées seront relevées sur place, contradictoirement par l'entrepreneur ou ses préposés et l'agent de l'architecte, dans le cours ou à la fin de chaque journée; les minutes seront écrites à l'encre, tracées et classées par ordre de date sur des calepins uniformes réservés à cet usage.

18. Les attachements écrits ou figurés, d'abord mis au net par les entrepreneurs ou leurs préposés, revus ensuite, vérifiés ou corrigés par l'architecte ou son agent, d'après les minutes relevées contradictoirement, seront enfin reportés sur les registres, sans lacunes, surcharges et interlignes; les ratures seront faites de manière que les mots supprimés soient lisibles. Quant aux renvois, ils ne seront jamais interlignés, mais mis en marge et paraphés par les personnes qui doivent signer les attachements.

19. Les attachements dressés par les entrepreneurs seront écrits sur du papier à tête, ou tracés sur des feuilles séparées dont le format leur sera désigné, ainsi que l'échelle qu'ils devront adopter.

20. Chaque attachement indiquera la date du relevé et portera un numéro d'ordre.

21. Les attachements figurés qui ne pourront être contenus dans les registres seront tracés sur des feuilles séparées, autant que possible de même format, et annotés dans le corps du registre, où il leur sera donné un numéro d'ordre de renvoi.

22. Tous les attachements figurés, dessinés au trait, lavés s'il est besoin, seront toujours cotés avec le plus grand soin, de façon à déterminer d'une manière rigoureuse toutes les dimensions nécessaires à l'établissement du métrage et à l'appréciation des travaux. Chaque nature de pierre sera exprimée par une couleur spéciale, et, de plus, une *annotation particulière* indiquera tous les travaux exécutés en vieille pierre. Ces couleurs et cette annotation seront uniformes pour tous les attachements et seront indiquées par les architectes.

23. Tout attachement contenu dans les registres sur des feuilles séparées devra être reconnu, approuvé et signé, d'abord par l'agent qui l'aura dressé, et ensuite par l'entrepreneur, enfin par l'architecte après vérification.

24. Lorsqu'il deviendra nécessaire d'employer plusieurs registres pour inscrire des attachements indiquant des travaux de même nature, exécutés dans le cours du même exercice, ces registres seront classés suivant leur date et porteront chacun un numéro d'ordre.

25. Les registres d'attachement seront clos à la fin de chaque campagne, et devront être terminés par un résumé des travaux exécutés pendant l'exercice, et par un compte rendu de l'état des constructions à l'époque de la clôture des travaux.

ÉCHAFAUDS.

26. Les échafauds seront isolés le plus possible des anciennes constructions et les trous de scellement inévitables seront toujours pris dans une hauteur d'assise.

27. Ils ne devront jamais poser sur les parties faibles d'un édifice, telles que voûtes, terrasses, dallages, mais être montés sur les points d'appui solides, ou porter de fond. L'architecte et ses agents devront veiller à ce qu'ils soient exécutés avec soin, afin d'éviter les accidents.

28. Ils devront toujours être disposés de manière à ce qu'ils ne puissent briser les vitraux, les sculptures, écorner les moulures et engorger les chéneaux.

29. Ils seront munis des ponts nécessaires aux bardages des pierres et matériaux pesants, qui ne devront en aucun cas être roulés sur les terrasses, voûtes et vieilles maçonneries légères.

30. Les équipes pour le montage des matériaux seront toujours placées en dehors des plus fortes saillies des édifices, afin que, dans le cas de la rupture d'une chaîne ou d'un câble, ces matériaux, en tombant, ne détruisent pas les maçonneries inférieures.

MAÇONNERIE.

31. Dans les travaux de réparation et d'entretien, on ne remplacera que les parties des anciennes constructions reconnues pour être dans un état à compromettre la solidité et la conservation du monument.

32. Tout fragment à enlever, s'il présente un certain intérêt, soit pour la forme, la matière ou toute autre cause, sera étiqueté, classé et rangé en chantier ou en magasin.

33. Tous les matériaux enlevés seront toujours remplacés par des matériaux de même nature, de même forme et mis en œuvre suivant les procédés primitivement employés.

34. Toutes les pierres *incrustées* devront avoir le même volume que les pierres enlevées; elles seront *fichées* en mortier au refouloir; l'emploi du plâtre est interdit : il en est de même des mastics et ciments, qui ne seront adoptés que pour l'exécution de certains joints exposés directement à la pluie; les autres joints seront faits en mortier.

35. Les jointoiements ne seront exécutés que quand ils seront jugés indispensables et, dans ce cas, l'architecte devra les faire exécuter proprement, sans bavures sur les bords des pierres, légèrement enfoncés, de manière à ce que l'appareil soit toujours visible et dessiné. Si les pierres vieilles sont *épauffrées* par le temps sur leurs arêtes, les joints en mortier ne devront pas couvrir ces *épauffrures*, mais les laisser visibles et ne remplir que l'intervalle entre les pierres.

36. Tous les *refouillements* dans la vieille maçonnerie seront faits à la *masse* et au *poinçon*, jamais au *têtu* ou à la *pioche*. Tous les tasseaux nécessaires à la pose des pierres à incruster seront faits en bonnes billes de sapin ou de chêne; ils pourront être ordonnés en maçonnerie toutes les fois que l'architecte le jugera convenable.

37. Les cales nécessaires à la pose des pierres incrustées ne seront jamais faites en fer, mais en plomb ou en cœur de chêne, et toujours éloignées des parements.

38. Toute pierre vieille portant moulure ou sculpture ne pourra être remplacée que lorsqu'elle aura été marquée par l'architecte ou ses agents.

39. L'appareil des pierres neuves sera absolument semblable à l'appareil ancien. Dans les édifices du moyen âge, les arcs seront extradossés, les parements neufs faits en assises de même hauteur que les anciennes.

40. La plus grande attention sera apportée à l'exécution des tailles des parements et moulures. L'architecte devra observer à quelle époque et à quel style appartiennent ces tailles, qui diffèrent entre elles : il remarquera que les tailles antérieures au xiii° siècle sont faites assez grossièrement et au *taillant droit;* celles du xiii°, à la *grosse bretture* et *layées* avec une grande précision; celles du xiv°, à la *bretture fine* et *layées* avec plus de netteté encore; celles du xv°, à la *bretture* et au *racloir*, etc., etc. Sauf de rares exceptions qui peuvent contrarier ces usages, et dont on devra tenir compte, l'architecte fera exécuter les tailles des parties restaurées d'après les indications précédentes. On lui recommande de se défier des retailles, des grattages faits après coup, qui altèrent la physionomie des parements et la forme des profils; il faut rechercher alors les tailles primitives conservées sur les points peu accessibles ou masqués. Il en est de même pour les modifications apportées par des restaurations plus ou moins anciennes aux formes primitives; on devra examiner alors avec grand soin toutes les traces de ces formes et, dans le doute, en référer à l'Administration.

L'emploi de l'outil appelé *boucharde* est rigoureusement interdit.

41. L'étude approfondie du style des différentes parties des monuments à entretenir ou à réparer est indispensable, non seulement pour reproduire les formes extérieures, mais aussi pour connaître la construction de ces édifices, leurs points faibles et les moyens à employer pour améliorer leur situation. Ainsi l'architecte observera qu'au nord de la Loire les constructions dites *romanes* sont, jusqu'à la fin du xii° siècle, élevées en petits matériaux; que les murs, composés de deux parements de pierre, sans liaison entre eux, sans *boutisse,* contiennent, dans leur milieu, des blocages plus ou moins solides; que, souvent, par suite de cette disposition vicieuse, les parements se séparent et laissent entre eux et le blocage central des vides dangereux. Ce n'est donc qu'avec les plus grandes précautions que ces constructions peuvent être réparées; alors les étais ne suffisent pas toujours, parce qu'on risque de les appuyer sur des murs soufflés et de causer leur rupture et leur ruine. Dans ce cas, il est prudent de s'assurer, par des sondages, avant de rien entreprendre, de la solidité des massifs intérieurs et de leur degré de résistance. S'ils n'offrent pas une masse solide, il est nécessaire de relancer tout d'abord, et de distance en distance, des pierres *formant parpaing,* et qui relient les deux parements; après quoi, on peut reprendre successivement, et toujours par tranches verticales, les portions des parements qui sont mauvaises; on évitera les crampons en fer et, autant que possible, on remplacera

les massifs altérés par une plus forte *queue* donnée aux pierres de leurs parements.

D'un autre côté, l'architecte remarquera que les constructions des XIIIe et XIVe siècles sont généralement bien liées, et que les murs, minces d'ailleurs, sont composés de pierres portant fréquemment toute l'épaisseur de ces murs. Dans ce cas, mieux vaut laisser des parements dégradés à la surface que de les remplacer par des *carreaux* de pierre sans profondeur; car ce serait remplacer une bonne construction par une autre moins durable.

Quant aux édifices du XVe siècle, construits presque toujours, et de préférence, en pierre tendre, ils sont composés de matériaux d'une forte dimension. L'architecture de cette époque, évidée à l'excès, n'a de stabilité qu'à la condition d'être montée en grands matériaux; on ne saurait, sans imprudence, remplacer les parties dégradées sans conserver la grandeur de l'appareil : c'est le cas, plus que jamais, d'éviter les *rapiéçages,* qui altèrent toujours la solidité d'un édifice.

Presque tous les monuments religieux bâtis à la même époque, dans une même province, ont des points de ressemblance incontestables. Outre qu'un édifice célèbre a dû souvent servir de type autrefois à la plupart des monuments d'un même diocèse, des matériaux semblables, des usages pareils ont nécessairement produit des analogies frappantes dans la construction et la disposition. L'architecte ne devra donc pas s'en tenir à l'étude seule des cathédrales; mais, en examinant les églises de la même époque, bâties dans leur rayon, il y trouvera souvent de précieux renseignements pour réparer des constructions altérées ou détruites dans les monuments placés directement sous sa surveillance.

42. Les constructeurs du XIIe siècle ont presque toujours relié les différentes parties de leurs maçonneries par des *chaînages* en bois, d'un équarrissage de 20 à 25 centimètres, noyés dans l'épaisseur des murs; ces chaînages sont ordinairement posés sous les appuis des fenêtres, sous les corniches de couronnement, à la souche des contreforts, au-dessus des voûtes des bas-côtés. Les bois, pourris aujourd'hui, laissent, dans l'épaisseur des constructions, des vides dangereux. L'architecte devra toujours se défier de ces vides, qui ont pour résultat de provoquer le bouclement des murs. Dans les édifices du XIIe siècle, il s'assurera de la position de ces chaînages par des sondages, avant de rien entreprendre. Une fois leur position reconnue, la première opération sera de profiter des vides laissés par les bois pourris pour passer, à la place des solives réduites en poussière, des chaînages en fer, en ayant le soin de faire remplir le vide restant en bonne maçonnerie, fortement bourrée. Il augmentera ainsi la solidité des édifices et replacera les constructions dans leur état normal. Aux XIIIe, XIVe et XVe siècles, le système de chaînages en bois est remplacé par un système de crampons en

fer, reliant à certaines hauteurs les pierres de la construction et formant ainsi de véritables chaînages continus. Ces crampons, dont la longueur varie de 30 à 40 centimètres, quoique généralement coulés en plomb, se sont oxydés et ont fait éclater, par leur gonflement, une grande quantité de ces pierres cramponnées. Il est résulté de cet accident deux inconvénients graves : le premier, c'est que les pierres, ainsi fêlées dans leur épaisseur, ne font plus *parpaing,* et qu'alors les murs tendent à se dédoubler; le second, c'est que les crampons, ne tirant plus en pleine pierre, mais dans les fêlures qu'ils ont causées, ne relient plus les murs dans leur longueur. Ce fait doit fixer particulièrement l'attention de l'architecte qui devra, en remplaçant les pierres ainsi éclatées, supprimer les crampons cause de leur destruction et substituer à ce système de chaînage des tirants continus posés le long des parements extérieurs et intérieurs des murs, reliés entre eux de distance en distance par des boulons traversant ces murs, sans y être scellés. Ces tirants continus seront retenus à leurs extrémités par des ancres posées aux retours de ces murs. En un mot, on remplacera les crampons scellés dans chaque pierre par un système de chaînes qui *embrasseront,* soit les *souches* des contreforts en les reliant avec les piles intérieures au-dessus des bas côtés, soit les murs eux-mêmes, en les maintenant dans leur longueur et les retenant à des points d'appui solides. Quand il sera possible, par suite d'un *dérasement* général des vieilles constructions, de placer les chaînes dans l'épaisseur des contreforts ou des murs, elles devront être posées à plat dans un joint ou lit horizontal, entaillées dans la pierre aussi peu que possible, et si les ancres sont d'une forte dimension, elles devront être en fer galvanisé et coulées en plomb dans un trou laissant un scellement épais autour d'elles; on préférera le cuivre, si les ancres n'ont qu'une dimension faible. Pour les goujons destinés à maintenir les balustrades, les colonnettes et tous les détails d'une grande finesse, il sera toujours prudent de les faire faire en cuivre jaune. Les joints de ces colonnettes, les scellements des balustrades devront toujours être faits en plomb, bien coulés au moyen de *lumières*. Quant aux meneaux de croisées et de roses, non seulement les joints devront être coulés en plomb, mais, dans ces œuvres délicates, il faudra, autant que possible, éviter les goujons en fer et même en cuivre; c'est le plomb lui-même qui devra servir de goujon au moyen de deux trous pratiqués dans les joints. Les meneaux étant sujets à des tassements, à cause du peu de surface des lits de pose, il faut que les goujons qui relient chaque joint soient en métal très flexible; autrement, on ne pourrait éviter de fréquentes brisures.

43. Dans les parties élevées des édifices, dans les flèches, dans la construction des voûtes, l'architecte ne devra pas substituer à des matériaux légers des matériaux d'un poids plus considérable, car ce serait changer les conditions de stabilité.

44. L'attention de l'architecte devra particulièrement se porter sur l'entretien et la restauration des arcs-boutants; ils devront être surveillés avec soin, leurs joints entretenus constamment. Si des arcs-boutants sont tellement mauvais qu'ils ne puissent être conservés, ils ne sauraient être restaurés en partie; dans ce cas, il est nécessaire de les cintrer au plus tôt, d'étayer les murs des nefs à la hauteur de la poussée des voûtes et de chaque côté de ces arcs; puis on les démolira avec soin et sans secousses, et on les reconstruira en entier, depuis leur naissance jusqu'à leur portée, avec un nombre égal de claveaux, et en ayant le soin de ne point poser ces claveaux sur *cales,* mais bien à bain de mortier épais et en les *damant* fortement. Il n'est pas besoin de dire que l'ancien appareil de ces arcs devra être reproduit scrupuleusement. La flexion ou le mauvais état d'un arc-boutant entraîne presque toujours la déformation des parties de voûtes ou des piliers correspondants. L'examen des voûtes et piliers intérieurs est donc fort important pour connaître la situation réelle des arcs-boutants, et *vice versa.*

45. Après l'entretien des arcs-boutants vient celui des bandeaux et corniches formant *larmiers.* Le bon état de ces parties d'un édifice peut, sans inconvénients, laisser subsister longtemps des parements dont la surface seule serait détériorée.

ÉCOULEMENT DES EAUX PLUVIALES.

46. Jusqu'à la fin du XIIe siècle, dans les édifices qui nous sont conservés, les eaux pluviales s'écoulaient simplement par l'égout des combles, sans chéneaux, conduits, ni gargouilles. Les inconvénients de ce système, si simple d'ailleurs, se firent bientôt sentir : les eaux, déversées ainsi le long des murs, les imprégnaient d'une humidité qui ne tardait pas à les dégrader et qui rendait l'intérieur des monuments malsain et froid.

En changeant le style de l'architecture, les constructeurs du XIIIe siècle établirent sur tous les édifices des chéneaux qui, conduisant les eaux des couvertures dans des gargouilles saillantes en pierre, les faisaient tomber à une distance assez considérable des murs pour que l'humidité n'y pût pénétrer. Ce procédé resta en usage jusqu'au XVIIe siècle. Sur la plupart des édifices antérieurs au XIIIe siècle, des chéneaux et gargouilles ont été établis pendant les XIIIe, XIVe et XVe siècles. Dans ce cas, on devra entretenir et restaurer ces chéneaux et gargouilles suivant le système appartenant à l'époque où ils ont été posés; mais si, dans certains édifices romans restés intacts, on reconnaissait l'inconvénient des égouts simples, sans chéneaux ni gargouilles, et qu'il fallût en établir dans un intérêt de conservation, on ne saurait donner à ces chéneaux neufs un style particulier : il faudrait alors, afin de laisser au monument primitif toute sa pureté, se contenter de placer sur les corniches, et à la place de *coyaux* des combles, des chéneaux en plomb d'une grande simplicité, avec des gargouilles saillantes, également en plomb. S'il s'agit d'entretenir ou de réparer des chéneaux et gargouilles appartenant à des édifices élevés depuis le XIIIe siècle, l'architecte devra conserver scrupuleusement le système ancien d'écoulement des eaux; car ce système est inhérent à ces édifices mêmes, il influe sur leur forme : le changer, c'est ôter à la construction de ces monuments sa signification, c'est mentir à leur construction, et, par conséquent, tomber dans des inconvénients plus graves encore que ceux que l'on prétend éviter. En effet, le système alors adopté consistait : 1° à diviser les eaux pluviales le plus possible et à les conduire à ciel ouvert; 2° à débarrasser les bâtiments des eaux pluviales par le plus court chemin et, par conséquent, le plus promptement possible. C'est ainsi que, dans les grands édifices de cette époque, on voit les eaux, partant du chéneau des grands combles, couler rapidement dans des rigoles posées sur chacun des arcs-boutants comme sur un aqueduc, et s'échapper à l'extrémité des culées de ces arcs-boutants par des gueulards qui, posés horizontalement, ont, quelquefois, plus de 2 mètres de saillie sur le nu des contreforts. Quant aux eaux qui tombent, soit sur les combles des bas côtés, soit sur ceux des chapelles, elles s'écoulent, de même, directement, par un grand nombre de gargouilles qui, posées le plus en dehors possible des constructions, aux angles des contreforts, par exemple, divisent les eaux en une infinité de jets tombant immédiatement et sans ressauts sur le sol.

Vers le XVIIe siècle, beaucoup de ces caniveaux et gargouilles qui, dans nos grands édifices religieux, fonctionnaient depuis trois ou quatre siècles, se trouvaient détériorés par suite de la mauvaise qualité de la pierre ou par un long usage, souvent aussi par défaut d'entretien. Ces gargouilles, égueulées, brisées même, ces longs caniveaux des arcs-boutants rongés par la mousse, qu'aucune main ne venait enlever, laissaient les eaux suinter de tous côtés; les soubassements, balayés par ces jets poussés par le vent, montraient leurs joints ouverts, leurs parements dégradés. On commença, dès lors, à proscrire les gargouilles et à les remplacer dans quelques monuments par des conduites verticales en plomb qui, passant à travers les corniches, serpentant le long des contreforts, durent rejeter les eaux pluviales en dehors des édifices, au niveau même du sol. Heureusement, beaucoup de nos églises, trop pauvres ou mieux entretenues, ou construites en matériaux résistant bien à l'eau, n'ont point reçu cette nouvelle disposition.

L'usage, de nos jours, est de placer le long des murs de nos constructions des tuyaux verticaux en fonte pour conduire les eaux pluviales; on a voulu appliquer ce système aux édifices anciens. Or, ainsi que nous l'avons dit, ce système ne saurait s'appliquer à des édifices dans lesquels l'écoulement des eaux est soumis à un principe franchement accusé; en outre, il présenterait plus de dangers que d'avantages.

En effet, pour poser aujourd'hui des conduites verticales en fonte sur ces édifices anciens, il faudrait changer tout le système des pentes des chéneaux; autrement chaque gargouille devrait être remplacée par une conduite, et, dès lors, les monuments en seraient couverts : il faudrait percer des corniches, entailler les bandeaux, les ressauts et empattements de l'architecture, ou bien faire dévier les tuyaux, ce qui causerait des fuites ou des engorgements; il faudrait faire de nombreux scellements de colliers dans les murs et les contreforts, accrocher des cuvettes en métal à de la pierre.

En changeant ainsi l'aspect d'un édifice, on n'améliorerait même pas sa situation sous le rapport de sa conservation : car ces conduites s'engorgent nécessairement pendant les temps de dégel, et font alors couler les eaux en dehors des tuyaux, le long des murs; elles se brisent fréquemment lorsqu'une nouvelle gelée suit un dégel incomplet; elles forment, malgré la peinture dont on les couvre, un oxyde de fer qui corrode la pierre; leurs scellements la font éclater; elles occasionnent, par des fuites presque inévitables, une humidité permanente le long des murs et dans les angles où elles sont posées; elles sont d'un entretien difficile, et, enfin, les accidents fréquents auxquels elles sont sujettes sont bien plus funestes à la conservation des monuments que ne saurait l'être l'eau pure jetée par les gueulards, fouettée par le vent sur les parements, et presque aussitôt séchée par l'air. L'expérience l'a démontré : dans des monuments où des conduites en plomb avaient été posées dans le courant du xviie siècle (et le plomb en ce cas vaut mieux que la fonte), les constructions étaient bien plus altérées le long de ces conduites qu'elles ne l'étaient sous des gargouilles qui n'avaient pas cessé de fonctionner depuis six siècles.

On ne saurait donc admettre le système des tuyaux verticaux en fonte que dans certains cas particuliers, par exemple dans un monument neuf, où tout serait disposé pour que ces tuyaux fussent dirigés d'une manière convenable. Ils devraient être alors en rapport avec tout le système d'écoulement des eaux, surtout être isolés des murs, afin que l'air pût circuler à l'entour, et que, s'ils venaient à crever ou s'engorger, les fuites d'eau ne pussent causer aucun préjudice à la maçonnerie. L'architecte chargé de l'entretien des cathédrales et autres édifices anciens devra, nous le répétons, conserver partout le système primitif d'écoulement des eaux; si les pierres des chéneaux sont d'une nature poreuse, il convient de les doubler en plomb, surtout sur les points où ces chéneaux ne sont pas, par exception, à ciel ouvert, quand, par exemple, ils traversent des contreforts.

Il pourra, lorsqu'il reconstruira des arcs-boutants, doubler le dessous des rigoles qui les couronnent par des lames de plomb qui, renfermées sous le lit de ces rigoles, empêcheront les infiltrations sur l'*extrados* des claveaux de ces arcs.

L'architecte proposera le rétablissement de l'ancien système lorsqu'il aura été modifié, et, dans ce cas, il en étudiera la combinaison primitive avec le plus grand soin, car elle est presque toujours intelligente et conçue avec un raffinement de précautions; son attention doit se porter spécialement sur les points où tombent les jets lancés par les gueulards, comme, par exemple, le long des soubassements des édifices. Il proposera, sur ces points, des pavages ou dallages en pente, assis sur une forte couche de béton, avec caniveau ou égout de ceinture, afin que les eaux ainsi lancées ne se perdent pas, comme cela n'arrive que trop souvent, dans les fondations, mais soient promptement éloignées de l'édifice. Il veillera à ce que les gargouilles soient en bon état, versent bien les eaux et ne s'engorgent jamais.

PRÉCAUTIONS À PRENDRE CONTRE L'INCENDIE.

47. L'architecte devra s'occuper, dans les édifices qui lui sont confiés et particulièrement dans les cathédrales, de la pose des paratonnerres et de leurs conducteurs, surveiller leur entretien et s'éclairer de toutes les instructions spéciales sur ce sujet. Il devra, sur les terrasses et autres lieux élevés et facilement accessibles, disposer des réservoirs se remplissant par les eaux de pluie. Dans les tours, près des combles des cathédrales, des échelles, quelques seaux à incendie, des haches, crochets, éponges et autres engins de pompiers, devraient être mis en réserve sous la surveillance des gardiens de ces édifices, afin qu'à la première alarme ils puissent être mis à la disposition des personnes qui viennent porter des secours.

Dans les archevêchés, évêchés et séminaires, il serait nécessaire que de semblables précautions fussent prises, et les architectes sont invités à faire des propositions particulières à cet effet.

48. Les plombiers chargés d'exécuter des réparations aux plombs des toitures, chéneaux, etc., devront être munis de fourneaux couverts, entourés d'une chemise en tôle.

L'architecte et ses agents veilleront à ce qu'il y ait toujours, pendant le travail, un seau plein d'eau à côté de chaque fourneau. Pour faire fondre le plomb ou la soudure, l'emploi du bois sera rigoureusement interdit aux plombiers, qui ne devront employer que du charbon ou la flamme du gaz.

CHARPENTE.

49. Les charpentes de nos anciens édifices sont établies d'après un système qui n'est plus en usage aujourd'hui : dans les charpentes de comble anciennes, chaque *chevron* porte *ferme;* aujourd'hui, l'usage est d'établir des fermes de dis-

tance en distance, sur lesquelles on pose des pannes, et enfin les chevrons, la volige et le plomb, l'ardoise ou la tuile. Ces deux systèmes produisent des résultats très différents : le premier a l'avantage de charger également les murs dans toute leur longueur et de pouvoir se poser sur des têtes de mur d'une très faible épaisseur; le second reporte le poids du comble sur certains points au droit des fermes, et, à cause de la triple épaisseur de l'*arbalétrier*, des *pannes* et des *chevrons*, demande, pour être convenablement assis, des points d'appui larges. Il est donc nécessaire de conserver l'ancien système des charpentes de comble dans les vieux édifices élevés pour les recevoir, et de les réparer dans la même forme, le système actuel ne pouvant y être appliqué le plus souvent sans qu'il en résulte des *inconvénients*.

L'architecte, toutefois, remarquera que, dans les anciens combles encore conservés, il se manifeste quelquefois, par suite d'un défaut de construction primitif, un mouvement de déversement, qui, en détruisant les assemblages, a toujours pour résultat de pousser les pignons des faces en dehors. Dans ce cas, en *moisant* les poinçons des fermes par une suite de *croix de Saint-André*, qui les relient entre eux, on peut arrêter ce mouvement dangereux. Trop souvent aussi, par suite de modifications ou de réparations mal entendues, les anciennes charpentes poussent les murs des nefs en dehors. L'architecte devra s'empresser de proposer un remède efficace à ce mal; il devra s'assurer que les charpentes ne posent pas sur les voûtes, et, lorsque ces dernières dépassent, comme il arrive souvent dans des monuments du xii° siècle, le niveau des corniches, il devra proposer l'emploi de moyens destinés à remplacer le tirage des entraits, qui, dans ce cas, ne peuvent exister.

COUVERTURES. — PLOMBERIE.

50. L'architecte mettra tous ses soins à ce que l'entretien des couvertures ne soit jamais négligé; il ne changera jamais la nature des matériaux d'une couverture sans une autorisation spéciale.

COUVERTURES EN PLOMB.

51. L'architecte observera que, dans les couvertures de plomb anciennes, et lorsque les pentes des combles sont fortes, les tables de plomb sont sujettes, qu'elles soient posées en long ou en large, à arracher leurs attaches, par suite de leur poids, qui tend à les faire descendre. Lorsqu'il y aura lieu de réparer ces sortes de couvertures, il faudra donc employer, pour attacher les lames de plomb à la volige, des moyens assez efficaces pour éviter ces déchirements : retourner le bord supérieur des tables de plomb, de manière à leur faire faire agrafe sur la volige, et les clouer à l'intérieur, c'est empêcher toute espèce de glissement.

52. Lorsque l'architecte devra réparer ou remanier des couvertures de plomb, il s'assurera, avant de déposer les vieux plombs, qu'il n'existe aucune gravure ou peinture, aucun dessin, sur les tables; s'il s'en trouvait, il aurait le soin de faire calquer avec soin toutes ces traces, et d'en référer à l'Administration avant d'entreprendre le remplacement des tables. Faute d'avoir pris cette précaution, bien des dessins curieux gravés sur d'anciens combles ont été perdus. Il en sera de même pour les faîtages, crêtes, ornements de flèches, de poinçons, etc., et pour toute plomberie ouvrée. Autant que possible, on devra s'appliquer à conserver tels quels ces ornements de couverture; mais, lorsque des réparations urgentes devront nécessiter leur dépose, elle sera faite avec assez de soin pour que ces objets puissent être replacés et ressoudés; lorsqu'il faudra remplacer ces ornements eux-mêmes par suite de leur état de dégradation, les ornements nouveaux devront être faits par les mêmes procédés, avec des matières semblables aux anciennes, et sur des estampages, moules et modèles pris sur les originaux déposés.

COUVERTURES D'ARDOISES.

53. L'architecte, lorsqu'il aura à remanier ou remplacer des couvertures en ardoises, devra faire en sorte de substituer aux vieilles ardoises brisées des ardoises de même épaisseur et de même dimension que les anciennes. Il observera que, sur les vieux combles, les premiers couvreurs ont souvent tracé des compartiments formant des dessins, tels que losanges, chevrons, méandres, etc., en disposant sur la volige des ardoises de diverses nuances ou de reflets différents. Il recherchera et complétera ces dessins, presque toujours détruits en partie par des réparations successives.

COUVERTURES EN TUILES.

54. Les couvertures en tuiles anciennes sont rarement conservées intactes. Remaniées à plusieurs reprises, elles présentent un assemblage de tuiles de dimensions et de qualités différentes. L'architecte s'appliquera à retrouver le système primitivement adopté; s'il rencontre dans les vieilles couvertures des tuiles de diverses couleurs, ou vernies ou mates, avant d'entreprendre les réparations, il recherchera la composition des dessins formés par ces tuiles variées, et reproduira ces compositions dans les réparations qu'il exécutera. Il observera si les tuiles primitives étaient retenues avec des clous, des chevilles ou des crochets, et fera fabriquer des tuiles semblables en tout aux anciennes, afin de ne changer ni le système de la couverture première, ni son aspect.

Il examinera avec soin les faîtières; si elles étaient décorées d'ornements saillants en terre cuite, ou simples, il les fera reproduire dans leur forme ancienne.

COUVERTURES EN DALLES.

55. Les couvertures en dalles ne peuvent être posées directement que sur des voûtes romanes, et encore ce système est-il toujours défectueux, surtout dans un climat humide. Dans le midi de la France, il existe encore une grande quantité de voûtes ainsi couvertes, c'est-à-dire en dalles posées sur un massif de maçonnerie ou béton adhérant aux voûtes. L'architecte respectera toujours le principe déjà posé de ne jamais apporter de changements au système de construction primitif; il devra donc réparer les couvertures en dalles, en conservant l'ancien mode de construction, et en l'améliorant, s'il est possible, soit par des *chapes* hydrofuges sous les dallages, soit par la substitution de dalles d'une qualité *froide* et compacte à des dalles poreuses, soit par des combinaisons de recouvrements qui empêchent les infiltrations pluviales dans les joints. Mais, dans les monuments du Nord, et surtout à partir du XIIIe siècle, les anciens dallages ne portent jamais sur des voûtes légères, qui ne sauraient les recevoir sans danger. Ils sont disposés sur des arcs ou des *pannes* en pierre, et laissent entre eux et les voûtes un espace libre. L'architecte ne pourrait modifier cette construction sans imprudence et sans encourir une grave responsabilité; il devra même rechercher si, par suite de changements apportés à la construction primitive, les dallages actuels ne présentent pas de ces vices de pose qui auraient pour résultat de les faire appuyer sur des voûtes, et, dans ce cas, il proposerait à l'Administration de remettre les choses dans leur premier état. Quant aux dallages eux-mêmes, le système généralement suivi autrefois, qui consiste à superposer les dalles en recouvrement, et à ramener les eaux dans le milieu de chaque dalle, comme dans un large caniveau, pour les rejeter sur celles de dessous, avec des bourrelets peu saillants réservés le long des joints, est celui qui paraît devoir être adopté comme le plus simple et le moins difficile à entretenir. Du reste, en thèse générale, l'architecte devra, en réparant les anciens dallages, suivre le mode adopté primitivement et dont il trouverait des traces sur place; dans le cas où ce mode paraîtrait défectueux, il en proposerait un autre à l'Administration.

L'architecte évitera, dans les dallages, les *couvre-joints* en pierre, sujets à se briser et à retenir une poussière humide qui produit bientôt des mousses et des herbes. Lorsque les joints longitudinaux sont à découvert et bien protégés par les bourrelets en pierre qui en éloignent les eaux, lorsqu'ils sont d'une largeur convenable (d'un centimètre environ), il est facile de les entretenir avec de bon ciment, des mastics ou du plomb, et lors même qu'ils resteraient béants, à peine s'ils laisseraient filtrer quelques gouttes d'eau, puisqu'ils ne peuvent absorber que celles qui tombent directement du ciel.

SERRURERIE.

56. Sans vouloir repousser les perfectionnements apportés dans l'industrie des métaux, l'architecte chargé de l'entretien des monuments anciens devra bien se garder de modifier le système adopté dans la vieille serrurerie; car ce système est essentiellement rationnel et en rapport avec la nature de la matière à laquelle il s'applique. L'architecte remarquera que les ferrures des verrières, par exemple, ne sont jamais assemblées à *mi-fer*, mais que les traverses et montants conservent toute leur force aux assemblages; que ces montants ou ces traverses se *coudent* et ne s'*entaillent* point; que les fers sont retenus, non par des *goupilles*, mais par des *repos*. Il verra que, dans ces ferrures, lorsqu'elles sont exécutées avec soin et qu'elles n'ont pas été dénaturées, l'assemblage des tringlettes destinées à maintenir les panneaux de verre est simple et solide; que celles-ci peuvent toujours se déposer et se reposer facilement, sans qu'il y ait ni vis, ni *goupilles* à briser; que, dans la serrurerie, tous les assemblages sont apparents; que, sur ces points, les fers, loin d'être affaiblis, sont au contraire renforcés; que toutes les pièces se superposent ou s'enchevêtrent et ne sont jamais maintenues entre elles par des procédés empruntés à la menuiserie ou à la charpente.

Si, par suite d'une mauvaise exécution première, l'architecte est obligé d'améliorer certaines combinaisons de serrurerie, il devra toujours le faire avec l'esprit rationnel qui guidait les ouvriers anciens. Il ne devra jamais substituer la fonte au fer forgé, et si l'art du forgeron est négligé de nos jours, avec de la persistance et du soin, l'architecte pourra partout, grâce à l'intelligence de nos ouvriers, qui ne demandent que des difficultés à vaincre, faire produire aujourd'hui à cet art ce qu'il produisait autrefois.

57. S'il s'agit de serrurerie appliquée à la menuiserie, à la charpente, l'architecte ne perdra jamais de vue ce principe, qu'aucune partie de la construction ne doit être dissimulée, mais au contraire qu'elle doit concourir à l'ornementation. En conséquence, les gros fers, pentures et ferrures de portes, serrures, verroux, équerres, pattes, charnières, clous et boutons, ne sauraient être entaillés et masqués dans l'épaisseur du bois; ils doivent être apparents, travaillés avec soin et de manière à indiquer franchement leurs fonctions et usages.

OBSERVATIONS GÉNÉRALES SUR L'EMPLOI DES MATÉRIAUX.

58. Les divers matériaux employés dans la construction ont des qualités particulières qui leur sont propres; les procédés en usage pour les mettre en œuvre diffèrent suivant la nature de ces matières mêmes. Il ressort de ce fait un prin-

cipe dont les architectes anciens ne se sont pas départis, et qui doit servir de guide aujourd'hui à ceux qui sont chargés de réparer nos anciens édifices : c'est que les formes qui conviennent à certains matériaux d'une même nature, comme la pierre par exemple, ne sauraient convenir à d'autres d'une nature différente, comme le bois, et réciproquement. Les formes se modifient en raison de la nature des matériaux, l'architecte, en reproduisant ou complétant les différentes parties de nos anciens édifices, doit tenir compte, avant tout, de la nature des matériaux qu'il met en œuvre; ne pas appliquer à des boiseries les formes usitées pour la pierre, à de la brique moulée celles qui conviennent à de grands matériaux taillés au ciseau, à du fer forgé celles que comportent le cuivre ou le fer fondu, etc., etc. Il observera donc ce principe rationnel dans les projets qu'il soumettra à l'Administration, et devra se pénétrer des exemples encore existants des diverses industries anciennes.

SCULPTURES D'ORNEMENT.

59. Les sculptures d'ornement à reproduire seront exécutées le plus possible d'après les fragments anciens eux-mêmes, et, à leur défaut, d'après les estampages ou des dessins modelés.

60. L'ornementation ancienne ne sera remplacée que lorsqu'il sera impossible de la conserver : ainsi la sculpture fruste ou endommagée, toutes les fois que la construction à laquelle elle tiendra ne sera point mauvaise, devra être conservée avec soin.

61. Les sculptures de nos édifices anciens étant toujours exécutées sur le chantier avant la pose, chaque morceau de pierre portait son fragment d'ornement, et les joints ou les lits des pierres ne venaient pas contrarier la décoration. Ce système constant, auquel il n'est jamais dérogé du XII° au XV° siècle, doit servir de guide à l'artiste qui restaurera ces édifices. Ainsi, dans les parties sculptées, il ne devra changer ni la hauteur des *lits*, ni l'écartement des joints verticaux; car il faudra qu'il retrouve sur chaque pierre l'ornement qui s'y voyait sculpté, qu'il observe même les *irrégularités premières*, afin que le travail neuf ne soit point en contradiction avec le système de construction et de décoration originel.

62. Il apportera dans l'exécution des sculptures d'ornement des soins tout particuliers; non seulement il devra imiter scrupuleusement les formes anciennes, mais aussi le travail de la sculpture, qui varie à chaque époque. Il s'attachera à distinguer les restaurations plus ou moins récentes, notera les originaux bien authentiques, les examinera avec soin, les étudiera, s'identifiera avec les formes anciennes.

S'il est nécessaire de refaire à neuf une partie complètement détruite, l'architecte cherchera des modèles d'ornementation dans des monuments de la même époque, dans une position analogue et dans la même contrée ; il ne commencera l'exécution qu'après avoir fait approuver ses projets graphiques par l'Administration.

63. Il est rare que, dans des ornements courants à remplacer, il n'existe pas quelque partie en bon état ; on devra la conserver en place ou la reposer comme un témoignage de l'état ancien.

On remarque dans l'exécution de ces ornements des différences qui proviennent du plus ou moins de talent des ouvriers ; il est bien entendu que les fragments qui paraissent avoir servi de modèles, et qui sont probablement l'œuvre de *maîtres* habiles, doivent être conservés de préférence. En reproduisant des ornements courants, l'architecte remarquera qu'ils sont toujours empreints d'une certaine variété qui, sans altérer l'unité d'aspect, exclut la froideur et la monotonie ; il tâchera d'employer des sculpteurs habiles, intelligents, familiarisés déjà avec ces œuvres et en comprenant l'esprit.

VITRERIE. — VITRAUX COLORIÉS.

64. L'entretien et la conservation des verrières de nos églises demandent la plus grande attention.

Lorsque les verrières sont précieuses sous le rapport de l'art et de l'histoire, on devra, surtout à rez-de-chaussée, les faire garnir à l'extérieur de fins grillages, non point scellés dans l'architecture ou les meneaux, mais maintenus après les ferrures mêmes des fenêtres.

65. Lorsque les verrières seront en mauvais état et qu'il deviendra nécessaire de réparer la mise en plomb, l'architecte surveillera cette opération avec soin ; il empêchera qu'il n'y ait de déplacements opérés dans les panneaux lors de la repose, ou qu'aucun fragment des verres anciens ne soit enlevé. Les plombs d'assemblage que l'on sera obligé de remplacer devront avoir une forte épaisseur, conforme à celle des plombs primitifs ; ils seront bien soudés à leur rencontre, mais non point sur toute leur étendue, ce qui rendrait les réparations ultérieures difficiles. Si des fragments de verres viennent à manquer, on les remplacera provisoirement par du verre blanc *dépoli* ou *teinté*, et jusqu'à ce que la restauration puisse être achevée d'une manière convenable.

66. Pour éviter l'oxydation des fers, si nuisible à la conservation des verrières, il est essentiel de faire peindre ces fers dès que la rouille se forme à leur surface.

67. Lorsque des panneaux seront en réparation, on devra se garder d'en faire nettoyer ou gratter les verres; il faudra se borner à les passer dans l'eau pure, bien éponger et sécher, sans employer ni brosses ni linge.

68. Jamais un panneau ne devra être démonté, sans que préalablement l'architecte n'ait fait ou fait faire un calque parfaitement conforme du panneau ancien, avec l'indication des plombs, du modelé, des couleurs et des cassures. L'architecte sentira la nécessité de cette mesure, destinée à mettre sa responsabilité à couvert; il comprendra aussi, par la même raison, qu'il ne saurait faire sortir des verrières ou fragments de verrières des localités où elles se trouvent, sans une autorisation spéciale de l'Administration; que les réparations et mises en plomb devront toujours être faites dans le monument même, ou dans une de ses dépendances, et sous sa surveillance particulière ou celle de son agent.

PEINTURES. — BADIGEONNAGE. — RAGRÉAGE.

69. Toutes peintures ou fragments de peintures anciennes existant dans les monuments diocésains devront être respectés et préservés de tout dommage. S'il existe des traces de peintures sur des parements de murailles qu'il est absolument nécessaire de démolir, l'architecte devra faire des calques de ces fragments, ainsi que des copies réduites, avec l'indication des couleurs, avant de détruire le parement, et, dans ce cas, il ne devra même rien entreprendre sans avoir préalablement averti l'Administration, et avant d'avoir reçu des instructions spéciales.

70. Toute espèce de badigeonnage intérieur ou extérieur est interdit dans les cathédrales et les églises.

71. Si le débadigeonnage d'un édifice est autorisé, cette opération ne pourra être faite qu'au moyen du lavage ou du brossage, et en n'employant que des instruments de *bois*. L'emploi des *racloirs* en métal est expressément interdit. Le débadigeonnage des bas-reliefs ou des sculptures ne devra jamais être confié qu'à des ouvriers habiles et soigneux, et sévèrement surveillés par l'architecte ou son agent. On évitera d'enlever les traces de peintures anciennes qui peuvent se trouver sous le badigeon, et, s'il s'en trouve, l'architecte ou son agent devront le constater immédiatement.

Pour enlever le badigeon sans altérer les peintures qu'il recouvre, on devra l'imbiber avec de l'eau chaude, et attendre, pour l'enlever avec des racloirs de bois, qu'il soit boursouflé, ce qui arrive peu de temps après l'application de l'eau chaude.

72. Dans certains cas, sous le prétexte de donner une apparence neuve à des constructions anciennes, soit à l'intérieur, soit à l'extérieur des édifices, ou de

les raccorder avec des restaurations récentes, on a souvent ragréé des parements, moulures ou sculptures noircies par le temps. Cette opération, qui altère les tailles primitives, modifie la forme et le caractère des moulures ou sculptures, est formellement interdite.

MENUISERIE.

73. Beaucoup de fragments d'ancienne menuiserie existent encore dans les monuments diocésains, et notamment dans les cathédrales. Ces restes, quels que soient d'ailleurs leur importance ou leur degré d'utilité, doivent être soigneusement conservés. Ils sont intéressants sous tous les rapports; car, outre la valeur qu'ils peuvent avoir comme objets d'art, ils offrent toujours des exemples, rares aujourd'hui, d'une industrie très perfectionnée autrefois. Non seulement les architectes devront s'appliquer à conserver ces objets lorsqu'ils sont encore en usage, mais ils rechercheront ceux qui pourraient être relégués dans des magasins ou dépendances des cathédrales, et les feront connaître à l'Administration. S'ils sont appelés à réparer ces objets, ils ne devront le faire qu'avec la plus grande circonspection, et en suivant les procédés primitifs, de manière à respecter les formes et la construction anciennes.

Les menuiseries extérieures, surtout celles des portes, devront être imbibées d'huile chaude au moins *une fois tous les trois ans*. Les serrures et les ferrures qui y sont attachées ne seront jamais ni changées, ni modifiées sous aucun prétexte.

MOBILIER DES CATHÉDRALES.

74. S'il est nécessaire de remplacer, de modifier ou de déplacer certaines parties du mobilier des cathédrales, telles que stalles, autels, bancs d'œuvre, buffets d'orgue, grilles, clôtures, tabernacles, crédences, tableaux, tapisseries, etc., etc., ce ne pourra être que sur une autorisation de l'Administration. Ces objets, à la conservation desquels l'architecte apportera ses soins, devront, en tous cas, être disposés par lui de manière à n'altérer en rien la forme primitive du monument. On évitera absolument les entailles et les scellements dans les piles ou murs des édifices. Enfin, dans le cours de la première année de leur installation, les architectes devront dresser un inventaire raisonné de tous ces objets existant dans les cathédrales placées sous leur surveillance, et faire remettre copie de ces inventaires à l'Administration, après les avoir fait collationner par MM. les évêques. Il sera procédé de la même manière à l'égard des objets anciens composant les *trésors* des cathédrales.

75. Lorsqu'il existera parmi les dalles qui couvrent le sol des cathédrales des pierres tombales gravées ou sculptées, et que ces pierres seront dans un lieu de passage, l'architecte proposera à l'Administration de les remplacer par des pierres

ordinaires, et il disposera ces tombes debout, le long des parements unis des chapelles, des bas côtés ou des transepts, à l'intérieur, en ayant le soin de les placer sur des socles peu élevés, simplement adossées au mur, et retenues seulement par quelques pattes en cuivre proprement scellées dans la muraille, et le plus possible entre des joints d'assises. Il ne pourra, en aucun cas, ni les faire poncer pour les blanchir, ni faire regraver les parties usées. Il est invité à les faire estamper en papier, au moyen de poussière de mine de plomb, suivant le procédé ordinaire, et à faire remettre ces estampages à l'Administration.

76. Dans les cathédrales et autres édifices diocésains où se trouveraient des carreaux *en terre cuite émaillée* formant des pavages ornés ou des mosaïques, l'architecte prendra des mesures pour les préserver des dégradations; et, si ces carreaux étaient placés dans un lieu de passage, il les fera transporter dans une chapelle ou tout autre endroit où ils pourraient être facilement conservés. Dans tous les cas, il les fera dessiner avec soin. S'il y avait lieu de refaire le pavage dans des chapelles dont l'aire aurait été couverte autrefois de carreaux émaillés, on s'appliquera à reproduire avec exactitude les dessins primitifs. A cette occasion, on invite les architectes à bien constater le niveau primitif des églises toutes les fois qu'ils auront à refaire des dallages. Les anciens niveaux doivent être maintenus ou même rétablis, s'ils avaient été modifiés.

77. La commission des édifices diocésains recevra toujours avec intérêt les communications que MM. les architectes auraient à lui adresser touchant l'entretien ou la réparation de ces monuments; elle s'empressera de leur transmettre ses avis motivés sur toutes les questions qui lui seraient soumises.

TABLE DES DOCUMENTS.

I. Instructions sur l'architecture gallo-romaine, par MM. Mérimée, Albert Lenoir et Lenormant.. 3
II. Instructions sur l'architecture du moyen âge, par MM. Auguste Leprévost, Albert Lenoir et Mérimée.. 61
III. Instructions à l'usage des voyageurs en Orient, par M. Albert Lenoir........ 231
IV. Instructions sur l'archéologie, par M. de la Villegille.................. 335
V. Instructions sur la musique religieuse, par M. Bottée de Toulmon......... 361
VI. Instructions sur les poésies populaires de la France, par M. Ampère....... 373
VII. Instructions sur la philologie, par M. Le Clerc........................ 441
VIII. Instructions sur l'histoire, par M. Chéruel........................... 461
IX. Instructions sur le répertoire archéologique de la France, par M. Chabouillet. 471
X. Instructions sur le dictionnaire géographique de la France, par M. Léopold Delisle.. 481
XI. Instructions sur la description scientifique de la France, par MM. Belle, Chatin, Delambre, Hébert, Pasteur, Serret et G. Ville................ 499
XII. Instructions sur les sciences économiques et sociales, par M. Levasseur.... 539
XIII. Instructions sur la recherche des antiquités et les travaux de géographie comparée en Tunisie, par M. S. Reinach................................ 545

APPENDICE.

I. Extrait d'un rapport de M. de Gasparin, contenant des instructions relatives à la conservation des monuments................................... 563
II. Rapport de M. de Courcelles, relatif à une monographie de la musique.... 591
III. Plan d'instructions sur l'archéologie franque, par M. l'abbé Cochet....... 609
IV. Plan d'instructions sur la musique, par M. de Coussemaker.............. 613
V. Instructions pour la conservation, l'entretien et la restauration des édifices diocésains et particulièrement des cathédrales........................ 617

TABLE ANALYTIQUE.

A

Abailard, 565; — sujet d'un chant populaire en latin, 380; — auteur du *Sic et non*, cité, 442.

Abbayes, 63, 474, 482; — origine, 63; — cloîtres des abbayes du moyen âge, 345. — Voir Blanchelande, Fitero, Fleuri, Marmoutier, Saint-Évroult, Saint-Ouen, Saint-Victor, Savigny.

Abbés; — leurs places dans les églises gothiques et romanes, 96; — leurs habitations dans les monastères, 275; — leurs insignes, 352.

Abords des basiliques romaines, 43; — des basiliques latines, 65.

Abou-Goch (Emmaüs), église gothique, 264.

Absides des basiliques latines; — voiles les fermant, 65; — formes, 73; — corniches, 73; — modillons, 73; — fenêtres, 73; — position, 73; — toits, 73; — voûtes, 74, 75; — absides des églises byzantines, 82, 85, 86, 245, 247, 248, 251, 254; — des églises gothiques et romanes, 99, 160; — voûtes, 95, notes; — formes, 96; — extérieur, 157, 158, 159; — absides des basiliques civiles romaines, 95, notes; — des basiliques primitives de l'Orient, 254; — d'une église auprès de l'acropole d'Athènes, 254. — Voir Catholicon, Μονὴ τῆς Κορᾶς, Saint-Saba, Theotocos.

Abyssinie, monastères, 275.

Académie celtique. Voir Mémoires.

Académie de Bavière. Voir Mémoires.

Acanthe (Feuilles d'), sculptées sur les chapiteaux romains, 22.

Accessoires des philippes d'or imités, 55.

Accroissements de Byzance, 232.

Acheloüs (Le bœuf), combattu par Hercule, 285.

Achery (Luc d'), auteur du *Spicilegium veterum aliquot scriptorum*, cité, 462, notes.

Achmet (Mosquée d'), à l'Atmeïdan, 289; — ses portes de bronze, 319.

Acotylédones (Plantes), 519, 520, 521.

Acropole de Marseille, 14; — voir César, Strabon; — acropole romaine, 20; — de Démétrius, à Byzance, 232; — d'Athènes, 238, 254.

Acropolis (Temples de l'), 14.

Acrotères ornant les toits gothiques et romans, 134.

ACTA SS. ORDINIS S. BENEDICTI IN SÆCULORUM CLASSES DISTRIBUTA, 463, notes.

ACTA SANCTORUM QUOTQUOT TOTO ORBE COLUNTUR, collection des Bollandistes, 463, notes.

Adam de Le Hale, musicien, 599.

Adana (Église d'), 261.

Adcantuanus, chef gaulois, son nom sur les médailles gauloises, 54.

Adeline (J.), auteur d'un *Lexique des termes d'art*, 550.

Administration. Voir Conseils, Départements, Districts, Élections, Intendances, Municipalités, Pays d'états.

Adoption du style latin par les Goths, les Lombards, les Vandales, 63.

Adour (*L'*), 432.

Aérolithes, 10, notes.

Afrique (Province romaine d'). Voir Tunisie.

Afrique; — influence du christianisme, 232 ; — monastères, 276 ; — fortifications de Tébessa, 278 ; — basilique de Tébessa, 303 ; — verrerie, 322 ; — céramique, 324 ; — carrières de pierre et de marbre, 331.

Agates travaillées par les Byzantins, 328. — Voir Bijoux, Cachets, Colonnes, Vases.

Agatha (Agde), colonie grecque, 14, 52, 53.

Agde. Voir Agatha.

Agger, 17, 24, 28. — Voir Amas, Fossés, Parapets, Remparts.

Agolant ou *Aspremont*, ancien poème, 449 ; — éditeur, M. Bekker.

Agora (*L'*), place publique grecque, 17.

Agrafes; — romaines trouvées sur le sol, 341 ; — des dignitaires ecclésiastiques, 352 ; — en bronze découvertes en Tunisie, 559.

Agriculture, 532, 533, 540 ; — statistique agricole, 534. — Voir Animaux domestiques, Assolements, Baux, Cultures, Desséchements, Drainages, Exploitations rurales, Irrigations, Voyages agronomiques.

Aïasch. Voir Cannidali.

Aigle (Palais de l'), à Constantinople, 233, 285, 291.

Aigues-Mortes; — pont fortifié, 177 ; — portes, 180 ; — moucharabys de l'enceinte, 194 ; — remparts, 205.

Aiguières dans les églises du moyen âge, 354.

Aiguilles en bronze découvertes en Tunisie, 559.

Aiguilles des clochers gothiques et romans, 164, 165, 166.

Aimeri de Narbonne dans les anciens poèmes français, 452 ; — imitations italiennes, 452. — Voir Enfants.

Aimon; — les Quatre fils Aimon, le Champion de la Croix Aimon figurés sur une enseigne de boutique, 453.

Aivan-Hissari-Kapou (Porte d'), à Constantinople, 285.

Aix, 384 ; — ruines d'anciennes forteresses, 32, 288. — Voir Bends, Messe du peuple.

Aix-la-Chapelle, temple consacré à la Vierge, 240.

Aladja (Église d'), 260.

Albani. Voir Galerie Albani.

Albâtre fermant les ouvertures des fenêtres latines, 73, 75 ; — employé pour les sculptures du moyen âge, 153 ; — statuettes ornant les retables des églises du moyen âge, 344.

Albin, empereur; — ses monnaies, 56; — ses médaillons, 57.

Alep, monuments militaires, 278.

ALEXANDRE, ancien poème français, 455, 456; — éditeur, M. Michelant.

Alexandrie, fabriques d'étoffes, 328.

ALEXANDRINUM (Opus), l'un des procédés employés par les mosaïstes latins, 70, 71, 75. — Voir Mosaïques.

ALGÈBRE, ses développements en Orient pendant l'ère chrétienne, 329, 330.

Ali-Bey (Voyage d'), cité, 266.

ALIGNEMENTS, 7, 473. — Voir Carnac, Stone-Heuge.

Alleaume, 485.

ALLÉES COUVERTES, 9, 340. — Voir Essé, Tanzé.

ALLÉES NON COUVERTES, 7. — Voir Alignements.

Allemagne, 391; — développement du style latin, 63; — basiliques latines, 67; — architecture byzantine, 81; — documents philologiques, 446, 449; — orgues, 590; — musique, 606.

ALLEMAND (Dialecte), parlé dans l'est de la France, 375. — Voir Ballades, Chants populaires.

Alluye (Tour d'), 213, 215, notes; — plan, 213.

ALPHA (α), attribut du christianisme, 78.

ALPHABET gaulois, 54. — Voir Caractères.

ALTÉRATION, terme de musique, 367. — Voir Bécarre, Bémol.

Altiburos. Voir Médeina.

Amadis, dans les anciens poèmes français, 446.

AMAS de terre, 27. — Voir Agger, Fossés, Parapets, Remparts.

Ambiorix, chef gaulois, son nom sur les médailles gauloises, 54.

Amboise. Voir Émery.

Amboise (Porte d'), à Rhodes, 282.

Amboise (Silo auprès d'), coupe, 20.

AMBONS en marbre ou en pierre des basiliques latines, 80, 97, 302; — position des ambons, 80; — colonnes, 80; — colonnette enrichie de mosaïques, 80; — ambons des églises byzantines, 309, 310. — Voir Saint-Clément.

AMEUBLEMENTS représentés sur les miniatures des manuscrits, 338; — des églises. — Voir Mobilier.

Amiens (Cathédrale d'), 347; — ses statues peintes, 577, 583.

AMIS ET AMILES, ancien poème français, 450; — jeu par personnages, 453.

AMORTISSEMENTS des églises gothiques et romanes, 108, 165; — rectilignes, 120, 148; — curvilignes, 120-131, 148; — voir Arcades.

Ampère, auteur des *Instructions sur les poésies populaires de la France,* 373, notes.

AMPHITHÉÂTRES romains, 21, 41, 474; — voir Arcades, Architecture, Attique, Attributs, Bancs, Construction, Décoration, Divisions intérieures, Façades, Formes; — amphithéâtre Flavius, à Rome, plan, 38; — amphithéâtres en France, 38; — forme, 40; — situation, 40; — ruines en Tunisie, 550. — Voir Arles, Constantinople, Rome.

81.

AMPHORES romaines plantées dans le sol des caves et celliers, 45 ; — en terre cuite, 52 ; — en poterie jaune découvertes en Tunisie, 559.
Amyntas. Voir Philippe.
Anastase le Bibliothécaire, 307, 320.
Anazarbe (Église d'), 261.
ANCIEN TESTAMENT (Personnages de l'). Voir Mannequins, Masques.
André (Saint), apôtre, 233.
Andrinople (Porte d'), à Constantinople, 285.
Andronic, empereur, 276.
Androussa (Chapelle d'), 268.
Anelier. Voir Guillaume.
ANGIOSPERMES (Plantes), 521, 522.
ANGLAIS (Guerres avec les), d'après les poésies populaires, 396.
Angleterre ; — alignements de Stone-Henge, 7 ; — développements du style byzantin, 90 ; — piliers butants, 140, 141 ; — formes des fenêtres gothiques et romanes, 145, 147 ; — voir Tracery ; — jardins anglais, 286 ; — chants populaires, 438 ; — documents philologiques, 441, 449, 451.
Angoulême (Tour d'), 188.
Angoumois (*L'*), influence du style byzantin dans cette région, 240.
Ani (Murs d'), 278.
ANIMAUX divers figurés en terre cuite, 52, 341 ; — figurés sur les bases et les chapiteaux des colonnes gothiques et romanes, 111, 115, 116, 117 ; — voir Lions ; — animaux figurés sur les archivoltes gothiques et romanes, 129 ; — sur les corbeaux gothiques et romans, 131 ; — sur les monuments de l'ère chrétienne en Orient, 296 ; — sur les chapiteaux des églises du moyen âge, 343 ; — sur les vêtements ecclésiastiques, 353 ; — animaux sacrés de la Gaule représentés sur les monnaies gauloises, 54.
ANIMAUX. Voir Invertébrés, Vertébrés.
ANIMAUX DOMESTIQUES, 532, 535.
Anjou (*L'*), influence du style byzantin dans cette région, 240.
ANNALES ARCHÉOLOGIQUES (1884), 333 ; — éditeur, M. Didron.
Anne (Sainte), patronne des dentellières de la Flandre, chanson pour sa fête, 434.
ANNEAUX ; — gaulois en bronze, 47 ; — romains, 341 ; — des archevêques et évêques, 352.
ANNUAIRE DE LA SOCIÉTÉ MÉTÉOROLOGIQUE DE FRANCE, 507.
ANNUAIRE DU BUREAU DES LONGITUDES, 528.
ANSES de vases en bronze découvertes en Tunisie, 559.
ANTÉFIXES ; — romaines en terre cuite, 19 ; — gothiques et romanes, 134, 165.
Anthemius de Tralles, l'un des constructeurs de l'église Sainte-Sophie, à Constantinople, 80, 326.
ANTHROPOLOGIE, 527.
Antibes. Voir Antipolis.

Antioche; — forme des églises, 80; — temple d'or consacré à la Vierge, 240, 242, 323; — églises élevées par Constantin, 256; — ruines de monuments chrétiens, 266; — monuments militaires, 278; — fabrique d'étoffes, 328. — Voir Chanson d'Antioche.

ANTIPHONAIRE de saint Grégoire, 365.

Antipolis (Antibes), colonie grecque, 14, 52, 53.

ANTIQUÆ LECTIONES, 462; — auteur, Canisius; — autre édition par Basnage, 462, notes.

ANTIQUITÉ; — son influence sur les travaux des premiers chrétiens, 63; — la Renaissance, 64; — formes imitées par les artistes chrétiens, 70. — Voir Architecture, Architraves, Art, Camps, Constructions hydrauliques, Enceintes, Meubles, Mœurs, Monuments, Ouvrages d'art, Procédés, Tombeaux, Usines, Villes, Voies.

ANTIQUITÉS en Tunisie. Voir Recherches.

ANTIQUITÉS CHRÉTIENNES. Voir Cours.

ANTIQUITÉS GAULOISES ET ROMAINES RECUEILLIES DANS LE JARDIN DU PALAIS DU SÉNAT, 59, notes; — auteur, Grivaud de la Vincelle.

Antonin. Voir Colonne Antonine, Forum, Itinéraire.

A PARIS, À LA ROCHELLE, chanson populaire, 433.

APÉTALES (Plantes), 520, 521, 522.

APOCALYPSE (L'). Voir Vieillards.

Apollodore, ses descriptions de machines de guerre, 317.

Apollon; — ses autels, 21; — son buste sur les monnaies du type macédonien, 54.

APÔTRES (Les), 61; — leurs images dans les cryptes chrétiennes, 62; — leurs tombeaux, 63; — voir Martyrium, Mémoires; — les apôtres en Orient, 65; — figurés sur les façades des basiliques latines, 69; — sur la coupole de l'église Sainte-Sophie, à Salonique, 249. — Voir Saints-Apôtres.

Apulée, 446.

AQUEDUCS romains, 32, 40, 474; — canaux, 31; — citernes, 31; — sources, 31; — aqueducs à Byzance, 231; — à Constantinople, 234, 282, 288, 330; — aqueduc de Valens, 234, 247, 248, 288; — de l'Asie, 288; — voir Norias, Sou-terazi; — aqueducs du moyen âge, 474; — en Tunisie, 550. — Voir Baktché-Keuï, Pyrgos.

Aquitaine; — influence du style byzantin dans cette région, 240; — ses marbres exploités par les Mérovingiens, 331.

Arab-Achmet (Mosquée d'), à Nicosie, 267; — tombeaux, 267.

ARABES, 275; — leurs forteresses en Asie et à Homs, 279; — leurs vases de terre émaillés et dorés, 325; — leurs monnaies de verre, 557. — Voir Art, Constructions hydrauliques, Étoffes, Ivoire, Pendentifs, Serrurerie.

ARBALÈTES; — usage en France, 208; — interdites par le concile de Latran, 208, notes.

ARBALÉTRIÈRES, sorte de meurtrières, 208, notes.

ARBALÉTRIERS, pièces de charpente formant les combles des basiliques latines, 74.

Arbres consacrés par la superstition populaire, 340.

Arcadelt, musicien, 599.

Arcades des chemins de garde, 25; — des arcs de triomphe romains, 34; — des amphithéâtres romains, 38; — gothiques et romanes, 108, 109, 120-131; — voir Archivoltes, Claveaux; — arcades entrelacées, 109; — supportées par des corbeaux, 132; — arcades des fenêtres gothiques et romanes, 142-147; — des portes gothiques et romanes, 149; — des portails gothiques et romans, 161; — des clochers gothiques et romans, 165, 166; — simulées à l'extérieur des courtines du moyen âge, 203. — Voir Arcature, Arcs rampants.

Arcadius. Voir Thermes.

Arcature, série d'arcades, 109, 132, 133, 142, 152, 159.

Archanges, leurs autels, 273.

Archéologie. Voir Bulletin, Estampage, Inscriptions, Instructions, Moulages, Revue.

Archéologie franque, plan d'instructions, 609-612; — auteur, M. l'abbé Cochet.

Archères, sorte de meurtrières, 208, notes.

Archevêques, leurs insignes, 300, 352.

Archimandrites, leur costume, 300.

Architectes chrétiens, 99, 150; — des églises du moyen âge, 347; — leurs noms, leurs tombeaux, 347; — voir Anthemius de Tralles, Isidore de Milet, Palladio, Vitruve.

Architecture en général, 3-291; — civile, 12, 13, 17, 18, 31-46, 282-287; — militaire, 12, 16, 17, 23-31, 168-230, 277-282; — religieuse, 3-12, 13-16, 18-23, 61-167, 235-270; — monastique, 270-276; — hydraulique, 287-291; — traité de Vitruve, cité, 180, notes, 204, notes, 205, notes. — Voir Monuments, Ordres, Styles.

Architecture; — gallo-romaine; — voir Instructions; — architecture grecque, 15, 17; — romaine, 20, 22, 30, 34, 35; — des temples romains, 21; — des amphithéâtres romains, 38; — ses caractères, 38; — architecture des basiliques romaines, 42; — du moyen âge; — voir Instructions; — architecture latine, 61-80, 83; — architecture chrétienne, 63, 71, 80, 575; — en Orient, 231-291; — architecture byzantine, 63, 80-91, 257, 258, 260, 261, 292, 296; — en Allemagne, en France, en Italie, 81; — architecture gothique et romane, 91-167, 236; — gothique ou ogivale, 65, 84, 85, 136, 138, 236; — romane, 63, 84, 85, 87, 91, 149, 154, 159, 236; — en France, 91; — architecture italienne, 140; — voir Consoles; — architecture orientale, 149.

Architraves; — grecques, 15, 17, 89; — des églises circulaires, 66; — des entablements latins, 70, 71; — leurs sculptures, 70; — leurs moulures, 71; — architraves antiques, 71; — gothiques et romanes, 108, 132.

Archives; — des établissements religieux, 335; — des villes, 338; — des châteaux, 346; — archives particulières, 468. — Voir Papiers terriers, Lettres.

Archives publiques, 474; — ecclésiastiques, 464, 465; — civiles, 465, 466, 467; — judiciaires, 467, 468. — Voir Cahiers, Calendriers, Cartulaires, Chartes, Correspondance, Lettres, Mémoriaux, Obituaires, Pouillés, Registres.

Archivoltes des arcs de triomphe romains, 34; — des arcades gothiques et romanes,

131, 154, 156; — leur ornementation, 128, 129, 130; — archivoltes ornées des fenêtres gothiques et romanes, 147; — des portes gothiques et romanes, 149; — des portails gothiques et romans, 161; — des clochers gothiques et romans, 166.

Arcs réunissant les colonnes des basiliques latines, 74; — cintrés des fenêtres byzantines, 84; — en plein cintre des portes byzantines, 84, 86; — reliant les piliers byzantins, 87, 88; — des ciborium byzantins, 88.

Arcs-boutants ou butants des temples chrétiens, 64; — des églises gothiques et romanes, 120, 136, 137, 138, 139, 158, 159; — des églises byzantines, 241, 247, 248; — voir Μονὴ τῆς Κοράς; — arcs-boutants des églises du moyen âge, 344, 625, 627.

Arcs de triomphe; — romains, 34, 474; — arc de Titus, à Rome, 34; — ruines en Tunisie, 550. — Voir Arcades, Archivoltes, Arcs-doubleaux, Colonnes, Construction, Frises, Impostes, Inscriptions, Ornements, Pilastres, Sculptures, Situation, Statues, Voûtes. — Voir Orange, Reims, Rome.

Arcs-doubleaux des arcs de triomphe romains, 34.

Arcs rampants des églises gothiques et romanes, 120.

Arctus (Porte d') ou de *Fer*, à Byzance, 232.

Arculfe (Saint), évêque, 240, 241, 263, 313; — auteur d'un plan des églises du Saint-Sépulcre et de l'Ascension, 264, 265, 306.

Ardoises recouvrant les clochers gothiques et romans, 165; — servant à la couverture des églises du moyen âge, 630.

Arènes des amphithéâtres, 40; — forme, 40; — arènes naturelles, 42; — terrasses les couronnant, 42. — Voir Cirques.

Arezzo. Voir Guido.

Argent; — monnaies gauloises, 47, 54; — bijoux romains, 48, 50; — vases romains, 48, 50; — figurines romaines, 50; — monnaies de Marseille, 53; — médailles grecques de Carcassonne, de Glanum, de Nîmes, de Sénos, des Tricorii, 53; — monnaies trouvées à Vieille-Toulouse, à Rhoda de la Tarragonaise, 53, notes; — tétradrachmes imités des monnaies de Philippe, 55; — médailles et médaillons romains, 57; — broderies décorant les autels byzantins, 88; — fonts baptismaux des basiliques primitives, 301; — incrustations des portes de la basilique Saint-Paul-hors-les-Murs, à Rome, 319; — orfèvrerie orientale, 320; — sceau de l'abbaye de Saint-Ouen, 475; — petits objets découverts en Tunisie, 559.

Arimathie. Voir Ramla.

Arioste, 451.

Aristide Quintilien, musicien grec du IIe siècle, cité, 602.

Aristote, cité, 602.

Arithmétique, ses développements en Orient pendant l'ère chrétienne, 329, 330.

Arles (Amphithéâtre d'), coupe, 39.

Armatures en fer soutenant les vitraux, 583.

Arménie; — églises byzantines, 262; — conquêtes françaises, 266; — ruines de monuments chrétiens, 266.

Arméniens (Église des), à Nicosie, 267; — tombeaux qu'elle renferme, 267.

Arméniens, leurs maisons, 284.

Armes placées dans les sépultures gauloises, 11; — trouvées dans les enceintes antiques, 28, 341; — sculptées sur les arcs de triomphe romains, 35; — gauloises, 47, 473; — voir Bronze, Fer, Os, Pierre ollaire, Silex; — armes romaines en bronze, 50, 51; — voir Casques, Cuirasses, Épées, Haches, Lances; — armes byzantines, 317; — voir Boucliers, Casques, Cuirasses, Jambières; — armes du moyen âge, 474; — armes à feu, 338; — voir Artillerie, Poudre.

Armes. Voir Armoiries.

Armoiries; — d'Émery d'Amboise, 268; — de Fluvian de la Rivière, 268; — de Jean de Lastic, 268; — de Pierre d'Aubusson, 269; — de Villiers de l'Île-Adam, 268, 269; — armoiries des chirurgiens, 563, notes. — Voir Blasons, Écussons.

Arques (Château d'), sa chapelle, 210.

Arras; — inscription en vers sur une ancienne porte, rappelant la bataille de Bouvines, 444. — Voir Jean Bodel, Gautier, Portraits historiques.

Arsenaux des ports romains, 31; — des ports de Constantinople, 232, 233, 291; — arsenal de Théodose, 291.

Art hellénique, 16; — son influence en Provence, 16; — art italique, 18; — son influence en France, 34; — art antique, 18, 154, 232, 298; — gallo-romain, 19; — chrétien, 63, 64, 67, 70, 236, 249, 260, 292; — art du moyen âge, 150-157. — Voir Émaux, Influence byzantine, Incrustations, Mosaïques, Peintures, Sculptures, Vitraux; — art romain, 151; — art occidental, 151, 251; — à Chypre, à Rhodes, en Syrie, 274; — art de la Renaissance, 155; — art arabe, 235, 313; — byzantin, 235, 236, 243, 251, 262, 295, 312, 320; — gréco-arménien, 263; — roman, 263; — art du Nord, 262; — son influence dans l'Attique, en Morée, à Trébizonde, 294; — art grec, 313; — art gothique, 314; — en Grèce, 274.

Arthur. Voir Cycle.

Articulés (Animaux), 525.

Artillerie du château des Dardanelles, 318; — des Turcs, 318; — du moyen âge, 338. — Voir Feu grégeois, Poudre.

Artistes chrétiens, 64, 150; — artistes de Byzance, 89, 151; — leur influence dans l'empire d'Occident au moyen âge, 90.

Arts industriels en Orient pendant l'ère chrétienne, 300-329. — Voir Bijouterie, Céramique, Damasquinerie, Émaillerie, Étoffes, Fonte, Ivoire, Marqueterie, Matières dures, Mobilier, Orfèvrerie, Orgues, Papier, Parchemin, Serrurerie, Verrerie.

Ascension (Église de l'), fondée à Jérusalem par l'impératrice Hélène, 239, 241, 297; — plan tracé par saint Arculfe, 265, 306; — lampes, 306, 307; — tegmen en métal couvrant le sol, 307, 319.

Ascetaria, 270. — Voir Monastères.

Asie; — établissement des Galates, 5; — influence du christianisme, 232; — développement de l'art arabe, 235; — développement du style roman, 262; — palais de Kadi-Keuï, 285. — Voir Carrières, Céramique, Forteresses, Marqueterie, Monastères, Norias, Sou-terazi, Verrerie, Villes fortifiées.

Asie Mineure; — édifices, 88; — art chrétien, 249; — peintures des églises, 297. — Voir Monastères, Monastères militaires, Forteresses, Villes fortifiées.

Aspremont. Voir Agolant.

Assemani, auteur d'un catalogue musical, cité, 592.

Assolements (Nature des), 532.

Astronomie, ses développements en Orient pendant l'ère chrétienne, 330.

Ateliers; — des monastères, 275; — de construction des ports de Constantinople, 291.

Ateliers monétaires, 59; — de la Gaule, 54; — de l'Italie, 56. — Voir Coins, Moules.

Athénée, descriptions de machines de guerre, 317.

Athènes; — ses murailles, 17; — monastère de Daphni, 274, 275; — ducs français, 282; — trônes byzantins, 309; — musique, 603; — basiliques, 254; — basilique de la Vierge du Grand-Monastère, 238, 252, notes, 268; — Saint-Philippe, 238, 252, notes, 268; — voisine de l'acropole, 238; — auprès du monument choragique de Lysicrate, 238; — églises byzantines, 250, 251, 252, 297; — église de la Panagia Nicodimo (Saint-Nicodème), 82, 83, 85, 86, 87, 90, 251, 252, notes, 257, 311; — du Catholicon, 82, 250, 251, 252, 256, 261, 268; — des Saints-Apôtres, 242, 251, 252; — des Incorporels, 251, 252, notes; — de la Kapnicarea, 251, 252, notes, 260, 262; — Saint-Théodore, 251, 252, notes; — Saint-Taxiarque, 251, 252, notes, 256, 257, 261; — Saint-Jean, 252, notes, 268; — de la Grande-Vierge, 252, notes; — auprès de l'acropole, 256; — chapelle de Saint-Denis l'Aréopagite, 237; — auprès du Pnyx, 238.

Athis et Prophélias, ancien poème français, 451; — éditeur, M. Grimm.

Athos. Voir Mont Athos.

Atlit (Église d'), près de Caïfa, 263.

Atmeïdan (L'), à Constantinople; — citerne et fontaine, 288, 289; — mosquée d'Achmet, 289, 319.

Atrium des maisons romaines, 43, 44, 45; — des basiliques latines, 70, 71, 72, 76, 101, 106, 107; — des basiliques primitives de l'Orient, 237; — des églises byzantines, 243, 266, 267. — Voir Bassins, Clochetons, Enceintes, Mosaïques, Murailles, Parvis, Portes, Portiques.

Attaches de soie et de parchemin fixant les sceaux sur les chartes, 469.

Attique (L'); — églises byzantines, 251; — conquêtes françaises, 268; — monastères, 274; — influence des arts du Nord, 294.

Attique des amphithéâtres romains, 38.

Attributs de Mercure et d'Hercule, 4; — de Jupiter, 4; — voir Modius, Sagum, Vase à boire; — attributs des divinités grecques, 15; — des druides, 19; — voir Gui, Chêne; — attributs sculptés sur les arcs de triomphe romains, 35; — voir Armes, Enseignes, Machines, Vêtements; — attributs sculptés sur les amphithéâtres romains, 39; — attributs des monnaies d'argent de Vieille-Toulouse, 53, notes; — des monnaies de la Gaule, 54, 55; — des philippes d'or imités, 56; — des évangélistes figurés sur les façades latines, 69; — du christianisme, 78; — voir Alpha, Labarum,

Oméga, Palmes; — attributs des saints en Orient et dans les églises du moyen âge, 298, 355.

Aubasine (Église d'), près de Brives, 588.

AUBERI LE BOURGOING, ancien poème français, 454; — éditeur, M. Tarbé.

AUBES, 352.

AUBRI LE BOURGOING, ancien poème, 449; — éditeur, M. Bekker.

Aubusson. Voir Pierre.

AUCASSIN ET NICOLETTE, poème dramatique du moyen âge, 381.

Auch, peintres verriers, 347.

Audiffredi, auteur d'un catalogue musical, cité, 592.

Auguste; — son culte, 4; — ses médailles, 56; — leur type, 56. — Voir Autel de Lyon.

Augusteum, place publique à Constantinople, 233, 295, 331.

Augustins ou *Hospitaliers* (Église des), à Nicosie, 267.

Aurélien, auteur d'un traité de plain-chant, 362, 363.

AUREUS, module des médailles romaines en or, 56.

Aurillac, châteaux de Tournemire, 220.

AÛROST, chant funèbre du Béarn, 428.

AUTEL DE LYON, type des médailles d'Auguste et de Tibère, 56.

AUTELS; — romains, 5, 18, 23, 342; — gaulois, 9; — voir Dolmens; — autels grecs, 15, 23; — d'Apollon, de Bacchus, d'Isis, de Mercure, de Sérapis, 21; — autels votifs, 23; — voir Inscriptions; — autels des tauroboles, 23; — voir Ouvertures, Tables; — autels consacrés aux dieux de la scène dans les théâtres romains, 37; — autels chrétiens dans les cryptes des catacombes, 61; — leur emplacement, 62; — autels placés sur les tombeaux des apôtres et des martyrs, 63; — voir Martyrium; — autels des basiliques latines, 65, 68, 78, 88, 305, 306, 307; — voir Ciborium, Construction, Flambeaux, Formes, Position, Sarcophages, Tombeaux; — autels des églises circulaires, 67; — voir Position; — autels des églises byzantines, 88, 312; — voir Broderies, Ciborium, Clôtures, Décoration, Flambeaux, Formes, Pyxides, Tabernacles; — autels des églises gothiques et romanes, 96, 97, 106, 159; — voir Position; — autels consacrés aux archanges, à saint Élie, à la Transfiguration, 273; — autels des églises du moyen âge, 346, 353, 354, 576, 577; — autels portatifs, 354. — Voir Saint-Démétrius de Smyrne, Sainte-Sophie de Constantinople, Trinité.

Autun; — porte de la ville, 25; — églises, 113.

Auvergne, incrustations polychromes du moyen âge, 157. — Voir Chants populaires.

Avallon (Arrondissement d'), étude géologique de M. Belgrand, 501, notes.

Avenio (Avignon), colonie grecque, 52, 53.

AVENTURES DE FRÉGUS, ancien poème de Guillaume, clerc de Normandie, 449; — éditeur, M. Francisque Michel.

AVEUX, 484.

Avignon; — musée, mosaïque représentant une porte romaine, 191; — créneaux, 191;

mâchicoulis de l'enceinte, 196; — château des papes, 196, 217, 222. — Voir Avenio.
Avila, porte de San-Vicente, 181.
Azon. Voir Somme.

B

Bacchus, appelé aussi : Dionysius, Eleutherius, 4; — autel de Bacchus, 21.
Bach, 599.
Baecker (Louis de), auteur de *Les Flamands de France*, cité, 379, notes, 386, 434.
Bagché-Kapou, porte des Jardins, à Constantinople, 232.
BAGUES byzantines en agate, 328.
BAIES de la France, 482, 484.
BAIGNOIRES romaines, 32; — voir Bains, Thermes; — baignoires des établissements thermaux, 506.
BAILLIAGES, 465.
BAINS d'eaux minérales, 506.
BAINS ORIENTAUX, 282, 290.
BAINS ROMAINS; — à Nîmes, 22; — dans les maisons romaines de la Gaule, 44. — Voir Thermes.
Baktché-Keuï (Aqueduc de), à Constantinople, 234, 288.
Balagny, inventeur d'un papier sensibilisé pour la photographie, 546.
BALANCES D'EAU. Voir Sou-terazi.
BALCONS défendant les portes des forteresses du moyen âge, 185, 193. — Voir Moucharabys.
BALLADES allemandes, écossaises, 407; — scandinaves, 407, 409.
BALLATA. Voir Vocero.
BALNEA, 32, 44. — Voir Thermes.
BALUSTRADES des toits gothiques et romans, 135, 136, 150; — des clochers gothiques et romans, 165.
BALUSTRES ornant les roses gothiques et romanes, 143.
Baluze; — éditeur des *Capitulaires*, 260; — auteur de la *Conciliorum nova collectio*, 462, notes; — auteur des *Miscellanea*, cité, 462.
Balzac. Voir Lettres-inédites.
BANCS des théâtres romains, 36, 37; — des amphithéâtres, 40; — voir Inscriptions; — bancs des cirques romains, 41, 42; — bancs en exèdre dans le presbytère des basiliques latines, 65, 305; — bancs des baptistères latins, 76; — bancs de marbre dans le chœur des basiliques latines, 79; — bancs de pierre dans les embrasures des fenêtres des donjons du moyen âge, 218, 219; — dans les cachots, 222; — bancs en exèdre dans le presbytère des églises byzantines, 313.
BANCS D'ŒUVRE des églises, 577.

Banduri, auteur de *Numismata imperatorum romanorum a Trajano Decio ad Palæologos Augustos*, cité, 356. — Voir Collections numismatiques.

Bangor, 476.

BAPTISTÈRES des basiliques latines, 76, 77, 78, 106; — formes, 76; — bassins de baptême ou fonts baptismaux, 76; — colonnes, 76; — portiques, 76; — ouvertures, 76; — bancs, 76; — position, 76, 77; — construction, 77, 78; — portes en bronze, 78; — peintures, 78; — mosaïques, 78; — baptistères des églises byzantines, 243, 253; — portes, 243. — Voir Sainte-Agnès, Trébizonde, Venise.

BARBACANES défendant les forteresses du moyen âge, 179; — leurs tours, 179. — Voir Carcassonne.

Barbazan, auteur de travaux philologiques, cité, 446.

Barre (De la), auteur d'une édition des *Vetera analecta* et du *Spicilegium veterum aliquot scriptorum*, cité, 462, notes.

BARRICADES, 25. — Voir Portes romaines.

BARRIÈRES de métal dans les amphithéâtres romains, 40; — voir Podium; — barrières des forteresses du moyen âge, 179.

Barrois, auteur de travaux philologiques, cité, 450.

BARROWS, 10, 11. — Voir Ossuaires, Sépultures, Tombeaux, Tombelles.

Barthélemy (A.), auteur d'un *Manuel de numismatique moderne*, d'un *Nouveau manuel complet de numismatique ancienne*, cité, 357.

Bartling, auteur d'une classification botanique, cité, 519.

BASALTES travaillés par les Byzantins, 328.

BAS-BRETON (Dialecte), parlé en Bretagne, 375, 396. — Voir Chants populaires.

Bas-Canada. Voir Chansons.

BAS-EMPIRE, 25.

BASES des colonnes grecques, 15; — des colonnes latines, 70; — des colonnes byzantines, 89, 90; — des colonnes gothiques et romanes, 110; — leur ornementation, 111; — bases inclinées des courtines, des tours du moyen âge, 203; — base de l'obélisque du cirque de Constantinople, 295, 322; — voir Empereurs, Orgues; — bases des colonnes dans les églises du moyen âge, 343.

Basile II, empereur, 249.

Basilica (citerne des mille colonnes), à Constantinople, 288, 289.

BASILICA, porte royale des basiliques latines, 65, 70.

Basilicus, porte-épée de l'empereur Basile II, 249.

BASILIQUES CIVILES; — grecques, 17, 65; — romaines, 42, 43, 65, 95, notes; — plan d'une basilique d'après Palladio, 42; — basilique pour rendre la justice près du temple de Salomon, 65; — ruines de basiliques en Tunisie, 550. — Voir Abords, Construction, Distribution intérieure, Formes, Orientation, Sculptures.

BASILIQUES RELIGIEUSES en général, 42; — origines, 63; — élévation latérale d'une basilique, 72; — élévation de deux travées intérieures, 74; — basiliques construites par Constantin, 68; — orientation, 68; — basiliques latines ou primitives, 63, 64, 80, 98, 131, 156; — basiliques primitives de l'Orient, 231, 235-239, 253, 254. —

Voir Abords, Absides, Atrium, Baptistères, Bibliothèques, Charpente, Chœurs, Cimetières, Colonnes, Combles, Construction, Couronnements, Décoration, Dimensions, Distribution intérieure, Enceintes, Façades, Faces, Fenêtres, Fontaines, Formes, Galeries, Mobilier, Mosaïques, Narthex, Nefs, Peintures, Plafonds, Plans, Porches, Portes, Presbytères, Salles, Sanctuaires, Sculptures, Transepts, Trésor. — Voir Allemagne, Athènes, Bethléem, Constantinople, France, Gaule, Modon, Mont Sinaï, Rome, Salonique, Tébessa, Trieste, Venise.

Bas-Maine. Voir Chansons.

Basnage, auteur d'une édition des *Antiquæ lectiones,* cité, 462, notes.

BASQUE (Dialecte), parlé dans les Pyrénées, 375. — Voir Chants populaires.

BAS-RELIEFS sur les murailles romaines, 30, 31, 49, 474; — sur les arcs de triomphe romains, 34; — sur les piédestaux des colonnes historiques, 35; — des théâtres romains, 38; — décorant le proscenium, 37; — bas-reliefs représentant des ouvrages militaires du moyen âge, 179; — byzantins en bois, en bronze, en ivoire, 295; — bas-reliefs du moyen âge, 474; — voir Instruments de musique; — bas-reliefs découverts en Tunisie, 555. — Voir Carcassonne, Trébizonde.

BASSE-COUR des forteresses du moyen âge, 210, 211, 213.

Basses-Œuvres (Église des), à Beauvais, 68, 574.

BASSINS; — placés sur l'épine des cirques romains, 41; — de l'atrium, 43, 45; — du péristyle des maisons romaines, 45; — bassins de baptême ou fonts baptismaux dans les cryptes chrétiennes, 62; — dans les basiliques latines, 71, 76, 77. — Voir Colonnes, Construction, Formes, Marbres, Positions, Sculptures.

BASSINS; — hydrographiques, 500; — orographiques, 500. — Voir Meuse.

Bastard (Léon de), auteur d'un ouvrage intitulé: *Peintures et ornements des manuscrits,* cité, 366, notes; — ses travaux philologiques, 458.

Bastille (*La*), 195, 223, 227, 228; — mâchicoulis, 195; — oubliettes, 223, 228; — courtines, 227; — tours, 227; — élévation et plan, 227; — coupe, 228.

BASTILLES défendant les forteresses du moyen âge, 179.

BATELIERS (Chansons de), 431, 432. — Voir *Tillolies.*

Batissier (L.), auteur d'un *Rapport sur les églises de Syrie et de Rhodes,* cité, 333.

BÂTONS de chantre, 352.

BATTANTS des portes gothiques et romanes, 149; — des portails gothiques et romans, 161.

Baudouin, empereur, 285.

Baudouin, évêque, dédie à saint Nicolas la cathédrale de Famagouste, 267.

BAUDOUIN DE FLANDRE, ancien poème français, 452.

BAUDOUIN DE SEBOURC, ancien poème, 450; — éditeur, M. Boca.

Baumes-des-Dames, 5, notes. — Voir Châteaux du Diable, Maisons de Gargantua, Roches aux Fées.

Bautois (*Le*), 485.

Baux. Voir Marie.

BAUX À FERME (Statistique des), 532.

Bayonne; — cathédrale, 587; — portail, 588; — dalles tumulaires, 588; — église des Jacobins, 588.

Bazars orientaux, 282, 287; — des forgerons à Jérusalem, 287; — des écrivains à Constantinople, 287, 319.

Béarnais (Patois), 401. — Voir Chants populaires.

Beaucaire (Tour de), 190; — créneaux du château, 193; — courtines du château, 202.

Beauce (*La*), 502. — Voir Chants populaires.

Beaumanoir. Voir Philippe.

Beaumont (Élie de), l'un des auteurs d'une carte géologique de la France, cité, 499, 502, 504.

Beauvais. Voir Collections numismatiques.

Beauvais; — église des Basses-OEuvres, 68, 574; — église Saint-Jean, 99; — église Saint-Thomas, 569.

Bécarre, signe employé dans la notation musicale, 366.

Béchada. Voir Guillaume.

Becker, auteur d'ouvrages relatifs à la musique, cité, 592, 594.

Becket. Voir Thomas.

Becs d'oiseau ornant les archivoltes gothiques et romanes, 128.

Beffroi ou Belfroi, maîtresse tour du donjon, 316; — beffroi des hôtels de ville du moyen âge, 346. — Voir Tourasses.

Béja (Tombeaux de) en Tunisie, 560.

Bekker (Im.), auteur de travaux philologiques, cité, 449.

Bele Emmelos (*Le*), romance narrative du moyen âge, 380.

Bele Erembors (*Le*), romance narrative du moyen âge, 380.

Belgrand, auteur d'un travail géologique sur l'arrondissement d'Avallon (Yonne), cité, 501, notes.

Belle, l'un des auteurs des *Instructions sur la description scientifique de la France*, 499, notes.

Belle Maguelonne (*La*), ancien poème français, 454.

Belz, 477.

Bémol, signe altérant le son naturel des notes, 366.

Bends, réservoirs naturels des Orientaux, 290. — Voir Tholonet.

Bénédictins, 263; — publient les plans des églises de Jérusalem, 241; — *Voyage littéraire*, 307, notes; — Bénédictins de Saint-Maur, auteurs de l'*Histoire littéraire de la France*, cités, 380, 462, 463, notes.

Bénéfices ecclésiastiques. Voir Pouillés.

Bénitiers, 474. — Voir Lavacrum, Phiales.

Benoit de Sainte-Maure; — auteur d'une *Chronique*, cité, 445; — du *Roman de Troie*, cité, 447.

Benvenuto Cellini, 154.

Berangarius, évêque d'Elne (Pyrénées-Orientales), 240.

Berceuses (Chansons de), 438, 439.
Bergeries du moyen âge, 346.
Bergers. Voir Chansons.
Berlin, documents philologiques, 447, 449, 455.
Bernard (Le moine), cité, 260.
Bernard de Treviez, chanoine de Maguelone, auteur de *Pierre de Provence*, cité, 455.
Berry (Le). Voir Chants populaires, Mardelles.
Berte aux grands pieds, figurée sur le portail ou sur les vitraux des églises, 453. — Voir Reine Berte.
Berte aux grands pieds, ancien poème français, 450, 452 ; — éditeur, M. Paulin Paris ; — imitation italienne, 452.
Bertin, auteur d'observations météorologiques, cité, 507.
Bessan (Famille de), son tombeau à l'église des Arméniens, à Nicosie, 267.
Bestiaires (Les), ancien poème didactique, 459.
Beterra (Béziers), colonie grecque, 52, 53.
Bethléem ; — basilique de la Nativité fondée par l'impératrice Hélène, 237, 306, 319 ; — autres basiliques, 296.
Beuve d'Hanstone, ancien poème français imité par les Anglais, 451 ; — imitation italienne, 452.
Beyrouth ; — église romane, 263 ; — église Saint-Georges, 263.
Béziers. Voir Beterra.
Biarritz, chant populaire basque, 377.
Bible (La), inspirant les artistes du moyen âge, 153 ; — versions françaises, 443. — Voir Job, Livres des Rois, Machabées, Psaumes.
Bibliographie musicale, 591, 593, 594.
Bibliographie musicale de la France et de l'étranger, 592.
Bibliotheca latina mediæ et infimæ latinitatis, 461, notes ; — auteur, Fabricius.
Bibliothèque des romans, 446, 454 ; — éditeur, Paulmy d'Argenson.
Bibliothèque historique de la France, 461, notes ; — auteur, Lelong ; — autre édition par Fevret de Fontette, 461, notes.
Bibliothèque nationale ; — manuscrit reproduisant le château de la Paleuze, 178 ; — manuscrits de Guido d'Arezzo, 366.
Bibliothèques des basiliques latines, 65 ; — origine, 65 ; — bibliothèques des monastères, 275 ; — bibliothèque de Constantinople, fondée par Constance, continuée par Julien et Valens, 319 ; — bibliothèques publiques de France, 461-468, 474 ; — voir Cartulaires, Chroniques, Manuscrits ; — bibliothèques particulières, 468.
Bibliothèques des Pères, 463, notes.
Bibliothèques françaises de La Croix du Maine et de Duverdier, 592.
Bibron, auteur d'une classification zoologique, cité, 526.
Bijouterie byzantine, 322.
Bijoux ; — gaulois en or, 47 ; — grecs, 48 ; — romains en or et en argent, 48, 50 ; — du moyen âge, 474. — Voir Anneaux, Bracelets, Colliers.

Binson (Église de), près de Châtillon-sur-Marne, 574.
BIOGRAPHIE DES MUSICIENS, 592.
Bioule; — règlement pour la défense de la ville et du château de Bioule, publié par le *Bulletin archéologique*, 338.
Biron (Maréchal), d'après les poésies populaires, 401, 402.
Biska (Henchir), en Tunisie, 551.
Biville, 486.
Blachernes (Palais des), à Constantinople, 233, 278, 285.
Blaise (Saint), cantique sur sa vie, 443.
Blanc, communication de chants populaires, 438.
BLANCHE D'OXFORD, ancien poème, 449; — éditeur, M. Leroux de Lincy.
Blanchelande (Abbaye de), 486.
BLANDIN DE CORNOUAILLES, ancien poème français, 450.
Blanquefort (Château de), plan, 210.
BLASONS, l'une des formes de la poésie ancienne, 456.
BLASONS sculptés sur les murs des châteaux du moyen âge, 346. — Voir Armoiries, Écussons.
Blésois (*Le*). Voir Chants populaires.
Boca, auteur de travaux philologiques, cité, 450.
Boccace, cité, 447.
Bochefontaine, 486.
Bodel. Voir Jean.
Boiardo, poète italien, 451.
BOIS servant à la construction des maisons romaines dans le Nord, 45; — plafonds des basiliques latines et romaines, 42, 75; — échafauds élevés au sommet des tours du moyen âge, 198, 199; — voir Hourds, Hurdels, Hurdicium; — galeries en bois des basiliques primitives de l'Orient; — bois découpé fermant les fenêtres byzantines, 266, 267; — bas-reliefs byzantins, 295; — diptyques, triptyques byzantins, 296; — peintures byzantines sur bois, 298; — porte en bois sculpté à la Martorana, à Palerme, 301; — timbres en bois en usage dans les monastères, 315; — statuettes ornant les retables du moyen âge, 344; — sculptures des cheminées du moyen âge, 346; — bois sculptés représentant des instruments de musique, 370.
BOIS DE LA VRAIE CROIX conservé dans une église de Constantinople, 241.
Boisgelon, auteur d'un catalogue musical, cité, 592.
BOISSONS composées d'eaux minérales, 506.
BOLLANDISTES. Voir *Acta sanctorum*.
Bonn, documents philologiques, 449.
Bonneville (*La*), 486.
Bordeaux; — tour du Castera, 220; — église Saint-Surin, 347.
BORNES; — bornes Termes ou Hermès, 23; — bornes des voies romaines, 27, 473, 551, 552, notes; — voir Inscriptions; — bornes de marbre dans les cirques romains,

41; — voir Sculptures; — bornes de délimitation seigneuriale, 346, 474. — Voir Hautes bornes.

Bosphore (Le), 291.

BOTANIQUE, 518. — Voir Classification, Géographie, Herborisation, Plantes, Programme.

Botoniates. Voir Nicéphore.

Bottée de Toulmon, auteur des *Instructions sur la musique religieuse*, 361, notes; — délégué pour l'examen des orgues de Gonesse, 588, 590.

Bouches-du-Rhône, constructions cyclopéennes, 14.

Bou-Ftis (Henchir), en Tunisie, 551.

BOULETS de pierre, 216, notes.

Boulogne-sur-Mer, médaillons, 57.

BOUCLIERS byzantins, 317, 318.

BOURGEOIS (Assemblées des), 465.

Bourges, maison de Jacques Cœur, 182.

Bourgogne, 154. — Voir Sambin.

BOURRÉES, 437.

BOURSES des églises, 353.

Bouteroue, auteur d'un ouvrage intitulé : *Recherches curieuses des monnaies de France*, cité, 357.

BOUTIQUES dans les galeries de circulation des amphithéâtres romains, 39; — dans les maisons romaines, 43; — leur pavement, 44.

BOUTON D'OR (Feuilles de), ornant les chapiteaux gothiques et romans, 118.

BOUTONS provenant des vêtements romains, 51; — ornant les chapes des dignitaires ecclésiastiques, 352.

Bouvines (Bataille de). Voir Arras.

BRACELETS gaulois en bronze, 47.

BRANCHES de chêne et de gui, attribut des druides, 19.

BRÈCHE du château de Chauvigny (Vienne), 203, notes.

Bréquigny, auteur d'une *Table chronologique des diplômes, chartes, titres et actes imprimés concernant l'histoire de France*, cité, 462, notes.

Bretagne. Voir Bas-breton, Chansons, Chants populaires, Men-hirs.

BRÈVES, indication de la valeur rythmique des notes, 367.

Bricquebosq, 486.

BRIQUES; — romaines, 19, 25, 341; — formes et dimensions, 19; — briques employées dans la construction des voies romaines, 26; — sur les murs, 30; — servant à la construction des églises byzantines, 83, 84, 85, 241, 249, 250; — des églises gothiques et romanes, 94; — briques fabriquées en Orient pendant l'ère chrétienne, 325; — fabriquées à Rhodes pour la construction de l'église Sainte-Sophie, 326.

Brives. Voir Aubasine.

Brochant de Villiers, l'un des auteurs d'une carte géologique de la France, cité, 499.

BRODERIES d'or et d'argent décorant les autels byzantins, 88; — voir Croix, Emblèmes;

— broderies byzantines, 151; — broderies sculptées sur les chapiteaux dans les églises du moyen âge, 343.

Brongniart (Ad.), auteur d'une classification botanique, cité, 519, 520.

BRONZE; — vases placés dans les voûtes des théâtres romains, 37; — armes gauloises, 47; — bijoux gaulois, 47; — monnaies gauloises, 47, 54; — figurines grecques, 48; — bronzes romains, 48, 50; — monnaies de Marseille, 53; — médailles grecques de Cænicense, de Glanum, de Nîmes, de Sénas, des Tricorii, 53; — rouelles gauloises, 55; — monnaies gauloises sans légendes, 55; — portes des baptistères latins, 78; — bas-reliefs byzantins, 295; — fonts baptismaux des basiliques primitives, 301; — grille de la Nativité à Bethléem, 306, 309; — flambeaux et candélabres des basiliques latines, 307; — statues sous le règne de Constantin, 319; — portes d'églises, 319; — voir Achmet, Montréal, Saint-Marc, Saint-Paul-hors-les-Murs, Sainte-Sophie; — statuettes et petits objets en bronze découverts en Tunisie, 555, 559. — Voir Armes, Épingles, Figurines, Instruments, Lames, Médaillons, Statues, Tables, Ustensiles, Vases.

BRONZE SAUCÉ, médailles et médaillons romains, 57.

Brossard, auteur d'un catalogue musical, cité, 592.

Brunehaut. Voir Chaussée Brunehaut.

Brunetto Latini. Voir Trésor.

Brut et le Rou (*Le*), ancien poème, 450; — auteur, Wace; — éditeurs, MM. Leroux de Lincy et Pluquet.

Bruxelles; — portes de Hall, 181; — documents philologiques, 450; — musée d'antiquités dans la chapelle de Nassau, 567.

BRYOZOAIRES, 525.

Buccoléon (*Le*), palais à Constantinople, 233, 285, 291.

Buffavent ou *de la Reine* (Château de), près de Nicosie, 280.

BUFFETS D'ORGUES, 588.

BULLETIN ARCHÉOLOGIQUE, cité, 333, 336, 338, 347, notes, 352, notes.

BULLETIN DES COMITÉS, cité, 338.

BULLETIN ÉPIGRAPHIQUE, cité, 554.

BUREAU DES LONGITUDES. Voir Annuaire.

BURETTES des églises du moyen âge, 354.

Burguy, auteur de travaux philologiques, cité, 449.

Byzance, 63, 64; — ses relations avec la France, 63; — ses artistes, 89, 90, 151; — leur influence dans l'empire d'Occident au moyen âge, 90, 151; — Byzance rivale de Rome, 231; — enceinte, 232, 284; — emplacement, 232; — accroissements, 232; — aqueducs, 232; — citadelle (acropole de Démétrius), 232; — places, 232; — porte d'Arctus ou de Fer, 232; — porte Navale, 232; — portiques, 232, 233; — ports, 291; — costumes religieux, 301. — Voir Constantinople.

BYZANTIN (Style), 63, 80-91, 235, 236, 239, 240, 241, 267, 296, 575; — sous Justinien, 242-249; — au moyen âge, 249-256. — Voir Architecture, Art, Artistes, Bas-reliefs, Bijouterie, Céramique, Constructions hydrauliques, Constructions rurales,

Diptyques, Églises, Émaillerie, Étoffes, Fortifications, Hôtelleries, Maisons, Matières dures, Mosaïques, Papier, Parchemin, Peintures, Sculptures, Serrurerie, Tombeaux, Verrerie.

C

Câbles dans les amphithéâtres romains, pour la manœuvre du velarium, 39.
Cachets; — des oculistes romains, 51; — byzantins en agate, 328.
Cachots des forteresses du moyen âge, 222; — leurs bancs de pierre, 222.
Cadillac (Porte fortifiée de), 185.
Cadouin (Cloître de), 570, 574.
Cadrans solaires des églises du moyen âge, 344.
Cœnicense, médailles grecques en bronze et en argent, publiées par M. de la Goy, 53.
Cahiers des états provinciaux conservés dans les archives publiques, 466.
Cahors (Pont de), 177.
Caïfa. Voir Atlit.
Cailloux employés dans la construction des voies romaines, 26. — Voir Summa crusta.
Caissons sculptés des arcs de triomphe, 34.
Calendriers sculptés sur les portails gothiques et romans, 162; — sculptés sur les murs des églises du moyen âge, 344.
Calendriers ecclésiastiques conservés dans les archives publiques, 465.
Calices des églises du moyen âge, 354, 474; — voiles de calice, 353.
Calorifères des maisons romaines de la Gaule, 43. — Voir Hypocaustes.
Camées, espèce de pierres gravées, 328, 557, 558.
Campanie, provenance de vases romains en terre noire, 52.
Camps romains, 12, 18, 28, 33, 36, 59, 341, 573; — forme, 29; — portes, 29; — situation, 29; — vue perspective d'un camp romain, 29; — camps antiques, 27, 30; — barbares, 27; — gaulois, 27; — camps de César, 341. — Voir Enceintes, Retranchements, Stativa castra.
Canada (Le). Voir Bas-Canada.
Canadiens français. Voir Bas-Canada.
Canaux des aqueducs romains, 31; — des amphithéâtres, 40; — voir Euripe.
Candélabres de bronze des basiliques latines, 307; — des églises byzantines, 311, 320, 321; — des églises du moyen âge, 354.
Candolle (De), auteur de travaux de géographie botanique, d'une classification, cité, 518, 519, 520.
Cane de Montfort (La), légende populaire de la Bretagne, 385, 386.
Cange (Du). Voir Du Cange.
Canisius, auteur des *Antiquæ lectiones*, cité, 462.
Cannidali (Église de), près d'Aïasch, 261.
Cantacuzène, empereur, 278.
Cantacuzène. Voir Marthe.

83.

Cantepie (Ferme de), 486.
CANTIQUES populaires. Voir Rois mages, Blaise, Étienne, Jean, Léger, Nicolas.
CAPITOULS de Toulouse, leurs portraits, 338.
CAPITULAIRES (*LES*), publiés par Baluze, 260.
CAPS de la France, 482, 484.
Caracalla, empereur, 233. — Voir Thermes.
CARACTÈRES ; — romains, 19 ; — grecs et latins composant l'alphabet gaulois, 54.
CARACTÈRES des voies romaines, 26 ; — voir Bornes, Direction, Embranchements, Empierrement, Étendue, Formes, Largeur, Matériaux, Profondeur, Pyramides, Situation, Summa crusta, Tours ; — caractères de l'architecture des amphithéâtres, 38 ; — caractères philologiques des manuscrits conservés dans les bibliothèques publiques, 468, 469.
Caramanie ; — temple consacré à saint Nicolas de Myra, 249 ; — monastères militaires, 278.
CARAVANSÉRAILS, hôtelleries orientales, 287, 318.
Carcassonne ; — barbacane, plan, 179, 224 ; — bas-reliefs représentant des ouvrages militaires, 179 ; — fortifications, 180 ; — ville et château, plan, 214 ; — la cité, 224 ; — porte Narbonnaise, 224 ; — musée, 567.
CARCERES, remises des chars dans les cirques romains, 41, 42 ; — grilles les fermant, 41 ; — inclinaison, 42.
CARDINAUX, leurs insignes, 352.
CARLOVINGIENS (Empereurs) ; — monnaies, 56 ; — voir Solidus ; — temples chrétiens, 242 ; — poèmes, 447, 450.
Carmel. Voir Mont Carmel.
Carnac (Alignements de), 7.
Carnet, 486.
CARREAUX DE PAVEMENT fabriqués en Orient pendant l'ère chrétienne, 325.
CARREFOURS des villes antiques, 43.
CARRIÈRES de pierres, de granits, de marbres exploitées par les Romains, 19 ; — en Afrique, en Asie, en Grèce, 331.
CARTES géologiques et orographiques de la France, 500, 504 ; — carte géologique, 499, 502, 504 ; — auteurs, MM. Brochant de Villiers, Dufrénoy et Élie de Beaumont ; — carte orographique du Forez et des contrées voisines, 502 ; — auteur, M. Gruner.
Carthage ; — monastère signalé par Procope, 276 ; — découverte de stèles puniques, 553 ; — de statuettes de bronze, 555.
CARTHAGINOIS (Religion des), 553.
Cartier, l'un des directeurs de la *Revue de numismatique française*, cité, 54, notes, 357.
CARTONS D'AUTEL dans les églises du moyen âge, 354.
CARTULAIRES conservés dans les bibliothèques publiques, 461 ; — dans les archives publiques, 464, 484.

Carystos, en Eubée, ses marbres, 331.

Casques; — romains en bronze, 50; — byzantins, 317, 318.

Castellane (Siège de), d'après les chansons populaires, 397.

Castera (*Le*), tour fortifiée près de Bordeaux, plan, 230.

Castramétation chez les Romains, 29.

Castrum, lieu de refuge des populations gauloises, 12. — Voir Oppida.

Catacombes en général, 62, 63; — voir Autels, Cérémonies, Charniers, Cryptes, Ossuaires; — catacombes de l'Italie, 61; — de Rome, 61; — leurs peintures publiées en France et en Italie, 299.

Catalan (Dialecte), parlé dans le Roussillon, 375, 378, 394, 446. — Voir Chants populaires, Romans.

Catalogue des traités de musique, 594-597; — des œuvres de musique, 598, 607, 608. — Voir Assemani, Audiffredi, Boisgelon, Brossard, Franck, La Borde.

Catalogue raisonné des monnaies nationales de France, 357; — auteur, Conbrouse.

Catalogues de Montfaucon, 458.

Catéchumènes (Galeries des), dans les basiliques primitives de l'Orient, 237.

Cathedra, siège de l'évêque dans les basiliques latines, 305, 306; — en marbre dans le baptistère de Venise, 306; — en ivoire à Ravenne, 306, 327.

Cathédrales de France; — trésors, 576; — orgues, 590; — conservation, entretien, restauration, 617-637; — mobilier, 636; — dalles tumulaires, 636, 637; — pavement, 637; — voir Amiens, Bayonne, Châlons-sur-Marne, Laon, Marseille, Noyon, Paris, Reims, Rouen, Sens; — cathédrale de Trèves, plan, 106; — de Tyr (Sour), 263; — de Famagouste, 267; — de Vienne, 570.

Catholicon (Église du), à Athènes, 261; — plan, 82; — façade, 250; — abside, 250; — coupe, 252; — fenêtres, 256; — cloches, 268.

Catholicon des monastères, 314.

Catinat. Voir Lettres.

Caucase (*Le*); — exploration de M. Dubois de Montperreux, 249; — fenêtres byzantines, 256; — cryptes byzantines, 313.

Caudebec, exemple de tombeau d'architecte érigé dans l'église construite par lui, 347.

Caumont (**De**), auteur d'un *Cours d'antiquités romaines*, cité, 61, notes.

Cavaillon, colonie romaine, ses monnaies, 56.

Cavernes en France, 482, 484.

Caves romaines, 44, 45. — Voir Amphores.

Caylus, auteur d'une description des ruines d'une fonderie antique trouvées sur la colline de Montmartre, et d'un *Recueil d'antiquités*, cité, 59, notes.

Cédrène, historien grec du XIe siècle, cité, 233.

Ceintures ecclésiastiques, 352.

Cella des temples grecs, 14; — ses colonnes, 14.

Celliers romains. Voir Caves.

Cellini. Voir Benvenuto.

Cellulaires (Plantes), 519, 520.
Celtes. Voir Monuments, Tombeaux.
Celtiques (Monuments), 28.
Cénacle (Église du), à Jérusalem, 245.
Censive. Voir Inscriptions de censive.
Céramique gauloise, 47; — procédés, 47; — céramique romaine, 94, 324, 325; — byzantine, 324, 325, 326; — céramique en Afrique, en Asie, en Égypte, en Grèce, 324; — en Italie, à Majorque, 325; — céramique des Arabes, des Maures d'Espagne, des Persans, des Turcs, 325; — céramique appliquée à l'architecture par les Arabes, les Florentins, les Persans, les Turcs, 325; — céramique du moyen âge, 355. — Voir Briques, Carreaux de pavement, Poteries, Statuettes, Tuiles, Vases, Voûtes.
Cercueils romains en pierre, en plâtre ou en terre cuite, 342.
Cérémonies du culte chrétien, 61, 65, 66; — cérémonies funèbres dans les églises du moyen âge, meubles spéciaux, 354.
Cérès (Culte de), 4.
Cérines (Château de), à Chypre, 279.
César; — auteur d'une description de l'acropole de Marseille, cité, 14; — conquérant des Gaules, 18, 28, 54; — donne aux Marseillais une partie du territoire de la Gaule, 53; — prend Marseille, 53; — auteur des *Commentaires*, cité, 54; — constructeur présumé d'un château fort, 204. — Voir Camps de César, Chemin de César.
Cesson (Tour de), près de Saint-Brieuc, pont-levis, 176.
Chabouillet, auteur des *Instructions sur le répertoire archéologique de la France*, 471, notes.
Chaire de prédication à l'église Saint-Marc, à Venise, 309, 310; — des églises du moyen âge, 345, 577.
Chaise-Dieu (Église de la), en Auvergne, ses orgues, 590.
Chalcédoine (Kadi-Keuï), palais, 285.
Chalcédoines gravées, 558.
Chalcondile, historien grec du XVI siècle, cité, 299, 329.
Châlons-sur-Marne (Cathédrale de), statues, 584.
Chalusset (Château et donjon de), dans la Haute-Vienne, plan du donjon, 219; — plan et coupe du château, 228, 229.
Chambranles; — en marbre des portes latines, 71, 72; — en pierre des portes byzantines, 84.
Chambre claire pour la reproduction des objets antiques, 546.
Chambres sépulcrales à l'intérieur des tombelles, 10. — Voir Cryptes.
Chambres des comptes. Voir Mémoriaux.
Champagne (La), 284.
Champagne pouilleuse, 502.
Champeaux. Voir Guillaume.
Champollion le jeune, auteur des *Lettres écrites d'Égypte et de Nubie, en 1828 et 1829*, cité, 434, notes.

Champs de Losque (Les), 486.

CHANCELS, clôtures du chœur des églises gothiques et romanes, 97, notes; — des basiliques latines, 303. — Voir Saint-Pierre de Toscanella.

CHANDELIERS des églises du moyen âge, 354, 474.

CHANSON D'ANTIOCHE, ancien poème français, 450; — éditeur, M. P. Paris.

CHANSON DE GAYANT, 389.

CHANSON DE MALBROUK, 399, 400.

CHANSON DES SAXONS, ancien poème français, 452.

CHANSON DU DUC DE GUISE, 399, 400.

CHANSON DU MOIS DE MAI, 387, 388, 389.

CHANSON DU PANTIN, 436.

CHANSON DU PÉTARD, 397.

CHANSONNETTE DE GASTON PHŒBUS, 378.

CHANSONS se rapportant aux divers événements de la vie, 424-429; — voir Aürost, Coronachs, Mariée, Myriologues, Vocero; — chansons se rapportant aux professions actives, 429-433; — voir Bateliers, Marins, Soldats; — chansons propres aux professions sédentaires, 433, 434; — voir Cordonniers, Dentellières; — chansons se rapportant aux travaux de la campagne, 435; — voir Gerbe, Moissonneurs; — chansons de bergers, 435; — voir Pastourelles; — chansons de pêcheurs, 435; — de chasseurs, 435; — chansons satiriques, 435, 436; — voir Charivaris, Collection Maurepas, Lérida, Noëls, Villeroi; — chansons de circonstance, 436; — voir Chanson du pantin; — chansons badines et bachiques, 436-440; — voir Berceuses, Bourrées, Lallaby, Nourrices, Rondes; — chansons françaises du Bas-Canada, 375, 376; — de l'Orégon, 376; — chansons du Berry, 394; — voir Femme du roulier; — chanson bretonne contre le mensonge, 394; — autres chansons bretonnes, 423, 425; — voir Mariée; — chansons du Lyonnais et de l'Auvergne, 418, 419, 420; — du Poitou, 424; — voir Mariée; — chansons du Bas-Maine, 435; — voir Moissonneurs; — anciennes chansons notées, 456.

CHANSONS DE GESTE, 374, 438.

CHANT, 595. — Voir Solfèges.

CHANT DE LA VALLIÈRE, chanté dans les montagnes du Quercy, 376.

CHANT DE LÉLO, en dialecte basque, 376.

CHANT DE L'HIRONDELLE, chanté en Grèce, 387.

CHANT DES CROISÉS, en vers latins rimés, 396.

Chanteuge (Église de), 570.

CHANT GRÉGORIEN, 605, 606. — Voir Antiphonaire.

CHANTS POPULAIRES de la Grèce moderne, 373, 379, 387; — éditeur, M. Fauriel; — voir Chant de l'hirondelle, Myriologues; — chants populaires savoyards, 375; — créoles, 375; — de la Franche-Comté, 376; — du Quercy, 376; — voir Chant de la Vallière; — chants populaires du pays basque, 376, 377; — voir Chant de Lélo, Santa Clara; — chants populaires de la Bretagne, 376, 389, 391, 396, 398, 408, 409, 410, 423; — voir Biron, Cane de Montfort, Chansons; — chants populaires catalans,

378; — de la Corrèze, 378; — béarnais, 378; — voir Aùrost, Chansonnette de Gaston Phœbus; — chants populaires de la Corse, 379; — voir Berceuses, Serenata, Vocero; — chants populaires flamands, 379, 391; — voir Anne, Martin, Messager d'amour; — chants populaires en allemand, 379; — en latin, 379, 380; — voir Abailard, Cornards, Saxons; — chants populaires du moyen âge, 380; — voir Pastourelles, Romances narratives; — chants populaires des fêtes de l'année, 386-389; — voir Chanson du mois de mai, Jean, Jour des morts, Martin, Noëls, Rois; — chants populaires du Roussillon, 387; — voir Vierge, Résurrection; — chants populaires de la Beauce, 387; — du Charolais, 391; — de la Vendée, 398; — du Blésois, 410; — voir Renaud; — chants populaires de l'Auvergne, 412; — voir Dion et la Fille du roi; — chants populaires du Lyonnais, 418; — chants populaires allemands, espagnols, scandinaves, 408; — écossais, 408; — voir Ballades, Coronachs; — chants populaires anglais, 438; — voir Lallaby.

CHAPEAUX de cardinaux, 352.

Chapelle-en-Juger (La), 486.

CHAPELLES des divinités laraires dans les maisons romaines, 44; — peintures, 44; — chapelles rattachées aux nefs des cryptes chrétiennes, 62; — sur les tombeaux des apôtres et des martyrs, 63; — voir Autels, Martyrium; — chapelles isolées, 67, 70, 342, 345, 474; — situation, 67; — consacrées aux archanges, 67; — mosaïques les décorant, 70; — chapelles des églises gothiques et romanes, 96, 99, 159, 160; — extérieur, 159, 160; — dispositions, 159; — orientation, 159; — formes, 159; — chapelles de la Vierge, 159, 160; — des forteresses du moyen âge, 210; — voir Arques, Chauvigny; — chapelles des églises du moyen âge, 342; — chapelles souterraines; — voir Cryptes; — chapelles en Orient, 254; — portatives en Grèce, 320. — Voir Androussa, Athènes, Golgotha, Invention de la Croix, Mont des Oliviers, Templiers.

CHAPES, boutons de chapes, 352.

CHAPITEAUX; — grecs, 14, 15, 89; — romains, 21, 23, 89; — voir Feuilles; — chapiteaux antiques, 63; — byzantins, 63, 89, 90, 243, 259, 260, 292, 293, 294; — ioniques, 70, 243; — latins, 74; — des temples romains, 74; — corinthiens, 89, 115, 288; — chapiteaux gothiques et romans, 110-120, 154, 156, 157, 263, 294; — ornementation, 114-120; — formes, 113, 114, 115, 119; — voir Corbeilles, Tailloirs; — chapiteaux historiés, 115; — symboliques, 115, 116; — des églises du moyen âge, 343; — voir Animaux, Broderies, Feuillages, Hommes. — Voir Kapnicarea, Saint-Vital, Sainte-Sophie, Saints-Apôtres, Sergius et Bacchus, Theotocos.

CHARDONS sculptés sur les chapiteaux gothiques et romans, 118.

Charente-Inférieure. Voir Toulon.

CHARITÉ (Établissements et fondations de), leur nombre en France, 531, 532.

CHARIVARIS, couplets populaires qui y sont chantés, 435.

Charlemagne; — temple consacré par lui à la sainte Vierge, 240; — auteur des *Capitulaires,* 260; — établissements à l'usage des pèlerins français, fondés par lui à Jérusalem, 282, 286; — d'après les poésies populaires, 376, 438; — cycle épique,

445, 448; — dans les anciens poèmes français, 447. — Voir Enfances de Charlemagne.

CHARLEMAGNE, ancien poème, 449; — éditeur, M. Francisque Michel; — imitation italienne, 452.

CHARLEMAGNE À JÉRUSALEM, ancien poème, 454; — éditeur, M. Francisque Michel.

Charles, frère de Louis XI, duc de Normandie, 464.

Charles V, roi de France. Voir Inventaires.

Charles VI, roi de France. Voir Inventaires.

Charles VII, roi de France, 572.

Charles VIII, roi de France, sculptures exécutées sous son règne, 153.

CHARNIERS chrétiens, 62. — Voir Catacombes, Ossuaires.

Charolais (Le). Voir Chants populaires.

CHARPENTE pour la manœuvre du velarium dans les théâtres romains, 38; — des basiliques latines, 69, 70, 74; — voir Combles, Fermes; — charpentes apparentes et sculptées des basiliques latines, 75; — charpentes des clochers gothiques et romans, 164, 165, 166; — des églises du moyen âge, 628, 629.

CHARS romains. Voir Carceres, Courses.

CHARTES françaises, 444, 484; — conservées dans les archives publiques, 469; — leurs sceaux, 469.

CHASSE. Voir Grestain.

CHÂSSES des églises du moyen âge, 354, 474, 576.

CHASSEURS. Voir Chansons.

CHÂSSIS de fer encadrant les motifs des vitraux, 583.

CHASUBLES, 352.

Château franc. Voir Sigouri.

Château-Gaillard; — plan, 170; — estacade sur la Seine, 176, notes; — donjon construit par Richard Cœur-de-Lion, 204. — Voir Monographie.

Châteauvieux, ses voyages agronomiques, 533.

CHÂTEAUX du moyen âge, 345, 346, 474, 482; — tours et donjons, 345; — cheminées, 346; — plafonds, 346; — fenêtres, 346; — blasons sculptés, 346. — Voir Forteresses, Hôtels, Palais, Tours. — Voir Arques, Athènes, Avignon, Bastille, Beaucaire, Blanquefort, Buffavent, Carcassonne, Cérines, Chalusset, Château-Gaillard, Chauvigny, Cherokidia, Chiffrevast, Chinon, Constantinople, Coucy, Dardanelles, Fougères, Gaillon, Gastria, Gisors, Kantara, Kolossi, Limassol, Loches, Louvre, Mauvoisin, Mehun, Morée, Moselle, Nogent-le-Rotrou, Ollonde, Paleuze, Paphos, Potanixa, Rhin, Saint-Hilaire, Saint-Sauveur-le-Vicomte, Saumur, Sigouri, Smyrne, Tournemire, Vincennes, Viviers, Vosges.

CHÂTEAUX D'EAU romains, 32, 40; — situation, 32. — Voir Aqueducs, Fontaines, Lavoirs, Takcims. — Voir Constantinople.

CHÂTEAUX DU DIABLE, 5, notes. — Voir Baumes des Dames, Maisons de Gargantua, Roches aux Fées.

Châtillon-sur-Marne. Voir Binson.

Chatin, l'un des auteurs des *Instructions sur la description scientifique de la France*, 499, notes.
Chaucer, cité, 447.
Chaudruc de Crazanne, auteur d'un travail en préparation sur les monnaies d'argent de Vieille-Toulouse, cité, 53, notes.
Chaussée Brunehaut, ancienne voie romaine, 340.
CHAUSSE-TRAPES, 173.
CHAUSSURES à l'usage des évêques, 352.
Chauvigny (Château de), dans le département de la Vienne; — brèche du château, 203, notes; — chapelle, 210; — donjons, 220.
Chavagnes-en-Paillers (Vendée). Voir Notice historique.
Chemin de César, ancienne voie romaine, 340.
Chemin de garde des murailles romaines, 25. — Voir Arcades.
CHEMINÉES des logements dans les donjons, 218, 219; — des châteaux du moyen âge, 346; — sculptures les ornant, en bois, en pierre ou en marbre, 346.
CHEMINS DE RONDE; — romains, 25; — des forteresses du moyen âge, 202, 203, 205. — Voir Galeries, Parapets.
CHÊNE (Branches de), attribut des druides, 19; — feuilles de chêne sculptées sur les chapiteaux gothiques et romans, 118.
CHÉNEAUX des toits gothiques et romans, 134, 135.
Cherbourg, médaillons romains, 57.
Cherokidia (Château de), dans le Masto, à Chypre, 281.
Cherpigny (Tombeau de), à Paphos, 268.
Chéruel, auteur des *Instructions sur l'histoire*, 461, note.
CHEVALIER AU CYGNE (LE), ancien poème français, 450; — éditeur, M. de Reiffenberg.
CHEVALIERS figurés sur les dalles tumulaires du moyen âge, 345.
CHEVALIERS DE LA TABLE RONDE, 455.
CHEVALIERS DE RHODES peints dans la crypte de Notre-Dame de Philerme, 298.
CHEVET des églises gothiques et romanes, 95, 158, 159; — chevet carré de l'église Saint-Pierre-aux-Bœufs, 563.
Cheyr-Houran (Monastère de), 260, 261.
CHICORÉE (Feuilles de), sculptées sur les chapiteaux gothiques et romans, 118.
CHIFFRES peints ou sculptés dans ou sur les églises gothiques et romanes, 150.
CHIMIE, son développement en Orient pendant l'ère chrétienne, 331, 332.
Chinon (Château de), 222, notes; — coupe des oubliettes, 223.
Chiffrevast (Château de), 487.
CHIRURGIENS. Voir Armes, Côme, Confrérie, Emblèmes.
Chiti (Tour du cap), auprès de Larnaca, à Chypre, 281.
CHŒUR des basiliques latines, 79, 303; — clôtures de marbre, 79; — bancs de marbre, 79; — pavé, 79; — candélabres en bronze, 306; — chœur des églises byzantines, 88; — clôtures, 88; — chœur des églises gothiques et romanes, 97, 157; — position, 97; — clôtures, 97; — voir Chancels, Jubés; — extérieur du chœur des églises

gothiques et romanes, 157, 158, 159; — hauteur, 159; — chœur des églises du moyen âge, 342.

CHOIX D'ÉGLISES BYZANTINES EN GRÈCE, 238, notes, 251, notes, 252, notes, 268; — auteur, Couchaud.

Choreva, en Tunisie, 551.

CHOU (Feuilles de), sculptées sur les chapiteaux gothiques et romans, 118.

Choud-el-Battal (Henchir), ruines d'un pressoir à huile à l'ouest de Feriana, en Tunisie, 550.

Chrestien de Troyes. Voir Poèmes.

CHRÉTIENS; — culte, religion, 30, 65, 70; — basiliques, 42, 68; — apôtres, 61; — cérémonies, 61, 65, — cryptes, 61; — antiquités, 61, notes; — voir Caumont; — autels, 61; — sanctuaires, 62; — martyrs, persécutions, 62; — édifices, 63, 75; — architectes, architecture, 63, 71, 80, 99, 150, 575; — art, 63, 64, 67, 70, 236, 249, 260, 292; — artistes, 64, 150; — temples, 64, 67, 70, 80, 99; — prêtres, 65; — église chrétienne, 69; — chrétiens d'Occident et d'Orient, 88; — monuments chrétiens en Orient, 231-333. — Voir Christianisme.

Christ (Le); — peint dans les cryptes chrétiennes, 62; — figuré sur les façades des basiliques latines, 69; — ses représentations au moyen âge, 152; — figuré sur la coupole de l'église Sainte-Sophie, à Salonique, 249; — tombeau du Christ dans l'église du Saint-Sépulcre, à Jérusalem, 264; — statues du Bon Pasteur décorant les fontaines édifiées par Constantin, 289, 295.

CHRISTIANISME; — son influence dans les Gaules sur le polythéisme grec et romain, 5, 6; — luttant contre le paganisme, 61; — son essor sous le règne de Constantin, 63; — ses monuments, 67; — premiers baptistères, 77; — attributs du christianisme, 78; — décoration des ciborium, 79; — création des clochers, 106; — influence du christianisme en Afrique, en Asie et en Europe, 232, 235. — Voir Chrétiens.

Christodoulos, sa réforme monastique, 276.

CHRONIQUES, 445, 484; — conservées dans les bibliothèques publiques, 463. — Voir Benoit de Sainte-Maure, Geoffroi de Monmouth, Jordan Fantosme, Philippe Mouskes, Wace.

Chypre; — conquêtes françaises et monuments chrétiens, 266; — art occidental, 274; — églises byzantines ornées de statues, 296; — monastères, 316; — rois de Chypre; — voir Henri Ier, Hugues IV, Jacques Ier, Jacques II. — Voir Cérines, Cherokidia, Chiti, Famagouste, Gastria, Kantara, Kolossi, Limassol, Nicosie, Paphos, Potanixa, Saint-Hilarion, Sigouri.

CIBOIRES des églises du moyen âge, 354.

CIBORIUM décorant l'autel des basiliques latines, 78, 79, 305, 306; — colonnes, 78; — frontons, 79; — décoration, 79; — ciborium des autels byzantins, 88, 312; — arcs, colonnes, 88; — ciborium byzantin d'après le manuscrit grec de Jacobus Monachus, 88. — Voir Saint-Clément, Sainte-Sophie de Constantinople.

Cicéron, ses maisons, 45.

CIERGES des églises byzantines, leurs formes, 321.

Cilicie (Églises byzantines de la), 260.

Ciments employés dans la construction des basiliques romaines, 42; — servant à la construction des églises gothiques et romanes, 94.

Cimetières gaulois, 12, 473; — voir Tombelles; — cimetières devant les basiliques latines, 66; — cimetières des monastères, 270; — cimetières orientaux, 283, 284; — emplacement, 283; — tombeaux, 283; — croix de pierre dans les cimetières du moyen âge, 346.

Cimiers peints ou sculptés dans ou sur les églises gothiques et romanes, 150.

Cintres des théâtres romains, 38; — des églises circulaires, 66; — des fenêtres latines, 72; — des portes byzantines, 86.

Circonscriptions administratives, politiques et religieuses de la France, 482, 484.

Circulation. Voir Galeries.

Circulation monétaire, 540, 541.

Cire, empreintes de sceaux, 358.

Cirques romains, 21, 36, 474; — vue perspective d'un cirque, 41; — plan du cirque de Romulus, à Rome, 41; — ruines de cirques en France, 41; — cirque de Constantinople, 234; — spina, 234; — obélisque, 295, 322. — Voir Divisions intérieures, Étendue, Formes.

Citadelles; — romaines, 20, 30; — grecques, 16; — du moyen âge, 169. — Voir Byzance, Haïdra, Mistra, Patras, Smyrne.

Citernes des aqueducs romains, 31, 32, 40; — des forteresses du moyen âge, 211; — de Constantinople, 234, 330; — voir Atmeïdan, Basilica, Egri-Kapou, Sainte-Sophie, Tchokour-Bostan; — citernes en Tunisie, 550.

Cités. Voir Carcassonne, Limes.

Cités romaines, 20, 24, 231; — voir Villes; — divinités protectrices, 20; — voir Temples.

Cividal (Frioul), fonts baptismaux latins, 77.

Claire fontaine (La), romance ancienne, 376, 383, 417, 418.

Clansayes (Tour de), dans le département de la Drôme, élévation et plan, 221.

Clari, musicien, 599.

Classici auctores e vaticanis codicibus editi, 463, note; — auteur, le cardinal Angelo Mai.

Classification botanique, 518, 519, 520. — Voir Bartling, Brongniart, Candolle, Endlicher, Jussieu, Lindley, Richard.

Classification zoologique, 526. — Voir Bibron, Cuvier, Degland, Duméril.

Claveaux, 64; — des fenêtres latines, 72; — des arcades gothiques et romanes, 126, 127, 128; — des portes gothiques et romanes, 149. — Voir Ogive.

Clavijo (Gonzalès de), cité, 328.

Clefs des habitations romaines, 51, 341.

Clefs musicales, 369.

Climat de la France. Voir Météorologie.

Clocher-arcade, 165.

Clochers des églises gothiques et romanes, 106, 107, 161, 162-167; — nombre, 107, 165; — position, 106, 107, 163; — construction, 164, 165; — formes, 163, 164, 165; — ornementation, 165, 166; — voir Amortissements, Clochetons, Contreforts, Couronnements, Croix, Fenêtres, Lanternes, Larmiers, OEils-de-bœuf, Précinctions, Toits; — clochers en Italie, 106, 162; — en France, 106, 162, 165. — Voir Catholicon, Notre-Dame de Dijon, Saint-Jean, Saint-Sépulcre.

Cloches des monastères, 315; — des églises du moyen âge, 354.

Clochetons sur la façade des atrium latins, 107; — ornant les piliers-butants gothiques et romans, 139; — ornant les clochers gothiques et romans, 163, 165.

Clochettes des églises du moyen âge, 354.

Cloevier (Clovis), ancien poème français inédit, 456.

Cloîtres des abbayes du moyen âge, 345, 474. — Voir Cadouin.

Clotaire, vainqueur des Saxons, sujet d'un chant populaire en latin, 380.

Clôture des villes grecques, 17; — des portes romaines, 25; — clôture formée de pierres dressées dans les amphithéâtres romains, 40; — voir Podium; — clôture des fenêtres latines, 73, 75; — des fenêtres byzantines, 256, 266, 267; — voir Albâtre, Bois, Marbres, Verre; — clôture du chœur des basiliques latines, 79, 302, 303; — voir Chancels, Marbres, Mosaïques, Portes saintes, Sculptures; — du chœur des églises gothiques et romanes, 97; — voir Chancels, Jubés; — du chœur des églises byzantines, 88, 310, 311; — voir Portes saintes, Voiles. — Voir Panagia Nicodimo, Patras, Tébessa, Trieste, Saint-Clément, Sainte-Sophie de Constantinople.

Clouet. Voir Pierre.

Clous provenant des habitations romaines, 51.

Clovis. Voir Cloevier.

Cluny (Musée de), 268, 567; — voir Thermes; — église de Cluny, 566, 567.

Cochet (L'abbé), auteur d'un plan d'instructions sur l'archéologie franque, 609, notes.

Codes. Voir Textes de droit.

Coenobia, 270. — Voir Monastères.

Cœur. Voir Jacques.

Coiffe, voûte des absides, 95, notes.

Coins pour frapper les monnaies romaines, 59.

Colbert, 467.

Collection *Maurepas*, recueil de chansons satiriques, 436.

Collections *numismatiques* de Banduri, de Beauvais, de Morell, de Tristan, de Vaillant, 57.

Collèges, 542.

Colliers gaulois en bronze, 47.

Collines factices, 10, 11, 12. — Voir Barrows, Mottes, Tombeaux, Tombelles.

Colombes pour la suspense du saint Sacrement, 354.

Colombiers du moyen âge, 346, 474.

Colonia Mactaris (Makter), en Tunisie, 549.

Colonies grecques, 15, 16, 52, 53; — voir Agatha, Antipolis, Avenio, Betterra, Marseille, Rhodanusia; — colonies méridionales des Gaules, 17; — voir Étrurie; — colonies romaines, 36, 40, 56; — leurs monnaies, 56; — voir Cavaillon, Gaule Narbonnaise, Lyon, Nîmes, Ruscino, Vienne.

COLONISATION, 540.

Colonne Antonine, à Rome, 295.

Colonne Brûlée, à Constantinople, 233.

Colonne Théodosienne, à Constantinople, 295.

Colonne Trajane, à Rome, 295.

COLONNES; — grecques, 15; — voir Stèles; — colonnes entourant la cella des temples grecs, 14; — des arcs de triomphe, 34; — décorant les galeries des théâtres romains, 36; — décorant le proscenium, 37; — ornant les amphithéâtres romains, 38; — décorant les portiques établis près des théâtres, 38; — des basiliques romaines, 42, 65; — disposées concentriquement dans les églises circulaires, 66; — décorant les parvis, les porches des basiliques latines, 66, 68, 70, 71; — bases, 70; — chapiteaux, 70; — colonnes séparant les nefs des basiliques latines, 74; — arcs de réunion, 74; — chapiteaux, 74; — entablements, 74; — colonnes des temples romains, 74; — des baptistères latins, 76; — des fonts baptismaux latins, 77; — des ciborium latins, 79; — des ambons latins, 80; — des églises byzantines, 82, 88, 89, 90, 242, 249, 263; — bases, 89, 90; — chapiteaux, 89, 90; — colonnes séparant les nefs des églises gothiques et romanes, 98, 99; — des porches gothiques et romans, 103; — des églises gothiques et romanes, 108-120, 138; — bases, 110, 111; — chapiteaux, 110-120; — formes, 111, 112; — ornementation, 111-120; — dimensions, 113; — dispositions diverses, 120; — colonnes ornant les fenêtres gothiques et romanes, 147; — ornant les portes gothiques et romanes, 149; — de la Renaissance, 155; — ornant l'extérieur des absides gothiques et romanes, 158; — ornant les portails gothiques et romans, 161; — des clochers gothiques et romans, 165, 166; — colonnes de marbre des basiliques primitives de l'Orient, 237; — des palais orientaux, 285; — byzantines d'agate et d'onyx, 328; — des églises du moyen âge, 342, 343; — bases, 343; — chapiteaux, 343.

COLONNES HISTORIQUES romaines, 34, 35; — ornements, 35. — Voir Cussy, Toulon.

COLONNES-PILIERS des églises gothiques et romanes, 110.

COLONNETTES; — enrichies de mosaïques sur les ambons des basiliques latines, 80; — ornant les roses gothiques et romanes, 143.

COMBLES des basiliques latines, 74; — construction, 74; — voir Fermes; — combles des églises gothiques et romanes, 134.

Côme (Saint), médecin, patron des chirurgiens, 563.

COMMANDERIES, 482.

COMMENTAIRES DE CÉSAR, 54.

COMMENTARIUS DE SCRIPTORIBUS ECCLESIÆ ANTIQUIS, 461, notes; — auteur, Casimir Oudin.

COMMERCE en France. Voir Foires, Marchés, Péages.

COMMISSIONS ; — de Morée, 238, 240; — d'Égypte, 276; — des arts et édifices religieux; — voir Instructions.

COMMUNES de la France, 482, 483.

COMPLAINTES du moyen âge, 384, 386. — Voir Étienne, Geneviève de Brabant, Juif errant, Renaud.

COMPOSITION CHIMIQUE des eaux minérales en France, 505, 506.

COMPTES DU CHÂTEAU DE GAILLON, 336, 337; — éditeur, M. A. Deville.

COMPTES ROYAUX, 444.

COMTE DE POITIERS (*LE*), ancien poème français, 450; — éditeur, M. Francisque Michel.

COMTE DE PONTHIEU (*LE*), ancien poème français, 452.

Conbrouse, auteur d'un *Catalogue raisonné des monnaies nationales de France*, cité, 357.

CONCILE de Latran, défend l'usage des arbalètes, 208, notes.

CONCILIA ANTIQUÆ GALLIÆ, 462, notes; — auteur, Sirmond; — supplément par de Laborde.

CONCILIORUM NOVA COLLECTIO, 462, notes; — auteur, Baluze.

CONCILIORUM OMNIUM GENERALIUM ET PROVINCIALIUM COLLECTIO REGIA, 462, notes.

CONCORDANCES, intervalles harmoniques du contrepoint, 368.

CONDUITES D'EAU dans les villes romaines, 31. — Voir Siphons, Tuyaux.

CONFESSION. Voir Martyrium.

CONFRÉRIE des chirurgiens, 563, notes. — Voir Côme.

CONFRÉRIES placées sous le patronage des saints, 355.

CONJURATEUR ET LE LOUP (*LE*), chant populaire français imité des runes scandinaves, 392, 393, 394.

Coniéh (Murs de), 278.

CONQUÊTE DE L'IRLANDE (*LA*), ancien poème français, 449; — éditeur, M. Francisque Michel.

CONQUÊTES; — de la Macédoine par les Gaulois, 53; — des Occidentaux en Orient, 261, 262, 263, 266, 268; — voir Français, Vénitiens.

CONSEILS, 542.

CONSERVATION des cathédrales; — voir Instructions; — conservation des monuments; — voir Rapport.

CONSIDÉRATIONS HISTORIQUES ET ARTISTIQUES SUR LES MONNAIES DE FRANCE, 357; — auteur, B. Fillon.

CONSOLES soutenant le velarium des théâtres romains, 38; — des amphithéâtres, 39; — consoles grecques, 89; — gothiques et romanes, 109, 128, 131; — italiennes, 140; — ornant les fenêtres et les portes gothiques et romanes, 147, 148, 149; — des mâchicoulis du moyen âge, 195, 196.

Constance, empereur, 232; — fonde la bibliothèque de Constantinople, 319.

Constantin; — favorise l'essor du christianisme, 63; — consacre des temples à Constantinople, en Palestine, à Rome, 64, 296; — construit des basiliques à Rome, 68; — accroit Byzance et fonde Constantinople, 231, 232, 233, 234, 237, 239, 240; — églises construites sous son règne, 241, 242, 251, 256, 257; — ses palais, 284,

285; — fontaines construites sous son règne, 289; — élargit la Corne d'or, 291; — sculptures exécutées sous son règne, 292, 295; — réunit les chefs-d'œuvre de la statuaire grecque, 294; — mosaïques exécutées pendant son règne, 297, 299; — ses dons aux basiliques, 307; — statues en bronze pendant son règne, 319; — orfèvrerie, 320; — art de la verrerie, 323.

CONSTANTIN, ancien poème français, inédit, 455.

Constantin Copronyme, 322.

Constantine, découverte de stèles puniques, 553.

Constantinople, 63; — temples consacrés par Constantin, 64; — églises, leurs formes, 80; — église de Μονὴ τῆς Κορᾶς, 85, 247, 248, 255, 257, 258; — du Pantocrator- 248, 255, 258, 269; — Saint-Jean ἐν Ἑβδόμῳ, 241; — Sainte-Irène, 248; — Sainte-Marie péribolique, 241; — Sainte-Sophie, 80, 81, 233, 240, 243, 256, 258, 292, 293, 294, 295, 307, 309, 312, 313, 320, 326; — Sainte-Théodosie, 248, 256, 258, 269, 313; — de Sergius et Bacchus (petite Sainte-Sophie), 242, 257, 292, 294; — du Theotocos, 85, 86, 90, 244, 247, 249, 258, 292, 293; — de la Vierge, 241; — église contenant le bois de la vraie croix, 241; — basilique de Saint-Jean-Studius, 236, 292; — des Saints-Apôtres, 239, 257, 313, 323; — mosquée d'Achmet à l'Atmeïdan, 289, 319; — influence de Constantinople sur l'art du moyen âge, 151; — Constantinople capitale de l'empire d'Orient, 231; — port de la Corne d'or, 232, 233, 285, 290, 291; — de Koum-Kapou, 291; — de Tchatlati-Kapou, 291; — d'Éleuthère, 291; — port de commerce de Somothia-Kapou, 291; — arsenaux, 232, 233, 291; — places, 289, 294; — Augusteum, 233, 295, 331; — les Eaux douces, 232, 234, 278, 291; — thermes de Xeuxippe, 232, 233; — d'Arcadius, 234; — cirques, 234, 295, 322; — amphithéâtre, 234; — édifices, 234, 294; — le Sigma, 234; — statue de l'impératrice Hélène, 233, 295; — statue équestre de Justinien, 295; — colonne Brûlée, 233; — colonne Théodosienne, 295; — château des Sept-Tours, 232, 233, 277, 278; — palais du Grand Seigneur, 232, 248, 285; — de Porphyre, 233, 284; — de la Magnaure, 233; — de l'Aigle, 233, 285, 291; — du Buccoléon, 233, 285, 291; — des Blachernes, 233, 278, 285; — d'Hebdomon, 285; — de l'impératrice Sophie, 285; — du Vieux-Sérail, 286; — porte de Bagché-Kapou (des Jardins), 232; — porte de Tchatlati-Kapou (porte crevassée), 232; — porte aux bêtes féroces, 234; — porte Dorée, 277; — porte d'Andrinople, 285; — d'Aivan-Hissari-Kapou, 285; — de Zeitan-Kapou, 286; — aqueduc de Baktché-Keuï, 234, 288; — de Pyrgos, 234, 288, 289, 330; — de Valens, 234, 247, 248, 288; — citernes, 234, 330; — citerne auprès de l'Atmeïdan, 288; — citerne d'Egri-Kapou, 288; — des mille colonnes (Basilica), 288, 289; — de Sainte-Sophie, 288; — de Tchokour-Bostan, 289; — château d'eau d'Egri-Kapou, 289; — de Péra, 289; — de Narli-Kapou, 289; — de Sainte-Sophie, 289; — enceintes, 277, 278; — tours, 277, 278; — courtines, 277; — léproseries, 282; — hospices, 286; — prisons, 286; — bazars, 287, 319; — fontaines, 289, 290; — bibliothèque, 319; — timbres en usage dans les monastères, 315; — fabriques d'étoffes, 328.

Construction des édifices romains, 22; — des voies romaines, 26, 27; — des salles des bains romains, 33; — des arcs de triomphe, 34; — des amphithéâtres, 39; — des basiliques romaines, 42; — des maisons romaines dans le Nord, 45; — des basiliques latines, 68, 73, 74; — des fenêtres latines, 73; — des fonts baptismaux latins, 77; — des baptistères, 77, 78; — des autels, 78; — des églises byzantines, 83, 84, 85, 241, 243, 247, 249, 250; — des églises gothiques et romanes, 94, 95, 108; — des portails gothiques et romans, 161; — des clochers gothiques et romans, 164, 165; — des basiliques primitives de l'Orient, 236, 237; — des temples chrétiens en Orient, 258; — des maisons byzantines, 284; — des églises du moyen âge, 342, 622, 623, 624. — Voir Bois, Briques, Charpente, Ciments, Couverture, Embasements, Granit, Larmiers, Marbres, Matériaux, Moellons, Moulures, Pierres, Plomb, Porphyre, Ressauts, Revêtements, Schistes, Soubassements, Stucs, Terres cuites émaillées, Tuiles.

Constructions; — cyclopéennes vers les Bouches-du-Rhône, 14; — civiles des Grecs, 17; — de la Gaule, 19; — de la république romaine, 24; — antiques enfouies sous le sol, 46; — particulières des Romains, 43-46; — extra muros, 45; — voir Caves, Celliers, Étables, Fourneaux, Fours, Granges, Maisons, Meules, Moulins, Villas; — constructions arabes et byzantines, 548, 549; — voir Citadelles, Églises, Forteresses, Marabouts, Mosquées.

Constructions hydrauliques de l'antiquité et du moyen âge, 287; — arabes, byzantines, turques, 287-291. — Voir Aqueducs, Bains, Bends, Châteaux d'eau, Citernes, Fontaines, Ponts, Ports.

Constructions rurales; — byzantines, turques, 287; — en France, 287; — du moyen âge, 346. — Voir Bergeries, Colombiers, Granges, Moulins.

Contes en vers ou en prose, 381.

Contrefaçons gauloises des monnaies grecques, 55; — voir Plagia barbarorum; — contrefaçons entre le Rhin et la Macédoine, 55; — dans la Norique, 55; — dans la Pannonie, 55; — dans la Thrace occidentale, 55; — dans l'Illyrie, 55; — contrefaçons des philippes d'or, 55, 56; — accessoires, 55; — attributs, 56.

Contreforts des temples chrétiens, 64; — des églises gothiques et romanes, 136-141, 158, 159; — ornementation, 138, 139; — contreforts de la Sainte-Chapelle de Paris, 138; — des clochers gothiques et romans, 165, 166; — des tours des forteresses, 188; — formant mâchicoulis, 195, 196; — des églises du moyen âge, 343, 344.

Contrepoint, 368, 605. — Voir Concordances, Discordances, Ténor, Traité.

Contrescarpes, 172.

Copenhague, documents philologiques, 450.

Copistes (Portique des), à Rome, 287.

Coptes. Voir Monastères.

Corbeaux gothiques et romans, 131, 132, 133; — formes, 131; — ornementation, 131, 132; — décoration, 132; — supportant des arcades, 132; — des clochers gothiques et romans, 165; — des mâchicoulis du moyen âge, 195.

— 674 —

Corbeilles des chapiteaux gothiques et romans, 113, 114-119; — formes, 113, 114, 115.

Corcelle (De), communication de chants populaires, 394, 416, 421, 424.

Cordonniers (Chanson des), 433, 434.

Corinthien (Ordre), 14, 113. — Voir Chapiteaux.

Cornalines gravées, 558.

Cornards (Abbé des), sujet d'un chant populaire en latin, 380.

Corne d'or (La), port à Constantinople, 232, 233, 285, 290, 291.

Corniches des temples grecs, 15; — des entablements latins, 70; — des absides latines, 73; — gothiques et romanes, 109, 131, 132; — ornementation, 132; — des clochers gothiques et romans, 165; — byzantins, 243; — des églises du moyen âge, ornées de figures monstrueuses d'hommes et d'animaux, 344. — Voir Larmiers, Modillons, Moulures.

Coron (Églises byzantines de), 251.

Coronachs, chants funèbres de l'Écosse, 428.

Corporations placées sous le patronage des saints, 355.

Corporaux, 353.

Corps placés dans les sépultures gauloises, 10, 11; — position qu'ils y occupent, 11.

Corps de garde des forteresses du moyen âge, 186.

Corps de métier ou d'état placés sous le patronage des saints, 355.

Correspondance des intendants avec les ministres, conservée dans les archives publiques, 465, 467.

Correspondance administrative de Louis XIV, 467.

Corridors des amphithéâtres romains, 40.

Corse; — ponts fortifiés du moyen âge, 178, notes; — escaliers des donjons, 215, notes, 217; — tours, 220; — dialecte italien parlé en Corse, 375; — voir Chants populaires. — Voir Sollacaro, Tavignano.

Coricus ou *Gorighos* (Église de), 261.

Cos (Île de), monastères, 276.

Cossart (Le Père), l'un des auteurs des *Sacrosancta concilia*, cité, 462, notes.

Costumes religieux figurés par les peintures et par les sculptures de l'Orient, 299, 300; — voir Archimandrites, Igoumènes, Moines, Vêtements ecclésisastiques; — costumes militaires figurés sur les peintures des manuscrits, 317; — voir Boucliers, Casques, Cuirasses, Jambières; — costumes divers d'après les miniatures des manuscrits, 338.

Cotton (Jean), auteur de divers écrits sur la musique, cité, 365.

Couchaud, auteur d'un ouvrage intitulé : *Choix d'églises byzantines en Grèce*, cité, 238, notes, 251, notes, 252, notes, 268.

Coucy (Château de); — plan, 211; — donjon, 212.

Coudre (La), moulin, 487.

Couesnon, rivière, 487.

Couleurs employées dans la fabrication des vitraux du moyen âge, 578, 579, 580; — atténuées des vitraux de la Renaissance, 582; — essai des couleurs, 582, 583.

Coupe d'un silo auprès d'Amboise, 20; — de voies romaines, 26; — d'un rempart, 29; — de l'amphithéâtre d'Arles, 39; — longitudinale et transversale de la basilique Saint-Laurent-hors-les-Murs, à Rome, 75; — longitudinale de la Panagia Nicodimo, à Athènes, 86; — des fossés du moyen âge, 172; — des portes du château de Saint-Sauveur-le-Vicomte, 184; — d'une meurtrière de l'hôtel de Sens, à Paris, 186; — d'un mâchicoulis, 195; — de diverses meurtrières, 209, 210; — des oubliettes du château de Chinon, 223; — de la Bastille, 228; — du château de Chalusset (Haute-Vienne), 228; — du Theotocos tou Libou, à Constantinople, 246; — du Catholicon, à Athènes, 252.

Coupes en verre de Venise, 324.

Coupoles ou Dômes des églises byzantines, 63, 80, 82, 83, 84, 86, 87, 88, 242, 249, 252, notes, 256, 257, 258; — pendentifs, 64, 87, 88; — fenêtres, 87; — peintures, 87; — mosaïques, 87. — Voir Grande-Vierge, Μονὴ τῆς Κοράς, Saint-Taxiarque, Saint-Vital, Sainte-Sophie de Constantinople.

Courcelles (Ch. de). Voir Monographie de la musique.

Couroie ou *Couraie,* sergenterie du bailliage de Cotentin, 487.

Couronnements des basiliques latines, 69; — des églises gothiques et romanes, 118, 131, 132, 133, 150, 157, 158, 159; — incrustations, 132; — inscriptions, 132; — dans l'est et le midi de la France, 133; — des portails gothiques et romans, 161; — des clochers gothiques et romans, 165; — des forteresses et tours du moyen âge, 191-202; — des églises byzantines, 261, 262; — des églises du moyen âge, 344; — voir Antéfixes, Architraves, Balustrades, Corbeaux, Corniches, Créneaux, Échauguettes, Entablements, Frises, Frontons, Hourds, Lanternes, Mâchicoulis, Moucharabys, Parapets, Pignons, Plates-formes, Terrasses, Toits.

Couronnes de lumière dans les églises du moyen âge, 354.

Cours intérieures des forteresses du moyen âge, 210, 211. — Voir Basse-cour.

Cours des statères en or de Philippe, 54.

Cours d'antiquités chrétiennes, 61, notes; — auteur, M. de Caumont.

Cours d'eau de la France, 482, 483, 484. — Voir Rivières, Ruisseaux.

Courses en chars dans les cirques romains, 36, 41; — machines pour donner le signal, 41.

Courtines des forteresses du moyen âge, 200-206, 213, 214; — échauguettes, 200, 201; — escaliers, 202, 206; — bases inclinées, 203; — arcades simulées, 203. — Voir Bastille, Beaucaire, Constantinople, Fougères, Rhodes.

Coutumes de la France, 542.

Coussemaker (De), communication de chants populaires, 379, 389; — auteur d'un plan d'instructions sur la musique, 613, notes.

Couture (La), église au Mans, 570.

Couvents. Voir Monastères.

Couverture des théâtres romains, 38; — des toits gothiques et romans, 133, 134; —

des clochers gothiques et romans, 164, 165; — des églises du moyen âge, 629, 630, 631. — Voir Ardoises, Combles, Dalles, Dômes, Pierre, Plomb, Terrasses, Tuiles.

COUVRE-JOINTS des toits gothiques et romans, 134.

Crapelet, auteur de travaux philologiques, cité, 446.

CRÉCELLES employées dans les églises du moyen âge, 354.

CRÉNEAUX, 25; — des porches militaires, 104; — des toits gothiques et romans, 134, 135; — des piliers-butants, 141; — des clochers, 165, 166; — des forteresses du moyen âge, 191, 192, 193, 200, 227, 278, 345; — formes, 191, 192, 193; — meurtrières, 193. — Voir Avignon, Beaucaire, Palais de justice de Paris.

Crète (Île de), monastères, 276.

CROCHETS ornant les chapiteaux gothiques et romans. Voir Crosses.

CROISADE CONTRE LES HÉRÉTIQUES ALBIGEOIS (*LA*), ancien poème français, 442, 445.

CROISADES, 262, 264, 268, 277, 294, 298, 322; — d'après les poésies populaires, 396; — d'après les grands poèmes français, 456. — Voir Guillaume IX, Guillaume Béchada.

CROISÉS, 263, 265, 266, 269, 276, 278, 279, 282, 284, 296, 322, 327, 396. — Voir Chant des croisés.

CROISÉES ou TRANSEPTS des églises gothiques et romanes, 99, 100. — Voir Transepts.

CROISILLONS des églises gothiques et romanes, 99, 100. — Voir Transepts.

CROIX sur les monnaies d'argent de Vieille-Toulouse, 53, notes; — grecque brodée sur les autels byzantins, 88; — forme en croix des églises, 66, 72, 100, 242; — forme en croix des basiliques latines, 72; — croix de Lorraine, 100; — grecque, 100; — latine, 100; — sur les clochers gothiques et romans, 165; — insigne des dignitaires religieux, 300; — croix de pierre dans les cimetières, 345, 474; — croix des églises du moyen âge, 354, 474. — Voir Bois de la vraie croix, Invention de la Croix.

CROMLECH, pierres en cercle, 7, 8.

CROSSES pour la suspense du saint Sacrement, 354.

CROSSES ou CROCHETS ornant les chapiteaux gothiques et romans, 119; — les archivoltes, 130; — les piliers-butants, 139; — les fenêtres, 148; — les clochers, 166.

CROSSES ou TAUS, insignes des abbés, des évêques, des archevêques, 300, 352.

Crusca (*La*). Voir Vocabulaire.

CRUSTA. Voir Summa crusta.

Crux, fief à Tirpied, 487.

CRYPTES, chambres sépulcrales à l'intérieur des tombelles, 11; — sanctuaires souterrains des premiers chrétiens, 61, 62; — voir Catacombes; — peintures ornant les cryptes chrétiennes, 62; — sculptures, 62; — inscriptions, 62; — ornements, 62; — nefs, 62; — maçonnerie, 62; — bassins de baptême, 62; — enceintes, 62; — autels, 62; — cryptes sous les autels des basiliques latines, 78; — voir Confession, Martyrium; — cryptes des églises byzantines, 313; — du moyen âge, 342. — Voir Caucase, Midiah, Notre-Dame de Philerme, Sainte-Théodosie, Saints-Apôtres.

Cryptogames (Plantes), 519.
Ctésiphon. Voir Tach-Esré.
Cuillers romaines, 51.
Cuirasses; — romaines en bronze, 50; — byzantines, 317.
Cuisines des monastères, 275, 316; — formes, 275, 316; — des palais orientaux, 285; — du monastère de Saint-Gall; — des maisons byzantines, 319. — Voir Ustensiles.
Culte égyptien, grec et romain dans les Gaules, 4, 5, 6, 18; — culte chrétien, 65, 70; — voir Attributs, Autels, Divinités, Religion, Temples; — culte d'Auguste, 4; — de Cérès, 4; — de Minerve, 4; — de Neptune, 4; — de la Victoire, 4; — des saints au moyen âge, 355.
Cultures en usage dans les provinces romaines, 45; — recherches de M. Féret en Normandie, 46; — cultures en France, 532. — Voir Récoltes, Rendement, Semis.
Cussy (Colonne historique de), 35.
Cuvier, auteur d'une classification zoologique, cité, 526.
Cycle épique de Charlemagne, 445, 448; — de la Table ronde, 445; — d'Arthur, 445.
Cyclopéennes (Constructions), 14. — Voir Monuments grecs, Murs.
Cygne (Le Chevalier au), figuré sur une enseigne de boutique, 453.
Cytharèdes. Joueurs de lyre, 603.

D

Dagincourt (Publications de), citées, 299, 300, 307.
Dagobert (Le roi), d'après les chansons populaires, 396.
Dais sculptés sur les piliers-butants gothiques et romans, 140; — sur les églises du moyen âge, 154, 155, 157; — sur les portails gothiques et romans, 161; — ornant les clochers gothiques et romans, 165.
Dali. Voir Potanixa.
Dalles servant à la couverture des églises du moyen âge, 631.
Dalles tumulaires de pierre ou de marbre, ornées de figures ou d'inscriptions dans les églises du moyen âge, 345, 351, 352, 636, 637. — Voir Bayonne, Laon.
Dalmatiques, 352.
Damas; — monuments militaires, 278, 279; — vases de verre coloré, 324.
Damasquinerie orientale, 320.
Dames. Voir Baumes des Dames.
Dampierre (Famille de), son tombeau dans l'église des Arméniens, à Nicosie, 267.
Daniel figuré sur les fontaines édifiées par Constantin, 285, 295.
Daphni (Monastère de), près d'Athènes, 274; — plan, 275.
Dardanelles (Château des), 279; — son artillerie, 318; — poteries turques exécutées aux Dardanelles, 325.
Daremberg, auteur de travaux philologiques, cité, 458.

Dauphiné. Voir Tricorii.

David (Tour de), forteresse de Jérusalem, 278.

Débats en prose ou en vers, 381.

Décès (Statistique des), 529, 530, 531.

Décoration des théâtres romains, 37, 38; — du proscenium, 37; — des amphithéâtres romains, 39; — des portiques et murailles entourant l'atrium des basiliques latines, 72; — intérieure des basiliques latines, 74; — des ciborium latins, 79; — des églises byzantines, 83, 88, 241, 243, 247, 249, 253; — des chapiteaux byzantins, 90; — des moulures et des sculptures byzantines, 90; — des iconostases, 310, 311; — des autels byzantins, 312. — Voir Bas-reliefs, Bois, Colonnes, Dorures, Feuillages, Gamma, Marbres, Métaux, Mosaïques, Moulures, Ornementation, Pavés, Peintures, Pierreries, Porphyre, Sculptures, Terres cuites émaillées.

Décret de Gratien, 444.

Déesse Mère, 5; — honorée par les Phocéens, 5. — Voir Isis, Vénus.

Dégagements des théâtres romains, 36, 37; — des amphithéâtres romains, 40. — Voir Corridors, Escaliers, Vomitoires.

Degland, auteur d'une classification zoologique, cité, 526.

Delambre, l'un des auteurs des *Instructions sur la description scientifique de la France,* 499, notes.

Delisle, auteur des *Instructions sur le dictionnaire géographique de la France,* 481, notes.

Della Robia (Les), créateurs de la céramique architecturale, 325.

Démétrius (Saint); — son tombeau à Salonique, 237; — figuré dans les peintures des églises de la Grèce et de l'Asie, 317.

Démétrius (Acropole de), citadelle de Byzance située à la pointe du Sérail (Séraï-Bournou), 232.

Demi-colonnes des églises gothiques et romanes, 110.

Deniers, monnaie romaine, 54, 59.

Denis l'Aréopagite (Saint), sa chapelle à Athènes, 237.

Dénominations des plantes, 523.

Denon, explorateur, cité, 276.

Densité des eaux minérales en France, 505.

Dentellières (Chanson des), chantée dans la Flandre française, 434. — Voir Anne.

Départements, 542.

De re diplomatica, 358; — auteur, Mabillon.

Description de l'acropole de Marseille par César et Strabon, 14.

Dermoulia (Henchir), en Tunisie, 551.

Description de monnaies seigneuriales françaises composant la collection de M. Poey d'Avant (essai de classification), 357; — auteur, Poey d'Avant.

Description de quelques médailles inédites, 53, notes; — auteur, M. le marquis de la Goy. — Voir Cænicense, Glanum, Marseille, Nîmes, Saint-Rémy, Sénas, Tricorii.

DESCRIPTION DES MÉDAILLES GAULOISES DE LA BIBLIOTHÈQUE NATIONALE, 356; — auteur, A. Duchalais.

DESCRIPTION DES MÉDAILLES ANTIQUES GRECQUES ET ROMAINES, 356; — auteur, Mionnet.

DESCRIPTION SCIENTIFIQUE DE LA FRANCE. Voir Anthropologie, Botanique, Eaux minérales, Géologie, Météorologie, Statistique, Zoologie, Zootechnie.

Desnoyers (J.), collation du texte de Brunetto Latini, 459.

DESSINS des inscriptions découvertes sur le sol de la Gaule, 349.

DESSINS DE VILLARD DE HONNECOURT, 338; — éditeur, M. Lassus.

DESTINATION des meurtrières du moyen âge, 208, 209.

DÉTAILS d'architecture byzantine, 85, 88-91; — de la Panagia Nicodimo, à Athènes, 85. — Voir Chapiteaux, Feuillages, Moulures, Sculptures.

DÉVELOPPEMENT du style latin en Allemagne, en Espagne, en Illyrie, en Italie, à Rome, dans les Gaules, dans l'empire d'Occident, 63; — du style byzantin en Angleterre, en Illyrie, en Italie, en Normandie, en Occident, sur le Rhin, 90; — de l'art arabe en Asie, 235.

Deville (A.), auteur d'une *Monographie de Château-Gaillard*, cité, 204, 208, notes; — éditeur des *Comptes du château de Gaillon*, cité, 336, notes.

DEVISES peintes ou sculptées dans ou sur les églises gothiques et romanes, 150.

DIABLE. Voir Châteaux du Diable.

DIACONIQUES, salles réservées au clergé dans les basiliques primitives de l'Orient, 237.

DIACRES, leurs places dans les églises gothiques et romanes, 96.

DIALECTES parlés en France. Voir Allemand, Bas-breton, Basque, Catalan, Flamand, Italien, Néo-latins.

DIALOGUES de saint Grégoire, 443.

DIALYPÉTALES (Plantes), 520, 521, 522.

Diane; — Diane éphésienne honorée par les Phocéens, 5; — statue de Diane dans la galerie Albani à Rome, 16.

DIAPHONIE. Voir Organum.

DICOTYLÉDONES (Plantes), 519, 521, 522.

DICTIONNAIRE GÉOGRAPHIQUE DE LA FRANCE. Voir Géographie, Index, Instructions, Spécimen, Tableau.

DICTIONNAIRE RAISONNÉ DE DIPLOMATIQUE, 358; — auteur, dom de Vaines.

Didron (J.), 276; — rédacteur des *Annales archéologiques*, cité, 333; — auteur de l'*Iconographie chrétienne*, cité, 339, notes.

Dieppe. Voir Limes.

Dieu, 4; — Dieu le Père, sa représentation au moyen âge, 152.

DIEUX de la scène dans les théâtres romains, 37. — Voir Autels, Édicules.

Diez, auteur de travaux philologiques, cité, 449.

DIGUES construites par les Orientaux, 32.

Dijon; — église Notre-Dame, 107; — musée, 567.

DIMENSIONS des pierres druidiques, 6; — des collines factices, 10; — des mardelles, 13; — des briques et des tuiles romaines, 19; — des temples romains, 20; — des tours romaines, 20; — des églises gothiques et romanes, 93; — des colonnes gothiques et romanes, 113; — des fenêtres gothiques et romanes, 142; — des donjons du moyen âge, 212, 213, 214; — des basiliques primitives de l'Orient, 238; — des églises du moyen âge, 342; — des inscriptions trouvées sur le sol de la Gaule, 348.

DIOCÈSES placés sous le patronage des saints, 355.

DION ET LA FILLE DU ROI, romance narrative de l'Auvergne, 412, 413, 414, 415.

Dionysius. Voir Bacchus.

DIPLOMATA, CHARTÆ, EPISTOLÆ, LEGES, ALIAQUE INSTRUMENTA AD RES GALLO-FRANCICAS SPECTANTIA, 462, notes; — éditeur, Pardessus.

DIPTYQUES byzantins en bois sculpté, 296, 317; — en ivoire, 327.

DIRECTION des voies romaines, 26, 27; — des nefs dans les cryptes chrétiennes, 62; — des corbeaux gothiques et romans, 132; — des meneaux, 146, 147; — des rues en Égypte, 283.

DISCORDANCES, intervalles harmoniques du contrepoint, 368.

DISLOCATIONS du sol de la France, 501, 502, 504. — Voir Failles.

DISPOSITIONS intérieures des tombelles gauloises, 11; — voir Cryptes, Galeries; — dispositions irrégulières des églises primitives, 64; — dispositions diverses des colonnes gothiques et romanes, 120; — des chapelles gothiques et romanes, 159.

DISPUTES, l'une des formes de la poésie ancienne, 456.

DISTRIBUTION GÉOGRAPHIQUE des espèces animales, 526.

DISTRIBUTION INTÉRIEURE des basiliques romaines, 42; — voir Colonnes, Escaliers, Galeries, Nefs, Plafonds, Tribunes; — distribution intérieure des villes antiques, 43; — voir Carrefours, Places publiques, Rues, Voies; — distribution intérieure des basiliques latines, 65, 74, 75; — des églises gothiques et romanes, 95-107; — voir Absides, Ambons, Autels, Bancs, Chapelles, Chœurs, Clochers, Galeries, Nefs, Porches, Portails, Sacristies, Sanctuaires, Transepts, Tribunes.

DISTRICTS, 542.

DITS en prose et en vers sur les diverses professions, 381; — l'une des formes de la poésie ancienne, 456.

DIVERSARUM ARTIUM SCHEDULA, 322, 323, 324, 325, 331, 332; — auteur, le moine Théophile.

DIVINITÉS; — égyptiennes, 5; — grecques, 15; — romaines, 18, 20, 50; — locales, 19, 23; — protectrices de la cité romaine, 20; — laraires, 44; — gallo-romaines, 50; — représentations en bronze, 50; — voir Attributs, Autels, Chapelles, Temples. — Voir Apollon, Auguste, Bacchus, Cérès, Diane, Dieux de la scène, Hercule, Isis, Jupiter, Mercure, Nymphes, Sérapis, Vénus, Victoire.

DIVISIONS INTÉRIEURES des théâtres romains, 36, 37; — voir Galeries, Gradins, Hyposcenium, Précinctions, Proscenium, Salles des mines, Scène, Tribunes; — des amphithéâtres, 40; — voir Arènes, Canaux, Dégagements, Euripe, Galeries, Gradins, Loges, Podium, Précinctions, Tribunes, Velarium; — des cirques, 41; — voir Carceres, Épine, Gradins, Tribunes.

Djerba (Île de), découverte de stèles puniques, 553.

DJIAMA. Voir Zama.

DOCTRINA NUMORUM VETERUM, 57, 356; — auteur, Eckhel.

DOCTRINES PHILOSOPHIQUES du moyen âge, 459.

DOCUMENTS MANUSCRITS. Voir Manuscrits.

DOGMES DRUIDIQUES retrouvés dans les chants populaires de la France, 389. — Voir Sainte-Marguerite.

DOLMENS, 8, 9, 473; — voir Loc Mariaker; — demi-dolmen, 9. — Voir Table, Ouvertures.

DÔMES des églises gothiques et romanes, 133; — des clochers gothiques et romans, 164. — Voir Coupoles.

DOMINICAINS. Voir Vansleb.

Doni, auteur d'ouvrages relatifs à la musique, cité, 592.

DONJONS du moyen âge, 169, 211-221, 278, 345; — emplacement, 211, 212; — dimensions, 212, 213, 214; — portes, 215; — magasins, 217; — logements, 218, 219; — maîtresse tour, 216, 217, 218, 219, 220; — escaliers, 215, notes, 216, 217; — fenêtres, 218, 219; — donjon de Château-Gaillard, 204; — du château de Coucy, 212; — du château de Chalusset, 219, 229; — du château de Chauvigny, 220; — du château de Fougères, 225, 226; — voir Mélusine; — donjon d'Alluye, 213, 215, notes; — des monastères, 273; — Saint-Michel, à Rhodes, 282.

Dordogne (Département de la). Voir Petit pater.

DORIQUE (Ordre), 13, 14, 18. — Voir Styles.

DORURES décorant l'iconostase des églises byzantines, 311.

DOUANES. Voir Tarifs des douanes.

DOUCHES d'eaux minérales, 506.

Douve (*La*), rivière, 487.

Doville, 487.

DRAINAGES, 532.

DRAPERIES des statues du moyen âge, 152, 153, 154.

DRAPS byzantins d'or et d'argent, 328.

Draudius, auteur d'ouvrages relatifs à la musique, cité, 592.

DROIT. Voir Textes de droit.

DROITS FÉODAUX, 467.

Drôme (Département de la). Voir Clansayes.

DRUIDES, 18, 19. — Voir Attributs, Dogmes, Enceintes, Monuments, Pierres druidiques, Religion, Temples.

Dubois de Montperreux, explorateur du Caucase, 249, 313.

Dubosc, fournit des renseignements pour le *Dictionnaire géographique de la France*, 483, notes.

Duby. Voir Tobiesen.

Du Cange, auteur du *Glossarium mediæ et infimæ latinitatis*, cité, 198, notes, 199, notes, 364, notes.

Duchalais (A.), auteur d'une *Description des médailles gauloises de la Bibliothèque nationale*, cité, 356.

Duchemin-Descepeaux (J.), auteur de *Lettres sur l'origine de la chouannerie et sur les chouans du Bas-Maine*, cité, 435, notes.

Ducs français d'Athènes et de Morée, leurs châteaux en Grèce, 282.

Dufrénoy, l'un des auteurs d'une *Carte géologique de la France*, cité, 499, 502, 504.

Duguesclin, d'après les poésies populaires, 396.

Du Méril. Voir Méril.

Duméril, auteur d'une classification zoologique, 526.

Durand (Em.), auteur d'une *Notice sur la tourelle de l'abbaye de Saint-Victor*, 564.

Durand (Dom), auteur du *Thesaurus novus anecdotorum*, 462.

Duratius, son nom sur les médailles gauloises, 54.

Duverdier. Voir *Bibliothèques françaises*.

E

Eaux dans les villes romaines, 31, 32; — écoulement des eaux dans les amphithéâtres, 39, 40. — Voir Aqueducs, Canaux, Châteaux d'eau, Citernes, Conduites, Fontaines, Lavoirs, Réservoirs, Sources.

Eaux douces (Les), à Constantinople, 232, 234, 278, 291.

Eaux minérales de la France, 502, 504; — origine, 505; — volume, 505; — température, 505; — densité, 505; — composition chimique, 505, 506; — mode d'emploi, 505, 506; — usage thérapeutique, 505, 506. — Voir Établissements.

Écarts, ancienne dénomination de lieux habités, 482, 484.

Ecclésiastiques figurés sur les dalles tumulaires du moyen âge, 345.

Échafauds de bois élevés au sommet des tours du moyen âge, 198, 199. — Voir Hourds, Hurdels, Hurdicium.

Échauguettes servant à la défense des courtines et tours du moyen âge, 200, 201, 202.

Échevinages. Voir Registres.

Échevins, 466.

Eckhel, auteur de *Doctrina numorum veterum*, cité, 52, 356.

Éclairage des nefs des cryptes chrétiennes, 62.

École milanaise, 153; — école de Charles VIII, 153; — de Louis XII, 153, 155; — de Michel-Ange, 154.

Écoles, 542; — de l'Orient, 282, 286.

Économie politique. Voir Sciences économiques.

Écosse; — mardelles, 13; — ballades, 407; — chants populaires, 408; — voir Coronachs.

Écoulement des eaux dans les amphithéâtres romains, 39, 40. — Voir Canaux.

Écrivains (Bazar des), à Constantinople, 287, 319.

Écuries des forteresses du moyen âge, 210.

Écussons peints ou sculptés dans ou sur les églises gothiques et romanes, 150; — sculptés dans les palais orientaux, 285. — Voir Armoiries.

EDDA (L'), dans les chants populaires de la France, 391.
Édesse (Ourfa), ruines de monuments chrétiens, 266.
ÉDICULES consacrés aux dieux de la scène dans les théâtres romains, 37; — ornant les piliers-butants gothiques et romans, 139; — ornant les clochers, 165.
ÉDIFICES; — grecs, 18, 88; — romains, 19, 20, 22, 23, 33, 34, 36, 37, 38, 39, 40, 41, 42, 43, 49, 474; — publics romains dans les Gaules, 31; — du moyen âge, leurs signes lapidaires, 347, 348; — religieux, chrétiens, 63, 75, 77, 91, 99; — voir Basiliques, Églises, Temples; — édifices de l'Asie Mineure, 88; — des villes orientales, 283. — Voir Constantinople, Marseille.
ÉGLISE latine, 63, 64; — église chrétienne, 69.
Église voisine de la mer, construite au XIV° siècle, à Famagouste, sous le règne de Hugues IV, 267.
ÉGLISES. Voir Abou-Goch, Adana, Aladja, Amiens, Anazarbe, Antioche, Arménie, Asie Mineure, Athènes, Atlit, Attique, Aubasine, Autun, Bayonne, Beauvais, Beyrouth, Binson, Bordeaux, Cannidali, Chaise-Dieu (la), Châlons-sur-Marne, Chanteuge, Chypre, Cilicie, Constantinople, Coron, Corycus, Dijon, Érivan, Famagouste, France, Germigny-des-Prés, Gonesse, Grèce, Jérusalem, Khalcis, Laon, Limassol, Loutraki, Lycie, Manaz, Mans (le), Marseille, Melun, Mistra, Modon, Montfort-l'Amaury, Mont Karadagh, Montréal, Morée, Naplouse, Navarin, Nicosie, Noyon, Paphos, Parenzo, Paris, Patras, Péloponèse, Poitiers, Ramla, Ravenne, Reims, Rhodes, Rome, Rosheim, Saint-Denis, Saint-Gervais, Saint-Jean-d'Acre, Salamine, Salonique, Samari, Selefké, Sens, Sis, Smyrne, Soissons, Syrie, Tarsous, Tine, Toscanella, Trébizonde, Trèves, Tyr, Vendôme, Vérone, Vézelay, Vienne, Vivoin.
ÉGLISES en général; — leur forme en croix, 66, 242; — églises dans l'empire d'Occident, 65, 85; — leurs formes, 65; — églises circulaires, 66; — colonnes concentriques, 66; — architraves, 66; — cintres, 66; — position de l'autel, 67; — sanctuaire, 67; — églises primitives, leurs dispositions irrégulières, 66; — églises isolées, leur situation, 67; — églises consacrées aux anges, 67; — églises latines, 70; — églises abbatiales, 96, 97, 105, 107; — épiscopales, 107; — plans d'églises publiés par les Bénédictins, 241; — églises construites sous le règne de Constantin, 241, 242; — construites par les croisés à Jérusalem, 263; — des monastères, 237, 274, 293; — placées sous le patronage des saints, 355. — Voir Basiliques, Cathédrales.
ÉGLISES BYZANTINES. Voir Couchaud.
ÉGLISES BYZANTINES, 80-91, 238, notes, 239-269, 274, 548. — Voir Absides, Arcs-boutants, Atrium, Baptistères, Chœurs, Colonnes, Construction, Coupoles, Couronnements, Cryptes, Décoration, Escaliers, Façades, Fenêtres, Formes, Galeries, Inscriptions, Mobilier, Narthex, Nefs, Ornements, Piliers, Porches, Portes, Portiques, Presbytères, Sacristies, Sanctuaires, Terrasses, Transepts, Triforium.
ÉGLISES GOTHIQUES ET ROMANES, 91-167, 263, 264, 267, 313, 314, 571. — Voir Colonnes, Construction, Dimensions, Distribution intérieure, Extérieur, Forme, Ichnographie, Mobilier, Orientation, Piliers, Voûtes.
ÉGLISES DU MOYEN ÂGE, 67, 242, 343, 344, 345, 474, 617-637. — Voir Architectes,

Arcs-boutants, Cadrans solaires, Calendriers, Chapelles, Charpentes, Chœurs, Colonnes, Construction, Contreforts, Corniches, Couronnements, Couverture, Dimensions, Fenêtres, Flèches, Gargouilles, Menuiserie, Mobilier, Murs, Orientation, Pavement, Peintures murales, Pierres tombales, Piliers, Plafonds, Porches, Portes, Retables, Sculptures, Serrurerie, Statues, Toits, Tombeaux, Tours, Vitraux, Voûtes, Zodiaques.

Egri-Kapou (Citerne et château d'eau d'), à Constantinople, 288, 289.

Égypte; — villages de moines, 270; — monastères, 272, 273, 275; — commission d'Égypte, 276; — direction des rues, 283; — céramique, 324; — voir Statuettes; — marqueterie, 327. — Voir Culte, Divinités, Religion.

El-Djem, pierres gravées qu'on y trouve, 558.

ÉLECTIONS, 542.

ÉLECTRUM, métal servant à la fabrication des monnaies gauloises, 47.

Elédus et Serène, ancien poème français, 450.

Éléments de paléographie, 358, 366, notes, 468; — auteur, M. Natalis de Wailly.

Éléonore (La princesse), auteur présumé d'un poème provençal, 450.

Éleuthère (Port d'), à Constantinople, 291.

Eleutherius. Voir Bacchus.

ÉLÉVATION du chœur dans les églises gothiques et romanes, 158.

ÉLÉVATION latérale d'une basilique latine, 72; — de l'abside de Saint-Saba, à Rome, 73; — de deux travées intérieures d'une basilique, 74; — des portes du château de Saint-Sauveur-le-Vicomte, 185; — de la tour de Loudun, 189; — de la tour de Clansayes (Drôme), 221; — de la Bastille, 227.

Élie (Saint), autels qui lui sont consacrés, 273.

Elne (Pyrénées-Orientales). Voir Berangarius.

Éloi (Saint), évêque, d'après les poésies populaires, 396.

ÉMAIL; — ornant les fibules romaines, 51; — employé pour le pavage en mosaïque des basiliques latines, 75; — ornant les pavés au moyen âge, 355. — Voir Émaux, Opus alexandrinum.

ÉMAILLERIE; — byzantine, 326; — des Gaulois, 326; — de Limoges. — Voir Émaux.

ÉMAUX; — ornant les murailles gothiques et romanes, 157; — ornant les portes du monastère de Sainte-Catherine, au mont Sinaï, 301, 326.

EMBASEMENTS des colonnes historiques romaines, 35; — des églises gothiques et romanes, 94.

EMBLÈMES; — gaulois sur les monuments gallo-romains, 19; — sur les monnaies gauloises, 54; — de la Trinité brodés sur les autels byzantins, 88; — voir Gammadæ; — emblèmes peints ou sculptés dans ou sur les églises gothiques et romanes, 150; — des chirurgiens, 563, notes.

EMBRANCHEMENTS des voies romaines, 27.

Émery d'Amboise, ses armoiries, 268.

Émèse (Ems ou Homs), forteresses arabes et turques, 279.

Emmaüs. Voir Abou-Goch.

Empereurs romains, leurs monnaies en Gaule, 56; — en Italie, 56; — empereurs carlovingiens, leurs monnaies, 56; — empereurs d'Orient figurés sur la base de l'obélisque de l'hippodrome de Constantinople, 295; — figurés sur les monnaies et médailles byzantines, 317.

Empierrement des voies romaines, 26. — Voir Briques, Cailloux, Pierres, Profondeur, Terre cuite, Terre glaise, Tuiles.

Empire; — romain, ses provinces, 30; — d'Occident, développement du style latin, 63; — forme des églises, 65; — d'Orient, monuments de l'ère chrétienne, 231-333.

Emplacement des ports romains, 31; — des salles des bains romains, 33; — des prétoires, 33; — des autels dans les cryptes chrétiennes, 62; — des temples chrétiens, 67; — des donjons, 211, 212; — de Byzance, 232; — des cimetières orientaux, 283; — des inscriptions découvertes sur le sol de la Gaule, 348.

Emplecton, l'un des procédés employés par les constructeurs latins, 24. — Voir Murailles, Structure.

Empreintes de sceaux, en cire ou en plomb, 358.

Ems. Voir Émèse.

Enceintes; — gauloises, 12; — voir Oppida; — enceintes grecques, 17; — romaines, 20, 23, 27, 169, notes; — voir Camps, Murailles, Retranchements; — enceintes antiques, leur origine, 27, 28; — militaires, 27, 28; — leur situation, 28; — civiles, 28; — religieuses, 28; — entourant des tumulus, 28; — des prétoires romains, 33; — des villes romaines, 34, 38, 63; — enceintes sacrées devant les cryptes chrétiennes, 62; — formant parvis devant les basiliques latines, 66; — leurs portes, 66; — leurs portiques, 66; — voir Atrium; — enceintes fortifiées du moyen âge, 169-224; — plan de l'une d'elles, 169. — Voir Fossés, Palissades, Parapets, Murs, Remparts. — Voir Aigues-Mortes, Avignon, Byzance, Carcassonne, Constantinople, Famagouste, Marseille, Messène, Moulins, Nicosie, Rome.

Encensoirs des églises du moyen âge, 354.

Enchiridion, 364; — auteur, Huchbald, le moine de Saint-Amand. — Voir Diaphonie, Organum.

Encyclopédies musicales, 596.

Endlicher, auteur d'une classification botanique, cité, 518, 519.

Enduits employés au moyen âge pour les incrustations, 157.

Enfances de Charlemagne (Les), ancien poème français, inédit, 456.

Enfants d'Aimeri de Narbonne (Les), jeu par personnages, 453.

Enroulements ornant les archivoltes gothiques et romanes, 130, 154.

Enseignement. Voir Collèges, Écoles, Pédagogie, Universités.

Enseignements, l'une des formes de la poésie ancienne, 456.

Enseignes des rues de Paris. — Voir Aimon, Cygne, Guillaume au court nez, Isoré, Roland.

Enseignes militaires romaines sur les arcs de triomphe, 35.

Entablements; — antiques, 63, 133; — des basiliques latines, 70; — des colonnes latines, 74; — gothiques et romans, 128; — dans le midi de la France, 131. — Voir Architraves, Corniches, Frises.

ENTRAITS, pièces de charpente soutenant les combles des basiliques latines, 74.

ENTRELACS ornant les archivoltes gothiques et romanes, 130, 154.

ENTRETIEN des cathédrales. Voir Instructions.

ÉPAISSEUR des verres employés dans la fabrication des vitraux, 583.

ÉPÉES romaines en bronze, 50.

Éphèse, sculpteurs, 89.

ÉPINE des cirques romains, 40; — sa décoration, 41; — son inclinaison, 42. — Voir Bassins, Obélisques, Statues.

ÉPINGLES romaines en os, 51; — en bronze, 341.

ÉPÎTRES FARCIES, prières populaires en langue vulgaire, 384.

ÉPOQUE mérovingienne, 61.

EPSILON (ε), sa forme dans les inscriptions grecques découvertes en Tunisie, 552.

ERACLES, ancien poème, 450, 455; — auteur, Gautier d'Arras; — éditeur, M. Massmann.

Erdeven, 478.

ÈRE CHRÉTIENNE, monuments en Orient, 231-333.

Érivan. Voir Exsmyazin.

Erlangen, documents philologiques, 450.

ESCALIERS des théâtres romains, 38; — des amphithéâtres, 40; — des basiliques romaines, 43; — des remparts du moyen âge, 205, 206; — des tours, 206; — des donjons, 215, 216, 217; — en Corse, 215, notes, 217; — dans le Midi, dans le Nord, dans les Pyrénées, 217.

Eschenbach. Voir Wolfram.

Esculape (Temples d'), 286.

Eski-Djouma (Basilique d'), à Salonique, 236, 237.

ESPACEMENT des tours dans les forteresses du moyen âge, 203, 204.

Espagne; — développement du style latin, 63; — portes fortifiées du moyen âge, 182; — les Maures, 325; — romances, 407; — chants populaires, 408; — documents philologiques, 446, 455.

ESPÈCES ANIMALES, 525; — habitudes, 525, 526; — variétés, 526; — distribution géographique, 526.

ESPÈCES VÉGÉTALES, 522, 523.

ESSAI DE CLASSIFICATION DES MONNAIES AUTONOMES DE L'ESPAGNE, 356; — auteur, M. de Saulcy.

ESSAI DE CLASSIFICATION DES SUITES MONÉTAIRES BYZANTINES, 356; — auteur, M. de Saulcy.

Essais de Michel de Montaigne, 373, notes.

Essé (Allée couverte d'), département d'Ille-et-Vilaine, 9.

ESSÈRES des gladiateurs romains, 51.

ESTACADES, barrages des rivières au moyen âge, 176, notes. — Voir Château-Gaillard.

Estampage des sculptures et monuments, 22, 348, 546, 547, 548; — au frottis, 349, 350; — au foulé, 350, 351.

Étables romaines, 45.

Établissement des Galates en Asie, 5; — des Phocéens sur les côtes de la France, 53.

Établissements thermaux pour l'usage des eaux minérales, 505. — Voir Baignoires, Inhalation, Piscines.

Étangs de la France, 482.

États généraux, 464, 466.

États provinciaux, 464, 466. — Voir Cahiers, Normandie.

Étendue des tombelles, 11; — des remparts des villes romaines, 20; — des voies romaines, 27; — des ports romains, 31; — des cirques romains, 41, 42.

Étienne (Saint); — sujet de complainte, 384; — cantique sur sa vie, 443; — sa statue mutilée, 588. — Voir Planch de san Esteve.

Étoffes byzantines, 151, 328, 329; — fabriquées à Alexandrie, à Antioche, à Constantinople, à Jérusalem, 328; — vénitiennes, 329; — arabes, 329; — des vêtements ecclésiastiques, 352; — leurs marques, 352, 353; — étoffes du moyen âge, 474. — Voir Draps d'or et d'argent, Perles, Pierreries, Pourpre, Soies, Tapis, Tapisseries, Velours.

Étoiles, forme des meneaux gothiques et romans, 145.

Étoles, 352.

Étrurie (L'); — son influence sur les colonies méridionales des Gaules, 17; — ses relations avec la Grèce, 17.

Étrusques, 17.

Étuves romaines, 33. — Voir Bains.

Eubée. Voir Carystos, Khalcis.

Eulalie (Sainte). Voir Histoire rimée.

Eure-et-Loir. Voir Alluye.

Euripe, canal placé à la base du podium des amphithéâtres romains, 40.

Europe, 78; — influence du christianisme, 232, 235; — style romain, 262; — forteresses turques, 279.

Eusèbe, auteur d'une description des églises d'Orient, cité, 80, 239, 242, 256.

Eustache le Moine, ancien poème, 450; — éditeur, M. Francisque Michel.

Eutychius, exarque, 328.

Évangélistes; — figurés sur les façades des basiliques latines, 69; — leurs attributs, 69; — leur représentation au moyen âge, 152.

Événements de la vie. Voir Chansons.

Évêques; — leurs places dans les églises gothiques et romanes, 96; — dans les basiliques, 305, 306; — dans les églises byzantines, 309, 313; — leurs insignes, 300, 352; — évêque de Senez, 397. — Voir Arculfe, Berangarius, Baudouin, Éloi.

Exploitations rurales, modes en usage, 532.

Exsmyazin (Église d'), à Érivan, sa façade, 274.

Extérieur des églises gothiques et romanes, 108-167; — voir Absides, Amortissements,

Chapelles, Chevets, Chœurs, Clochers, Colonnes, Contreforts, Couronnements, Façades, Fenêtres, Galeries, Murailles, Nefs, Portails, Portes, Revêtements, Sacristies, Sculptures, Toits, Transepts; — extérieur des forteresses du moyen âge, 171-210; — voir Couronnements, Courtines, Fossés, Latrines, Meurtrières, Ponts, Portes, Retranchements, Tours.

F

F (Lettre), employée par Huchbald pour la notation musicale, 364.
FABLIAUX, l'une des formes de la poésie ancienne, 381, 456, 457.
FABRICATION des voies romaines, 43; — des monnaies de Marseille, 53; — des rouelles monétaires gauloises, 55; — des tétradrachmes d'argent, 55.
Fabricius, auteur de la *Bibliotheca latina mediæ et infimæ latinitatis*, 461, notes.
FAÇADES des théâtres romains, 37, 38; — des amphithéâtres, 38, 39; — des maisons romaines, 43; — des basiliques latines, 65, 66, 68, 70, 73; — marbres et mosaïques les décorant, 68; — sculptures, 68; — faces et frontons, 68, 69; — portes, 68; — sarcophages romains employés dans leur décoration, 71; — façades des églises byzantines, 83, 84, 85, 244, 247, 248, 250, 253, 259, 261, 262, 274; — des églises gothiques et romanes, 143, 148, 160; — voir Roses; — façades des basiliques primitives de l'Orient, 238, 254; — façade peinte tirée d'un manuscrit, 253. — Voir Catholicon, Exsmyazin, Kapnicarea, Μονὴ τῆς Κορᾶς, Pantocrator, Saint-Taxiarque, Sainte-Agnès, Theotocos, Tine, Vierge du Grand-Monastère.
FACES formant les façades des basiliques latines, 68, 69; — fenêtres les décorant, 69; — faces latérales, 72, 73.
FACTEURS D'ORGUES, 597.
FAILLES, fissures produites par la dislocation du sol, 501.
FALAISES, habitées par les fées, 5, notes.
FALAISES de la France. Voir Griselée.
Famagouste, à Chypre; — cathédrale dédiée à saint Nicolas, 267; — église de Sainte-Croix, 267; — église voisine de la mer, 267; — enceinte fortifiée, 279.
Fantosme. Voir Jordan.
Fauchet, auteur de travaux philologiques, cité, 446.
Fauriel, éditeur des *Chants populaires de la Grèce moderne*, 373, 434; — auteur de travaux philologiques, cité, 445.
FÉES, 5. — Voir Falaises, Fontaines, Forêts, Grottes, Roches.
FEMME DU ROULIER (*LA*), chanson morale du Berry, 395, 396.
FEMMES figurées sur les dalles tumulaires du moyen âge, 345.
FENÊTRES éclairant les nefs des basiliques latines, 68, 72, 75, 141; — décorant les faces des basiliques latines, 69; — forme, 69, 72; — mosaïques, 69; — construction, 72; — cintres, 72; — claveaux, 72; — clôtures de marbre, de verre, d'albâtre, 73, 75; — des absides latines, 73; — fenêtres des églises byzantines, 84, 86, 87, 248, 255, 256; — arcs cintrés, 84; — clôtures de marbre, 256; — de bois dé-

coupé, 266, 267; — fenêtres des églises gothiques et romanes, 141-148, 158, 159; — formes, 141-148; — origine, 141; — dimensions, 142; — ornementation extérieure, 147; — fenêtres réunies en groupe, 142; — fenêtres rayonnantes, 144, 145, 146; — fenêtres flamboyantes, 145, 146; — fenêtres des clochers gothiques et romans, 165; — des donjons du moyen âge, 218, 219; — bancs de pierre qu'on y trouve, 218, 219; — fenêtres des églises du moyen âge, 343; — des châteaux, 346. — Voir Catholicon, Μονὴ τῆς Κορᾶς, Pantocrator, Saint-Laurent-hors-les-Murs, Saint-Sépulcre, Saint-Taxiarque, Sainte-Sophie, Sainte-Théodosie, Theotocos.

Fer (Porte de). Voir Arctus.

FER; — armes gauloises, 47; — instruments romains, 51; — armatures et châssis des vitraux, 583.

FERABRAS, ancien poème français, 442, 448, 453, 455; — version provençale à Berlin, 448, 449. — Voir Sir Ferumbras.

Féret; — ses fouilles dans la cité de Limes, près de Dieppe, 13; — auteur d'un travail sur la cité de Limes, publié par la Société des antiquaires de Normandie, cité, 48, notes; — ses recherches en Normandie sur les cultures en usage dans les provinces romaines, 46.

Feriana. Voir Choud-el-Battal.

Fermes en charpente formant les combles des basiliques latines, 74. — Voir Arbalétriers, Entraits, Poinçons.

FERMES romaines, 45; — voir Étables, Granges, Habitations rurales; — fermes en France, 482, 484; — voir Cantepie.

FERS pour la confection des pains d'autel, 354.

Fétis, auteur de *La musique mise à la portée de tout le monde*, cité, 592.

FEU GRÉGEOIS, 318.

FEUILLAGES d'ornement sur les arcs de triomphe romains, 35; — sculptés sur les chapiteaux byzantins, 90; — ornant les archivoltes gothiques et romanes, 130; — sur les monuments de l'ère chrétienne en Orient, 296; — ornant les chapiteaux des églises du moyen âge, 343; — ornant les vêtements ecclésiastiques, 353. — Voir Feuilles.

FEUILLES ornant les chapiteaux grecs et romains, 15, 22, 23; — les bases des colonnes gothiques et romanes, 111; — les chapiteaux gothiques et romans, 117, 118, 119, 154; — les couronnements gothiques et romans, 133. — Voir Acanthe, Bouton d'or, Chardon, Chêne, Chicorée, Chou, Fraisier, Houx, Lierre, Mauve, Nénuphar, Olivier, Quintefeuilles, Roseaux, Vigne.

Fevret de Fontette, auteur d'une édition de la *Bibliothèque historique de la France*, cité, 461, notes.

FIBULES romaines ornées d'émail, 51.

FIEFS, 465, 482. — Voir Crux.

FIGURES d'hommes et d'animaux sculptées sur les bases et les chapiteaux des colonnes gothiques et romanes, 111, 115, 116, 117; — ornant les archivoltes gothiques et romanes, 129; — ornant les corbeaux, 131; — ornant les portes gothiques et romanes, 149; — figures des statues du moyen âge, 151, 152; — figures monstrueuses,

153, 344; — de chevaliers, d'ecclésiastiques, de femmes et d'hommes sur les dalles tumulaires, 344, 351; — figures des inscriptions découvertes sur le sol de la Gaule, 349; — figures humaines sur les vêtements ecclésiastiques, 353.

FIGURINES; — grecques en bronze, 48; — romaines en or et en argent, 50; — en bronze, 51; — en terre cuite, 52, 341; — figurines en bronze découvertes en Tunisie, 559. — Voir Animaux, Isis, Sérapis, Vénus Genitrix.

FILLES DE LA ROCHELLE (LES), chanson de marins, 430, 431.

Fillon (B.), auteur d'un ouvrage intitulé : *Considérations historiques et artistiques sur les monnaies de France*, 357; — auteur d'une *Lettre à M. Dugast-Matifeux sur quelques monnaies françaises inédites*, 357.

FINANCES (Comptes de), 541. — Voir Douanes, Impôts.

FINISTÈRE (Men-hir dans le), 7.

FIOVIO ou *FLOEVENT* (Flavius), ancien poème français, inédit, 455.

Fitero (Abbaye de), documents philologiques, 455.

FLABELLUM, flambeau circulaire des autels byzantins, 321; — des églises du moyen âge, 354.

FLAMAND (Dialecte), parlé dans le nord de la France, 375. — Voir Chants populaires.

FLAMANDS DE FRANCE (LES), 379, notes, 386, 434, notes; — auteur, M. L. de Baecker.

Flamanville, 488.

FLAMBEAUX des autels byzantins, 88; 321; — en bronze ornant les autels des basiliques latines, 307. — Voir Cierges, Flabellum.

FLAMBOYANT (Style), 145, 146, 154, 155, 167.

Flandre (La). Voir Chants populaires.

Flavius. Voir Amphithéâtres.

FLAVIUS. Voir Fiovio.

FLÈCHES gauloises, 340.

FLÈCHES des ponts-levis, 175.

FLÈCHES des clochers gothiques et romans, 163, 164; — des églises du moyen âge, 624.

Fleuri (Abbaye de), documents philologiques, 457.

FLEURONS des chapiteaux gothiques et romans, 119; — ornant les archivoltes gothiques et romanes, 129, 131; — ornant les toits gothiques et romans, 134; — ornant les piliers-butants, 139.

FLEURS d'ornement sur les arcs de triomphe romains, 35; — sculptées sur les chapiteaux gothiques et romans, 117, 118. — Voir Roses.

FLEURS DE LIS, forme des meneaux gothiques et romans, 145.

FLOEVENT. Voir Fiovio.

Floquet, auteur d'une *Histoire du parlement de Normandie*, cité, 467, notes.

FLORAISON des plantes, 523.

FLORE ET BLANCHEFLEUR, ancien poème français, 447, 449.

FLORENTINS, application de la céramique à l'architecture, 325.

FLÛTE grecque, 601.

Fluvian de la Rivière, ses armoiries, 268.

FOIRES françaises, 541.

FONDATION de l'église royale de Saint-Denys, 68; — de l'église Sainte-Geneviève, à Paris, 68.

FONDERIE antique, ruines découvertes sur la colline de Montmartre, 59. — Voir Caylus.

FONTAINES; — romaines, 32; — leur situation, 32; — voir Aqueducs; — fontaines construites par les Orientaux, 32; — ruines près d'Aix, 32; — voir Bends, Châteaux d'eau, Lavoirs; — fontaines des basiliques primitives de l'Orient, 236, 237; — des monastères, 270, 289, 290; — fontaines orientales, 282, 289, 290; — construites sous le règne de Constantin, 289; — voir Bon Pasteur, Daniel. — Voir Atmeïdan, Constantinople, Salonique, Scutari, Tophana.

FONTAINES D'ABLUTION. Voir Phiales.

FONTAINES NATURELLES habitées par les fées, 5, notes, 473; — consacrées par la superstition populaire, 340.

FONTE des métaux en Orient pendant l'ère chrétienne, 319. — Voir Grilles, Portes, Statues, Tegmen.

Fontenay (J. de), auteur d'une *Nouvelle étude de jetons*, cité, 357.

FONTS BAPTISMAUX des basiliques latines, 76, 77; — voir Bassins de baptême; — fonts baptismaux des églises gothiques et romanes, 106; — des églises du moyen âge, 345, 576; — fonts baptismaux en or et en argent, 301. — Voir Cividal.

FORÊTS; — habitées par les fées, 5, notes; — de la France, 482, 483, 484. — Voir Lande-Pourrie.

Forez (Le). Voir Cartes.

FORGERONS (Bazar des), à Jérusalem, 287.

Forkel, auteur d'ouvrages relatifs à la musique, cité, 592, 594.

FORMES; — des clôtures des villes grecques, 17; — des tours grecques, 17; — des tuiles et des briques romaines, 19; — des remparts des villes romaines, 20; — des voies romaines, 26; — des camps romains, 29; — des tours romaines, 30, 31; — des salles des bains romains, 33; — des théâtres, 38; — des arènes, 40; — des cirques, 41; — des chapiteaux byzantins, 63, 89, 90, 293; — des basiliques latines, 64-68; — des temples consacrés par Constantin, à Constantinople, en Palestine, à Rome; 64; — des églises dans l'empire d'Occident, 65; — de la basilique du temple de Salomon, 65; — des basiliques grecques et romaines, 65; — des synagogues, 65; — des basiliques latines, 66, 72; — des églises en général, 66; 242; — voir Croix; — formes des temples chrétiens, 67; — des fenêtres latines, 69, 72; — formes antiques imitées par les chrétiens, 70; — formes des absides latines, 73; — des baptistères latins, 76; — des fonts baptismaux, 77; — des autels des basiliques latines, 78; — des églises en Orient (Antioche, Constantinople, Jérusalem), 80, 240, 241, 242; — des églises byzantines, 81, 82, 85, 86, 240, 241, 242, 251, 256, 257; — des porches byzantins, 86; — des églises gothiques et romanes, 93, 100; — voir Croix, Ichnographie; — formes des absides gothiques et romanes, 96; — des colonnes gothiques et romanes, 111, 112; — des chapiteaux, 113, 114, 115, 119; — des corbeaux, 131; — des fenêtres gothiques et romanes, 141-148; — en Angleterre, 145, 147; — en France, 145, 147; — voir Arcades, Meneaux, OEils-de-bœuf, Roses; — formes des meneaux gothiques et romans, 145, 146; — voir Étoiles, Fleurs de lis, Jours, Panneaux, Réseaux, Tracery, Tympans; — formes des statues du moyen âge, 151; — des chapelles gothiques et romanes, 159; — des clochers, 163, 164, 165; — voir Aiguilles, Clocher-arcade, Dômes, Flèches, Pyramides, Tours; — formes des fossés du moyen âge, 172; — forme en Z d'un pont sur le Tavignano, 177; — formes des ponts des forteresses en Corse, 178, notes; — des tours des forteresses du moyen âge, 187-191; — des créneaux, 191, 192, 193; — des mâchicoulis, 196, 197; — des meurtrières, 207, 208; — des cuisines des monastères, 275, 316; — des tombeaux dans les cimetières orientaux, 283, 284; — des autels byzantins, 312; — des cierges employés dans les églises byzantines, 321; — des sceaux 469.

FORT. Voir Saint-Nicolas.

FORTERESSES romaines, 30; — voir Citadelles; — forteresses de l'Asie Mineure, de la mer Noire, de la Thrace, 278; — de la Grèce, 278, 282; — forteresses arabes, en Asie, à Homs, 279; — turques, en Asie, en Europe, à Homs, sur la mer Noire, 279; — forteresses du moyen âge, 169-223; — voir Barrières, Couronnements, Courtines, Fossés, Intérieur, Meurtrières, Ponts, Portes, Situation, Tours; — forteresse figurée sur une tapisserie de la reine Mathilde, 173, 174. — Voir Bastille, Châteaux, David, Louvre.

FORTIFICATIONS; — permanentes des Gaulois, 12; — grecques, 16; — romaines, 30, 31, 180, 473; — byzantines, 278; — en Terre-Sainte, 278; — ruines en Tunisie, 550. — Voir Carcassonne, Rhodes, Tébessa.

FORUM, 20, 33, 42; — de Théodose, à Constantinople, 233; — d'Antonin et de Trajan, à Rome, 233.

FOSSÉS, 12, 17, 24, 27, 29, 30; — protégeant les enceintes fortifiées du moyen âge, 169; — défendant les forteresses, 172, 173, 213, 214; — formes, 172; — coupes 172. — Voir Agger, Amas, Contrescarpes, Chausse-trapes, Parapets, Remparts.

Fougères (Château de); — tours, 188, 215; — portes, 224, 225; — courtines, 226; — puits, 226. — Voir Gobelin, Mélusine, Raoul, Surienne.

FOUGÈRES, plantes, 519.

FOUILLES, en général, 10, 11, 13, 14, 22, 23, 31, 37, 40, 46, 57, 58, 340, 341, 358; — dans la cité de Limes, 13; — voir Féret; — fouilles sur l'emplacement des villes antiques, 43, 44, 45; — dans les monuments antiques, 58.

Foulques de Villaret, grand maître de Rhodes, 268.

FOURCHES PATIBULAIRES, 346, 474.

FOURNEAUX pour chauffer les bains romains, 32, 33; — voir Hypocaustes; — fourneaux de cuisine dans les maisons romaines, 45.

FOURS romains pour cuire le pain, 45; — fours à potier dans les jardins du Luxembourg, 59; — voir Grivaud de la Vincelle; — fours dans les forteresses du moyen âge, 217.

FRAISIER (Feuilles de), ornant les chapiteaux gothiques et romans, 118.
FRANÇAIS, leurs conquêtes en Orient, 262, 263, 266, 268; — voir Arménie, Asie Mineure, Attique, Chypre, Morée, Palestine, Syrie; — ducs français d'Athènes et de Morée, 282.
France; — pierres druidiques, 6; — tombeaux gaulois, 10; — colonies grecques. 13; — monuments grecs, 17; — portiques, 18; — tauroboles, 23; — terres cuites romaines, 25; — voies antiques, 26; — enceintes antiques, 27; — ruines d'anciennes forteresses près d'Aix, 32; — influence de l'art italique, 34; — amphithéâtres, 38, 40; — ruines de cirques romains, 41; — villes antiques, 44; — meubles gaulois, 47; — meubles grecs, 48; — figurines en terre cuite, 52; — établissement des Phocéens, 53; — monnaies gauloises, 55; — médailles romaines en bronze, 56; — relations avec Byzance, 63; — basiliques latines, 67, 68, 75; — art chrétien, 67; — architecture byzantine, 81, 82; — architecture romane, 91; — églises, 94, 99; — porches, 105; — clochers, 106, 162, 165; — entablements gothiques et romans, 131; — couronnements gothiques et romans, 133; — piliers-butants, 140, 141; — emploi de l'œil-de-bœuf dans la fenestration générale des églises gothiques et romanes, 142; — formes des fenêtres gothiques et romanes, 145, 147; — incrustations polychromes du moyen âge, 157; — portes des forteresses, 181; — usage de l'arbalète, 208, notes; — maîtresse tour des donjons, 216, notes; — escaliers des donjons, 217; — monuments religieux, 235; — chapelles des Templiers, 240; — temples chrétiens sous les Mérovingiens et les Carlovingiens, 242; — style roman, 262; — jardins, 286; — constructions rurales, 287; — exemple de bends orientaux, 290; — voir Tholonet; — publication des peintures des catacombes de Rome, 299; — orgues, 322, 590; — mosaïques de verre, 323; — marqueterie, 327; — poésies populaires, 373-440; — traditions, 445; — poèmes, 445-456; — histoire générale, 461-469; — répertoire archéologique, 471-479; — dictionnaire géographique, 481-497; — description scientifique, 499-537; — cathédrales, 576; — musique, 606; — rois de France; — voir Charlemagne, Charles V, Charles VI, Charles VII, Charles VIII, Clovis, Dagobert, François Ier, François II, Henri IV, Jean, Louis IX, Louis XI, Louis XII, Louis XIV, Louis XV, Pépin, Philippe-Auguste, Philippe le Hardi, Philippe VI.
Franche-Comté. Voir Chants populaires.
FRANCHISES ECCLÉSIASTIQUES, 467.
FRANCISCAINS, 264, 269.
Franck, auteur d'un catalogue musical, cité, 592.
François Ier, roi de France, d'après les poésies populaires, 397, 400.
François II, roi de France, 325.
Francs (Monarchie des), 348.
Fréjus. Voir Aventures.
Frioul. Voir Cividal.
Friry, communication d'un chant populaire, 391, 401.
FRISES des temples romains, 21; — des entablements latins, 70; — mosaïques et sculptures les décorant, 70, 71; — frises gothiques et romanes, 133, 150.

Froissart, cité, 222, notes.

Frontons des basiliques latines, 68, 69; — pentes, 69; — moulures, 69; — voir Oculus; — mosaïques, 69; — frontons des temples anciens, 19; — voir Imagines clypeatæ; — frontons des ciborium latins, 79; — des églises gothiques et romanes, 134, 141; — voir OEils-de-bœuf; — frontons des portails gothiques et romans, 161; — des clochers, 165; — des églises byzantines, 261, 262.

Fruits d'ornement sur les arcs de triomphe romains, 35; — sculptés sur les chapiteaux gothiques et romans, 117, 119. — Voir Pommes de pin, Raisins.

Fuchs, auteur de travaux philologiques, cité, 449.

G

Gabès, découverte de stèles puniques, 553.

Gafforio, auteur d'un traité de contrepoint, cité, 368.

Gaignières (Portefeuilles de), 338.

Gaillard. Voir Château-Gaillard.

Gaillon (Château de). Voir Comptes.

Galata, à Constantinople; — enceinte du quartier franc, 278; — pont de bateaux établi par Justinien, 290.

Galates, leur établissement en Asie, 5.

Galerie Albani, à Rome, 16.

Galeries; — à l'intérieur des tombelles gauloises, 11; — des théâtres romains, 36; — galeries de circulation dans les amphithéâtres, 39; — boutiques les garnissant, 39; — galerie supérieure des basiliques romaines, 65, 75; — galeries des basiliques latines, 65; — des églises byzantines, 82; — galerie extérieure des absides gothiques et romanes, 158; — galeries des portails gothiques et romans, 161; — galeries circulaires des tours du moyen âge, 200; — galeries couvertes formant chemin de ronde, 202; — galerie réservée aux femmes dans les basiliques primitives de l'Orient, 236, 237; — galeries de bois des basiliques primitives de l'Orient, 237. — Voir Catéchumènes, Gyniconitis, Tribunes.

Galets, 25. — Voir Opus spicatum.

Galgals, pierres placées sur les sépultures, 12.

Galiot du Pré, imprimeur, 452.

Gallia christiana, ouvrage cité, 240, 462, 464.

Gallien, empereur, ses monnaies, 56.

Gallo-romains; — architecture, 3-59; — voir Instructions; — poteries, 4, 47; — art, 19; — ornements, 21, 22; — voir Moulures, Trépan; — monuments fixes, 3-46; — monuments meubles, 47-59; — divinités figurées en bronze, 50; — vases en terre cuite, 59.

Gamma, motif de décoration des églises byzantines, 83.

Gammadæ, emblème de la Trinité, 88.

Gamopétales (Plantes), 519, 522.

Gants des dignitaires ecclésiastiques à plaques gravées ou ciselées, 352.
Garay de Monglave, communication de chants populaires, 376, 378, 401.
Garde (Chemin de), 25. — Voir Arcades.
Gargantua. Voir Maisons de Gargantua.
Gargouilles gothiques et romanes, 134, 135, 139; — des églises du moyen âge, 344, 625, 626, 627, 628.
Garin, son tombeau à Saint-Jacques-de-Compostelle, 453.
Garin le Loherain, ancien poème français, 450; — éditeur, M. Paulin Paris.
Garnier de Pont-Sainte-Maxence, auteur de la légende rimée de saint Thomas de Canterbury, cité, 449.
Gasparin (De), auteur d'un rapport sur la conservation des monuments, 563, notes.
Gaston Phœbus. Voir Chansonnette.
Gastria, château des Templiers, à Chypre, 281.
Gaule ou *Gaules,* 4; — vestiges de la religion égyptienne, 4, 5, 52; — christianisme, 5; — provinces, 7; — influence de l'Étrurie, 17; — conquêtes de César, 18; — constructions, 19; — villes romaines, 20, 36; — édifices publics romains, 31; — ruines de thermes romains, 32; — prétoires, 33; — cirques, 36; — théâtres, 36; — bains particuliers dans les maisons romaines, 44; — villes grecques, 48; — meubles romains, 48; — vases en terre rouge, 51; — numismatique, 52; — voir La Goy; — portion de territoire donnée aux Marseillais par César, 53; — usage de la monnaie, 53; — animaux sacrés sur les monnaies, 54; — types et ateliers monétaires, 54; — médailles sans légendes, 55; — plagia barbarorum, contrefaçons des monnaies grecques, 55; — monnaies romaines, 56; — monnaies impériales, 56; — médaillons romains, 57; — monuments romains, 61; — cérémonies chrétiennes, 61; — développement du style latin, 63; — temples chrétiens, 65; — basiliques latines, 68; — inscriptions, 348-352.
Gaule Narbonnaise, province romaine, 54.
Gaulois, 3, 4, 5, 10, 12, 18, 19, 20, 22, 30, 43, 47, 53, 54, 55, 56, 231, 323, 326, 339. — Voir Alphabet, Conquêtes, Émaillerie, Emblèmes, Habitations, Meubles, Monuments, Mosaïques, Noms, Numismatique, Religion, Sépultures.
Gautier, d'Arras, auteur d'*Eracles,* ancien poème français, cité, 450.
Gayant. Voir Chanson de Gayant.
Geneviève de Brabant (Complainte de), 386.
Genty (Les frères), sculpteurs à Troyes, 154.
Geoffroi de Monmouth (Histoires latines de), 446, 452.
Géographie botanique, 518, 524. — Voir Candolle, Humboldt, Lecoq, Schouw, Thurmann.
Géographie comparée de la Tunisie. Voir Instructions.
Géographie historique de la France, 482, 484. — Voir Dictionnaire géographique.
Géographie physique de la France, 482, 483, 484, 500, 503. — Voir Dictionnaire géographique, Hydrographie, Orographie.

Géologie de la France, 499-504. — Voir Cartes, Dislocation, Eaux minérales, Géographie physique, Roches, Terrains. — Voir Beaumont, Brochant de Villiers, Dufrénoy, Gruner.

Géométrie, son développement en Orient pendant l'ère chrétienne, 329, 330.

Georges (Saint), figuré dans les peintures des églises de l'Asie, de la Grèce et du mont Athos, 317.

Gérart de Nevers, ancien poème français, 450; — éditeur, M. Francisque Michel.

Gerbe (Fête de la), dans le Bas-Maine, 435.

Germaniques (Traditions), 391. — Voir Souvenirs, Superstitions.

Germigny-des-Prés (Église de), ses mosaïques de verre, 323.

Gérocomion ou Gérontocomion, hospice de vieillards en Orient, 286.

Gerville, 488.

Giamboni, traducteur de Brunetto Latini, 459.

Giglan, ancien poème français, 455.

Gilles de Chin, ancien poème français, 450; — éditeur, M. de Reiffenberg.

Girart de Roussillon, ancien poème français, 442, 448; — version provençale à Paris, 448.

Girart de Viane, ancien poème français, 449, 454; — éditeurs, MM. Bekker et Tarbé.

Gisors (Château de), 220.

Glaces de Venise, 323.

Gladiateurs romains, leurs essères, 51.

Glanum (Saint-Rémy), médailles grecques en bronze et en argent, publiées par M. de la Goy, 53.

Glossaire latin-français du commencement du XIVe siècle, 442.

Glossarium mediæ et infimæ latinitatis, 198, notes, 199, notes, 364; — auteur, Du Cange.

Gluck, musicien, 604.

Gnomonique, ses développements en Orient pendant l'ère chrétienne, 330.

Gobelin (Tour du), au château de Fougères, 226.

Godrons, motif de décoration employé au moyen âge, 119.

Golgotha (Chapelle du), à l'église du Saint-Sépulcre, à Jérusalem, 264.

Gonesse (Église de), 588, 589; — voir Orgues, Ornements; — hôpital fondé par Philippe-Auguste, 589.

Gorighos. Voir Corycus.

Gothique (Style), 64, 84, 85, 91-167, 235, 242, 264, 266, 267, 274, 575. —Voir Architecture, Art, Chapiteaux, Monuments.

Goths, adoption du style latin, 63.

Goujon (Jean), 154.

Gouverneurs de province. Voir Lettres.

Gradins des théâtres romains, 36, 37; — des amphithéâtres romains, 40; — des cirques romains, 41, 42; — voir Talus; — gradins du tribunal romain, 43.

GRAFFITES, inscriptions en écriture cursive sur les poteries découvertes en Tunisie, 559.

GRAMMAIRES; — provençales recueillies par M. Guessard, 448; — de l'ancien langage français, 449.

Grand Seigneur (Palais du), à Constantinople, 232, 248, 285; — son enceinte, 278.

Grande-Vierge (Église de la), à Athènes, dôme, 252, notes.

GRANDS MAÎTRES de Rhodes, leurs portraits dans un caveau avoisinant les ruines de Notre-Dame de Philerme, 269. — Voir Foulques de Villaret, Pierre d'Aubusson.

Grange (Marquis de la), auteur d'*Instructions générales sur la numismatique*, cité, 356.

GRANGES; — romaines, 45; — du moyen âge, 346. — Voir Étables, Fermes, Habitations rurales.

GRANITS; — carrières exploitées par les Romains, 19; — servant à paver les voies romaines, 43; — autels en granit des basiliques latines, 78; — granits travaillés par les Byzantins, 328.

Gras du Bourguet, communication d'une chanson populaire, 397.

Gratien. Voir Décret.

Graziani, communication de chants populaires, 428, 439.

Grèce; — défenses, 16; — relations avec l'Étrurie, 17; — monnaies, 55; — églises byzantines, 82, 84, 237, 238, notes, 239, 242, 296, 297, 299; — édifices, 88; — monastères, 271, 274, 276, 297, 316; — art gothique, 274; — forteresses, monastères militaires, villes fortifiées, 278; — châteaux des ducs français d'Athènes et de Morée, 282; — costumes religieux, 300; — marqueterie, 327; — carrières de pierres et de marbres, 331; — chants populaires, 373, 379, 387; — documents philologiques, 447; — musique, 601.

GRECS, 4, 16, 17, 18, 23, 24, 36, 53, 63, 69, 89, 232, 235, 239, 297, 299, 306, 320, 323, 324, 327; — influence des Grecs sur les armes gauloises en fer et en bronze, 47; — leur puissance en Orient, 278; — leur menuiserie moderne, 301. — Voir Art, Chapelles, Chapiteaux, Colonies, Édifices, Ivoire, Maisons, Manuscrits, Meubles, Monuments, Mosaïques, Musique, Numismatique, Religion, Sculptures, Sépultures, Styles, Terres cuites.

Grégoire (Saint), pape, sa réforme musicale, 363; — son antiphonaire, 365.

Grégoire III, pape, 328.

GRÉGORIEN. Voir Chant grégorien.

Grestain (Chasse de), 488.

GRIFFES ou PATTES ornant les bases des colonnes gothiques et romanes, 111; — les bases des colonnes des églises du moyen âge, 343.

GRILLES; — fermant les carceres dans les cirques romains, 41; — en bronze de la Nativité, à Bethléem, 306, 319; — de la place Royale, à Paris, 566, 586; — du Val-de-Grâce, 586.

Grimm (G.), auteur de travaux philologiques, cité, 451.

Griselé (Falaise de), 488.

Grivaud de la Vincelle, auteur d'un ouvrage intitulé : *Antiquités gauloises et romaines recueillies dans les jardins du palais du Sénat,* cité, 59, notes.

Grotte de la Nativité, à Bethléem. Voir Nativité.

GROTTES habitées par les fées, 5, notes.

Gruner, auteur d'une *Carte orographique du Forez et des contrées voisines,* et d'une *Description géologique du département de la Loire,* cité, 502.

GUERRES DE RELIGION, d'après les poésies populaires, 396, 398.

Guerry, auteur d'une *Note sur les usages et les traditions du Poitou,* cité, 424, notes.

Guessard, auteur de travaux philologiques, cité, 458. — Voir Grammaires.

GUI (Branches de), attribut des druides, 19.

GUI DE WARWICK, ancien poème français, traduction anglaise, 451.

GUIDE DE LA PEINTURE, 331, 332; — auteur, Pansélinos.

Guido d'Arezzo, moine de Pompose, ses écrits sur la musique, cité, 365, 366.

Guigniaut, communication de chants populaires, 390.

Guillaume IX, comte de Poitiers, auteur d'un poème provençal sur la première croisade, cité, 456.

Guillaume, clerc de Normandie, auteur des *Aventures de Frégus,* cité, 449.

Guillaume Anelier (Poème historique de), 445; — éditeur, M. Francisque Michel.

Guillaume au court nez, figuré sur une enseigne de boutique, 453.

Guillaume Bechada, auteur d'un poème provençal sur la première croisade, cité, 456.

Guillaume de Champeaux, 565.

GUILLAUME DE DÔLE, ancien poème français, 450.

Guillaume d'Orange, dans les anciens poèmes français, 447, 450, 453, 455. — Voir *Guillaume du Désert.*

GUILLAUME D'ORANGE, ancien poème, 450; — éditeur, M. Hofmann.

GUILLAUME DU DÉSERT, jeu par personnages sur Guillaume d'Orange, 453.

Guillaume le Breton, cité, 208.

GUIRLANDES, motif de décoration employé au moyen âge, 133, 154.

Guise. Voir *Chanson du duc de Guise.*

GYMNOSPERMES (Plantes), 521.

GYNICONITIS, galerie réservée aux femmes dans les basiliques primitives de l'Orient, 236, 237.

H

HABITAT des plantes, 523.

HABITATION de l'abbé dans les monastères, 275.

HABITATION des Gaulois, 43; — des Romains, 51. — Voir Clefs, Clous.

HABITATIONS RURALES, 45. — Voir Étables, Fermes, Granges.

HABITUDES des espèces animales, 525, 526.

HACHES; — gauloises en silex, 47, 340; — romaines en bronze, 50.

Hadrumite. Voir Sousse.

Haendel, 599.

Hague-Dike (Le), retranchement construit par les Normands, 488.

Haïdra (Citadelle d'), mur byzantin, 549.

Hall (Porte de), à Bruxelles, 181.

Halle, documents philologiques, 449.

Hameaux de la France, 482, 483, 484. — Voir Moutons, Siquet.

Hammam-Lif (Mosaïque d'), 556, notes.

Harmonie, 601, notes, 604, 605.

Haute-Vienne. Voir Chalusset.

Hautes-Pyrénées. Voir Mauvoisin.

Hautes bornes, 7. — Voir Men-hirs.

Hauteur des tours des forteresses du moyen âge, 204, 205.

Havres, en France, 482, 484.

Hazebrouck. Voir Rois mages.

Hebdomon (Palais d'), à Constantinople, 285.

Hébert; l'un des auteurs des *Instructions sur la description scientifique de la France*, 499, notes.

Hector (Saint), figuré dans les peintures des églises de l'Asie, de la Grèce et du mont Athos, 317.

Hélène (Sainte), impératrice, 233, 237, 239, 306 ; — sa statue à Constantinople, 233. — Voir Ascension, Nativité.

Hélicon. Voir Mont Hélicon.

Hellènes, 17.

Hellénique (Art), son influence sur les monuments funèbres de la Provence, 16.

Hemevez, 488.

Henchirs, ruines en Tunisie, 548. — Voir Biska, Bou-Ftis, Choud-el-Battal, Dermoulia, Kasbat, Tina.

Hénin, auteur d'un *Manuel de numismatique ancienne,* cité, 357.

Henri Ier de Lusignan, roi de Chypre, 266.

Henri II, roi d'Angleterre, 446.

Henri IV, roi de France ; — la sculpture sous son règne, 154 ; — d'après les poésies populaires, 401, 402. — Voir Lettres.

Heptapyrgion ou *Château des Sept-Tours,* à Constantinople, 278. Voir Pentapyrgion, Strongyle.

Héraclius, empereur, 232.

Herborisations, 518, 523, 524.

Hercule, 4 ; — temple, 21 ; — ses travaux figurés au revers des médaillons de Postume, 57 ; — combattant le bœuf Achéloüs, 285. — Voir Attributs.

Hermand (Alex.), auteur d'un ouvrage intitulé : *Recherches sur les monnaies, médailles et jetons de Saint-Omer, suivies d'observations sur l'origine et sur l'usage des méreaux,* cité, 357.

Hermès, 23. — Voir Bornes.

Héron, descriptions de machines de guerre, cité, 317.

Herses des portes romaines, 25; — défendant les portes des forteresses du moyen âge, 183, 185.

Hiéronomaques, leurs insignes, 300.

Hippodromes. Voir Cirques.

Hirondelle. Voir Chant de l'hirondelle.

Histoire. Voir Instructions, Sources.

Histoire de la musique, 595, 596, 599.

Histoire archéologique du Vendômois, 374, notes; — auteur, M. de Pétigny.

Histoire du parlement de Normandie, 467, notes; —auteur, M. Floquet.

Histoire littéraire de la France, 462, 463, notes; — auteurs, les Bénédictins de Saint-Maur.

Histoire rimée de sainte Eulalie, 443.

Hoffmann (Conrad), auteur de travaux philologiques, cité, 447, 450.

Hollande, documents philologiques, 447.

Homélie sur Jonas, 443.

Homère, cité, 191, notes, 408.

Hommaire de Hell, auteur de travaux archéologiques, cité, 313.

Hommes; — figurés sur les bases et les chapiteaux des colonnes gothiques et romanes, 111, 115, 116, 117; — sur les archivoltes, 129; — sur les corbeaux, 131; — figurés en terre cuite, 341; — figurés sur les chapiteaux dans les églises du moyen âge, 343; — sur les dalles tumulaires, 345.

Homs. Voir Émèse.

Hondschoote. Voir Rois mages.

Hongrie, tétradrachmes d'argent, 55.

Hôpitaux du moyen âge, 474, 482. — Voir Gonesse.

Horace, cité, 327.

Horn et Rimenhild, ancien poème, 449; — éditeur, M. Francisque Michel.

Hospices de Constantinople, 286, 318. — Voir Gérocomion, Nosocomion.

Hospitaliers. Voir Augustins.

Hôtels du moyen âge, 474. — Voir Paris.

Hôtels de ville du moyen âge, 346, 474; — beffroi, 346. — Voir Registres, Sens.

Hôtelleries byzantines, 286, 287. — Voir Caravansérails, Xénodochion.

Hourds, Hürdels, Hurdicium, échafauds en bois surmontant les tours du moyen âge, 198, 199; — en Orient, 316, 317.

Houx (Feuilles de), ornant les chapiteaux gothiques et romans, 118.

Huchbald, moine de Saint-Amand, son *Enchiridion*, 364; — son système de notation musicale, 364. — Voir Diaphonie, Organum.

Hugo (Victor), intervient dans la conservation des monuments historiques, 572, 574.

Hugues IV de Lusignan, roi de Chypre, 267.

Hugues de Saint-Victor, 565.

Humbert II, dauphin du Viennois, 268.
Humboldt (Guill. de), communication de chants populaires, 376.
Huon de Bordeaux, ancien poème français, 450.
Hurdels. Voir Hourds.
Hurdicium, traduction de ce mot donnée par le *Glossaire* de Du Cange, 198, notes, 199, notes. — Voir Hourds.
Hydraulique. Voir Constructions hydrauliques.
Hydrographie de la France, 503.
Hygrométrie, 507, 514.
Hypocaustes des bains publics romains, 32, 33, 43, notes; — voir Fourneaux; — calorifères des maisons romaines en Gaule, 43; — voir Tuyaux.
Hyposcenium, ses sculptures, 37. — Voir Proscenium, Scène.

I

Ibères, 376.
Ichnographie des églises gothiques et romanes, 93; — des portails gothiques et romans, 160, 161.
Iconographie byzantine, 298.
Iconographie chrétienne, 339, notes; — auteur, M. J. Didron.
Iconostase, clôture du chœur dans les églises byzantines, 310, 311, 312; — sa décoration, 310, 311.
Igoumènes, leur costume, 300.
Îles de la France, 482, 484. — Voir Saint-Marcouf.
Iliade, d'Homère, 191, notes.
Ille-et-Vilaine. Voir Essé, Tanzé.
Illyrie; — contrefaçons des monnaies grecques, 55; — développement du style latin, 63; — développement du style byzantin, 90.
Image du monde (L'), ancien poème didactique, 459.
Imagines clypeatæ, au fronton des temples romains, 69.
Imitations; — anglaises des anciens poèmes français, 451; — italiennes, 451, 452.
Impôts, 541.
Imprimeurs. Voir Galiot du Pré, Petit, Trepperel, Vérard.
Inhalation (Salles d'), dans les établissements thermaux, 506.
Incertum (Opus), l'un des procédés employés par les constructeurs romains, 24, 43, 586. — Voir Structure.
Inclinaison des pierres branlantes et croulantes, 8; — des carceres des cirques romains, 42; — de l'épine des cirques romains, 42; — des toits gothiques et romans, 134.
Incorporels (Église des), à Athènes, 251, 252, notes.
Incrustations sur les couronnements gothiques et romans, 132; — sur les murailles gothiques et romanes, 157; — procédés, 157; — en Auvergne, 157; — incrusta-

tions d'or et d'ivoire sur les portes des baptistères byzantins, 243; — d'ivoire sur la porte du monastère de Séménou, au mont Athos, 301, 327.

INDE; — objets d'ivoire en provenant, 327; — marqueterie, 327.

INDEX des noms anciens complétant le dictionnaire géographique de la France, 485; — spécimen, 493, 494, 495.

INDUSTRIE en général; — voir Manufactures, Matières premières, Métiers, Produits animaux, végétaux, minéraux, Salaires; — industrie gallo-romaine, 45; — romaine, 51.

INFLUENCE du christianisme dans les Gaules, 5, 6; — de l'Étrurie sur les colonies méridionales des Gaules, 17; — de l'art italique en France, 34; — des Grecs et des Romains sur les armes gauloises en fer et en bronze, 47; — de l'antiquité sur les travaux des premiers chrétiens, 63; — des artistes byzantins dans l'empire d'Occident au moyen âge, 91; — de l'art byzantin sur les régions voisines de la Méditerranée, 151; — du christianisme en Asie et en Afrique, 232; — en Europe, 232, 235; — du style byzantin dans l'Aquitaine, dans le Périgord, dans l'Angoumois, dans l'Anjou, 240; — des arts du Nord en Attique, en Morée et à Trébizonde, 294; — de l'Occident sur les peintures byzantines, 298; — de la nature géologique du sol sur les ressources agricoles d'un pays et sur l'état des populations, 502, 504.

INFUSOIRES, 525.

INGÉNIEURS du moyen âge, 180, 204, 209, 216. — Voir Pierre Clouet.

INSCRIPTIONS sur les pierres druidiques, 6; — sur les tombeaux grecs, 15; — sur les stèles, 16; — sur les autels votifs, 23; — sur les bornes des voies romaines, 27; — voir Lieues, Milles; — inscriptions sur les murailles romaines, 30, 474; — sur les arcs de triomphe romains, 35; — dans les amphithéâtres romains, 40; — sur les bancs, 40; — inscriptions grecques, 48; — antiques, 49; — inscriptions des maisons romaines, 48, 49; — des cryptes chrétiennes, 62; — des tailloirs des chapiteaux gothiques et romans, 120; — des couronnements, 132; — des toits, 134, 135, 136; — des murailles gothiques et romanes, 149, 150; — des églises byzantines, 243, 249; — inscriptions romaines trouvées sur le sol, 342; — inscriptions sur les vitraux, 344; — sur les dalles tumulaires, 345, 351; — sur les cloches, 354; — inscriptions en vers français, 444; — voir Arras; — inscriptions en Tunisie, 552; — grecques, 552; — puniques, 552, 553; — libyennes, 552, 553; — latines, 552, 553, 554; — inscriptions en mosaïque, 556; — sur bronze ou sur plomb, 559; — voir Bulletin, Epsilon, Graffites, Oméga, Recueil, Sigma, Stèles.

INSCRIPTIONS DE CENSIVE sur les bâtiments du moyen âge, 346.

INSCRIPTIONS DE LA GAULE, 348-352; — emplacement, 348; — dimensions, 348; — dessins, figures et symboles, 349. — Voir Dalles tumulaires, Estampage, Moulages; Recueil.

INSERTUM, l'un des procédés employés par les constructeurs romains, 24. — Voir Structure.

INSIGNES religieux des archevêques, des évêques, des hiéronomaques, des patriarches, des popes, 300, 352. — Voir Agrafes, Anneaux, Bâtons de chantre, Boutons, Chapeaux, Chaussures, Croix, Crosses, Gants, Étoles, Mitres.

Institutions du moyen âge, 465.

Instructions; — sur l'architecture gallo-romaine, 3-59; — auteurs, MM. Lenoir, Lenormant et Mérimée; — sur l'architecture du moyen âge, 61-230; — auteurs, MM. Leprévost, Lenoir et Mérimée; — à l'usage des voyageurs en Orient, 231-333; — auteur, M. Lenoir; — sur l'archéologie, 335-359; — auteur, M. de la Villegille; — sur la musique religieuse, 338, notes, 361-371; — auteur, M. Bottée de Toulmon; — sur les poésies populaires de la France, 373-440; — auteur, M. Ampère; — sur la philologie, 441-459; — auteur, M. Le Clerc; — sur l'histoire, 461-469; — auteur, M. Chéruel; — sur le répertoire archéologique de la France, 471-479; — auteur, M. Chabouillet; — sur le dictionnaire géographique de la France, 481-497; — auteur, M. L. Delisle; — sur la description scientifique de la France, 499-537; — auteurs, MM. Belle, Chatin, Delambre, Hébert, Pasteur, Serret et G. Ville; — sur les sciences économiques et sociales, 539-543; — auteur, M. Levasseur; — sur la recherche des antiquités et les travaux de géographie comparée en Tunisie, 545-560; — auteur, M. S. Reinach; — sur la restauration des vitraux, 577-583; — auteur, M. Lenoir; — sur l'archéologie franque, plan, 609-612; — auteur, M. l'abbé Cochet; — sur la musique, plan, 613-615; — auteur, M. de Coussemaker; — sur la conservation, l'entretien et la restauration des édifices, et plus particulièrement des cathédrales, préparées par la Commission des arts et édifices religieux, 617-637.

Instructions sur l'architecture monastique, 333, 339, notes; — auteur, M. Lenoir.

Instructions sur la numismatique, projet, 356; — auteur, M. le marquis de la Grange.

Instruments; — romains en fer, 51; — de labourage byzantins, 318; — de torture dans les prisons byzantines, 318.

Instruments de musique, 595, 597, 604; — figurés sur les bas-reliefs, sur les bois sculptés, sur les meubles, sur les miniatures des anciens manuscrits, sur les vitraux, sur les sculptures, 338, 369, 370. — Voir Flûte, Lyre, Orgues.

Insulæ, groupes de maisons romaines, 43.

Intailles, sorte de pierres gravées, 557, 558.

Intendances, 542.

Intendants, leur correspondance avec les ministres, 465, 467.

Intérieur des forteresses du moyen âge, 210-223. — Voir Chapelles, Citernes, Cours, Donjons, Écuries, Fours, Magasins, Puits, Souterrains.

Inventaires des trésors d'églises, 336; — de famille, 444.

Inventaires de Charles V et de Charles VI, 336; — éditeur, M. de Laborde.

Invention de la Croix (Chapelle de l'), à l'église du Saint-Sépulcre, à Jérusalem, 264.

Invertébrés (Animaux), 525. — Voir Articulés, Bryozoaires, Infusoires, Mollusques, Radiaires, Systolides.

Ionique (Ordre), 14, 113, 249; — chapiteaux, 70, 243.

Irlande. Voir Conquête de l'Irlande.

Irrigations, 532.

Isidore de Milet, l'un des constructeurs de l'église Sainte-Sophie, à Constantinople, 80, 326.
Isis ou Déesse Mère, 5; — autel, 21; — figurée en terre cuite, 52.
Isodomum, l'un des procédés employés par les constructeurs romains, 24. — Voir Structure.
Isoré, figuré sur une enseigne de boutique, 453.
Issoudun (Tour Blanche à), 189; — plan, 190.
Istrie. Voir Parenzo.
Italie; — villes, 17; — lois, théogonie, usages, 18; — maisons romaines, 44; — ateliers monétaires, 56; — monnaies impériales, 56; — catacombes, 61; — développement du style latin, 63; — basiliques latines, 68; — architecture byzantine, 81; — développement du style byzantin, 90; — clochers, 106, 162; — architecture, 140; — monuments religieux, 235; — tombeaux chrétiens, 269; — jardins, 286; — portes de métal des basiliques, 296, 319; — peintures des catacombes de Rome, 299; — lectorium des basiliques, 202; — mosaïques de verre, 323; — vases de terre émaillés et dorés, 325; — marqueterie, 327; — documents philologiques, 450, 455; — musique, 606.
Italien (Dialecte), parlé en Corse. Voir Chants populaires.
Italique (Art), 18; — son influence en France, 34.
Itinéraire d'Antonin, 551.
Iviron (Phiale byzantine d'), 307.
Ivoire; — incrustations sur les portes des baptistères byzantins, 243; — bas-reliefs byzantins, 295; — incrustations sur une porte du monastère de Séménou, au mont Athos, 301, 327; — cathédrale à Ravenne, 306, 327; — travaillé par les Grecs, 326; — par les Byzantins, 327; — par les Romains, 327; — par les Persans, 327; — par les Arabes, 327; — diptyques byzantins, 327; — petits objets découverts en Tunisie, 559.

J

Jacob (Église de), à Naplouse (Sichem), ses portes gothiques, 264.
Jacobins (Église des), à Bayonne, 588.
Jacobus monachus, auteur d'un manuscrit grec, cité, 88, 305.
Jacques Ier de Lusignan, roi de Chypre, 281.
Jacques II de Lusignan, roi de Chypre, 279, 281.
Jacques Cœur, sa maison à Bourges, 182.
Jade travaillé par les Byzantins, 328. — Voir Vases.
Jambières des armures byzantines, 317.
Jardins (Porte des). Voir Bagché-Kapou.
Jardins des maisons romaines, 45; — piscines qui s'y trouvent, 45; — jardins des palais orientaux, 285, 286; — de l'Angleterre, de la France, de l'Italie, 286.
Jaspes travaillés par les Byzantins, 328.

Jean (Saint); — chants populaires de la Saint-Jean, 386; — cantique sur sa vie, 443.
Jean, roi de France, d'après les poésies populaires, 396.
Jean-Baptiste (Saint), figuré dans les baptistères latins, 76.
Jean Bodel, d'Arras, auteur du *Widukind de Saxe*, cité, 447.
Jean de Lastic, ses armoiries, 268.
Jeanne d'Arc. Voir Mystère du siège d'Orléans.
Jeanne de Montfort, d'après les poésies populaires, 396.
JEHAN DE DAMMARTIN, ancien poème, 449; — éditeur, M. Leroux de Lincy.
Jérusalem; — temple de Salomon, 65, 67, 310; — formes des églises, 80, 240, 241; — églises en général, 241, 260; — églises construites par les croisés, 263; — église du Saint-Sépulcre, 65, 102, 239, 264, 297, 323; — de l'Ascension, 239, 265, 297, 306, 319; — Sainte Anne, 265; — du Cénacle, 265; — du tombeau de la Vierge, 241, 265, 313; — Saint-Pierre, 265, 266; — chapelle sur le mont des Oliviers, 262; — tombeaux des rois, 270; — tour de David, 278; — établissements fondés par Charlemagne, à l'usage des pèlerins, 282, 286; — bazar des forgerons, 287; — fabriques d'étoffes, 328.
JETÉES des ports romains, 31; — des ports de Constantinople, 291.
JETONS, 358, 475; — publications sur les jetons et méreaux; — voir Fontenay, Hermand, Mahudel, Rossignol, Snelling, Société éduenne.
JEUX; — publics romains, 36, 39, 40; — nautiques, 40. — Voir Amphithéâtres, Cirques, Théâtres.
JEUX d'orgues, 589, 590. — Voir Prestant.
JEUX; — pièces dramatiques en prose ou en vers, 381. — Voir Aucassin et Nicolette, Robin et Marion.
JEUX PAR PERSONNAGES. Voir Amis et Amiles, Enfants d'Aimeri de Narbonne, Guillaume du Désert, Miracles, Pairs de France, Reine Berte, Robert le Diable.
Job. Voir Moralités.
Joigny (Porte de), ses mâchicoulis, 198.
Jomelli, musicien, 599.
Jonas. Voir Homélie.
Jonckbloet, auteur de travaux philologiques, cité, 447, 450.
Jordan Fantosme (Chronique de), 445, 449; — éditeur, M. Francisque Michel.
Josèphe, descriptions de machines de guerre, cité, 317.
Josquin, musicien, 599.
JOUFFROI DE POITIERS, ancien poème français, 450.
Jourdain (Le), villages de moines et de monastères sur ses bords, 270, 276.
JOURDAIN DE BLAIVES, poème carlovingien, 450.
JOUR DES MORTS (Chants populaires du), 386.
Jours des fenêtres gothiques et romanes, 145, notes.
Joyeuse (Duc de), d'après les poésies populaires, 401.
JUBÉS des églises gothiques et romanes, 97, 576.
JUIF ERRANT (Complainte du), 386.

Juifs, leurs maisons, 284.
Julien, empereur, 291; — augmente la bibliothèque de Constantinople, 319.
Julien l'Apostat, 285.
Junquet, communication de poésies catalanes, 378.
Jupiter, 4. — Voir Attributs.
Jussieu (Ad. de), auteur d'une classification botanique, cité, 519.
Justices royales et seigneuriales, 542. — Voir Coutumes, Lois, Officialités, Ordonnances royales, Tribunaux.
Justinien, 293, 294, 312, 313; — ordonne la construction de l'église Sainte-Sophie, à Constantinople, 80, 233, 320; — développe l'art byzantin, 240; — style byzantin sous son règne, 251, 257, 258; — monastères sous son règne, 271; — palais restaurés, 285; — établit un pont de bateaux de Galata à la Corne d'or, 290; — sculptures exécutées sous son règne, 292; — sa statue équestre, à Constantinople, 295, 319; — son image sur une mosaïque, à Ravenne, 299, 317.

K

Kadi-Keuï. Voir Chalcédoine.
Kantara (Château de), dans la province de Karpas, à Chypre, 280, 281.
Kapnicarea (Église de la), à Athènes, 251, 252, notes; — chapiteaux, 260; — façade latérale, 262.
Karadagh. Voir Mont Karadagh.
Karpas (Province de). Voir Kantara.
Kasandjilar-Djami-Si. Voir Saint-Baradias.
Kasbat (Henchir), en Tunisie, 551.
Kassinieh-Djami-Si. Voir Saint-Démétrius.
Katholiki (Église du), à Limassol, 266.
Keller (A.), auteur de travaux philologiques, cité, 449, 458.
Kerkenna (Îles), pierres gravées qu'on y trouve, 558.
Kerveatou (Men-hir de), 7.
Khalcis (Église de), en Eubée, 268; — tour fortifiée, 318.
Kimris. Voir Tombeaux.
Kolb (Jacob), auteur d'un *Traité élémentaire de numismatique ancienne*, cité, 357.
Kolossi (Tour de), à Chypre, 280.
Koum-Kapon (Port de), à Constantinople, 291.

L

La Balue (Le cardinal), 573.
La Barre. Voir Barre.
Labarum, attribut du christianisme, 78.

Labbe (Le Père), l'un des auteurs des *Sacrosancta concilia*, cité, 462, notes; — auteur de la *Nova bibliotheca manuscriptorum*, cité, 462.

Laborde (L. de), éditeur des *Inventaires de Charles V et de Charles VI*, cité, 336.

La Borde, auteur d'un catalogue musical, 592.

LABOURAGE. Voir Instruments.

La Croix du Maine. Voir Bibliothèques françaises.

LACS de Natron; — voir Natron; — lacs de la France, 484.

LACUNES des voies romaines, 27.

La Curne Sainte-Palaye, auteur de travaux philologiques, cité, 446.

Lælianus; — sa vie par Trébellius Pollion, 57; — ses médaillons, 57.

Lafage (De), auteur d'un *Manuel de musique*, cité, 592.

La Goy (Marquis de), auteur d'une *Notice sur l'attribution de quelques médailles des Gaules*, 53, notes; — auteur d'une *Description de quelques médailles inédites*, cité, 53, notes; — publie les médailles grecques, en bronze et en argent, de Cænicense, de Glanum, de Nîmes, de Sénas, des Tricorii, 53.

Lagravère, communication de chants populaires, 431.

La Haye, documents philologiques, 447, 450, 455.

LAIS, l'une des formes de la poésie ancienne, 381, 456.

Lalande (De), auteur du supplément aux *Concilia antiquæ Galliæ*, cité, 462, notes.

LALLABY, berceuses anglaises, 438.

Lambesc. Voir Vernègues.

Lamentano (Pont), près de Rome, 176.

LAMES de bronze où sont inscrits les lois et les décrets, 50; — de plomb servant à la construction des églises byzantines, 84.

LAMPES de l'église de l'Ascension, à Jérusalem, 306, 307; — des églises byzantines, 311, 320, 321; — des églises du moyen âge, 354; — lampes en terre cuite découvertes en Tunisie, 559.

Lancelot dans les anciens poèmes français, 446, 455.

LANCELOT DU LAC, ancien poème français, 452.

LANCES; — romaines en bronze, 50; — gauloises, 340.

Lande-Pourrie, forêt, 488.

LANDES en France, 483.

LANDRI, ancien poème français, inédit, 456.

LANTERNES des clochers gothiques et romans, 163.

LANTERNONS des tours du moyen âge, 201; — de la tour Saint-Michel, à Saumur, 201.

Laon (Cathédrale de). Voir Notre-Dame.

La Palisse, d'après les poésies populaires, 397, 400.

LAPIDAIRES (*LES*), ancien poème didactique, 459.

LAPIS LAZULI travaillé par les Byzantins, 328. — Voir Vases.

La Réveillière-Lépeaux, communication d'une chanson populaire, 398.

LARGEUR des voies romaines, 26.

La Rivière. Voir Fluvian.

Larmiers des temples romains, 22 ; — des corniches latines, 71 ; — des murailles gothiques et romanes, 94 ; — des contreforts gothiques et romans, 136, 137, 139 ; — — des clochers gothiques et romans, 165, 166.

Larnaca. Voir Chiti.

La Saussaye. Voir Saussaye.

Lassus, éditeur des *Dessins de Villard de Honnecourt,* cité, 338.

Lastic. Voir Jean.

Latins ; — style latin, 61-80, 83, 575 ; — voir Architecture, Monuments ; — église latine, 63, 64 ; — églises, 70 ; — voir Basiliques ; — puissance des Latins en Orient, 278, 294.

Latran. Voir Concile de Latran.

La Trimouille. Voir Trimouille.

Latrines des forteresses du moyen âge, 210.

Lamentin (Le), villa de Pline, 45.

Lave servant à paver les voies romaines, 43.

La Villegille. Voir Villegille.

La Villemarqué. Voir Villemarqué.

Lavoirs romains, 32 ; — situation, 32 ; — lavoirs construits par les Orientaux, 32. — Voir Aqueducs, Châteaux d'eau, Fontaines.

Lavacrum de l'église Sainte-Sophie, à Constantinople, 307.

Le Blanc, auteur d'un *Traité historique des monnoyes de France,* cité, 357.

Le Clerc (V.), auteur d'une note sur les poésies populaires, cité, 381 ; — auteur des *Instructions sur la philologie,* 441, notes.

Lecoq, auteur de travaux sur la géographie botanique, cité, 518.

Lectorium en marbre des basiliques primitives, 302 ; — en Italie, 302 ; — de la basilique Saint-Laurent-hors-les-Murs, à Rome, 302.

Lecythus, vases à parfums, 52.

Légende dorée (La), inspirant les artistes du moyen âge, 153.

Légendes du moyen âge, 384, 385, 386. — Voir Cane de Montfort, Pères de l'Église, Saint-Thomas de Canterbury, Saints.

Légendes des médailles romaines, 57 ; — des monnaies françaises, 484.

Léger (Saint), cantique sur sa vie, 443.

Le Glay (Edward), auteur de travaux philologiques, cité, 450.

Le Hale. Voir Adam.

Lelewel, auteur d'un ouvrage intitulé : *Type gaulois,* cité, 356 ; — auteur de la *Numismatique du moyen âge considérée sous le rapport du type,* cité, 357.

Lélo. Voir Chant de Lélo.

Lelong (Le Père), auteur d'une *Bibliothèque historique de la France,* cité, 461, notes.

Lemnos (Île de), exploitations métallurgiques, 332.

Lemta (Tombeaux de), entre Sousse et Sfax, 556.

Lenoir (Albert), l'un des auteurs des *Instructions sur l'architecture gallo-romaine,* 3, notes ; — l'un des auteurs des *Instructions sur l'architecture du moyen âge,* 61, notes ;

— auteur des *Instructions à l'usage des voyageurs en Orient*, 231, notes; — auteur des *Instructions sur l'architecture monastique*, cité, 333, 339, notes; — auteur des *Instructions sur la restauration des vitraux*, 577; — délégué pour l'examen des orgues de Gonesse, 588.

Lenormant (Ch.), l'un des auteurs des *Instructions sur l'architecture gallo-romaine*, 3, notes; — auteur d'un ouvrage intitulé: *Trésor de numismatique et de glyptique*, cité, 356.

Léon, empereur, 232.

Leprévost (A.), l'un des auteurs des *Instructions sur l'architecture du moyen âge*, 61, notes.

Léproseries; — à Constantinople, 282; — en France, 489; — voir Perrine.

Lérida (Siège de), chanson satirique sur ce sujet, 436.

Leroux de Lincy, auteur d'un *Recueil des chants historiques français*, cité, 380; — auteur de travaux philologiques, cité, 449, 450.

Lettre à M. Dugast-Matifeux sur quelques monnaies françaises inédites, 357; — auteur, M. B. Fillon.

Lettres des rois, princes et gouverneurs, conservées dans les archives publiques, 465, 466; — de Catinat, de Henri IV, de Vauban, conservées dans les archives particulières, 468.

Lettres écrites d'Égypte et de Nubie, en 1828 et 1829, 434, notes; — auteur, Champollion le jeune.

Lettres inédites de Balzac, 442.

Lettres sur l'Amérique, 376; — auteur, M. X. Marmier.

Lettres sur l'origine de la chouannerie et sur les chouans du Bas-Maine, 435, notes; — auteur, J. Duchemin-Descepeaux.

Lettres servant à la notation musicale, 364, 365. — Voir F.

Levasseur, auteur des *Instructions sur les sciences économiques et sociales*, 539, notes.

Lexicon universæ rei numariæ veterum, 351; — auteur, Rasche.

Lexique des termes d'art, 550; — auteur, J. Adeline.

Liban. Voir Mont Liban.

Libertés de la Bourgogne d'après les jetons de ses états (Les), 357; — auteur, Rossignol.

Libertés municipales, 467.

Libyques (Inscriptions), 552, 553; — publiées par le Dr Reboud, 553, notes.

Lichavens, 7. — Voir Alignements, Allées couvertes.

Lichtenthal, auteur d'ouvrages relatifs à la musique, cité, 592, 594.

Lierre (Feuilles de), ornant les chapiteaux gothiques et romans, 118.

Lieues gauloises, 27. — Voir Bornes.

Lieusaint, 488.

Lignes colorées servant à la notation musicale, 337, 365, 366.

Ligures, 14.

Limassol, à Chypre; — grande mosquée, 266; — — église du Katholiki, 266; — château, 279.

Limes (Cité de), près de Dieppe; — fouilles par M. Féret, 13; — publication du travail de M. Féret par la Société des antiquaires de Normandie, 48, notes.
Limites de Paris fixées par un édit de Louis XV, 586.
Limoges, émaillerie, 326.
Limousin (*Le*), influence du style byzantin, 240.
Lindley, auteur d'une classification botanique, cité, 519.
Lions de marbre décorant la façade principale des basiliques latines, 71; — figurés sous les porches gothiques et romans, 103, 162; — sur les bases des colonnes gothiques et romanes, 111; — sur les portails, 162.
Litavicus, son nom sur les médailles gauloises, 54.
Lithuanie, 379.
Livre de justice et de plaid (Le), 444.
Livres des Rois (Les), 442, 443.
Livres terriers, 484.
Loches (Château de); — portes, 182; — tours, 189, 190.
Locmaria, 476.
Loc Mariaker (Dolmen de), 8.
Locoal-Mendon, 478.
Logements dans les donjons, 218, 219; — plan, 218; — cheminées, 218, 219.
Loges des amphithéâtres romains, 40.
Loire (Département de la). Voir Gruner.
Loire (*La*), sculptures du moyen âge dans les pays riverains, 153.
Lois; — de l'Italie imposées aux Gaulois, 18; — de la France, 542.
Lombards, adoptent le style latin, 63.
Londres, documents philologiques, 448, 451.
Longitudes. Voir Annuaire.
Longpérier (A. de), auteur d'une *Notice sur les monnaies françaises composant la collection de M. J. Rousseau*, cité, 357.
Longues, indication de la valeur rythmique des notes, 367.
Losque. Voir Champs-de-Losque, Saint-Aubin-de-Losque.
Loudun (Tour de), élévation et plan, 189.
Louis IX, roi de France, 445.
Louis XI, roi de France, 219, notes, 464.
Louis XII, roi de France, sculptures exécutées sous son règne, 153, 155.
Louis XIV, roi de France, d'après les poésies populaires, 396, 436. — Voir Correspondance.
Louis XV, roi de France, fixe par un édit les limites de Paris, 586.
Louis de Nores (Tombeau de) dans la mosquée d'Arab-Achmet, à Nicosie, 267.
Loutraki, églises byzantines, 251.
Louvois, 467.
Louvre (*Le*); — commencé par Philippe-Auguste, 226; — plan, 226; — tours, 226.
Lullin, ses voyages agronomiques, 533.

Luna. Voir Pierre.

Lusignan. Voir Henri Ier, Hugues IV, Jacques Ier, Jacques II.

Lutumière (La), 489.

Luxembourg, pierre branlante dans les environs, 8.

Lycie, églises byzantines, 260.

Lycopodiacées (Plantes), 519.

Lyon, colonie romaine, ses médailles, 56. — Voir Autel de Lyon.

Lyonnais (Le). Voir Chants populaires.

Lyre grecque, 601, 603. — Voir Cytharèdes.

Lysicrate. Voir Monument choragique.

M

Mabillon (Dom), auteur d'un ouvrage intitulé : *De re diplomatica*, cité, 358 ; — auteur des *Vetera analecta*, cité, 462.

Machabées (Livre des), 443.

Macédoine ; — conquise par les Gaulois, 53 ; — types monétaires, 54 ; — voir Apollon ; — monnaies, 54, 55, 56 ; — voir Philippes, Statères ; — contrefaçons des monnaies grecques, 55 ; — séjour des populations gauloises, 55 ; — Ptolémée Céraunus, roi, 55.

Maceria, l'un des procédés employés par les constructeurs latins, 24. — Voir Structure.

Mâchicoulis des porches militaires, 104 ; — des toits gothiques et romans, 135, 158 ; — des clochers, 165, 166 ; — des forteresses du moyen âge, 195-198, 203, 215, 227, 228, 345 ; — corbeaux, 195 ; — consoles, 195, 196 ; — coupe, 195 ; — contreforts, 195, 196 ; — formes, 196, 197 ; — ornementation, 198 ; — mâchicoulis de la Bastille, 195 ; — de l'enceinte d'Avignon, 196 ; — du château des papes, 196 ; — du château de Mehun, 197 ; — de la rue Saint-Sauveur, à Paris, 198 ; — de la porte de Joigny, 198.

Machine donnant le signal des courses dans les cirques romains, 41.

Machines de guerre ; — romaines, 20-31 ; — figurées sur les arcs de triomphe, 35 ; — byzantines, 317, 318 ; — décrites par Apollodore, Athénée, Héron, Josèphe, Vitruve, 317 ; — figurées sur les peintures des manuscrits, 318 ; — du moyen âge, 338. — Voir Armes à feu, Artillerie, Feu grégeois, Poudre.

Maçonnerie dans les cryptes chrétiennes, 62.

Magasins ; — militaires romains, 18 ; — souterrains, 20 ; — voir Silos ; — magasins des ports romains, 31 ; — des forteresses du moyen âge, 210, 221 ; — des donjons, 217 ; — du château de Viviers, plan, 221 ; — des monastères, 275.

Magnaure (Palais de la), à Constantinople, 233.

Mahomet II, sa mosquée, 239.

Mahudel, auteur d'un ouvrage intitulé : *De l'origine et de l'usage des jetons*, cité, 357.

Mai. Voir Angelo.

Mai. Voir Chanson du mois de mai.

Main servant à expliquer la constitution de la gamme, 366.

Maine (Duc du), d'après les poésies populaires, 401.

Maine (Le). Voir Bas-Maine.

Maison carrée, à Nîmes, plan, 21.

Maisons; — grecques, 18; — romaines, 18-27, 43, 46; — voir Atrium, Bains, Boutiques, Chapelles, Construction, Divinités laraires, Façades, Hypocaustes, Inscriptions, Insulæ, Jardins, Mosaïques, Pavement, Péristyles, Piscines, Puits, Sculptures, Triclinium; — maison de Cicéron, 45; — maison des hôtes dans les monastères, 275; — maisons byzantines, 282, 284; — voir Construction, Cuisines, Mobilier; — maisons des Arméniens, des Juifs, des Turcs, 284; — du moyen âge, 474. — Voir Bourges, Gaule, Italie, Pompéi, Sollacaro, Tours.

Maisons de Gargantua, 5, notes. — Voir Baumes des Dames, Châteaux du Diable, Roches aux Fées.

Maîtresse tour des donjons du moyen âge, 216, 217, 218, 219, 220. — Voir Beffroi, Tourasses, Tourillasses, Trouillasses.

Maitter, auteur d'ouvrages relatifs à la musique, cité, 594.

Majorque, vases de terre émaillés et dorés, 325.

Makter. Voir Colonia Mactaris.

Maladreries, 482.

Malborough (Lord), d'après les chansons populaires, 397. — Voir Chanson de Malbrouk.

Mammifères, 526.

Manaz (Église de), 261.

Manche (Département de la), spécimens du dictionnaire géographique, 485-497.

Mandra (Monastères de), 270.

Manekine (La), ancien poème, 449; — auteur présumé, Philippe de Beaumanoir; — éditeur, M. Francisque Michel.

Manipules, 352.

Mannequins représentant des personnages de l'Ancien Testament, 353.

Mans (Le); — musée, 567; — église de la Couture, 570.

Mansi, auteur de la *Sacrorum conciliorum nova et amplissima collectio,* du *Supplementum ad collectionem conciliorum,* d'une édition des *Miscellanea,* cité, 462, notes.

Manuel de musique, 592; — auteur, M. de Lafage.

Manuel de numismatique ancienne, 357, notes; — auteur, Hénin. — Voir Nouveau manuel.

Manuel de numismatique moderne, 357; — auteur, M. A. Barthélemy.

Manufactures françaises, 541.

Manuscrits; — manuscrit grec de Jacobus monachus, 88; — peintures qu'il renferme, 305; — manuscrits byzantins, 151; — peintures des manuscrits grecs, 298, 317, 318, 321; — voir Costumes militaires, Machines de guerre; — manuscrits du moyen âge, 335, 336, 337, 338; — voir Archives, Comptes, Dessins, Inventaires, Mémoriaux, Miniatures, Registres, Règlement, Traités; — manuscrits contenant des poésies populaires, 383; — manuscrits des bibliothèques publiques, 463; — leurs caractères philologiques, 468, 469; — voir Bibliothèque nationale; — manuscrits relatifs à la musique, 537, 593, 594; — voir Traités.

Marabouts, ruines en Tunisie, 548.

Marais de la France, 482, 483, 484.

Marbres; — carrières exploitées par les Romains, 19; — employés dans la construction des édifices romains, 22; — marbres incrustés dans les bains romains, 33; — servant à la décoration des théâtres romains, 37, 38; — bornes de marbre dans les cirques romains, 41; — marbres grecs, 48; — romains, 48, 49, 50; — antiques, 49; — sur les façades des basiliques latines, 68; — colonnes des porches latins, 70; — marbres de couleur pour mosaïques, 71; — voir Opus alexandrinum; — chambranles des portes latines, 71, 72; — lions décorant la porte principale des basiliques latines, 71; — tablettes fermant les fenêtres latines, 73, 75; — décorant l'intérieur des basiliques, 74; — pavage des basiliques, 75; — marbres incrustés dans les fonts baptismaux latins, 77; — employés dans la construction des baptistères, 78; — autels des basiliques, 78; — clôtures et bancs du chœur des basiliques, 79; — ambons latins, 80, 302; — chambranles des portes byzantines, 84; — décoration des églises byzantines, 88, 89; — servant à la construction des églises gothiques et romanes, 94; — employés pour les sculptures du moyen âge, 153; — colonnes des basiliques primitives de l'Orient, 237; — servant à la construction des églises byzantines, 243, 247; — tablettes fermant les fenêtres byzantines, 256; — tables dans les réfectoires des monastères, 274, 314; — lectorium des basiliques primitives, 302; — chancels des basiliques, 303; — cathedra du baptistère de Venise, 306; — dalles tumulaires du moyen âge, 345; — sculptures des cheminées, 346. — Voir Aquitaine, Carystos, Paros, Pentélique, Proconèse.

Marcellus. Voir Théâtres.

Marchés; — romains, 21, 42; — français, 541.

Mardelles, Margelles ou Marges, excavations creusées par la main des hommes, 13, 340, 473; — en Berry, en Écosse, en Normandie, 13.

Maréchal Biron (Le), chant breton, 401, 402.

Margelles. Voir Mardelles.

Marges. Voir Mardelles.

Marie de Baux (Tombeau de), à l'église Sainte-Catherine de Rhodes, 268.

Mariée (Chanson de la), version bretonne, 424, 425; — version poitevine chantée en Vendée, 425, 426, 427, 428.

Marins (Chansons de), 430. — Voir Filles de la Rochelle.

Marius, favorise Marseille, 53.

Marius, empereur, ses monnaies, 56; — ses médaillons, 57.

Marmara (Mer de), 234.

Marmier (X.), auteur des Lettres sur l'Amérique, cité, 376.

Marmoutier (Abbaye de), documents philologiques, 450; — le moine de Marmoutier, auteur d'une description d'un château fort attribué à César, cité, 204.

Maronites. Voir Monastères.

Marques; — de fabrique des vases romains en terre rouge et en terre noire, 52; — sur les étoffes des vêtements ecclésiastiques, 352, 353.

Marqueterie, 327, 328; — en Asie, 327; — en Égypte, 327; — en France, 327; — en Italie, 327; — dans l'Inde, 327; — en Grèce, 327; — en Perse, 327.

Marre, communication de chants populaires, 387, 424, 433, 437.

Marseillais; — leur origine asiatique, 53; — reçoivent de César une partie du territoire de la Gaule, 53.

Marseille, 14, 15, 16; — acropole décrite par César et Strabon, 14; — ancien port, 14; — édifices religieux, 14; — cathédrale, 14; — église Saint-Sauveur, 14; — colonie grecque, 14; — enceinte, 14; — métropole phocéenne, 52, 53; — répand dans la Gaule les monnaies grecques, 52; — favorisée par Marius et Pompée, 53; — médailles et monnaies, 53; — prise par César, 53.

Martène (Dom), auteur de la *Veterum scriptorum amplissima collectio*, cité, 462.

Marthe Cantacuzène (Tombeau de), à Mésambrie, 269.

Martin (Saint), temple élevé par Perpétaus sur son tombeau auprès de Tours, 64, 65; — chants flamands pour la fête de saint Martin, 394. — Voir Saint-Martin.

Martonne (De), auteur de travaux philologiques, cité, 450.

Martorana (*La*), à Palerme, porte byzantine en bois sculpté, 301.

Martyrium ou Confession, sépulture sous l'autel élevé sur les tombeaux des apôtres et des martyrs, 63, 78; — voir Cryptes.

Martyrs; — leurs images dans les cryptes chrétiennes, 62; — leurs tombeaux, 63, 78; — voir Martyrium, Mémoires; — église des Quarante-Martyrs, à Ramla, 264.

Mas-Latrie (De), auteur d'un rapport à M. le Ministre de l'instruction publique sur l'île de Chypre, cité, 333.

Masques; — ornant les archivoltes gothiques et romanes, 128; — pour représenter les personnages de l'Ancien Testament, 353.

Massmann, auteur de travaux philologiques, cité, 450.

Mastics employés au moyen âge pour les incrustations, 157.

Musto (*Le*). Voir Chérokidia.

Matériaux; — employés dans la construction des édifices romains, 22; — voir Marbres, Schistes; — employés dans la construction des voies romaines, 26, 27; — voir Briques, Cailloux, Pierres, Terre cuite, Terre glaise; — employés dans la construction des amphithéâtres romains, 40; — des maisons romaines, 46; — des églises gothiques et romanes, 94, 108; — voir Briques, Ciments, Marbres, Tuf, Tuiles; — servant à la construction des clochers gothiques et romans, 165; — des églises du moyen âge, 632, 633.

Mathilde (La reine), sa tapisserie représentant une forteresse, 173, 174.

Matières dures. Voir Agates, Basaltes, Camées, Granits, Jade, Jaspe, Lapis, Onyx, Porphyres.

MATIÈRES PREMIÈRES livrées à l'industrie française, provenance et transport, 536.
MATRICES de sceaux, 358.
Mattheson, auteur d'ouvrages relatifs à la musique, cité, 592.
MATURATION des plantes, 523.
Maugis (L'enchanteur), 454.
Maurepas. Voir Collection.
MAURES d'Espagne, leurs vases de terre émaillés et dorés, 325.
MAUSOLÉES en ruine de la Tunisie, 550.
MAUVE FRISÉE (Feuilles de) ornant les chapiteaux gothiques et romans, 118.
Mauvoisin (Château de), dans les Hautes-Pyrénées, 216.
MÉANDRES, motif de décoration des archivoltes gothiques et romanes, 129.
MÉDAILLES en général, 356, 358; — publications sur les médailles antiques; — voir Banduri, Barthélemy, Duchalais, Eckhel, Hénin, Kolb, La Goy, Lenormant, Lelewel, Mionnet, Mommsen, Pellerin, Rasche, Revue de numismatique, Riccio, Saulcy, Saussaye, Thesaurus Morellanius; — publications sur les médailles du moyen âge; — voir Barthélemy, Bouteroue, Conbrouse, Fillon, Le Blanc, Lelewel, Longpérier, Poey d'Avant, Revue de numismatique, Tobiesen Duby.
MÉDAILLES; — trouvées dans les enceintes antiques, 28; — sous le sol, 46, 341; — romaines, 52, 56; — gauloises, 52, 54, 56; — grecques, 52, 56; — de Marseille, 53; — en bronze et en argent de Cænicense, de Glanum, de Nîmes, de Sénas, des Tricorii, 53; — portant les noms des chefs gaulois, 54; — voir Adcantuanus, Ambiorix, Duratius, Litavicus, Tasgetus; — en or portant le nom de Vercingétorix, 54; — de la Gaule, sans légendes, 55; — inédites, décrites par M. de la Goy, 53, notes; — d'Auguste et de Tibère, 56; — voir Autel de Lyon; — romaines en or, 56; — voir Aureus; — romaines en bronze dans le midi de la France, 56; — romaines en argent, en bronze, en or, 57; — où sont figurés les empereurs byzantins, 317; — conservées dans les châteaux du moyen âge, 346, 474, 475. — Voir Légendes, Médaillons, Monnaies, Revers, Types.
MÉDAILLONS; — romains, 48, 56; — gaulois, 56; — grecs, 56; — romains en or, 56; — module et poids, 56; — romains en Gaule, 57; — trouvés à Boulogne-sur-Mer, 57; — trouvés à Cherbourg, 57; — en argent, en bronze, en bronze saucé, en or, 57. — Voir Albin, Hercule, Lælianus, Marius, Postume, Tétricus, Victorin.
Médeina (Altiburos), découverte de stèles puniques, 553.
Méditerranée, 13, 15; — régions voisines soumises à l'influence de l'art byzantin, 151.
Mégaspyléon (*Le*), monastère en Morée, 276; — portes saintes, 320.
Mehun (Château de), mâchicoulis, 197.
Mellet (Comte de), communication d'un chant périgourdin, 384, 385.
MÉLODIE, 604.
Melun, église Notre-Dame, 570.
Mélusine (Tour de), donjon du château de Fougères, 225.
MÉMOIRE SUR LES ÉGLISES DE SALONIQUE, publié dans le *Bulletin archéologique,* 333; — auteur, M. C. Texier.

MÉMOIRES DE L'ACADÉMIE CELTIQUE, 398, notes.
MÉMOIRES DE L'ACADÉMIE DE BAVIÈRE, 447.
MÉMOIRES DE LA SOCIÉTÉ DES ANTIQUAIRES DE NORMANDIE, 358.
MÉMOIRES DE LA SOCIÉTÉ DU MUSÉUM DE STRASBOURG, 507.
MÉMOIRES DE LA SOCIÉTÉ ÉDUENNE, 357.
MÉMOIRES DE PHILIPPE DE VIGNEULLES, 455; — éditeur, M. Michelant.
MÉMOIRES ou TOMBEAUX des apôtres et des martyrs, 62, 63; — chapelles, 63. — Voir Martyrium, Sépultures.
MÉMORIAUX; — des assemblées de ville, 336; — des chambres des comptes conservés dans les archives publiques, 465, 466.
MÉMORIAUX DE LA CHAMBRE DES COMPTES DE NORMANDIE, publiés par la Société des antiquaires de Normandie, 466.
MENEAUX des fenêtres gothiques et romanes, 143, 147; — formes, 145, 146; — direction, 146, 147.
MEN-HIRS, 6, 7, 473, 478, notes; — en Bretagne, 7; — de Kerveatou, 7.
MENUISERIE moderne des Grecs et des Turcs, 301; — menuiserie des églises du moyen âge, 636.
Mer de Marmara. Voir Marmara.
Mer Méditerranée. Voir Méditerranée.
Mer Morte, villages de moines et monastères sur ses rives, 270, 276.
Mer Noire, villes fortifiées, forteresses, monastères militaires, 278, 279.
Mercure, 4; — autel de Mercure, 21. — Voir Attributs.
MÈRE DU CHRIST (LA). Voir Vierge.
MÉREAUX, 358; — publications sur les méreaux; — voir Jetons.
Mérianlik, monastères, 261.
Méril (Édélestand du), éditeur des *Poésies latines du moyen âge*, cité, 380, 396; — ses travaux philologiques, 450, 454.
Mérimée, l'un des auteurs des *Instructions sur l'architecture gallo-romaine*, 3, notes; — l'un des auteurs des *Instructions sur l'architecture du moyen âge*, 61, notes; — communication d'une chanson populaire, 412.
MÉROVINGIENS; — époque, 61; — temples chrétiens, 242; — exploitation des marbres de l'Aquitaine, 331.
Mésambrie, tombeau de la princesse Marthe Cantacuzène, 269.
Mesnil-Auval (Le), 489.
MESSAGER D'AMOUR (LE), chant populaire flamand, 379.
MESSE DU PEUPLE, chantée à Aix, 384.
Messène (Enceinte de), 17.
MESURES; — gauloises, 19; — romaines, 42; — voir Milles, Stade.
MÉTALLURGIE; — son développement en Orient pendant l'ère chrétienne, 332, 333; — exploitation de métaux à Lemnos, 332.
MÉTAUX décorant les ciborium latins, 79. — Voir Argent, Bronze, Or.
Météores (Les), monastères en Thessalie, 272, 276; — leurs peintures, 297.

Météorologie et Climat de la France, 506. — Voir Hygrométrie, Observations, Pluies, Pressions, Tableaux, Température, Vents.

Méthodes de musique, 597. — Voir Solfèges.

Métiers (Corps de), 541.

Métropole phocéenne. Voir Marseille.

Metz, peintres verriers, 347.

Meubles; — gaulois, 47; — en France, 47; — voir Armes, Bijoux, Flèches, Haches, Médailles, Monnaies, Ornements, Poteries, Ustensiles; — meubles grecs, 48; — dans le midi de la France, 48; — voir Bijoux, Figurines, Marbres, Médailles, Monnaies, Poteries, Ustensiles, Vases; — meubles romains, 48-59; — en Gaule, 48; — voir Agrafes, Armes, Bijoux, Bronzes, Clefs, Cuillers, Épingles, Marbres, Médailles, Médaillons, Monnaies, Poteries, Terres cuites, Ustensiles, Verrerie, Verroteries; — meubles du moyen âge, 318, 346, 370; — voir Archives, Instruments de musique, Jetons, Médailles, Méreaux, Monnaies, Portraits de famille, Sceaux, Tableaux, Tapisseries, Titres.

Meules à grain trouvées dans les enceintes antiques, 28; — romaines à bras, 45.

Meurtrières des forteresses du moyen âge, 186, 206-210, 217, 221; — formes, 207, 208; — destination, 208, 209; — coupe, 209, 210; — meurtrières de la porte de l'hôtel de Sens, à Paris, coupe, 186; — pratiquées dans les créneaux, 193. — Voir Arbalétrières, Archères.

Meuse (Bassin de la), 500.

Michel (Saint), figuré dans les peintures des églises de la Grèce, du mont Athos et de l'Asie, 317.

Michel (Francisque), auteur de travaux philologiques, cité, 445, 449, 450, 454.

Michel-Ange. Voir École.

Michelant, auteur de travaux philologiques, cité, 455.

Middle-Hill, documents philologiques, 450.

Midiah (Cryptes de), 313.

Migieu (Marquis de), auteur d'un *Recueil de sceaux du moyen âge*, cité, 358.

Milan, sculpteurs du moyen âge, 153. — Voir École.

Milles, mesure itinéraire des Romains, 27. — Voir Bornes.

Mimers (Famille de), son tombeau à l'église des Arméniens, à Nicosie, 267.

Mimes (Salles des) dans les théâtres romains, 37.

Minéralogie, son développement en Orient pendant l'ère chrétienne, 331.

Minerve (Culte de), 4.

Miniatures et Vignettes des manuscrits, 338. — Voir Ameublements, Costumes.

Mionnet, auteur d'un travail intitulé : *Du prix et de la rareté des médailles romaines*, cité, 57, 356; — d'une *Description des médailles antiques grecques et romaines*, cité, 356.

Miracles, poésies populaires, 384.

Miracles de Notre-Dame, jeux par personnages, 453.

Miscellanea, 462; — auteur, Baluze; — autre édition donnée par Mansi, 462, notes.

Mississipi (Le), 376.

Mistra; — église de la Vierge, 268; — citadelle, 282.

MITRES, insignes des abbés, des archevêques et des évêques, 300, 352.

MOBILIER des maisons byzantines, 284, 318, 319; — des basiliques, des cathédrales, des églises, 300-314, 352, 353, 354, 576, 577, 636, 637; — voir Aiguières, Ambons, Autels, Bancs, Bourses, Burettes, Calices, Candélabres, Cartons d'autel, Cathedra, Chaires, Chancels, Chandeliers, Châsses, Cierges, Ciboires, Ciborium, Cloches, Clochettes, Clôtures, Colombes, Corporaux, Couronnes de lumière, Crécelles, Croix, Crosses, Encensoirs, Fers, Flambeaux, Fonts baptismaux, Iconostases, Jubés, Lampes, Lectorium, Meubles, Nappes d'autel, Ornements, Ostensoirs, Pales, Patènes, Phares, Phiales, Pierres sacrées, Portes saintes, Pupitres, Pyxides, Reliquaires, Stalles, Symandres, Tables de proposition, Tables du chœur, Tables pascales, Tapisseries, Trabes, Trônes, Vases sacrés, Vêtements ecclésiastiques; — meubles pour les cérémonies funèbres, 354; — mobilier des monastères, 314, 315, 316; — voir Cloches, Tables, Timbres, Tribune de lecture; — mobilier militaire, 316, 317, 318; — voir Armes, Hourds, Machines de guerre.

MODES, terme de musique, 367, 603, 604.

MODES D'EMPLOI des eaux minérales en France, 505. — Voir Bains, Boissons, Douches.

MODILLONS des temples romains, 22; — des basiliques latines, 69; — des corniches latines, 71; — des absides latines, 73; — modillons gothiques et romans, 131, 132, 133.

MODIUS, attribut de Jupiter, 4.

Modon; — basilique, plan, 239; — églises byzantines, 251.

MODULE des médailles et médaillons romains en or, 56. — Voir Aureus.

MOELLONS servant à la construction des édifices romains, 24; — moellons smillés, 24; — voir Opus reticulatum; — servant à la construction des églises byzantines, 83.

MOEURS; — antiques, 51; — du moyen âge, 465.

MOINES, 270-276; — leurs costumes, 300; — établis en Égypte sur les rives du Jourdain et de la mer Morte, 270, 276. — Voir Monastères, Skites. — Voir Bénédictins, Franciscains. — Voir Bernard, Marmoutier, Théophile, Guido d'Arezzo, Huchbald.

MOINES DE SAINT-MÉDARD, leur église à Soissons, 240.

Moïse; — son tabernacle, 67; — musique qui lui est attribuée, 367.

Moissonneurs (CHANSON DES), chantée dans le Bas-Maine, 435.

MÔLES établis par les Grecs, 18.

Molière, 374.

MOLLUSQUES, 525.

Mommsen, auteur d'un ouvrage intitulé : *Ueber das rœmische Münzwesen,* cité, 356.

Monastère de la Vierge. Voir Μονὴ τῆς Κορᾶς.

MONASTÈRES, 70, 270, 276; — portes, 70; — mosaïques, 70; — églises, 269, 273, 274, 293; — cimetières, 270; — moulins, 270; — forteresses, 270; — tours, 272, 273; — treuils, 272; — donjons, 273; — phiales, 274; — réfectoires, 274,

275, 314, 315; — cuisines, 275, 316; — bibliothèques, 275; — magasins, 275; — escaliers, 275; — maison des hôtes, 275; — habitation de l'abbé, 275; — scriptorium, 287; — catholicon, 314; — mobilier, 314, 315, 316; — monastères de femmes, 96; — monastères en Orient, 270-276; — en Occident, 270, 275; — construits sous Justinien, 271; — monastères coptes, 275; — maronites, 276; — monastères militaires, 276, 278. — Voir Abyssinie, Afrique, Asie, Asie Mineure, Athènes, Attique, Caramanie, Carthage, Cheyr-Houran, Chypre, Cos, Crète, Égypte, Érivan, Grèce, Jourdain, Mérianlik, Mer Morte, Mer Noire, Mont Athos, Mont Carmel, Mont Hélicon, Mont Liban, Mont Sinaï, Natron, Nubie, Patmos, Rhodes, Saint-Gall, Straviro, Syrie, Terre-Sainte, Thessalie, Thrace.

MONETE DELLE ANTICHE FAMIGLIE DI ROMA, 356; — auteur, Riccio.

Μονὴ τῆς Κοράς (Monastère de la Vierge), église à Constantinople, 258; — moulure de porte, 85; — façade, 247; — abside et arc-boutant, 247, 248; — fenêtres, 255; — dôme, 257.

Monmouth. Voir Geoffroi.

MONNAIES en général, 356, 358; — publications sur les monnaies; — voir Médailles. — Voir Ateliers monétaires, Circulation monétaire, Types.

MONNAIES; — gauloises en argent, en bronze, en électrum, en or, en potain, 47, 52, 54, 340; — usage, 53; — voir Rouelles; — attributs, 54; — emblèmes, 54; — monnaies grecques, 48, 52, 53, 55; — contrefaçons gauloises, 55; — voir Plagia barbarorum; — monnaies de Marseille en argent et en bronze, 53, 55; — fabrication, 53; — monnaies romaines, 48, 52, 56; — voir Deniers; — monnaies macédoniennes, 54, 55, 56; — voir Philippes, Statères; — monnaies d'argent trouvées à Vieille-Toulouse, 53, notes; — attributs, 53, notes; — monnaies d'argent à Rhoda de la Tarragonaise, 53, notes; — d'argent, de bronze, d'or, de potain employées en Gaule, 55; — voir Tétradrachmes; — monnaies gauloises sans légendes en bronze et en potain, 55; — attributs, 55; — monnaies romaines en Gaule, 56; — romaines coloniales, 56; — voir Cavailhon, Lyon, Nîmes, Ruscino, Vienne; — monnaies des empereurs ayant régné sur la Gaule, 56; — voir Albin, Marius, Postume, Tétricus, Victorin; — monnaies des empereurs ayant régné en Italie, 56; — voir Gallien, Valérien; — monnaies des empereurs carlovingiens, 56; — voir Solidus, Sou d'or; — monnaies où sont figurés les empereurs byzantins, 317; — romaines enfouies dans le sol, 341, 342; — du moyen âge, 474, 475, 484; — monnaies puniques ou romaines découvertes en Tunisie, 557, 560; — arabes en verre, 557.

MONOCOTYLÉDONES (Plantes), 519, 521.

MONOGRAPHIE DE CHÂTEAU-GAILLARD, 204, 208, notes; — auteur, M. Deville.

MONOGRAPHIE DE LA MUSIQUE (Rapport sur une), 591-608; — auteur, M. de Courcelles.

MONOLITHES, 6. — Voir Monuments, Pierres druidiques, Rochers.

MONSIEUR DE BOIS-GILLES, romance historique, 403-407.

Mont Athos; — skite ou village de religieux, 270; — monastères, 270, 271, 274, 276, 289, 290, 294, 297, 299, 301, 307, 314, 327; — peintures, 297, 299, 300. — Voir Sainte-Laure, Séménou, Zographe.

Mont Carmel (Monastères du), 276.

Mont des Oliviers (Chapelle du), à Jérusalem, 262.

Mont Hélicon (Monastères du), 274, 276, 293, 294. — Voir Saint-Luc.

Mont Karadagh (Églises du), 260.

Mont Liban (Monastères du), 276.

Mont Sinaï; — basiliques primitives, 254; — monastères, 272, 273, 274, 276, 301, 321, 326; — voir Sainte-Catherine.

MONTAGNES; — consacrées par la superstition populaire, 5; — de la France, 482, 484.

Montaigne (Michel de), auteur des *Essais*, cité, 373, notes.

Montalembert (De), intervient dans la conservation des monuments historiques, 574.

Montfaucon. Voir Catalogues.

Montfort. Voir Jeanne.

Montfort. Voir Cane de Montfort.

Montfort-l'Amaury (Église de), 570; — vitraux, 570.

Montlhéry (Tour de), 171; — plan, 217.

Montmartre, ruines d'une fonderie antique décrites par Caylus, 59.

Montmirel, 489.

Montréal (Église de), en Sicile; — porche, 103; — portes de bronze, 319.

MONUMENT CHORAGIQUE de Lysicrate, à Athènes, 238.

MONUMENTA GERMANIÆ HISTORICA, 462, notes; — éditeur, M. Pertz.

MONUMENTS en général. Voir Conservation, Restauration.

MONUMENTS; — celtiques, 28; — antiques, 51, 58; — voir Fouilles; — monuments numismatiques sur le sol de la Gaule, 52; — nettoyage, 58; — restauration, 58; — voir Médailles, Médaillons, Monnaies, Patines.

MONUMENTS DE L'ÈRE CHRÉTIENNE en Orient, 231-333; — monuments religieux, 235-276; — voir Basiliques, Cathédrales, Chapelles, Églises, Monastères, Mosquées, Temples, Tombeaux; — monuments militaires, 277-282; — voir Châteaux, Courtines, Enceintes, Forteresses, Fortifications, Monastères militaires, Murs, Tours, Villes; — monuments civils, 282-291; — voir Bazars, Cimetières, Constructions hydrauliques, Constructions rurales, Écoles, Hôtelleries, Hospices, Jardins, Maisons, Palais, Prisons, Villes. — Voir Architecture, Arts industriels, Peintures, Sculptures, Sciences.

MONUMENTS DU MOYEN ÂGE, 61, 342, 471; — monuments religieux, 61-167, 342-345, 474; — voir Basiliques, Chapelles, Cryptes, Églises, Temples chrétiens; — monuments militaires, 168, 230, 245, 474; — voir Châteaux, Citadelles, Enceintes, Forteresses, Fortifications, Remparts, Villes; — monuments civils, 346; — voir Aqueducs, Constructions rurales, Édifices, Fourches patibulaires, Hôpitaux, Hôtels, Hôtels de ville, Maisons, Meubles, Palais.

MONUMENTS GALLO-ROMAINS, 3-59; — monuments fixes, 3-46; — monuments meubles, 47-59.

Monuments gaulois, 3-13, 339; — monuments religieux, 3-10; — voir Barrows, Pierres druidiques, Sépultures, Tombelles; — monuments militaires, 12; — voir Fortifications permanentes, Mottes, Oppida; — monuments civils, 12, 13; — voir Mardelles.

Monuments grecs, 13-18; — monuments religieux, 13-16; — voir Temples; — monuments cyclopéens, 14, 16; — monuments civils, 14, 17, 18; — voir Agora, Basiliques, Môles, Ports, Propylées, Stoa; — monuments funèbres, 15, 16; — voir Colonnes, Stèles; — monuments militaires, 16, 17; — voir Citadelles, Enceintes, Murailles, Tours.

Monuments romains, 18, 59, 61, 340, 473, 474; — monuments funèbres, 16; — monuments religieux, 18, 23, 61; — voir Temples, Thermes; — monuments militaires, 23-31, 61; — voir Camps, Citadelles, Enceintes, Fortifications, Murailles, Portes, Tours; — monuments civils, 31-59, 61; — voir Amphithéâtres, Aqueducs, Arcs de triomphe, Basiliques, Cirques, Colonnes historiques, Constructions particulières, Inscriptions, Jeux publics, Ports, Prétoires, Théâtres, Thermes.

Monuments pour servir à l'histoire des provinces de Namur, de Hainaut et de Luxembourg, 463, notes; — éditeur, M. de Reiffenberg.

Moralités en vers ou en prose, 381, 453.

Moralités sur Job, 443.

Morée; — églises byzantines, 87, 252; — Commission de Morée, 238, 240; — conquêtes françaises, 263, 268; — monastères, 274, 276, 320; — voir Mégaspyléon; — ducs français de Morée, 282; — influence des arts du Nord, 294.

Morell. Voir Collections numismatiques.

Moret (Portes de), 183; — porte-forteresse, 572, 573.

Mortain (Musée de), 567.

Mort de Garin (La), ancien poème, 450, 454; — éditeur, M. Edélestand du Méril.

Mort du duc de Joyeuse (La), chanson historique en patois béarnais, 401.

Mort du duc du Maine (La), chanson historique en patois béarnais, 401.

Morts. Voir Jour des Morts.

Mortellerie (Rue de la), à Paris, 585.

Mosaïques; — romaines, 23, 341; — sur les murs, 30, 31; — sur les bains, 33; — dans les théâtres, 37; — ornant les triclinium, 44; — décorant les maisons, 46; — mosaïques décorant les façades, fenêtres, frontons et portes des basiliques latines, 68, 69, 71; — ornant l'atrium des basiliques, les chapelles isolées, les portes des monastères, 70; — mosaïques en marbre, en émail et en porphyre (opus alexandrinum), 70, 71, 75; — mosaïques à l'intérieur des basiliques latines, 75; — des baptistères latins, 78; — ornant les clôtures de chœur, 79; — mosaïques des porches byzantins, 86; — des coupoles byzantines, 87; — des piliers et pendentifs byzantins, 88; — des chapiteaux, 90; — décorant les moulures byzantines, 90; — mosaïques du moyen âge, 155, 157, 355; — mosaïques du musée d'Avignon représentant une porte romaine, 191; — mosaïques des basiliques primitives de l'Orient, 237; — des églises byzantines, 241, 243, 247, 249, 296, 297; — décorant l'iconostase, 312;

— mosaïques de verre exécutées par les Gaulois, les Français et les Italiens, 323; — découvertes en Tunisie, 556. — Voir Germigny-des-Prés, Hammam-Lif, Saint-Georges, Saint-Sépulcre, Saint-Vital, Saints-Apôtres, Vierge.

Moselle (Châteaux forts sur la), 220, 221.

Mosquées. Voir Atmeïdan, Limassol, Mahomet, Naplouse, Nicosie.

Mottes, 12. — Voir Collines factices, Monuments militaires gaulois.

Moucharabys des forteresses du moyen âge, 194, 195; — origine orientale, 195; — de l'enceinte d'Aigues-Mortes, 194; — de l'hôtel de Sens, à Paris, 194. — Voir Balcons.

Moulages des inscriptions, 349. — Voir Estampage.

Moules pour couler les deniers romains, 59.

Moulins (Enceinte de), 199.

Moulins; — romains, 45; — des monastères, 270; — du moyen âge, 346, 474; — en France, 482, 484. — Voir Coudre, Quiquengrongne.

Moullepied (Le doit de), 489.

Moulures des temples et édifices grecs et romains, 18, 21, 23, 63; — sur les murailles romaines, 30; — gallo-romaines, 21, 22; — voir Trépan; — moulures décorant les théâtres romains, 38; — les frontons des basiliques latines, 69; — les architraves, 70; — les corniches, 71; — moulures des portes byzantines, 85; — moulures byzantines, 90; — mosaïques, peintures, sculptures les décorant, 90; — moulures des églises gothiques et romanes, 94, 156, 157; — des fenêtres gothiques et romanes, 148; — des mâchicoulis du moyen âge, 198. — Voir Μονὴ τῆς Κοράς, Panagia Nicodimo.

Mouskes. Voir Philippe.

Mousses, plantes, 519.

Moutons, hameau, 489.

Moyen âge; — influence des artistes byzantins, 90, 151; — style byzantin, 249-256. Voir Architectes, Architecture, Armes, Art, Bijoux, Céramique, Chants populaires, Constructions hydrauliques, Costumes religieux, Culte des saints, Doctrines philosophiques, Édifices, Étoffes, Ingénieurs, Institutions, Instructions, Machines de guerre, Meubles, Mœurs, Monuments, Mosaïque, Musique, Numismatique, Peintres verriers, Peintures, Poésies latines, Romances narratives, Tapisseries, Tombeaux, Ustensiles, Villes, Vitraux.

Munich, documents philologiques, 450.

Municipalités, 542.

Municipes, 42. — Voir Villes romaines.

Murailles; — grecques, 16, 24; — romaines, 20, 23, 24, 25, 30, 33, 38, 341; — voir Bas-reliefs, Créneaux, Inscriptions, Moulures, Murs, Structure; — murailles en pierres sèches, 27; — voir Camps, Enceintes, Murs; — murailles entourant l'atrium des basiliques latines, 72; — décoration, 72; — murailles des églises gothiques et romanes, 94, 108, 136, 141, 148-157; — ornementation extérieure, 108, 150-157; — voir Inscriptions; — murailles des forteresses, 198, 202. — Voir Athènes, Sens.

Murs; — cyclopéens 16; — romains, 30, 473; — voir Briques, Mosaïques, Tuiles;

— murs en pierres sèches, 28; — murs romains enfouis sous le sol, 46; — murs d'enceinte au moyen âge, 169, 474; — des tours des forteresses du moyen âge, 188, 189; — des églises du moyen âge, 343, 344. — Voir Ani, Coniéh, Haïdra, Nicée, Nimes.

Musées, 474. — Voir Avignon, Bruxelles, Carcassonne, Cluny, Dijon, Mans (le), Mortain, Narbonne, Orléans, Paris, Puy (le), Toulouse.

Muséum de Strasbourg. Voir Société.

Musique; — du moyen âge, 337, 338, 599, 605; — religieuse, 338, notes, 361-471, 595, 606, 607; — voir Moïse, Tubal; — musique mesurée, 362, 364, 367, 368, 369, 605; — feinte, 364; — musique grecque, 361, 363, 599, 600, 601, 602, 603, 604, 605; — des poésies populaires de la France, 381, 382, 383, 384, 605; — musique dramatique, 595, 597, 606, 607; — musique romaine, 600, 601; — allemande, 606; — française, 606; — italienne, 606; — orientale, 606. — Voir Antiphonaire, Bibliographie, Biographies, Catalogues, Chant, Clefs, Contrepoint, Encyclopédies, Harmonie, Histoire, Instruments, Instructions, Manuscrits, Mélodie, Méthodes, Modes, Monographie, Notation, OEuvres, Plain-chant, Prolation, Publications, Rythmes, Temps, Tons, Traités.

Musique mise à la portée de tout le monde (La), 592; — auteur, M. Fétis.

Myra. Voir Nicolas de Myra.

Myriologues, chants funèbres de la Grèce moderne, 428.

Mystère du siège d'Orléans, relatant les principaux traits de la vie de Jeanne d'Arc, 457, 458.

N

Naplouse (Sichem); — mosquée, 263; — église de la Samaritaine, 263; — église de Jacob, 264.

Nappes d'autel, 353.

Narbonnaise (Porte), à Carcassonne, 224.

Narbonne; — tour, 187; — musée, 567, 587. — Voir Aimeri de Narbonne.

Naissances (Statistique des), 529.

Narli-Kapou (Château d'eau de), à Constantinople, 289.

Narthex des basiliques primitives de l'Orient, 236, 237; — des églises byzantines, 245, 246. — Voir Theotocos.

Nassau (Chapelle de). Voir Bruxelles.

Nativité (Basilique de la), fondée par l'impératrice Hélène, à Bethléem, 237; — peintures, 297; — grille en bronze, 306, 319.

Natron (Monastères près des lacs de), 275, 276.

Navale (Porte), à Byzance, 232.

Navarin (Église de), en Grèce, plan, 82.

Navarre (Tombeau d'un membre de la famille de), dans la mosquée d'Arab-Achmet, à Nicosie, 267.

Navigation. Voir Voies navigables.
Neapolis ou *Nebel*, en Tunisie, 549.
Nebel. Voir Neapolis.
Nécropole chrétienne de Selefké, 261.
Nefs des basiliques romaines, 43, 65; — des cryptes chrétiennes, 62; — direction, 62; — orientation, 62; — chapelles, 62; — éclairage, 62; — nefs des basiliques latines, 64, 65, 66, 68, 69, 70, 72, 74, 97, 98; — fenêtres, 68, 72; — colonnes, 74; — nefs des églises byzantines, 82, 83, 86, 249, 263; — des églises gothiques et romanes, 96, 97, 98, 99, 159, 161; — colonnes, 98, 99; — extérieur, 159; — nefs des basiliques primitives de l'Orient, 237, 254.
Nénuphar (Feuilles de), sculptées sur les chapiteaux gothiques et romans, 118.
Néo-latins (Dialectes), parlés en France, 375. — Voir Chants populaires.
Neptune (Culte de), 4.
Nervures des temples chrétiens, 64.
Nettoyage des objets antiques en argent, en bronze, en or, en terre cuite, 58. — Voir Procédés.
Neumes, signes servant à la notation musicale, 337, 364, 365.
Nevilles (Famille de), son tombeau dans l'église des Arméniens, à Nicosie, 267.
Nicée (Murs de), 278.
Nicéphore Botoniates, empereur, 276.
Nicet (Saint), auteur d'un traité de plain-chant, cité, 362.
Niches; — sculptées sur les piliers-butants gothiques et romans, 140; — sur les églises du moyen âge, 155; — décorant les portails gothiques et romans, 161; — ornant les clochers, 165.
Nicolas (Saint); — l'évêque Baudouin lui dédie la cathédrale de Famagouste, 267; — cantique sur sa vie, 443.
Nicolas de Myra (Saint), son temple en Caramanie, 249.
Nicosie, à Chypre; — église (mosquée) Sainte-Sophie, 266; — Sainte-Catherine, 267; — Saint-Nicolas, 267; — église des Arméniens, 267; — des Augustins ou des Hospitaliers, 267; — mosquée d'Arab-Achmet, 267; — enceinte fortifiée détruite par les Vénitiens, 279; — château de Buffavent ou de la Reine, 280.
Niederhaslach, exemple de tombeau d'architecte érigé dans l'église construite par lui, 347.
Nimbes entourant le Christ et Dieu le Père, 152.
Nîmes; — maison carrée, plan, 21; — bains romains, détails d'architecture, 22; — murs, 25; — médailles grecques en argent et en bronze publiées par M. de la Goy, 53; — colonie romaine, ses monnaies, 56.
Nive (La), 432.
Noëls, chants populaires, 386, 387; — noëls satiriques, 435.
Nogent-le-Rotrou, tour du château, 200.
Nombre des clochers sur les églises gothiques et romanes, 107, 165; — des portes des forteresses du moyen âge, 182.
Noms de chefs gaulois sur les monuments gallo-romains, 19, — sur les médailles, 54;

— voir Ambiorix, Adcantuanus, Duratius, Litavicus, Tasgetus, Vercingétorix; — noms des architectes et artistes chrétiens inscrits sur les églises gothiques et romanes, 150, 347; — des peintres verriers sur les vitraux du moyen âge, 347; — des saints en latin, en patois, en français, 355.

Noms anciens figurant au *Dictionnaire géographique de la France*, 484. — Voir Index.

Nord (Le); — maisons romaines en bois, 45; — ornementation des arcades gothiques et romanes, 128; — escaliers des donjons, 217; — art du Nord, 262.

Nores. Voir Louis.

Norias, machines asiatiques pour la distribution des eaux, 288.

Norique, contrefaçons de monnaies grecques, 55.

Normandie, — médailles gauloises, 13; — recherches de M. Féret, 46; — Société des antiquaires, 48, notes; — développement du style byzantin, 90; — états, 466; — parlement, 167; — voir Histoire.

Nosocomion, hospices byzantins, 286.

Notation musicale, 337, 364, 365, 366. — Voir Lettres, Signes, Main, Neumes, Notes.

Note sur les usages et les traditions du Poitou, 424, notes; — auteur, M. Guerry.

Notes carrées ou en losange servant à l'écriture musicale, 337, 366; — valeur rythmique, 367; — position des queues, 337, 369. — Voir Bécarre, Bémol, Brèves, Longues, Pauses, Points, Semi-brèves.

Notice historique et archéologique sur la paroisse de Chavagnes-en-Paillers, 424, notes; — auteur, M. de la Villegille.

Notice sur la bibliothèque d'Aix, 384, notes; — auteur, M. E. Rouard.

Notice sur la tourelle de l'abbaye de Saint-Victor, 563; — auteur, M. Em. Durand.

Notice sur l'attribution de quelques médailles des Gaules, 53, notes; — auteur, M. le marquis de la Goy.

Notice sur les monnaies françaises composant la collection de M. J. Rousseau, 357; — auteur, M. de Longpérier.

Notice sur les rouelles monétaires des Gaulois, 55, notes; — auteur, M. de Saulcy.

Notre-Dame de Dijon, clocher, 107.

Notre-Dame de Laon, 570; — dalles tumulaires, 571; — tours, 571; — statues, 584.

Notre-Dame de Melun, 570.

Notre-Dame de Paris, 347, 571; — plan, 98; — sacristie, 572; — statues peintes, 577, 584.

Notre-Dame de Philerme, à Rhodes, 269; — crypte où sont peints les chevaliers de Rhodes, 298.

Notre-Dame de Poitiers, portail, 101.

Notre-Dame de Reims, 571; — porche, 103.

Notre-Dame-des-Victoires, à Rhodes, 268, 269.

Nourrices (Chansons de), 438; — en patois provençal, 438, 439.

NOUVEAU MANUEL COMPLET DE NUMISMATIQUE ANCIENNE, 357; — auteur, M. A. Barthélemy.
NOUVELLE ÉTUDE DE JETONS, 357; — auteur, M. J. de Fontenay.
NOVA BIBLIOTHECA MANUSCRIPTORUM, 462; — auteur, Labbe.
Noyon (Cathédrale de), statues, 584.
Nubie (Monastères en), 275.
NUMISMATA IMPERATORUM ROMANORUM A TRAJANO DECIO AD PALÆOLOGOS AUGUSTOS, 356; — auteur, Banduri.
NUMISMATIQUE. Voir Instructions, Jetons, Médailles, Méreaux, Monnaies, Monuments, Publications, Sceaux.
NUMISMATIQUE DE LA GAULE NARBONNAISE, 356; — auteur, L. de la Saussaye.
NUMISMATIQUE DU MOYEN ÂGE CONSIDÉRÉE SOUS LE RAPPORT DU TYPE, 357; — auteur, Lelewel.
NYMPHÉACÉES (Plantes), 519.
NYMPHES, 23.

O

OBÉLISQUES; — décorant l'épine des cirques romains, 41; — dans le cirque de Constantinople, 295, 322; — base où sont figurés les empereurs, 295, 322; — voir Orgues.
OBITUAIRES conservés dans les archives publiques, 465.
OBJETS ANTIQUES; — en argent, en bronze, en or, en plomb, en terre cuite, 58; — conservation, nettoyage, 58; — voir Patines, Vésuve; — objets en argent, en bronze, en ivoire, en or, en os, en plomb découverts en Tunisie, 559; — objets de toilette, 559. — Voir Agrafes, Aiguilles, Anses, Figurines, Inscriptions, Poids, Tessères de spectacle.
OBSERVATIONS; — ozonométriques, 507, 517; — magnétiques, 507, 517; — météorologiques, 507; — voir Bertin, Société du Muséum de Strasbourg, Société météorologique, Tableaux.
Occident (Empire d'); — développement du style latin, 63; — formes des églises, 65, 85; — chrétiens d'Occident, 88; — développement du style byzantin, 90; — art, 151; — monastères, 270, 275; — influence de l'Occident sur les peintures byzantines, 298.
OCCIDENTAUX; — conquêtes en Orient, 261, 262, 263, 266; — voir Français, Vénitiens; — art occidental à Chypre, à Rhodes, en Syrie, 274.
OCULISTES romains, leurs cachets, 51.
OCULUS, ouverture circulaire au centre des frontons latins, 69. — Voir OEils-de-bœuf, Roses.
OEILS-DE-BŒUF; — au sommet des arcades gothiques et romanes, 109; — aux frontons des églises gothiques et romanes, 141; — emploi dans la fenestration générale, 142-

146; — en creux sur les murailles gothiques et romanes, 157; — sur les clochers, 165. — Voir Oculus, Roses.

OEuvres de musique, confection d'un catalogue, 598, 607, 608. — Voir Adam de Le Hale, Arcadelt, Bach, Clari, Glück, Haendel, Jomelli, Josquin, Palestrina, Piccini, Scarlati.

Officialités, 542.

Ogier, ancien poème, 450; — éditeur, M. Barrois.

Ogier le Danois (Ronde sur), 437.

Ogival (Style), 64. — Voir Architecture.

Ogive, 64, 154; — claveaux, 64.

Oiseaux, 526.

Olivier; — d'après les poèmes français, 446; — figuré sur les portails ou sur les vitraux des églises, 453.

Olivier (Feuilles d'), sculptées sur les chapiteaux romains, 22.

Oliviers. Voir Mont des Oliviers.

Ollaire (Pierre), armes et ustensiles gaulois, 47.

Ollonde (Château d'), 489.

Olympie (Église byzantine d'), 240.

Oméga (ω), attribut du christianisme, 78; — sa forme dans les inscriptions grecques découvertes en Tunisie, 552.

Onyx travaillés par les Byzantins, 328. — Voir Colonnes.

Oppida, 12, 47. — Voir Enceintes, Mottes.

Opus, terme d'architecture. Voir Alexandrinum, Incertum, Reticulatum, Spicatum.

Or; —, bijoux gaulois, 47; — monnaies gauloises, 47; — bijoux romains, 48, 50; — vases, 48, 50; — statères de Philippe, 54; — monnaies gauloises, 54; — médailles portant le nom de Vercingétorix, 54; — monnaies au type de Philippe, 55; — sou ou solidus des empereurs carlovingiens, 56; — médailles et médaillons romains, 57; — broderies décorant les autels byzantins, 88; — incrustations sur les portes des baptistères byzantins, 243; — tables de proposition de l'église Sainte-Sophie, à Constantinople, 313, 320; — orfèvrerie orientale, 320; — objets découverts en Tunisie, 559. — Voir Temple d'or.

Orages (Nombre moyen des), 507, 512.

Orange. Voir Guillaume.

Orange, arc de triomphe romain, 34, 573.

Ordonnances royales, 542.

Ordres d'architecture. Voir Corinthien, Dorique, Ionique.

Ordres de chevalerie. Voir Chevaliers de Rhodes, Templiers.

Orégon (L'). Voir Chansons.

Orelli, auteur de travaux philologiques, cité, 449.

Orfèvrerie d'or et d'argent en Orient pendant l'ère chrétienne, 320, 322. — Voir Candélabres, Lampes, Pala d'oro, Phares, Portes saintes, Statues, Vaisselle.

Orfrois bordant les vêtements ecclésiastiques, 353.

ORGANISTES, 597.

ORGANUM ou DIAPHONIE, innovation musicale exposée par Huchbald dans son *Enchiridion*, 364.

Orgon. Voir Vernègues.

ORGUES; — figurées sur la base de l'obélisque du cirque de Constantinople, 322; — de l'église de Gonesse, 588, 589; — de l'église de la Chaise-Dieu, 590; — des cathédrales de France, 590; — d'Allemagne, 590. — Voir Buffets, Facteurs, Jeux, Organistes, Restauration, Tuyaux.

Orient; — chapiteaux cubiques, 63; — œuvres des apôtres, 65; — formes des églises, 80; — chrétiens d'Orient, 88; — origine des animaux figurés sur les chapiteaux gothiques et romans, 117; — architecture, 149; — origine des moucharabys, 195; — instructions à l'usage des voyageurs, 231-333; — conquêtes des Vénitiens, 261, 262; — des Français, 262, 263, 266; — monastères, 270-276.

ORIENTATION des tombelles, 12; — des bains romains, 33; — des basiliques romaines, 42; — des nefs dans les cryptes chrétiennes, 62; — des temples chrétiens, 67; — des églises du moyen âge, 67, 342; — des basiliques construites par Constantin, à Rome, 68; — des églises gothiques et romanes, 92, 93; — des portails, 101; — des chapelles, 159; — orientation des plantes, 523.

ORIENTAUX, 32; — digues, fontaines, lavoirs construits par eux, 32; — musique, 606. — Voir Orient.

ORIGINE ET USAGE DES JETONS, 357; — auteur, Mahudel.

ORIGINES; — asiatique des Marseillais, 53; — des abbayes, 63; — des basiliques religieuses, 63; — de la bibliothèque des basiliques latines, 65; — des transepts des églises, 66; — orientale des animaux figurés sur les chapiteaux gothiques et romans, 117; — des fenêtres gothiques et romanes, 141; — orientale des moucharabys, 195; — des eaux minérales en France, 505.

Orléans (Musée d'), 567.

Orme-Saint-Gervais (Rue de l'), à Paris, 585.

ORNEMENTATION; — des pierres druidiques, 6; — des monuments grecs, 15, 16, 18; — des monuments romains, 21, 22; — des monuments gallo-romains, 21, 22; — des arcs de triomphe romains, 34, 35; — des colonnes historiques, 35; — des cryptes chrétiennes, 62; — des colonnes gothiques et romanes, 111, 112, 113, 114-120; — des archivoltes, 128-131; — des corbeaux, 131, 132; — des corniches, 132; — des toits, 134; — des contreforts, 138, 139; — des piliers-butants, 139-141; — ornementation extérieure des fenêtres gothiques et romanes, 147, 148; — des portes, 149; — des murailles, 150-157; — des transepts, 160; — des portails, 161, 162; — des clochers, 165, 166, 167; — des mâchicoulis, 198. — Voir Acrotères, Arcades, Bases, Bas-reliefs, Becs d'oiseau, Caissons, Chapiteaux, Clochetons, Colonnes, Consoles, Créneaux, Crochets, Crosses, Dais, Décoration, Édicules, Émaux, Enroulements, Entrelacs, Feuillages, Figures, Fleurons, Fleurs, Fruits, Godrons, Griffes, Guirlandes, Incrustations, Masques, Méandres, Mosaïques, Moulures, Niches, Ornements, Palmettes, Pattes, Peintures, Perles, Pignons, Pilastres, Plombs, Pointes de diamant, Quatre-feuilles, Quintefeuilles, Ressauts, Rinceaux, Sculptures, Statues, Têtes de clou, Tores, Trèfles, Trépan, Triglyphes, Verre.

ORNEMENTS en métal sur les arcs de triomphe romains, 35; — ornements des vases romains en terre rouge et en terre noire, 51, 52; — ornements en pierre des toits gothiques et romans, 134; — ornements gaulois, 340; — ornements d'autel du moyen âge, 346; — des vêtements ecclésiastiques, 353; — voir Animaux, Feuillages, Figures; — ornements romains, 474; — de l'église de Gonesse, 589.

OROGRAPHIE de la France, 503. — Voir Cartes.

Os; — ustensiles et vases gaulois, 47; — épingles romaines, 51; — petits objets découverts en Tunisie, 559.

Ossau (Vallée d'), patois qu'on y parle, 401.

OSSEMENTS d'animaux entourant les sépultures gauloises, 11; — ossements trouvés dans les enceintes antiques, 28, 341.

OSSUAIRES, 10, 11, 47, 62. — Voir Barrows, Catacombes, Charniers, Collines factices, Sépultures, Tombeaux, Tombelles.

OSTENSOIRS des églises du moyen âge, 354.

OUBLIETTES des forteresses du moyen âge, 222, 223, 346. — Voir Chinon, Bastille.

Oudin (Le Père Casimir), auteur du *Commentarius de scriptoribus antiquis Ecclesiæ*, cité, 461, notes.

Ourfa. Voir Édesse.

OUTILS sculptés ou peints dans ou sur les églises gothiques et romanes, 150.

Ouve (L'). Voir Douve.

OUVERTURES sur la table des dolmens, 9; — sur la table des autels placés dans les tauroboles, 23; — éclairant les baptistères latins, 76.

OUVRAGES D'ART, procédés des anciens, 59.

Oxford, manuscrit du poème de *Roland*, 447, 451.

P

PAGANISME (LE), combattu par le christianisme, 61.

PAIRS DE FRANCE (Les douze), sujet de jeux par personnages, 453; — publications populaires et romans, 454.

PALADINS (LES), dans les anciens poèmes français, 446; — morts à Roncevaux, 453.

PALA D'ORO, devant d'autel byzantin conservé à Venise, 296, 312, 320.

Palais, 476.

PALAIS; — orientaux, 282, 284, 285, 286; — colonnes, 285; — cuisines, 285; — jardins, 285; — sculptures, 285; — palais du moyen âge, 474. — Voir Constantinople, Kadi-Keuï, Paris.

Palais de justice de Paris; — créneaux, 193; — tour, 200.

PALAIS IMPÉRIAUX de l'époque romaine, 33, 474. — Voir Prétoires.

Palatin (Le), compris dans l'enceinte primitive de Rome, 23.

PALÉOGRAPHIE. Voir Éléments.

Palerme. Voir Martorana.

Pales, 353.

Palestine (La); — temples consacrés par Constantin, 64; — conquêtes françaises, 263.

Palestrina, 599.

Paleuze (Château de *la*), d'après un manuscrit de la Bibliothèque nationale, 178.

Palissades défendant les portes romaines, 25; — défendant les forteresses du moyen âge, 169, 179, 214.

Palladio, architecte italien du XVIe siècle, auteur d'un plan de basilique, 142.

Palmes, attribut du christianisme, 78.

Palmettes, motif d'ornement des chapiteaux grecs, 15, 16; — des chapiteaux gothiques, 117.

Panagia Nicodimo (Saint-Nicodème), église à Athènes, 251, 252, notes, 257; — plan 82; — détail de construction, 83; — transept, 85; — coupe longitudinale, 86; — pendentifs, 87; — moulures, 90; — clôtures sacrées, 311.

Panneaux de fenêtres gothiques et romanes, 145, notes.

Pannonie, contrefaçon des monnaies grecques, 55.

Pansélinos, auteur d'un *Guide de la peinture*, cité, 331, 332.

Panthéon (Le), à Rome, 22.

Pantin. Voir Chanson du pantin.

Pantocrator (Église du), à Constantinople, 258; — façade, 248; — fenêtres, 255; — tombeaux, 269.

Panzer, auteur d'ouvrages relatifs à la musique, cité, 594.

Papes; — château des papes, à Avignon, 196, 217; — mâchicoulis, 196; — salle de question, 222. — Voir Grégoire, Pierre de Luna.

Paphos, à Chypre; — églises byzantines et gothiques, 267; — tombeau de Cherpigny, 268; — château, 279.

Papier à écrire employé par les Byzantins, 322.

Papiers terriers conservés dans les archives particulières, 468.

Parapets; — de terre protégeant les ouvrages militaires romains, 28; — protégeant les enceintes fortifiées du moyen âge, 169; — des tours du moyen âge, 200; — des chemins de ronde, 202. — Voir Agger, Amas, Fossés, Remparts.

Parchemin employé par les Byzantins, 322.

Pardessus, éditeur des *Diplomata, chartæ, epistolæ, leges, aliaque instrumenta ad res gallofrancicas spectantia*, cité, 462, notes.

Parenzo (Église de), en Istrie, plan, 66.

Paris (Paulin), éditeur du *Romancero français*, cité, 380; — auteur de travaux philologiques, cité, 437, 450, 454.

Paris; — église Sainte-Geneviève, 68, 568; — Notre-Dame, 98, 347, 571, 577; — — le Temple, 102; — Sainte-Chapelle, 138, 568; — hôtel de Sens, 182, 186, 194; — de la Trimouille, 572, 573; — palais de justice, 193, 200; — palais des Thermes, 566, 568; — documents philologiques, 447, 449, 450; — enseignes de boutique, 453; — église Saint-Pierre-aux-Bœufs, 563, 564; — Saint-Côme, 563;

— Saint-Séverin, 564; — de Cluny, 566; — Saint-Benoît, 567; — Saint-Germain-l'Auxerrois, 567; — Saint-Germain-dés-Prés, 568; — Sainte-Madeleine, 586; — abbaye de Saint-Victor, 564, 565; — place Royale, 566, 586; — musée de Cluny, 567; — des Petits-Augustins, 567; — prieuré de Saint-Martin-des-Champs, 568; — porte Saint-Denis, 573; — tour Saint-Jacques-la-Boucherie, 573; — rue de la Mortellerie, 585; de l'Orme-Saint-Gervais, 585; — de Seine-Saint-Victor, 585; — du Tourniquet-Saint-Jean, 585; — Val-de-Grâce, 586; — limites de Paris sous Louis XV, 586.

PARISE LA DUCHESSE, ancien poème, 450; — éditeur, M. de Martonne.

PARLEMENTS, 467. — Voir Histoire, Registres.

PAROISSES, 465.

Paros (Marbres de), 331.

PARTONOPEUS DE BLOIS, ancien poème français, 446.

PARVIS des basiliques latines, 66, 72. — Voir Atrium, Enceintes.

Pasteur, l'un des auteurs des Instructions sur la description scientifique de la France, 499, notes.

PASTEUR (Statues du Bon). Voir Christ.

PASTOURELLES, chansons de bergers du moyen âge, 435.

PATÈNES des églises du moyen âge, 354.

PÂTES employées pour les incrustations, 157.

PATINES des objets antiques en métal, 58; — patines vertes, 58.

Patmos (Île de), monastères, 276.

PATOIS; — provençal, 378, 438; — périgourdin, 384; — vendéen, 398; — béarnais, 401. — Voir Dialectes.

Patras; — églises byzantines, 251; — église romane, 263; — citadelle, 282; — exemple de clôture sacrée, 311.

PATRIARCHES, leurs insignes, 300.

PATTES ornant les bases des colonnes gothiques et romanes, 111, 343.

Paulmy d'Argenson, directeur de la Bibliothèque des romans, cité, 454.

PAUSES, signes employés pour la notation musicale, 367.

PAVEMENT des monuments romains, 23; — des villes, 31; — des théâtres, 37; — des voies, 43; — des boutiques, 44; — des basiliques latines, 75; — des églises du moyen âge, 345, 637. — Voir Granit, Lave, Roche.

PAVÉS peints et émaillés en usage au moyen âge, 355.

PAYS D'ÉTATS, 542.

PÉAGES en France, 541.

PÊCHEURS. Voir Chansons.

PÉDAGOGIE, 542.

PEINTRES VERRIERS du moyen âge, leurs noms sur les vitraux, 347; — modernes, 577, 582. — Voir Auch, Metz, Rouen.

PEINTURE SUR VERRE. Voir Vitraux.

PEINTURES; — sur les terres cuites grecques, 18; — des bains romains, 33; — sur les chapelles des divinités laraires, 44; — dans les cryptes chrétiennes, 62; — des porches latins, 71; — à l'intérieur des basiliques latines, 75; — des baptistères, 78; — des porches byzantins, 86; — des coupoles, 87; — des pendentifs et des piliers, 88; — des chapiteaux, 90, 151; — des moulures, 90; — peintures décoratives du moyen âge, 155, 156, 157; — procédés, 156; — représentant des ouvrages militaires, 179; — peintures des basiliques primitives de l'Orient, 237, 238; — des églises byzantines, 249, 253, 311; — de l'église Sergius et Bacchus, à Constantinople, 294; — des monuments de l'ère chrétienne en Orient, 296-300; — de Pompéi, 297; — des églises de la Grèce, 297, 299; — des monastères du mont Athos, 297, 299, 300; — des églises de l'Asie Mineure, d'Athènes et de Salamine, 297; — des Météores, 297; — de la basilique de la Nativité, à Bethléem, 297; — de l'église du Saint-Sépulcre, à Jérusalem, 297; — du baptistère de Trébizonde, 297; — peintures sur bois, 298; — peintures des manuscrits grecs, 298, 305, 317, 318, 321; — peintures des catacombes de Rome, 299; — décorant les plafonds dans les châteaux du moyen âge, 346; — peintures du moyen âge en général, 474. — Voir Apôtres, Christ, Martyrs, Vierge. — Voir Attributs, Costumes, Iconographie, Insignes.

PEINTURES MURALES des églises du moyen âge, 345, 355, 583, 635, 636. — Voir Saint-Jean-des-Vignes, Saint-Savin.

PEINTURES SACRÉES couvertes de lames de métal et ornées de pierreries, 320.

PEINTURES ET ORNEMENTS DES MANUSCRITS, 366, notes; — auteur, M. de Bastard.

Pellerin, auteur d'un *Recueil de médailles de peuples, villes et rois*, cité, 356.

Péloponèse (Églises byzantines du), 251.

PENDENTIFS; — byzantins, 64, 87, 88; — arabes, 87; — d'une église en Morée, 87; — de la Panagia Nicodimo, à Athènes, 87; — mosaïques et peintures décorant les pendentifs, 88.

Pène (Hameau de la), pyramide, 16.

Pentapyrgion, l'un des noms du château des Sept-Tours, à Constantinople, 278. — Voir Heptapyrgion, Strongyle.

PENTES des dolmens, 9; — des frontons des basiliques latines, 69.

Pentélique (Marbres du), 331.

Pépin, roi de France, 322.

Péra, à Constantinople; — enceinte du quartier franc, 278; — château d'eau, 289.

PERCEFORÊT, ancien poème français, 452, 455.

PERCEPTEURS, 465.

Perceval, dans les anciens poèmes français, 455.

PÈRES DE L'ÉGLISE (Légendes sur les vies des), 443.

Pergame, invention du parchemin, 322.

Périgord, influence du style byzantin, 240. — Voir Patois.

PÉRISTYLES des maisons romaines, 44; — bassin les ornant, 45.

PERLES; — motif de décoration employé au moyen âge, 119; — perles ornant les étoffes byzantines, 328.

Pernelle (La), 489.
Perpétuus, temple élevé par lui sur le tombeau de saint Martin de Tours, 64, 65.
Perpignan (Ville de), fondée sur les ruines de la ville romaine de Ruscino, 56.
Perrault (Contes de), cités, 457.
Perrine (La), léproserie, 489.
Persans; — application de la céramique à l'architecture, 325; — emploi de l'ivoire, 327.
Persécutions contre les chrétiens, 61, 62.
Personnages figurés sur les vitraux du moyen âge, 344.
Pertz, auteur des *Monumenta Germaniæ historica*, cité, 462.
Pétard. Voir Chanson du pétard.
Petau (Alexandre), possesseur de documents philologiques, 457.
Pétigny (De), auteur d'une *Histoire archéologique du Vendômois*, cité, 374, notes.
Petit, imprimeur, 452.
Petit pater du bon Dieu, chant en dialecte périgourdin, 384.
Petits-Augustins (Ancien musée des), à Paris, 567.
Peulvans, 6. — Voir Men-hirs.
Peutinger. Voir Table.
Pez (Bernard), auteur du *Thesaurus anecdotorum novissimus*, cité, 462.
Phanérogames (Plantes), 519.
Phares des ports romains, 31; — des ports de Constantinople, 291.
Phares servant au luminaire des églises byzantines, 320.
Pharon (Saint), sa vie, 380.
Phéniciens, 14.
Phiales, fontaines d'ablution des monastères, 274; — des basiliques primitives figurées sur les mosaïques grecques de l'église Saint-Vital, à Ravenne, 301; — des églises byzantines, 307. — Voir Iviron, Salonique, Zographe.
Philerme. Voir Notre-Dame de Philerme.
Philippe, fils d'Amyntas, ses statères en or, 54. — Voir Philippes, Types.
Philippe-Auguste, roi de France; — ordonne la construction du Louvre, 226; — de l'église Sainte-Madeleine, 586; — fonde un hôpital à Gonesse, 589.
Philippe de Beaumanoir, auteur supposé de *La Manekine*, 449.
Philippe VI, dit **de Valois**, roi de France, 348.
Philippe de Vigneulles. Voir Mémoires.
Philippe le Hardi, roi de France, 445.
Philippe Mouskes (Chronique rimée de), 450; — éditeur, M. de Reiffenberg.
Philippes, monnaie d'or, 55; — contrefaçons, 56. — Voir Statères.
Philologie; — voir Bible, Blasons, Chansons, Chants, Chartes, Chroniques, Codes, Contes, Cycle, Disputes, Dits, Enseignements, Fabliaux, Grammaires, Imitations, Inscriptions, Instructions, Jeux, Lais, Légendes, Mémoires, Moralités, Poèmes, Poèmes didactiques, Proverbes, Romans, Saluts, Servantois, Théâtre. — Documents philologiques: — voir Allemagne, Angleterre, Berlin, Bonn, Bruxelles, Copen-

hague, Erlangen, Espagne, Fitero, Fleuri, Grèce, Halle, Hollande, Italie, la Haye, Londres, Marmoutier, Middle-Hill, Munich, Oxford, Paris, Provence, Quedlinburg, Rome, Stockholm, Tarragone, Tours, Troyes, Tübingen, Vatican. — Travaux philologiques; — voir Barbazan, Barrois, Bastard, Bekker, Boca, Burguy, Crapelet, Daremberg, Diez, Fauchet, Fauriel, Fuchs, Guessard, Grimm, Hofmann, Jonckbloet, Keller, La Curne Sainte-Palaye, Le Glay, Leroux de Lincy, Martonne, Massmann, Méril, Michel, Michelant, Orelli, Paris, Petau, Pluquet, Quicherat, Reiffenberg, Renan, Tarbé, Trébutien, Tressan.

PHILOSOPHIE; — travaux de M. Ravaisson, 459; — doctrines du moyen âge, 459.

Philostrate, cité, 326.

PHOCÉENS; — culte de la Déesse Mère, 5; — métropole, 52, 53; — leur établissement sur les côtes de la France, 53. — Voir Marseille.

Phœbus. Voir Gaston Phœbus.

PHOTOGRAPHIE appliquée à la reproduction des objets antiques, 546. — Voir Balagny.

PHYSIONOMIES des statues du moyen âge, 151, 152, 153.

Piccini, musicien, 604.

PIÉDESTAUX des colonnes historiques, ornés de bas-reliefs, 35.

Pierre Clouet, ingénieur de l'ordre des chevaliers de Rhodes, 281, 282.

Pierre d'Aubusson, grand maitre de Rhodes; — construit l'église Saint-Marc, à Rhodes, 268; — ses armoiries dans la chapelle de Notre-Dame-des-Victoires, 269; — construit une partie des fortifications de Rhodes, 281, 282.

Pierre de Luna, pape, 217.

PIERRE DE PROVENCE, ancien poème français, 454, 455; — auteur, Bernard de Tréviez.

PIERRE. Voir Ambons, Bancs, Boulets, Carrières, Cercueils, Chambranles, Croix, Dalles tumulaires, Ornements, Sculptures.

PIERRE OLLAIRE employée pour la fabrication des armes et ustensiles gaulois, 47.

PIERRERIES ornant les ciborium latins, 79; — les sculptures byzantines, 90; — les peintures sacrées, 320; — les étoffes, 328; — les draps d'or, 329.

PIERRES; — placées dans les sépultures gauloises, 11; — formant des chambres ou cryptes à l'intérieur des sépultures, 11; — autour des tombelles, 12; — sur les sépultures, 12; — voir Galgals; — pierres en boutisse, 24; — pierres sèches, 27, 28; — pierres liées, 27; — pierres employées dans la construction des voies romaines, 26; — voir Summa crusta; — pierres dressées formant le podium des amphithéâtres, 40.

PIERRES DRUIDIQUES, 3, 6, 9, 10, 339, 340, 473, 478, notes; — position, 6; — pierres debout, 6; — isolées, 6; — alignées, 7; — en cercle, 7, 8, 340; — branlantes, croulantes, tournantes, 8, 340; — pierre branlante dans les environs de Luxembourg, 8; — pierres druidiques ornées de dessins, 340. — Voir Cromlechs, Dolmens, Lichavens, Men-hirs.

PIERRES GNOSTIQUES OU BASILIDIENNES découvertes en Tunisie, 558.

— 735 —

Pierres gravées romaines enfouies sous le sol, 46; — découvertes en Tunisie, 557. — Voir Camées, Cornalines, Chalcédoines, Intailles, Onyx, Pierres gnostiques. — Voir El-Djem, Kerkenna, Sfax, Sousse.

Pierres milliaires. Voir Bornes.

Pierres sacrées des églises du moyen âge, 354.

Pierres tombales. Voir Dalles tumulaires.

Pigace, sergenterie, 489.

Pignons des toits gothiques et romans, 134; — ornant les piliers-butants, 139; — pignons figurés des fenêtres gothiques et romanes, 148; — des portails, 161; — des clochers, 165; — des églises byzantines, 261, 262.

Pilastres des arcs de triomphe romains, 34; — gothiques et romans, 132; — ornant les contreforts, 139; — ornant les portes, 149.

Piliers des églises byzantines, 81, 83, 87, 88; — arcs en plein cintre les réunissant, 87, 88; — mosaïques et peintures les décorant, 88; — piliers des églises gothiques et romanes, 110, 119, 138; — des portails, 161; — des églises du moyen âge, 342, 343, 625.

Piliers-butants des églises gothiques et romanes, 136, 138, 139, 140, 141, 153, 158; — ornementation, 139, 140, 141; — en France, 140, 141; — en Angleterre, 140, 141; — de la Renaissance, 140.

Piscines; — romaines, 32; — revêtement intérieur, 32; — piscines dans les jardins des maisons romaines, 45; — des établissements thermaux, 506.

Places publiques; — grecques, 17; — romaines, 20, 33; — des villes antiques, 43; — de Byzance, 231; — des villes orientales, 283; — de Constantinople, 289, 294. — Voir Augusteum, Forum, Paris.

Plafonds des temples romains, 22; — en bois dans les basiliques romaines, 42; — dans les basiliques latines, 75; — des églises du moyen âge, 343; — plafonds peints ou sculptés des châteaux du moyen âge, 346.

Plagia barbarorum, contrefaçons gauloises des monnaies grecques, 55.

Plain-chant, 362, 367, 606. — Voir Chant grégorien, Traités.

Planch de san Estève, complainte de saint Étienne en langue romane, 384.

Planchers des théâtres romains, 38.

Plans; — de la maison carrée, à Nîmes, 21; — du théâtre de Marcellus, à Rome, 37; — de l'amphithéâtre Flavius, 38; — du cirque de Romulus, 41; — d'une basilique romaine, d'après Palladio, 42; — des basiliques latines, 64, 68; — de l'église Saint-Marcellin, à Rome, 64; — de Saint-Martin de Tours, 65; — de la basilique Sainte-Agnès, près de Rome, 65; — de l'église de Parenzo, 66; — de Saint-Paul-hors-les-Murs, à Rome, 66; — de l'église Saint-Vital, à Ravenne, 80; — de l'église Sainte-Sophie, à Constantinople, 81; — de l'église de Navarin, 82; — de la Panagia Nicodimo, à Athènes, 82; — des églises gothiques et romanes, 93; — de Notre-Dame de Paris, 98; — de Saint-Germain-des-Prés, 98; — de Saint-Jean de Beauvais, 99; — de la cathédrale de Trèves, 106; — d'une enceinte fortifiée, 169; — de Château-Gaillard, 170; — d'un pont sur le Tavignano, en Corse, 177; — de la barbacane de Carcassonne, 179; — d'une porte de forteresse, 180, 184; — des portes du château de Saint-Sauveur-le-Vicomte, 184; — de la tour de Saumur, 187; — de la tour de Loudun, 189; — de diverses tours, 189, 191; — de la tour Blanche d'Issoudun, 189; — du château de Blanquefort, 210; — du château de Coucy, 211; — du château de Vincennes, 211; — du château de Saumur, 213; — de la tour d'Alluye, 213; — de la ville et du château de Carcassonne, 214; — de la tour de Montlhéry, 217; — des logements des donjons, 218; — du donjon de Chalusset, 219; — de la tour de Clansayes, 221; — des magasins du château de Viviers, 221; — du château de Fougères, 225; — du Louvre, 226; — de la Bastille, 227; — du château de Chalusset, 228; — de la tour du Castera, près de Bordeaux, 230; — d'une basilique religieuse, auprès de Modon, 239; — des églises de Jérusalem, publiés par les Bénédictins, 241; — de l'église Saint-Georges, à Salonique, 241; — de l'église des Saints-Apôtres, à Athènes, 242; — de l'église Sergius et Bacchus, à Constantinople, 242; — de l'église du Theotocos tou Libou, à Constantinople, 244; — du Saint-Sépulcre de Jérusalem, tracé par saint Arculfe, 264; — de l'Ascension, tracé par saint Arculfe, 265, 306; — du monastère de Sainte-Laure, au mont Athos, 271; — du monastère de Daphni, 275; — des villes du moyen âge, 355.

PLANTES de la France; — espèces, 522; — variétés, 522; — dénominations, 523; — habitat, 523; — orientation, 523; — floraison, 523; — maturation, 523. — Voir Acotylédones, Angiospermes, Apétales, Cellulaires, Cryptogames, Dialypétales, Dicotylédones, Fougères, Gamopétales, Gymnospermes, Lycopodiacées, Monocotylédones, Mousses, Nymphéacées, Phanérogames, Vasculaires.

PLAQUES gravées ou ciselées ornant les gants des dignitaires ecclésiastiques, 352.

PLATES-FORMES des tours du moyen âge, 199, 215.

PLÂTRE. Voir Cercueils.

Plein, 489.

PLEIN CINTRE, 64, 154; — des portes byzantines, 84; — des églises byzantines, 87, 88.

Pline, cité, 323. — Voir Laurentin.

Ploemel, 479.

PLOMB; — tuyaux pour la conduite des eaux, 31, 32; — ustensiles romains, 51; — employé pour la construction des églises byzantines, 84; — ornements des toits gothiques et romans, 134; — recouvrant les clochers, 165, 166; — empreintes de sceaux, 358; — petits objets découverts en Tunisie, 559; — servant à la couverture des églises du moyen âge, 638, 639. — Voir Plombage, Plombs historiés.

PLOMBAGE réunissant les morceaux de verre employés dans la composition des vitraux, 580, 581, 582; — largeur des plombs, 583.

PLOMBS HISTORIÉS découverts en Tunisie, 557.

PLUIES (Répartition annuelle et mensuelle des), 507, 510, 511.

Pluquet, auteur de travaux philologiques, cité, 450.

Plutarque, cité, 602.

Pnyx (Chapelle auprès du), à Athènes, 238.

Pococke, explorateur, cité, 276.

Podium, clôture formée de pierres dressées dans les amphithéâtres romains, 40. — Voir Barrières, Portes, Scellements.

Poèmes français, 442, 445-456. — Voir Agolant, Alexandre, Amadis, Amis et Amiles, Athis et Prophélias, Auberi le Bourgoing, Aubri le Bourgoing, Baudouin de Flandre, Baudouin de Sebourc, Belle Maguelone, Berte aux grands pieds, Beuve d'Hanstone, Blanche d'Oxford, Blandin de Cornouailles, Brut et le Rou, Carlovingiens, Chanson d'Antioche, Chanson des Saxons, Charlemagne, Chevalier au cygne, Cloevier, Comte de Poitiers, Comte de Ponthieu, Conquête de l'Irlande, Constantin, Croisades, Elédus et Serène, Éléonore, Enfances de Charlemagne, Eracles, Eustache le Moine, Férabras, Fiovio, Flore et Blanchefleur, Frégus, Garin le Lôherain, Gérart de Nevers, Giglan, Gilles de Chin, Girart de Roussillon, Girart de Viane, Gui de Warwick, Guillaume Anelier, Guillaume de Dôle, Guillaume d'Orange, Horn et Rimenhild, Huon de Bordeaux, Jehan de Dammartin, Jouffroi de Poitiers, Jourdain de Blaives, Lancelot, Lancelot du Lac, Landri, Manekine, Mort de Garin, Ogier, Olivier, Pairs de France, Paladins, Parise la duchesse, Partonopeus, Perceforêt, Perceval, Pierre de Provence, Quatre fils Aimon, Raoul de Cambrai, Renart, Renaud, Richard Cœur-de-Lion, Richier, Robert le Diable, Roi Flore et la Belle Jehanne, Roland et Ferragus, Roman de Troie, Romvart, Saint-Graal, Sept Sages, Sir Eglamour, Sir Ferumbras, Sir Triamour, Sir Ysumbras, Table ronde, Tristan, Ugon et Orson, Valentin et Orson, Widukind de Saxe.

Poèmes de Chrestien de Troyes, 442, 455.

Poèmes didactiques, 458. — Voir Bestiaires, Image du monde, Lapidaires.

Poésies latines du moyen âge, 380, 396; — éditeur, M. Edélestand du Méril.

Poésies populaires de la France, 373-440; — religieuses, 384-389; — d'origine païenne, 389-394; — didactiques et morales, 394, 395, 396; — voir Femme du roulier; — historiques, 396-407; — voir Anglais, Biron, Castellane, Chanson de Malbrouk, Chanson du duc de Guise, Chanson du pétard, Charlemagne, Croisades, Croisés, Dagobert, Duguesclin, Éloi, François Ier, Guerres de religion, Henri IV, Jean, Jeanne de Montfort, Joyeuse, Louis XIV, Maine, Malborough, Monsieur de Bois-Gilles, Trente; — romanesques, 407-423; — voir A Paris, à la Rochelle. — Voir Ballades, Cantiques, Chansonnettes, Chansons, Chants, Complaintes, Contes, Débats, Dialectes, Dits, Fabliaux, Instructions, Jeux, Lais, Légendes, Manuscrits, Miracles, Musique, Patois, Prières, Recueils, Romances, Souvenirs, Traditions, Troubadours, Trouvères, Vies des saints.

Poey d'Avant, auteur d'un ouvrage intitulé : *Description de monnaies seigneuriales françaises composant la collection de M. Poey d'Avant (essai de classification)*, cité, 357.

Poids en bronze découverts en Tunisie, 559.

Poids des médaillons romains en or, 56.

Poinçons, pièces de charpente soutenant les combles des basiliques latines, 74.

Pointe du Sérail. Voir Seraï-Bournou.

Pointes de diamant ornant les archivoltes gothiques et romanes, 129.

Points modifiant la valeur rythmique des notes de musique, 337, 367, 369.

Poissons, 526.

Poitiers; — église Saint-Jean, 68; — Notre-Dame, 101; — Sainte-Radegonde, 102; — Saint-Savin, 577.

Poitou (Le). Voir Chansons, Note.

Poliorcétique antérieure aux Romains, 17.

Polythéisme grec et romain vaincu dans les Gaules par le christianisme, 5, 6.

Pommes de pin, motif d'ornement dans les églises gothiques et romanes, 119.

Pompée, favorise Marseille, 53.

Pompéi (Maisons romaines de); — plan, 43; — peintures, 297.

Pompose (Le moine de). Voir Guido d'Arezzo.

Pont-Aubault, 490.

Pont-Royal. Voir Vernègues.

Ponts; — antiques, 27; — romains, 34, 473; — des forteresses du moyen âge, 171-178, 474; — tours les défendant, 179; — ponts orientaux, 290, 291; — ruines en Tunisie, 550. — Voir Aigues-Mortes, Cahors, Galata, Lamentano, Sutri, Tavignano.

Ponts-levis, 174, 175, 176, 183, 213; — flèches, 175. — Voir Cesson, Saint-Jean.

Popes, leurs insignes, 300.

Population de la France, 528, 541. — Voir Charité, Décès, Naissances, Prévoyance.

Porches; — des basiliques latines, 66, 68, 70, 71, 72; — couverture en charpente et en tuiles, 70, 71; — colonnes de marbre les décorant, 70; — peintures, 71; — bassin, 71; — atrium, 71; — voiles les fermant, 72; — porches des églises byzantines, 81, 83, 86; — forme, 86; — mosaïques et peintures, 86; — porches des églises gothiques et romanes, 101, 102-106; — porche-auvent, 105; — porche de décoration, 104, 105; — porche militaire garni de créneaux et de mâchicoulis, 104; — porche-péristyle garni de rideaux, 103; — porche-tribunal orné de colonnes et de lions figurés, 103; — porches des basiliques primitives de l'Orient, 236; — des églises du moyen âge, 342. — Voir Montréal, Notre-Dame de Reims, Sainte-Radegonde, Saint-Vincent, Saint-Zénon, Temple.

Porphyre (Palais de), à Constantinople, 233, 284.

Porphyre; — rouge et vert pour mosaïques, 71, 75; — voir Opus alexandrinum; — décorant l'intérieur des basiliques latines, 74; — autels des basiliques latines, 78; — employé dans la construction des baptistères latins, 78; — travaillé par les Byzantins, 328.

Portails des églises gothiques et romanes, 101, 147, 152, 153, 157, 160, 161, 162; — ornementation, 101, 161; — roses, 147, 161; — tympans, 152, 161; — statues, 153, 161; — ichnographie, 160, 161; — construction, 161; — couronnements, 161; — colonnes, 161; — archivoltes, 161; — niches et dais, 161; — piliers, 161; — battants, 161; — arcades, 161; — galeries, 161. — Voir Cathédrale de Bayonne, Notre-Dame de Poitiers, Saint-Pierre-aux-Bœufs.

Portefeuilles de Gaignières, 338.

Portes; — romaines, 25, 33, 191; — voir Barricades, Herses, Palissades; — clôture,

25; — portes de ville, 25; — des camps romains, 29; — du proscenium, 37; — du podium, 40; — des basiliques latines, 65, 68, 70, 71, 101; — voir Basilica; — mosaïques, 71; — chambranles de marbre, 71; — sculptures, 71; — lions de marbre, 71; — portes des parvis latins, 66; — colonnes les décorant, 66; — voiles les fermant, 66; — portes des monastères ornées de mosaïques, 70; — portes de l'atrium des basiliques latines, 72; — chambranles de marbre, 72; — porche, 72; — portes en bronze des baptistères latins, 78; — portes des églises byzantines, 84, 85, 86, 255, 263; — arcs en plein cintre, 84; — chambranles de pierre ou de marbre, 84; — moulures, 85; — portes des forteresses du moyen âge, 180-186; — ponts-levis, 174, 175, 176; — position, 180; — plans, 180, 184; — tours, 181, 182; — nombre, 182; — herses, 183, 185; — balcons, 185, 193; — corps de garde, 186; — portes des églises gothiques et romanes, 148, 149; — amortissements, 148, 149; — archivoltes, 149; — battants, 149; — claveaux, 149; — ornementation extérieure, 149; — tympans, 149; — portes incrustées d'or et d'ivoire des baptistères byzantins, 243; — portes de métal exécutées en Orient pour la clôture des basiliques, 296; — portes des églises du moyen âge, 343. — Voir Portails.

PORTES D'ÉDIFICES RELIGIEUX. Voir Achmet, Jacob, Martorana, Μονὴ τῆς Κορᾶς, Montréal, Saint-Laurent, Saint-Marc, Saint-Paul-hors-les-Murs, Saint-Sépulcre, Sainte-Catherine, Sainte-Sophie, Séménou.

PORTES DE FORTERESSES ET DE VILLES. Voir Aigues-Mortes, Autun, Avila, Bruxelles, Byzance, Cadillac, Carcassonne, Constantinople, Espagne, France, Hôtel de Sens, Joigny, Loches, Moret, Paris, Provins, Rhodes, Saint-Sauveur-le-Vicomte.

PORTES SAINTES des églises byzantines, 88; — des basiliques latines, 304, 306, 310; — au monastère de Mégaspyléon, en Morée, 320.

PORTIQUES; — grecs, 17; — voir Stoa; — à colonnes établis près des théâtres romains, 38; — entourant le parvis des basiliques latines, 66; — entourant l'atrium, 72; — décoration, 72; — portiques des baptistères latins, 77; — des églises byzantines, 82; — à Byzance, 231; — portique des copistes, à Rome, 287.

Port-Philippe ou *Sauzon*, 477.

PORTRAITS; — peints ou sculptés dans ou sur les églises gothiques et romanes, 150; — sculptés sur les tombeaux du moyen âge, 152; — des capitouls contenus dans les registres des *Annales du Capitoulat*, à Toulouse, 338; — portraits de famille dans les châteaux du moyen âge, 346.

PORTRAITS HISTORIQUES de la bibliothèque d'Arras. Voir Recueil.

PORTS; — ancien port de Marseille, 14; — ports creusés par les Grecs, 18; — romains, 31; — étendue, 31; — emplacement, 31; — ports orientaux, 291; — voir Byzance, Constantinople. — Voir Arsenaux, Ateliers, Jetées, Magasins, Phares, Quais.

POSES des statues du moyen âge, 151, 152, 153.

POSITIONS; — des pierres druidiques, 6; — des corps placés dans les sépultures gauloises, 11; — de l'autel dans les églises circulaires, 67; — de l'autel dans les basiliques latines, 68; — des absides latines, 73; — des baptistères latins, 76, 77; — des fonts baptismaux, 77; — des ambons, 80; — des autels gothiques et romans,

96, 159; — du chœur dans les églises gothiques et romanes, 97; — des clochers, 106, 107, 163; — des portes des forteresses, 180; — des sceaux sur les chartes, 469.

Postume, empereur; — ses monnaies, 56; — ses médaillons, 57; — voir Hercule.

Potain; — monnaies gauloises, 47; — rouelles monétaires gauloises, 55; — monnaies gauloises sans légendes, 55.

Potamixa (Château de), près de Dali, à Chypre, 281.

Poteries; — gallo-romaines, 4; — romaines, 19, 48, 51, 52, 59; — trouvées dans les enceintes antiques, 28; — enfouies sous le sol, 46, 341; — gauloises, 47, 340; — grecques, 48; — turques émaillées et dorées, fabriquées aux Dardanelles, 325; — poteries samiennes ou arétines découvertes en Tunisie, 558; — poteries jaunes et rouges, 559. — Voir Amphores, Céramique, Fours, Graffites, Lampes, Vases, Voûtes.

Poternes défendant les forteresses du moyen âge, 179.

Poudre à canon, 338.

Pouillés, registres des bénéfices ecclésiastiques conservés dans les archives publiques, 465, 484.

Pourpre teignant les étoffes byzantines, 328.

Précinctions des théâtres romains, 37; — des amphithéâtres romains, 40; — des clochers gothiques et romans, 165.

Presbytères des basiliques latines, 305, 306; — voir Torcello; — des églises byzantines, 313. — Voir Bancs, Cathedra, Trônes.

Pressions barométriques, 507, 515, 516.

Pressoirs à huile, en Tunisie, 550. — Voir Choud-el-Battal.

Prestant, jeu d'orgues, 589.

Prétoires romains; — emplacement, 33; — ruines, 33. — Voir Enceintes, Palais, Salles d'audience, Tribunal.

Prêtres chrétiens, 65, 68; — leurs places dans les églises gothiques et romanes, 96.

Prévoyance (Institutions de), statistique, 532.

Prières populaires, 384. — Voir Épîtres farcies, Messe du peuple, Petit pater, Planch de san Estève.

Prieuré (Le), 490.

Prieurés, 482. — Voir Saint-Martin-des-Champs.

Princes. Voir Lettres.

Prisons orientales, 286; — près de la porte de Zeitou-Kapou, à Constantinople, 286, 318.

Prix et rareté des médailles romaines, 57, 356; — auteur, M. Mionnet.

Procédés de la céramique gauloise, 47; — de fabrication des rouelles monétaires gauloises, 55; — de nettoyage et de restauration des objets antiques en argent, en bronze, en or, en plomb, en terre cuite, 58; — appliqués aux ouvrages d'art par les anciens, 59; — de peinture décorative au moyen âge, 156; — appliqués aux incrustations, 157; — voir Enduits, Pâtes, Mastics.

Procédés de construction. Voir Opus.

Proconèse (Marbres de), dans la Propontide, 331.

Procope (Saint), figuré dans les peintures des églises de l'Asie, de la Grèce, du mont Athos, 317.

Procope, cité, 258, 271, 276, 278.

PRODUITS de l'industrie française; — produits animaux, minéraux et végétaux, 536, 537.

PROFESSIONS actives et sédentaires. Voir Chansons.

PROFONDEUR des voies romaines, 26. — Voir Empierrement.

PROGRAMME de botanique, 520-524.

PROLATION, terme de musique, 367.

Propontide (*La*), 232, 233, 278, 285, 291. — Voir Proconèse.

PROPYLÉES, 17,

PROSCENIUM des théâtres romains, 37; — décoration, 37; — portes, 37. — Voir Bas-reliefs, Marbres, Colonnes.

Provence (*La*); — influence de l'art hellénique sur les monuments funèbres de la Provence, 16; — patois, 378, 438; — documents philologiques, 447; — voir Éléonore, Férabras, Girart de Roussillon, Grammaires, Guillaume IX, Guillaume Bechada.

PROVERBES, l'une des formes de la poésie ancienne, 456.

PROVINCES ROMAINES; — cultures, 45; — recherches de M. Féret en Normandie, 46. — — Voir Afrique, Gaule Narbonnaise, Tunisie.

Provins; — porte Saint-Jean, 174, 175; — tour, 188.

Psalmonville, 490.

PSAUMES (Livre des), 443.

PSEUDISODOMUM, l'un des procédés employés par les constructeurs latins, 24. — Voir Structure.

Ptolémée Céraunus, roi de Macédoine, 55.

PUBLICATIONS ET TRAVAUX cités; — voir Acta sanctorum, Annuaires, Bibliothèques des pères, Bulletins, Collections, Conciliorum collectio regia, Correspondances, Dictionnaires, Gallia christiana, Glossaires, Grammaires, Mémoires, Notes, Notices, Recueils, Revues; — publications diverses; — voir Adeline, Angelo Mai, Baeker, Baluze, Barre (La), Basnage, Bastard, Batissier, Beaumont, Belgrand, Bénédictins, Bollandistes, Bréquigny, Brochant de Villiers, Canisius, Caumont, Caylus, Champollion, Chaudruc de Crazanne, Cossard, Couchaud, Deville, Didron, Du Cange, Duchemin-Descepeaux, Dufrénoy, Durand, Fauriel, Fevret de Fontette, Floquet, Grivaud de la Vincelle, Gruner, Guerry, Labbe, Laborde, Lalande, Lenoir, Leroux de Lincy, Luc d'Achery, Mabillon, Mansi, Marmier, Martenne, Mas-Latrie, Méril, Montaigne, Oudin, Pansélinos, Pardessus, Paris, Pertz, Pétigny, Peutinger, Pez, Rouard, Reiffenberg, Sirmond, Société de l'histoire de France, Société des antiquaires de Normandie, Société du Muséum de Strasbourg, Texier, Théophile, Vaines, Villemarqué; — publications relatives à la musique; — voir Assemani, Audiffredi, Becker, Boisgelon, Brossard, Doni, Draudius, Duverdier, Fétis, Forkel, Franck, La Borde, La Croix du Maine, Lafage, Lichtenthal, Maitter, Mattheson, Panzer, Renouard, Walther ; — publications relatives à la numismatique ; — voir Jetons, Médailles, Méreaux, Monnaies, Sceaux.

Pucelles. Voir Trois-Pucelles.

Pulci, poète italien, 451.

Pupitres pour la pose du missel dans les églises du moyen âge, 354.

Puits des maisons romaines, 45; — des forteresses du moyen âge, 211; — creusés dans la maçonnerie des forteresses, 220; — du château de Fougères, 226. — Voir Oubliettes.

Puy (Musée du), 567.

Pyramides; — du hameau de la Pène, 16; — sur le bord des voies romaines, 27; — forme en pyramide des clochers gothiques et romans, 163.

Pyrénées (Les); — escaliers des donjons, 217; — tours, 220; — dialecte basque qu'on y parle, 375. — Voir Hautes-Pyrénées.

Pyrénées-Orientales (Dialecte catalan parlé dans les), 378. — Voir Elne.

Pyrgos (Aqueduc de), à Constantinople, 234, 288, 289, 330.

Pyxides des autels byzantins, 321, 322, 354.

Q

Quais des ports romains, 31.

Quatrefages (De), traducteur d'un chant populaire basque, 377.

Quatre-feuilles, motif d'ornement sculpté en creux sur les murailles gothiques et romanes, 130, 132, 157.

Quatre fils Aimon (Les), ancien poème, 449; — éditeur, M. Bekker; — réimpressions populaires, 454.

Quedlinburg, documents philologiques, 450, 455.

Quercy (Le). Voir Chants populaires.

Question (Salles pour donner la) dans les forteresses du moyen âge, 222. — Voir Veille.

Queues des notes de musique, 337, 369.

Quicherat (J.), auteur de travaux philologiques, 458.

Quintefeuilles, motif d'ornement sculpté sur les chapiteaux gothiques et romans, 118.

Quiquengrogne (Moulin de), 490.

R

Rabé (Le), 490.

Radiaires, 525.

Rainures sur les pierres druidiques, 6; — sur les dolmens, 9.

Raisins, motif d'ornement dans les églises gothiques et romanes, 119.

Ramla (Arimathie), église des Quarante-Martyrs, 264.

Raoul (Tour de) au château de Fougères, 225.

Raoul de Cambrai, ancien poème, 450; — éditeur, M. Le Glay.
Rapports; — à M. le Ministre de l'instruction publique sur les églises de Syrie et de Rhodes, 333; — auteur, M. L. Batissier; — à M. le Ministre de l'instruction publique sur l'île de Chypre, 333; — auteur, M. de Mas-Latrie; — à M. le Ministre de l'instruction publique sur la conservation des monuments (extrait), 563-590; — auteur, M. de Gasparin; — relatif à une monographie de la musique, 591-608; — auteur, M. de Courcelles.
Rasche, auteur d'un ouvrage intitulé : *Lexicon universæ rei numariæ veterum*, cité, 356.
Rathery, cité, 396.
Ravaisson, auteur de travaux sur l'histoire des doctrines au moyen âge, cité, 459.
Ravenne, église Saint-Vital, 80, 89, 240, 243, 299, 301, 306, 317, 326.
Rayonnant (Style), 144, 145, 146.
Reboud, publie plusieurs collections d'inscriptions libyques, 553, notes.
Recherches curieuses des monnaies de France, 357; — auteur, Bouteroue.
Receveurs du domaine, 465.
Recherches des antiquités et travaux de géographie comparée en Tunisie. Voir Instructions.
Recherches sur les monnaies, médailles et jetons de Saint-Omer, suivies d'observations sur l'origine et sur l'usage des méreaux, 357; — auteur, M. Alex. Hermand.
Récoltes, 533.
Recueil d'anciens manuscrits de la poésie anglaise, 451.
Recueil d'antiquités, 59, notes; — auteur, Caylus.
Recueil de chants populaires bas-bretons, 376, 396; — auteur, M. de la Villemarqué.
Recueil de médailles de peuples, villes et rois, 356; — auteur, Pellerin.
Recueil de sceaux du moyen âge, 358; — auteur, M. le marquis de Migieu.
Recueil des chants historiques français, 380; — auteur, M. Leroux de Lincy.
Recueil des historiens des Gaules et de la France, 462.
Recueil des inscriptions de la Gaule, 348.
Recueil des inscriptions latines de l'Afrique romaine, 554.
Recueil des poésies populaires de la France, publication projetée, 373, 441, 442.
Recueil des portraits historiques de la bibliothèque d'Arras, 338.
Recueil général de pièces obsidionales, 357; — auteur, Tobiesen Duby.
Réfectoires des monastères, 274, 275, 314, 315; — tables de marbre, 274, 314; — tribune de lecture, 315; — réfectoire du monastère de Sainte-Laure, 314.
Réforme monastique de Christodoulos, 276.
Registres des actes de l'état civil, 336; — des notaires, 336; — des *Annales du Capitoulat*, à Toulouse, 338; — des communes, 444; — registres capitulaires, 464, 465; — de la cathédrale de Rouen, 464; — des officialités diocésaines, 465; — registres

contenant les délibérations des hôtels de ville et échevinages, 465, 466 ; — registres des visites pastorales, 465, 484 ; — registres des parlements, 467, 468. — Voir Mémoriaux.

REGISTRES DE L'HÔTEL DE VILLE DE PARIS PENDANT LA FRONDE, 466, notes; — publiés par la Société de l'histoire de France.

RÈGLEMENT POUR LA DÉFENSE DE LA VILLE ET DU CHÂTEAU DE BIOULE, 338; — publié par le *Bulletin archéologique*.

Reiffenberg (De); — auteur de travaux philologiques, cité, 450; — auteur des *Monuments pour servir à l'histoire des provinces de Namur, de Hainaut, de Luxembourg*, cité, 463, notes.

Reims; — arcs de triomphe romains, 34; — exemple de tombeau d'architecte érigé dans l'église construite par lui, 347. — Voir Notre-Dame.

Reinach (S.), auteur des *Instructions sur la recherche des antiquités et les travaux de géographie comparée en Tunisie*, 545, notes.

Reine (Château de la). Voir *Buffavent*.

REINE BERTE (LA), jeu par personnages, 453.

RELIEFS du sol de la France, 500, 501.

RELIGIEUX. Voir Moines.

RELIGION des Gaulois, 3, 4, 5 : — des Grecs, 4, 5, 6; — des Romains, 4, 5, 6, 18; — des druides, 19; — des Égyptiens, 45, 52; — religion chrétienne, 30, 65; — carthaginoise, 553; — voir Tanit. — Voir Autels, Culte, Divinités, Sanctuaires.

RELIQUAIRES des églises byzantines, 151; — des églises du moyen âge, 346, 354, 474, 576.

REMPARTS; — en terre, 29, 30, 31; — coupe, 29; — des villes romaines, 20, 34, 169, notes; — forme, 20; — étendue, 20; — remparts du moyen âge, 173, 176, notes, 180, 195, 198, notes, 202, 205, 206, 210, 212, 213, 224, 474; — escaliers, 205, 206; — remparts d'Aigues-Mortes, 205. — Voir Agger, Amas, Fossés, Parapets.

RENAISSANCE (LA), 64, 70, 126, 131, 140, 167, 242, 284, 325, 326, 471, 473, 575, 581.

RENART (LE), ancien poème français, 456.

Renaud; — dans les poèmes français, 446, 454; — figuré sur les portails et les vitraux des églises, 453.

RENAUD (Complainte de), chanson narrative du Blésois, 411, 412.

RENDEMENT des terres cultivées, 533, 541.

Rénier (Léon), cité, 278.

Renouard, auteur d'ouvrages relatifs à la musique, cité, 594.

RÉPERTOIRE ARCHÉOLOGIQUE DE LA FRANCE. Voir Instructions, Spécimen.

REPRODUCTION des objets antiques de la Tunisie. Voir Chambre claire, Estampage, Photographie, Zincographie.

REPTILES, 526.

RÉPUBLIQUE ROMAINE (Constitution de la), 24.

Réseaux des fenêtres gothiques et romanes, 145, notes. — Voir Tracery.

Réservoirs. Voir Bends, Citernes.

Ressauts des églises gothiques et romanes, 94, 132, 139; — des clochers, 166.

Restauration des objets antiques en argent, en bronze, en or, en terre cuite, 58; — des vitraux, 577-583; — des monuments, 584, 585; — des orgues, 588, 589, 590; — des cathédrales, 517-637. — Voir Instructions, Procédés.

Résurrection (La) célébrée dans un chant populaire du Roussillon, 387.

Retables ornés de statuettes d'albâtre ou de bois dans les églises du moyen âge, 344.

Reticulatum (Opus), l'un des procédés employés par les constructeurs latins, 24, 94. — Voir Structure.

Retranchements; — romains, 30; — des forteresses du moyen âge, 178, 179, 180, 482. — Voir Hague-Dike. — Voir Barbacanes, Barrières, Bastilles, Camps, Enceintes, Palissades, Poternes.

Revers des médailles romaines, 57; — des médailles de Postume, 57; — voir Hercule.

Revêtement; — intérieur des piscines romaines, 32; — des tuyaux de conduite, 32; — extérieur des églises gothiques et romanes, 94, 149, 150, 158, 159, 160; — des clochers, 165, 166.

Revinctum, l'un des procédés employés par les constructeurs latins, 24. — Voir Structure.

Revue archéologique, 556, notes, 558, notes.

Revue de numismatique, 54, notes, 356, 358; — directeurs, MM. Cartier et de la Saussaye.

Rhin (Le); — contrefaçons des monnaies grecques, 55; — développement du style byzantin, 90; — porches, 105; — spécimen de l'opus spicatum des Romains, 133; — châteaux forts, 220, 221.

Rhoda de la Tarragonaise, monnaies d'argent, 53, notes.

Rhodanusia, colonie grecque, 52.

Rhodes; — église Saint-Jean, 268; — Sainte-Catherine, 268; — Saint-Marc, construite par Pierre d'Aubusson, 268; — Notre-Dame-des-Victoires, 268, 269; — Notre-Dame de Philerme, 269, 298; — Saint-Étienne, 269; — église du monastère des Franciscains, 269; — art occidental, 274; — monastères militaires, 276; — courtines, 281; — fortifications construites par Pierre d'Aubusson et Pierre Clouet, 281, 282; — donjon Saint-Michel, 282; — fort Saint-Nicolas, 282; — tour dite Vedette des Chevaliers, 282; — tour de Saint-Paul, 282; — porte d'Amboise, 282; — Saint-Jean, 282; — Sainte-Catherine, construite par Pierre d'Aubusson, 282; — lieu de provenance des briques destinées aux coupoles de l'église Sainte-Sophie, à Constantinople, 326. — Voir Chevaliers de Rhodes, Grands maîtres.

Rhône. Voir Bouches-du-Rhône.

Riccio, auteur d'un ouvrage intitulé : *Le monete delle antiche famiglie di Roma*, cité, 356.

Richard, auteur d'une classification botanique, cité, 519.

Richard Cœur-de-Lion, constructeur du donjon de Château-Gaillard, 204.

Richard Cœur-de-Lion, ancien poème français imité par les Anglais, 451.

Richelieu, 467.

Richier, ancien poème français inédit, 456.

Rideaux fermant les porches des églises gothiques et romanes, 103.

Rinceaux; — sculptés sur les édifices byzantins, 90; — ornant les archivoltes gothiques et romanes, 130, 154.

Rivière (La). Voir Fluvian.

Rivières de la France, 483, 484. — Voir Couesnon, Douve.

Robert le Diable, jeu par personnages, 453; — réimpressions populaires, 454; — version en vers, 454; — éditeur, M. Trébutien.

Robin et Marion, pièce dramatique du moyen âge, 381.

Roche dure servant à paver les voies romaines, 43.

Rochers, 5, 6, 482, 484.

Roches; — consacrées par la superstition populaire, 339, 340; — entrant dans la constitution du sol de la France, 500; — éruptives, 501, 504; — sédimentaires, 501, 505; — stratifiées, 501.

Roches aux Fées, 5, notes. — Voir Baumes des Dames, Châteaux du Diable, Maisons de Gargantua.

Roger Ier, de Sicile, introduit chez les Latins les perfectionnements du tissage, 329.

Roi Flore et la Belle Jehane (Le), ancien poème français, 452.

Rois. — Voir Lettres, Livres des Rois. — Voir Chypre, France, Jérusalem.

Rois mages (Chants populaires pour la fête des), 386; — cantique populaire chanté à Hazebrouck et à Hondschoote, 386.

Roland; — dans les anciens poèmes français, 446, 447; — figuré sur les portails ou sur les vitraux des églises, 453; — son tombeau à Saint-Jacques-de-Compostelle, 453; — figuré sur une enseigne de boutique, 453.

Roland, ancien poème, 447, 452, 454; — éditeur, M. Francisque Michel; — manuscrit d'Oxford, 447, 451; — imitations italiennes, 452.

Roland et Ferragus, ancien poème français imité par les Anglais, 451.

Rôles d'imposition, 484.

Romains, 10, 18, 19, 20, 25, 29, 30, 31, 32, 36, 47, 51, 54, 56, 61, 68, 69, 74, 89, 93, 151, 180, 235, 269, 324, 325, 327, 376. — Voir Architecture, Art, Caractères, Carrières, Céramique, Chapiteaux, Colonnes, Édifices, Empire, Habitations, Ivoire, Maisons, Meubles, Monuments, Musique, Numismatique, Provinces, République, Sépultures, Style, Terres cuites, Verrerie, Villes.

Roman (Style), 63, 84, 85, 91-167, 235, 242, 264, 295, 575; — en France, en Europe, en Asie, en Syrie, 262; — dialecte roman, 384, 447, 455. — Voir Architecture, Art, Chapiteaux, Monuments.

Roman de Troie, 447; — auteur, Benoit de Sainte-Maure.

Romancero français, 380; — éditeur, M. P. Paris.

Romances françaises, 376, 383; — voir Claire fontaine; — romances espagnoles, 407.

Romances narratives du moyen âge, 380; — voir Bele Emmelos, Bele Erembors, Dion et la Fille du roi, Renaud.

Romans; — en dialecte catalan, publié à Tarragone, 446; — chevaleresques, 484. — Voir Bibliothèque, Roman de Troie.

Romans des Douze pairs, 454; — éditeur, M. P. Paris.

Romanos le Vieux, 294.

Rome; — autels dans les Gaules, 5; — galerie Albani, 16; — art gallo-romain, 19; — Panthéon, 22; — enceinte primitive, 23; — le Palatin, 23; — arc de Titus, 34; — théâtre de Marcellus, 37; — amphithéâtre Flavius, 38; — cirque de Romulus, 41; — catacombes, 61, 299; — développement du style latin, 63; — temples élevés par Constantin, 64, 68; — église Saint-Marcellin, 64; — Saint-Étienne-le-Rond, 66; — Saint-Pierre, au Vatican, 70; — Saint-Vincent, 103; — basiliques latines, 68; — basilique Sainte-Agnès, 65, 68, 76; — Saint-Paul-hors-les-Murs, 66, 70, 319; — Saint-Laurent-hors-les-Murs, 69, 71, 73, 75, 302; — Saint-Clément, 79, 80, 305; — art chrétien, 70; — abside de Saint-Saba, 73; — ouvrages militaires, 169, notes; — ponte Lamentano, 176; — Rome sous le règne de Constantin, 231, 232, 233; — portique des copistes, 287; — colonne Antonine, 295; — Trajane, 295; — ambons des basiliques primitives, 302; — thermes de Caracalla, 323; — documents philologiques, 450, 458.

Romulus. Voir Cirques.

Romvart (Le), ancien poème, 449; — éditeur, M. Keller.

Roncevaux, d'après les poésies populaires, 376, 453.

Ronde (Chemin de), 25.

Rondes, l'une des formes de la poésie populaire, 437, 438. — Voir Ogier le Danois.

Rosaces; — grecques, 16; — ornant les vases romains en terre noire, 52.

Roseaux sculptés sur les chapiteaux gothiques et romans, 118.

Roses, fleurs employées comme motif d'ornement dans les églises gothiques te romanes, 118.

Roses, ouvertures circulaires ornant les façades et les portails des églises gothiques et romanes, 143, 145-148, 161; — colonnettes, 143; — balustres, 143.

Rosheim (Église de), plan, 99.

Rossignol, auteur d'un ouvrage intitulé : Des libertés de la Bourgogne d'après les jetons de ses états, cité, 357.

Rotation des pierres tournantes, 8.

Rouard (E.), auteur d'une Notice sur la bibliothèque d'Aix, cité, 384, notes.

Rouelles monétaires des Gaulois, en bronze et en potain, 55; — procédés de fabrication, 55. — Voir Notice.

Rouen; — peintres verriers, 347; — exemple de tombeau d'architecte érigé dans l'église construite par lui, 347; — registres capitulaires de la cathédrale, 464; — abbaye de Saint-Ouen, 475; — musée, 567.

Roulin (D^r), communication de poésies populaires, 385, 389, 398, 401, 402, 408, 409, 437.

Roussillon (Le), dialecte catalan qu'on y parle, 375. — Voir Chants populaires, Ruscino.

Routes en France, 541.
Routes romaines. Voir Voies.
Royale (Place), à Paris, grille, 566, 586.
Rozensweig, auteur d'un spécimen du *Répertoire archéologique de la France*, cité, 471, notes.
Rues; — des villes antiques, 43; — des villes orientales, 283; — en Égypte, 283. — Voir Paris, Tours.
Ruines; — d'un temple grec à Vernègues, 15; — de temples romains, 21, 23; — d'anciennes fortifications près d'Aix, 32; — de thermes romains, 32, 33; — dans les Gaules, 32; — de prétoires, 33; — de cirques romains en France, 41; — d'une fonderie antique sur la colline de Montmartre, 59; — de monuments chrétiens en Arménie et en Syrie, 266; — à Antioche, à Édesse, à Tripoli, 266; — de Notre-Dame de Philerme, à Rhodes, 269; — en Tunisie, 548, 549, 550; — voir Amphithéâtres, Aqueducs, Arcs, Basiliques civiles, Citernes, Constructions byzantines, Fortifications, Henchirs, Marabouts, Mausolées, Mosquées, Pressoirs à huile, Temples, Théâtres, Thermes, Villes.
Ruisseaux en France, 484. — Voir Sansurière (La).
Runes scandinaves imitées dans les chants populaires français, 391. — Voir Conjurateur et le Loup.
Rupestres, bas-reliefs africains découverts en Tunisie, 555.
Ruscino (Le Roussillon), colonie romaine, ses monnaies, 56.
Rythmes musicaux, 595; — grecs, 601, 603, 604.

S

Sacristies des églises gothiques et romanes, 99, 107, 167, 571, 572; — extérieur, 167; — sacristies des églises byzantines, 313; — de l'église Notre-Dame de Paris, 572.
Sacrorum conciliorum nova et amplissima collectio, 462, notes; — auteur, Mansi.
Sacrosancta concilia, 462, notes; — auteurs, Labbe et Cossart.
Sagum, attribut de Jupiter, 4.
Saint. Voir André, Arculfe, Blaise, Côme, Démétrius, Denis l'Aréopagite, Élie, Éloi, Étienne, Georges, Grégoire, Hector, Jean, Jean-Baptiste, Léger, Michel, Nicet, Nicolas de Myra, Pharon, Procope, Thomas Becket. — Voir Saints.
Saint-Amand (Le moine de). Voir Huchbald.
Saint-André (Église), à Saint-Jean d'Acre, 263.
Saint-Aubin-de-Losque, 490.
Saint-Baradias (Kasandjilar-Djami-Si), église à Salonique, 249, 293.
Saint-Brieuc. Voir Cesson.
Saint-Clément (Basilique), à Rome; — clôture du chœur, 79; — ciborium, 79, 305; — ambon, 80.

Saint-Côme (Église), à Paris, 563, 567.
Saint-Démétrius (Acropole de), citadelle de Byzance, 232.
Saint-Démétrius (Kassinich-Djami-Si), basilique à Salonique, 237.
Saint-Démétrius (Église), à Smyrne; — stalles et trône, 308; — autels, 312.
Saint-Denis (Église de), 68, 78, 567, 570.
Saint-Élie (Sarali-Djami-Si), église à Salonique, 240, 249, 250.
Saint-Ény, 491.
Saint-Étienne (Église), à Rhodes, 269.
Saint-Étienne-le-Rond (Église), à Rome, 66.
Saint-Évroult (Abbaye de), 366.
Saint-Gall (Monastère de), 286; — cuisines, 316.
Saint-Georges (Église), à Beyrouth, 263.
Saint-Georges (Église), à Salonique; — plan, 241; — mosaïques, 257, 296, 299, 323.
Saint-Germain-des-Prés (Église), à Paris, 568; — plan, 98.
Saint-Germain-l'Auxerrois (Église), à Paris, 567, 570.
Saint-Gervais (Église de), 570.
SAINT-GRAAL (LE), ancien poème, 450, 455; — éditeur, M. Francisque Michel.
Saint-Hilarion (Château de), à Chypre, 280.
Saint-Jacques-la-Boucherie (Tour), à Paris, 573.
Saint-Jacques-de-Compostelle. Voir Tombeaux.
Saint-Jean (Église), à Athènes, 252, notes, 268.
Saint-Jean (Église), à Beauvais, plan, 99.
Saint-Jean (Église), à Poitiers, 68.
Saint-Jean (Église), à Rhodes, 268; — clocher, 268.
Saint-Jean (Église), à Saint-Jean-d'Acre, 263.
Saint-Jean (Porte), à Provins, avec son pont-levis; — vue extérieure, 174; — vue intérieure, 175.
Saint-Jean (Porte), à Rhodes, 282.
Saint-Jean-d'Acre; — églises Saint-André et Saint-Jean, 263.
Saint-Jean-des-Vignes (Église), à Soissons, peintures, 577.
Saint-Jean ἐν Ἑϐδόμῳ (Église), à Constantinople, 241.
Saint-Jean-Studius (Basilique), à Constantinople, 236, 292.
Saint-Laurent hors-les-Murs (Basilique), à Rome, 69, 71; — fenêtres, 73; — coupes, 75; — lectorium, 302.
Saint-Lô, 491.
Saint-Luc (Monastère), au pied de l'Hélicon, 276, 293, 294.
Saint-Marc (Basilique), à Venise, 258; — chaire de prédication, 309, 310; — portes de bronze, 319.
Saint-Marc (Église), à Rhodes, construite par Pierre d'Aubusson, grand maître de l'ordre, 268.
Saint-Marcellin (Église), à Rome, plan, 64.

Saint-Marcouf (Iles), 491.
Saint-Martin (Église), à Tours, plan, 65.
Saint-Martin-des-Champs (Prieuré de), 491, 568.
Saint-Maur. Voir Bénédictins.
Saint-Michel (Donjon), à Rhodes, 282.
Saint-Michel (Tour), à Saumur, lanternon, 201.
Saint-Médard. Voir Moines de Saint-Médard.
Saint-Nicodème (Église), à Athènes. Voir Panagia Nicodimo.
Saint-Nicolas (Église), à Nicosie, 267.
Saint-Nicolas (Fort), à Rhodes, 282.
Saint-Ouen (Abbaye de), à Rouen, son sceau en argent, 475.
Saint-Paul (Tour), à Rhodes, 282.
Saint-Paul-hors-les-Murs (Basilique), à Rome; — plan, 66, 70; — portes de bronze incrustées d'argent, 319.
Saint-Philippe (Basilique), à Athènes, 238, 252, notes, 268.
Saint-Pierre (Église), à Jérusalem, 265, 266.
Saint-Pierre (Église), au Vatican, à Rome, 70.
Saint-Pierre (Église), à Toscanella, chancel, 303.
Saint-Pierre-aux-Bœufs (Église), à Paris; — chevet carré, 563; — portail, 564.
Saint-Rémy (Tombeau à), 16, 22. — Voir Glanum.
Saint-Saba (Église), à Rome, élévation de l'abside, 73.
Saint-Sauveur (Église), à Marseille, 14.
Saint-Sauveur (Rue), à Paris, mâchicoulis, 198.
Saint-Sauveur-le-Vicomte (Château de), plan, coupe, élévation des portes, 184, 185.
Saint-Savin (Église), près de Poitiers, 577; — fresques, 577.
Saint-Sépulcre (Église du), à Jérusalem, 65, 102, 239, 241, 297; — plan tracé par saint Arculfe, 264; — portes romanes, 264; — fenêtres gothiques, 264; — clocher, 264; — peintures, 297; — mosaïques de verre, 323. — Voir Christ, Golgotha, Invention de la Croix.
Saint-Séverin (Église), à Paris, 564.
Saint-Surin (Église), à Bordeaux, 347.
Saint-Taxiarque (Église), à Athènes, 251, 252, notes; — fenêtres, 256; — dôme, 257; — façade, 261.
Saint-Théodore (Église), à Athènes, 251, 252, notes.
Saint-Thomas (Église), à Beauvais, 569.
SAINT-THOMAS DE CANTERBURY, légende rimée, 449; — auteur, Garnier de Pont-Sainte-Maxence; — éditeur, M. Bekker.
Saint-Victor (De). Voir Hugues.
Saint-Victor (Abbaye de), 564; — tourelle, 564, 565, 566. — Voir Notice.
Saint-Vincent (Église), à Rome, porche, 103.
Saint-Vital (Église), à Ravenne; — plan, 80, 89, 240, 243; — chapiteaux, 89; — forme, 240; — mosaïques, 299, 301, 306, 317; — voir Justinien, Phiales;

— cathedra en ivoire, 306, 327; — coupole formée de vases en terre sans fond, 326.

Saint-Zénon (Église), à Vérone, porche, 104.

Sainte. Voir Anne, Eulalie, Hélène.

Sainte-Agnès (Basilique), près de Rome; — plan, 65; — façade, 68; — vue intérieure du baptistère, 76.

Sainte-Anne (Église), à Jérusalem, 265.

Sainte-Beuve, communication d'un chant populaire, 395.

Sainte-Catherine (Église), à Nicosie, 267.

Sainte-Catherine (Église), à Rhodes, 268; — tombeau de Marie de Baux, 268.

Sainte-Catherine (Monastère de), au mont Sinaï, 273; — porte ornée d'émaux, 301, 326.

Sainte-Catherine (Porte), à Rhodes, construite par Pierre d'Aubusson, grand maître de l'ordre, 282.

Sainte-Chapelle (*La*) de Paris, 568; — contreforts, 138.

Sainte-Croix (Église), à Famagouste, 267.

Sainte-Geneviève (Église), à Paris, 68, 568.

Sainte-Irène (Église), à Constantinople, 248.

Sainte-Laure (Monastère de), au mont Athos, 270; — plan, 271; — réfectoire, 314.

Sainte-Madeleine (Église), à Paris, construite par Philippe-Auguste, 586.

Sainte-Madeleine (Église), à Vézelay, 570.

Sainte-Marguerite, poésie populaire rappelant les dogmes druidiques, 389, 390.

Sainte-Marie péribolique (Église), à Constantinople, 241.

Sainte-Maure (De). Voir Benoit.

Sainte-Mère-Église, 491.

Sainte-Radegonde (Église), à Poitiers, porche, 102.

Sainte-Sophie (Château d'eau et citerne), à Constantinople, 288, 289.

Sainte-Sophie (Église), à Constantinople, 80, 233, 240, 309, 312; — plan, 81, 243, 258, 294, 295; — fenêtres, 256; — chapiteaux, 292, 293; — portes en bronze, 293; — lavacrum, 307; — tables de proposition en or, 313, 320; — autel en or, 320; — ciborium en or, 320; — clôture sacrée en or, 320; — coupoles construites avec des briques fabriquées à Rhodes, 326. — Voir Anthemius de Tralles, Isidore de Milet.

Sainte-Sophie (Église), à Salonique, 248; — coupole, 249.

Sainte-Sophie (Église), à Trébizonde, 252, 261.

Sainte-Sophie (Mosquée), église à Nicosie, 266.

Sainte-Sophie (Petite). Voir Sergius et Bacchus.

Sainte-Théodosie (Église), à Constantinople, 248, 258; — fenêtres, 256; — tombeaux, 269; — crypte, 313.

Saintény. Voir Saint-Ény.

Saints; — leurs attributs peints et sculptés en Orient, 298; — dans les églises du moyen âge, 355; — culte des saints, 355; — leurs noms en latin, en patois et en français, 355; — patrons de diocèses, d'églises, de confréries, de corporations, de corps de métier ou d'état, de villes, 355; — leur rôle dans les poésies populaires du moyen âge, 381, 384; — légendes sur leur vie, 440, 443, 484. — Voir Cantiques.

Saints-Apôtres (Église des), à Athènes, 251, 257; — plan, 242.

Saints-Apôtres (Souk-sou-Djami-Si), église à Salonique, 249, 293.

Saints-Apôtres (Basilique des), à Constantinople, 239, 257; — chapiteaux, 292; — crypte, 313; — mosaïques de verre, 323.

Salaires, 541.

Salamine, peintures des églises, 297.

Salles des bains romains, 33; — forme, 33; — emplacement, 33; — construction, 33; — salle d'audience des prétoires, 33; — salles des mimes dans les théâtres romains, 37; — salle de question des forteresses du moyen âge, 222; — du château des papes à Avignon, 222; — voir Veille; — salles réservées au clergé dans les basiliques primitives de l'Orient, 237; — voir Diaconiques.

Salmonville. Voir Psalmonville.

Salomon; — temple construit par lui à Jérusalem, 65, 67, 310; — sa basilique pour rendre la justice, 65.

Salonique; — basilique de l'Eski-Djouma, 236, 237; — de Saint-Démétrius, 237; — église Saint-Élie, 240, 249, 250; — Sainte-Sophie, 248, 249; — Saint-Baradias, 249, 293; — des Saints-Apôtres, 249, 293; — Saint-Georges, 257, 296, 299, 323; — fontaines, 289; — basiliques diverses, 292, 296; — phiales byzantines, 317.

Saluts, l'une des formes de la poésie ancienne, 456.

Samari; — vue perspective d'une église, 84; — autres églises byzantines, 251.

Samaritaine (Église de *la*), à Naplouse, 263.

Sambin, sculpteur en Bourgogne, 154.

Sanctuaires; — souterrains des premiers chrétiens, 61, 62; — voir Cryptes; — sanctuaires des basiliques latines, 64, 66, 79, 304; — des églises circulaires, 67; — des églises byzantines, 82, 85, 86, 241, 312, 320; — statues d'or et d'argent les décorant, 320; — sanctuaires des églises gothiques et romanes, 95, 96, 159; — des basiliques primitives de l'Orient, 237; — sanctuaires puniques, 553.

Sansurière (*La*), ruisseau, 490.

Santa Clara, chanson populaire du pays basque, 377, 378.

San-Vicente (Porte fortifiée de), à Avila, 181.

Sarali-Djami-Si. Voir Saint-Élie.

Sarcophages; — romains incrustés dans les murs des basiliques latines, 71; — formant autels dans les basiliques latines, 78; — dans l'église de Saint-Denis, 78.

Sassanides (Les), 326.

Saulcy (F. de); — auteur d'une *Notice sur les rouelles monétaires des Gaulois,* cité, 55, notes; — d'un *Essai de classification des suites monétaires byzantines,* cité, 356; — d'un *Essai de classification des monnaies autonomes de l'Espagne,* cité, 356; — communication de chants populaires, 420.

Saumur; — plan de la tour, 187; — plan du château, 213. — Voir Saint-Michel.

Saussaye (L. de la), l'un des directeurs de la *Revue de numismatique*, cité, 54, notes, 357; — auteur d'un ouvrage intitulé : *Numismatique de la Gaule Narbonnaise*, cité, 356; — communication d'une chanson populaire, 410.

Sauzon. Voir Port-Philippe.

Savigny (Abbaye de), 574.

Saxons (Les) vaincus par Clotaire, sujet d'un chant populaire en latin, 380. — Voir Chanson des Saxons, Widukind de Saxe.

Sbeïtla. Voir Sufetula.

Scandinaves (Traditions), 391. — Voir Souvenirs, Superstitions.

Scarlati, musicien, 599.

Sceaux, 358, 475; — des chartes, 469; — formes, 469; — position, 469; — attaches, 469; — sceau en argent de l'abbaye de Saint-Ouen, à Rouen, 475. — Voir Empreintes, Matrices. — Publications sur les sceaux; — voir Mabillon, Migieu, Revue de numismatique, Société des antiquaires de Normandie, Vaines, Wailly.

Scellements de fer pour la manœuvre du velarium dans les amphithéâtres romains, 39; — fixés au podium, 40.

Scène des théâtres romains, 37. — Voir Dieux de la scène, Hyposcenium, Proscenium.

Schistes employés dans la construction des édifices romains, 22.

Schow, auteur de travaux de géographie botanique, cité, 518.

Sciences en Orient pendant l'ère chrétienne, 329-333; — sciences mathématiques, 329, 330; — voir Algèbre, Arithmétique, Astronomie, Géométrie, Gnomonique, Hydraulique, Mécanique, Statique, Stéréotomie; — sciences naturelles, 331, 332, 333; — voir Chimie, Métallurgie, Minéralogie.

Sciences économiques et sociales. Voir Agriculture, Colonisation, Commerce, Enseignement, Finances, Industrie, Justice, Monnaies, Population, Travaux publics.

Scriptorium des monastères, 287.

Sculptures; — sur les pierres druidiques, 6; — sur les autels grecs, 15; — à l'intérieur des édifices grecs, 18; — sculptures romaines en général, 21, 22; — sur les autels, 23; — décorant les arcs de triomphe, 35; — l'hyposcenium des théâtres, 37; — les bornes des cirques, 41; — les maisons romaines, 46; — les cryptes chrétiennes, 62; — les temples romains, 74; — sculptures sur les façades des basiliques latines, 68; — sur les architraves, 70; — sur les frises, 70; — sur les portes, 71; — sur les charpentes apparentes, 75; — sur les fonts baptismaux, 77; — sur les autels, 78; — sur les clôtures du chœur, 79; — sculptures des églises byzantines, 90, 151, 253; — pierreries les ornant, 90; — sculptures du moyen âge, 150-155; — sous les règnes de Charles VIII, 153; — de Louis XI, 153, 155; — de Henri IV, 154; — sculptures décorant l'intérieur des absides gothiques et romanes, 158; — décorant les portails, 161, 162; — les mâchicoulis du moyen âge, 198; — sculptures des basiliques primitives de l'Orient, 236; — des palais orientaux, 285; — sculptures en Orient pendant l'ère chrétienne, 291-296; — sculptures sur bois, sur marbre, sur pierre des cheminées du moyen âge, 346; — des plafonds dans les châteaux, 346; — sculptures des églises, 633, 634. — Voir Albâtre, Animaux, Attributs, Bas-reliefs, Calendriers, Chapiteaux, Costumes, Diptyques, Écoles, Écussons, Estampage, Feuillages, Feuilles, Figures, Instruments de musique, Lions, Marbres, Ornements, Rinceaux, Statues, Tombeaux, Triptyques, Zodiaques.

Scutari (Fontaines à), 290.
Scylax, géographe grec, cité, 14.
Seine (Estacade sur la). Voir Château-Gaillard.
Seine-Saint-Victor (Rue de), à Paris, 585.
SELDJOUKIDES (LES), 278.
Séléfké (Église et nécropole chrétiennes de), 261.
Séménou (Monastère de), au mont Athos, porte avec incrustations d'ivoire, 301, 327.
SEMI-BRÈVES, indication de la valeur rythmique des notes de musique, 367.
SEMIS, 533.
Semur (Tour de), 201.
Smyrne (Château et citadelle de), 279.
Senez (Évêque de), 397.
Sénos, médailles grecques en bronze et en argent publiées par M. de la Goy, 53.
Sens; — cathédrale, 576; — vitraux, 576; — tapisseries gothiques, 576; — ornements portés par Thomas Becket, 576; — muraille romaine, 586, 587; — hôtel de ville, 587.
Sens (Hôtel de), à Paris; — portes, 182, 194; — meurtrières, 186.
Septime Sévère, empereur, 231, 232, 233.
SEPT SAGES (LES), ancien poème, 449; — éditeur, M. Keller.
Sept-Tours (Château des), à Constantinople, 232, 233, 277, 278. — Voir Heptapyrgion, Pentapyrgion, Strongyle.
SÉPULTURES; — gauloises, 10, 11, 340; — romaines, 11, 341; — chrétiennes des apôtres et des martyrs, 63. — Voir Barrows, Catacombes, Charniers, Collines factices, Confession, Martyrium, Ossuaires, Tombeaux, Tombelles.
Seraï-Bournou (Pointe du Sérail); — emplacement de la citadelle de Byzance, 232. — Voir Démétrius.
Sérapis, 4; — autel, 21; — figuré en terre cuite, 52.
SERENATA, chants d'amour de la Corse, 379.
SERGENTERIES. Voir Couroie, Pigace.
Sergius et Bacchus (Petite Sainte-Sophie), église à Constantinople, 257; — plan, 242; — chapiteaux, 292; — peintures murales, 294.
Serret, l'un des auteurs des *Instructions sur la description scientifique de la France*, 499, notes.
SERRURERIE; — byzantine, 333; — arabe, 333; — des églises du moyen âge, 632.
SERVENTOIS, l'une des formes de la poésie ancienne, 456.
Sévigné (Mme de), 424.
Sfax, pierres gravées qu'on y trouve, 557. — Voir Lemta.

Shakespeare, auteur de *Troïlus et Cressida*, cité, 447.
Sic et non, 442; — auteur, Abailard.
Sichem. Voir Naplouse.
Sicile, basilique avec des portes de métal fabriquées en Orient, 296. — Voir Montréal.
Sigma (Le), édifice élevé près du cirque de Constantinople, 234.
Sigma (σ, s), ses formes dans les inscriptions grecques découvertes en Tunisie, 552.
Signes lapidaires sur les édifices du moyen âge, 347, 348.
Sigouri (Château de) ou *château franc*, à Chypre, 281.
Silex, haches et ustensiles gaulois, 47, 360.
Silos ou magasins souterrains, 13, 18; — coupe d'un silo auprès d'Amboise, 20. — Voir Mardelles.
Sinaï. Voir Mont Sinaï.
Siphons en usage chez les Romains, 31. — Voir Conduites, Tuyaux.
Siquet, hameau, 490.
Sir Églamour d'Artois, ancien poème français imité par les Anglais, 451.
Sir Ferumbras, imitation anglaise du Ferabras français, 451.
Sir Friamour, ancien poème français imité par les Anglais, 451.
Sirmond (Le Père), auteur des *Concilia antiquæ Galliæ*, cité, 462, notes.
Sir Ysumbras, ancien poème français imité par les Anglais, 451.
Sis (Église de), 261.
Situation des tombelles gauloises, 12; — des temples des divinités protectrices de la cité romaine, 20; — des voies romaines, 26; — des enceintes militaires, 28; — des camps romains, 29; — des châteaux d'eau, 32; — des forteresses, 32; — des lavoirs, 32; — des thermes, 32, 33; — des arcs de triomphe, 34; — des théâtres, 36; — des églises et des chapelles isolées, 67; — des forteresses du moyen âge, 170, 171. — Voir Orientation.
Skites, villages de religieux au mont Athos, 270.
Smyrne; — château d'eau et citadelle, 279; — église Saint-Démétrius, 308, 312.
Snelling, auteur d'un ouvrage intitulé : *A view of the origin, nature and use of jettons or counters*, cité, 357.
Société de l'histoire de France, publie les *Registres de l'hôtel de ville de Paris pendant la Fronde*, 466, notes.
Société des antiquaires de Normandie. Voir Mémoires, Mémoriaux.
Société du Muséum de Strasbourg. Voir Mémoires.
Société éduenne. Voir Mémoires.
Société météorologique de France. Voir Annuaire.
Sociétés savantes. Voir Académie celtique, Académie de Bavière.
Soies byzantines brochées, 328.
Soissons; — église élevée par les moines de Saint-Médard, 240; — église Saint-Jean-des-Vignes, 577.
Sol géologique de la France, 502, 504. — Voir Bassins, Dislocations, Influence, Reliefs, Roches.

Soldats (Chansons de), 429, 430.
Solennités religieuses, 20.
Solfèges, 597.
Solidus ou Sou d'or des empereurs carlovingiens, 56.
Sollacaro (Maison de), en Corse, 215.
Sologne (La), 502.
Somme d'Azon, 444.
Somme de Tancrède, 444.
Somothia-Kapou (Port de commerce de), à Constantinople, 291.
Sonnini, explorateur, cité, 276.
Souk-sou-Djami-Si. Voir Saints-Apôtres.
Sophie (Impératrice), son palais à Constantinople, 285.
Soubassements des monuments grecs, 17; — des églises gothiques et romanes, 108.
Sou d'or. Voir Solidus.
Sour. Voir Tyr.
Sources de l'histoire, 461; — voir Archives, Bibliothèques; — Sources du Dictionnaire géographique de la France, 485; — voir Tableau des sources.
Sources; — consacrées par la superstition populaire, 5, notes; — des aqueducs romains, 31.
Sources thermales, 32.
Sousse (Hadrumète); — découverte de stèles puniques, 553; — pierres gravées qu'on y trouve, 557; — poteries recueillies par le D' Vercoutre, 558, notes. — Voir Lemta.
Sou-terazi, aqueducs apportés d'Asie par les Turcs, 288, 330.
Souterrains des forteresses du moyen âge, 217, 221, 222. — Voir Cachots, Oubliettes, Question.
Souvenirs des dogmes druidiques dans les chants populaires, 389, 390, 391; — des traditions germaniques et scandinaves dans les chants populaires de la France, 391; — voir Edda, Runes, Valkyries.
Spécimens; — du Répertoire archéologique de la France, 476-479; — auteur, M. Rozensweig; — du Dictionnaire géographique de la France, 485-497; — voir Index, Tableau des sources.
Spicatum (Opus), l'un des procédés employés par les constructeurs latins, 25, 94, 133. — Voir Structure.
Spicilegium Romanorum, 463, notes; — auteur, le cardinal Angelo Mai.
Spicilegium sive collatio veterum aliquot scriptorum, 462, notes; — auteur, Luc d'Achery; — autre édition par de la Barre, 462, notes.
Spina du cirque de Constantinople, 234.
Stade, mesure romaine, 42.
Stalles des églises, 576, 577; — des églises byzantines, 308. — Voir Saint-Démétrius de Smyrne.
Statères en or de Philippe, 54; — importés de la Macédoine par les Gaulois, 53, 54; — cours, 54; — type, 54; — voir Apollon.

STATISTIQUE, 527-537. — Voir Agriculture, Industrie, Population.
STATIVA CASTRA, fortifications permanentes des Romains, 30.
STATUES; — décorant les arcs de triomphe romains, 34; — l'épine des cirques, 41; — statues romaines en bronze, 50, 474; — ornant les portails et les piliers-butants gothiques et romans, 140, 153, 161; — statues du moyen âge, 151-155, 474; — voir Draperies, Figures, Formes, Physionomies, Poses, Types; — statues ornant les clochers gothiques et romans, 165; — ornant les places et les édifices publics de Constantinople, 233, 289, 294, 295; — grecques réunies par Constantin, 294; — dans les églises de Syrie, de Chypre, de Rhodes, de la Grèce, 296; — de bronze exécutées sous le règne de Constantin, 319; — d'or et d'argent décorant les sanctuaires des églises byzantines, 320; — statues des églises du moyen âge, 344; — voir Cathédrales d'Amiens, de Châlons-sur-Marne, de Laon, de Noyon, de Paris; — statues carthaginoises et romaines découvertes en Tunisie, 555. — Voir Christ, Daniel, Diane, Étienne, Hélène, Justinien.
STATUETTES; — égyptiennes en terre, 324; — d'albâtre ou de bois ornant les retables des églises du moyen âge, 344; — de bronze découvertes en Tunisie, 555.
STATUTS d'arts et de métiers, 444.
STÈLES; — grecques, 15, 16; — puniques trouvées à Carthage, à Constantine, à Médeina, à Sousse, 553.
STOA, portique grec, 17.
Stockholm, documents philologiques, 450.
Stone-Heuge (Alignement de), 7.
STRABON, auteur d'une description de l'acropole de Marseille, cité, 14.
Strasbourg. Voir Société du Muséum.
Straviro (Monastères de la presqu'île de), 276.
Strongyle ou *Strongylon*, première appellation du château des Sept-Tours, à Constantinople, 233, 278. — Voir Heptapyrgion, Pentapyrgion.
STRUCTURE des murailles grecques, 24; — des murailles romaines, 25. — Voir Emplecton, Incertum, Insertum, Isodomum, Maceria, Pseudisodomum, Reticulatum, Revinctum, Spicatum.
STUCS employés dans la construction des bains romains, 33.
STYLES; — grec, 16; — dorique, 18, 113; — ionique, 113; — corinthien, 113; — style latin, 61-80, 83, 575; — développement à Rome, en Italie, en Illyrie, en Allemagne, dans les Gaules, en Espagne, dans l'empire d'Occident, 63; — adoption par les Goths, les Lombards et les Vandales, 63; — style byzantin, 63, 80-91, 235, 236, 239, 240-256, 267, 296, 575; — développement en Occident, en Illyrie, en Italie, sur le Rhin, en Normandie, en Angleterre, 90; — sous Justinien, 242-249; — au moyen âge, 249-256; — style roman, 63, 84, 85, 91-167, 235, 242, 264, 295, 575; — en Asie, en Europe, en France, en Syrie, 262; — style ogival ou gothique, 64, 84, 89, 91-167, 235, 242, 264, 266, 267, 575; — rayonnant, 144, 145, 146; — flamboyant, 145, 146, 154, 155, 167. — Voir Architecture, Monuments, Ordres.
Sufetula ou *Sbeïtla*, 549, 552.

SUMMA CRUSTA des voies romaines, composée de pierres et de cailloux, 26.
SUPERSTITIONS germaniques et scandinaves retrouvées dans les chants populaires de la France, 391.
SUPERSTITIONS POPULAIRES de la France, 5, 339, 340, 355, 473. — Voir Arbres, Baumes des Dames, Châteaux du Diable, Falaises, Fontaines, Forêts, Grottes, Maisons de Gargantua, Montagnes, Rochers, Roches aux Fées, Sources.
SUPPLEMENTUM AD COLLECTIONEM CONCILIORUM, 462, notes; — auteur, Mansi.
SUPPORTS; — grecs, 15; — gothiques et romans, 132.
Surienne (Tour de), au château de Fougères, 225.
Sutri (Pont de), 177.
SYMANDRES en usage dans les églises du moyen âge, 354.
SYMBOLES des inscriptions découvertes sur le sol de la Gaule, 349.
SYNAGOGUES (Formes des), 65.
Syrie; — développement du style roman, 262; — monuments chrétiens, 263, 266; — conquêtes françaises, 263, 266; — art occidental, 274; — monastères, 276; — monuments militaires, 278; — églises byzantines ornées de statues, 296; — verrerie, 323.
SYSTOLIDES, 525.

T

TABERNACLE de Moïse, 67.
TABERNACLES des autels byzantins, 321; — des églises du moyen âge, 354.
TABLE CHRONOLOGIQUE DES DIPLÔMES, CHARTES, TITRES ET ACTES IMPRIMÉS CONCERNANT L'HISTOIRE DE FRANCE, 462, notes; — auteur, Bréquigny.
TABLE DE PEUTINGER, 551.
TABLE RONDE (Poèmes de la), 445, 452. — Voir Chevaliers, Cycle.
TABLEAU DES SOURCES du *Dictionnaire géographique de la France*, 495.
TABLEAUX pour les observations météorologiques, modèles, 508-517.
TABLEAUX du moyen âge, 346.
TABLES des dolmens, 8, 9, 340; — des autels placés dans les tauroboles, 23; — de bronze où sont inscrits les décrets et les lois, 50; — de marbre dans les réfectoires des monastères, 274, 314; — tables du chœur des églises du moyen âge, 345.
TABLES DE PROPOSITION des églises byzantines, 313. — Voir Sainte-Sophie de Constantinople.
TABLES PASCALES sculptées sur les murs des églises du moyen âge, 344.
Tach-Esré (*Le*), à Ctésiphon, voûtes en poterie, 326.
TAILLOIRS des chapiteaux gothiques et romans, 113, 117, 119, 120, 128; — formes, 119; — ornementation, 120; — inscriptions, 120.
TAKCIMS ou CHÂTEAUX D'EAU, à Constantinople, 289.
Taliessin, barde gallois, 389.
TALUS en terre formant gradins dans les cirques romains, 41.

Tancrède. Voir Somme.

Tanit, déesse phénicienne, 553.

Tanzé (Allée couverte de), département d'Ille-et-Vilaine, 10.

Tapis byzantins, 328.

Tapisseries; — de la reine Mathilde reproduisant une forteresse, 173, 174; — représentant des ouvrages militaires du moyen âge, 179, 346; — orientales, 329; — des châteaux et des églises du moyen âge, 353, 474; — de la cathédrale de Sens, 576.

Tarbé (Prosper), auteur de travaux philologiques, cité, 454.

Tarifs des douanes, 540, 541.

Tarragone, documents philologiques, 446.

Tarsous (Église de), 261.

Tasgetus, chef gaulois, son nom sur les médailles gauloises, 54.

Tauroboles (Autels des), 23. — Voir Ouvertures, Tables.

Taus. Voir Crosses.

Tavignano (Pont sur le), en Corse, plan, 177.

Tchatlati-Kapou, port à Constantinople, 291.

Tchatlati-Kapou, porte crevassée, d'Arctus ou de Fer, à Byzance, 232.

Tchokour-Bostan, citerne en ruine aux environs de Constantinople, 289.

Tébessa, en Afrique; — fortifications byzantines, 278; — basilique, clôtures du chœur, 303.

Tegmen en métal couvrant le sol de l'église de l'Ascension, à Jérusalem, 319.

Température des eaux minérales, 505; — température annuelle, mensuelle et moyenne de la France, 507, 508, 509.

Temple (Le), à Paris, porche, 102.

Temple d'or, à Antioche, édifice consacré à la Vierge par Constantin, 240, 242; — mosaïques de verre, 323.

Temples; — grecs, 14, 15, 17, 69, 575; — cella, 14; — ruines à Vernègues, 15; — temples romains, 20, 21, 30, 69, 74, 231, 474, 575; — ruines, 21, 23; — temple des divinités protectrices de la cité romaine, 20; — situation, 20; — dimensions, 20; — temple d'Hercule, 21; — maison carrée, à Nîmes, 21; — temples près des théâtres romains, 38; — temples druidiques, 47; — chrétiens, 64, 65, 67, 70, 99; — consacrés par Constantin à Constantinople, à Rome, en Palestine, 64, 296; — temple élevé par Perpétuus sur le tombeau de saint Martin, à Tours, 64, 65; — temple de Salomon, à Jérusalem, 65, 67, 310; — basilique construite auprès, 65; — temples chrétiens en Orient, 234, 239, 240, 242, 255, 258; — formes, 240, 242; — construction, 258, 262; — consacrés à la Vierge, 240; — temples en France sous les Carlovingiens et les Mérovingiens, 242; — temple consacré à saint Nicolas de Myra, sur les côtes de Caramanie, 249; — temple d'Esculape, 286; — ruines de temples en Tunisie, 550.

Templiers; — leurs chapelles, 240; — leur château à Gastria, 281.

Temps, terme de musique, 367.

Ténor, partie de plain-chant accompagnée en contrepoint, 368.
Tentes romaines, 31.
Termes. Voir Bornes.
Terrains géologiques de la France, 499. — Voir Sol.
Terrasses; — couronnant des arènes naturelles, 42; — supérieures des églises byzantines, 83, 84; — des églises gothiques et romanes, 133; — des tours du moyen âge, 199.
Terre glaise employée dans la construction des voies romaines, 26.
Terre-Sainte, 260; — monastères, 276; — fortifications, 278.
Terres cuites; — grecques, 18; — romaines, 19, 25, 51, 52, 341; — employées dans la construction des voies romaines, 26; — moules pour couler les deniers romains, 59; — vases gallo-romains, 59; — terres cuites émaillées servant à la construction et à la décoration des églises byzantines, 247; — cercueils romains, 342; — urnes cinéraires, 342. — Voir Animaux, Antéfixes, Briques, Figurines, Hommes, Poteries, Tuiles, Tuyaux.
Tessères de spectacle en ivoire ou en os, découvertes en Tunisie, 559.
Têtes de clou, motif d'ornement sur les archivoltes gothiques et romanes, 128.
Tétracorde. Voir Lyre.
Tétradrachmes en argent imités des monnaies de Philippe, 55; — abondants en Hongrie, rares en Gaule, 55; — fabrication, 55.
Tétricus, le père et le fils, empereurs; — leurs monnaies, 56; — leurs médaillons, 57.
Texier (C.), auteur d'un *Mémoire sur les églises de Salonique*, cité, 333.
Textes de droit, versions françaises. Voir Azon, Gratien, Livre de justice et de plaid, Tancrède.
Théâtre (Pièces de). Voir Jeux par personnages, Mystère du siège d'Orléans.
Théâtres; — romains, 21, 36, 37, 38, 474; — grecs, 36; — théâtre de Marcellus, à Rome, plan, 37; — ruines de théâtres antiques en Tunisie, 550. — Voir Autels, Bancs, Charpentes, Cintres, Couverture, Décoration, Dégagements, Divisions intérieures, Édicules, Façades, Planchers, Portiques, Situation, Temples, Velarium.
Thenæ. Voir Tina.
Thenoûri (Famille de), son tombeau à l'église des Arméniens, à Nicosie, 267.
Théodose le Grand, empereur, 232, 277, 285, 294; — ses édits, 587. — Voir Arsenaux, Colonne Théodosienne, Forum.
Théodose le Jeune, empereur, 232, 285.
Théogonie de l'Italie imposée aux Gaulois, 18.
Théophile (Le moine), auteur de *Diversarum artium schedula*, cité, 322, 323, 324, 325, 331, 332.
Theotocos tou Libou (Église du), à Constantinople, 85, 86, 90, 244-247, 249, 258; — abside, 85, 245; — fenêtre, 86; — chapiteaux, 90, 292, 293; — façade, 244, 247; — plan, 244; — narthex, 245, 246; — coupes, 246.
Thermæ, 32. — Voir Thermes.

Thermes (Palais des) et musée de Cluny, à Paris, 566, 568, 569.

THERMES romains, 32, 33; — situation, 32, 33; — construction, 33; — à Byzance, 231; — thermes de Xeuxippe élevés à Constantinople par Septime Sévère, 232, 233; — thermes élevés à Constantinople par Arcadius, 234; — thermes de Caracalla, à Rome, ornés de mosaïques de verre, 323; — thermes en Tunisie, 550. — Voir Étuves, Hypocaustes, Piscines, Sources thermales.

THESAURUS ANECDOTORUM NOVISSIMUS, 462; — auteur, Bernard Pez.

THESAURUS MORELLANIUS, 356.

THESAURUS NOVUS ANECDOTORUM, 462; — auteur, Durand.

Thessalie (Monastères de), 272, 276. — Voir Météores.

Tholonet (*Le*), près d'Aix, exemple de bends orientaux, 290.

Thomas Becket (Saint), ses ornements conservés au trésor de la cathédrale de Sens, 576.

Thrace; — contrefaçons des monnaies grecques, 55; — forteresses, monastères militaires, villes fortifiées, 278.

Thurmann, auteur de travaux de géographie botanique, cité, 518.

Tibère, ses médailles, 56. — Voir Autel de Lyon.

TILLOLIÉS (*LES*), chanson de bateliers, 432, 433.

TIMBRES en bois ou en métal en usage dans les monastères, 315.

Tina ou *Thenæ* (Henchir), en Tunisie, 552.

Tine (Église de), façade, 259.

TISSAGE, perfectionnements introduits chez les Latins par Roger Ier, de Sicile, 329.

TITRES de famille, 346.

Titus. Voir Arcs de triomphe.

Tôchon, son opinion sur les monnaies d'argent de Vieille-Toulouse, cité, 53, notes.

Tobiesen Duby, auteur d'un *Traité des monnoies des barons, prélats, villes et seigneurs de France,* d'un *Recueil général de pièces obsidionales,* cité, 357.

Tocqueville (De), cité, 376.

TOITS des absides latines, 73; — forme, 73; — position, 73; — construction, 73; — toits des églises gothiques et romanes, 133-136, 158, 159, 160; — couverture, 133, 134; — inclinaison, 134; — ornementation, 134, 136; — couvre-joints, 134; — inscriptions, 134, 135, 136; — antéfixes, 134; — frontons, 134, 141; — pignons, 134; — créneaux, 134, 135; — gargouilles, 134, 135, 139; — balustrades, 135, 136, 150; — mâchicoulis, 135, 158; — toits des clochers, 165, 166; — des tours du moyen âge, 200; — des églises, 344, 628.

Tombeau de la Vierge (Église du), à Jérusalem, décrite par saint Arculfe, 241, 265, 313.

TOMBEAUX; — celtes, 10, 473; — gaulois, 10; — kimris, 10; — voir Barrows, Collines factices, Ossuaires, Sépultures, Tombelles; — romains, 10, 27, 269, 474; — grecs, 15; — voir Colonnes, Inscriptions, Stèles; — tombeau à Saint-Rémy, 16, 22; — tombeaux des apôtres et des martyrs, 61, 63, 78; — chapelles, 63; — voir Confession, Martyrium, Mémoires; — tombeau de saint Martin élevé à Tours par Perpétuus, 64, 65; — tombeaux servant d'autels dans les basiliques latines, 78; —

antiques, 152; — tombeaux sculptés du moyen âge, 149, 152, 153; — voir Dalles tumulaires; — tombeau de saint Démétrius dans la basilique de ce nom, à Salonique, 237; — tombeaux byzantins, 248; — tombeau du Christ à l'église du Saint-Sépulcre, 264; — tombeaux dans l'église des Arméniens, à Nicosie, 267; — voir Bessan, Dampierre, Mimers, Nevilles, Thenouri; — dans la mosquée d'Arab-Achmet, à Nicosie, 267; — voir Navarre, Nores; — tombeau de Cherpigny, à Paphos, 268; — de Marie de Baux, à Rhodes, 268; — tombeaux chrétiens en Orient, 269, 270; — en Italie, 269; — dans les églises du Pantocrator et de Sainte-Théodosie, à Constantinople, 269; — tombeau de la princesse Marthe Cantacuzène, à Mésambrie, 269; — tombeaux des rois de Jérusalem, 270; — dans les cimetières orientaux, 283; — formes, 283, 284; — tombeaux d'architectes dans les églises du moyen âge, 347; — voir Caudebec, Niederhaslach, Reims, Rouen; — tombeaux à Saint-Jacques-de-Compostelle, 453; — voir Garin, Roland, Turpin; — tombeaux antiques ornés de mosaïques découverts en Tunisie, 556, 559; — voir Béja, Lemta.

TOMBELLES, sépultures gauloises, 10, 11, 12, 47; — étendue, 11; — dispositions intérieures, 11; — situation et orientation, 12; — hauteur, 12; — pierres placées autour, 12. — Voir Cryptes, Galeries.

TONS de la musique ecclésiastique, 363, 367.

Tophana (Fontaines à), 290.

Torcello (Basilique de), à Venise, 303, 304; — vue intérieure avec chancel, 304; — presbytère, 306..

TORES, motif d'ornement sur les archivoltes gothiques et romanes, 128.

TORTURE. Voir Instruments.

Toscanella, église Saint-Pierre, son chancel, 303.

Toulon (Monument de), dans la Charente-Inférieure, 35.

Toulouse; — *Annales du Capitoulat*, 338; — portraits des capitouls, 338; — musée, 567.

TOURASSES, TOURILLASSES ou TROUILLASSES, noms donnés aux maîtresses tours des donjons, 216, notes.

TOURELLE de l'abbaye de Saint-Victor, 564, 565, 566. — Voir Notice.

TOURELLES aux angles des tours du moyen âge, 202.

TOURILLASSES. Voir Tourasses.

Tournemire (Châteaux de), près d'Aurillac, 220.

Tourniquet-Saint-Jean (Rue du), à Paris, 585, 586.

Tours; — temple élevé par Perpétuus sur le tombeau de saint Martin, 64, 65; — maison du bourreau dans la rue des Trois-Pucelles, 219, notes; — documents philologiques, 450.

TOURS; — grecques, 16; — formes, 17; — romaines, 25; — tours pleines sur le bord des voies romaines, 27; — formes des tours romaines, 30, 31; — dimensions, 31; — clochers gothiques et romans en forme de tours, 163; — tours défendant les enceintes fortifiées du moyen âge, 169; — défendant les barbacanes et les ponts des forteresses, 179; — défendant les portes, 181, 182; — tours des forteresses du moyen âge, 187-191, 198, 202, 203, 204, 205, 206, 211, 213, 214, 215, 216, 220, 221, 225, 226, 227, 229, 230; — formes et plans, 187-191; — contreforts, 188; — murs, 188, 189; — couronnements, 198-202; — tourelles, 202; — bases inclinées, 203; — espacement, 203, 204; — hauteur, 204, 205; — escaliers, 206; — tours des monastères, 272, 273; — des églises du moyen âge, 342, 628; — des châteaux, 345. — Voir Beffrois, Donjons, Tourasses, Tourelles. — Voir Alluye, Angoulême, Bastille, Beaucaire, Castera, Cesson, Chalusset, Chiti, Clansayes, Constantinople, Corse, Fougères, Issoudun, Jérusalem, Khalcis, Kolossi, Loches, Loudun, Louvre, Montlhéry, Narbonne, Nogent-le-Rotrou, Notre-Dame de Laon, Palais de justice, Paris, Provins, Pyrénées, Rhodes, Saumur, Semur.

Trabes des basiliques latines, 303; — de la basilique de Torcello, à Venise, 303, 304.

Tracery, appellation anglaise du réseau des fenêtres gothiques et romanes, 145, notes.

Tradition orale, source des poésies populaires, 383.

Traditions germaniques et scandinaves retrouvées dans les chants populaires de la France, 391. — Voir Souvenirs, Superstitions.

Traité d'architecture, 180, notes, 204, notes, 205, notes; — auteur, Vitruve.

Traité des monnoies des barons, prélats, villes et seigneurs de France, 357; — auteur, Tobiesen Duby.

Traité élémentaire de numismatique ancienne, 357; — auteur, Jacob Kolb.

Traité historique des monnoyes de France, 357; — auteur, Le Blanc.

Traités de musique, confection d'un catalogue, 594, 597. — Voir Aristide Quintilien, Aurélien, Cotton, Gafforio, Guido d'Arezzo, Huchbald, Nicet.

Trajan. Voir Colonne Trajane, Forum.

Transepts des églises, 66; — origine, 66; — des églises byzantines, 85, 86, 263; — de l'église de la Panagia Nicodimo, à Athènes, 85; — des basiliques latines, 72, 99; — des églises gothiques et romanes, 99, 100, 147, 157, 160; — extérieur, 157, 160; — ornementation, 160. — Voir Croisées, Croisillons, Roses.

Transfiguration (Autels consacrés à la), 273.

Travaux de la campagne. Voir Chansons.

Travaux littéraires et scientifiques cités. Voir Publications.

Travaux publics, 540. — Voir Navigation, Routes.

Trebati (Paul-Ponce), sculpteur, 154.

Trebellius Pollion, auteur d'une vie de Lælianus, cité, 57.

Trébizonde; — église Sainte-Sophie, 252, 261; — influence des arts du Nord, 294; — bas-reliefs, 295, 296; — baptistère orné de peintures, 297.

Trébutien, auteur de travaux philologiques, cité, 454.

Trèfles sculptés en creux sur les murailles gothiques et romanes, 130, 132, 157.

Trente (Bataille des), d'après les poésies populaires, 396.

Trépan; — son emploi dans les moulures et ornements gallo-romains, 21, 22; — sur les basiliques latines, 71.

Trepperel, imprimeur, 452.
Trésor de Brunetto Latini, 442, 458, 459.
Trésor de numismatique et de glyptique, 356; — auteur, Ch. Lenormant.
Trésor des basiliques latines, 65; — des cathédrales de France, inventaire prescrit, 576.
Tressan, auteur de travaux philologiques, cité, 446.
Treuils pour introduire les voyageurs dans les monastères, 272.
Trèves (Cathédrale de), plan, 106.
Treviez. Voir Bernard.
Tribunal du prétoire romain, 33; — des basiliques romaines, 42, 95, notes.
Tribune de lecture dans les réfectoires des monastères, 315.
Tribunes des théâtres romains, 36; — des femmes, 36; — des esclaves, 36; — tribunes des amphithéâtres, 40; — de l'empereur, 40; — des magistrats, 40; — tribunes des cirques, 41; — des basiliques latines, 65.
Triclinium des maisons romaines, 44; — mosaïques les décorant, 44.
Tricorii (Les), peuplade du Dauphiné, médailles grecques en bronze et en argent publiées par M. de la Goy, 53.
Trieste (Basilique de), clôtures du chœur, 302.
Trimouille (Hôtel de la), à Paris, 572, 573.
Triforium des églises byzantines, 267.
Triglyphes, ornements grecs, 14, 18.
Trinité (Église de la), à Vendôme, autel, 576.
Tripoli; — ruines de monuments chrétiens, 266; — monuments militaires, 278.
Triptyques byzantins en bois sculpté, 296.
Tristan. Voir Collections numismatiques.
Tristan, dans les anciens poèmes français, 446, 455.
Tristan, ancien poème, 449; — éditeur, M. Francisque Michel.
Tristan l'Ermite, 219, notes.
Troïlus et Cressida, 447; — auteur, Shakespeare.
Trois-Pucelles (Rue des), à Tours, 219.
Trônes destinés aux évêques dans les églises byzantines, 308, 309, 313; — à Athènes, 309. — Voir Saint-Démétrius de Smyrne.
Trophées militaires romains sur les arcs de triomphe et sur les colonnes historiques, 34.
Troubadours, 380.
Trouillasses. Voir Tourasses.
Trouvères, 380, 447, 451.
Troyes; — les frères Genty, sculpteurs, 154; — réimpression de poèmes anciens, 454. — Voir Chrestien de Troyes.
Tubal (Musique attribuée à), 367.
Tübingen, documents philologiques, 449.
Tuburbo Majus, en Tunisie, 551.

Tuf servant à la construction des églises gothiques et romanes, 94.

Tuiles; — romaines, 19, 341; — forme, 19; — employées dans la construction des voies romaines, 26; — sur les murs, 30; — couvrant les porches des basiliques latines, 71; — employées dans la construction des églises byzantines, 83; — servant à la construction des églises gothiques et romanes, 94; — en Orient pendant l'ère chrétienne, 325; — servant à la couverture des églises du moyen âge, 630.

Tumulus, 28, 473.

Tunis, 445, 555, 557.

Tunisie (Recherches des antiquités et travaux de géographie comparée en). Voir Bas-reliefs, Bronzes, Inscriptions, Instructions, Ivoire, Monnaies, Mosaïques, Pierres gravées, Plomb, Poteries, Reproduction, Routes, Ruines, Statues, Statuettes, Tombeaux, Verreries.

Turcs, 235, 239, 247, 258, 268, 277, 282, 299; — forteresses en Asie, en Europe, sur la mer Noire, à Homs, 279; — maisons, 284; — constructions rurales, 287; — constructions hydrauliques, 287-291; — voir Sou-terazi; — menuiserie moderne, 301; — artillerie, 318; — portes de métal, 319; — poteries émaillées et dorées exécutées aux Dardanelles, 325; — céramique appliquée à l'architecture, 325.

Turin, documents philologiques, 450.

Turpin, son tombeau à Saint-Jacques-de-Compostelle, 453.

Turquie (Villes fortifiées en), 278.

Tuyaux employés pour la conduite des eaux dans les villes romaines, 31, 32; — revêtement intérieur, 32; — tuyaux en plomb, 31, 32; — en terre cuite, 31, 32, 43; — tuyaux des hypocaustes, 43.

Tuyaux d'orgues de l'église de Gonesse, 589.

Tympans, 154; — des fenêtres gothiques et romanes, 145, notes; — des portes et portails, 149, 152, 161.

Type gaulois, 356; — auteur, Lelewel.

Types des statues du moyen âge, 151, 152.

Types monétaires, 55, 56; — des médailles et monnaies de Marseille, 53; — de la Gaule, 54; — de la Macédoine, 54; — des médailles en général, 55; — type de Philippe, monnaie d'or, 55; — en Gaule, 55; — contrefaçons, 56; — des médailles d'Auguste et de Tibère, 56; — des médailles romaines, 57. — Voir Accessoires, Animaux sacrés, Apollon, Attributs, Autel de Lyon, Emblèmes, Légendes, Noms.

Tyr (Sour), cathédrale, 263.

U

Ueber das rœmische Münzwesen, 356; — auteur, Mommsen.

Ugon le Berruier et Orson de Beauvais, ancien poème français, 450.

Universités, 542.

Urnes cinéraires romaines en terre ou en verre, 52, 342.

Usage de la monnaie dans l'intérieur de la Gaule, 53, 54; — des arbalètes en France,

208, notes; — des arbalètes interdit par le concile de Latran, 208, notes; — usage thérapeutique des eaux minérales, 505, 506.

Usages de l'Italie imposés aux Gaulois, 18; — usages et traditions du Poitou, 424, notes.

Usines antiques, 59. — Voir Ateliers monétaires, Fonderie, Fours à potier.

Ustensiles; — placés dans les sépultures gauloises, 11; — trouvés dans les enceintes antiques, 28; — ustensiles gaulois en os, en pierre ollaire, 47; — grecs, 48; — romains en plomb, 50, 474; — ustensiles culinaires du moyen âge, en Orient, 319.

Utique, découverte de statuettes de bronze, 555.

V

Vaillant. Voir Collections numismatiques.

Vaines (Dom de), auteur d'un *Dictionnaire raisonné de diplomatique,* 358.

Vaisselle d'or et d'argent apportée en Orient par les croisés, 322.

Val-de-Grâce (Grille du), à Paris, 586.

Valenciennes, documents philologiques, 443.

Valens, étend la bibliothèque de Constantinople, 319. — Voir Aqueducs.

Valentin et Orson, ancien poème français, 455.

Valérien, empereur, ses monnaies, 56.

Valeur rythmique des notes de musique, 337, 367, 369. — Voir Brèves, Longues, Points, Queues, Semi-brèves.

Valkyries (Les), dans les chants populaires de la France, 391.

Vallées de la France, 482, 484.

Vallière (*La*). Voir Chant de la Vallière.

Valognes, 492.

Val-Saint-Pair (*Le*), 491.

Vandales, adoptent le style latin, 63.

Vansleb (Le Père), dominicain, cité, 276.

Varengère (*La*), 492.

Variétés des plantes, 522; — des espèces animales, 526.

Vasculaires (Plantes), 519, 521.

Vase à boire, attribut de Jupiter, 4.

Vases; — en bronze dans les voûtes des théâtres romains, 37; — grecs, 48, 51; — romains en or et en argent, 48, 50; — romains en bronze, 51; — domestiques, funéraires, religieux, 51; — en terre rouge, 51; — trouvés en Gaule, 51; — ornements, 51; — vases funéraires en terre noire, 52; — rosaces les ornant, 52; — provenant de la Campanie, 52; — marque de fabrique, 52; — vases à parfums ou lecythus, 52; — vases gallo-romains en terre cuite, 59; — vases sacrés des basiliques latines, 65, 307; — des églises byzantines, 313; — des églises du moyen âge, 354; — vases en verre coloré fabriqués à Damas, 324; — en terre émaillés et dorés, fabriqués par les Arabes, les Italiens, les Maures, les Turcs, 325; — vases byzantins d'agate, de jade, de lapis lazuli, 328.

Vatican (*Le*), à Rome; — église Saint-Pierre, 70; — documents philologiques du Vatican, 457.
Vauban. Voir Lettres.
Vedette des Chevaliers, tour à Rhodes, 282.
Veille (*La*), salle de question du château des papes à Avignon, 222.
VELARIUM dans les théâtres romains, 38; — dans les amphithéâtres, 39. — Voir Câbles, Charpentes, Consoles, Scellements.
VELOURS byzantins, 328.
Vendée (Patois de *la*), 398. — Voir Mariée.
Vendôme, église de la Trinité, 576.
Vendômois (*Le*). Voir Histoire archéologique.
Venise; — basilique Saint-Marc, 258, 309, 310, 319; — la pala d'oro, 296, 312, 320; — basilique de Torcello, 303, 304, 306; — baptistère, 306; — verreries, 323, 324.
VÉNITIENS; — conquêtes en Orient, 261, 262; — destruction de l'enceinte de Nicosie, 279.
VENTS (Direction et fréquence des), 507, 513.
Vénus ou Déesse Mère, 5; — Vénus Genitrix figurée en terre cuite, 52.
Vérard, imprimeur, 452.
Vercingétorix, son nom sur une médaille d'or gauloise, 54.
Vercoutre (Le D^r) recueille, près de Sousse, une collection de poteries, 558, notes.
Vernègues, près de Pont-Royal, sur la route d'Orgon à Lambesc, ruines d'un temple grec, 15.
Vérone; — église Saint-Zénon, 104; — autres églises, 113.
VERRE; — fermant les ouvertures des fenêtres latines, 73; — coloré ornant les portails gothiques et romans, 162; — urnes cinéraires, 52, 342; — monnaies arabes, 557. — Voir Peintres verriers, Vitraux.
VERRERIES; — antiques, 48, 51, 52; — byzantines, 322, 323, 324; — en Afrique, 322; — en Asie, 323; — en Syrie, 323, 324; — des Grecs, 323, 324; — de Venise, 323, 324; — découvertes en Tunisie, 559. — Voir Coupes, Glaces, Mosaïques, Urnes, Vases.
VERSIONS françaises de la Bible et des légendes, 443; — des textes de droit, 444. — Voir Cantiques, Histoire rimée, Homélie, Textes de droit.
VERTÉBRÉS (Animaux), 525, 526. — Voir Mammifères, Oiseaux, Poissons, Reptiles.
Vé-Salmon (*Le*), 492.
VESTIGES de la religion égyptienne dans la Gaule, 52.
Vésuve, objets antiques trouvés dans son voisinage, 58.
VÊTEMENTS; — sculptés sur les arcs de triomphe, 35; — romains, 51; — byzantins, 151.
VÊTEMENTS ECCLÉSIASTIQUES, 352, 353, 354. — Voir Aubes, Ceintures, Chapes, Chasubles, Dalmatiques, Étoffes, Insignes, Manipules, Orfrois, Ornements.
VETERA ANALECTA, 462; — auteur, Mabillon; — autre édition par de la Barre, 462, notes.

Veterum scriptorum amplissima collectio, 462; — auteur, Martène.

Vez (Tour de), 189.

Vézelay, église Sainte-Madeleine, 570.

Victoire (Culte de la), 4.

Victoires (Notre-Dame-des-). Voir Notre-Dame.

Victorin, empereur, ses monnaies, 56; — ses médaillons, 57.

Vie de Lælianus, 57; — auteur, Trebellius Pollion.

Vieillards de l'Apocalypse, leur représentation au moyen âge, 152.

Vieille-Toulouse, monnaies d'argent, 53, notes; — attributs, 53, notes. — Voir Chaudruc de Crazanne, Tochon.

Vienne. Voir Chauvigny, Haute-Vienne.

Vienne, colonie romaine, ses monnaies, 56.

Vienne (Cathédrale de), 570.

Vierge (La); — peinte dans les cryptes chrétiennes, 62; — figurée sur les façades des basiliques latines, 69; — ses chapelles, 159, 160; — temple d'Aix-la-Chapelle consacré à la Vierge par Charlemagne, 240; — figurée sur la coupole de l'église Sainte-Sophie, à Salonique, 249; — dans les légendes du moyen âge, 384, 385, 443; — sujet d'un chant du Roussillon, 387. — Voir Monastère de la Vierge, Temple d'or, Tombeau de la Vierge.

Vierge (Église de la), à Constantinople, 241.

Vierge (Église de la), à Mistra, 268.

Vierge du Grand-Monastère (Basilique de la), à Athènes, 252, notes; — façades, 238, 268.

Vieux-Sérail (Palais du), 286.

View of the origin, nature and use of jettons or counters, 357; — auteur, Snelling.

Vigne et Vigne vierge (Feuilles de), sculptées sur les chapiteaux gothiques et romans, 118.

Vignettes des manuscrits. Voir Miniatures.

Vigneulles. Voir Philippe.

Villa de Pline. Voir Laurentin.

Villages de la France, 482, 483.

Villard de Honnecourt. Voir Dessins.

Villaret. Voir Foulques.

Villas antiques en Tunisie, 550.

Ville (G.), l'un des auteurs des *Instructions sur la description scientifique de la France*, 499, notes.

Villegille (De la), auteur des *Instructions sur l'archéologie*, 335, notes; — d'une *Note sur les poésies populaires*, cité, 384, notes; — d'une *Notice archéologique et historique sur la paroisse de Chavagnes-en-Paillers*, cité, 424, notes.

Ville-Hardouin, cité, 282.

Villemarqué (De la), auteur d'un *Recueil de chants populaires bas-bretons*, cité, 376, 396; — communication de chants populaires, 389, 430.

Villeroi (Duc de), chanson satirique composée contre lui, 436.

Villes; — antiques, grecques et romaines, 16, 20, 22, 23, 31, 34, 35, 36, 42, 43, 44, 45, 49, 50, 62, 282; — fouilles, 43, 44, 45; — en France, 44; — en Gaule, 48; — voir Clôtures, Conduites d'eau, Distribution intérieure, Divinités protectrices, Enceintes, Jeux publics, Pavement, Remparts; — villes fortifiées du moyen âge, 169, 214, 224; — voir Carcassonne, Famagouste, Nicosie; — villes de Turquie, de l'Asie, de la Thrace, de l'Asie Mineure, de la mer Noire, de la Grèce, 278; — villes orientales, 282, 283; — voir Édifices, Places, Rues; — villes sous le patronage des saints, 355; — plans anciens, 355.

Villiers de l'Île-Adam, ses armoiries, 268, 269.

Vincennes (Château de), 178; — plan, 211.

Vincent (Le capitaine), découvre des monnaies puniques dans les tombeaux de Béja, 560.

Vincent, auteur d'une *Note sur les poésies populaires*, 381.

Vitraux ornant les églises du moyen âge, 156, 344, 347, 355, 474, 577, 634, 635; — inscriptions et sujets figurés, 344, 578, 579, 580; — voir Berte, Instruments de musique, Olivier, Peintres verriers, Renaud, Roland; — couleurs, 578, 579, 580, 582, 583; — plombage, 580, 581, 583; — épaisseur des verres, 582; — armatures et châssis en fer, 583; — vitraux de l'église de Montfort-l'Amaury, 570; — de la cathédrale de Sens, 576; — de la Sainte-Chapelle de Paris, 583; — vitraux de la Renaissance, 581; — couleurs atténuées qui les caractérisent, 582; — plombage, 582. — Voir Instructions, Restauration.

Vitruve, auteur d'un *Traité d'architecture,* cité, 19, 33, 180, notes, 204, notes, 205, notes, 317, 322.

Viviers (Château de), plan des magasins, 221.

Vivoin (Église de), 570.

Vocabulaire de la Crusca, 459.

Vocero ou **Ballata,** chant funèbre de la Corse, 379, 428, 429.

Voies antiques, romaines, 25, 26, 27, 33, 43, 340, 341, 473, 551; — dans le midi de la France, 26; — coupes, 26. — Voir Chaussée de Brunehaut, Chemin de César. — Voir Caractères, Fabrication, Pavement.

Voies navigables en France, 541.

Voiles fermant les absides des basiliques latines, 65; — fermant les portes du parvis, 66; — fermant les porches, 72; — fermant le chœur des églises byzantines, 88, 311, 312.

Volume des eaux minérales en France, 505.

Vomitoires des théâtres et amphithéâtres romains, 37, 40.

Vosges (Châteaux forts dans les), 220, 221.

Voûtes des arcs de triomphe romains, 34; — des théâtres, 37; — voir Vases; — voûtes des temples chrétiens, 64; — des absides latines, 74, 75; — des absides gothiques et romanes, 95, notes; — voir Coiffe; — des églises gothiques et romanes, 138; — des églises du moyen âge, 343, 621, 625. — Voir Saint-Vital, Tach-Esré.

Voyage d'Ali-Bey, 266.
Voyage littéraire de deux Bénédictins, 307, notes.
Voyages agronomiques. Voir Châteauvieux, Lullin.
Voyageurs en Orient. Voir Instructions.
Vue perspective d'un camp romain, 29; — d'un cirque romain, 41; — vue intérieure d'un baptistère près de Sainte-Agnès, à Rome, 76; — vue perspective de l'église de Samari, en Grèce, 84; — vue intérieure et extérieure de la porte Saint-Jean, à Provins, 174, 175; — vue intérieure de la basilique de Torcello, à Venise, 304.

W

Wace; — auteur d'une *Chronique*, cité, 445; — auteur de *Le Brut et le Rou*, cité, 450.
Wailly (Natalis de), auteur des *Éléments de paléographie*, cité, 358, 366, notes, 468.
Walther, auteur d'ouvrages relatifs à la musique, cité, 592.
Warton, auteur de travaux philologiques, cité, 452.
Widukind de Saxe (Le), ancien poëme français sur la guerre contre les Saxons, 447, 454; — auteur, Jean Bodel; — éditeur, M. Francisque Michel.
Wolfram de Eschenbach, imite les poëmes français de la Table ronde, 455.

X

Xénodochion, nom des hôtelleries byzantines, 286.
Xeuxippe. Voir Thermes.

Z

Zama ou *Djiama*, 549.
Zeitan-Kapou (Porte de), à Constantinople, 286.
Zincographie appliquée à la reproduction des objets antiques, 546.
Zodiaques sculptés sur les portails gothiques et romans, 162; — sur les portes des églises du moyen âge, 343.
Zographe (Monastère du), au mont Athos; — porte byzantine, 274; — phiale, 307.
Zoologie, 524. — Voir Animaux, Classification, Espèces.
Zootechnie, 527.
Zurich, documents philologiques, 449.

ERRATUM.

P. 88, l. 23, au lieu de *Monument*, lisez *Manuscrit*.

www.ingramcontent.com/pod-product-compliance
Lightning Source LLC
Chambersburg PA
CBHW052036290426
44111CB00011B/1520